AP 역사의 목격자들

김용진
뉴스타파 대표

나는 2000년대 초 '노근리학살' 보도로 퓰리처상을 받은 AP취재팀을 AP 뉴욕본사로 찾아가 직접 인터뷰한 적이 있다. 취재 자체도 어려웠지만, 그에 못지 않게—이 책에는 나오지 않지만—미국정부에 부담을 줄 수 있다는 이유로 취재를 막으려는 AP경영진에 맞서 싸우면서 취재를 이어나가는 것도 무척 힘들었다고 AP기자들은 토로했다. 역사의 현장에서 진실을 있는 그대로 추적하여 전달하고자 헌신하는 AP저널리스트들의 저력은 기자인 나에게 깊은 울림을 주었다. AP 저널리즘이 추구하는 기자정신을 생생하게 보여주는 이 책은, 오늘날 위기에 빠진 한국의 언론생태계에 울리는 경종이 될 것이다.

제정임
세명대 저널리즘스쿨대학원장

전쟁터에서 목숨을 잃거나, 테러세력에 납치되거나, 산사태에 휩쓸릴 위험을 무릅쓰고 '역사의 맨 앞자리에 섰던' AP 특파원들의 이야기는 경외감 속에 '언론의 사명'을 돌아보게 한다. 80년 광주에서 계엄군의 거짓말을 받아쓰는 대신 거리의 시신을 일일이 세었다는 테리 앤더슨의 이야기는 '기자는 어떻게 일해야 하는가'를 소름 돋게 일깨워 준다. 오늘의 우리 언론을 염려하는 모든 이들이 함께 읽었으면 좋겠다.

김창석
한겨레교육 대표

사실 확인과 뉴스가치 판단, 취재원 확보와 유지, 현장 취재의 어려움과 중요성, 공정성을 지키는 방법 등 기자가 갖춰야 할 기본에 충실한, 생생하고 재미있는 취재 사례들은 예비 언론인들에게 실무 교과서로 쓰일 만하다. 기자에 대한 비난과 희화화가 일상이 된 지금, '기자는 어디에서 자존을 찾을 것인가'에 대한 대답으로도 유용하다.

마이클 스위니 Michael S. Sweeney
오하이오대학 언론학교수, 학술지《Journalism History》의 편집장

지오바나 델오토는 AP통신 해외특파원들이 자부심을 가지고 하는 일을 해냈다. 그녀는 역사의 목격자들을 직접 찾아다니며 인터뷰를 수집했다. 그들은 자신들이 무엇을 했는지, 그것을 어떻게 해냈는지, 그것이 왜 중요한지 (디지털시대 이전에 비해 오늘날 더 중요한지) 이야기한다. 이러한 작업은 겉으로 드러나는 바이라인과 매혹적인 임무에만 초점을 맞춰온 미디어역사 연구에서 중요한 간극을 메워준다. 이것은 또한 미국의 가장 전통적인 영웅담을 발굴하는 작업이기도 하다. 마땅한 인정이나 보상도 받지 않고 누군가 해야 할 일을 하기 위해 자신의 안전과 편안함을 희생하는, 세상에 알려지지 않은 평범한 사람들이 이 책 속에 등장한다. 그들은 역사적인 사건이 발생할 때마다 가장 먼저 현장에 나타나, 그 생생한 현장을 기록하고, 목소리를 내지 못하는 사람들의 목소리가 되어주고, 권력자들의 거짓선전에 맞서고, 때로는 더 나은 변화를 가져온다. 이 책은 저널리즘의 역사에 관심이 있는 사람이라면 반드시 읽어야 할 것이다.

존 쉬들롭스키 John Schidlovsky
NGO "International Reporting Project" 대표

베이징, 카이로, 델리 등지에서 AP특파원들과 나란히 근무해온 나는 세계사적 사건들을 가장 먼저 '맨 눈으로 목격하는' 그 남녀특파원들의 배짱과 재능을 볼 때마다 감탄하지 않을 수 없었다. 해외뉴스의 '새로운 모델'이라고 하는 것들이 여기저기 등장하는 오늘날, 이 책은 현장에 나가 직접 몸으로 부딪히며 취재하는 훈련된 기자들이 얼마나 중요한 역할을 하는지 다시금 일깨워준다. 전설적인 특파원들의 흥미진진한 모험담을 듣는 것은 덤일 것이다.

도널드 릿치 Donald A. Ritchie
역사학자. 미국 상원 역사기록관장 Historian of the United States Sanate

전시든 평시든 미국인들은 해외뉴스의 상당부분을 AP통신에 의존한다. 지오바나 델오토는 AP해외특파원들의 생생한 목소리를 통해 뉴스를 어떻게 취재하는지 들려줌으로써 AP통신 기사에 달린 기자들의 이름을 다시 한 번 눈 여겨 보게 만든다.

 토마스 마스카로 Thomas A. Mascaro
보울링그린주립대학(BGSU) 미디어커뮤니케이션학교수

연구의 탁월성을 가늠하는 지표 중 하나는 그 연구가 학술문헌으로서 갖는 가치에 달려있다. 이 책은 학계가 그동안 간과해온 헌신적인 기자들의 복잡한 취재활동을 구체적으로 밝혀냄으로써 상당한 학문적 공헌을 한다. 또한 이러한 획기적인 작업을 통해 지오바나 델오토는 국제보도 분야에서 실무를 직접 경험한 학자이자 교수로 우뚝 섰다.

 존 후퍼 John Hooper
《가디언》과《옵저버》의 서유럽에디터, 《이코노미스트》의 이탈리아특파원

이 책은 해외통신이 어떤 일을 하는지, 생생하고 스릴 넘치는 이야기들을 통해 보여준다. 그리고 그러한 이야기들은 어김없이 탁월한 통찰력을 제공한다. 포탄이 날아다니는 전장을 취재하는 특별한 위험부터 외국의 정치인들에게서 정보를 빼내는 일상적이지만 까다로운 업무까지, 특파원이 하는 일의 다양한 측면을 조명한다. 특파원들이 무슨 일을 하는지, 또 이 직업이 오늘날 어떻게 변하고 있는지 이해하고 싶다면 반드시 읽어야 할 책이다.

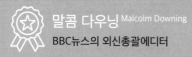

말콤 다우닝 Malcolm Downing
BBC뉴스의 외신총괄에디터

이 책은 세계에서 가장 큰 통신사에서 해외뉴스를 어떤 과정을 통해 뉴스를 수집하고 전달하는지 잘 보여준다. 특파원들은 눈 앞에 닥친 위험을 피해 나가는 것이 가장 큰 문제가 되겠지만, 자신들이 취재하는 먼 타지의 이야기가 왜 중요한지 독자들을 설득하는 일까지 고민해야 한다. 특파원들의 생생한 증언으로 구성된 이 책은 스릴이 넘칠 뿐만 아니라 감동을 준다. 오늘날 소셜미디어의 등장에도 불구하고 해외특파원들의 직업적 훈련, 네트워킹, 헌신과 용기는 그 어떤 것으로도 대체할 수 없다는 것을 깨닫게 될 것이다. 국제뉴스를 취재하고 보도하는 것이 왜 중요한지 이 책을 통해 알게 될 것이다. 그것은 민주주의에 투자하는 것이다. 국제정세를 제대로 이해하기 위해 투자하는 것이다. 국제뉴스는 대중의 무지와 편협함을 깨는 강력한 해독제가 될 것이다.

벤자민 카우스라 Benjamin Cawthra
캘리포니아주립대학(CSU) 역사학교수

위엄이 있는 곳에서 폭력이 난무하는 곳까지, AP통신은 오랫동안 우리가 알지 못하는 세상의 이야기를 들려주었다. AP는 1846년에 출범하여 오늘날 매일 2,000개의 기사를 쏟아내며 전세계 인구의 절반에 달하는 사람들에게 뉴스를 제공하는 세계 최대의 언론사로 발전했다. 특히 이 책은 역사학자들에게 많은 생각거리를 던져줄 것이다… 역사를 있는 그대로 기록한 최초의 자료를 만들어내기 위해 어떤 희생이 필요했는지 떠올려볼 수 있는 계기가 될 것이다. 자신에게 주어진 사명에 대한 강렬한 확신만으로 목숨마저 위태로운 상황에 몸을 던지는 기자들, 실제로 적지 않은 이들이 그 과정에서 안타까운 결과를 맞기도 한다. 그렇게 생산해낸 기록들을 가지고 역사학자들은 비교적 안전한 공간과 시간에서 고뇌할 뿐이다. 또한 정치적 이익을 위해 그러한 언론인들을 공격하고 대중을 선동하는 자들에게 이 책은 경각심을 일깨워준다.

AP

역사의 목격자들

FOREIGN
CORRESPONDENTS
IN ACTION

목숨을 걸고 전세계 뉴스현장을
누비는 특파원들의 삶과 도전

지오바나 델오토 지음
신우열 옮김

크레센도

AP 역사의 목격자들

목숨을 걸고 전세계 뉴스현장을 누비는 특파원들의 삶과 도전

초판 1쇄 인쇄 2020년 10월 26일
초판 1쇄 발행 2020년 10월 30일

지은이	지오바나 델오토
옮긴이	신우열
꾸민이	김정환
편집자	윤영삼
펴낸이	김성순
펴낸곳	크레센도
주소	서울 강서구 마곡서1로 132, 301-516
전화	070-8688-6616
팩스	0303-3441-6616
전자우편	editor@xcendo.net
홈페이지	xcendo.net
트위트	twitter.com/xcendo
페이스북	facebook.com/bookbeez
Copyright	ⓒ 크레센도 2020, Seoul
ISBN	979-11-88392-04-9(03070)

이 도서의 국립중앙도서관 출판예정도서목록(CIP)은 서지정보유통지원시스템 홈페이지(http://seoji.nl.go.kr)와
국가자료종합목록 구축시스템(http://kolis-net.nl.go.kr)에서 이용하실 수 있습니다. (CIP제어번호 : CIP2020043305)

아냐 니드링하우스를 기리며.
그토록 많은 이야기들을 전해주기 위해 평생을 헌신해온
캐시 개넌, 테리 앤더슨을 비롯한 모든 해외특파원들에게
이 책을 바친다.

한국어판 서문

나의 해외특파원 커리어는 열두 살 때 시작되었다고 할 수 있다. 한국계 미국인으로서 나는 그 당시, 한국에 있는 할아버지집에 방문하였다. 기자생활을 하셨던 할아버지께서는 나에게 글쓰기에 대한 관심을 심어주기 위해 열심히 노력하셨다. 교보문고에 데려가 공책과 펜 등 문구류를 사 주셨고, 휴가를 받아 1,000년 고도 경주에 나를 데리고가서 매일 구경한 것들을 글로 써보라고 하셨다. 그렇게 한 명의 해외특파원이 탄생했다. 신라의 고대유적지를 돌아보는 동안 나는 나의 관심사와 자질을 새롭게 발견했다. 이 매혹적인 도시의 역사와 현재에 관한 나의 궁금증과 생각이 쏟아져 나왔다.

그렇게 10대 소녀시절부터 나의 꿈은 해외특파원이 되는 것이었다. 당시 미국인들은 전쟁말고는 한국에 대해 아는 것이 거의 없었다. 그런 세상에서 자란 나는 한국을 세상에 알리고 싶다는 생각과 더불어, 언젠가 다시 서울로 돌아와 일하고 싶다는 생각을 했다.

25년이 지나 2008년, 한국계로서는 최초로 AP통신 서울지국장이 되어 돌아왔을 때, 안타깝게도 할아버지는 이미 돌아가신 뒤였다. 살아 계셨다면 분명히 자랑스러워하셨을 것이다. 더 나아가 2012년 북한에 처음 AP지국을 개설하여 이 폐쇄된 나라에서 일할 수 있도록 승인을 받은 최초의 미국특파원이 된 것을 아셨다면 더 크게 기뻐하셨을 것이다.

내가 어떻게 서울에 왔는지, 또 어떻게 평양에 지국을 개설하였는지는 우리가 사는 이 시대에 '해외특파원들'이 어떻게 가장 까다로운 임무를 수행하고 결정적인 사건들을 취재하는지 보여주는 무수히 많은 이야기들 중 하나에 불과하다. 지오바나 델오토 박사가 이 책을 쓰기 위해 선정한 AP특파원 61명 중 한 명으로 꼽힌 것 자체가 나에게는 큰 영광이며, 그러한 이야기를 한국독자들에게 전할 수 있게 된 것을 정말 기쁘게 생각한다. 한반도에서 오랜 시간 취재해온 역사가 있는 AP통신은 남한과 북한 양쪽에서 모두 친숙하고 명성이 높은 언론사로 자리매김하고 있다.

2015년 나는 AP를 떠났지만, 이 책을 읽으면서 AP특파원 시절 삶으로 금세 빠져들 수밖에 없었다. 조금이라도 긴장을 놓을 수 없는 경계태세 속에서, 어떤 사건이 터지든 가장 빠르고 정확하게, 가장 먼저 보도해야 한다는 강렬한 압박감을 느끼며 살아가는 스릴이 넘치는 삶의 연속이었다. 사건이 터지면 곧바로 '다음 비행기를 타라'는 명령이 떨어졌기에 언제든 떠날 수 있게 짐보따리와 여권을 준비해놓고 살았다. 빠르게 사건보고서를 읽고 비행기에서 잠시 눈을 붙인 뒤 착륙하자 마자 현장으로 달려갔다. 멈춰 서서 앞서 한 일을 되돌아볼 틈도 없었다. 그 다음 취재가 이미 시작되고 있기 때문이다.

그 자신이 AP기자로 생활했던 경험을 살려 델오토 박사는, 특파원들에게 적절한 질문을 던짐으로써 특파원들에게 과거의 경험을 돌아볼 수 있는 기회를 주었다. 이는 자신이 취재한 큰 사건들을 다시 돌아보며 '뒷이야기'를 풀어낼 수 있는 매우 드물고도 소중한 기회가 되었을 것이다.

지금도 전 세계 수많은 뉴스 시청자, 청취자, 독자들이 TV, 신문, 라디오, 사진에 이르기까지 다양한 매체를 통해 매일 AP의 기사를 보고 있다. 베이루트에서 납치되기도 하고, 코소보에서 총에 맞기도 하고, 중국에서 미행과 감시를 당하면서도 많은 특파원들이 오늘도 쉬지 않고 취재전선에 나서고 있다. 그들의 불굴의 의지, 임기응변, 희생정신을 이 책에서 확인할 수 있다.

뉴스와 시사문제에 관심이 있는 독자라면 AP특파원들이 어떻게 역사의 현장을 포착할 수 있었는지, 그 흥미진진한 비하인드스토리를 이 책에서 읽을 수 있을 것이다. 특히 한국전쟁을 취재한 특파원들의 증언은 눈길을 끈다. 평양에서 탈출하기 위해 끊어진 대동강철교에 매달려있는 피난민들을 담은 강렬한 사진으로, 한국전쟁의 참상을 전세계인들에게 알린 탁월한 사진기자 맥스 데스포의 인터뷰는 특히 나에게 깊은 울림을 주었다.

이리저리 휘어진 철제빔을 붙잡고 사람들이 다리에 매달려있었는데, 작은 짐보따리를 머리에 이고지고 다리를 건너기 위해 애쓰고 있었어…

하지만 그는 그곳에 오래 머물 수 없었다. 엄청난 추위 속에서 자신도 '피난을 가는 중'이었기 때문이다. 그곳에서 사진 8장을 찍었고, 그것으로 퓰리처상을 받았다.

이 책은 또한 고국의 독자만이 아니라 전 세계 독자들을 대상으로 기사를 써야 한다는 직업적 사명을 우선함으로써 저널리스트들이 국가주의를 어떻게 초월할 수 있는지 보여준다. 이제 AP는 외국에 파견된 미국인 기자들이 이끌어가던 시대를 넘어 훨씬 다양한 민족적 배경을 가진 기자들이 자신의 나라의 소식을 전세계 독자들을 향해 전달하는 단계로 돌입하고 있다. 따라서 아직까지는 '해외특파원'이라는 말이 익숙하게 사용되고 있지만, 이제는 '국제특파원'이라고 부르는 것이 훨씬 적절하지 않을까 여겨진다. DMZ 북쪽과 남쪽에 위치한 두 나라도 이제 그러한 흐름 속에서 예외가 아니다.

나는 한국의 기자들도 이 책을 통해 이제는 세계적으로 가치있는 이야기를 취재하는 '국제특파원'의 일원이라는 통찰을 얻을 수 있기를 갈망한다. 전지구적인 국제특파원 공동체의 일원으로서, 현장에서 목격한 것을 단순히 한국의 독자들만이 아니라 그 너머 세상에 있는 독자들에게 내보낼 기사를 쓴다는 자각을 하는 데 이 책이 조금이나마 이바지할 수 있기를 바란다.

진 리 Jean H. Lee
우드로윌슨국제학술센터 한국역사·공공정책 현대자동차-한국국제교류재단 센터 소장
Director, Hyundai Motor-Korea Foundation Center for Korean History and Public Policy,
The Woodrow Wilson International Center for Scholars

목차

1

AP
역사의 목격자들
FOREIGN
CORRESPONDENTS
IN ACTION

AP특파원은
어디서나 나타난다

들어가는 글

1

"AP특파원은
어디서나 나타난다."

들어가는 글

그들은 교황 요한 바오로 2세와 함께 새끼양 갈비살요리를 먹었고, 오사마 빈 라덴의 보디가드와 차를 마셨다. 피델 카스트로와 피자를, 사파티스타 민족해방군 전사들과 함께 참치통조림을 먹었다. 세계에서 가장 강력하고 은밀한 권력자들은 그들을 회유하고 싶어했고, 회피하고 싶어했다.

그들은 레바논 베이루트, 아프가니스탄 코스트, 멕시코 타마울리파스 등 세계 곳곳에서 폭격세례를 받고, 납치당하고, 총구 앞에 서야 했으며, 동시에 온갖 비난에 시달렸다. 폭격이 쏟아지는 미군 군함 위에서, 강렬한 지진 속에서 휘청거리는 자판을 두드려 기사를 작성했으며, 그렇게 작성한 기사가 적힌 종이와 필름을 국제공항 탑승대기실에서 누군지도 모르는 승객의 주머니에 찔러 넣어주고는 본사에 무사히 전달되기만을 빌었다. 그렇게 역사적인 사건들의 생생한 소식이 전세계에 퍼져 나갔다.

미국의 미디어가 전하는 해외뉴스를 본 사람이라면 누구든, 그들이 작성한 기사를 보았을 것이다. 그들은 과연 누구일까? 바로 AP특파원들이다. 그들은 지난 80여 년간 미국인들은 물론 전세계인들의 세계관을 형성하는 데 가장 큰 영향을 미쳤을 뿐만 아니라, 국제적인 의제를 설정한 장

본인들이다.

이 책은 AP특파원들이 1940년대부터 지금까지 전세계 소식을 어떻게 미국에 전달했는지 그 과정을 추적한다. 하지만 이 책은 단순히 취재과정에서 벌어진 흥미로운 에피소드를 모아서 전달하고자 하는 것이 아니다. 20세기부터 지금까지 벌어진 주요한 사회정치적 사건들에 대한 전혀 새로운 역사적 사실을 깨달을 수 있는 기회, 더 나아가 오늘날 혼돈 속에서 허우적거리고 있는 언론과 국제관계에 대한 새로운 통찰을 제공하는 것이 이 책의 목적이다.

2010년대 이후 미국은 세계 곳곳에서 터져 나오는 폭력사태에 어떻게 대처할 것인지 우선순위를 정하고 해결책을 제시하는 역할을 제대로 해내지 못하고 있다. 냉전 패러다임의 종말, '테러와의 전쟁'의 후유증, 극도의 이기심이 초래한 경제위기 등이 뒤엉키면서 미국은 자기 앞가림도 하지 못하는 상황에 처했고, 이로써 미국의 뉴스미디어들은 국제적인 이슈를 점점 소홀하게 다루기 시작했다.

미국에서 국제이슈에 대한 보도가 줄어든다는 것은 사실, 매우 위험한 현상이다. 비유해서 말하자면, 해외특파원들은 세상을 보는 창문틀을 짜는 역할을 한다. 미국의 정책입안자들과 시민들은 그 창문을 통해 세계를 바라본다. 특파원들이 만드는 창문이 좁아지고 있다는 것은 결국 미국의 외교정책의 선택지가 계속 줄어들고 있다는 뜻이다.

이러한 상황은 미국시민들은 물론 세계인들이 접하는 국제뉴스의 상당부분을 생산해내는 통신사 AP의 중요성을 돌아보게 만든다. The Associated Press는 1846년 뉴욕에서 협동조합으로 설립된, 해외소식을 전하는 통신사다. 그동안 학계에서는 AP에 대해 그다지 관심을 갖지 않았지만, 현실에서 이들이 수행하는 역할은 실로 엄청나다. 20세기 초반 이후 미국을 선도하는 거대신문사들은 물론 변두리에서 출간되는 작은 잡지들까지도 해외소식을 전달할 수 있었던 것은 바로 이들이 존재했기 때문이다.

21

몇몇 유명한 기자들이 대중의 스포트라이트를 받는 동안, 전세계 곳곳에 파견된 무수한 AP기자들은 지금도 생생한 국제소식을 전달하기 위해 묵묵히 고군분투하고 있다. 실제로 2013년 AP의 업무성과를 보면, AP가 생산해낸 기사는 하루 평균 2,000개나 되고 1년 동안 찍은 보도사진은 100만 장에 달한다. AP의 기사를 받아서 보도하는 미국의 신문사와 방송사는 1,400개가 넘으며, 전세계 100여 개 나라의 무수한 언론사들이 AP의 기사를 제공받는다. 오늘날 매일 AP뉴스를 보는 사람은 전세계 인구의 절반에 달할 것으로 추산된다.

> 어떤 곳에서 갑작스럽게 쿠데타가 일어난다면, 그곳에 《뉴욕타임스》 특파원이 있을 것이라 기대하는 사람은 없다. 하지만 AP특파원은 반드시 있을 것이라고 누구나 기대한다.*Hamilton, 2009, 278*

이처럼 AP특파원에 대한 대중의 기대는 매우 높지만, 이 국제적인 스토리텔러들에 대한 이야기는 지금껏 주목받지 못했다. 이 책이 출간되기 전까지 AP특파원에 대한 글은, AP의 역사를 소개하는 책 속에 AP기자들이 직접 쓴 챕터 하나가 전부였다.*Reporters of The Associated Press, 2007; Heinzerling, 2007.*

이 책은 1944년부터 지금까지 전세계를 무대로 취재해 온 AP특파원들 61명을 인터뷰하여, 그들이 어떻게 해외뉴스를 취재했는지, 또 그러한 취재방식이 어떻게 진화해왔는지 기록하고 보여준다. 이러한 취재활동에 대한 반응과 평가에 관한 부분은 미국을 중심으로 풀어나갈 것이다. 물론 AP의 독자는 미국에만 국한되어있지 않지만, 미국이 지난 80여 년 간 국제문제에서 지배적인 역할을 수행했다는 것을 감안한다면 이러한 접근방식이 다른 나라의 독자들에게도 충분히 의미를 가질 것이라 여겨진다.

이 책은 특파원들의 구체적인 취재경험에 초점을 맞춰 진술하지만, 특파원들의 행적을 과장하거나 평가하는 것은 이 책의 목적이 아니다. 또한 어떤 시간대나 장소에 초점을 맞추지 않는다. (이 책과 달리 문화인류학적 주제를 특정한 연구로는 엘살바도르 특파원들을 대상으로 진행한 연구*Pedelty, 1995*, 예루살렘, 요하네스버그, 도쿄 특파원을 대상으로 진행한 연구*Hannerz, 2004*가 있다.)

나는 이 책을 쓰기 위해 파키스탄 시골에서 워싱턴DC에 이르기까지 전세계를 여행하며 특파원들을 인터뷰하였다. 이 인터뷰들은 대부분 이 책을 통해 처음 공개되는 것이다. 이들의 인터뷰를 통해 세계곳곳에서 벌어지는 사건·사고들이 어떤 과정을 통해 기사로 변모하는지 엿볼 수 있다. 1945년 일본의 항복선언부터 2010년대 시리아내전까지, 세계사 속에서 펼쳐진 주요사건들을 직접 목격한 이들의 증언은 여태껏 드러나지 않았던 역사적 사실들을 밝혀주며, 이 사건들에 대한 새로운 이해를 제공할 것이다.

또한 이 책은 오늘날 심각하게 추락하고 있는 언론인들의 전문성, 미국의 국제정책입안자들과 뉴스생산자 사이의 위태로운 관계에 대한 경각심도 일깨워줄 것이다. 뉴스콘텐츠가 국제관계에 미치는 영향력을 제대로 이해하기 위해서는, 언론이 콘텐츠를 어떻게 생산하는지 (또한 생산하지 않는지) 반드시 알아야 한다.[1]

이 책은 AP특파원들의 생생한 목소리를 통해, 뉴스를 구상하는 단계에서 이미 출판된 기사에 대한 평가와 반응에 이르기까지 외신 보도과정 속 주요 주제들을 분석한다. 특파원들은 무엇이 뉴스거리인지 아닌지 어떻게 판단할까? 특파원들은 어떻게 뉴스를 획득하고, 어떻게 기사를 전송할까?

구체적으로, 사전준비과정에서는 특파원이라는 일을 하기 위한 자질과 (현지언어 습득 등 기본적인 능력은 어떻게 갖추는가? 기자라는 직업에는 왜 관심을 갖게 되었는가?) 취재에 나서기 전 뉴스선별, 뉴스 가치판단 등을 알아본다. 취

---

1   물론 이것은 몇몇 특파원들의 주장이다. (e.g., Rosenblum, 2010, 9.)

재단계에서는 취재원 확보·유지, 취재원 보호윤리, 현장취재와 그에 따르는—거의 예외없이 따라오는—위험·폭력·트라우마에 대해서 알아본다. 그리고 기자에 대한 현지인들의 인식, AP의 동료특파원들은 물론 다른 언론사 기자들과 맺는 관계에 대해서도 알아본다.

이 책은 특파원들이 현장취재를 끝내고 돌아오는 사무실에서 (또는 기사를 작성하고 전송할 수 있는 장비가 있는 곳에서) 벌어지는 일에 대해서도 이야기한다. 현지 정부관료나 반정부요인들과 맺는 관계, 미국정부나 미군과 맺는 관계가 뉴스내용에 미치는 영향에 대해서도 분석한다. 예컨대, 현지정부와 어떤 관계를 맺느냐에 따라 정보접근권한이나 검열의 수위가 달라질 수 있다.

또한 이 책은 놀라울 정도로 빠르게 발전해 온 통신기술과 그에 따른 기사전송방식의 변화에 대해서도 이야기한다. 기사를 생산하는 과정에서 발생할 수밖에 없는, 뉴스의 가치, 아이템 선정, 기사의 논점을 두고 현장 특파원들이 AP본사에 있는 에디터와 벌이는 크고 작은 충돌에 대해도 이야기한다. 그리고 마지막으로 기사에 대한 독자들의 반응과 그 기사들이 미국사회에 미치는 영향력에 대해 살펴본다. (이 부분에서 특파원들의 '소명의식' 에 대해서도 살펴본다.)

이 책에 담긴 인터뷰는 지난 80여 년에 걸친 이야기를 담고 있기에, 시대에 따라 이러한 주제들이 어떻게 달라지는지도 엿볼 수 있다. 해외통신에 대한 사회적 인식이 어떻게 변해왔는지, 해외통신은 어떤 과정을 통해 전문화되었는지, 언론의 윤리적, 제도적, 정치적, 기술적 조건들은 어떻게 변했는지 조망할 수 있다. 뉴스평가(무엇을 취재할 것인가?)와 실제 취재과정을 통해서 특파원들이 어떻게 임무를 수행하는지 이해할 수 있을 것이다. 제도적인 변화가 특파원과 에디터의 관계에 어떻게 영향을 미치는지 알 수 있을 것이다. 윤리적, 정치적 측면은 특파원들이 미국이나 현지정부들과 맺는 관계에 따라 달라지기도 한다. 변화무쌍한 기술환경은 이 책을 관통하는 씨실과 같은 역할을 하는데, 특히 뉴스를 전송하는 기술의 변화는 취재 방식마저 바꿔버렸다.

이 책에 등장하는 AP특파원들은 제2차 세계대전부터 지금까지 벌어진 세계사적인 굵직한 사건들을 대부분 취재하였다. 그들은 레바논의 해병대 막사에서 시체를 세기도 하고, 소련·중국·브라질에서 정부의 검열과 사찰에 맞서 싸우기도 하고, 평양에서 기사작성을 놓고 실랑이를 벌이기도 하고, 남아프리카공화국과 아프가니스탄에서 기사에 대한 독자들의 반응 때문에 고뇌를 하기도 했다. 캄보디아의 '킬링필드', 쓰나미로 황폐화된 일본, 백악관과 사라예보 등 현장에서 일어난 사건을 꾸밈없이 묘사한다.

무엇보다도 시대를 막론하고 기자의 핵심임무라 할 수 있는, 현장에서 최적의 취재원을 찾아 그들의 이야기를 직접 듣는 경험을 이 책에서 생생하게 접할 수 있을 것이다. 그들이 직접 만나 취재한 사람들 중에는 마오쩌둥, 살바도르 아옌데, 피델 카스트로, 마가렛 대처 등 역사적인 정치인들로부터 베트남의 과부들, 폴란드의 레지스탕스, 시리아의 반군, 북한의 어린이 등 이름모를 이들까지 다양하다. 구술사적, 정치학적 방법론 측면에서 인터뷰를 어떻게 진행했는지, 인터뷰대상은 어떻게 선별했는지 설명하기에 앞서, 이 책의 학술적 배경과 해외통신의 역사를 간략하게 설명하고자 한다.

깊이있는 뉴스가 바람직한 대외정책을 만들어낸다

언론학과 국제관계학을 접목한 역사연구를 진행하기 위해서는 먼저 이 두 분야가 어떻게 접목되어왔는지 이해해야 한다. 지금까지 언론역사학자들은 외신보도와 국제적인 미디어의 발전과정에 관심을 보여 왔지만*e.g., Ham-*

ilton, 2009; Chapman, 2005, 언론이 외교정책이나 국제관계형성에 어떻게 영향을 미쳤는지 연구한 성과는 찾아보기가 쉽지 않다.

뉴스미디어는 여론에 영향을 미치고, 이는 다시 국제정책을 개발하는 우선순위에 영향을 미칠 수 있지만 언론역사학자들은 이 문제에 거의 관심을 기울이지 않았다. 미디어연구와 외교정책연구는 지금껏 학문간 통합적인 접근을 시도한 적이 없다. '감시견'저널리즘 또는 '애완견'저널리즘이 정책입안에 어떻게 영향을 미치는지, 반대로 정책이 저널리즘에 어떤 경향을 만들어 내는지 전혀 규명된 적도 없다.

나는 역사학, 언론학, 국제관계학을 접목하는 학제간 연구를 해왔으며 *Dell'Orto, 2008/2013*, 이러한 작업을 통해 국제사회시스템에 미치는 미디어의 영향력을 설명하는 이론적 모델을 제시하였다. 이 모델에서 뉴스미디어, 특히 해외통신은 외국에 대한 관념을 '이해할 수 있는 현실'로 바꿔주는 공론장 역할을 한다. 쉽게 말해 뉴스미디어는 외교정책의 기틀을 마련해주는 기능을 한다. 나의 연구결과는 다음과 같이 정리할 수 있다.

- '담론A'가 곧바로 '정책B'를 이끌어 냈다고 가정해선 안되겠지만, 사회적 담론은 단순할수록, 편향될수록, 별개의 주제로 취급될수록, 정책에 대한 시민들의 논의를 이끌어내지 못하고 정책을 입안하는 선택지를 좁힌다. 그렇다면 담론을 이토록 제약하는 요인은 구체적으로 무엇일까? 그 연구결과물이 바로 이 책이다.
- 나를 비롯하여 많은 언론학자들은, 민주주의가 제대로 유지되기 위해서는 일정 수준 이상의 정보를 갖춘 시민들이 존재해야 한다고 가정한다.*see especially Delli Carpini & Keeter, 1996; Williams & Delli Carpini, 2011; Bollinger, 2010; Baum & Potter, 2015* 뉴스미디어는 가장 중요한 정보출처가 되기도 하지만 의미를 협상하는 사회적 공간이기 되기도 한다. 따라서 외교문제의 방향성에 있어서 뉴스미디어는 매우 핵심적인 역할을 수행한다.

- 뉴스미디어는 세상과 사람을 연결해주는 '대체할 수 없는 중재자'다. 특히 해외를 직접 경험해본 적 없는 사람들은 뉴스미디어가 선별해서 만들어낸 다른 나라에 대한 이미지를 그대로 받아들인다. 이 책에서 이야기할 AP특파원들은 그러한 중재자의 첨병이라 할 수 있다.
- 내가 지난 연구를 토대로 도출해낸 규범적 함의는, 소셜미디어와 UGC user-generated content(사용자 제작 콘텐츠)가 넘쳐나는 지금 이 시대야말로 해외통신에 더 적극적으로 투자해야 한다는 것이다.

오늘날 전세계적으로 온라인정보가 쏟아지는 상황에서 학계와 언론계는 전문기자의 역할을 사실확인, 인터뷰, 직접 목격, 분석으로 규정한다. '지식기반 저널리즘knowledge-based journalism'을 제안한 사람 중 하나인 월터 립만 Walter Lippmann의 호소가 이제서야 받아들여지고 있는 것이다.*Patterson, 2013; Terzis, 2015* '지혜기반' 저널리즘wisdom journalism을 제안하는 사람들도 마찬가지로 오늘날 기자들은 대부분 취재와 보도보다는 분석가나 해설자가 되어야 한다고 주장하면서, 사실보도는 AP와 같은 이들에게 맡겨두면 된다고 말한다.

> AP기자들은 빠르고 고지식하고 신뢰할 수 있는 뉴스전달자들로서, 최신 뉴스를 한 시간 이내에 능숙하고, 정확하게 요약해서 압축적이면서도 깔끔하게 기사를 작성해 보내준다.*Stephens, 2014, xviii/65*

AP 역시 이러한 추세에 발 맞춰 '전세계 구석구석에서 가장 빠르고 정확하게 보도하는 가장 확실한 정보제공자'로서 명성을 강화하는 방향으로 나아가고 있다. 또 앞으로 이야기하겠지만, AP는 지식·지혜기반 저널리즘 주창자들이 강조하는 '임팩트'를 자신들의 이미지에 덧입히고 싶어한다.

예컨대, AP는 2012년 연차보고서에서 AP의 핵심서비스 중 하나로, 가장 위험한 분쟁지역인 시리아에서 제작되는 UGC에 대한 '팩트체크'를 꼽았다. 2013년 AP는 유튜브와 같은 동영상사이트에 UGC를 게시하여 돈을 버는 현상을 지속적으로 추적하여 보도했다. 하지만 디지털기술의 발달로 UGC가 점차 늘어나고 있음에도 미국인의 82퍼센트는 여전히 '신뢰받는 뉴스브랜드'들을 정보출처로 선호한다고 응답했다.*Newman & Levy, 2013, 13* 또 다른 연구에서는, 제도권 뉴스미디어에 대한 불신이 정파성을 띤 뉴스를 찾게 만들고, 이는 '시민들의 전반적인 정보손실'로 이어진다고 주장한다.*Ladd, 2012, 138*

결국 특파원 또는 특파원 역할을 하는 전문기자가 필요한 이유는, 그들이 자국 내 매체, 이해관계자, 정책입안자들에게 새로운 관점을 제공하는 역할을 하기 때문이다. 1848년부터 2008년까지 AP를 비롯하여 미국의 주요신문사들이 작성한 해외뉴스를 분석하면서 나는, 일본에서 이스라엘에 이르기까지 다양한 지역을 미국의 관점에서 지나치게 단순화하고 축소하는 보도와 이들 국가들에 대해 미국정부가 막다른 궁지에 몰려 겨우 내놓는 정책들 사이에 일정한 관계가 있다는 것을 밝혀냈다.*Dell'Orto, 2013* 거꾸로, 현지상황에 기반하여 상세하게 작성된 뉴스와 국제적인 리더십을 가능케하는 현실적인 정책결정 사이에 일정한 연관성이 있다는 것도 드러났다. 다시말해, 양질의 뉴스가 좋은 대외정책으로 이어지는 것이다.

이러한 연관성을 사실로 받아들인다면, 해외특파원들의 제도적, 직업적, 윤리적, 기술적 발전과정을 이해하는 일, 다시 말해 해외통신이 지금과 같은 방식으로 만들어지고 있는 이유를 이해하는 것은 중요한 의미를 갖는다. 더욱이 해외통신은 오늘날 갈수록 존립위기에 처하고 있다. 미국을 비롯한 서방국가의 신문과 방송에서 해외뉴스는 일제히 축소되고 있다.*Paterson & Sreberny, 2004; Perlmutter & Hamilton, 2007; Sambrook, 2010; Willnat & Martin, 2012* 따라서 이 책의 주제인 해외통신의 발전과정을 밝혀내고 정리하는 작업은 지금 이 시점에 매우 시급하고 중요한 과제다.

마땅한 비즈니스모델을 찾지 못해 허덕이고 있는 오늘날 뉴스기업들 입장에서는 막대한 비용을 쏟아부어야 하는 해외지국의 축소는 거부할 수 없는 유혹이다. 실제로 미국의 뉴스미디어들은 냉전이 끝난 뒤 지속적으로 해외서비스를 줄이고 있다.*State of the News Media, 2014, 5* 현재 해외확장을 꾀하는 뉴스기업은 바이스미디어Vice Media나 버즈피드BuzzFeed 같은 디지털에 기반한 엔터테인먼트 중심 미디어밖에 없다.

대중들 또한 공익적 가치가 있는 '빅뉴스'보다 상대적으로 가벼운 '해외토픽'류 기사에 더 관심을 보인다.*Boczkowski & Mitchelstein, 2013* 독자의 반응에 점점 민감하게 반응할 수밖에 없는 오늘날 미디어현실에서, 중앙아프리카공화국에서 벌어지는 무력충돌 따위는 젊은 여배우의 무분별한 사생활을 폭로하는 트위터에 밀려 하찮은 일로 치부되고 있다. 재미있는 사실은, 2013년 미국의 뉴스이용자들을 대상으로 조사한 설문에 따르면, '국제뉴스'가 중요하다고 답한 사람은 56퍼센트나 되는 반면, '엔터테인먼트·연예뉴스'가 중요하다고 답한 사람은 14퍼센트에 불과했는데*Newman & Levy, 2013, 31*, 실제로 사람들이 '클릭'하는 기사를 보면, 사람들의 머리와 손가락은 정반대로 움직이는 듯하다.

지금처럼 해외소식을 많이 접할 수 있는 시절은 없었을 것이라고 많은 이들이 이야기한다. 무명의 블로거부터 영세한 지역매체, 더 나아가 BBC나 알자지라처럼 세계적인 영향력을 가진 미국 밖의 전문뉴스매체들도 상당한 해외뉴스를 쏟아내고 있다. 바야흐로 '정보과잉의 시대'라는 말은 헛된 구호가 아니다.

하지만 《뉴욕타임스》에서 해외특파원으로 활동했으며 편집국장을 역임한 빌 켈러Bill Keller가 말하듯이, 전문특파원을 계속 줄이고 그 자리를 비상근 통신원이나 프리랜서기자로 대체하는 흐름은 위기를 초래할 수 있다. 무수한 정보가 난립하며 더 치열하게 경합하는 상황에서, 진실을 선별해낼 권위자들은 갈수록 줄어드는 꼴이기 때문이다.[2] 더욱이 온라인뉴스는 너무 쉽게 복제된다. 서로 베껴 쓰면서 온라인콘텐츠는 쉽게 파편화될 수 있으며, 따라서 의미있는 맥락과 분석이 배제된 채 무수한 파편적인 정보들이 다양하게 변주되어 퍼져나갈 수 있다.

해외특파원은 어떤사람들일까?

저널리즘 연구나 기자들의 회고록 등에서, 해외특파원은 대개 '전쟁특파원'과 같은 의미로 간주되어 왔다. 저명한 전쟁기자 어니 파일Ernie Pyle이나, 크메르루주 생존자 시드니 쉔버그Sydney Schanberg가 대표적인 예라 할 수 있다.Schanberg, 2010; Sweeney, 2006; Patton, 2014 하지만 최근 연구 중 하나는 '[미국과 영국의] 언론사들은 분쟁에 집착하며, 폭력을 조장하는 극단주의자, 우월주의자들 사이의 갈등에만 관심을 쏟는다'고 폭로하면서 전쟁특파원보다 '평화'특파원이 더 많아져야 한다고 주장한다.Spencer, 2005, 1

미국과 서구권의 해외특파원에 대해 역사적으로 접근한 연구는 지금껏 단 두 개밖에 없는데, 뛰어난 기자나 악명높은 기자들의 흥미로운 경험담에 초점을 맞출 뿐, 그들이 취재임무를 수행하는 과정에 대한 체계적인 분석은 전혀 시도하지 않는다.Hamilton, 2009; Hohenberg, 1995

유명한 언론사의 특파원으로 활동했던 이들이 자신의 경험담을 책으로 발표하는 경우도 많은데, 이런 책들 역시 대부분 외국에서 목격하고 경험한 흥미로운 사건에 초점을 맞춘다. 예컨대, 1,000 페이지에 달하는 로버트 피스크의 회고록 역시 중동에서 겪은 전쟁경험으로 채워져있을 뿐이다.Fisk, 2002, 2005

---

2   Bill Keller, "It's the Golden Age of News," *New York Times*, November 3, 2013.

내가 인터뷰한 한 특파원은 이러한 영웅담에 현혹되지 말라고 경고한다. 기자들의 영웅담은 실패를 거듭하며 술에 쩔어 엉망진창 살아가는 기자들의 삶과 적절하게 균형을 이뤄야 한다. 에블린 와의 소설 《스쿱Scoop (1938)》의 주인공 윌리엄 부트나, 레이놀즈 패커드의 소설 《캔자스시티밀크맨Kansas City Milkman(1950)》의 주인공 파리의 IP는 그러한 기자들의 모습을 보여준다. 해외특파원에 대한 이러한 조롱과 풍자는 지금도 계속되고 있다. 예를 들어, 온라인잡지 《슬레이트》는 2013년 미국연방정부 셧다운 전날 밤 '해외소식을 전하는 미국언론의 전형적인 문체와 어조'를 흉내내 기사를 쓰기도 했다.[3]

해외특파원들에 대한 최근연구 중에는, 설문조사를 통해 확보한 인구통계학적 데이터를 활용해 '해외특파원은 누구인가?'를 밝히는 데에 초점을 둔 연구도 있고,*i.e., Hess, 1996* 그들이 일상적으로 취재하는 방식을 밝히는 연구도 있다.*Terzis, 2015; Willnat & Martin, 2012; Gross & Kopper, 2011; Hahn & Lönnendonker, 2009* 20세기 통틀어 미국의 해외특파원은 2-300백 명가량 되는데, 대부분 고학력 백인남성이다. 또한 유럽에서 활동하는 특파원이 타지역 특파원에 비해 압도적으로 많다. 2001년 해외특파원 354명을 대상으로 실시한 설문조사에 따르면, 이러한 인구통계학적 특징은 21세기 초까지도 그대로 유지되고 있다. 이 조사에서도 무거운 국제뉴스에 대한 뉴스이용자들의 관심이 줄어들고 있으며, 뉴스속보보다는 가벼운 트렌드에 관한 기사만 원한다고 탄식하는 기자들의 목소리를 들을 수 있다.

설문, 인터뷰, 관찰을 통해 특파원은 어떤 사람인지, 그들이 뉴스를 선택하는 기준은 무엇인지, 그들이 자신의 업무를 어떻게 생각하는지 알아내

---

3   Joshua Keating, "If It Happened There… The Government Shutdown," *Slate*, September 30, 2013. 이 기사에는 '택시기사 인터뷰'도 등장한다. 특파원들 사이에는 현장의 목소리를 '제대로' 듣고 싶다면 택시기사를 인터뷰하면 된다는 우스갯소리가 있다. 물론 택시기사를 인터뷰하는 것은 기자로서 절대 해서는 안 되는 일로 여겨진다.

기 위한 연구도 있다.*Willnat and Martin 2012, 502-503* 이 책에서 다루는 주제를 간략하게 언급하는 연구들도 있다. 에디터와 특파원의 관계, 특파원의 자율성*Hannerz, 2004, 149; Pedelty, 1995, 24, 91*, 취재원에 접근하기 위한 언어적 기술과 능력*Hannerz, 2004, 88-89*, 트라우마에 대처하는 방법*Pedelty, 1995, 2, 58*, 객관성을 확보하기 위한 노력*Pedelty, 1995, 178* 등을 파고들기도 한다.

하지만 이러한 관찰연구들은, 인류학자들이 현장조사를 나갔다가 마침 그곳에서 만난 사람들의 인터뷰만 가지고 결론을 내는 것과 별반 다르지 않다. 기자들의 취재방식이 실제 사건보도에 어떻게 반영되는지 보편적으로 접근한 연구는 여지껏 없었다. 나는 이 문제의 해답을 얻기 위해 지난 80년 동안 생산된 실제 사건기사들을 추려냈고, 그 기사를 작성한 AP 특파원들을 역추적해냈다. 이것은 기사를 작성하고 보도하는 실제 작업방식과 최종 생산된 콘텐츠를 연결해서 조망할 수 있는 결정적인 차이를 만들어낸다.

아이러니하게도 지금껏 다양한 측면에서, AP기자들은 관심대상에서 벗어나 있었다. AP기사를 가져다 쓰는 회원사들은 바이라인에서 AP기자의 이름을 빼는 경우가 많다. 1925년 북극에서 작성한 기사를 통해 AP통신원으로서 자신의 이름을 알린 최초의 기자이자, AP 역사상 가장 뛰어난 리더였던 켄트 쿠퍼는 자서전에서 AP의 명성이 《뉴욕타임스》나 BBC에 비해 떨어지는 말도 안 되는 상황을 개탄하기도 한다.*Cooper, 1959, 3, 109*

그럼에도 AP는 지금까지도 '아젠다세터*agenda setter*' 역할을 굳건히 수행하고 있다. 전 세계 언론사들의 해외취재업무를 대신해주면서 더 눈에 띄게 활동하는 다른 언론사 특파원들의 의제설정을 도와주고 있으며, 누구나 자유롭게 활용할 수 있는 온라인 뉴스콘텐츠를 만들어 내기도 한다.

미국인들이 세계를 이해하는 방식은 사실상, AP특파원들에 의해 결정된다고 해도 과언이 아니다. AP뉴스는 AP보다 훨씬 유명한 언론사들의 뉴스보다 더 널리, 더 많이, 더 구석구석까지 퍼져있기 때문이다. 더욱이 많은 매체들이 해외취재영역을 계속 축소하는 상황에서, AP는 오히려 활동영역을 넓히고 있다. 예컨대 지금은 모바일앱을 활용해 회원사를 통하지 않고 AP뉴스를 직접 퍼트린다. 솔트레이크시티의 AP회원사 《데저럿모닝뉴스Deseret Morning News》의 에디터 릭 홀Rick Hall은 2007년 AP가 생산해낸 이라크전쟁에 대한 방대한 뉴스에 대해 이렇게 말한다.

> 누구도 비용에 대해 언급하지 않지만, AP의 보도범위를 보면 분명히 알 수 있어요. 엄청나게 많은 돈이 들죠. AP가 그곳에 있다는 사실에 감사해야 해요… 20년 전에 비해 우리가 국제보도에 쓰는 예산은 크게 줄었는데, 그걸 AP가 대신해주니, 우리가 지불하는 비용은 전혀 아깝지 않아요.*Ricchiardi, 2008*

2010년대에도 AP는 흔히 '해병대정신'이라고 말하는 '가장 먼저 들어가 가장 늦게 나온다First in, last out.'라는 지침을 여전히 지키고 있다. 예를 들어, AP는 뉴스미디어 중에서 북한 평양(2012년 1월)과 미얀마 양곤(2013년 3월)에 가장 먼저 상설 멀티미디어지국을 개설했다.

AP는 국제뉴스 취재를 목표로 설립된 비영리 뉴스협동조합이다. 1840년대 뉴욕을 기반으로 하는 다양한 신문사들이, 유럽은 물론 멕시코전선의 소식을 더 빠르게 전송받기 위해 자금을 모아서 설립한 것이다. 하지만 20세기 초반까지 AP는 외국소식을 직접 취재하기보다는 로이터와 같은 다른 뉴스통신카르텔에서 뉴스를 받아서 기사를 작성했다.*Heinzerling, 2007, 262* 이 시기 AP는 '역피라미드 방식,' 즉 가장 중요한 정보를 간단명료한 기사로 담아내는 기법을 정착시킴으로써 미국 저널리즘 역사에 분명한 족적을 남긴다.

20세기에 들어서면서 유럽의 뉴스통신카르텔들이 경쟁적으로 세계 곳곳에 지국을 개설하기 시작했고, AP도 외국에 특파원을 파견하기 시작한다. 유럽의 뉴스통신카르텔이 지배하는 해외뉴스시장에 AP가 본격적으로 뛰어든 것이다.*Cooper, 1959, 67/263-270; Morris, 1957, 177* 그리고 1960년대 들어서면서 AP는 최고의 전성기를 맞는다. AP뉴욕본부는 해외에서 들어오는 모든 뉴스를 수집하고 편집하여 미국 매체에 배포했을 뿐만 아니라, 12개 언어로 번역하여 해외매체들에게도 전송했다. 생산되는 뉴스가 계속 늘어나면서 뉴욕데스크의 업무는 계속 폭증하였고, 결국 2000년대 AP는 런던, 멕시코시티, 방콕, 카이로, 요하네스버그 등에 '지역허브'데스크를 설립하여 업무를 분산하였다.

AP는 세계대전이 벌어지던 시대에 본격적으로 서비스를 개척하기 시작하여 '해외통신의 황금기'로 여겨지는 냉전시대가 열리는 시점에 전성기를 맞았다. 이 시기 미국의 정책입안자들은 여론동향을 긴밀히 파악해야 할 필요가 있었고, 그에 따라 미국의 공론장에서 해외뉴스의 중요성도 가파르게 높아졌다. 미국의 또 다른 통신사인 UP 역시 계속 해외취재역량을 강화하면서 AP와 치열한 속보경쟁을 펼쳤다.[4]

베트남전쟁은 미국의 언론, 시민, 정부 사이의 역학관계가 바뀌는 전환점이 되었다. 워싱턴의 정치인들은 기자들 때문에 전쟁에 반대하는 여론이 높아졌다면서 언론을 비난했고, 기자들의 정보접근권을 차단하기 위해 노력했다. 더 나아가 '기성체제'에 대한 믿음이 깨진 시민들 역시 언론에 호의적인 반응을 보이지 않았다. 세계정치의 양극화체제가 붕괴하고 디지털혁명이 시작된 1990년대 이후 언론사들의 우선순위는 '공공서비스'에서 '수익성'으로 바뀐다. 이러한 흐름 속에서 해외통신도 극적인 변화를 맞는다.

글로벌 권력이 파편화된 세계에서 소셜미디어의 역할은 점점 중요해

---

4   한국에서는 The Associate Press를 '연합통신', The United Press를 '합동통신'이라고 불렀다. UP는 1953년 International News Service를 합병하여 UPI(United Press International)로 이름을 바꿨다.—옮긴이 주

졌고, 반면 해외특파원은 계속 줄어들었다. 모두들 현기증이 날 정도로 빠르게 발전하는 커뮤니케이션기술에 정신을 빼앗겼으며, 시민들은 물론 많은 학자들까지도 위태로운 자기도취에 빠져들었다. 스마트폰, 와이파이, 트위터로 무장하기만 하면 누구든 뉴스를 취재할 수 있다고 여기는 듯하다.

물론 디지털기술은 전례없이 저렴한 비용으로 뉴스를 즉각적으로 전파할 수 있도록 만들었다. AP의 역사만 훑어보아도 이것이 얼마나 큰 변화인지 알 수 있다. AP는 처음에 역마차 속달우편Pony Express으로 뉴스를 전송했고, 30년 뒤 전용회선을 확보한 다음에야 전보를 통해 기사를 마음놓고 전송할 수 있게 되었다. 1933년에는 처음으로 텔레타이프 회로를 통해 1분당 60단어를 전송할 수 있게 되었고, 1970년대 중반 인공위성통신이 상용화되면서 1분당 1,200단어를 전송할 수 있게 된다. 이후 인터넷이 도입되었고, 2008년에는 전용 모바일앱을 통해 뉴스를 전파하기 시작했다.[5]

전세계 역사의 현장을 생생하게 기록하다

1930년대 어느 날 밤 감옥에서 풀려난 마하트마 간디가, 감옥 앞에서 자신을 기다리고 있던 AP기자를 보고선 고개를 가로저으며 이렇게 말했다고 한다.

"천국의 문 앞에서도 AP기자를 만날까봐 무섭군." *Heinzerling, 2007, 266*

---

5   AP Technology, 1846-2013, unpublished reference guide, The Associated Press Corporate Archives, New York.

이로부터 약 15년이 지난 1946년에는, 이 책에 등장하는 특파원 맥스 데스포가 간디와 자와할랄 네루의 역사적인 만남을 사진으로 기록했다.

2015년까지 AP는 기사와 사진 분야에서 퓰리처상을 51개나 받았는데, 그중 30개가 해외취재라는 사실은 국제뉴스분야에서 AP의 영향력이 얼마나 큰지 가늠하게 해준다. (AP는 1990년대부터 비디오뉴스도 제작하고 있다.) AP가 이처럼 국제적인 존재감을 유지해올 수 있었던 것은 특파원들의 무수한 희생이 있었기 때문이다. 1898년 스페인-미국전쟁부터 2014년 가자지구 무력충돌에 이르기까지, 총 33명의 특파원이 현장을 취재하다가 목숨을 잃었다. 1993-4년 사이 1년 동안 다섯 명이 목숨을 잃었으며, 지금 이 글을 쓰는 2014년에도 세 명이 목숨을 잃었다.[6]

AP특파원들이 여러 나라에서 추방당하기도 하지만, 정치상황이 바뀌었을 때 가장 먼저 다시 불러들이는 언론사 역시 AP다. 예를 들어, 1949년 AP상하이지국을 폐쇄하면서 중국은 서방 기자들을 모두 내쫓았지만, 1979년 미국과 다시 외교를 시작하면서 가장 먼저 AP베이징지국을 열었다. 1969년 AP특파원은 쿠바에서 끝까지 버티다 쫓겨났는데, 1998년 피델 카스트로는 AP하바나지국을 다시 열도록 허용했다. 지금까지도 쿠바에 상설 지국을 가지고 있는 미국언론사는 AP와 CNN밖에 없다.[7]

---

6   이 숫자는 2014년 2월, AP아카이브를 관리하는 프란체스카 피타로Francesca Pitaro가 제공한 것으로 AP에서 파견한 특파원들뿐만 아니라 현지에서 고용한 현지인 직원과 비상근 현지인 통신원들까지 포함한 것이다. 1994년 기록은 Nicholas K. Geranios, "Foreign correspondents discuss dangers," Associated Press, April 25, 1994.에서 참조했다. 2014년 사망한 특파원은 다음과 같다: 4월, 48살 사진기자 아냐 니드링하우스가 아프가니스탄 대통령선거를 취재하러 가는 도중 AP기자들이 탑승한 차량을 보호하는 임무를 띤 아프간경찰의 AK-47 소총난사로 사망했다. 8월, 35살밖에 되지 않은 시몬 카밀리가 가자지구를 취재하던 중 폭발로 사망했다. 11월, 39살 사진기자 프랭클린 레예스 마레로Franklin Reyes Marrero가 쿠바에서 임무를 마치고 돌아오던 중 자동차 사고로 사망했다.

7   Anita Snow, "Cuban government approves re-opening of AP Havana Bureau," The Associated Press, November 13 ,1998.

아프리카 역시 미국언론이 활동하기 어려운 지역이다. 아프리카의 첫 AP지국은 1957년에야 개설되었다. 더욱이 소수의 특파원들이 아프리카의 많은 국가들을 다 취재해야 하기 때문에, 깊이있는 내용을 파고들기는 어렵다.

해외특파원의 근무환경 또한 열악하여 여성특파원은 나오기 어려웠다. 1975년 여성과 비백인을 차별고용하는 관행에 대한 집단소송이 제기된 다음에야 AP에서도 여성지국장이 나오기 시작했다.

110개에 달하는 국가에서 서비스되고 있는 AP뉴스는 세계곳곳에 배치된 여러 유형의 전문가들의 협업에 의해 만들어진다. 취재와 기사작성은 대부분 해외특파원들과 현지에서 고용한 기자들이 수행한다. 취재현장에는 사진기자와 비디오촬영기자가 동행하기도 한다. 또한 지국마다 뉴스편집과 행정·경영을 담당하는 뉴스에디터와 지국장 같은 관리자들이 존재한다. 규모가 큰 지국에는 기술담당과 행정담당 직원까지 배정되기도 하지만 규모가 작은 지국에는 특파원들이 모든 업무를 다 해내야 하는 경우도 있다. 하지만 지금은 새로운 전송기술의 발달, 기술활용능력의 확장, 예산절감 등의 이유로 역할 간 경계는 점차 흐릿해지고 있다.

나는 이 책에서 총 61명의 해외특파원들을 인터뷰했다. 특파원 본연의 임무인 취재업무에 초점을 맞춰 인터뷰하고자 했지만, 대부분 편집업무, 관리행정업무도 수행한 사람들이다. 이들 중에는 현지에서 AP에 고용되었다가 AP특파원으로 채용된 사람도 몇몇 있다. 나는 업적을 기준으로 인터뷰할 특파원을 선별한 것이 아니라, '텍스트를 통해 이야기를 전달하는 이방인'의 처지를 좀더 깊이 이해하는 데 도움이 될 만한 특파원들을 선별했다.

앞서 잠깐 살펴본 AP의 역사를 고려할 때 충분히 예측할 수 있겠지만, 내가 인터뷰한 특파원 61명은 대부분 미국 국적의 남성이다. 미국 시민권자가 아닌 사람은 7명이며(영국, 볼리비아, 캐나다, 칠레, 독일), 여성은 16명이다. 인터뷰 당시 인터뷰이들의 나이는 30대 후반부터 99살까지 다양했다. 그들이 AP를 위해 일한 기간은 적게는 6년에서 길게는 49년이나 되었고, 이 기간을 대부분 해외에서 보냈다. 특파원들 61명이 AP에서 일한 기간을 모두 합쳐보면 1,710년이나 되며, 1인당 평균근속기간은 30년이다. 이러한 수치는 이들이 AP기자로서 엄청난 전문적 소양을 갖추고 있다는 것을 보여준다.

인터뷰 당시, 28명은 AP특파원으로 미국 또는 해외에서 일하고 있었다. 나머지 사람들 중에는 다른 언론사로 이직하여 여전히 특파원으로 활동하고 있는 사람도 있었고, 은퇴하여 비영리기관이나 대학에서 일하고 있는 사람도 있었다. 13명은 뉴욕시에 거주하고 있었으며, 8명은 워싱턴DC에 거주하고 있었다. 플로리다에 3명, 하와이에 2명, 애리조나, 캘리포니아, 콜로라도, 미네소타, 미주리, 오리건, 워싱턴에 각각 1명씩 거주하고 있었다. 해외에 살고 있는 사람도 많았는데, 중국, 일본, 멕시코에 사는 사람이 각각 4명, 영국에 3명, 이스라엘과 팔레스타인 웨스트뱅크에 2명, 볼리비아, 칠레, 프랑스, 독일, 이탈리아, 모로코, 파키스탄, 포르투갈, 스페인, 태국, 한국에 각각 1명씩 살고 있었다.

이들의 학력, 해외파견 이전의 경력, 언어능력 등 특파원으로서 갖춰야 할 자질과 연관이 있다고 판단되는 개인적인 요인들에 대해서는 2장에서 이야기한다. 앞서 이야기했듯이, 이 책은 각 특파원의 개인적 회고가 아니라 특파원으로서 수행해야 하는 임무와 자질에 초점을 맞춘다. 몇몇 인터뷰이들은 특파원으로서 갖춰야 할 자질에 영향을 미친 요인으로 자신이 자란 환경이나 개인적인 성장사를 언급하기도 했다.

특파원들이 활동한 무대로는 아르헨티나, 베네수엘라 등 남아메리카와 카리브해에 위치한 19개 국가, 알제리, 짐바브웨 등 아프리카에 위치한 22개 국가, 바레인, 예멘 등 중동의 11개 국가, 아프가니스탄, 베트남, 북한, 남한 등 아시아의 23개 국가, 거기에 오스트레일리아, 북극, 캐나다가 있다.

또한 체코슬로바키아, 동파키스탄, 로디지아, 소비에트연방, 유고슬라비아 등 이제는 지구상에서 사라진 국가에서 활동한 이들도 많다. 두 명은 '특별순회특파원'으로 활동하며 뉴욕과 파리를 기반을 두고 100여 개국을 순회하며 취재했다. 이처럼 광범위한 지역을 누비며 취재하는 것은 포괄적인 샘플을 수집하고, 주요한 세계사적 사건을 취재한 여러 특파원들의 다양한 관점을 확보하는 효과적인 방법이다.

내가 인터뷰한 특파원들이 취재한 주요사건들을 구체적으로 열거하자면 다음과 같다.

- **1940-50년대**: 제2차 세계대전.
- **1960-70년대**: 카스트로 체제, 아프리카국가들의 탈식민지화 움직임에서 비롯된 여러 분쟁들, 베트남전쟁, 이란혁명, 크메르루주의 캄보디아 지배, 니카라과내전.
- **1980년대**: 동유럽 공산주의정권의 연쇄적인 몰락, 베이징 천안문광장에서 벌어진 민주화항쟁, 볼리비아와 튀니지의 쿠데타.
- **1990년대**: 이스라엘과 팔레스타인 사이에서 벌어진 유혈사태, 유고슬라비아 내전, 넬슨 만델라의 대통령당선, 허리케인 미치로 쑥대밭이 된 중앙아메리카, 아프가니스탄, 알제리, 엘살바도르, 니카라과, 소말리아의 내전.
- **2000년대**: 9·11 테러, 인도네시아의 쓰나미, 브라질의 급속한 경제성장.
- **2010년대**: 일본의 쓰나미와 핵발전소 붕괴, 유럽의 경제위기, 아프가니스탄과 이라크에서 지속되는 폭력사태, 제2차 인티파다, 멕시코의 마약전쟁, '아랍의 봄'이라고 일컬어지는 북아프리카와 중동의 반정부시위.

2013년 4월 14일 평양 김일성광장에서 AP평양지국장 진 리가 미국으로 생중계하는 Q&A시간을 준비하고 있다. (Photo courtesy of Jean H. Lee)

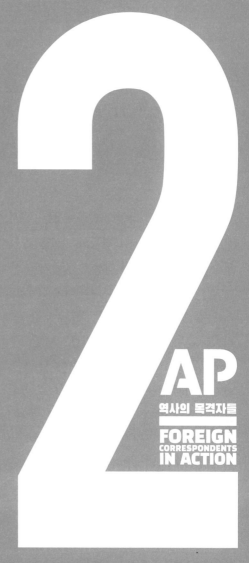

2

AP
역사의 목격자들

FOREIGN
CORRESPONDENTS
IN ACTION

역사의 현장
한가운데 있고 싶어요

나는 어떻게 해외특파원이 되었나?

2

"역사의 현장
한가운데 있고 싶어요."

나는 어떻게 해외특파원이 되었나?

[AP 인사담당자가] 나한테 전화해서는 "혹시, 자네 베트남에 가보고 싶은가?"라고 묻더군. 그 질문의 의도를 파악하는 데 시간이 좀 걸렸지. 무슨 말인지 전혀 감을 잡을 수 없었거든. 사태를 파악한 뒤 "네. 물론입니다."라고 대답했지. 지하철을 타고 사무실로 돌아오는 데 갑자기 머리가 복잡해지더라고… 정말 베트남에 갈 준비가 되어있는건가, 내가 뭘 하겠다고 넙죽 대답한거지, 거긴 그야말로 전쟁터잖아… 7층에 있는 그의 사무실로 가서 1시간 정도 이야기를 나눴는데, 내게 온갖 시시콜콜한 것들까지 알려주더군… 마지막으로 악수를 하고 돌아서려는데, "잘해낼거라 믿네."라고 말하고는… 손도 놓지 않고 또 뭐라뭐라 말하더니, "그나저나, 집은 어떻게 할 건가?"라고 묻더라고… "[AP동료이자 룸메이트였던] 배리 크레이머가 넘겨받을 겁니다."라고 대답했지… 그 순간 나를 동그란 눈으로 쳐다보더니, "어, 잠깐! 베트남에 가는 건 크레이먼데!"라고 외치더라고. 알고 보니 우리 둘을 혼동한거야. 아직 손을 잡고 있었는데, 하도 강하게 쥐어서 손가락마디가 하얗게 될 지경이었지. 그는 우물쭈물하면서 창밖으로 한번 시선을 돌리더니 다시 날 보면서 말하길… "자네는 아프리카로 가게 되었네." 난 지금도, 당황스러운 순간을 넘기기

위해 그가 아무 말이나 지어낸 건 아닐까 의심해… 아프리카 이야기는 한 번도 한 적이 없거든. 아프리카는 내 머릿속에 아예 있지도 않았어. 아프리카에 대해선 아는 것도 없었고… 그런데 그냥 그런 생각이 들더군. "멋진데! 어딜 가도 좋으니 아무데나 보내줘."[1]*Rosenblum, 1-2*

38년 동안 AP특파원으로 활동한 베테랑 순회특파원 모트 로젠블럼이 1965년 AP에 처음 입사하였을 때 경험한 우연한 발령은, 지금까지도 많은 AP특파원이 공통적으로 경험하는 일이다.[2] 미국내 신문사나 AP지국에서 일을 어느 정도 하다가, 특파원으로 채용되면 먼저 포린데스크에서 일을 한다.[3] 특별한 출신지나 언어능력이 있는 경우에는 어디로 발령받을지 어느 정도 예측할 수 있었지만 대부분 무작위로, 특히 급작스럽게 발령이 난다. 발령이 나더라도 한 지역에서 몇 십 년 동안 머무는 것은 오히려 예외적인 상황이고, 대부분 아무 예상도 하지 못한 곳으로 갑자기 발령이 난다.

나는 80년에 걸친 해외특파원들의 이야기를, 기자경력이 시작되는 해외발령과정을 설명하는 것에서 시작하고자 한다. 특파원들은 어떻게 특파원업무를 맡게 되었을까? 어떻게 임무에 맡고, 어떤 준비를 할까? 해외에

---

1 이 책의 인용문은 녹취록에서 발췌한 것이다. 말을 가다듬기 위해 내뱉는 단순한 반복적인 표현들은 읽기 쉽도록 삭제했다. 인용문 속에 들어있는 대사들은 (예를 들면 "혹시, 자네 베트남에 가보고 싶은가?") 화자의 정확한 발언이라기보다는 특파원들이 기억하고 있는 발언이다.

2 이 책에서 언급하는 직함과 근무연수는 인터뷰 당시 또는 회상하는 시점을 기준으로 한다. 별도의 언급이 없는 한 근무연수는 AP에 소속되어 활동한 햇수를 의미한다.

3 '포린데스크'는 현장에서 기자들이 보내는 기사를 수집하여 편집하고 출간하는 업무를 하는, AP뉴욕본부에있는 에디터센터를 일컫는다. 처음에는 cable desk라고 불렸으나 foreign desk로 이름이 바뀌었다. 나중에 뉴욕본부가 지역허브로 분산되면서 international desk로 이름이 바뀌었다. 기사를 번역해서 해외로 내보내는 업무를 하는 곳은 world desk라고 부른다.—옮긴이 주

도착한 다음에는 어떤 준비과정을 거칠까? 어떤 기술이 필요할까?

이 장 끝에서 구체적으로 언급하겠지만, 특파원업무에 가장 큰 영향을 미치는 기술은 바로 '언어'다. 벌리츠외국어교실에서 몇 주 외국어수업을 듣고 관용구 몇 개 외워서 나가는 사람도 있고, 유창하게 외국어를 구사할 수 있는 사람도 있지만, 어쨌든 경력 전반에 걸쳐 언어를 습득해야 한다고 특파원들은 입을 모아 말한다. 통역없이 취재를 할 수 있느냐 없느냐에 따라 뉴스콘텐츠의 질은 극적으로 달라지기 때문에 세계 곳곳을 옮겨다니는 특파원들에게 언어는 가장 큰 골치거리라 할 수 있다.

내가 인터뷰한 특파원들의 출신배경은 매우 다양했다. 특파원으로 활동한 경력 역시 그에 못지 않게 다양했다. 하지만 그들을 AP로 이끈 것은 단 하나였다. 바로 해외특파원으로 일하고 싶다는 꿈이었다. 이런 꿈을 부추긴 것은 도전, 모험, 변화에 대한 갈망, 저널리즘의 '정점'으로 표현되는 어떤 이상이 뒤섞인 그 무언가였다.

"제기랄, 여기서 평생 썩게 생겼네."

특파원이 되기 전 통과의례

1940년대부터 2000년대까지, 내가 인터뷰한 특파원 4명 중 3명은 미국 내에 있는 AP지국에서 기자로서 커리어를 시작했다. 지역에서는 고등학교 운동경기나 주의회 등을 취재하러 다니고, 방송도 하고 야간근무도 하며 온갖 잡일을 한다. 그러한 생활을 하면서 'AP테스트'라고 불리는 글쓰기시험을 통과하면, 뉴욕으로 와서 포린데스크나 월드데스크에서 에디터가 되어 국제뉴스를 본격적으로 다루기 시작한다. 포린데스크는 해외에서 들어오는 뉴스를 편집하여 미국에 있는 AP회원사들에게 전송하는 곳이고, 월드데스크는 해외 AP회원사들에게 전송할 뉴스를 편집하는 곳이다.

시라큐스, 샬롯, 비즈마크, 카슨시티, 호놀룰루 등 온갖 지방에서 모여든 신참내기들이 뉴욕본사에 처음 오면 그야말로 혼란에 빠지고 만다. 자신들보다 훨씬 숙련된 해외특파원들이 작성한 기사를 편집해야 할 뿐만 아니라, 더 나아가 현장기자들과 데스크 사이의 팽팽한 긴장 속에서 조바심을 내며 견뎌야 한다. 이러한 상황 속에서 언제 떨어질지 모르는 해외발령을 기다리며 '기도하는' 마음으로 살아야 한다.

처음 발령받은 지역에서 수십 년 동안 계속 경력을 쌓은 사람은 내가 인터뷰한 이들 중에는 6명 밖에 되지 않았다. 대부분 장돌뱅이처럼 전 세계를 돌아다녔다. 댄 페리는 24년 동안 전 세계를 누비고 다녔다. 첫 발령지는 루마니아였으나 곧 이스라엘로 자리를 옮겼다가 카리브해로 발령받았다. 다시 이스라엘로 돌아온 다음에 얼마 있다 런던으로 갔고, 다시 이스라엘로 돌아왔다가 카이로로 발령받았다. 로버트 리드가 44년 동안 AP특파원으로 활동하면서 거쳐온 도시는 본, 베를린, 카이로, 베이루트, 다마스커스, 두바이, 바그다드, 카르툼, 트리폴리, 델리, 펀잡, 마닐라, 방콕, 프놈펜, 홍콩, 도쿄까지 거의 전 세계를 망라한다.*Reid, 35*

햇살이 따뜻한 어느 일요일 오후, 베를린에서 AP지국장직을 맡고 있는 리드를 만나 인터뷰를 했다. 독일, 오스트리아, 스위스에서 들어오는 메시지로 인해 리드의 전화기는 쉴 새 없이 울어댔다. 버락 오바마 미국대통령이 베를린에 방문한 지 며칠 지나지 않은 때였다. 하지만 리드 역시 대다수 다른 특파원들과 마찬가지로 꽤나 초라하게 특파원경력을 시작했다. 대학생시절 프리랜서기자로 활동하며 스포츠기사를 쓰고 있었는데, 어느 날 노스캐롤라이나 샬롯에 있는 AP지국 지국장이 전화를 해 테스트를 받아볼 생각이 없느냐고 물었다고 한다. 테스트를 받고 AP에서 처음 그가 맡은 일은 취재하면서 작성한 기사를 신문에 실을 수 있는 글로 고치는 것이었다. 몇 년 뒤, 말 그대로 갑작스런 사고와 함께 뉴욕으로 가라는 발령이 찾아왔다.

대통령후보 지미 카터의 연설을 취재하러 가기 위해 국장 차를 빌렸지. 그런데, 취재를 마치고 돌아오는 길에 어떤 여자가 운전하던 차가 우리 자동차를 뒤에서 들이받은 거야. 다친 사람은 없었지만 자동차가 찌그러졌지. 그날 밤 샬롯으로 돌아오는 차 안에서 온갖 생각이 들더군. 뭐라고 말해야 하지? 고속도로경찰이 나에게 아무 잘못이 없다는 확인증도 발급해주긴 했지만 그래도 마음이 놓이지 않더군. 난 교통신호를 보고 멈췄는데 그 여자가 와서 박은 걸 어떻게 해? 사무실에 도착한 뒤 국장에게 뭐라고 말 해야 할지 생각이 나지 않더라고. 그런데 국장이 내 옆을 지나쳐 가면서, "사무실에서 좀 봅시다,"라고 말하는 거야. 올게 왔구나… 사무실에 들어서니 그가 문을 닫고는 책상에 앉더니 아무 말도 없이 종이 한 장을 나에게 휙 던지는 거야. 집어서 보니 뉴욕에서 온 편지였지. 월드데스크로 발령났다는 것이었어.*Reid, 1-3*

지역국에서 실시하는 '신병훈련'은 뉴욕데스크에 가면 식은죽먹기에 불과하다는 것을 깨달을 수 있다. 테리 앤더슨은 도쿄로 가기 직전 데스크에서 경험한 '신병훈련'을 40년이 지난 지금도 생생하게 기억한다.

인덱스프린터 앞에 앉아있으면 해외지국에서 들어오는 기사들을 볼 수 있는데, 기사의 맨 앞 세 줄씩만 보여주지. 그것만 보고 수많은 기사 중에서 더 자세하게 볼 만한 기사가 무엇인지 빠르게 결정해야만 해. 여기서 뽑히지 못한 기사는 시스템에서 삭제되고 결국엔 그냥 묻히는 거지. 바쁠 때는 기사가 끝없이 밀려들어오는데, 지직, 지직, 지직, 계속 들어와. 기사를 하나 열어서 컴퓨터에서 편집을 하고 있으면 또 다른 기사들이 지직, 지직, 지직 소리를 내며 들어오고. 이렇게 일이 밀리기 시작하면… 이제 기사들 중에 우선순위를 매겨야 해… 계속 이렇게 일에 치여 살다보면, 언젠가 [데스크관리자가 다가와서] "휴가를 다녀오게. 이제 데스크업무에 익숙해졌군."이라고 말하는 날이 오지. 뭐 그냥 이런 식이야… 첫날 밤은 완전히 지옥이었지. 일이 진짜 쉴 새없이 밀려들더군… 새파랗게 젊은 기자가 시니어특파원이 써서 보낸 기사를, 줄거리를 그대로 유지하면서 더 나은 기사로 바꿀 수 있다는 게 사실, 말이 안 되잖아. 데스크는 부족한 사건의 맥락이나 배경을 추가하거나 사실확인을 할 수도 있고, 필요하면 취재기자에게 연락해서 직접 물어봐야 하거든. 하지만 그런다고 해서… 내 기사가 되는 건 아니야. 기사의 바이라인에 들어갈 이름은 내가 아니야. 특파원들은 또, 데스크에서 자기가 쓴 기사를 가지고 쓸데없이 입씨름을 하려고 한다고 생각하지. 그런 특파원들을 상대하는 것이, 초년병한테는 얼마나 힘들겠어? *Anderson, 1-2*

2013년 3월 8일 AP베이징지국에서 만난 AP 베이징지국장 찰스 허츨러의 모습. 뒤에 걸려있는 사진은 1972년 닉슨대통령이 베이징을 방문했을 때 취재진으로 함께 따라간 AP의 사진기자 호스트 파스가 중국인민들과 이야기를 나누는 모습이다. 파스는 퓰리처상을 두 번이나 수상했다. (Photo by Giovanna Dell'Orto)

중국특파원이 되고 싶다는 생각으로 AP에 들어온 찰스 허츨러도 몇 달 동안 포린데스크에서 일을 했다. 중요한 국제뉴스들을 먼저 볼 수 있다는 생각에 처음에는 신이 났지만, 며칠 가지 못해 진짜 고통의 시간이 되었다고 말한다.

> 중국에 가고 싶어하는 사람들의 머릿수를 세어보았는데, 어렵지 않게 결론을 얻을 수 있었죠. "제기랄. 여기서 평생 썩게 생겼네!" 그런데 운이 좋게도… [1990년대 초반] 중국의 경제지표가 치솟기 시작한거예요… 그리고 다행히도 내 앞에 대기하고 있던 사람들이 나보다 중국어를 잘하지 못하더라고요.*Hutzler, 1-2*

하지만 이러한 틀을 깬 사람도 있다. 1979년 AP베이징지국을 다시 여는 데 일조했던 비키 그레엄은 데스크에서 '시인의 코너'라는 칼럼을 쓰다가 34년이 지난 2013년 다시 상하이지국장을 맡아 중국으로 갔다. 그녀는 중국어에 그다지 능통하지 못하다.

> 많은 사람들이 분개했을 거야. "그 여자 도대체 누구야? 중국어 공부 하느라 얼마나 힘들었는데… 국제데스크에서 밤새 노예처럼 일하는 우릴 제치고 그 여자를 보낸다니?"… 내가 말할 수 있는 건, 그쪽에서 작가를 원했고 내가 바로 작가면서 기자였다는 사실이지… 열정을 갖고 일을 해낼 자신도 있었고. 그래서 내가 뽑혔을 뿐이야.*Graham, 2*

이라크전쟁 당시 AP워싱턴DC지국 부국장을 역임한 샐리 버즈비는 카이로로 자리를 옮겨 중동에디터로 5년 동안 일했다. 버즈비는 미국의 권력 중심부에서 정부정책이 현실에 어떻게 영향을 미치는지 몸소 체험한 상태였다.

이라크전쟁을 직접 목격하지 않는 한 균형잡힌 기자가 될 수 없다고 생각했어요… 현시대에서 가장 영향력이 큰 사건을 놓칠 수 없었죠… '미국의 정책을 논의하려면 무슨 일이 벌어지고 있는지 누군가 현장에서 직접 소식을 전해주어야 한다'고 확신했죠… 이라크전쟁 관련 정책에 대해선 잘 알고 있었지만, 이라크전쟁의 본질을 제대로 이해하기 위해서는 바그다드로 직접 가야 한다고 생각했어요. 그래서 바그다드지국에서 3주 동안 머물면서 직접 기사를 썼고… 그러한 이야기에 정통하는 다른 방법은 없어요. *Buzbee, 1-2 / 14-5 / 5*

찰스 핸리는 AP에서 일한 43년을 대부분 뉴욕에서 보냈지만, 데니스 그레이는 AP에서 일하는 내내 단 한 번도 뉴욕에 머문 적이 없었다. '본업이 세계여행'이라고 말할 수 있을 정도로 세계 곳곳을 누빈 그레이는 1973년 올버니지국에서 뉴욕을 거치지 않고 곧바로 베트남으로 자원하여 날아갔다. 이후 동남아시아를 시작으로 소말리아, 르완다, 코소보, 이라크, 아프가니스탄, 파키스탄, 오스트레일리아로 옮겨가며 현장기자로 살았다.

1970년부터 1973년까지 사이공지국 지국장을 역임한 리차드 파일도 자원해서 베트남특파원이 되었다. 그는 전장 한복판으로 간 이유를 이렇게 설명한다.

그 시절 그러한 선택은… 나 같은 사람들에게는 반드시 해야만 하는 무언가였지. *Pyle, 1*

미국시민권자가 아닌 특파원들은 대부분—몇몇 미국인특파원들도 마찬가지로—AP기자로서 커리어를 해외에서 시작한다. 그러다가 '뉴욕본부로 채용되어 들어오는 순간' 국외체류자로서 훨씬 나은 보수와 혜택과 명성을 누린다. 에두아르도 가야르도와 해롤드 올모스는 각각 칠레와 볼리비아 출신으로, AP지국에 현지인 기자로 채용되면서 경력을 쌓기 시작했다. 텔아비브지국에서 심부름하는 직원으로 일하던 마커스 엘리아슨 역시, 1967년 이른바 6일전쟁이 발발하던 날 AP특파원으로 채용되었다.

반면 캐나다 온타리오 출신 개넌은 프리랜서기자로서 페샤와르에서 소비에트-아프가니스탄 전쟁을 혼자서 취재하러 다니다가 AP특파원으로 채용되었다. 미네소타 숲속에 있는 자신의 집에서 인터뷰를 한 로빈 맥도웰은 캄보디아 최초의 영어일간지 창간을 도와주는 일을 하다가 파트타임으로 AP특파원으로 채용되었다. 매튜 페닝턴은 영국인으로서 UN개발계획UNDP 자원봉사자로 라오스에서 활동하던 중 AP특파원이 되었다. AP에 들어와 그가 처음 작성한 기사는, 자신이 활동하던 자원봉사에 대한 이야기였다.

폴 쉠은 AFPAgence France-Press의 카이로특파원으로 일하다가, 2007년 AP로 소속을 옮겼다. 그의 이직 사례는 '현지고용'이라는 말 자체가 상당히 모호하다는 것을 보여준다.

> 나는 미국인이지만 프랑스통신사에서 일을 했죠. 바그다드에 있다가 카이로로 발령이 났는데, AFP는 갑자기 나를 '현지고용'으로 분류하고는 급여를 절반으로 삭감한다고 하더군요. 왜 내가 '현지고용'이 된 걸까요? 내가 현지인이 될 이유는 하나도 없었는데… 그들이 '현지인'이라고 부르는 사람들, 즉 이집트인들에게 주는 수준으로 내 급여는 떨어졌어요. 기자가 되기 위해 나는 3개 국어를 익혔는데 말이에요. AFP는 내가 실망하든 말든 전혀 신경쓰지 않았고… 그러던 중 AP가 데스크 직책을 주겠다며 제안했고, 마다할 이유가 없었죠.*Schemm, 2*

"아드레날린이 솟구칠 때 가장 힘이 납니다."

특파원이 되고 싶은 이유

해외특파원이 되는 경로는 다양하지만, 그들은 한결같이 어린 시절부터 해외특파원이 되겠다는 꿈을 꾸며 상당한 준비를 해온 사람들이었다. 북한에 최초의 AP지국을 개설하고 최초의 북한주재 미국인 특파원이 된 진 리는 고등학교 졸업앨범에 '해외특파원이 되고 싶다'는 장래희망을 써넣었다고 회상한다. 서울에서 기자로 활동하던 할아버지의 모습을 보며 그런 꿈을 꾸기 시작했다고 한다. 할아버지는 어릴적 그녀에게 공책을 사 주면서 매일 '일기'를 쓰라고 권했다.*Lee, 1*

스티븐 허스트는 비엔나에서 대학을 다닐 때 헝가리 출신 난민과 함께 살면서 러시아어를 배웠다.

> 대학을 마치고 돌아와서 오하이오 콜롬비아에 있는 AP지국에 취직을 했지. 거기 사람들이 '뭘 하고 싶으냐?'고 물으면 나는 늘 모스크바에 가고 싶다고 말했어.*Hurst, 2*

그는 결국 모스크바특파원이 되어 소비에트연방의 몰락을 취재했다.

해외특파원이라는 직업은 실제로 매력적이다. 가장 '모험적인' 저널리즘이라고 여겨지는 일을 해낼 수 있는 기회를 제공할 뿐만 아니라, 자신의 뿌리가 있는 나라, 젊은 시절 군인으로 복무했던 나라, 학문적으로 관심이 있는 나라 등 자신이 가고 싶은 나라에 가서 살 수 있는 기회를 제공한다. 실제로 미국의 해외특파원들 중에는 어린 시절 또는 젊은 시절을 다른 나라에서 보낸 이들이 많다.*Hess, 1996, 14* 냉전이 한창이던 시대에 폴 알렉산더는 평화로운 오스트레일리아에 처음 발령을 받았으나, 전쟁으로 파괴된 나라로 가고 싶어했다.

누구나 전쟁특파원을 최고의 기자라고 생각하잖아요. 위험한 곳에서 온갖 도전을 헤쳐나가야 할 뿐만 아니라 최고의 기자들과 경쟁할 수 있죠… 본국에 들어오면 나갈 날만 손꼽아 기다리고, 나가있으면 본국으로 돌아갈 날만 손꼽아 기다린다고 특파원들은 말해요. '언제든 죽을 수 있다'는 것만큼 살아있다는 느낌을 강렬하게 주는 게 어디 있겠어요? 아드레날린이 솟구칠 때 가장 신이 납니다. 더욱이 역사가 만들어지는 현장 한 가운데 있다는 건 엄청난 자부심을 주죠.*Alexander, 2-3*

전쟁취재에 특별한 의미를 부여하지 않는 기자들조차 갈등, 분쟁, 전쟁은 직접 취재해야 한다고 말한다. 사실, 많은 이들이 '대단한 이야기'를 취재하고 싶어하는 야망, 호기심, 흥분에 대해 말했지만, 특파원들의 한결같은 본능적 욕구는 바로 인류의 역사적 순간을 함께 하고 싶다는 것이었다.

사람들이 서로 연결되어있다는 것이 무엇인지 이해하고 싶었어요… 그러기 위해선 밖으로 나가서 사람들과 이야기하는 수밖에 없었죠.*Bryson, 51*

지금 이 순간을 살고 싶어하는 특파원들은 순간을 기록해 모든 이들과 공유하고 싶어한다. 베트남전쟁에 처음으로 파견된 여성특파원 태드 바티무스는 자신의 결정에 대해 자조적으로 이야기한다.

어머니는 강경한 반전론자였고, 아버지는 파일럿으로 참전했고, 오빠는 ROTC였지. 그래서 나도 언젠가는 전쟁에 어떻게든 연루될 거라고 생각했어. 나도 뭔가 해야만 했기에, 기자가 되어서 이 상황을 바로잡고, 전쟁의 참상을 세상에 알리고 싶었지.*Bartimus, 3*

특파원의 직업의식에 대해서는 13장에서 깊이있게 논의할 것이기에, 여기서는 인터뷰를 하나만 더 인용하고 마무리하고자 한다. 아프가니스탄 특파원 캐시 개넌은 기자라는 직업을 사랑하는 이유에 대해서 이렇게 말한다.

> 정말 피곤해요. 3년 넘게 제대로 잠을 잔 적이 없거든요. 사건은 끊이지 않고 일어나고… 그래도 난, 내가 엄청나게 운이 좋다고 생각해요… 저 대단한 이야기들을 내 손으로 직접 취재하고 있잖아요. 이야기 하나를 만들어내기 위해 몇 날 며칠을 돌아다니며 파고들고… 사무실로 돌아와 아냐가 찍은 끝내주는 사진들을 내가 쓴 기사 속에 넣으면서… 내가 누군가의 삶에 대해 이처럼 많은 것을 볼 수 있고 취재할 수 있다는 사실이 얼마나 꿈같은 일인가… 솔직한 마음이에요.*Ganon, 83/6*

개넌은 기자라는 직업이 사람들과 맺는 깊은 관계를 탐구할 수 있는 기회를 제공한다고 말한다. 그녀는 나와 인터뷰를 하고서 몇 달 뒤 아프가니스탄 대통령선거를 취재하다가 테러공격을 받아 중상을 입었다. 그녀와 함께 동행했던 사진기자 아냐 니드링하우스는 현장에서 즉사했다.

"네가 죽으면 시체는 찾으러 갈께."
발령지 선정

절차에 따라 개인의 근무희망지를 반영한다고 하지만, 특파원들의 첫 해외 발령은 대부분 뜬금없이 찾아오는 경우가 많다.

> 뉴욕 알바니에서 교통사고, 농구경기 같은 걸 취재하고 있었는데, 갑자기 4일 뒤에 베트남으로 가야 한다는 거야. 정신 차리고 보니

사이공 한복판에 서있더군. 그렇게 특파원생활이 시작되었지.*Gray, AP Oral History, 2005, 4*

데니스 그레이는 그래도 베트남에 참전했던 군인이었기에 빠르게 적응할 수 있었다. 반면 샘 서멀린은 노스캐롤라이나 롤리에서 뉴욕본부로 자리를 옮긴 지 얼마 되지도 않아, 전쟁이 한창이었던 한국으로 발령이 났다. 불과 23살에 '진짜 아무것도 알지 못하는' 낯선 땅에 떨어뜨려놓은 것이다.*Summerlin, 2* 아시아특파원으로 활동하던 테릴 존스는 파리로 발령이 나 파리에서 머물 집을 찾고 있던 와중에 라이베리아내전을 취재하러 가라는 갑작스러운 명령을 받는다.

파견이 결정되고 2-3주나 되었을까요? 어느 순간 정신을 차리고보니 내가 랜드로버를 타고 있더군요. 사진기자와 함께 랜드로버를 강 건너 라이베리아 밀림으로 밀수할 방법을 찾기 위해 굉장히 수상쩍은 사람들과 협상을 했죠.*Jones, 34*

그렇게 라이베리아 제2의 도시 뷰캐넌 근교로 들어간 존스는 괴상한 군가를 부르는 반란군과 조우한다.[4]

"먼지 쌓인 도로를 가로질러 해골을 운반한다네… 검문소를 해골로 장식하자…"

특정한 언어를 구사한다고 해도 이러한 무작위적인 운명에서 자유로운 것

---

[4] Terril Jones, "Liberia's No.2 city ruled by ragtag rebels," The Associated Press, June 25, 1990.

은 아니다. 댄 페리는 자신의 첫 임무를 이렇게 기억했다.

> 국제에디터 톰 켄트가 내 이력서를 보면서 묻더군요. "부쿠레슈티는 어때요?" 이력서에 내가 루마니아어로 할 줄 안다고 적어놓았거든요. 그의 표정을 유심히 살피면서 [웃음]⋯ 사실 난 루마니아에 대해 아무 것도 몰랐지만 그냥 뭐라도 아는 척하고 싶어서 이렇게 말했죠. "부쿠레슈티에 가면 브라쇼브도 관할할 수 있나요?" 막연히 루마니아의 도시 중에 브라쇼브라는 게 있다는 게 기억이 났거든. 그러자 켄트가 당연히 그렇다고 대답했어요._Perry, 9_

아랍어를 공부하고 있던 니콜라스 타트로는 1973년부터 1990년까지 AP의 포린에디터였던 네이선 폴로웻스키와 겪은 일을 들려준다.

> 나를 이란으로 보내겠다고 하길래 소심하게 항의를 했지. "난 아랍어를 공부하고 있는데⋯" 그랬더니 이렇게 말하더군. "페르시아어나 아랍어나 휘갈겨 쓰는 건 다 똑같아." 바로 수긍할 수밖에 없었지. "아, 그건 몰랐네요." 그런데 웃긴 건, 정작 발령이 난 곳은 이집트였어. 어떻게 된 건지는 나도 몰라. 아무런 설명도 없었지. 그냥 가라는데 뭐⋯_Tatro, 2_

30년 동안 중앙아메리카에서 온갖 혁명을 취재한 조셉 프레이져는 원래 스페인어가 아니라 프랑스어와 러시아어에 능통했다. 정작 스페인어에 능통한 존 라이스는 스페인어와는 전혀 무관한 남아프리카공화국으로 가라는 명령을 받았다. 라이스는 무심결에 포린에디터에게 이렇게 말했다.

> "아, 제가 대학에서 아파르트헤이트 반대운동을 한 적이 있는데, 잘 됐네요."_Rice, 1_

그랬더니 곧바로 발령지가 아무 상관도 없는 요르단으로 바뀌었다.

　파견근무지에 대해 너무 많이 아는 것은 오히려 독이 된다고 여기는 경우도 있다. 앨런 쿠퍼먼은 '너무 러시아사람 같다'는 이유로 소련발령이 무산될 뻔했다. 당시 AP대표였던 루이스 보카디가 소련에 대한 너무 많이 알고 있으며, 러시아말도 너무 잘해서 기사가 '편향'될 수 있다고 우려한 것이다.*Cooperman, 1-2*

　냉전 시기 하바나에서 끝까지 버티다 마지막으로 추방당한 미국인특파원 존 펜튼 휠러 역시 처음 쿠바로 발령받을 때 쿠바와 어떤 관련이 있느냐는 질문을 받았다. 그는 이렇게 대답했다.

> "아버지가 태우는 로이탄Roi-Tan 시가가 어쩌면 쿠바산일지 모릅니다."
>
> *Wheeler; 2008, 25*

스페인어와 이탈리아어에 능통했던 클로드 업슨은 피그스만 공습취재를 첫 특파원 임무로 받았다. 전장으로 떠나기 전 그는 '전쟁취재를 하다가 목숨을 잃은' AP특파원들의 초상화가 있는 방에서 아내와 공식적으로 작별인사를 했다. 임무를 마치고 돌아온 업슨은 페루특파원으로 정식 발령을 받고는, 떠나기 전 뉴욕에서 안데스산맥에 위치한 국가들에 대해 공부를 하고 있었다. 당시 AP대표였던 웨스 갤러거를 만난다.

> 사장실로 날 부르더니 이렇게 말하더군. "다시 생각을 해 봤는데, 리마는 적절하지 않아. 그 대신 브라질로 가게." 브라질은 라틴아메리카의 나머지 국가들을 전부 합친 것만큼 넓은 나라잖아. "좋습니다. 그런데 제가 누굴 대신해서 가는 겁니까?" 내가 누굴 대신하는지 알려주었는데… "그—그—그—그분은 지국장이잖아요!" 정말 기절하는 줄 알았지. 내가 '그—그—그—' 하고 있는 동안 이렇게 말하더군. "네가 지금부터

브라질국장이다. 거기 지국 운영이 지금 엉망이야. 네가 가서 망쳐봐야 그보다 더 망칠 순 없을거다."… 그나마 좀 위안이 되긴 했지.*Erbsen, 7-8*

업슨은 그로부터 7개월 뒤 리우데자네이루로 갔다. 정신 차리고 보니 낯선 곳에 와있었다고 말하는 다른 특파원들에 비하면 준비기간이 상당히 넉넉 했던 편이다. 예컨대 맥스 데스포는 에디터사무실에서 단 15분 만에 한국 전쟁특파원으로 발령이 났다.

여권 만들 시간도 없어서, 미군에 인가를 미리 신청해놓고 시애틀로 가서 거기서 여권을 받아서 한국으로 갔지.*Desfor, 1*

여성특파원을 전장에 파견할 때는 그래도 좀더 깊이 숙의를 하지만, 그렇다고 해서 특별히 여유를 즐길 수 있는 것은 아니다. 샌프란시스코에서 AP기자로 활동하던 이디스 레더러는 1971년, 휴가를 얻어 친구와 함께 '모든 이들이 증오하는 이 전쟁을 눈으로 직접 확인하기 위해 부모님께 알리지도 않고' 팬아메리칸항공을 타고 패키지여행으로 사이공에 갔다. AP의 동료기자들은 그녀를 헬리콥터에 태워 메콩강 삼각주도 보여주고, 저 악명 높은 '5시의 광대극' 뉴스회견에도 데리고 갔다. 레더러는 휴가가 끝나고 미국으로 돌아왔지만, 당시 사이공국장이었던 리차드 파일은 AP본부에 레더러를 전임특파원으로 보내달라고 요청했다.

1972년 어느 날, 정말 느닷없이 AP대표에게 전화가 왔는데, 6개월 동안 베트남에 가겠냐고 묻더라고. 깜짝 놀랐지. 매년 작성하는 AP직원 설문지에 '경력을 쌓아 어떤 일을 하고 싶습니까?'라고 묻는 항목이 있는데 나는 매번 '해외특파원이 되고 싶다'고 썼었거든. 갑작스러운 전화에 나는 물었지. "그러면, 일단 뉴욕으로 가서 데스크에서 일해야 하나요?"

"아뇨. 베트남으로 곧바로 갑니다." 정말 나는 포린데스크도 거치지 않고 전쟁특파원이 된 거야. 물론 나중에 안 사실이지만, 포린데스크에서 여직원은 받지 않겠다고 하는 바람에 그렇게 된 거라고 하더군.*Lederer, 1-3*

1973년 레더러의 후임으로 베트남에 또다른 여성특파원이 파견되었는데, 그녀는 바로 태드 바티무스다.

난 국제에디터들 사이에서 하루빨리 벗어나고 싶었어… 당시 UPI 동남아시아특파원 케이트 웹은 《마이애미헤럴드》 1면에 날이면 날마다 등장했는데, 난 그 기사들을 오려서 바이라인에 새겨져있는 그녀의 이름을 빨간펜으로 동그라미 쳐 놓았지. "나도 갈 수 있어. 여자가 전선에 나갈 수 없다는 규칙은 나한테 적용되지 않아." 나는 매일 그렇게 암시를 했지. 그리고 기사가 어느 정도 모이면 봉투에 넣어서 AP대표 웨스 갤러거에게 보냈어. 2년 동안 그 짓을 했는데… 마침내 1973년 4월, 갤러거의 임무를 대리하던 키스 풀러가 내가 일하던 AP지국에 나타나서는 항공크레딧카드를 나한테 던지면서 이렇게 말하는 거야. "거기까지 가는데 1주일 준다."*Bartimus, 7-9*

첫 발령지 못지 않게, 그 다음 발령지 역시 오리무중이다. 특파원들은 천성적으로 늘 새로운 도전을 갈망하는 이들이기 때문에, 스스로 이러한 좌충우돌을 자초하기도 한다. 베트남에 파견된 지 5년이 지난 뒤 풀러는 바티무스에게 라틴아메리카를 순회하며 게릴라전을 취재하는 임무를 맡겼다. 결혼한 지 1주일 밖에 되지 않은 그녀에게 풀러는 이렇게 말했다.

"혼자 알아서 다 해내야 돼. 물론 네가 죽으면 우리가 시체를 찾으려는

가겠지만." *Bartimus, 34-35*

아파르트헤이트 이후 남아프리카공화국을 취재한 도나 브라이슨과 제2차
세계대전 이후 독일의 재건과정을 취재한 오토 도엘링은 자신의 발령지가
너무 익숙해졌다고 느껴졌을 때 각각 인도와 중동이라는 미지의 장소로 자
리를 옮겼다. 그레엄은 파리를 포기하고 인도로 갔다가 '또 다른 빅스토리
를 만들어내기 위해' 중국으로 갔다.*Graham, 19* 파리지국에서 근무하던 데
이빗 크래리는 보스니아전쟁 중 '갑작스럽게 맡은 임무'를 수행하기 위해 죽
음을 무릅쓰고 포위된 사라예보를 8-9차례나 들락거렸다.

내가 자원해서 간거야. 물론 처음에는 굉장히 무서웠지.*Crary, 10*

오스트레일리아특파원으로 활동하던 알렉산더는 1993년 소말리아전쟁이
발발하자 이를 취재하기 위해 전장으로 날아갔다.

소말리아에 102일 정도 머물렀는데, 그 동안 바이라인에 내 이름이
99번 올라갔죠. 절반 정도 지났을 때, '빨리 오스트레일리아로 돌아가
고 싶다'는 생각이 들었고, 3분의 2 정도 지났을 때, '이제 얼마 안 남
았다'고 생각하며 스스로 위로했어요. 그런데 세 달을 넘어설 때쯤 이
런 질문을 나 자신에게 하고 있더군요. "이곳에 좀더 머무르면 안 되는
이유가 있었던가?"*Alexander, 1*

1982년 앤더슨은 남아프리카공화국의 '조용한 생활'이 지겨워지기 시작할
때쯤, 이스라엘이 레바논을 침공하자 곧바로 전쟁취재를 하겠다고 지원했
다. (물론 그곳에서 극단주의자들에게 납치되어 거의 7년 동안 인질생활을 하게 될 거라고
는 꿈에도 생각하지 못했다.)

전쟁이 터지면 대개 본부에서 전쟁특파원을 모집한다는 공문이 내려오는데… 신청을 해야 하나 말아야 하나 잠깐 고민을 했지. "나도 갈 수 있을까? 여기선 뭐 특별한 일도 일어나지 않잖아." 이런 식으로 나 스스로 암시하면서 결국 신청했어. 인사관리자가 할 줄 아는 언어가 몇 개나 되느냐고 묻길래 두 개라고 대답했지. 무슨 언어냐고 물었고, 나는 '영어와 일본어'라고 대답했는데 이렇게 말하는 거야. "그 언어들은 이 상황에 별로 도움이 될 것 같지 않네요." 왠지 모르게 화가 치미는 거야. "나도 알아요. 그런데 영어 할 줄 모르는 사람이 어디 있어요? 제길." 그랬더니 이렇게 말하더군. "그러면… 비행기 타세요."*Anderson, 11*

하지만 누구나 원하는 곳으로 파견되는 것은 아니다. 아놀드 제이틀린은 나이지리아에서 3년을 보낸 뒤 동아시아로 발령을 내달라고 요청했다.

"파키스탄으로 갈겁니다." 갤러거가 말하더군. 전혀 아는 게 하나도 없는 낯선 곳이었지. "혹시 다른 곳은 안 되요?" 물었더니… 없다고 잘라 말하더군. 어쩔 수 있나? 파키스탄으로 가는 수밖에.*Zeitlin, 14*

반면, 한 지역에 수십 년 동안 머무는 특파원도 있다. 예를 들어, 라웁은 팔레스타인 웨스트뱅크로 파견되었다가 그곳에서 결혼도 하고 아이도 둘이나 낳아 길렀다. 그 외에도 장기간 한 곳에서 근무한 시니어특파원들도 여럿 있다.

9·11 테러 이후 파키스탄에서 1년 동안 거의 쉬지 않고 취재했던 로버트 리드는 2002년 9월 산악지대에서 1주일 휴가를 보내던 중 저주파 라디오로 VOA를 들은 것을 회상했다. 미국의 대對이라크계획에 대한 대담이 흘러나오고 있었다.

"이라크? 말도 안 돼. 이라크에서 또 전쟁을 일으키겠다고? 미친거 아냐?" 하지만 대담이 모두 끝난 뒤, 이라크에서 진짜 전쟁이 또 시작될 수 있겠다는 생각이 들더군… 이슬라마바드로 돌아가 뉴욕데스크로 전화를 걸어 이라크와 전쟁을 할 것 같냐고 물었더니, 아닐 거라고 생각한다면서도… 그래도 전쟁이 일어날 것에 대비하는 것이 좋겠다고 하더군. 나는 업무를 최대한 빨리 마무리짓고 며칠 뒤 브뤼셀로 복귀했어… 뉴욕에서 다시 전화가 왔는데… 카이로의 뉴스에디터가 중국으로 휴가를 갈 예정이라고 하면서 나한테 묻더군. "카이로에 가서 2주 동안 지낼 수 있나요?" 그래서 난 카이로에서 2주를 보내고 난 뒤, 그때가 12월 중순이었는데… 크리스마스를 가족과 보내기 위해 미국으로 돌아갔어. 12월 31일 아틀란타에서 프랑크푸르트로 날아가 거기서 하룻밤을 묵었지… 공항 근처 래디슨호텔에 묵었을 거야. 다음 날인가 다다음 날인가, 시차 때문에 정확하지 않지만 새벽 2시쯤 쿠웨이트에 들어갔고, 그날부터 본격적으로 이라크전쟁 취재준비를 시작했지.*Reid, 55*

이 챕터 첫 머리에서 인용한 로젠블럼은 식중독으로 잠 못 이루던 날 밤, 번갯불에 콩 볶듯이 콩고로 파견되었다.

한밤중에 전화가 울려서 받았는데… "우리 쪽 사람이 방금 콩고에서 추방되었습니다… 4시간 내로 워싱턴 행 셔틀을 잡아타고 콩고대사관으로 가서 비자를 받아오세요. 오늘밤 비행기를 타고 브뤼셀로 간 다음 내일 안에 콩고에 들어가야 합니다." 내가 가는 곳이 어디인지 생각할 겨를도 없었어… 대충 몇 가지 짐만 챙기고 남는 물건은 모두 룸메이트에게 가지라고 했지. 작은 여행가방 하나 달랑 들고 떠난 해외파견이 이렇게 45년 동안이나 이어질 거라고는 생각지도 못했어.*Rosenblum, 3*

"그냥 빨리 써서 보내기나 하세요."

특파원 임무시작

준비를 할 겨를도 없이 갑자기 발령이 나 허겁지겁 현지에 도착한 특파원들은 어떻게 활동을 시작할까? 로젠블럼이 회상하듯, 도착하자마자 즉각 취재지원과 교통수단 등 업무조직체계를 마련하고, 동료들과 친분을 쌓고, 취재원을 찾아 나선다. 곧장 뉴스생산현장으로 뛰어드는 것이다.

새벽 5시쯤 킨샤사공항에 내렸는데, [콩고독립전쟁과 민간인소요사태로 인해서] 공항은 그야말로 아수라장이었지… 할 줄 아는 프랑스어라고는 네 단어 정도 밖에 없었고… 모든 게 서툴렀어. 서로 밀치며 소리지르는 아수라장을 겨우 빠져나와서, 그래도 좀 멀쩡해보이는 택시운전기사를 골랐어. 금방 주저앉을 것처럼 낡은 자동차에 올라 탔는데, 그제서야 내가 어디에 머물 것인지도 모른다는 걸 깨달았지. 그때까지도 머물 곳을 생각하지 않고 있었다는 게 정말 웃기지만… 호텔을 두 곳이나 들렀는데도 빈 방이 하나도 없는거야. 용병들로 붐비고 있었거든… 길가에서 유럽인처럼 보이는 사람이 있길래 차를 세우고 물었지. "어, 저기 사베나항공에서 쓰는 게스트하우스가 있는데, 거기는 방이 있을 겁니다." 사실 난, 거기서 뭘 해야 하는지도 몰랐어… 얼마 전 집권해서 권력을 다지고 있던 대통령 모부투가 중요한 연설을 했다는 이야기를 듣고는… 무작정 콩고뉴스통신사를 찾아갔지. 거기서 한 사내를 만났는데 친절하게 콩고의 정치상황에 대해 이야기해주더군. 대통령의 연설문을 보여주면서 그 의미도 설명해줬어. 연설문을 다시 읽어보면서 중요한 내용을 메모하고, 그걸 바탕으로 취재를 하러 다니기 시작했지. 미국대사관의 도움도 받았고. 어쨌든 그렇게 첫날 만난 사람들은 이후 나의 소중한 취재

원들이 되었어…*Rosenblum, 3-4*

그 당시 느꼈을 당황스러움은, 이후 나이지리아의 옛 수도 라고스를 여행하면서 나이지리아내전이 어떻게 '무계획적으로 뻗어나간' 이 도시에 영향을 미쳤는지 분석한 기사에서 살짝 드러난다.

> 몇 제곱킬로미터 넓이의 땅에 섬처럼 펼쳐져있는 라고스는 슬럼가와 현대식 건물이 이해할 수 없을 만큼 뒤엉켜있어서, 이 도시에 처음 온 사람은 큰 대로에서도 길을 잃고 방황할 수 있다는 사실을 어느 순간 깨닫게 될 것이다.[5]

인도, 폴란드, 사이공 등 비교적 취재기반이 갖춰져있는 도시에서는 공항에이프런으로 지국장이 마중을 나오기도 한다. 지국장들은 살 곳을 마련해주기도 하고, 임무에 투입되기 전 도시에 어느 정도 적응할 수 있도록—대개 고작 몇 시간에 불과하지만—가이드를 해주기도 한다. 하지만 전쟁이 벌어지는 지역에서는 그런 여유를 누릴 수 없다.

태평양전쟁이 끝난 뒤 일본특파원으로 활동하던 데스포는 한국전쟁이 터지자 전쟁특파원으로 발령을 받았다. 한국에 도착한 뒤 상사의 친절한 안내 같은 건 '꿈도 꿀 수 없었다'고 말한다.*Desfor, 1* 제2차 세계대전을 취재한 또다른 AP특파원 조지 브리아는 1944년 '무자비한 전쟁'이 한창 펼쳐지고 있던 이탈리아 한복판에 들어갔을 당시 '얼굴이 파래질' 정도로 완전히 겁에 질렸다고 말한다.*Bria, 2* 바티무스는 베트남에 들어가기 전 홍콩에서 이틀 간 머물며 증명서를 준비해야 했는데, 잠시 휴가를 즐기기 위해 그곳에 온 베트남특파원들을 찾아다니며 온갖 지식을 흡수했다.

---

[5] Mort Rosenblum, "Nigerian Civil War Altered Life in Lagos," *Los Angeles Times*, August 17, 1969, c19.

전장에서 살아남으려면 어떻게 해야 하는지 하나라도 더 알려주고 싶어했어. *Bartimus, 10-11*

파일은 사이공으로 가기 전 뉴욕데스크에서 일하면서 베트남에서 들어오는 기사들을 처리하는 일을 했지만, 막상 다낭으로 발령받아 최전선에 가서 일을 하게 되었을 때 깊은 나락으로 떨어진 것 같은 느낌을 받았다.

'다낭으로 가라'고 하길래 '알겠다'고 했지… 망할 놈의 C-130을 타고 다낭으로 날아가서… 그래도 '다낭프레스센터'라고 해서 뭔가 그럴 듯할 줄 알았는데 말이야. 옛 프랑스 식민지시절 매춘굴로 사용되었던 작은 쪽방들이 줄줄이 있었고, 거기에 전세계 언론사들이 방을 하나씩 차지하고 있더라고. 'AP다낭프레스센터'에 들어가니 간이침대 4개랑, 전장에 나갈 때 쓸 군사장비들이 있는 게 전부더군… 얼떨결에 전장에

사이공특파원 테드 바티무스. 1973년 5월 베트남에 도착한 지 10일이 지났을 때, 캐나다 평화유지군들과 함께 쁠래이꾸로 향하는 헬리콥터에서. (Photo coutesy of Tad Bartimus)

따라나갔는데… 처음 나간 취재에서 총상을 입었지 뭐야… 몸으로 배우는 거지 뭐. 사실 이렇게 직접 몸을 부딪히며 배울 수밖에 없어… 사람들은 남들과 다른 일을 하고 싶어하잖아. 남들은 할 수 없는 일, 앞으로 누구도 할 수 없는 일, 내가 꿈속에서도 상상하지 못했던 일을 하게 된 거지. *Pyle, 7*

서아프리카 17개국에서 특파원 임무를 수행한 제이틀린은 1966년 쿠데타가 벌어진 라고스에 도착했을 때 '극도의 불안'을 느꼈다고 말한다. 이 일을 계속해야 할지 심각하게 고민할 수밖에 없었다.

한번은 콩고로 가야 했는데… 검열관이 전보로 보낼 속보기사를 모두 프랑스어로 쓰라고 하는 거야. 말은 조금 할 줄 알아도, 쓸 줄은 몰랐거든. 그래서 기사를 프랑스어로 바꿔 줄 사람을 수소문했지만 찾을 수 없었어… 나는 어쩔 수 없이 기사제목을 'le looting and le shooting'이라고 써서 보냈어.[6] [웃음] 내가 쓴 기사를 받은 브뤼셀데스크의 에디터가 전화를 해서는 "이 자식아. 도대체 뭐라고 쓴 거야?" 욕을 해대더라고… 정말 기분이 더러웠어. 결국 갤러거한테 연락했지. "저를 다른 곳으로 보내주실 수 없나요? 도저히 계속 할 수 있을 것 같지 않아요." 그런데 아무 일도 아니라는 듯이 말하더군. "아니, 그냥 거기 있게." 그래서 그냥, 그러다보니… *Zeitlin, 7-8*

그로부터 50년이 흐른 뒤, 파리에 처음 발령난 22살 풋내기 특파원 앤젤라 돌란드는 자신이 작성하는 기사가 전세계로 전송된다는 사실을 생각할 때마다 겁이 났다고 말한다.

---

6 '약탈과 총성'이라는 영어단어에 프랑스어 정관사 le만 붙여 썼다. ―옮긴이 주

너무 무서워서 밤을 지새는 날도 많았죠… 겨우 잠들었다가도 금방 깨서 컴퓨터를 확인하고 또 확인했어요. 혹시라도 틀린 곳이 있으면 안 되잖아요. *Doland, 2*

1984년 어느 날 밤 피에르 모루아 총리가 자리에서 물러난다는 발표를 할 때, 바로 이 파리의 '고독한 자리'에 앉아있던 특파원은 일레인 갠리였다.

가슴이 너무 뛰어서 뉴욕으로 전화를 했죠. 내가 풋내기 신참이란 사실을 알면서도 그저 이렇게 말할 뿐이었어요. "알겠어요. 알겠으니까, 좀 진정하고 그냥 빨리 써서 보내기나 하세요." 그냥 기사를 쓰는 수밖에 없었죠. *Ganley, 4-5*

몰락하는 소련으로 파견되어 '러시아의 역사, 소비에트의 역사, 탄도미사일, 미국정부의 동향' 등 취재에 나서기 전에 알아두어야 할 것들을 공부하고 있던 데보라 수어드는 크렘린을 긴급하게 취재해야 하는 상황이 발생했다.

엄청난 사건이 터졌는데… 엄청나게 대단한 이야기를 취재하기엔 너무도 보잘 것 없는 취재팀을 꾸려서 나고르노-카라바흐로 떠나야만 했죠. *Seward, 8*

물론, 낯선 장소에서 긴급한 상황에 처하더라도 AP특파원들은 세계적인 AP네트워크 인프라의 도움을 받을 수 있다. 특히 방대한 AP아카이브와 AP가 현지에서 고용한 현지인 직원들은 큰 도움을 준다.

취재하러 가기 전에 가능한 한 많이 읽고 가야 해요. AP아카이브에는 실로 방대한 자료가 축적되어있는데… 지난 2-3주 동안 작성된 기사는 모두 출력할 수 있어요… 전임자는 하루이틀 동안 인수인계를 하면서 취재원을 소개해주고, 짧게나마 지역투어도 해주면서 뭘 어떻게 해야 하는지 알려줘요… 이렇게 AP라는 조직의 장점 아닐까 생각해요… 1-2주 머물다 가는 신문기자와는 차원이 다르죠.*Alexander, 6-7*

시간은 늘 부족하지만 그래도 많이 읽어야 해. 공부를 해야 하지. 아무런 준비도 없이 나가면 사람들에게 민폐만 될 뿐이야. 현지인 직원들의 시간도 낭비하고 자기 시간도 낭비하는 것이지. 또 강렬한 인상을 심어줄 수 있는 좋은 기회도 놓치는 거야… 사람들과 항상 어울리려고 노력하면서 그곳에서 친구를 최대한 많이 만드는 것이 좋지. 그들과 함께 시간을 보내다보면 상당히 많은 것을 배울 수 있어.*Reid, 38-39*

"그래도 난 비행기에 타는 게 싫어"
특파원에게 필요한 자질

예상치 못한 상황 속으로 무작정 뛰어들어 취재를 해내는 해외특파원이 되려면 어떤 자질이 필요할까? 1998년 《국제특파원을 위한 AP핸드북*AP's Handbook for International Correspondents*》을 출간한 오토 도엘링은 한마디로 '배짱, 두둑한 배짱'이라고 말한다. 그러한 배짱은 자신의 목숨을 걸 정도로 목표의식이 뚜렷할 때 나오는 것이다.

특파원으로 활동하는 기간 동안에는, 한눈 팔지 말고 이야기가 있는 곳이라면 어디든 쫓아가야 해.*Doelling, 28-29*

어떠한 상황에서든 생존할 수 있는 능력 또한 중요한 자질이다. (위험을 무릅쓰는 특파원들의 용맹함은 7장에서 이야기한다.) 1940년대부터 1980년대까지 근무한 AP특파원들 중에는 ROTC출신이나 실제 전쟁에 참전했던 이들이 많다. 이러한 군사훈련경험은 자신 앞에 놓인 위험의 수준을 가늠하는 것은 물론, 전장에서 미군의 대응방식을 이해하는 데 큰 도움이 되었다.

7년 가까이 인질로 잡혀있었던 앤더슨 역시 베트남전쟁에 해병대로 참전했던 경험이 없었다면 살아남지 못했을지도 모른다. '야생환경에서 살아남는 기술'은 AP특파원뿐만 아니라 모든 특파원들이 입을 모아 큰 도움이 된다고 말한다. 보스니아전쟁을 취재한 BBC의 특파원 마틴 벨 역시 그러한 증언을 한다.*Bell, 1995, 7*

2000년대부터 주요언론사들은 이라크나 아프가니스탄 등 전장에 기자들을 파견하기 전에 '적대적인 환경에서 살아남기 위한 생존훈련'을 제공하기 시작했다.*Reynolds, 2010, 10* 그리고 방탄조끼, 현금뭉치, 쌍안경, 지도 등 생존에 필요한 모든 것이 들어있는 '전쟁가방war bag'을 지급했다. 물론 이러한 훈련과 장비가 화학전, 생물학전, 테러공격에서 살아남는 데 어느 정도는 도움을 주었을 것이다.[7]

하지만 아무리 경력이 풍부하고 준비를 많이했다고 하더라도, 그런 것으로 위험한 임무를 수행할 수 있는 능력을 갖췄다고 말할 수 있는 것은 아니다. 베트남전쟁부터 무수한 전쟁을 취재한 그레이는 놀랍게도 '비행공포증'을 갖고 있다. 다만 그 공포를 극복하고 또 극복해냈을 뿐이다.

---

[7]   Jon Lee Anderson, *The Fall of Baghdad*. New York: Penguin Press, 2004, 29-31. 이라크전에 파견되기 전 생존훈련에 참가한 《뉴요커》의 존 앤더슨 기자는 훈련이 모두 끝날 무렵 훈련생들은 물론 강사들조차 이런 훈련을 한다고 해서 전장에서 살아남을 수 있다고 장담하지 못하는 모습을 씁쓸하게 묘사한다.

헬리콥터를 탄 시간을 모두 합치면 수백 시간은 될 걸. 빗발치는 총알을 뚫고 비행을 한 적도 많지… 전투기 뒷좌석에 앉아 출격한 적도 있고… 1974년 캄보디아에서는 폭탄투하 임무를 띤 T-28 비행기를 탔는데, 제2차 세계대전 때 사용하던 비행기에, 조종사도 캄보디아인이었으니, 내가 어떤 기분이었을지 상상이나 할 수 있겠어? [웃음]… 2004년 인도네시아에 쓰나미가 덮쳤을 때 USS링컨이 근해에 있다가… 24시간인가 48시간인가 도와준다고 왔는데, 난 그때 태국에 있었거든. 작은 비행기를 타고 USS링컨 갑판에 착륙한 다음에 거기서 구조헬리콥터를 타고 끔찍한 현장을 돌아다니며 취재했지. 한 열흘 동안 헬리콥터에서 살다시피 했을거야. 반다아체 해안 곳곳에 흩어져있는 죽어가는 사람들을 두 눈으로 똑똑히 보았지. 그래도 난 여전히 비행기 타는게 싫어. [웃음]*Gray, 33-34*

신체적 심리적 생존능력보다 더 중요한, 특파원들이 갖춰야 할 자질로는 문화, 사람, 사건 등 모든 것을 보고 듣고 배우고자 하는 '열린 마음'과 진실되고 겸손한 '호기심'과 굽히지 않는 '의지'를 들 수 있다. 이러한 자질은 단순히 속보를 취재하는 데 그치지 않고 그 밑에 깔린 의미를 밝혀낼 수 있도록 도와준다.

내 생각엔 취재대상에게 공감할 줄 아는 능력이 중요해. 또… 예컨대 당대의 경제상황, 거시적인 지리정치적 상황, 중요한 정부정책, 현재 취재하고 있는 이야기와 맞닿아있는 국익 등 큰 그림을 이해하는 것도 중요하고… 이 부분에 있어서는 냉철한 현실주의자 같은 면모가 있어야하지. 자유자재로 줌인-줌아웃을 하면서 초점을 달리하여 여러모로 검토할 줄 알아야 하고, 언제든 큰 그림을 볼 줄 알아야 해. 그런 사람이야말로 바로 최고의 특파원이 될 수 있어.*Daniszewski, 19*

이미 일어난 일, 뚜렷하게 드러난 일에 대해서만 쓰면 안 돼요. 진짜 일어나고 있는 일이 무엇인지 밝히려고 노력해야 하죠. 진짜 의미가 뭔지… 분석적으로 생각할 수 있는 능력… 이게 상당히 중요합니다. 글쓰기능력보다 훨씬, 훨씬 중요해요. 다른 무엇보다도 중요하죠… 무슨 의미인지 생각하고, 수면 아래를 보려 하고, 바둑처럼 몇 수 앞서서 생각하고, 성급하게 결론내리지 말고, 이렇게 되면 다음엔 어떻게 되고, 그 다음엔 어떻게 되고, 그래서 어떤 결과로 이어질지 예측할 수 있어야 하죠… 이런 자질이야말로 차별화된 취재성과를 달성하는 데 필요한 진정한 무기라 할 수 있죠.*Perry, 16-17/20*

이처럼 눈에 보이는 사건 그 자체뿐만 아니라 그 사건이 일어날 수밖에 없는 역사적인 맥락과 관점에서 대해서도 설명해주는 것을 로젠블럼은 화산이 폭발하기 전 지표 바로 밑에서 부글거리는 '용암'에 비유하고 프레이져는 '지층'에 비유한다. 이러한 자질은 그 사건에 대해 전혀 관심이 없던 사람들까지도 관심을 갖고 더 많은 것을 찾아보도록 만들고*Graham, 39*, 심지어 그 뉴스에 대해서 다른 사람과 이야기하도록 만든다.*Jones, 37* 1류 특파원이라면 이러한 능력을 경쟁자보다 한 걸음 더 빨리 발휘할 수 있어야 한다.

하지만 시간이 흐를수록 언론산업 전반에 걸쳐 이러한 자질의 가치는 위협받고 있다. 자질구레한 속보까지 트위터로 전송해야 할 것 같은 압박감도 갈수록 커지고 있을 뿐만 아니라, 지역의 특성이나 빠르게 변하는 트렌드에 대한 감각을 제대로 계발하기에 충분한 여유도 주지 않고 전세계 곳곳에 기자들을 내려꽂는 방식은 점점 한계에 부딪히고 있다.

특파원들이 또한 한결같이 강조하는 것은, 많이 배워야 한다는 것이다. '지식이 많을수록, 감각이 뛰어날수록' 기사를 더 매끄럽게 써낼 수 있다. 99살이 된 데스포는 웃으면서 말한다.

모든 걸 다 알기 위해 노력하지. 뭐 준비없이 날림으로 하는 것도 나쁘지 않긴 하지만, 그래도 자기가 하는 것에 대해 잘 아는 게 모르는 것보다는 훨씬 낫지.*Desfor, 13-14*

리드는 이렇게 말한다.

내가 있는 곳을 가장 잘 이해할 수 있는 방법을 궁리해내고 거기 맞춰 일을 설계하는 게 좋지.*Reid, 61*

업슨은 이렇게 말한다.

언론인이라면 하루 24시간, 1주 7일을 오롯이 임무수행하는 데 쏟아야 합니다.*Erbsen, 21*

파일은 1969년 호치민이 사망한 날 사이공사무실로 소환당한 동료 특파원 조지 맥아더가 타자기 앞에 앉아서 북베트남의 지도자가 사망한 사건의 결정적인 의미를 해설하는 기사를 순식간에 작성하여 데스크에 넘기고 떠나는 모습을 곁에서 지켜보았다.

그는 특파원이 해야 하는 일이 무엇인지 아주 잘 알고 있었지.*Pyle, 7*

하지만 너무 많이 아는 것이 반드시 좋은 것만은 아니라고 말하는 특파원도 있다. 특파원의 필수적인 자질인 호기심을 떨어뜨릴 수 있기 때문이다. 결국 이상적인 자질은 낯설게 바라보는 눈과 깊이있는 지식이 결합되어 '지역에 대한 제대로 된 이해와 현지인들을 향한 따뜻한 마음 사이 어딘가 적당한 지점에서, 지역에 대한 관심과 지식 사이에서' 탄생한다. 중동과 라틴아메리카에서 12년 간 특파원생활을 했던 마이클 와이젠스타인은 이렇게 말한다.

적당히 거리를 둬야 해요. 너무 현지인 같으면 궁금한 것도 없거든요. 그러면 기사도, 특파원생활도 지루해지겠죠.*Weissenstein, 18*

중앙아메리카에서 게릴라전투를 취재한 베테랑특파원 프레이져는 아이티 공화국에 처음 도착했을 때 받은 충격을 떠올렸다. 하지만 그러한 충격보다 시간이 지나면서 그런 상황에 익숙해지는 자신의 모습이 더 혼란스럽게 느껴졌다고 말한다.

[포르토프랭스공항에] 내렸을 때 나도 모르게 입에서 이런 말이 나왔지. "하나님 맙소사, 이런 곳에서 사람이 살 수 있나?" 지금 이 시대엔 상상조차 할 수 없는 가난한 삶이 펼쳐져있었어. 정말 열악한 환경… 너무나 불쾌하고 끔찍하고, 또 끔찍한 곳이었어. 아니, 거기서 사람이 산다는 것이 믿기지 않을 정도였으니까. 비행기에서 내리자마자 곧바로 떠나고 싶은 마음뿐이었지… 하지만 어디든 익숙해지기 마련이잖아. 하루하루 지나면서 처음 받았던 인상은 서서히 흩어졌고… 하지만 그곳 삶을 체험하는 사람도 필요하지만 낯선 시선으로 관찰하는 사람도 필요한 법이야. 이 세상에 존재해서는 안 되는 것에 익숙해지면 안 돼. 그런 것들을 일상이라고 받아들여서도 안 되고… 맞아. 매일 길거리에서 사람들이 총에 맞는데… 한 명? 어, 또 한 명? 그렇구나, 그래, 그렇지 뭐. 이런 식으로 비인간화되는거야. 인간성이 점차 사라지는 거지. 나도 물론 예외가 아니었지만, 그런 사건이 일어날 때마다 매번 강렬한 충격을 느껴야 하는데, 어떤 시점이 지나면서 더이상 그렇게 되지 않더군. 나는 늘 혼자서 중얼거렸지. "이건 옳지 않아. 일어나면 안 되는 일이

야." 하지만 뉴스라는 게 원래 일상에서 벗어난 문제를 다루는 거잖아. 그런데 그런 일이 그곳에서는 일상에서 벗어난 일이 아니라, 그냥 일상에 불과했다고.*Frazier, 32*

지역에 대한 지식의 깊이, 새로운 시선, '큰 그림'을 보는 능력 사이의 균형을 갖추기 위해서는 어떤 자질이 필요할까? 탁월한 특파원이 되기 위해 갖춰야 할 자질은 세 가지로 정리할 수 있다. 특파원의 첫 번째 자질은 '기삿거리를 인지하는' 능력, 흥미로운 이야깃거리의 '냄새를 맡는' 능력, 뉴스의 가치를 즉각적으로 판단하는 능력이다.

> 과달라하마 거리에서 금발 꼬마거지를 발견한 어떤 사람이 아동복지 공무원에게 연락해서 '납치된 아이가 있다'고 신고한 이야기로 인해 트위터에서 멕시코인들 사이에서 열띤 논란이 벌어진 적이 있는데, 이것을 AP멕시코특파원 아드리아나 고메즈 리콘Adriana Gómez Licón이 멋진 기사로 만들어냈지요.[8]… 멕시코인들은 대부분 인종에 대해 이야기하고 싶어하지 않아요. 공식적으로 '우리 피부는 예외없이 갈색이다. 정도의 차이만 있을 뿐.'이라고 생각하기 때문에 인종에 관한 논란은 거의 일어나지 않습니다… 이게 바로 첫 번째 기술이에요. 글솜씨는 형편없다고 해도 소문을 민감하게 파악하고 이야깃거리를 발굴해내는 촉만 좋다면, 충분히 좋은 기자가 될 수 있습니다. 반대로, 글을 아무리 잘 쓴다 해도 뭐가 이야깃거리가 될지 모르겠다면 그만두는 게 좋습니다. 그게 기자의 기본자질이거든요.*Stevenson, 30*

---

8   Adriana Gómez Licón, "Case of blonde girl beggar strikes nerve in Mexico," The Associated Press, October 27, 2012.

특파원의 두 번째 기본자질은 신변의 위협을 무릅쓰고라도 이야기가 발생한 현장에 직접 가서 두 눈으로 확인하고자 하는 의지다. '현장에 있는 것'은 기자가 갖춰야 할 가장 기본적인 임무다. 구체적인 내용을 말하기 위해서는 직접 눈으로 봐야 하고, 이야기를 '시각화'하고, *Belkind, 6* 맥락화할 줄 알아야 한다. 필리핀에서 대규모 산사태가 벌어졌다면? 현장에 있는 1류 특파원은 이런 기사를 쓸 것이다.

> 이 곳을 걷는 것은 어떤 느낌일까… 걸음을 내딛기 위해서는 매번 진흙 속에서 무릎을 손으로 들어올려야 한다… 여기저기 시신들이 부패하기 시작했다는 것을 코로 느낄 수 있다… 이곳은 모든 것이 축축하다… 구조인력들은 생존자를 찾기 위해 안간힘을 쓰고 있지만, 안타깝게도 또 다시 위협적인 태풍이 다가온다는 소식이 전해온다. *Alexander, 30*

특파원의 세 번째 기본자질은 적절한 취재원을 발굴하여 그들과 관계를 발전시키는 것이다. 한국전쟁과 베트남전쟁을 취재한 맥아더는 이렇게 말한다.

> 호기심이 중요하지. 나는 염탐꾼 기질을 타고난 것 같아. *McArthur, 21*

수어드는 이렇게 말한다.

> 더 많은 사람들을 만날수록 더 많은 걸 알 수 있고 더 좋은 기사를 쓸 수 있죠. *Seward, 4*

취재원과 좋은 관계를 맺기 위해서는 다소 모순되는 것처럼 보이는 두 가지 태도를 일관되게 견지해야 한다. 첫째, 취재원을 기본적으로 존중해야 하고, 둘째, 그의 말을 끝없이 검증해야 한다. 언론인들끼리 하는 우스갯소리처럼 '엄마가 날 사랑한다고 하는 말도 검증해야 한다.'

또한 기자는 취재원의 생각이나 관점이 아무리 자신과 다르다고 해도 '그럴 수 있다'고 인정할 줄 알아야 한다. 개넌은 '테러와의 전쟁' 동안 아프가니스탄과 파키스탄을 취재한 경험을 회고한다. 그녀는 테러리스트들을 '미치광이 악마'로 몰아가는 것이 얼마나 위험한지 이야기한다.

자신의 나라를 취재한다면 어떻게 하겠어요? 어떤 정보가 필요할까요? 무엇을 알아내고 싶을까요? 다른 나라를 취재하는 것도 똑같아요. 누굴 만나든, 어디를 가든, 존중해야 하죠… 물론 존중하기 어려운 사람도 있겠지만, 그래도 무조건 존중해야 해요… 그리고 기자는 더 의문을 품고 관심을 가져야 해요. 물론 기사에 영향을 미칠 정도로 호기심이 너무 지나쳐도 안 되겠죠… 테러리즘이든 뭐든 다 똑같아요. 현장에 있는 사람만이 이야기할 수 있는 게 있는 법이에요. 그래서 우리가 머나먼 이국땅까지 가서 취재하는 거잖아요.*Ganon, 84-85*

"마코트 왔다. 총 쐈다. 지금 남자 죽었다."

통역 속에서 사라지는 것들

현지취재원을 통해 현장이야기를 쫓기 위해서는 또 다른 자질이 필요하다. 바로 외국어로 소통하는 능력이다. 수십 년에 걸쳐 AP는 다른 어떤 언론사들보다도 특파원들에게 외국어를 가르치는 데 공을 들여왔다.*Hess, 1996, 81* 물론 유럽 이외의 지역에서는 언어적 소양이 까다로운 조건으로 작동하지 않는다. 예컨대 AP의 베트남전쟁 취재는 전례없는 찬사를 받았음에도, 사이공에 파견된 미국특파원들은 대부분 베트남어를 할 줄 몰랐다.

니코 프라이스는 1990년대 초 LA에서 근무할 때, 이 지역에 라틴아메리카계 인구가 상당히 많았음에도 스페인어를 할 줄 아는 기자는 몇 명 되지 않았다고 회상한다. 하지만 AP는 오늘날, 스페인어를 모르는 기자를 이런 지역에 발령하지 않는다.

전세계에 광범위하게 퍼져있는 AP지국들의 네트워크는 AP의 강력한 무기다. 기자 한 명이 여러 나라를 돌아다니며 취재해야 하는 다른 언론사의 경우, 외국어능력을 고려하여 특파원을 배정하는 것은 매우 어려운 일이다. AP에서도 마찬가지로 근무지를 옮겨다녀야 하는 특파원들은 비슷한 어려움을 느낄 수 있다.

사실, 외국어를 유창하게 구사한다고 해도 언어의 장벽이 해결되는 것은 아니다. 북아프리카 특파원 폴 쉠은 이집트식 아랍어를 구사하는데, '아랍의 봄' 시기에 다른 아랍국가들을 취재하러 다니면서 놀림을 받기도 하고 비난의 대상이 되기도 했다.*Schemm, 10* 북한특파원 진 리 역시 남한과 다른 '조선말' 뉘앙스에 익숙해져야만 했다.

남한사람들은 그들을 '북한'이라고 부르지만 그들은 자기 나라를 '조선'이라고 부르죠. 자신들을 일컫는 말이 따로 있는데, 남한사람들이 쓰는 말로 자신들을 부르면 다소 모욕적이라고 생각해요.*Lee, 11*

러시아어를 비롯해 4가지 언어를 구사하는 수어드는 소비에트연방이 무너질 때 러시아어에 일어난 변화를 목격했다.

시위포스터에서 사용하는 표현, 노래와 책에 등장하는 표현 등 모든 게 달라졌어요. 그 전에 배운 러시아어는 사실 '소비에트 러시아'의 언어였던 것이죠.*Seward, 12*

특파원들의 언어능력은 천차만별이다. 택시를 겨우 잡을 수 있을 정도의 말만 할 수 있는 사람도 있었지만, 대여섯 가지 언어를 유창하게 구사하는 사람도 있었다. 일반적으로는 두세 가지 언어를 할 줄 알았다. 특파원들은 '인터뷰를 할 수 있고, 속지 않을 만큼만' 이해할 수 있으면,*Erbsen, 6* 또는 최고관료를 상대하든 길거리 시민을 상대하든 신뢰를 얻을 수 있을 만큼만 할 수 있으면 충분하다고 말한다.

물론 그 나라 언어를 잘 하면 훨씬 도움이 될 것이다. 예컨대 도쿄왕궁에서 열린 일본어 기자회견은 영어 기자회견보다 훨씬 상세했다.*Talmadge, 2* 또한 명쾌하고 간결하고 유창하게 질문을 할 줄 아는 AP특파원들의 능력은, '에둘러 말하는 데 익숙한' 멕시코관리들을 '대답하지 않을 수 없게' 만들기도 했다.*Stevenson, 30*

또한 현지언론의 속보나 분석기사를 이해할 줄 안다면 훨씬 심도깊은 취재를 할 수 있기 때문에, 언어는 매우 중요한 역량이 된다. 페르시아어를 한 마디도 못하는 상태로 테헤란에서 인질로 잡혀있다가 풀려난 모린 존슨은 30년도 더 지난 일을 회상하면서 그때 얼마나 '무섭고 끔찍했는지' 이야기하면서 몸서리친다.

> 호메이니라는 노인이 인기를 끌 때였는데… 정확히 알 수는 없지만, 그가 TV에 나와 외국기자들을 모두 쏴 버리라고 명령하는 것 같았어.*Johnson, 17*

리드 역시 이란혁명을 회상하면서 언어장벽이 부족한 지식과 결합하여 어떤 수수께끼 같은 상황을 초래할 수 있는지 이야기한다.

> 호메이니는 복귀하자마자 곧바로 메디 바자르간을 총리로 임명했지… 엄청난 이슬람의식이 펼쳐졌고, 전세계 미디어가 모여들었고… 호메이

니는 페르시아어와 아랍어만 사용했거든. 우리는 페르시아어를 받아
적을 사람을 구했지. 반면에 바자르간은 프랑스어로 말했어. 그래서 또
프랑스어를 받아적을 사람을 구했지. 나는 영어를 받아적었고. 그런데
우리 셋이 인용한 말이 전혀 다르게 나오는 거야. 저들이 뭐라고 말했
는지 알 수도 없었을 뿐만 아니라, 그걸 번역한 것이 제대로 된 건지도
확인할 수 없었어. 번역을 하는 사람들조차 정치적인 관점이 분명했거
든. 완전히 악몽이었지.[9]··· 나중에 알고보니, 테헤란에서 발행되는 영
자신문들도 모든 내용을 온전히 제대로 번역하여 보도하지 않더라고.
호메이니도 지위와 성만 나올 뿐 이름은 어디에서도 찾을 수 없었어.
물어볼 사람도 없고··· 하루는 포린에디터에게서 전화가 왔는데··· 그
당시 국제전화를 한다는 것은 굉장한 일이었거든. 특히 이란 같은 곳에
서는 국제전화가 연결되는 것도 정말 어려운 일이었지. 다소 냉소적인
말투로 말하더군. "주변에 아야톨라라는 이름을 가진 사람들이 많지
않나요?" [웃음] "어, 루홀라도 흔해요." "그래요? 그러면 일단 그걸로
시작하는 게 좋겠어요. 일단 가장 흔한 이름이니까." 지금 돌아보면, 그
때는 정말 무뎃뽀였지. 현장까지 가서도 그토록 단순한 정보조차 찾아
내지 못하고 말이야.*Reid, 27-28 / 24-26*

일반인들과 대화할 수 있는 능력 역시 매우 중요하다. 허츨러는 1990년대
중국에서 대규모 부패스캔들을 취재할 때를 떠올렸다. 비과세상품을 밀수
하는 무역상도 취재대상 중 하나였다.

　스캔들이 터지기 전에 나는 운 좋게도 당시 중국공산당 중앙위원회에

9　하지만 이 기사는 결국 전송되어 나갔다. Robert H. Reid, The Associated Press,
　February 5, 1979.

서 보안 관련 일을 하는 사람을 소개 받았어요… 그 사람은 정말 수다스러웠죠. 말하지 않고는 못 배기는 사람이었어요. 특정한 주제도 없이 말을 계속 이어나갔어요… 사실 그를 소개받은 것은 원래 다른 기자였는데, 그는 중국어를 할 줄 몰라서… 결국 나한테 넘겨준거예요. 어쨌든 나한테는 소중한 취재원이었죠. 우리 관계는 굉장히 천천히 발전해갔지만 스캔들이 터졌을 때, 진짜 굉장한 도움을 받았어요. *Hurtzler, 13*

영어를 사용하는 인구는 시간이 갈수록 늘고 있지만, 영어구사자에게만 정보를 의존해서는 안 된다고 특파원들은 말한다. 예컨대 '거리에서 일반인들을 취재해야 할 때' *Reid, 72* 영어를 사용해서는 좋은 취재원을 발굴해내기 어렵다. 영어로 소통할 수 있는 사람은 사회정치적 배경이 특수한 도시 거주자일 확률이 높으며, 따라서 그들의 관점은 특정한 경향성을 띨 수밖에 없다.

또한 언어를 모르면 '엿듣지 못한다.' 브라이슨은 이렇게 말한다.

엿들을 수 없다는 것은 치명적인 단점이죠. 사람들이 드러내고 싶어하지 않는 이야기를 듣는 것은 기자에게 매우 중요한 일입니다. *Bryson, 46*

언어의 한계를 극복하기 위해 특파원은 대부분 통역사와 함께 일한다. 경험이 많은 믿을 수 있는 통역사는 특파원에게 더 없이 소중한 파트너라 할 수 있다. 탁월한 통역사들은 '구글번역기처럼 그저 말만 옮겨주는' 것이 아니라 의미의 핵심을 간파해서 언어적으로나 문화적으로나 더 구체적인 커뮤니케이션이 가능하도록 중재한다. *Reid, 34*

그렇다고 해서 통역사에게 전적으로 의존하는 것도 바람직하지 않다. 통역사가 정보를 걸러서 전달할 수 있기 때문이다. 특히 특정기관에 소속되어 일하는 통역사나 현지정부가 붙여준 통역관들은 특히 조심해야 한다.

그들은 말을 그대로 옮기지 않고 의도적으로 축약해서 전할 수도 있고, 자신의 해석을 가미해서 의미를 변형해서 전할 수도 있다. 가끔은 영어에 능통하지 않은 사람들을 데리고 다니면서 통역을 시키는 경우도 있는데, 미묘한 뉘앙스를 제대로 담아내지 못하는 경우도 많다.

몇몇 불행이 겹치면 일은 훨씬 복잡해진다. 서양사람들이 익히기 힘든 언어를 쓰는 지역에서 (예컨대, 중국, 중동, 아이티) 극심한 갈등이 벌어지고 있다면, 특히 이런 곳에서 취재과정에 따라붙는 '통역관'이나 '안내원'들은 정부의 감시요원일 확률이 높다. 이런 곳에서는 '통역'에 의존하지 않고 취재원의 말을 그대로 듣고 이해할 수 있는 능력이 매우 중요하다. 두 번의 이라크전쟁 사이에 바그다드특파원으로 활동한 아일린 파월은 아랍어를 잘 한다는 사실을 숨기고 통역사를 대동하고 거리취재를 나갔던 경험을 들려준다.

제재로 인해서 사람들의 일상은 어떤지, 무슨 일이 벌어지고 있는지 사람들에게 직접 물어보고 싶었어요… 야채를 판매하는 한 여성에게 질문을 했는데, 내가 영어로 말을 하면 그 남자가 통역을 해주었죠. 내가 '이 곳에서 고기를 구할 수 있나요?'라고 질문했는데, 통역사가 그 말을 옮겼어요. 그녀가 얼굴을 찡그리자 통역사가 그녀에게 이렇게 말하더군요. "구할 수 있다고 말하지 않으면 곤란해." 그녀는 '양고기 같은 건 구할 수 있다'고 대답했어요… 또 어떤 사람은 '정말 힘들다, 기반시설이 형편없어서 끔찍한 시간을 보내고 있다, 집에 전기도 제대로 들어오지 않는다… 병원에서 아이들이 죽어간다' 같은 말을 했는데, 통역사는 전혀 통역하지 않았어요. *Powell, 18*

프랑스어, 페르시아어, 우르두어를 공부한 개넌은 파시토어까지 배웠다. 그녀는 9·11 테러 이후 페샤와르에 갔다가 통역사가 동료특파원을 속이고 있다는 것을 눈치챘다.

어떤 아랍인을 인터뷰하기로 되어있다고 하더군요. 그 아랍인은 파시토어를 썼는데, 통역사는 그 사람이 아랍어를 쓰고 있다고 거짓말했어요.*Ganon, 66*

스노우는 1994년, 쿠데타로 쫓겨난 아이티의 장베르트랑 아리스티드 대통령을 복직시키기 위한 미군의 군사작전을 취재했다. 그 당시 스노우는 크리올어를 전혀 알지 못했다. 문제는 스노우의 운전기사이자 통역사 역할을 했던 사람이 구체적이고 미묘한 내용까지 전달할 수 있을 만큼 언어능력을 갖추지 못했다는 것이었다.

한 도시의 슬럼가에 갔는데 길거리에 시체가 누워있는 거예요. "샘, 저 남자에게 무슨 일이 일어났는지 물어봐." 그가 바로 크리올어로 통역을 하더군요. 그러자 거의 5분에 걸쳐 대답이 이어졌어요. 다 듣고 난 뒤 샘이 내게 말했죠. "마코트Macoute(정부측 민병대) 왔다. 총 쐈다. 지금 남자 죽었다." 이게 끝이었어요.*Snow, 10-11*

프랑스어, 독일어, 체코어, 태국어를 능숙하게 구사할 뿐만 아니라 다른 언어들도 공부한 그레이는 통역과정에서 '기사에 인용하기에 좋은 말'은 물론 '굉장한 통찰'을 얻을 수 있는 기회를 놓친 경험에 대해서 말한다.

사람들이 쓰는 어법이나 말씨에서 인사이트를 얻을 수 있는 경우가 많지. 한 20여 년 전에, 어떤 마을을 취재하기 위해 캄보디아로 간 적이 있는데, 크메르루주의 대량학살로 죽은 사람들의 뼈가 쏟아져나왔거든. 가장 큰 매장지였을 것으로 추정되는 곳인데, 정말 수천 구의 인골이 나왔어… 마을사람들은 이런 광경을 보고 어떤 반응을 보일까? 노인들과 젊은이들의 반응은 어떻게 다를까? 어쨌든 결론적으로 말하자면 그 당시 내가 쓴 기사들 중 가장 멋지고 감동적인 기사가 그곳에서 나왔지. 그때는 정말 열정이 타오르던 시절이었거든. 당시 나는 꽤 훌륭한 통역사를 데리고 취재에 나갔는데, 이번에도 역시나 뭔가 숨긴다는 느낌을 받았어. 나는 화가 나서 그를 심하게 닦달했지. 계속 압박하고, 압박했어. 그 덕분에 정말 참신한 기삿거리를 뽑아낼 수 있었지. 게으름 때문이든 무슨 이유 때문이든 통역사를 모질게 압박하지 않으면, 대충 다듬은 두루뭉실한 문장만 주고 말거든. 그때 깨달았지. 이런 번역 속에서 나도 모르는 새 엄청나게 많은 것들을 놓치면서 살아왔겠구나.[10] *Gray, 5-6*

이 기사에는 생존자들의 소름끼치는 기억이 담겨있다. 기사의 주요에피소드로 사용된 '남편은 도륙되어 구덩이에 던져져 인간비료가 되고, 자신은 손과 발에 쇠고랑을 찬 채 갓난아기에게 젖을 먹였다'는 63살 캄보디아 할머니의 이야기가 그렇게 탄생했다. 자신의 비극적 기억을 되살리며 '강렬한 몸짓'과 함께 이야기를 쏟아내는 그녀의 모습이 생생하게 묘사되어있다.

빗방울과 모기들이 자유롭게 드나들 수 있는, 금방이라도 무너질 듯한 움막 안에서 자신의 노구를 의자에 파묻은 채 그녀는 말했다. "난 크메르루주를 생각하면 배고프지도 않고 목마르지도 않아. 아무 것도 느껴지지 않아. 내가 이미 죽었다는 느낌 빼고는."

---

10 Denis D. Gray, "Mass grave raises ghosts from the past," The Associated Press, August 25, 2012.

결론
취재 준비와 시작

세계 곳곳을 여기저기 옮겨 다니는, 더욱이 갑작스럽게 다소 무계획적으로 발령을 받는 특파원에게 언어는 가장 큰 골칫거리다.

언어는 특파원들이 임무를 수행하기 위해 사용하는 가장 기본적인 도구이자, AP가 존립할 수 있는 기본적인 도구다. 세상으로 나가 문화를 익히고, 무슨 일이 있었는지 현장을 취재하고, 역사가 지금처럼 전개되고 있는 이유를 깊이 탐사하여 전하는 일, 이는 모두 언어를 수단으로 삼는다. 언어능력은 특파원들에게 요구되는 가장 중요한 자질이다.

특파원으로 산다는 것이 개인의 삶에 위험을 초래하는 것은 명백한 사실이다. 그들은 왜 이러한 위험을 참고 견디고 인내하며 살아갈까? 많은 특파원들을 인터뷰하면서 공통적으로 발견한 이유는 단순히 말초적인 아드레날린의 분출 때문이 아닌, 자신의 임무라고 생각하는 무언가를 추구하고자 하는 사명감이었다. 플로리다에 있는 자신의 집에서 치킨을 구워주던 테리 앤더슨은 레바논내전을 취재하면서 자신이 겪었던 엄청난 위험을 냉정하게 돌아보면서, 그럼에도 왜 그런 일을 좋아했는지 이야기한다.

전장 근처에도 가보지 않고 레바논전쟁에 대한 기사를 쓰는 사람들도 많았지. 물론 그런 사람들을 비난하는 건 아니야. 생각해보면, 거기 간다는 건 사실 미친 짓이거든. 총에 맞거나 폭격을 맞아 죽고 싶은 사람은 없잖아. 지극히 정상적인 사고방식이지. 당연한 거야. 그토록 위험한 상황 속으로 기꺼이 들어가겠다는 사람을 보고 훌륭하다고 말할 필요는 없어. 하지만 특파원이라면 그런 무모함이 필요해. 《더타임스》의 로버트 피스크와 나, 그리고 몇몇 특파원들은… 정말 미친거지. 진짜로 그 위험한 전장 한가운데까지 들어갔거든. 언제 어디서 총알이 날아올지도 모르는… 지금은 상상조차 할 수 없는 그 혼란의 한복판으로… 평소에는 그저 평범한 사람들일 뿐이지만 끔찍한 상황이 닥쳤을 때 헤치고 나가려고 하는 사람들, 평소에는 어떤 영광도 위엄도 누리지 못하고 살지만 서로 도우면서 살려고 하는 사람들, 그런 사람들이 진짜 영웅이지. 반면에 자신은 안전한 곳에 자리잡고 앉아서 말로만 떠들며 남들을 공포에 몰아넣는 사악한 인간들도 넘쳐나잖아. 나는 진짜 영웅들의 모습을 전하고 싶었어. 정신적으로나 육체적으로나 심리적으로나 최고의 역량을 발휘해서… 내가 취재하는 이야기가 매일 2,000개의 신문의 1면에 실리는거야. 물론 댓가를 치러야 하지… 육체적으로나 정신적으로나. 물론 그렇게 최선을 다한다고 해도 내가 훌륭한 사람, 존경스러운 사람이 되는 것도 아니야. 오히려 추한 몰골을 드러내게될 확률이 더 높아. 공격적으로 반응하거나, 극도로 몰입하거나, 너무나 냉정한 모습도 보여야 하거든. 끔찍한 일을 경험하고 나서도 특파원으로서 임무를 계속 수행해야 하니까 그럴 수밖에 없어. 하지만 맹세코 말할 수 있는 사실은, 내가 지금껏 해본 일 중에서 가장 신나는 일이야.*Anderson, 134*

미국에서 승진코스를 거쳐 특파원이 된 사람이든 미국 밖에서 우연히 AP에 근무하다가 특파원이 된 사람이든, 모두 한 가지 자부심을 공유한다. 자신이 '역사의 맨 앞 자리에 서있다'는 자부심이다. 이러한 자부심은 어떠한 역경 속에서도 훌륭한 기사를 쓰겠다는 강박에 가까운 헌신을 통해, 더 나은 기사를 향한 애정을 통해, 고스란히 드러난다. 토니 스미스는 박격포 공격에 심각한 부상을 입은 AP의 사진기자 데이빗 브로클리를 데리고, 또 그 뒤에는 이 공격으로 죽은 동료 사진기자의 관을 실은 차를 이끌고 사라예보포위망을 빠져나왔다. 이 사건을 기록한 기사에서 브로클리는 이렇게 말한다.

맨발에 환자복을 입고 담요에 싸여있던 브로클리는 차창 밖으로 집을 잃고 피난을 가는 수천 명에 달하는 난민행렬을 바라보면서 절망적인 한숨을 내쉬면서 이렇게 말했다. "부상을 입지 않았다면 지금 이 광경을 취재하고 있을텐데."[11]

로젠블럼은 이렇게 말한다.

공공연한 비밀이지만, 특파원의 피가 흐르는 사람이라면 돈을 주지 않아도 이 일을 계속할 걸.*Rosenblum, 7*

프라이스는 이렇게 말한다.

특파원의 임무는… 멋지고, 고귀하고, 충만해요… 그건 선물과도 같죠. 그것만으로도 댓가는 충분해요.*Price, 26*

베를린장벽이 붕괴하는 현장을 취재한 존슨은 이렇게 말한다.

이 일을 계속하게 해달라고, 오히려 돈을 내고 일해야 하는 것 아닌가 생각이 들 때도 있지.*Johnson, 20*

80년 동안 전세계를 무대로 그들은 어떻게 뉴스를 취재해왔을까? 다음 챕터에서 알아보자.

---

11   Tony Smith, "Tearful farewell, then a drive past desperate refugees," The Associated Press, May 21, 1992.

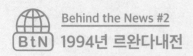
피난민들이 쏟아져 들어오듯 국경을 넘기 시작했을 때… 나는 그곳에 있었죠… 자이르(콩고민주공화국의 옛 이름) 국경에서 무수한 총소리가 들려왔어요… 르완다 UN사무실로 가서 이렇게 말했죠.

"사람들이 국경을 넘고 있어요."

"어, 도시 북쪽 정글을 통해 들어오는 사람들도 있다던데. 어쨌든 확인해 볼게요."

"아뇨, 그게 아니라, 국경이 개방되었다고요. 그냥 모든 걸 다 열어젖혀버렸다고요. 사람들이 막 쏟아져 들어오고 있다고요."…

르완다는 나에게 가장 힘든 취재였어요. 내가 이 일을 좋아하는 이유는, 나 자신의 역량을 최대한 끝까지 끌어올린다는 거였죠. 나의 한계를 시험해볼 수 있어요. 불과 며칠 사이에 르완다현장은 신체적으로나 지적으로나 감정적으로나 모든 영역에서 내 한계를 경험할 수 있는 기회를 제공했죠. 쏟아지는 이야기를 취재하기 위해 매일 18시간, 20시간씩 일을 했어요. 날은 미칠 듯이 뜨겁고 습한 데다가, 도시 북쪽에서는 화산이 분출하여 공기 중에 화산재가 떠다녔죠. 피난민들이 여기저기 나무장작을 모아서 불을 피우는 바람에 숨조차 쉬기 힘들었어요. 공기가 너무 탁해서 해는 지평선에 닿기도 전에 사라져 버렸죠.

난민의 이동이 끝날쯤에는 목소리조차 나오지 않는 지경에 다다랐고, 그 때서야 현장에서 벗어날 수 있었어요… 머리로만 생각해보아도 3일 동안 50만 명이 국경을 넘어들어왔는데, 그 행렬을 뚫고 국경을 향해 나아가는 건 마치 거센 물살을 거슬러 헤엄치는 것과도 같았죠. 그리고 그건 실제로 너무나 위험한 행동이었죠. 피난행렬 중에는 내 머리에 총을 겨누면서 웃으면서 이렇게 말한 사내도 있었어요.

"지금 널 죽인다고 해서 누가 신경이나 쓰겠어? 아무도 몰라."

널브러진 마체테와 다른 물건들을 바탕으로 숫자를 가늠하려고 애썼는데, 결국 르완다에서 50만 명 넘는 사람들이 죽었다는 사실을 알게되었어요. 이 모든 상황은 내 정신으로 감당하기에는 너무나 압도적이었죠. 이 사람들에 대한 연민의 감정이 들다가도, 그러한 이분법적 감정이 옳은 건지도 모르겠더라고요…

자이르 군인들은 나에게 총을 겨누고 모든 것을 빼앗아갔어요. 내가 요구에 응하지 않고 망설일 때마다 공중에 총을 쏴서 위협했죠. 여섯 발이나 쐈어요. 그래도 여권은 끝내 돌려받아냈죠. 그 덕분에 취재경비만큼은 기록할 수 있었어요. 여권 여백에다가 이렇게 써넣었죠.

"500달러. 총으로 위협하는 자이르 군인들에게 뺏김. (영수증 없음.)"

Alexander,15-16

멕시코의 마약카르텔

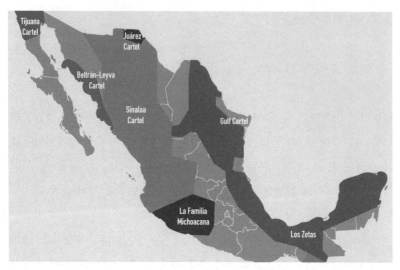

2010년 카르텔 전쟁 이후 카르텔들의 관할영역

9·11 이후 미국이 해상과 공중의 경계를 강화하면서, 콜롬비아 등 남아메리카에서 미국으로 마약을 밀수하는 통로가 막히고 말았다. 이후 마약루트는 육상으로 변경될 수밖에 없었고, 이로써 멕시코 북부지역에 대규모 마약밀수 카르텔들이 생겨나기 시작한다. 엄청난 자금력과 조직력으로 무장한 이들은 멕시코 정관계 주요 인사들도 매수하였고, 결국 멕시코시티를 비롯하여 외국인이 많은 몇몇 주요도시를 제외한 멕시코의 전지역을 장악했다. 이들을 토벌하기 위해 몇 차례 정부군을 투입한 적도 있으나 모두 실패하였고, 현재는 멕시코정부와 공존하는 군벌형태로 자리잡았다. 카르텔들은 자신의 관할영역을 넓히기 위해 끊임없이 전쟁을 벌이며, 자신들을 비판하는 일반인은 물론 기자, 정부관료도 서슴없이 살육한다. 특히 2006년 12월부터 4년 동안 벌어진 대규모 카르텔전쟁 기간 동안 3만 명 이상 죽었다.

3

AP
역사의 목격자들

FOREIGN
CORRESPONDENTS
IN ACTION

그래, 이게 바로
우리가 원하는 기사야!

무엇을 취재할 것인가?

3

"그래, 이게 바로
우리가 원하는 기사야!"

무엇을 취재할 것인가?

한국가 전체를 (아프리카의 경우에는 대륙의 절반을) 혼자 취재해야 하는 상황에서 특파원들이 가장 먼저 해결해야 하는 기본적인 문제는 바로 무엇을 뉴스로 다룰 것인지 결정하는 것이다. 뉴스를 만들어 전세계로 전송하는 일은 그 다음 일에 불과하다. AP에서 작성한 기사가 전세계 주요 언론사들을 통해 나가기 때문에 이러한 의제설정기능은 AP의 중요한 역할이다. 미국인들뿐만 아니라 세계인들의 세상을 바라보는 인식과 이해에 중대한 영향을 미친다.

한 연구에 따르면, AP는 자신의 기사를 회원사들이 어떻게 사용해야 하는지 전혀 간섭하지 않음에도 'AP가 미국언론의 국제뉴스에 대한 논조를 사실상 결정한다'고 한다.*Hess, 1996, 93* 언론사에서 어떤 해외뉴스를 실을 것인지 결정하는 권한은 전통적으로 편집국장이 가지고 있지만, 최근에는 온라인 알고리즘을 반영하여 결정하기도 한다. 어쨌든 편집국장 개인의 방향성, 언론사가 추구하는 이데올로기, 독자들의 성향 등 다양한 요인이 작동하는 것이다. 이러한 과정에서 AP가 제공한 기사에 담긴 본래의 뉘앙스는 무시되기도 하고 생략되기도 한다.

기자들이 뉴스를 고르는 기준, 특히 국제뉴스를 선별하는 기준은 크게 다음 세 가지 요인으로 정리할 수 있다. (물론 이러한 기준은 끊임없는 비판의 대상이 되고 있다.)

- **자국중심보도**: 그 나라의 현실보다는 자국에 미치는 영향에 초점을 맞춰 편향되게 보도한다.
- **문화적, 경제적, 군사적 뉴스편향**: 서구권 국가와 경제력·군사력이 큰 나라의 소식을 우선하고, 후진국은 '쿠데타와 지진'과 같은 뉴스에만 초점을 맞춰 보도한다.
- **자극적인 뉴스보도**: '피 흘리는 기사라야 주목받는다'는 오래된 격언을 따르는 소재, 예컨대 귀여운 판다, 섹시한 연예인 등 가벼운 주제에 과도하게 주목한다._for a review, see Chang et al., 2012; Westwood et al., 2013_

2008년 17개국 TV뉴스를 조사한 연구에 따르면, 공영방송과 상업방송을 망라하여 미국의 방송들은 '선정적인' 해외뉴스가 차지하는 비중이 높기는 했으나, 다른 나라 방송들에 비해 딱딱한 뉴스hard news 비중은 훨씬 높은 반면 부드러운 뉴스soft news 비중은 훨씬 낮았다. 또한 미국 TV뉴스에서는 36개 국가의 소식이 다뤄졌는데, 이는 17개국 중에서 두 번째로 적은 숫자였다. 또한 미국뉴스에 자주 등장하는 나라들은 미국정부의 국제정책과 깊은 관련이 있었다. '순수한 목적으로 해외소식'을 다룬 비율은 타이완과 더불어 가장 낮았다._Cohen, 2013, 57, 316, 30_

또한 시의성timeliness 역시 뉴스의 가치를 판단하는 오래된 기준으로 작동해왔다. 하지만 디지털시대가 도래하면서 시의성보다 즉시성immediacy이 모든 것을 압도하는 상황이 되었다._Usher, 2014_ 이 문제에 대해서는 11장에서 논의한다. 또한 오늘날 뉴스룸에서 가장 큰 골칫거리가 되는 문제는 바로 '독자들이 원하는 뉴스'를 보도해야 하느냐, 또 보도한다면 어떻게 보도해야 하느냐 하는 것이다. 이 문제에 대해서는 12장에서 논의한다.

특파원 생활만 41년을 해온 데니스 그레이의 표현대로 '혁명, 지진 등

늘상 보도하던 것들'은 수십 년 간 변치 않는 단골 뉴스소재였다. 관련 연구에 따르면 이러한 '늘상 보도하던' 해외뉴스는 1970-80년대 미국 언론보도에서 대다수를 차지했고, 이러한 경향은 다양한 사회적 문화적 접근을 차단하는 결과를 낳았다.*Gans 1979; Wilhoit & Weaver, 1983*

하지만 뉴스선별기준도 최근 진화하고 있다. 특히 소셜미디어를 통해 더 이상 쪼갤 수 없을 만큼 자잘한 소식들이 실시간으로 전파되는 디지털 미디어시대를 맞이하여 AP는 틈새시장을 찾기 위해 안간힘을 쓰고 있는데, 이로써 새롭게 떠오른 보도정책이 바로 '탐사저널리즘'이다. 하지만 몇몇 특파원들과 언론비평가들은 이러한 방향성에 우려를 표한다. 지금 당장 유행은 아니라 할지라도 머지않아 '큰 화제'가 될 가능성이 있는 이슈를 취재하여 보도할 수 있는 기자가 몇이나 되겠느냐 하는 것이다.*Garber, 2009*

이 장에서는 현장특파원들이 여러 세대를 거쳐 전 세계를 무대로 어떻게 뉴스를 선별해왔는지 살펴본다. 나는 이것을 생생한 인터뷰 속에 등장하는 구체적이고 명백한 취재사례를 통해 설명하고자 한다. 구체적인 사례를 제시한다는 것은 특히 중요하다. 왜냐하면 '무엇을 취재할 것인지, 다시 말해 어떤 사건이 뉴스로서 가치가 있는지 어떻게 판단하나요?'라고 질문을 한다면 특파원들은 대부분 멍한 표정을 짓다가 '음, 그건 그냥 보면 알 수 있는건데…'라고 대답할 것이 뻔하기 때문이다. 나는 뉴스판단기준을 유추해낼 수 있는 이야기를 끄집어내기 위해 끈질기게 물었다. AP특파원 가이드북을 쓴 오토 도엘링은 자조하는 말투로 이렇게 말했다.

> 상당히 오만했던 것 같네요. 뭘 쓰면 사람들이 관심을 가질 거라고 나 스스로 잘 안다고 생각했거든요. 어떤 것은 뉴스가 되고 어떤 것은 뉴스가 되지 않을까… 사람들은 어떻게 생각할까 생각도 해본적이 없어요. 뭐가 기사가 되어야 하는지 나 자신이 명확하게 알고 있고, 그것만 쫓으면 된다고 생각하고 있었네요.*Doelling, 19*

인질극, 폭발, 전쟁, 쿠테타, 지진
누가 봐도 명백한 뉴스를 찾아서

> 통신사 특파원이라면 사실… 어느 정도는 이미 결정이 나 있는 거죠…
> 뭐, 인질극이라든가, 어디서 폭발이 일어났다든가, 뭘 취재해야 하는지
> 너무 뻔하잖아요. *Pennington, 7*

1999년부터 남아시아 지역을 취재해온 매튜 페닝턴은 폭력, 분쟁, 재난, 정
부전복 같은 굵직한 이야기가 나오면 반사적으로 취재에 나선다고 말한다.
특파원들은 모두 그의 말에 동의한다.

> 너무 뻔한 거잖아요. 어딘가에서 화재경보가 울린다? 그곳이 바로 내
> 가 가야 할 곳이죠. *McArthur, 8*

1960년대 말, 서아프리카 특파원 아놀드 제이틀린은 나이지리아내전이라
는 '1순위 기삿거리'를 취재하면서 좀더 가벼운 이야기들을 동시에 다루
느라 고생을 했다고 말한다. 그가 담당하는 지역에 속하는 10여 개 나라
를 계속 순회하면서 누구나 원하는, 또 누구나 이해할 수 있는 쿠데타 뉴
스 이외의 뉴스아이템을 발굴해내기 위해 노력했다. 그렇게 발굴해낸 이
야기 중 하나가 일부다처제가 다시 성행하는 사회현상이었다. 실제로 '네
아내를 거느린 남자에게 필요한 차'라는 광고카피를 단 자동차의 판매량
이 치솟았다.[1]

---

1   Arnold Zeitlin, "Second Nigerian Region Declares Independence," *Washing-
    ton Post*, September 21, 1967, A26; Arnold Zeitlin, "Unconcern, Arms Prolong
    Nigeria War," *Chicago Tribune*, November 3, 1968, A17; Arnold Zeitlin, "Mul-
    tiple Marriage Issue in Nigeria," *Los Angeles Times*, December 15, 1968, D23.

93

쿠데타란 쿠데타는 모두 취재했죠. 뉴욕과 런던에서 관심을 갖는 유일한 뉴스는 바로 쿠데타였거든요. 어디서 쿠데타가 일어났다. 그러면 무조건 출동했죠. 뭐, 그럴만도 하죠. 그래야만 하고요. 하지만 난 뭔가 더 하고 싶었어요… 어느 날 취재를 마치고 나이지리아로 돌아가고 있는 중이었는데, 라디오에서 갑자기 군가가 흘러나오는 거예요. 쿠데타가 발발했다는 신호였죠. 거기가 다호메이였는데, 곧바로 차를 돌렸죠. 쿠데타 소식을 세상에 가장 빨리 타전했어요… 특종이었죠. 쿠데타의 세세한 내용은 크게 설명할 필요가 없어요. 누구나 잘 아는 이야기니까.[2] *Zeitlin, 8-9 / 11*

분쟁이 뉴스아이템이 되는 이유는 그로 인한 영향력이 크기도 하지만, 그 속에 드라마와 일탈이 존재하기 때문이다. 이는 자연재해에도 그대로 적용된다. 사실, 이런 일이 발생해야 겨우 뉴스레이더에 잡히는 나라들이 많다. 실제로 1970년대 서아프리카에서 활동했던 특파원은 자신이 타전한 기사 중에 '가장 핫한 뉴스'는 이 지역에 4년 동안 이어진 끔찍한 가뭄소식이었다고 말한다. *Heinzerling; 2* 인도네시아와 라틴아메리카 특파원들도 재난은 자신들이 월급을 받는 이유라고 말한다. 재난이 발생해야 그 나라 소식이 '그나마 신문 1면에' 실린다. *Price, 15*

하다못해 미국과 가장 비슷한 나라로 여겨지는 영국도 이런 대접을 받는다. 영국에서 30년을 생활한 특파원 역시 자신이 쓴 기사 중 가장 주목을 받은 것은 로커비참사였다고 말한다.

내가 여기 처음 왔을 때 몇 달도 되지 않아 팬암항공기가 공중폭파하

---

2   1972년 이 쿠데타로 다호메이는 국명을 베냉으로 바꾸었다. 베냉은 나이지리아 서쪽에 있는 작은 나라다.

고 또 얼마 뒤 비행기가 추락하고 또 얼마 뒤 축구경기 관중들이 압사했지. 정말 무수한 사람들이 죽어 나가는 바람에 계속 스포트라이트를 받았는데… 그런 사건이 모두 지나가고 나니 아무 관심도 갖지 않더라고.[3] *Barr, 3*

뉴스의 가치를 양적으로 가늠하는 기준으로 특파원들은 '시신의 수'를 들기도 한다. 40년 동안 라틴아메리카를 취재한 에두아르도 가야르도는 고속도로 교통사고 한 건으로 예닐곱 명이 사망하면 뉴스가 되지만 경비행기를 타다가 두 명이 사망한 것은—웹사이트의 여백을 메우는 기사는 될 수 있겠지만—뉴스가 되지 않는다고 말한다. 지진도 마찬가지다.

리히터 6.2 또는 6.3 정도 되는 지진은 기삿거리가 되겠지만… 아, 지금은 4만 넘어도 기사로 작성해 볼 만한데.*Gallardo, 12*

멕시코시티 특파원은 2000년대 멕시코에는 폭력이 만연해서 '시체가 네 구 이상 발견되어도 기사를 쓰면 거의 주목받지 못했다'고 말한다. 그래서 그는 아예 방향을 바꿔 '더 큰 트렌드나 변화를 보여주는' 사건들을 취재하기 위해 노력했다.*Weissenstein, 10*

특파원들은 지진이나 총리암살 같은 그 자체로 속보가 될 만한 뉴스를 내보내면서도 이러한 뉴스에 그보다 넓은 배경상황을 담아내기 위해 노력한다.

---

3 1988년 12월, 팬암항공기가 스코틀랜드 로커비 상공에서 리비아 테러집단에 의해 공중폭파하여 비행기에 탑승한 259명이 전원 사망하고 지상에 살던 주민도 11명이 죽었다. 1989년 1월에는, 브리티시미들랜드항공기가 비상착륙을 시도하던 중 추락하여 47명이 사망하고 70명 이상 중상을 입었다. 1989년 4월에는, 셰필드의 힐스버러스타디움에서 몰려든 관중으로 인해 96명이 압사하고 700명 이상이 부상을 입었다.

화제성이 있는 이야기를 하면서도 복잡한 삶을 어떻게든 드러낼 수 있는 기사를 써야 하죠. 어쨌든 중요한 이야기여야 합니다… 예컨대, 지진기사를 쓰면서 어떻게 사망자 수만 쓸 수 있나요?… 지진은 숫자로 이야기할 수 있는 게 아니잖아요. *McDowell, 21*

댄 페리의 이스라엘 특파원생활은 1995년 이츠하크 라빈 총리가 암살될 때 시작되었다.[4]

라빈총리암살이 엄청난 관심을 끈 것은, 그것이 유대인 극우파 청년이 저지른 사건이었기 때문이죠. 이스라엘 내부에서 벌어지는 극심한 분열과 갈등을 보여줄 수 있는 절호의 찬스였어요. 이런 내부사정은 밖에서는 거의 알 수 없는 사실이고, 바로 이런 것이 특파원이 파고들어야 할 테마예요.[5]… 어떤 사건을 흥미롭게 만드는 것은 다면적인데, 그런 건 사람들이 잘 몰라요. *Perry, 12*

심각한 폭력이 난무하는 지역에서는 지속적으로 나쁜 뉴스가 나올 수밖에 없지만, 그럼에도 특파원들은 다소 미묘한 차이가 있는 뉴스와 균형을 맞추기 위해 노력한다. 2000년대 중반 페닝턴은 아프가니스탄의 수도 카불에서 부르카를 '플로잉가운flowing gown'으로 대체하려고 노력하는 사업가 이야기를 취재했다. 그는 일하는 여성들을 위해 새로운 형태의 부르카를 제

---

4   Dan Perry and Dianna Cahn, "Joyous scene turns to stunned grief," The Associated Press, November 4, 1995.

5   Dan Perry, "Israelis agonize as Rabin assassination shatters illusions," The Associated Press, November 5, 1995.

작했다고 한다.[6]

> 나한테는 굉장히 중요한 취재였어요. 아프가니스탄뉴스는 거의 모두
> 부정적인 내용이었거든요… 물론 그게 사람들이 알고 싶어하는 거였
> 겠죠. 사람들은 밝고 즐거운 기사보다는 자신의 일상에 영향을 미칠
> 수 있는 것에 대해서 읽고 싶어하잖아요. 하지만 그런 기사들이 어떤
> 나라에 대해 지나치게 부정적인 인상만 갖게 한다면 바람직하지 않겠
> 죠. 그런 점을 염려해서 좀더 경쾌한 이야기를 발굴해내기 위해 노력했
> 어요. 물론 쉬운 일은 아니었죠.*Pennington, 16*

특별하고 구체적인 이야기를 전달하는 기사를 활용해서 훨씬 거대한 흐름
을 소개할 줄 아는 것은 특파원의 진정한 능력으로 여겨진다. 1970년대 말
카이로에서 이집트와 이스라엘이 평화협정을 체결하는 과정을 취재한 니
콜라스 타트로는 '굵직한 사건은 그 자체로 뉴스가 되지만,' 사소해 보이는
취재에서 외교에 대한 통찰을 얻을 때가 훨씬 많았다고 회상한다.

> 나일강 뱃사공들과 인터뷰했던 게 기억나는군. 돛이 하나 달린 작은
> 배로 사람과 물건을 날라주며 생계를 유지하는 사람들이었는데… 그
> 들 중 한 명이 '이스라엘과 전쟁이 끝나면, TV와 냉장고를' 살 거라고
> 말하더군. 그에게 평화란 그런 의미였지. 바로 이런 목소리가 당시 그곳
> 의 진짜 이야기였어. 고립에서 벗어나기 위한 변화의 물결이 밀려오면
> 서 이스라엘에 대한 금기가 깨지고, 이집트인들의 일상은 근본적으로
> 달라지기 시작했지.*Tatro, 19 /2*

---

6 Matthew Pennington, "Refashioning the burqa: Women go into business in
   post-Taliban Afghanistan," The Associated Press, April 11, 2005.

속보를 취재하면서 동시에 그 너머에 있는 이야기를 파고드는 일은 사실 매우 어려운 일이다. 사라예보 포위전을 취재한 포럽칸스키는 이렇게 말한다.

포위된 지 3년 반이 지났지만, 별다른 일 없이 보내는 날이 많았어요. 그래서 이러저러한 주제로 특집기사를 써볼까… 고민을 많이 했지요. *Porubcansky, 15*

서아프리카 전역을 취재한 하인즐링 역시 비슷한 고민을 했다.

1971년 나이지리아내전은 끝났지만, 여전히 수많은 군인들이 무기를 가지고 다녔지. 무장강도사건이 연일 발생하자, 이러한 기세를 꺾기 위해 라고스해안에서 무장강도 공개처형식이 열리기 시작했어. 그런데 처형식은 금세 카니발로 돌변해버렸지. 수천 명의 사람들이 모여들었고, 행상인들이 뭔가를 팔기 시작하더군. 모두들 모여서 강도들을 드럼통에 묶어놓고 총살하는 걸 구경했어. 나는 공개처형식에 대한 기사를 쓰고 사진도 찍어서 보냈는데, 진짜 대박을 쳤지. 어느 신문에서나 내 기사가 나왔어. 물론 야만적이고 잔인한 이야기였기 때문이겠지. 하지만 한 나라의 잘못된 상황을 다른 나라에게 알리는 아주 좋은 방법이었어… 나이지리아의 부패는 정말 지독했는데… 그런 상황에 17번쯤 골탕을 먹고 나서, 나는 그 나라의 부패의 심각성을 알리는 기사를 한 편 썼어. 사소한 것일 수도 있지만, 걸핏하면 경찰들이 검문을 하고는 지나가고 싶으면 뇌물을 달라고 요구해. 지금 돌아보면 재미있는 이야기지만… 지금은 베냉으로 이름이 바뀐 다호메이에서 나이지리아로 넘어가는 국경에서 세관이 차를 멈춰 세우고는 트렁크를 뒤지더군. 거기서 사과 몇 개를 찾아냈어. 아프리카에서는 사과가 귀했거든. 그 사내는 사과를 모두 챙기더니 트렁크를 닫고 가라고 하더라고. 그런데 조금 가니까 검문소가 또 나오는 거야. 또 트렁크를 열라고 했는데, 거기 총이 있지 뭐야. 아까 사과를 가져간 놈이 자기 총을 거기다 놓고 간 거야. [웃음] 그걸 해명하느라 세 시간이나 붙잡혀있었지. 결국 그 세관이 와서 '어, 그거 내거야'라고 말하고 가져가면서 끝이 났지. 굉장히 웃기고 재미있고 소소한 뉴스거리였지.*Heinzerling, 20-21*

'인간적인 관심'을 유발하는 이야기도 뻔한 뉴스거리들 중 하나다. 훗날 AP 월드서비스 대표에 오르는 클로드 업슨은 1967년 브라질 리우데자네이루의 코파카바나 해변에 대한 기사와 브라질 원조프로그램의 실패에 대한 기사를 썼다.[7] 이런 기사를 다소 무겁고 '의무적인' 기사들의 빈 곳을 채워주는 사소하고 밝은 이야기라고 그는 말한다.

피그스만 침공이 일어났을 때 쿠바 바로 앞에 있는 플로리다 키웨스트에서 쿠바 방송을 모니터링한 업슨은 '미국과 쿠바가 전혀 친밀한 사이가 아니었던' 그 시절 매일 오후 쿠바TV에서 디즈니 만화영화 《오스왈드 래빗》이 나온다는 이야기를 특집기사로 썼다. 그 후 몇 년 뒤 쿠바 하바나에 거주허가를 받은 또 다른 특파원 역시 '쿠바의 어른들도 매일 오후 호텔로비에 모여 미국의 만화영화 벅스버니, 포키피그, 고양이펠릭스를 보며 즐거워한다'고 썼다.[8]*Erbsen, 2*

이런 기사들 중 몇 가지는 사실 뉴스가치가 있다고 보기 힘들다. 브라질특파원이라면 '카니발' 취재를 놓쳐서는 안 된다.*Olmos, 9; Clendenning, 10; Erbsen, 15* 가야르도는 슬픈 목소리로 자신이 은퇴하기 전 마지막 '대박뉴

---

7   Claude E. Erbsen, "It's Summer at Copacabana," *Washington Post*, January 15, 1967; Claude E. Erbsen, "Billions in Aid, Yet Brazil Lags," *Chicago Tribune*, July 23, 1967.

8   Isaac M. Flores, "Havana Enjoys Itself, Despite Red Controls," *Los Angeles Times*, April 3, 1966, C16.

스'가 된 '아르헨티나에 정부를 숨겨둔 미국의 주지사' 기사에 대해 말했다.

그 여성을 취재하기 위해 비행기를 타고 부에노스아이레스까지 가서 그 여성이 사는 건물 앞에서 몇 시간을 서성이며 기다려야 했어. 그게 말이 돼? 그게 무슨 대단한 일이나 된다고!*Gallardo, 23*

참으로 어이없는 걸 취재하러 거기까지 가서, 또 그걸 보도해야 하는지 말아야 하는지 마지막 순간까지 망설였다고 가야르도는 말한다.

마크 샌포드 주지사의 정부가 살고 있는 고급아파트 앞에 가니 열 명 넘는 기자들이 진을 치고 있더군. 기자들은 미꾸라지처럼 빠져나가는 샌포드의 '마리아'를 찾겠다는 일념으로 아파트를 드나드는 사람들을 일일이 따라붙어 인터뷰했어. 그런데 그 아파트에 사는 '마리아'라는 이름을 가진 여자는 최소한 다섯 명이나 된다더군. 미스테리는 풀리지 않은 상태에서… 기자들은 단서를 찾기 위해 앞다퉈 이것저것 뒤지면서 불평을 늘어놓았지. 하필 또 그날이 아르헨티나에서 가장 추운 날이었어. 콩과 과일을 수출하는 마리아가 그 마리아일까?… 페이스북 페이지에서 아르헨티나 국기 옆에서 포즈를 취하고 있는 마리아가 그 마리아일까? 잠시 기자들이 환호한 적도 있었어. 한 여성이 걸어나오면서 '그래, 내가 마리아다!'라고 외쳤거든. 기자들이 돌격모드로 전환하려는 사이에 그 여성은 재빠르게 한마디 덧붙이더군. "근데, 너희들이 찾는 그 마리아는 아니지롱." 그녀는 낄낄거리면서 사라졌지.[9]*Gallardo, 23*

---

9   Eduardo Gallardo, "Mystery of Sanford's mistress deepens in Argentina," The Associated Press, June 25, 2009.

AP이베리아 지국장 앨런 클렌데닝은 이렇게 말한다.

> AP본사는 늘 국제적으로 잘 팔릴, 스페인에서 가장 '핫한' 기사를 보
> 내달라고 요청해요. [웃음]*Clendenning, 21*

예컨대 87살 백만장자 알바공작부인이 25살 연하 남성과 결혼했다는 단
신기사는 상당히 좋은 반응을 얻었다. AP상하이 지국장 비키 그레엄은 이
렇게 말한다.

> AP는… 대량학살이나 중대한 정치적 사건들은 물론, 일상적이지만 특
> 별한 이야기까지… 모든 걸 원하지.*Graham, 4*

나는 인터뷰를 하기 위해 상하이의 프랑스 외교단지에 있는 그레엄의 아
파트를 찾아갔다. 테이블에는 쿠키가 놓여있었고, 작은 발코니에는 빨래가
늘어져있었다. 미국과 중국이 단교한 지 30년이 지난 1979년, AP베이징지
국을 다시 열기 위해 뛰어다닐 때 그녀는 혼자서 온갖 취재를 해내야 했다.

> 사람들은 어떤 모습일까? 음식은 어떻게 생겼을까? 거리에서는 어떤
> 냄새가 날까? 그들은 어떤 이야기를 할까? 그들의 관심사는 무엇일까?
> 지붕 위에 고양이는 있을까? 시골에는 감이 자라고 있을까? 옷은 얼
> 마나 기워서 입을까? 문화대혁명 때 그들은 무슨 일을 겪었을까? 모든
> 게 취재대상이었지.*Graham, 4*

AP는 그레엄에게 점점 더 깊이있는 기사를 보내달라고 요구했고, 그에 따
라 그녀의 임무도 달라졌다.

우리는 진정으로 의미있는 것을 원하지. 인도에서 버스가 맨날 고랑으로 굴러떨어지는 건 아니잖아. 물론, 그런 일이 벌어지면 하나라도 놓쳐선 안되겠지만.*Graham, 39*

말콤 포스터가 지국장으로 근무하는 AP도쿄지국에서 2013년 생산해낸 기사를 보면, '모든 것'을 취재한다는 말에도 순서는 있다는 것을 알 수 있다.*Foster, 10-11* 국가주의를 추구하는 새로운 총리의 부임, 무인도를 둘러싼 중국과의 관계악화,[10] 고급 스시에 사용하는 참다랑어의 개체수 급감 등이 주요기사로 올라와있다.[11] 일본의 공공부채가 고령화사회에 미치는 영향, 지지부진한 쓰나미 이후 복구작업에 관한 기사도 눈길을 끈다.[12]

일본에서 장기간 활동한 특파원은 '일본의 기이한 소식들은 세계적으로 인기가 높다'고 말한다. 이러한 경향은 1980년대에 가장 극에 달했는데, 샐러리맨들 사이에서 에너지드링크 열풍이 불고 있다는 기사, 버블경제에서 탄생한 졸부들이 금가루를 뿌린 디저트를 즐겨먹는다는 기사가 대표적이라 할 수 있다. 하지만 이런 아이템들은 특파원들에게 고민을 안겨주었는데, 단순히 '괴짜일본'이라는 고정관념을 강화하고 이에 의존해서

---

10 일본에서는 센카쿠, 중국에서는 댜오위다오라고 부르는 세 개의 섬을 둘러싸고 일본과 중국이 갈등하고 있으며, 실제로 양국이 군대까지 동원하는 사태가 벌어졌다. 현재는 일본이 점유하고 있지만, 중국이 영유권을 주장하고 있다. 일본은 이 열도를 개인소유주에게서 사들였다고 주장하지만, 중국은 이 섬들이 원래 중국영토였으며 식민지시절 빼앗긴 것이라고 주장한다.

11 Malcolm Foster, "Tuna collapse fears fail to curb Japan's appetite," The Associated Press, March 1, 2013. 이 기사는 '스시의 왕'에 관한 이야기로 시작해서 더 깊이있는 문화적 경제적 환경적 문제에 대한 분석으로 빠르게 넘어간다.

12 Elaine Kurtenbach, "Tsunami-hit towns still barren as rebuilding lags," The Associated Press, March 8, 2013. 이 기사 역시 중요한 결정을 빠르고 유연하게 내리지 못하는 일본의 뿌리깊은 '관료주의'의 병폐를 부각시킨다.

더 많은 기사를 써내기는 쉬웠지만, 신기한 해외토픽 수준의 현상들을 토대로 일본사회에 대한 의미있는 이야기를 끄집어내기는 점점 어려워졌기 때문이다.*Talmadge, 3*

결국 아무리 '뻔한' 뉴스소재를 쫓는다고 해도 특파원들이 절대 넘어서는 안되는 선은 바로 독자들의 고정관념이다. 독자들의 보편적인 고정관념에 지나치게 의존해서는 안 된다. 더 나아가 고정관념에 매몰되어 글을 쓰는 것은 치명적인 역효과를 불러올 수 있다.

> 사람들은 이탈리아에 대한 것은 무엇이든 읽고 싶어하지. 마피아, 이탈리아음식, 베니스, 교황… 모든 것이 호기심의 대상이고 그 자체가 뉴스가 되지만, 이런 이야기를 할 때는 늘 조심해야 돼. 어느 순간 진부한 클리셰가 되어 버리고 말거든.*Simpson, 32-33*

고정관념은 가장 낯설고 폐쇄적인 나라에서도 위험요소가 될 수 있다. 북한에서 임무를 수행한 진 리는 '독자의 관심을 끌 수 있는 기사'와—예컨대 '미키마우스가 등장하는 북한의 무대공연'[13]—'기자로서 써야 한다고 여겨지는 기사' 사이에서 균형을 잡기 위해 노력해야 한다고 말한다.

> 그곳에 처음 갔을 때, 사람들은 여전히 옛 소련 방식으로 쇼핑하고 있었어요… 작은 종이조각을 계산원에게 가져다주고 값을 지불하면, 계산원이 또 다른 종이조각을 하나 주죠. 그걸 카운터로 가지고 가면, 원하는 물건을 내줘요… 하지만 2011년에 새로운 쇼핑방식이 도입되었죠. 선반에 올려놓은 물건들을 사람들이 살펴본 뒤 원하는 걸 선택하

---

13 Jean H. Lee, "Small world: Show for N. Korea's Kim goes Disney," The Associated Press, July 9, 2012.

는 거예요. 거기 가격도 적혀있죠. 물건을 가지고 카운터로 가면 돈을 받아서 금전등록기에 넣어요… 이러한 변화를 보면서 이건 반드시 기사로 써야겠다고 생각했어요. 이건 소비자문화가 새롭게 생겨났다는 뜻이고, 상당한 진화가 일어났다는 뜻이죠. 하지만 사람들이 듣고 싶어하는 기사는 북한이 '어떻게 변하고 있는지'가 아니라, 북한이 '얼마나 이상한지'예요. 그게 사람들 머릿속에 박혀있는 고정관념에 잘 들어맞거든요.[14] *Lee, 14-15*

갈등 너머에 감추어져있는 진실들

특파원들은 이러한 '뻔한' 뉴스들 중에서도 전쟁과 같은 갈등상황을 가장 우선순위로 꼽았다. 전쟁은 마르지 않는 뉴스의 원천으로 사실, 갈등을 쫓아가며 취재하는 것만으로도 특파원들은 벅차다고 말한다.

유고슬라비아에서 전쟁이 터진 뒤 6개월 동안 정말, 거짓말 하나도 안 보태고 눈코 뜰 새 없이 바빴어요. 한숨 돌릴 여유조차 없었죠. 말그대로 기사를 쏟아냈거든요. *Smith, 6*

---

14 Jean H. Lee, "China brings supermarket concept to North Korea," The Associated Press, February 25, 2012. '결코 공산주의적이지 않은 북한의 새로운 상거래 문화'에 대해서 보도하는 이 기사는 평양 광복거리에 위치한 슈퍼마켓을 중심으로 이야기를 펼쳐나간다.

라임색 프라이팬, 미니마우스가 그려진 핑크색 잠옷, 팝콘, 은색 하이힐 등이 전시되어있는 슈퍼마켓에서 쇼핑객들은 어찌할 바를 모르는 표정을 지으며 서성인다. 빨간 유니폼을 입은 여성점원이 다가와 '물건을 직접 골라서 바구니에 넣으세요'라고 말하며 친절하게 안내한다… 한 쇼핑객은 벙어리장갑을 낀 조카의 손에서 휴대전화를 빼앗으려고 실랑이를 벌인다… 맛있는 과자를 사준 것에 대해 고마워하라고 말하는 동시에 '자애로운 영도자에게도 감사를 표하라'면서 김정일을 향한 '의무적인 행동'을 하는 것도 잊지 않았다.

하지만 미디어비평가들의 주장과 달리 특파원들은 눈에 보이는 폭력 그 너머에 있는 이야기를 전달하기 위해 노력한다. 조셉 프레이져는 중앙아메리카와 카리브해 전역에서 펼쳐지는 게릴라전과 쿠데타의 일상적 공포 뒤에 감추어져있는 진실을 찾아내고자 했다.

우리는 산디니스타혁명 과정에서 벌어진 전투와 이러저러한 사정을 취재하기 위해 상당한 시간을 쏟았지만, 나는 사실 그다지 내키지 않았어. 그런 건 사실 전체 상황의 일부에 불과할 뿐이잖아. 그래서 나는 현장으로 나가 사람들의 이야기를 취재하려고 노력했어. 이 사태가 니카라과 사람들의 다양한 신념에⋯ 그 나라의 일상적인 삶과 가족관계에 어떤 영향을 미치는지 알아내고 싶었어. 난 이런 것이 진짜 이야기라고 생각했지. 하지만 전투는 끊이지 않고 일어났고, 그걸 모른 척할 수 없잖아. 어쨌든 그것도 이야기의 일부이긴 하니까⋯

우리는 삶의 터전이 파괴된 작은 마을에 들어갔어⋯ 며칠을 지내며 그곳에 살고 있는 사람들, 삶이 뒤죽박죽 되어버린 사람들과 이야기를 나눴지. 사람들은 누가 어디서 뭘 하고 있는지, 무슨 일이 일어났는지도 모르더군⋯ 나에겐 그것이 진짜 이야기라고 생각되었어⋯ 이번 주 이 마을에서 발생한 사건은 누구 책임인지, 다음 사건은 누구 책임인지, 그런 게 중요한 게 아니라, 그저 매일 아침 살아서 눈을 뜨기만을 바라는 것이 전부인 불쌍한 엘살바도르 사람들의 이야기. 그게 핵심이었지⋯

아이티에서는 대통령 장클로드 뒤발리에가 쫓겨났는데, 중요한 뉴스거리였지. 경성뉴스hard news이기도 하고, 기삿거리도 쉽게 찾을 수 있었어. 그런데 카프아이시앵의 병원에는 의사가 없어. 자신을 치료해줄 의사를 직접 데리고 가야 하지. 또, 수술을 받고 싶으면 수술실조명을 켤 발전기를 돌리는 데 쓸 기름 9리터를 가지고 가야 하고⋯ 미국인들은 이해하기 어려운 일이겠지만… 이게 바로 중앙아메리카 이야기야. 거기 사는 사람들의 일상이지. 정치적 분쟁도 재미있고 전쟁이야기도 재미있지만, 나에게는 전쟁이 사람들의 삶에 미치는 영향이 가장 중요했지. 사실 그게 전부 아닌가?*Frazier, 5/6/21-22/33*

니콜라스 타트로는 제1차 팔레스타인 인티파다를 취재하던 일을 회상하면서 '그 날 죽은 시체 수'만 나열하기보다는 '라운드업roundup' 기사, 즉 지금 이곳에서 벌어지고 있는 폭력사태를 포괄적으로 정리해주는 기사를 쓰려고 노력했다고 말한다.*Tatro, 22* 제2차 인티파다 발발 당시 데스크 임무를 맡았던 한 특파원은 그 기간 동안 일어난 자살폭탄테러는 100건이 넘는다고 회상한다. 너무 자주 일어나다보니 라디오뉴스든 경찰보고서든 거의 예외없이 '틀에 박힌' 애도하는 문구로 시작되었다.

> 누군가 '폭탄'이라고 외쳐요. 히브리어로 pigua라고 하는데, 사실 '폭탄'을 의미하기도 하고 '총격'을 의미하기도 하거든요… 어쨌든 그 소리가 들리는 순간 기계가 움직이기 시작해요. 웨스트뱅크와 가자에 있는 우리 쪽 사람들은 누구의 소행인지 최대한 빠르게 확인하는 작업에 들어가고… 이스라엘 채널들은 현장에서 사진을 보내기 시작하죠. 우리는 현장으로, 또 병원으로 취재를 나가고… 기사를 쓰는 것은… 어떤 면에서 숫자로 색칠하는 것과 비슷했죠. 사건발생 후 몇 시간 안에 피해지역과 사건의 맥락을 파악하고 "이번 공격은 최근 가장 심각한 수준이었다" 뭐 이런 식으로 글을 시작하는 것이죠. 희생자나 생존자의 인터뷰가 들어가면 좋고, 테러공격의 의도나 정치적 목적 등을 확보한 경우에는 그런 것까지도 쓰면 더 좋죠. 슬픈 일이지만, 이런 과정이 우리에게는 틀에 박힌 단순한 일로만 여겨질 때가 많습니다.*Laub, 22*

특히 전쟁상황에서는 시체의 숫자를 나열하는 틀에 박힌 기사말고는 쓰기 어렵다고 많은 특파원들이 말한다. 마크 포럽칸스키는 보스니아내전을 취재했던 경험을 회상하면서 '모든 걸 다 취재하다가는 뉴스를 전송하지 못할 수도 있었다'고 고백한다. 그래서 크로아티아의 작은 마을에서 식료품가게 점원 같은 보통사람을 인터뷰하면서도 갑작스럽게 통찰을 떠올릴 수 있을 정도로 늘 '촉'을 바짝 세우고 있어야 한다.

> 인터뷰를 하러 갔죠… 별다른 기대도 하지 않았어요. 그냥 이 지역에서 무슨 일이 벌어지고 있는지 몇 마디 묻고 싶었을 뿐이에요… 그런데 인터뷰한 남자가 이렇게 말하는 거예요. "아, 이 사태에 죄책감을 느낍니다. 정말 슬픕니다. 우리 마을사람 모두 그럴 겁니다. 이 마을의 어른들도 책임이 있습니다. 이런 일이 일어날 걸 알고 있었지만, 진짜 일어날 줄 몰랐어요. 아무 대비도 하지 않고 있었어요." 가슴 속에 담아둔 채 하지 못했던 말을 쏟아내는 것 같았죠… 자신이 깨달은 사실을 나한테 말하고 싶었던 것 같아요.[15] *Porubcansky, 20*

---

15 Mark J. Porubcansky, "Yugoslav history lesson: 'Do unto others' first," The Associated Press, June 25, 1994. 이 기사는 이렇게 시작된다.

발칸반도는 희생양찾기, 자기연민, 자기정당화로 뒤엉켜있다. 역사에 의해, 이데올로기에 인해, 정치인들에 의해 희생양이 된 발칸사람들은 지난 3년 동안 자신들이 더이상 희생양이 되지 않기를 바라는 마음으로 서로가 서로를 희생양 만들기에 몰입했다… 오늘날 부코바르가 그렇게 끔찍한 이미지를 갖게 된 것은, 자기정당화와 지루한 단조로움과 아무도 입밖으로 내지 않는 지독한 절망 속에서 숨죽인 채 살아가는 수천 명의 슬픈 영혼들이 있기 때문이다.

이 기사는 식료품가게 점원의 말로 끝을 맺는다.

이비카는 이렇게 말한다. "글도 몰랐던 제 할아버지를 누군가와 전쟁을 하도록 부추긴 것은 어떻게든 이해할 수 있습니다. 하지만 지금도 그렇게 부추기는 사람들이 있다니 정말 믿을 수가 없습니다." 과거에는 정말 그랬다. 발칸에는 과거와 현재가 공존한다. 미래도 그다지 다르지 않을 것 같다.

미군이 참전한 전투의 경우, 전투에 대한 기본적인 취재와 사회정치적, 인도주의적 맥락을 다루는 기사 사이에서 균형을 찾는 일은 더욱 어려워진다. 한국전쟁을 취재한 AP특파원은 아무 감정도 없이 이렇게 말한다.

> 오전에는 휴전회담을 취재하고, 오후에는 전투를 취재했다.
>
> *AP Oral History, Summerlin, 2004, 6*

이러한 경향은 베트남전쟁이나 이라크전쟁처럼 정치적으로 첨예한 문제가 된 전쟁에서 더 두드러졌다. 두 전쟁을 모두 취재한 데니스 그레이는 이렇게 말한다.

> 매일 기사가 거의 똑같았어. "우리는 이곳을 폭격했다, 저곳을 폭격했다⋯ 이 부대가 여길 공격했다, 이 요지를 점령했다."⋯*Gray, 34*

하지만 그는 이렇게 전투소식을 단편적으로 전하는 기사만 쓴 것이 아니다. 그런 혼란 속에서도 큰 그림을 설명하는 기사를 두 편이나 썼다.

> '평범한 병사에게 전쟁이란 어떤 의미일까?' 또 반대로, '전쟁은 민간인의 삶에 어떤 영향을 미칠까?'라는 주제로 글을 썼지.*Gray, 34*

갈등사태가 진정되고 나면 언론의 조명도 사그라든다. 하지만 전쟁이 민간인에게 미친 영향은 그제서야 드러나기 시작하고 정상적인 삶으로 되돌아가는 험난한 과정도 이제 시작된다. 시체 수만 세는 것이 아니라, 좀더 깊이 있는 이야기를 쓰고 싶어하는 특파원도 빛을 발하기 시작한다. 1940년대 말 독일에서 특파원 생활을 한 조지 브리아는 광산 국영화를 둘러싸고 영국과 미국의 군사정부가 갈등하는 상황을 취재하면서 루르의 30살 광부에게 초점을 맞춘 기사를 썼다.[16] 나치의 군사재판을 취재하기 위해 뉘른베르크에 갔을 때도 재판이야기만 기사로 쓴 것이 아니라 그 도시의 유명한 장난감공장에 대한 기사도 썼다.

> 장난감공장 관리자가 나한테 보라고 하면서 조그만 장난감 자동차를 탁자 위에 올려놨는데, 탁자 끝에 닿으면 거기서 방향을 바꾸는 거야. 그렇게 방향을 꺾어가면서 탁자에서 떨어지지 않고 달리더군. 뉘른베르크의 장난감산업이 부활하고 있다는 기사를 쓰면서 이 이야기를 넣었는데, 이 기사는 굉장히 주목받고, 좋은 평가를 받았지. 편집장은… '그래! 이런 게 바로 우리가 원하는 기사야'라고 말했어. [웃음] 그건 사람들 이야기, 그러면서 새로운 눈을 뜨게 만드는 이야기, 부활에 대한 이야기였지. 물론 빌어먹을 군사재판 이야기도 취재했어. 하지만 그건 내가 꼭 해야 하는 취재였을 뿐이고. *Bria, 10*

그레이는 크메르루주 대량학살 후 수십 년이 지났지만, 도살자 타목이 이끌던 크메르루주 피난처였던 안롱뱅 지역에 들어갔던 경험을 좀더 창조적인 방식으로 설명하고자 했다.

> 잔악한 일이 벌어졌던 그곳을 돌아보면서 기사를 썼지. 나는 어딜 가든 가능한 한 조깅을 하는데, 그날도 일을 마치고 조깅을 했어. 조깅을 하는데 왠지 '뭔가 좋은 기사가 떠오를 거 같은' 느낌이 오더라고… 진짜로, 두 가지 일이 나에게 함께 찾아왔지. 조깅을 하다가 도살자 타목이 세운 학교를 지나쳐가게 되었는데, 학생들이 날 보면서 "하이, 하와

---

16 George Bria, "Ruhr Digger Willi Works for Anybody," *Washington Post*, July 4, 1948, B8.

유?"라고 말하면서 손을 흔들더라고. 모든 이들이 정말 친절했지. 그곳에서 일어났던 끔찍한 일들과 즐거운 조깅이 초현실적으로 공존하는 거야. 그리고 크메르루주의 손에 죽어간, 나의 캄보디아인 동료들이 떠오르더군.[17]*Gray, 56*

아파르트헤이트 체제 막바지에 남아프리카공화국 특파원으로 활동한 테리 앤더슨은 백인들이 사는 교외지역에서 흑인 가사도우미들과 함께 살았다. 그는 이 '부조리한 세계'를 헤쳐나가기 위해 개인적으로 노력했지만 기사에서는 '그러한 느낌을 어떻게 표현해야 할지 몰라' 고뇌했다. 이는 카프리비 스트립이나 짐바브웨에서 전통적인 무력충돌을 취재할 때 느낀 것과는 매우 달랐다.*Anderson, 9* 그레이는 또한 1990년대 르완다 대학살에 접근하는 다른 시각을 찾던 중, 국립공원 안에 있는 호텔을 개코원숭이들이 점령했다는 이야기를 동료기자에게서 듣는다.

아름다운… 풀이 우거진 시골을 달리기 시작했는데… 아까도 말했지만, 정말 오싹했어. 말 그대로 학살된 사람들의 뼈들을 밟고 달리는 거였거든… 진짜 미친 짓이었지. 아무튼, 그렇게 국립공원에 들어섰는

---

17 Denis D. Gray, "Jogging in hellholes," The Associated Press, August 29, 2006. '지옥에서 조깅하기'라는 제목의 이 기사는 캄보디아로 시작해 캄보디아로 끝난다.

캄보디아 서북쪽에 있는 두메산골 안롱뱅은 4개 대륙에 걸쳐 여러 곳에서 조깅을 해본 나에게 가장 초현실적인 경험을 안겨주었다. 바그다드에 있는 사담 후세인의 쾌락궁전, 대학살이 벌어진 직후 르완다 못지않게… 지금 나는 안롱뱅에서 조깅을 하며 집을 향해 달린다. 달리면서 나는 기억의 우물을 가만히 응시한다. 우물에서 사형집행인들의 형상과―지금 내 주변에 있는 미소 가득한 캄보디아인들과 전혀 다르지 않은 모습들―그들에 의해 형장의 이슬이 되어버린 희생자들의 모습이 떠올랐다. 내가 아는 한 가장 용감하고 의리있는 친구들이 이곳에서 희생되었다. 나와 함께 캄보디아전쟁을 함께 취재했던 그들은 테러정치가 시작되면서 안롱뱅의 도살자들의 손에 세상을 떴다. 나는 돌아오는 길에 오른손을 들어 그들에게 경의를 표했다.

데, 완전히 폐허가 되어 아무도 없었지. 한때 야생동물을 보기 위해
전세계에서 몰려든 관광객들로 붐비던 꽤 멋진 호텔이 완전히 폐허
가 되어있더군. 호텔로 들어섰는데, 정말 리셉션데스크에 거대한 개코
원숭이가 앉아있더라고… [웃음] 기사의 요점만 간단하게 말하자면…
"한때 이 호텔은 방문객들에게 낙원의 한 켠이라고 불렸다. 하지만 지
금은 이 건물 앞에 차를 세우면 호텔관리자들이 차를 망가뜨릴지도
모른다. 그들은 퉁명하기 그지없고 지독한 식탁예절을 보여준다."[18] …
그건 당시 르완다에서 자행된 짐승같은 행동에 대한 일종의 은유였
지.*Gray, 59-60*

하지만 1990년대부터 멕시코를 취재한 마크 스티븐슨은, 사람들의 이야기
를 활용하여 갈등상황을 설명하는 방식은 문제의 심각성을 느끼지 못하게
만들 수 있다고 경고한다. 지난 10여 년 동안 미국의 국경통제가 엄격해지
면서 멕시코의 마약카르텔이 밀입국을 도와주는 사업으로 활개치기 시작
했는데, 이러한 상황을 보도하는 기사들이 한결같이 '쫓고 쫓기는 고양이
와 쥐' 이야기 틀에서 벗어나지 못하고 있다고 말한다.

2005-6년 이민에 대한 논쟁이 한창일 때, 이민자들의 출발점이 되는
사사베와 알타에 정기적으로 갔죠. 이주를 도와주는 일은 누구나 손
쉽게 시작할 수 있는 사업이었고… 사람들은 밀입국을 도와주는 뻬예
로*pellero*을 따라 꼬리에 꼬리를 물고 행렬에 나섰어요. 커다란 물병을
들고, 낡은 격자무늬 자켓을 입고, 정어리 캔을 품고 국경을 넘는 고단
한 여정이 시작되죠… 범법행위라는 걸 알면서도 누구나 대놓고 위반

18 Denis D. Gray, "Primates replace tourists amidst the anarchy of Rwanda,"
The Associated Press, August 26, 1994.

하는 것 같았어요. 이 사람들이 무엇 때문에 이 끔찍한 여행에 나섰는지 인간적 흥미를 불러일으키는 기사도 쓰고, 이들이 범죄상황으로 내몰릴 수밖에 없는 기사도 썼죠… 가끔… 많은 이들이 죽는 사태도 벌어지지만… 여전히 인간적인 흥미를 자극하는 기사들만 주로 나와요. 지금은 이 문제가 대체로 범죄이야기로 다뤄질 뿐이죠._Stevenson, 14-16_

아무 일도 없는 조용하고 지루한 나라들
뉴스 생산국 인기차트

갈등을 취재하면서 겪는 온갖 난관들을 넘는 것보다 특파원들에게 더 힘든 것은 바로 '아무 일도 없는' 국가를 취재하는 것이다. 인터뷰를 하면서 상당히 많은 특파원들이 '아무 일도 없었다'는 말을 했는데, 이는 뉴스를 선별하는 기준을 단적으로 보여준다. 이는 또한 유럽과 같은 '코어'국가들이 훨씬 주목을 받는다고 말하는 몇몇 학자들의 주장을 단박에 뒤집는 것이기도 하다. 실제로 특파원들이 꼽은 '아무 일도 없는' 국가는 시기에 따라 요르단부터 일본까지 다양했지만, 이 목록에 거의 빠지지 않고 이름을 올리는 나라들은 바로 '믿기지 않을 만큼 지루한' 유럽국가들이다._Johnson, 10_

폴 쉠은 북아프리카 특파원으로 모로코의 수도 라바트에서 근무했다. '아랍의 봄'이 터지기 직전 그의 사무실 벽에는 카다피 포스터가 걸려있었고, 거리는 시위로 늘 시끄러웠다. 하지만 그가 쓴 기사는 '아무도 관심을 갖지 않는, 잠이 오는 이야기'에 불과했다.

당시 모로코, 알제리, 튀니지는 시위로 온통 시끄러웠어요… 특히 알제리에선 테러까지 발생했는데, 보도하기가 어려웠죠. 튀니지? '아무 일도 없는' 조용한 나라 취급받았죠. 모로코는, 아시겠지만, 왕이 있잖아요. 정치적인 이슈가 있었지만 매우 사소한 것으로 비춰졌고, 관광에 관한 이야기는… [리비아에서 일어난 폭동처럼] 중대한 사건이 발생하는 순간 순식간에 덮혀버렸죠… 모로코처럼 조용한 곳에서 일하면서 사람들이 듣고 싶어하는 이야기를 찾아내는 건 어려워요… 중동은 사실, 그 자체만으로도 늘 기삿거리가 되잖아요… 2011년 시위가 일어난 뒤 모로코의 정세가 느릿느릿 이전 상태로 되돌아가는 과정은 그다지 극적이지 않았어요. 페인트를 칠해놓고 마르기를 기다리는 것과 같은 일에 불과했죠. 좋은 이야깃거리가 될 수 없었어요. 솔직히 말해서, 험프리 보가트 영화와 카사블랑카를 이야기하면 좀더 기사화되기 쉬웠을 거예요… 사람들은 이국적인 걸 원하잖아요. 사막여행, 낙타, 그런 이야기 말이죠. 하지만 진짜 이야기는 그런게 아니라, 전제적인 정부, 과도한 공권력을 가진 경찰… 그런 것들인데, 문제는… 이집트만큼 가혹하지 않다는 거예요… 그러니까 모로코는 기사화하기가 더 어려웠죠… 좀더 부드러운 헤게모니, 좀더 부드러운 독재… 이런 걸 기사로 다룰 방법을 찾는 것은 쉽지 않아요. *Schemm, 3 / 13-14 / 24-25*

쉠은 모로코의 왕 무함마드 6세가 '시민들의 불만족을 대부분 흡수해버리는 바람에 모로코의 민주주의시위가 약화되고 있다'는 소식을 기사로 전송했는데[19] '낙타'이야기보다도 독자들의 관심을 얻지 못했다고 말한다. 접근권이 제한된 상황에서 사회정치적 운동을 깊이있게 파고들어 기사에 담는 일은 쉽지 않다. 쉠은 이 기사를 쓰기 위해 상당히 많은 준비를 하고 공을 들였으나, 주의가 산만한 대중들의 눈에는 보이지 않았다.

---

19 Paul Schemm, "Morocco's democracy protests restart after hiatus," The Associated Press, September 18, 2011.

이러한 상황은 어느 시대 어느 지역에서나 그대로 반복된다. 1980-90년대 요르단은 전쟁을 취재하기 위해 전세계 언론사들이 모이는 요충지 역할을 했음에도, '상당히 지루하고 평화롭고 고요한' 나라에 불과했다.*Rice, 1-2*

'매우 안전한 미국의 뒤뜰'이라고만 믿고 있던 중앙아메리카에서 1980년대 게릴라전쟁이 발발하자 수많은 언론사들이 허겁지겁 관심을 갖기 시작했다. 실제로 많은 통신사들이 이런 지역에서는 평소에 취재할 필요가 없다고 여겨 지국을 폐쇄한다. 일상적인 기사들은 특별한 사건이 발생하는 순간 덮혀버리기 때문이다.*Frazier, 39*

1990년대 후반 캐나다에서 4년 동안 생활한 특파원은 이렇게 말한다.

캐나다에서는 오리지널 기사 한 편을 쓰기 위해 치밀하게 계획을 세우면서 일주일을 소비하지. 스폿뉴스는 일주일 동안 한 편도 내지 않아도 상관없어. 캐나다에는 '아파르트헤이트' 같은 게 없거든.*Crary, 9*

1990년대는 남아프리카공화국에서 아파르트헤이트가 종식되면서 나타난 사회현상에 대한 기사가 쏟아져나왔다. 그 사이 주변국가들의 이야기는 레이더망에서 순식간에 빠져나갔다.

당시 앙골라는, 더 많이 취재를 해야 했는데, 그럴 여유가 없었어요. 나미비아도 심상치 않았는데, 거기는 시간조차 내기 어려웠죠. 그래서 이들 나라는 '아무 일도 없는' 나라처럼 보였을 거예요. 하지만 전혀 그렇지 않았거든요. 남아프리카공화국에서 아파르트헤이트가 끝나갈 무렵, 모잠비크와 앙골라에서는 내전이 한창 벌어지고 있었는데도 거의 관심을 가질 수 없었어요. 해외특파원들의 가장 어려운 임무 중 하나는, 그곳에 대한 사람들의 편견을 거스르는 이야기를 말하는 것이라고

생각해요. 결국은 진실을 이야기하기 위해 반골이 되거나, 아니면 '그
러면 그렇지'라고 하는 태도로 읽어갈 수 있는 기사를 쓰는 게으른 기
자가 되거나, 둘 중 하나를 선택해야 하죠. 나도 이 둘 사이에서 왔다갔
다했던 것 같네요._Bryson, 9_

유럽의 식민지였던 아프리카는 그곳을 지배했던 유럽국가들보다 그나마
풍부한 뉴스를 제공한다. 1960년대 쿠바에서 리스본으로 건너간 아이작
플로레스는 '포르투갈은 진짜, 아무 일도 없는' 나라였다고 말한다. 그래
서 앙골라, 모잠비크, 기니비사우 등에서 벌어지는 식민지 해방전쟁을 취
재하기 위해 계속 출장을 가야만 했다. 그는 또한 '국경을 넘어 여행을 하
면서 본 것들, 사람들과 나눈 이야기' 등을 토대로 가벼운 기사들도 썼
다._Flores, 10/18_

    산업화된 주요국가들은 해외특파원들에게 또다른 장벽을 안겨준다.
이 국가들의 정치적 사회적 이야기는 더 이상 문제가 되지 않는다고 많
은 이들이 간주하기 때문이다. 1970년대 중반 도쿄특파원으로 활동한 앤
더슨은 에디터들이 한결같이 일본경제의 급성장(특히 자동차산업의 급성장)에
만 관심을 쏟는 바람에 다른 주제로 주목을 끌기는 매우 힘들었다고 말한
다._Anderson, 3_ 그로부터 40년 뒤 도쿄지국장을 맡고 있는 포스터는 일본의
경제력을 중국과 인도에 비교하면서 이렇게 말한다.

서서히 경제가 쇠퇴하고 있는 상황을 보여주기 위해서는 뭘 써야 할까
요? 정말 어려운 일이에요._Forster, 11_

빅터 심슨은 1970년대 이탈리아에 처음 왔을 때부터 지금까지 이탈리아에
대한 보도가 얼마나 급격하게 달라졌는지 이야기한다. 1970년대에는 '매
일 오후 최루가스로 가득 찬 로마거리'와 '다른 나라에 비해 유난히 걸출

한 영화와 패션'에 관한 기사들이 많았는데, 지금은 유럽과 관련한 무미건
조한 기사들만 나온다.

> 어떤 기사든 거기엔 수많은 요소들이 담기기 마련이지… 작은 나라 이
> 탈리아는 유럽에서 조그마한 플레이어에 불과하지만… 미군의 작전기
> 지 12개가 있고, 동서간 첩보활동의 중심지 역할을 하기 때문에 언제나
> 중요한 나라로 여겨지지. 이에 관한 훌륭한 기사들도 많았지만… 이제
> 서유럽 이야기는 비즈니스기사가 되어버렸어. 이민문제도 거기서 파생
> 된 이야기에 불과하고.*Simpson, 1-2/6*

미국언론이 좋아하는 나라들

결국 AP특파원들의 실제경험은 '해외뉴스는 기본적으로 경제적 정치적
이해관계에 따라 만들어진다'는 반복적으로 제기되어 온 비판, 다시 말해
'코어'국가가 '주변'국가에 비해 특권을 누린다는 비판*Chang, 1998; Koh 2013*을
거스르는 것처럼 보인다. 또한 저개발국가들에 대해서는 부정적인 뉴스,
예컨대 전쟁과 같은 갈등상황만 부각한다는 비판*Behr, 1981; Wilhoit & Weaver,*
1983 역시 그다지 타당해 보이지 않는다.

그럼에도 특파원들은, AP의 뉴스에디터들과 미국 대중이 여러 나라들 중
에 특별히 중요하게 여기는 나라가 있다고 느낀다고 말한다. 이는 친근함이
나 생소함, 문화적 호감, 오랜 시간 변하지 않는―때로는 케케묵은―고정관념
에 근거한다. 이러한 스펙트럼에서 늘 혜택을 입는 나라는 바로 브라질이
다. 브라질은 언제든 '팔릴 만한 이야기'가 있는 나라다.

> 펠레, 삼바… 길을 걷다가 담배꽁초 줍듯 기사가 널려있는 나라라고
> 여겨진다네.*Erbsen, 9*

프랑스도 마찬가지다.

> 프랑스는 '패션의 1번지'로 여겨질 뿐만 아니라 '좋은 음식과 와인, 미
> 식가들의 천국'으로 여겨집니다. 실제로 프랑스에 관한 기사에는 이러
> 한 고정관념이 늘 밑바닥에 깔려있습니다. 2013년에는 '프랑스인들조
> 차' 퇴근 후 집에 돌아와 냉동식품을 전자레인지로 돌려서 먹는다는
> 이야기가 기사로 나갈 정도였죠.[20] *Ganley, 13-14*

국가의 규모에 비해 지나치게 주목을 받는 나라도 있는데, 그 극단적인 예
가 바로 이스라엘이다.

> 이스라엘을 다루는 기사는 요르단을 다루는 기사와 완전 딴판이에
> 요. 미국은 이스라엘에만 관심이 있을 뿐, 요르단에는 전혀 관심이 없
> 어요. *Rice, 4*

중동 역시 상당히 비중있게 다뤄진다.

> 중동은 언제나 중요한 이야기로 다뤄집니다… 중동은… 선택적으로
> 취재할 수 있는 지역이 아니에요. 언제 무슨 일이 터질지 모르는 곳이
> 기 때문에 취재망을 유연하게 대처할 수 있도록 늘 대비를 해야 하죠…
> 이란, 이라크에 초점을 맞추고 있다보면 아무런 예고도 없이 수단에서
> 뉴스가 터져 나오기도 하거든요. *Buzbee, 3*

---

20 Elaine Ganley, "French eat both frozen meals and fine cuisine," The Associated
Press, February 21, 2013.

어떤 나라에서 흥미로운 이야기가 나와 주목을 받으면, 다른 이야기들은 아예 기사로 나가지도 못하는 경우가 많다. 물론 속보를 거를 수 없는 통신사로서는 그럴 수밖에 없을 것이다. 한 특파원은 남아프리카에서 '동물 기사'를 써서 보냈다가 뉴욕의 에디터들에게 퇴짜를 맞았던 경험을 이야기한다.

남아프리카공화국에서는 그런 기사를 쓰면 안돼. 아파르트헤이트와 관련되지 않은, 그런 가벼운 피처기사는 안된다고.*Crary, 6*

예루살렘에서 만난 페리는 카리브제도에서 취재할 때를 떠올리며 이렇게 말했다.

카리브에서는 기발하고 재미있는 기사를 쓸 수 있었는데, 이곳 중동에서는 그런 이야기를 쓸 수 없어서 너무 아쉬워요.*Perry, 29*

오랫동안 이스라엘특파원을 지낸 마커스 엘리아슨은 전투가 '잠잠해진' 이후 왜 이제 기사를 맹렬하게 보내지 않느냐고, 또 앞으로 상황이 어떻게 전개될 것 같으냐고 묻는 포린에디터의 전화를 받고 나서, 자신이 그동안 '갈등모드' 속에 갇혀 폭넓은 내용을 취재하지 못하고 있었다는 사실을 깨달았다고 말한다.

"음, 이건 이스라엘 국내뉴스인데… 시오니즘을 반대하는 연극 때문에 상당한 논란이 벌어지고 있어요. 담배값으로 인한 소란도 있고, 교통범칙금 인상 때문에 논란도 있고, 아들을 가로채 캐나다로 데리고 간 정교회 성직자 이야기로 상당히 시끄럽고, 또 경찰은…" 이렇게 말을 이어나가는 와중에 그가 말하더군. "잠깐, 잠깐, 기삿거리 벌써 찾은 거 같은데, 아닌가요?" "뭘 말하는 거죠?" "이스라엘에서 벌어지는 일은 무엇이든… 헤드라인에 '이스라엘'을 넣기만 하세요. 날이면 날마다, 매일 그렇게 쓰면 됩니다. 미국사람들은 그곳에 무슨 일이 벌어지는지 모든 걸 알고 싶어해요!" 그래서 나도 마음놓고 기사를 썼고, 그중에서 내가 쓴 가장 재미있고 중요한 기사도 나왔지. 헤드라인 기사에만 매달린 것이 아니라 이 사회에서 벌어지는 온갖 이야기들을 기사로 썼어… 물론 그것도 시간이 있어야 가능한 거지. 이런 걸 취재하고 기사로 쓸 시간이 있어야 하잖아?… 뭐, 《뉴욕타임스》라면 할 수도 있겠네. 어차피 주요속보는 AP에서 보내주니까 받아쓰면 되고…《뉴욕타임스》는 실제로 자기들 특파원을 키부츠로 보내 이스라엘 사람들의 일상을 보도하는 특집기사를 쓰기도 했어. 하지만 AP는 모든 걸 다 해야 되잖아. 정말 힘든 일이지.*Eliason, 6-7*

속보가 아닌 기사는 오랫동안 특파원이 없었던 나라, 예컨대 미국기자들의 관심에서 벗어나 있던 캐나다나 미국기자들의 입국을 차단해 온 중국에서 빛을 발하기도 한다.

캐나다라는 나라 전체를 취재했지. [1970년대 후반] 수년 동안 우리가 주목하지 않던 나라였기에, 모든 것이 신선하고 새로웠어… 캐나다에 대한 정보를 최대한 수집하고 캐나다언론의 보도를 섭렵해나가면서 눈에 띄는 것들, 호기심을 자극하는 것을 찾아내고… 여기저기 여행을 다니면서 관찰을 했어. 아마도 내가 캐나다를 취재한 최초의 AP기자이지 않았을까…*Hanley, 5*

중국처럼 오랫동안 닫혀있다가 개방을 한 나라들은 엄청난 호기심의 대상이 되지. 그곳 사람들에 대한 궁금증도 크고… 미국독자든 다른

나라독자든 '전혀 몰랐던 이야기' 또는 '생각지 못했던 이야기'는 반응
이 매우 좋아… "중국의 마을은 어떻게 생겼을까?" 사람들은 모두 궁
금해하지. 독일의 마을에 대해서 궁금해하는 사람은 없잖아… 하지만
1980년대에 들어서면 상황은 완전히 달라져. "어, 중국에 관한 시시한
기사가 또 나왔네."*Jones, 14-15*

냉전-테러-중국
미국독자들에게 환심사기

지금까지 살펴본 인터뷰에서 알 수 있듯이, 어떤 국가간 문제나 국내문제
를 뉴스로 선택할지 결정하는 요인 중 하나는 바로 미국과의 관련성이다.
최근에는, '테러와의 전쟁'처럼 전 지구적 이슈들이 비교적 쉽게 기삿거리
로 선택된다. 이 과정에서 해외독자들의 관심까지 고려하는 것은 당연할
뿐만 아니라 필수적인 일이다.

　예컨대, 지뢰로 인해 부상을 입은 코끼리들을 치료하는 병원은 '알다가
도 모를' 태국의 정치상황을 보도하는 기사보다 훨씬 흥미를 끈다.*Penning-
ton, 7* 브라질의 초목을 상하게 만드는 한파에 대한 기사는 세계 음료값이
치솟는 상황과 여러 국가들이 모여 '커피회의'를 개최해야 할 필요성으로
이어진다.[21]*Gallardo, 11*

　서아프리카를 취재한 제이틀린은 기삿거리를 찾기 위해 현지의 여성잡
지들을 들쳐보기도 했다.

21　Eduardo Gallardo, The Associated Press, May 17, 1977. 이 당시 브라질의 한파에
　　관한 기사가 무수히 쏟아져 나왔다.

사람들이 어떻게 살아가는지 알고 싶었지… 미국에서든 다른 나라에서든 내 기사를 읽으면서 '우와, 우리랑 다르게 사는구나.' 또는 '우리랑 똑같잖아'라는 반응을 이끌어내고 싶었어… 물론 미국인들의 일반적인 반응은 한결같았지. "어떻게 하루에 1달러로 한 가족이 살아갈 수 있지?"*Zeitlin 11*

중앙아메리카 특파원은 에콰도르의 화훼산업에 대한 기사를 쓰면서, 미국 NSA(국가안전보장국)에서 직원으로 일하다가 내부고발자가 된 에드워드 스노든이 이곳에 망명할 것이라는 당시 소문을 활용하기도 했다. *Weissenstein, 11*

지노 데스칼지는 진딧물과 곰팡이, 높은 운송비 때문에 골치를 썩고 있다. 매년 수백만 송이의 장미를 미국의 꽃집으로 실어보내는 에콰도르에서 화훼농가를 운영하는 그는, 최근 모스크바공항에 갇혀있다고 하는 서른 살 미국인에 대해서도 걱정을 하고 있다.[22]

1990년대 초반까지만해도 AP의 미션은 미국의 회원사들을 위해 기사를 작성하는 것이었다고 특파원들은 회상한다. 그레이는 동남아시아특파원으로 활동하던 시절, 당시 담당에디터였던 폴로웻스키에게 이런 훈계를 들었다고 말한다.

"잊지말게, 데니스. 자넨《마닐라타임스》가 아니라《마이애미헤럴드》를 위해 기사를 쓰는 걸세."*Gray, 21*

---

22 Michael Weissenstein, "Ecuador flower growers in Snowden shock," The Associated Press, June 30, 2013.

그레엄은 중국과 미국이 국교를 회복했을 때 풍선을 들고 오하이오 주지사 등과 함께 만리장성을 오르며 숨을 헐떡이던 날을 생생하게 기억한다. *Graham, 4* 20년이 지난 지금, 베이징지국을 물려받은 후임자는 워싱턴과 베이징이 대만을 둘러싸고 벌이는 '외교적 줄다리기'를 자신의 '생계수단'으로 삼고 있다.*Hutzler, 3*

물론 미국적 관심이 고결한 경우도 있다. 예컨대, 언론의 자유에 대한 미국의 유별난 관심은 '과테말라의 어느 도시에 위치한 작은 라디오방송국 기자의 죽음'까지도 발굴해내기도 한다.*Gallardo, 16* 하지만 베트남전쟁 중 남베트남 사상자 숫자에 무관심했던 것처럼, 미국은 한편으로 한없이 냉정하기도 하다.

> 미국인이 죽으면 거의 빠짐없이 기사를 쓰는 것과 달리 남베트남인들의 죽음에 대해서는 기사를 쓰지 못했어. 그들의 죽음에는 전혀 관심이 없었거든. 나는 그걸 기사로 쓰기 위해… 셋인가 넷인가 아들을 전쟁으로 잃고, 마지막으로 남은 아들 하나마저 전쟁터로 보낸 남베트남 어머니를 찾아내야 했지… '마지막으로 남은 아들마저 죽으면, 이제 누가 날 돌봐주겠소?'라고 하소연하던 그 어머니의 모습이 아직도 기억나네.*Lederer, 3-4*

1940년대부터 지금까지 전세계를 무대로 미국이 행사해 온 지리적 정치적 영향력을 고려하면, 세계사적 담론, 특히 냉전과 이슬람근본주의 테러리즘에 미국이 중심역할을 하는 것은 어쩔 수 없어 보인다. 그래서 냉전시기에는 세계 어느 곳에서 일하든 기사를 쓸 때 특파원들은 언제나 미국과 소비에트연방의 대립을 기본적으로 고려했다.

어느 나라 정부든 '친서방' 아니면 '친소련'이지… 중간은 없어. 그냥 무슴무슨 정부라고 말하는 것도 안 되고, 전혀 상관없는 주제에 대한 기사를 쓸 때도 냉전이라는 관점에서 바라봐야만 했지._Erbsen, 19_

오늘날 기사를 쓸 때 '냉전'과 같은 잣대 역할을 하는 것이 바로 '이슬람극단주의'다. 특히 이집트, 인도네시아, 파키스탄 등과 같은 국가에서 활동하는 특파원들에게 이는 매우 중요한 기준으로 작용하는데, 특파원들은 대부분 이러한 관점이 오히려 그 나라의 현실을 제대로 파악하는 데 장애물이 된다고 말한다.

2000년대 초 발리에서 일어난 폭발테러를 취재했던 로빈 맥도웰은 인도네시아에서 처음 발생한 테러사건을 '알카에다, 또는 그보다 더 큰 이슬람극단주의, 더 나아가 이 모든 것을 9·11 테러까지' 결부시켜 바라보려고 하는 언론들 때문에 진실이 왜곡되고 말았다고 역설한다._McDowell, 10_ 1980년대 말부터 아프가니스탄을 취재한 캐시 개넌은 이렇게 말한다.

언론은 NATO(북대서양조약기구), ISAF(국제안보지원군), 미군에만 관심을 가질 뿐, 이곳 사람들에게는 거의 관심이 없어요. 현지인들의 목소리는 '테러와의 전쟁'을 이야기할 때 곁다리로 전해질 뿐이기 때문에 사실상 전혀 보도되지 않는 것이나 다름없죠._Ganon, 25_

개넌은 현지인들의 목소리를 전하고자 파키스탄군과 아프간군이 점령하고 있는 지역으로 들어갔다. 서방기자들은 목숨을 내놓을 각오를 하고 들어가야 하는 곳이다.

아프가니스탄과 국경을 맞대고 있는 파키스탄 접경초소에 가기 위해 무릎까지 눈이 쌓여있는 산길을 헤치고 세 시간 가까이 걸어서 올라갔어요. 그곳에서 파키스탄 군인들과 함께 시간을 보냈는데… 멋진 경험이었죠. 작은 컨테이너 같은 곳에서 잠을 잤는데, 정말 얼어죽는 줄 알았어요. 등유램프를 방안에 켜놓고 잤는데, 아침에 일어나면 머리가 깨질 듯 아팠죠… 밤이 되면 군인들과 함께 둘러앉아 이야기를 했죠. 그들은 노래를 부르기도 하고, 온갖 것에 대해 이야기를 했어요. 대부분 펀잡 출신이었어요. 여름에는 50도까지 치솟는 곳이지만, 한겨울에는 5도까지 떨어지죠. 날씨도 추운데다 눈보라가 몰아쳐서 앞이 보이지도 않았어요. 이 불쌍한 군인들은 이렇게 생각했죠. "젠장, 내가 지금 여기서 뭐하고 있는 거지?" 좌절감, 특히 자신들을 이끄는 군지휘관들에 대한 좌절감, 기대했던 서방국가들에 대한 좌절감… 그들은 이렇게 묻는 듯했어요. "이미 할 만큼 했음에도 마음에 차지 않는다니, 도대체 뭘 어떻게 더 하라는 거죠?"… 그건 정말 놀라운 이야기였고, 당연히 취재를 해야 하는 것이었죠. 우리가 취재하러 간다고 할 때도 그들은 믿지 못하는 눈치였어요. 출발할 때만 하더라도 우리가 국경초소까지 가지는 않을 거라고 생각했죠. 하지만 계속해서 사정하고 또 사정했어요. "아, 지금은 겨울이라 힘듭니다." "괜찮아요, 난 더 추운 캐나다 북부에서 왔어요. 플리즈."… 하지만 에디터들도 마찬가지로 그들의 목소리를 듣기 위해 취재를 하러가겠다는 걸 납득하지 못했어요. 딱히 미국의 언론들이 전혀 관심도 갖지 않는 걸 취재하겠다고 하면 누가 허락하겠어요? 9·11 테러가 일어난 이후에는 그런 경향이 더 심해졌죠. 하지만 나에겐 너무나 중요한 취재였어요… 그래도 어쨌든, AP가 고마운 게… 특파원들에게 취재할 수 있는 권한을 최대한 보장해준다는 거예요. 물론 취재허락을 받기 위해서는 계속 조르고 조르고 졸라야 하죠. 어쨌든 AP는 온갖 취재제약조건을 걸어놓으니까요. 재정적으로나, 또다른 측면들… 안전문제 같은 것들에 대한 까다로운 조건을 요구하죠. 어쨌든 취재활동이 신변에 위협이 되

지 않는다는 것을 납득시켜야만 해요.[23]*Ganon, 25-27*

개넌은 9·11테러 이후 중앙아시아의 '-스탄'으로 끝나는 나라들을 돌아다니면서 이러한 취재를 계속했다. 그동안 주목받지 못하던 이들 나라에서 이슬람의 영향력을 알아보는 것이 주된 목적이었다. 예컨대 아제르바이잔과 우즈베키스탄에서는 인터넷카페(PC방) 같은 곳에서 발생하는 이슬람 젊은이들의 종교적 과격화 현상을 취재했다. 우즈베키스탄에서는 전직 알카에다요원과 인터뷰도 했다. 그는 '우즈베키스탄은 테러리스트들이 집으로 돌아가는 길목으로 이용된다'고 진술했다. 인터뷰는 높은 벽 뒤에 숨겨져 있는 먼지로 뒤덮인 은신처에서 진행되었는데, 그곳에서 네 명의 자식들과 함께 살고 있던 그는 '알록달록한 방석에 앉아 젖먹이 아들을 안고 살살 흔들면서' 인터뷰를 했다.[24]*Ganon, 3-4*

---

23 Kathy Gannon, "Pakistani troops feel West undervalues their war," The Associated Press, March 11, 2012. 인터뷰에서 말했듯이 파키스탄군이 서방기자에게 최전방초소를 취재할 수 있도록 허락한 것은 '전례 없는 조치'였다. 인터뷰 내용은 기사에 다음과 같이 반영되어있다.

'세계에서 가장 사람이 살기 힘든 국경지대 중 한 곳이라 할 수 있는' 해발 2,500 미터 높이에 위치한 '총알자국이 여기저기 나 있는 벙커에서' 바람이 울부짖는 소리를 들으며 차디찬 바닥 위에 군용담요를 덮고 잠을 청한다. 목을 따끔거리게 하는 등유램프 밑에 모여 펀잡지방의 사랑노래를 부르면서 박수치며 서로 위로하면서 경계를 서는 군인들의 모습에서 인간적인 연민을 느낄 수 있다. 이들의 지휘관은 '자신의 컴퓨터에 담겨있는 네 살 난 딸아이의 사진을 보며' 가족에 대한 그리움을 달랜다고 한다…하지만 대화가 점점 깊어지자, 자신들에 대한 부당한 평가에 대한 불만을 조금씩 드러냈다. "왜 서방국가들은 자신들과 별 상관도 없는 '테러와의 전쟁'에 자꾸 자신들을 끌어들이려 하는가? 왜 우리에게 책임을 묻는가?… 우리는 도대체 왜 이 지옥 같은 곳에서 고생을 하고 있는가?"

24 Kathy Gannon, "Uzbeks find their way home through network of terrorist trails," The Associated Press, June 8, 2005; Kathy Gannon, "AP Exclusive: Uzbeks across Central Asia secretly picked up, jailed for Islamic militancy," The Associated Press, June 12, 2005.

2000년대 초 카이로특파원으로 활동한 도나 브라이슨 역시 이집트 인들의 일상속에 스며있는 이슬람교를 취재하기 위해 분투했다. 브라이슨 은 2001년 9월 11일 뉴욕의 트윈타워가 무너지는 모습을 이집트 뉴스룸 에서 지켜봤다.

　　테러의 후폭풍이 카이로로, 중동으로 밀려올 것이라는 직감이 들더군 요. 실제로 그렇게 되었죠. *Bryson, 39*

9·11 이후 이집트 관련뉴스는 온통 테러에 초점이 맞춰졌지만, 브라이슨 은 카이로의 평범한 '이슬람 모스크'를 다시 짓는 과정을 기사에 담았다.

　　모스크가 무슨 의미인지 동네사람들에게 물었는데… 모스크는 한마 디로, 이슬람 커뮤니티의 중심지 역할을 한다더군요. 9·11테러가 일어 난 직후였지만 나는 이런 이야기를 기사로 쓰고 싶었어요… 그들을 단 순히 테러집단으로 매도하는 것이 아니라, 이슬람이 무엇인지, 이슬람 교가 이곳 주민들, 사람들에게 무슨 의미인지 보여주고 싶었죠. 일하러 가기 위해, 식료품점에 가기 위해 사람들이 분주하게 오가는 카이로 도 심거리에는 신발 닦는 사람도 있고 사과를 파는 사람도 있어요… 그런 사람들을 만나 이야기해보면 그들도 우리랑 똑같을 뿐이에요. 그날 있 었던 일을 이야기하며 웃음을 짓죠. 이슬람교에 대해 이야기하는 사람 은 없어요. 모스크 지붕이 무너진 것에 대해 물어도 그들은 그저 새로 지은 모스크가 아름답다는 정도의 이야기만 할 뿐이죠. 내가 왜 그런 기사를 썼는지 이해하지 못하는 사람도 많겠지만, 그러한 모습을 세계 에 알리고 싶었어요. 그 때 그런 기사를 썼다는 사실만으로도 나 자신 이 뿌듯하게 느껴져요… 물론 알아즈하르의 셰흐(족장)를 인터뷰한 기 사도 썼죠. 정치적인 측면에서 이슬람교에 접근한 기사였기 때문에 사람들은 당연히 이 이야기에 더 관심을 가졌겠죠. 그렇다고 해서 더 좋은 정보를 담고 있는 것은 아닙니다.*Bryson, 34-44*

카이로의 알아즈하르대학은 무슬림세계에서 '최고의 이슬람 고등교육기관'으로 통하는 대학으로, 브라이슨은 이러한 명성을 전달하기 위해 노력한다. '주말마다 동네 모스크에서 설교하는' 이 대학의 교수는 '그에 걸맞은 격조 높은 목소리로' 이야기한다. 이에 비해, 샘이븐누Sam ibn Nuh 모스크는 사람들 사이에 신전이라기보다는 일상적인 생활터전으로 여겨진다. 가난한 상인과 노점상들이 모여서 '먹고, 자고, 싸우는' 소란스러운 곳이자, 평화롭게 죽음을 맞이하는 곳이다. 이곳에서는 임종을 맞이하기 전 자신이 눈을 감고 싶어하는 모스크로 이웃들이 데려다준다.[25]

냉전, 이슬람교, 세계화 등 거대담론만 강조하다보면 이국의 현실을 제대로 보지 못할 수 있다. 문제는 여기서 끝나지 않는다. 통찰력이 떨어지는 기자들은 이런 담론만 쫓다가 중심을 잃고 만다. 어떤 주제가 휩쓸다가 전혀 주목하지 않던 주제가 갑작스럽게 떠오르면 어찌할지 몰라 당황한다. AP에서 44년 이상 일한 특파원 로버트 리드는 거대담론 3개가 한 순간에 사라지는 것을 목격했다.

소비에트연방이 무너지고, 세계가 하나가 되었지. 프랜시스 후쿠야마의 책《역사의 종말》이 시대의 화두가 되었고, 새로운 시대가 오자 언론사들, 특히 해외통신사들은 시대적 흐름의 맥락을 찾기 위해 안간힘을 썼어. 아직도 방향을 잡지 못한 상태에서 지루하고 시시하기 짝이

---

25 Donna Bryson, "Al-Azhar's philosophy influences Muslims bombarded with religious advice, bin Laden's railings," The Associated Press, June 28, 2004; Donna Bryson, "Community, experts work together to rebuild humble, beloved mosque," The Associated Press, February 26, 2002.

없는 세계화에 대한 이야기만 계속 보도했지. 세계화가 진행되어가는 것을 어떻게 바라볼 것인지 관점도 잡지 못하고, 그저 '사랑으로' 하나가 된 쿰바야월드를 노래했어. 사람들은 그런 쓰레기 같은 기사에 전혀 관심이 없었고, 우리도 쓰고 싶지 않았지. 기자로서는 끔찍한 시간이었어. 언론사들은 존재의 이유를 증명하기 위해 온몸을 불살랐어. 바로 그때 구세주처럼 빈 라덴이 나타나서 새 생명을 불어넣어준 거야… 하지만 그것도 잠시, 갑작스럽게 모든 것들이 잠잠해졌지. 중동도 죽어버리고. "영겁의 세월이 지나도 변한 건 없어. 사람들은 늘 똑같은 짓을 하지… 그러면 어떻게 하지? 썩어 문드러지게 놔두는 수밖에." 언론사들은 더 이상 그 지역에 투자하지 않았어. 중동은 한 마디로 입지가 나쁜 부동산에 불과했지. 세계는 이제 어디로 옮겨갈까? 유럽? 개발도상국? 아시아! '아시아로 회귀Pivot to Asia!' 정말 진저리날 정도로 듣던 말인데… 다 헛소리야. 40년 전에도 들었던 이야기인데, 당시 일본이 세계를 지배할 거라고 다들 떠들어댔는데… 경제도 완전히 망가진 일본이 지금 뭘 한다고? 지금 일본어 공부하는 사람 있어? 일본이 지구상에서 가장 이상적인 나라가 될 거라고 누가 생각하나? 지금은 그 대신 중국 가지고 떠들더군. 와, 중국이다!*Reid, 60-61*

미국중심세계관에서 벗어나면 비로소 보이는 것들

세계적 트렌드, 거대담론, 독자들(특히 미국독자들)의 기호를 기준으로 기사를 선택하는 것이 위험한 이유를 다른 측면에서 지적하는 특파원도 있다. 이렇게 선별한 뉴스들이 그 나라를 제대로 분석하는 데 오히려 방해가 된다는 것이다. 9·11 테러 이후 유럽에 파견된 미국특파원들의 취재 관행을 분석한 한 연구는, 특파원들이 말만 해외뉴스지 '실제로는 해외에 나가 국내뉴스를 취재하듯이' 접근한다고 표현한다.*Hahn & Lönnendonker, 2009, 511*

로마에서 40년 이상 특파원 임무를 수행한 심슨은 이탈리아와 로마교황청에 대한 관심이 급격하게 줄어들던 때를 기억한다. 에디터들이 원했던 이야기는 종교적 도그마를 '바꾸려고 했던' 프란치스코 교황에 관한 것밖에 없었다. 이탈리아에서 역사적으로 중요한 의미로 기록된 2013년 선거에 대해서는 아무도 관심을 갖지 않았다.

> 내 평생, 선거결과로 인해 사회가 어떻게 바뀔지, 역사적 의미가 무엇인지 이야기하는 해외뉴스는 본 적이 없어. 선거결과만 달랑 전달하고, 더 이상 거기에 대해선 아무런 이야기도 하지 않지.[26] *Simpson, 13*

파리에서 특파원으로 일하는 일레인 갠리는 지난 수십 년 동안 튀니지로 취재여행을 다닌 이유가 '튀니지 상황을 정확하게 취재하기 위해서'였는지 아니면 프랑스 관련 기사를 쓰기 위해서였는지 모르겠다고 말한다. 실제로 1990년대 그녀가 쓴 기사를 보면 튀니지와 프랑스에 대한 묘사가 상당히 대비되고 있다는 것을 발견할 수 있다. 그녀의 기사에서 튀지니는 '친절한 미소와 자스민 향이 넘치는 이 북아프리카 국가는 그림엽서처럼 아름다운 경찰국가'라고 소개하며 비판적인 관점을 부각하는 반면, 프랑스는 '한때 최고였고, 여전히 위엄이 있으며, 언제나 필사적으로 자존심을 지키려고 하는' 이 나라가 유럽통합과 이민으로 인해 발생하는 문제에 적응하는 과정에서 '정체성이 얼마나 심하게 흔들리고 있는지' 이야기하며 긍정적인

---

26 렉시스넥시스LexisNexis 데이터베이스를 활용해 선거일 2013년 2월 24일 이후 나온 AP기사에서 Italy election이라는 단어를 검색했을 때, 이 선거가 유로화 위기와 세계경제에 미칠 파장에 대한 경제전망 기사는 12개 정도 나왔다. 하지만 이탈리아 정세와 선거 자체를 다룬 기사는 심슨이 선거당일 작성한 기사 1건이 유일했다. Victor L. Simpson and Colleen Barry, "Italians vote in polls seen key to finance crisis," The Associated Press, February 24, 2013.

측면을 적극적으로 부각한다.[27]

주제는 변하지 않았지만, 지금은 이런 식으로 기사를 쓰지 않기 위해 노력하고 있어요. 지나치게 프랑스에만 초점을 맞춘 기사… 물론 이런 기사를 읽고 싶어하는 사람들도 있겠죠. 하지만 누구를 위한 기사였을까요?… 그들이 관심을 보인 것은 무엇일까요? 바로 거기에 수많은 문제들이 엉켜있죠. 이런 문제는 지금도 그대로 유지되고 있어요… 유럽, 유럽인들을 위해 뭐든 해야 한다는 생각. 이런 생각을 그대로 범위를 좁히고 시선을 약간 삐딱하게 틀면 그게 바로 극우파의 관점이 되는 거죠. 실제로 극우파들을 따라다니며 그들의 이야기를 취재하면서 느낀 사실이에요. 하지만 이게 프랑스만의 일일까요? 그렇진 않을 거예요.[28] *Ganley, 38 / 16-17*

뉴욕에 거점을 두고 활동하는 순회특파원 찰스 핸리는 이렇게 말한다.

폴로웻스키가 내 손을 잡고 벽에 걸린 세계지도 앞으로 끌고가서는 '우리가 아직 안 해본 것이 뭐지?'라고 묻더군. 그러고는 환태평양 지역의 섬을 돌아보라고 하더라고. 주제를 미리 정하지 말고 북극을 거쳐 1만 8,000킬로미터에 달하는 거리를 돌아다니면서 그곳에서 일어나고 있는 일들을 직접 보면서 취재하라고 했어. *Hanley, 5*

---

27 Elaine Ganley, "Tunisia: Peaceful haven or police state?" The Associated Press, July 23, 1994; Elaine Ganley, "AP Newsfeatures: Uncertain France," The Associated Press, November 18, 1990.

28 Elaine Ganley, "Europe's far-right in steady crawl toward power," The Associated Press, May 4, 2012. 이 기사는 '지중해연안에서 스칸디나비아반도까지 극우정당들이 어떻게 대중의 인기를 얻고, 국가권력 속으로 파고들어갔는지' 자세하게 분석한다. 이 기사를 쓰기 위해 갠리는 유럽 5개국에 주재하는 AP특파원들의 도움을 받았다.

이 여행을 하면서 핸리는 마셜제도에 있는 미국의 미사일방어기지로부터 그린란드 카나악의 에스키모들이 바다표범을 사냥하는 모습에 이르기까지 다양한 기사를 써냈다.[29] 베테랑 특파원 래리 하인즐링은 서아프리카와 남아프리카를 돌아다니면서 뻔한 냉전담론 너머에 있는 현실을 취재했다. 현지를 돌며 취재할 거리가 넘쳐나던 AP의 황금기였다.

> 게릴라전을 취재하러 기니비사우에 갔었지.[30] 2주 동안 정글에 머물면서 게릴라전을 전개하고 있는 기니-카보베르데 아프리카독립당PAIGC을 취재했어. 자신들이 관리하는 여러 마을들을 보여줬는데, 그들은 이곳을 '해방구'라고 표현하더군. 그곳은 마을회의를 통해 자율적으로 조직되고 운영되었는데, 마을회의도 직접 참관할 수 있었지. 그 와중에 포르투갈전투기들이 매일 머리 위로 날아다니더군… 여행 막바지에는 포르투갈 점령군과 생활하면서, 그들이 관리하는 마을을 둘러보았는데, 그 중에는 지난 번 게릴라들과 함께 갔던 '해방구'에 속하는 마을이 있는 거야. 마을사람들은 나를 아무렇지도 않다는 듯 맞이하더군. 그래서 나는 한번은 게릴라의 일원으로, 한번은 점령군의 일원으로, 마을을 방문하게 된거지…
>
> 가나에서도 2주 동안 머물며 이것저것 둘러보기로 했는데, 별다른 기삿거리가 눈에 띄지 않더군… 그래서 그동안 취재한 다양한 사건들을 들쳐보며 시간을 보냈지. 다양한 부정부패, 범죄사례들, 진보의 징조들 같은 것들이 메모되어있었고, 그런 것들을 하나의 실로 연결하

---

29 Charles J. Hanley, "Secretive islands at heart of strategic debate," The Associated Press, January 10, 1985; "Tomorrow encroaches on land of 'The People,'" The Associated Press, October 4, 1987.

30 Larry Heinzerling, "Guerrilla War Goes On in 'Guinea-Bissau,'" *Christian Science Monitor*, November 15, 1973, 10.

여 좀더 거시적인 관점에서 기사를 쓰기도 했지. 새로운 지역을 가면 먼저 대사관에 연락하는데, 대사관에서 동료특파원, 외교관, 사업가들을 만날 수 있거든. 그들과 저녁식사를 하면서 아이디어를 얻을 수 있어. "북쪽 지역에 흥미로운 댐 공사 프로젝트가 진행되고 있답니다." 그런 정보를 확보하고 나서, 시간을 내 그곳 현장에 취재를 하러 가는 식이지… 예컨대 세네갈에 가서는, 아메리카대륙으로 보낼 노예들을 모아놓았던 고레Gorée섬이 현재 땅콩농사와 어업으로 부흥하고 있으며, 카자망스 지역에 무슬림형제단이 활개치고 있다는 이야기를 들을 수 있었지. 낯선 곳에 가면 그렇게 먼저 정보를 수집한 뒤 어디를 취재할 것인지 결정하는 거야. 물론 옆 나라 이야기도 들을 수 있고. "라이베리아에서 무슨 일이 벌어지고 있다고? 가서 직접 확인해봐야겠군."*Heinzerling, 7 / 11-12*

아프리카 특파원 래리 하인즐링은 1972년 포르투갈이 지배하고 있던 기니비사우의 '해방구'에서 반군과 함께 정글 속을 3일 동안 행군했다. 기니-카보베르데 아프리카 독립당 간호병이 발에 잡힌 물집을 치료해주고 있다. (Photo courtesy of Larry Heinzerling)

제대로 취재하려면 한 나라에 어느 정도 시간을 두고 깊이 파고 들어야 한다고 많은 특파원들이 입을 모아 말한다. 캄보디아, 브라질, 폴란드, 이집트 등에서 장기간 머물며 취재를 한 특파원들은 문자 그대로 쿵쿵 냄새를 맡으며 이곳저곳 샅샅이 뒤져 생생한 이야기들을 발굴해냈다. 잠깐 왔다가는 사람에게는 절대 눈에 띄지 않는 뉴스들이다.

중국에서 [취재여행을 하던 중] 한 유치원에 가게 되었는데, 아이들이 나를 위해 연극을 보여주더라고… 밭에서 무, 당근 같은 걸 캐는 이야기였는데… 정말 큰 무를 발견한거야… 꼬마 하나가 무를 뽑으려고 하는데, 아무리 힘을 써도 안 뽑히더군. 여러 차례 시도했는데도, 꿈쩍도 안 하는 거야. 결국에는 다른 아이들을 모두 불러와서 함께 힘을 모아 무를 뽑았지… 그게 연극의 내용이었어.[31] *Graham, 33-34*

폴란드 신문에서 우연히… 카틴여행을 광고하는 걸 봤어요. [1940년 소비에트 비밀경찰이 폴란드인 수천 명을 그곳에서 대량학살한 이후] 카틴에는 아무도 가지 않았죠… 당시 소비에트연방은 아직 건재한 상태였고, 베를린장벽도 무너지지 않은 때였는데… 나는 사진작가 한 명을 데리고 카틴으로 여행가는 기차에 올랐죠. 기차에는 그곳에서 희생

---

[31] Victoria Graham, "China's model toddlers learn life's requirements early," The Associated Press, March 16, 1981. 기사는 다음과 같은 비판적인 관점을 제시하면서 시작한다.

10억 인구가 모여 사는 이 나라의 모든 유치원들은 유아와 영아들을 규율을 최우선 가치로 삼는 사회의 모범적인 최연소시민으로 길러낸다. 하지만 일부 부모들은 이러한 교육이 아이들의 창의성을 억누를 수 있다고 우려한다. 국가가 운영하는 유치원에 다니는 900만 아이들에게 가장 강력하게 주입되는 기본적인 교훈은 바로 '개인이 되지 말고 팀플레이어가 되어라'다… 이 유치원생들의 이데올로기 사회극에서 4살짜리 소녀는 엄청난 크기의 무를 뽑으려고 하다가 꿈쩍도 하지 않자 '나 혼자서는 할 수 없어'라고 흐느끼며 패배감 속에 슬퍼한다.

당한 사람들의 유족들로 채워져있었는데… 정말 애끓는 경험이었어
요… 될 수 있으면 마주하고 싶지 않은 이야기잖아요. 하지만 내가 그
곳에 가지 않았다면, 누구도 이 사건에 주목하지 않았겠죠.[32] *Seward, 6*

[카이로의] 타히르광장을 지나가는데, 무바라크 대통령의 아들 사진이
엄청나게 크게 걸려있더군요. 그렇게 큰 빌보드는 본 적이 없어요. 당시
무바라크가 아들에게 정권을 넘겨줄 것이냐 말 것이냐를 놓고 무수한
예측과 논쟁이 오고가는 상황이는데, 나는 이러한 정세에 대한 기사를
쓰면서 당연히 이 거대한 빌보드를 언급했어요… 결국 그 사진은 철거
되었는데… 그 사진이 기삿거리가 될 거라고 이집트정권은 전혀 생각
하지 못했던 것 같아요… 아니, 그렇게 큰 사진을 걸어놓고는 그게 기
사가 되지 않을 거라고 어떻게 생각할 수 있을까요? 아마도 다른 의미
에서 효과가 있을 것이라고만 생각했겠죠.[33] *Bryson, 36-37*

[브라질 북동부 레시페에서] 노예들을 이끄는 지도자가 있었다는 사실을

---

32 Deborah G. Seward, "In Katyn's dark woods, relatives mourn murdered offi-
cers," The Associated Press, October 31, 1989. 수어드의 애끓는 감정이 배어나는
이 기사는 다음과 같이 시작한다.
야르지 루지슨키는 카틴에서 '파시즘의 희생자들—1941년 나치에 의해 총살당한 폴
란드 장교들'을 추모하기 위해 지은 소비에트기념관을 한번 쳐다보고는 돌아서서 비
통한 표정을 지었다. 이 53살의 조각가는 곁에 있는 소나무를 재빠르게 타고 올라가
더니 5미터 정도 높이에 자신의 아버지의 이름과 실제 사망연도—1940—가 새겨진
작은 나무판을 못으로 박아 붙여 놓았다. 멀리서 그 모습을 지켜보던 소비에트경찰과
사복경찰들은 아무런 제지도 하지 않았다."

33 Donna Bryson, "Billboard evokes questions about presidential aspirations of
Mubarak's son," The Associated Press, September 10, 2004. 이 기사는, 도입부
와 결론부에 빌보드 앞에서 일하는 구두닦이 이야기를 넣어 다소 조롱하는 투가 깃들
어있기는 하지만, 호스니 무바라크의 아들 가말 무바라크가 은밀하게 권력을 잡아나가
는 과정을 깊이있게 파고든다.

알게 되었지. '줌비'라고 하는 사람인데… [1600년대] 줌비는 이 지역의 노예들과 도망쳐 나온 노예들로 자치공동체를 만들었대… 그들은 사탕수수를 비롯한 열대작물을 자체적으로 생산하기 시작했는데… 이들과 경쟁을 하게 된 포르투갈농부들은 경제적인 위협을 느끼자… 결국 식민지군대의 개입을 요청했지… 군대는 정착지를 파괴하고 그들을 모두 체포하거나 죽였고, 결국 줌비도 잡혀서 잔인한 고문을 당했다네. 이 사건으로 인해 이곳 흑인들은 더욱 공포에 떨며 지내게 되었다고 하더군… 일반적으로 '브라질은 노예제로 인한 혼란을 겪지 않은 모범적인 나라'라고 여겨지는데, 그런 점에서 이 이야기는 굉장히 흥미롭게 느껴졌지. 브라질 역사에도 아름답지 않은 장면이 있었다는 뜻이니까… 줌비가 서있던 언덕에서 내려다본 모습이 400년 전과 똑같다는 것을 기사의 모티브로 삼았지… 초라한 행색을 한 사람들이 지금도 400년 전 일했던 방식으로 똑같이 일하고 있는… 이 나라에서 사회적, 경제적 삶에서 소외되었던 사람들을 구제하기 위해 룰라 다 실바 대통령과 노동자당이 집권할 수 있었던 것도, 어쩌면 400년 넘게 이런 삶이 이어져왔기 때문에 가능한 건 아닐까.[34]*Olmos, 27-29*

크메르루주가 붕괴한 뒤, 학살자들은 자신들이 나고 자란 마을이자 사람을 학살한 마을로 돌아갔어요… 이들은 한결같이 농사를 지어 먹고 사는 공동체들이었죠. 예컨대 시장에 갔는데 자신의 가족을 죽인 사람, 또는 그런 행위에 책임이 있는 사람을 만난다면, 어떻게 할까요?…

---

34 Harold Olmos, "Brazil's self-image as 'racial democracy' a myth, blacks say," The Associated Press, January 2, 1996. 이 기사는 다음과 같이 시작되고, 끝난다. 수백만에 달하는 흑인과 혼혈의 피를 타고 난 브라질인들에게 평등은 여전히 머나먼 꿈으로 남아있다… 줌비를 기리는 화강암 조각상은 부서진 꿈을 여전히 가슴에 품고 푸르른 언덕 높은 곳에 쓸쓸하게 서있다.

하다못해 오토바이를 훔쳐간 사람도 가만 두지 않을텐데… 사람들이 떼를 지어 달려들어 두들겨패지 않겠어요? 그런데, 그 학살자들이 시장에서 멀쩡하게 돌아다니는 거예요. 내가 다가갔더니, 아무렇지도 않게 '하이'하고 인사를 해요… 도저히 이해가 되지 않는 상황이었죠. 인류학적으로 또는 사회학적으로, 이걸 어떻게 설명할 수 있을까? 이곳 사람들은 정말 아무렇지도 않은 것일까?[35]*McDowell, 2-3*

팬아메리칸하이웨이가 관통하는 나라들을 모두 여행했어요. 물론 고속도로가 인접한 지역들을 하나하나 다 다닐 수는 없었지만 크게 묶어서 관찰했죠… 도로와 인접한 지역들이 어떻게 변하고 있는지 기사에 담고 싶었는데… 또, 고속도로가 들어가기로 예정되어있었다가 취소된 곳들도 찾아갔어요. 고속도로가 건설되면서 그곳 사람들의 삶의 방식이 어떻게 달라졌는지 알아보고 싶었죠.[36]*Price, 4*

---

35 Robin McDowell, "Cambodia's killers and victims live side-by-side," The Associated Press, February 14, 1998. 맥도웰은 기사에서 이 질문에 대해 이렇게 답한다.

'인내, 두려움, 피로, 무기력'이 짙게 배어나온다. 특히 권력자에 의해 초래된 사건에 대해서는 더욱 그러하다. 크메르루주 정권시절 수용소감독관으로 일하면서, 생존자의 증언에 의하면 사람의 간을 꺼내 먹었다고 하는 타 카로비는 실제로 자신이 죽인 희생자들의 마을에서 멀쩡하게 살고 있었고, 사람들은 '아무 일도 없었던 듯' 그를 다른 사람들과 똑같이 대했다.

36 Niko Price, "Unfinished road a tribute to dashed dream of unified Americas," The Associated Press, November 16, 2002. 이 기사는 '자구아열매의 검은즙으로 턱부터 발끝까지 문신을 하고 상반신을 드러낸 19살 엄마'가 파나마시티까지 가는데 며칠이 걸리는지 궁금해한다는 이야기로 시작한다. 그녀가 살고 있는 초가집마을은 팬아메리칸하이웨이가 통과할 예정지로, 상당한 개발이 이뤄질 전망이었다.

뉴스메이커와 평범한 사람들 사이에서

누구를 취재할 것인가?

한 지역을 파고드는 특파원은 '평범한 사람들의 이야기'를 취재할 수 있지만, 여러 나라를 돌아다니며 취재하는 특파원은 평범한 사람들과 '거물들(대통령, 왕족, 교황, 연예인 등)'을 균형에 맞춰 취재해야 한다. '국가, 무역, 정치 등에 관한 기본적인 뉴스'를 놓쳐서는 안 되지만, 권력 밖에서 살아가는 평범한 사람들의 이야기를 취재하는 것 또한 AP특파원의 오랜 임무 중 하나다. 이러한 전통은 1925년, 당시 AP를 이끌던 켄트 쿠퍼의 지시에서 출발했다고 말할 수 있다.

> 다른 대륙에 사는 수억 명 사람들의 삶을 미국의 신문독자들에게 소개하기 위해, 특파원은… 자신이 취재하는 나라에서 벌어지는 일, 또 그곳 사람들의 관심사에 대해서도 이야기해야 한다. 물론 정부에 관한 뉴스를 빠뜨려서는 안 되지만, 평범한 사람들의 삶, 그들의 다채로운 행위와 관심사, 기쁨과 슬픔, 즐거움과 헌신, 일과 놀이도 생생하게 전할 수 있어야 한다. 낯선 곳으로 여행을 다니며 미국독자들이 들어본 적도 없는 도시와 마을의 삶을 목격하고 취재해야 한다. 그 나라의 수도에서만 머무는 것이 아니라 사건사고를 취재하기 위해서, 또 심층취재를 하기 위해서 언제 어디로든 날아갈 수 있어야 한다.*Cooper, 1959, 94-95*

쿠퍼의 전략은 AP의 서비스를 다양화함으로써 회원사들에게 더 많은 돈을 낼 가치가 있다는 인식을 심어주는 한편, 뛰어난 기자들을 조합원으로 끌어들이기 위한 것이었다. 1925년 12월 캔자스시티의 《스타》가 사설에서 AP통신에 대해 쓴 표현을 보면, 쿠퍼의 전략은 성공한 것으로 보인다.

AP는 '인간의 일은 그 무엇도 남의 일로 여겨서는 안 된다'는 그리스 철학자의 말을 직접 실천하기로 마음먹은 듯 보인다. 취재기준을 낮췄다는 뜻이 아니라… AP는 인간사에서 벌어지는 모든 일을 취재하기 위해 분투한다.*Cooper, 1959, 96-97*

이러한 원칙은 세계대전을 취재할 때도 그대로 적용되었다. 쿠퍼는 AP특파원들에게 전쟁을 미국인들의 집안에 생생하게 전달해주어야 한다고 강조하면서, 'AP회원사가 있는 도시에서 사는 청소년 정도의 눈높이에서 바라본' 전쟁이야기를 작성해서 보내라고 주문한다.*Cooper, 1959, 244-245* 실제로 제2차세계대전부터 이라크전쟁에 이르기까지 AP의 전쟁기자들은 참호 속에서 개인의 시선으로 전쟁을 취재하는 전통이 있다.

이스트강이 내려다보이는 햇살 가득한 뉴욕의 아파트에서 만난 브리아는, 70년 전 제2차 세계대전 막바지에 취재한 이야기를 생생하게 들려주었다. 그는 '오늘 10킬로미터 전진했다'는 식의 미군의 브리핑을 그대로 받아적는 기사는 절대 쓰지 않았다. 대신, 직접 전선에 뛰어들어 미군들의 생생한 이야기를 취재하였다.

'미국인들은 통조림 음식만 먹는다'는 고정관념에 사로잡혀있는 이탈리아인들을 설득해서 깡통옥수수를 먹어보게 만드는 미군들의 모습이 참 인상깊었지. 또 로마시민들이 독일군이 나눠준 석유통을 들고 분수대 앞에서 줄지어 서있는 모습도 신기했어.[37]*Bria, 16*

또한 '한국의 어딘가'—실제로 기사를 작성한 장소가 이렇게 표시되어있다—에

---

37 George Bria, "GIs Are Leaving Mark on Italy," *Washington Post*, Mary 25, 1947, B2; George Bria, "You Can Blow Rings around Rome for $2.50," *Washington Post*, December 2, 1945, B3.

서 군인들 사이에 '가벼운 신소재 금속으로 제작된 조립식 벙커'가 상당한 인기를 끌고 있다는 소식을 AP의 전쟁특파원은 전해주기도 한다. 군인들 사이에서 '대머리Old Baldy'라고 불리던 이 벙커는 '우레처럼 쏟아지는 공산군의 포격을 빠르게 피할 수' 있게 해주었다고 한다.[38]

버지니아 교외에 있는 집에서 만난 조지 맥아더는 줄담배를 피우면서, 스스로 가장 자랑스럽게 여기는 60년 전 한국전쟁 취재이야기를 한다. 영웅이 될 생각은 없었지만 영웅이 된 꼬마의 이야기를 전하는 400단어로 이뤄진 기사를 '단숨에 써내려간' 기억을 들려주었다.

> 한 꼬마가 연대본부에 앉아있었어. 새벽 3시쯤 되었는데… 갑자기 적군이 급습을 한 거야. 꼬마는 혼자 있었는데, 전쟁이 한창인 때라 여기저기 소총이 널려있었지. 꼬마는 탄창이 꽉차있는 M-16 소총 3개를 집어들고 바깥으로 나가서는… 부대인지 소대인지, 보이지도 않는 그 나쁜 놈들을 향해 총을 쏘기 시작한거야. 아침이 되니 수많은 시체들이 널브러져있었지. 아무렇지도 않게 그런 일을 해낸 거야. 지금도 분명하게 기억나는데, 키가 크고 깡말라서 그 꼬마는 '송충이'라는 별명으로 불렸거든. 내가 쓴 기사는 왜 그런 행동을 했느냐는 질문에 대한 꼬마의 대답으로 끝을 맺지. "송충이라고 불리는 게 싫어서 그랬어요. 뭐 그래도 사람들은 계속 날 그렇게 부르겠죠."*McArthur, 4/23*

이디스 레더러는 1973년 베트남을 떠나는 미군부대를 취재하면서 그들을 보내며 아쉬워하는 베트남의 민간인들—수백 명의 술집여자들—을 집중 취재했다. 그들은 대부분 '차분했지만, 앞으로 닥칠 자신들의 삶, 또 미군과

---

38 Sam Summerlin, "'Old Baldy' Tests Metal of Bunkers," *Washington Post*, October 5, 1952, M8.

사이에서 낳은 자식들의 삶'을 걱정했다.

> [3일 동안] 친구들과 함께 술집을 돌아다니며 술을 마셨어. 그러던 중
> 한 술집여자와 인터뷰했지… 당시 베트남지국 막내였던 나는, 다른 기
> 자들이 모두 군사적인 이슈에 관심을 쏟을 때 뭔가 색다른 주제를 찾
> 고 싶었거든. 전쟁의 이면을 보여주고 싶었어. 베트남사람들의 삶에 전
> 쟁이 미친 영향을 구체적으로 보여주고 싶었어.*Lederer, 6 / 2002, 169*

이처럼 '평범한 사람들'의 이야기는 정부의 공식적인 발표가 실제로 어떻게
구현되고 있는지 가늠해볼 수 있는 수단을 제공한다. 이러한 취재는 정치
가의 사소한 소식에만 귀 기울이는 것보다 훨씬 많은 것을 알려준다. 2000
년대 초반 브라질경제의 폭발적 성장을 취재하던 클렌데닝은 룰라 다 실바
대통령의 '빈곤퇴치*zero hunger*' 정책으로 여성가구주에게 매월 지급하는 생
활비가 사람들의 삶에 어떤 변화를 몰고 왔는지 알아보기 위해 브라질에
서 가장 가난한 도시인 과리바스를 두 차례나 방문했다.

> 한 가족과 인터뷰한 내용이 인상깊었는데, 그들은 이제 식비를 걱정하
> 지 않게 되었다며 정말 기뻐했어요. 심지어 조금이나마 돈을 저축까지
> 할 수 있게 되었다고 하더군요… 그전까지는 엄두도 내지 못하던 물건
> 을 사기 위해 가족들이 모여 이야기를 한대요… 재선에 도전하면서 룰
> 라가 내건 유명한 말이 바로 '이 모든 사람들을 가난에서 건져낸 사람
> 이 바로 접니다'였죠. 그가 재선에 도전할 때, 우리는 3년 전 방문했던
> 도시를 다시 찾아갔어요. 3년 동안 도시가 어떻게 바뀌었을까 궁금했
> 죠. 지난 선거에서는 룰라를 그다지 지지하지 않았던 이 도시가 이제
> 는 룰라를 열광적으로 지지하는 도시로 바뀌어있더군요. 그리고 이제
> 막 완공된 수도시스템을 보여주며 자랑했어요. 거대한 저수지를 건설

하고 파이프를 깔아서 집집마다… 수도꼭지를 틀면 물이 나오는 것을 보여주며 뿌듯해하더군요.*Clendenning, 2-3*

클렌데닝이 처음 취재한 기사는 이렇게 시작한다.

자동차를 삼켜버릴 수 있을 만큼 큰 웅덩이가 곳곳에 자리잡고 있는 비포장도로를 달려 리우데자네이루 해변에서 수천 킬로미터 떨어져있는 '혼란의 산' 가까운 곳에 위치한 과리바스로 간다. 노란 신분증을 넣은 더러운 가방을 애지중지 챙기는 '대꼬챙이처럼 마른' 콘라도 알브스와 발데노스 알브스를 인터뷰하기 위해서다. 이 노란 신분증이 없으면 매달 식비로 지급되는 2만원 정도 되는 50레알을 받지 못한다. 그들은 이제 돈을 모아서 '먼지 쌓인 바닥에서 벗어나 편안하게 앉아서 밥을 먹을 수 있는' 식탁과 4개의 의자를 사는 꿈을 꾸고 있다.[39]

3년 뒤 이곳을 다시 찾아가 취재한 기사는 이렇게 시작한다.

작년에 작황이 좋지 않았음에도 정부의 '빈곤퇴치' 프로그램 덕분에 배를 곯지 않을 수 있었다고 말하면서, 알브스는 환하게 웃음을 짓는다. 마당으로 우리를 데리고 가더니 새로 생긴 수도꼭지에서 물이 세차게 뿜어져 나오는 것을 보여줬다. 부부는 이제 남는 수입을 어떻게 쓸 것인지를 두고 다투기도 한단다. 아내는 지붕을 교체하고 냉장고를 사자고 했지만, 남편은 26개 채널이 나오는 위성TV시스템을 샀다.[40]

---

39 Alan Clendenning, "Remote farm town is test case for anti-hunger campaign introduced by Brazil's president," The Associated Press, April 21, 2003

40 Alan Clendenning, "Running water, money for food: 'Zero Hunger' augurs easy re-election for Brazil's Lula," The Associated Press, September 16, 2006.

이른바 'Y2K소동'이 한창이던 1999년, 중국특파원은 당시 중국의 속살을 보여주는 재미있는 이야기를 발견한다. 바로 UFO목격담이다. 당시 '공산당 지도부가 나서서 UFO목격담을 퍼트리는 사람들을 구속하라고 지시할 정도로' 중국정부는 이 문제를 심각하게 받아들였다.[41]

어느 순간, 중국신문들이 몇 달째 UFO목격담을 기사화하고 있다는 것이 좀 이상하게 느껴졌어요… 꽤 여러 지역신문들이 목격담을 보도했는데… 물론 국영미디어에서는 거의 나오지 않았죠… 어쨌든 UFO가 목격되었다고 기사에 등장하는 [베이징 외곽에 있는] 작은 마을을 직접 찾아갔어요. 지독하게 추운 12월이었기에, 취재하기에는 불리한 조건이었죠. 길거리에 돌아다니는 사람이 없다는 뜻이니까… 일단 마을에 들어가서 길거리에서 어슬렁거렸더니 금방 눈에 띄었고, 결국 공산당간부가 달려와 이곳을 취재하면 안 된다고 제지했어요… 결국 자의반 타의반 공산당당사로 가게되었죠. 그런데 마침 당사건물의 지붕에 문제가 있는지 공사를 하고 있더라구요. 일꾼들에게 말을 걸었어요. "저는 AP기자입니다. UFO에 대한 기사를 봤는데…" "어, 우리는 아무것도 몰라요. 당 서기 첸에게 물어보세요." 나는 눈알을 굴리면서 생각했죠. "환장할 노릇이군." 그런데 마침 당 서기 첸이 나타났어요. 'UFO에 대해 알고 싶다고? 그래, 내가 말을 해주지!' 뭐 이런 태도로 이야기를 시작하더군요. "그걸 UFO라고 생각하는 사람도 있고, 부처님의 광채라고 생각하는 사람도 있습니다. 하지만 저는 사람들이 그렇게 생각하지 않기를 바랍니다. 그런 식으로 말하는 이들은 '파룬궁'들뿐이죠. 우리는 그걸 그저 상서로운 징조일 뿐이라고 생각합니다."… 정말

---

41 Charles Hutzler, "China sees UFOs and calls it science, not superstition," The Associated Press, January 3, 2000.

> 많은 시간을 쏟아서 취재하고 기사를 작성했는데, 막상 기사를 전송하려고 하니 주춤하게 되더군요. 뉴욕본부에서 나보고 정신나갔냐고 할 것 같아서…*Hutzler, 30-31*

그럼에도 관료와 '거물'들은 여전히 뉴스 속에서 큰 자리를 차지한다. 맥아더 역시 한국전쟁과 베트남전쟁을 취재하면서 '송충이'와 그의 전우들에게만 의존해서 기사를 쓴 것은 아니다.

> 병사들과 우정을 쌓다보면… 거의 가족같은 관계가 되지. 15분도 되지 않아 자기가 아는 걸 모조리 털어놓을 거야… 이런 유대관계가 생기기 전에는 인터뷰를 할 수 없어… 나는 미군병사들에게 상당한 존경심을 품고 있지. 그들과 친밀한 관계를 유지하며 이야기하는 것은 언제나 즐거운 일이야. 하지만 진짜 정보가 필요할 때는, 망할 놈의 대령을 찾아갈 수밖에 없어. 필요하면 장성들을 찾아가야 하고, 때로는 4성 장군도 찾아가야 하지.*McArthur, 18*

장군뿐만이 아니다. 세계적 명사들은 늘 스포트라이트를 받는다. 그 중에 교황이나 영국의 왕족만큼 꾸준히 관심을 받는 사람은 없을 것이다. 1940년대부터 지금까지 로마에는 대규모 외신기자단이 상주하는데, 이는 교황청이 거기 있기 때문이다. 하지만 로마교황청이 얼마나 자주 기사에 오르느냐 하는 것은 교황의 인기에 따라 달라진다.*Bria, 8; Simpson, 7-8* 런던에서 수십 년 동안 특파원 생활을 한 이들에 따르면, '변덕스러운' 윈저왕가는 늘 지켜봐야 하는 취재대상 중 하나다.*Barr, 9-10, 4; Belkind, 19*

소비에트연방 지도자들이나 넬슨 만델라, 아우구스토 피노체트 같은 전설적인 정치인들도 단골 취재대상이 된다. 다소 '국지적인' 인물들이긴 하지만, 그들의 정적들도 주목해야 할 취재대상이다. 칠레 출신 남미특파원

가야르도는 악명의 괴팍함에 대해 이야기하면서 피노체트가 '칠레를 대표하는 이름'이 된 것에 대해 한탄한다.

> 피노체트는 이제 잔혹한 인권탄압의 상징과도 같은 인물이 되어버렸지만, [마르크스주의자 대통령] 살바도르 아옌데도 사실 굉장히 유명한 인물이었거든… 당시에 피델 카스트로, 체 게바라와 어깨를 나란히 하는 영웅이었지. 하지만 피노체트는 좀 이상해. 사실, 브라질 초기의 군사독재자들도 피노체트보다 훨씬 잔혹했거든. 아르헨티나는 또 어때? 그들도 수만 명을 죽였어! 그런데 그 아르헨티나의 독재자 이름은 기억해? 호르헤 라파엘 비델라. 에밀리오 에두아르도 마세라. 들어본 적 있어? 그런데… 피노체트? 모르는 사람이 어디 있어? 이건 좀 공평하지 않잖아?*Gallardo, 12*

임팩트저널리즘

21세기 언론의 생존전략?

뉴스를 선별하는 과정에서 어려움 하나는 바로 '누가 결정하느냐'이다. 현장에 있는 특파원인가? 아니면 그 뉴스를 편집하는 에디터인가? 특파원들은 대부분 누군가에게 지시를 받기 보다는 스스로 결정한다고 말한다.

특파원의 뉴스를 선별하는 감각은 임무수행기간에 따라 달라진다. '아기들로 가득 찬 영안실'과 '벌어진 상처를 꼬매기 위해 다리를 씻어내는 사람들' 같은 이야기를 통해 아이티의 가난하고 절망적인 상황을 생생하게 전달하는 기사를 쓴 프레이져는 당시를 이렇게 회상한다.

> 처음 그곳에 갔을 때 그곳의 일상들이 너무도 충격적이었기에 이런 걸

기사로 썼지만, 아마도 거기서 5년 넘게 살았다면 그걸 기사로 쓰지 않았겠지. *Frazier, 32*

숙련된 기자라면 내용이 더 충실한 기삿거리를 찾다가 놓칠 확률이 높은 유별난 이야기들을 신임기자들이 발굴해 내기도 한다. 음란하기로 유명한 파리의 리도나이트클럽에서 아이들을 위해 개최한 크리스마스쇼 이야기도 그런 예에 속할 것이다. *Doland, 1*

> 산타가 끈팬티를 입고 깃털장식을 한 쇼걸들과 함께 등장하여 춤을 추는 무대 바로 앞, 정신없이 열광하는 사람들 바로 앞에 꼬마아이가 앉아있다.[42]

속보가 아닌 이야기를 취재하려면 특파원은 에디터에게 그것이 기삿거리가 될 수 있다는 믿음을 줘야 한다. 맥도웰은 페르시아만에서, 동남아시아에서 이민 온 여성노동자들이 부당한 대우를 받고 있다는 놀라운 이야기를 우연히 발견했다. 그들은 대부분 고용인에게 학대를 받을 뿐만 아니라, 살해위협도 받고 있으며 더 나아가 참수형에 처해지기도 한다. 사형수감방에 갇혔던 한 인도네시아 여성은 자국의 사람들이 모아서 보내준 보석금을 내고 겨우 석방되었는데, '돈이 생기니 자신의 처지를 잊고 행동한다고' 주변사람들에게 미움을 받았다.[43]

사람들은 그녀를 구출하기 위해 돈을 모금했어요. 보석금으로 내고 남은 돈은 그녀에게 주었지요. 전혀 큰 액수는 아니었지만, 어쨌든 그 정

---

42 Angela Doland, "Paris club goes from topless dancers to Christmas for the kids," The Associated Press, December 8, 1998.

43 Robin McDowell, "New ordeal for Indonesian who escaped Saudi sword," The Associated Press, September 6, 2011.

도면 그녀가 사는 마을에서 엄청난 부자가 되기에는 충분한 돈이었죠. 이러한 상황은 엄청난 질투와 증오를 낳았어요. 그녀는 집을 새로 짓고 멋진 금목걸이를 차고 다녔죠. 결국 그녀는 마을에서 완전히 따돌림을 당했어요… 내가 보기엔 정말 흥미로운 기삿거리였죠. 기부든 뭐든 누군가에게 돈을 줬을 때, 상대방이 그 돈을 어떻게 사용했는지 심판할 수 있는 권리가 있는 것일까요?… 물론 이게 일반적인 신문기사는 아니에요. 《뉴욕타임스》 1면에 실릴 이야기는 아니죠. 하지만 도덕적인 딜레마에 대해 생각해볼 수 있는 이야기잖아요… 나는 늘 이런 이야기를 찾고 싶었고, 또 찾아냈죠. 하지만… [에디터들의] 신뢰를 얻어낼 수 있는 좋은 기삿거리도 많이 발굴해냈기 때문에, 나의 관심사를 취재할 수 있는 여유를 누릴 수 있었던 것이죠.*McDowell, 20-21*

논쟁은 다른 방향으로 흐르기도 한다. AP에서 30년 동안 일한 베테랑 특파원 리드는 아프가니스탄전쟁 기사를 편집해서 전송하는 데스크에서 일할 당시, 뉴욕본부의 취재요청 때문에 극심한 갈등을 겪은 적이 있다.

지금 와서 말하지만, [전쟁이 시작되자] 어떤 어떤 기사를 보내달라는 요청이 뉴욕에서 쉴 새없이 날아들더군. 그러한 취재를 하기 위해서 [아프가니스탄 현지인으로서 AP기자로 활동한] 아미르 샤가 탈레반감옥 깊은 곳까지 들어갔는데, 뒤늦게 알고보니 정말 위험한 일이었더라고. 결국 특파원들 사이에서 난리가 났지. 어디까지 보도를 할 것인지, 어디까지 보도를 할 수 있는지 난상토론이 벌어졌고, 또 취재한 걸 그대로 보도했다가는 그에 대한 보복이 우려되기도 했어. 이것도 저것도 다 문제가 될 것 같았지. 이걸 기사로 내보내야 하나? 물론 이 기사는 뉴욕에서 요청을 해온 것이고, 미국인들이 볼 때는 대단한 비밀도 아니라

고 여겨지겠지만⋯ 아프가니스탄에서 이런 기사를 썼다가는 스파이로
몰릴 것이 분명했지. 어쨌든 그 기사가 나가는 순간 탈레반 무장세력
은 우리가 그곳에 잠입했다는 사실을 절대로 묵과하지 않을 거야. 우
리 지국이 바로 폭격을 맞을지도 몰라. 결국 우리는 취재를 중단하기
로 했지⋯ 기사 하나 때문에 사람이 죽으면 안되잖아⋯ 정말 골치 아
픈 일이었어.*Reid, 51-52*

2010년대 초 AP 임원들은 뉴스를 선별하는 기준으로 '임팩트저널리즘'
이라는 새로운 단어를 도입한다. 경계확장, 거대담론, 단독, 독창성, 관
습파괴 등 사회적으로 '임팩트'를 미칠 수 있는 보도를 추구한다는 것
인데, 이는 취재자원의 축소, 높아지는 독자들의 수준, 언론환경의 급격
한 변화로 인한 치열한 경쟁 속에서 AP가 살아남기 위해 선택한 차별
화전략이었다.

이러한 '깊이있는 해설적' 접근법은, 반복되기만하는 뻔한 내러티브를
극복할 수 있는 길을 열어준다. 예컨대 이스라엘과 팔레스타인의 분쟁이나
아프리카에서 벌어지는 혼란에 대한 보도는 이러한 접근방식이 가장 빛이
날 수 있을 것으로 여겨진다. 실제로 팔레스타인분쟁에 관한 기획기사는
의미있는 결론을 이끌어내기도 했다.

> 이스라엘-팔레스타인 사이에 아무 분쟁도 발생하지 않는다면 결국 하나의 국
> 가로 통합될 수 있겠지만, 인구통계학적 이유 때문에 이스라엘은 이러한 결과
> 를 결코 원치 않을 것이다.[44]

---

[44] Dan Perry and Josef Federman, "AP Analysis: In Mideast, partial deal tanta-
lizes," The Associated Press, March 19, 2013.

또한 케린 라웁은 이러한 접근방식을 활용해 중동문제를 좀더 깊이있게 접근하는 기사를 썼다.

나는 실업문제에 대해서 취재해보자고 했어요. [요르단강 서안에 살면서] 이곳 실업문제가 얼마나 절망적인지 알게되었거든요. 낮에 일하지 않고 노는 젊은이들, 특히 남자들이 길거리에 넘쳐나는 것을 쉽게 볼 수 있었지요. 고등학교졸업자들 뿐만 아니라 대학졸업자들도 일자리가 없어서 놀아요. 직업이 없으니 결혼도 할 수 없죠. 결혼을 허락받으려고 해도 신부의 아버지가 묻겠죠. "그래, 집은 있는가? 금은 얼마나 가지고 있는가? 지참금은? 뭘 가지고 있나?"… 그래서 젊은이들의 삶은 멈춰있어요. '아랍의 봄' 이후 중동의 상황을 보여줄 수 있는 흥미로운 이야기가 될 수 있다고 생각했어요. 아랍은 여전히 청년실업률이 세계에서 가장 높은 곳입니다… 그걸 어떻게 보여줄 수 있을지 고민했어요. 튀니지에서는 178명이 분신자살을 기도했어요. 그중 143명이 죽었고… 정말 믿기지 않는 숫자죠. 그래서 우리는 국제적인 기획기사를 쓰기 위해 중동지역 지국장들과 에디터들이 참여하는 대규모 프로젝트를 기획했어요. 구체적인 사건 취재를 위해 5일 일정으로 튀니지에 갔어요. 거시적인 맥락을 조망할 수 있는 정보는 세계은행 등 다양한 소스를 통해 미리 취재해놓은 상태였고… 그렇게 완성된 기사는 상당한 주목을 받았어요. AP의 평판 때문만이 아니라, 통찰력있고 무게감 있는 기사였기 때문이죠. 이 사람 저 사람 쏟아 내는 온갖 의견의 바다, 제대로 입증도 되지 않은 유사저널리즘의 바다에서—물론 다른 기자들을 말하는 것이 아니라, 자신의 생각만 가지고 인터넷에 지껄이는 사람들을 말하는 거예요—이런 수준높은 기사를 생산해내야 그나마 돋보일 수 있거든요.*Laub, 38-39*

라웁의 기사는 2013년 어느 날 아침, 분주한 튀니스대로에서 분신한 27살 아델 케드리의 이야기를 중심으로 펼쳐진다. 이 길에서 담배를 팔아 용돈을 벌던 그는 우유를 넣은 에스프레소를 들고 길을 걷다가 극장 앞에 다다르자 자신의 몸에 불을 붙였다.

> '아랍의 봄'에 불을 붙인 고등학교 중퇴자 출신 거리행상과 그는 다르지 않았다. 아랍의 봄은 네 명의 아랍 독재자들을 끌어내리는 데 성공했지만, 중동과 북아프리카 지역에 위치한 20여 개 국가의 심각한 실업률과 절망은 해결하지 못했다. 장기적인 실업난은 사회 전체를 불안 속으로 몰아넣는 신호탄이 되고 있다.[45]

라웁은 이 기사를 쓰기 위해 아델 케드리의 가족, 화상센터 의사, 분신목격자 등 24명을 쫓아다니며 인터뷰를 하였고, '눈으로 확인할 수 없는' 세부적인 사실들을 보여주기 위해, 경제지표와 사회적 통계자료를 곁들여 풍부한 분석과 해설을 곁들였다.

하지만 누구도 보도한 적 없는 '임팩트'있는 기삿거리를 찾는 것은 양날의 검이 될 수 있다고 많은 베테랑특파원들이 지적한다. 분석기사에 몰두하다보면 그 나라에서 벌어지는 굵직한 주요사건들을 놓칠 수 있다는 것이다. 특히 경쟁력있는 현지언론이 존재하는 곳에서는 속보경쟁에서 뒤쳐질 수밖에 없다.

> 사소한 사건이라도 취재를 계속 하다 보면, 훨씬 중요한 주제를 발견할 수 있게 되죠. 또는 깊이있는, 중요한 정보를 이해할 수 있게 돼요. 어쨌든 그런 사건들이 모여 전체가 되는 거잖아요.*Rice, 15*

---

45 Karin Laub, "Vendor's suicide reflects despair of Mideast youth," The Associated Press, May 11, 2013.

반면 '기사를 아무도 읽지 않는 한이 있더라도, AP의 기사는 역사적인 기록이나 마찬가지이기 때문에 사소한 사건이라도 계속 취재해야 한다'고 주장하는 특파원도 있다.*Talmadge, 13* 평양지국으로 옮기기 전까지 일본에서 25년 가까이 생활한 에릭 탈마지는 굶어 죽어가는 일본의 한 가족을 취재한 이야기를 들려준다.

"이거 꼭 취재해야 하는 건가요? 일본처럼 풍족한 나라에서 굶어 죽어가는 가족이 있다니? 무슨 의미가 있는 건가요?" 방콕에 있는 국제데스크 에디터가 말했어요. 나도 그런 생각을 하긴 했었죠… 이 가족이 기아상태에 놓인 것은 뭔가 특별한 사정 때문이겠지. 이것이 일본이라는 나라에 대해서 무언가 알려주는 사건이라고 말할 수는 없었죠. 한마디로 트렌드에서 벗어난 사건이었죠. 슬픈 일이긴 하지만 일본이 나아가는 방향이나, 어떤 맥락을 보여주는 사건은 아니라고 생각했어요. 그래서 우리는 그 사건을 취재하지 않고 넘겼죠… 사실, 그럴 수밖에 없는 이유는, 취재할 시간이 늘 부족하기 때문이에요. 한 가족이 어떻게 굶어 죽는 상황에 처했는지, 깊이 파고들어 상당히 파급력있는 기사를 쓸 수도 있었겠지만, 그렇게 하려면 시간을 상당히 투자해야 해요. 우리에게는 그럴 만한 자원도 없었고, 균형을 고려할 때 이 사건은 우리가 공을 들여야 할 그런 종류의 기사가 아니었어요. 이런 사건은 수없이 많아요. 딱히 속보는 아니지만, 그렇다고 특별한 의미가 있는 것도 아닌 사건들… 일본에 특별히 관심이 있는 사람이 아니라면 그다지 궁금해하지 않을 것들… 이런 건 취재하지 않았어요. 이런 판단을 하려면 더 현명해져야 합니다. 자신이 쓰는 글에 대해 책임감을 가져야 합니다. 모든 것을 다 취재할 수 없다는 기본적인 사실 때문이죠. 기자라면 며칠 전에 200단어 기사를 썼으니 '다 취재했다'고 자만해서도 안 돼요. 늘 사건의 의미와 비중을 따져야 합니다.*Talmadge, 14-15*

저잣거리에서 참선하기
현장취재에서 역사적 통찰까지

중요한 속보를 취재하면서 동시에 깊이있고 '임팩트'있는 기사까지 생산해야 하는 상황에서 뉴스를 선별하는 날카로운 판단력은 특파원들에게 더더욱 중요한 자질이 되고 있다. 언제 어떤 이야기가 기삿거리가 될지 판단할 수 있어야 할 뿐만 아니라, 그 이야기가 어디서 어떻게 발전할 것인지 예측할 수 있어야 한다. 한국전쟁과 베트남전쟁에서 종군기자로 활동했으며 퓰리처상을 받은 말콤 브라운은 이렇게 말한다.

> [특파원의] 하루 일과는… 어디에서 뉴스가 터질지 예상하는 것과 뉴스가 발생한 순간 현장에 있는 것이 전부라 할 수 있다.*Browne, 1993, 126*

이러한 경보시스템을 갖추기 위해서는 현지 연락망, 발로 뛰는 취재, '여기 무언가 문제가 있다'는 직감을 갖게 해주는 경험이 필요하다고 특파원들은 말한다. 1980년대부터 1991년까지 소비에트연방과 동유럽에서 임무를 수행한 몇몇 특파원들은 일상생활의 미세한 조화가 어긋나는 상황들을 감지하면서 사람들이 전혀 인식하지도 못하고 있을 때 공산주의의 붕괴가 멀지 않았다는 징조를 포착해 냈다. (자세한 이야기는 BtN#3 참조)

폴란드에 처음 갔을 때 컨트리음악축제가 인기를 끌고 있다는 기사를 썼어. 미국의 컨트리음악이 폴란드어로 번안되어 연주되고 있었거든. 이 기사를 통해 전하고 싶었던 이야기는, 계엄령과 모스크바의 군홧발 아래에서도 폴란드사람들은 미국과 우호적인 관계를 맺고 싶어한다는 것이었지. 공산정권이 일방적으로 막지 않을 미국문화로 컨트리음악을

151

찾아낸 거야.[46]*Daniszewski, 3-4*

사람들 머릿속에는 소련에 대한 각기 다른 기억이 공존하고 있었어요…
기근과 식량부족으로 고통받았던 기억도 있지만, 그래도 모스크바의
상점엔 언제나 빵이 있었다는 기억도 있죠. 말 그대로 몇 코페이카만
내면 커다란 빵 한 덩어리를 살 수 있었죠. 그런데 1990년 어느 날 빵
을 사기 위해 사람들이 줄을 선 거예요. 상점에 빵이 떨어진 거죠… 하
루는 친구집에 저녁을 먹으러 갔어요. 구운 감자에 치즈를 곁들인 식
사였는데, 검소하지만 맛은 있었죠. 그런데 그의 아내가 이렇게 말하
는 거예요… "오늘 상점에 빵이 없더라구요." 저녁식사를 빨리 마무리
짓고 지국으로 달려갔죠.[47]*Cooperman, 2*

우리가 그곳에 있을 당시 소비에트사회는 말 그대로 붕괴 직전 상태였
지. 시스템 측면에서 이미 멸망 직전 단계에 들어섰지만, 우리는 눈치를
채지 못하고 있었을 뿐이야… 세상이 어떻게 돌아가는지, 어떤 사회가
파멸하고, 어떤 사회가 강대국이 되는지 예측하는 건 어려운 일이지…

---

46 John Daniszewski, "Country-Western May Be 'Ronald Reagan Music,' but the
Good Ole' Poles Like It," *Los Angeles Times*, September 13, 1987. 이 기사는 다
음과 같이 시작된다.
몇몇 공산당간부들이 '로널드 레이건 음악'이라고 비판했음에도, 주말 내내 쏟아진 비
에도 아랑곳하지 않고 1만 5,000명이 넘는 순박한 청춘남녀들이 비스툴라강변에서
열린 '피크닉컨트리축제'에 모여 내슈빌풍 음악에 맞춰 몸을 흔들었다.

47 Alan Cooperman, "Bread in short supply in Moscow for first time since
Khrushchev," The Associated Press, September 3, 1990. 이 기사에서 쿠퍼먼
은 이러한 식량부족 사태가 어떤 '전조'가 될 수 있다고 명시하고 있다. 폴란드 특파원
존 대니젭스키도 이와 비슷한 맥락에서 동유럽의 식량부족사태를 기사화했다. John
Daniszewski, "For Polish consumers: Bare shelves, long lines," The Associat-
ed Press, July 31, 1989. 이 기사에서는 한 시민이 빈 선반을 쳐다보면서 하는 말을 인
용한다. "전쟁이 일어나려고 그러나."

그런 상황을 사람들이 견뎌내는 걸 볼 때마다 개인적으로 나는 경이로움을 느껴. 물론 삼엄한 감시망이 아직 작동하고 있었기 때문에… 불평을 하다간 일자리를 뺏길 수도 있고, 또는 그보다 더 나쁜 일을 당할 수도 있거든… 지금 돌아보면, 어쩌면… 그 체제가 얼마나 불안한지 좀더 강하게 이야기할 수도 있었는데, 그렇게 하지 않았던 것이 아쉽네. 아무래도 외국인특파원이다보니 이면의 모습을 깊이 보지 못한 것 같아. 어쨌든 정부의 통제는 여전히 작동하고 있었어.*Minthorn, 5, 10*

역설적으로 소비에트공산주의에 대한 경험은 카스트로정권의 갑작스러운 종말을 준비할 수 있게 해줬다. 수십년 만에 쿠바 하바나에 다시 문을 연 AP지국의 애니타 스노우는 이것을 '아직 발생하지 않은 엄청난 뉴스'라고 불렀다. 이러한 징조는 쿠바의 정치기사의 흐름에서 나타났다. 혁명지도자들을 대체할 것으로 예상되는 '새로운 세대'에 대한 이야기가 점차 줄어드는 것이 정부가 기사작성에 개입하는 듯한 인상을 풍겼다.*Snow, 20*

물론 AP특파원들의 예측이 모두 맞는 것은 아니다. 예컨대 중동의 평화협정이 곧 체결될 것이라 기대하며 취재를 시작한 것이 벌써 몇 십년이 흘렀다.*Rice, 1* 또한 1994년 남아프리카공화국에서 아파르트헤이트가 철폐된 이후 처음 선거가 실시되었을 때 AP는 전격적으로 이곳에 전쟁특파원들을 투입했다. 하지만 그들은 내전이 아닌 평화적 정권이양을 취재하고 돌아왔다.

전세계 미디어가 주목하지 않거나, 기대한 방식대로 흘러가지 않는 사건들은 더더욱 예측하기 어렵다.*Reid, 60* 중동지역 에디터 샐리 버즈비는 2000년대 중반, 수단에서 내전이 발발했을 때 긴급하게 특파원을 수소문해 파견하느라 고생했던 이야기를 한다. 너무 급하게 파견하느라, 현지정부에 연락하여 지원체계를 확보하지도 못한 상태에서 특파원들이 들어갔고, 그들은 '언제든 강도당하거나 살해당할 수 있는 위험 속에서' 취재활동을 이어나갔다.*Buzbee, 13*

또한 베테랑 전쟁특파원들은 전쟁을 취재할 때 어디서 무엇을 취재하는지 결정하기 위해서는 미군의 폭격작전을 늘 예측해야 한다고 말한다. 리차드 파일은 바레인의 원유생산을 두고 벌어진 소규모 해상전투를 취재하면서 1991년 이라크의 쿠웨이트침공에 미국이 참전할 것이라고 예측했으며, 더 나아가 전쟁정보를 사우디아라비아 본부에서 미국의 노먼 슈워츠코프 장군이 통제하고 있을 것이라고 예측했다. 이러한 예측을 토대로 AP는 걸프전쟁 취재본부를 사우디아라비아에 마련했다.*Pyle, 3-4b*

9·11테러 직후 리드는 아프가니스탄과 파키스탄의 전쟁준비과정을 주목해야 한다고 예측했는데, 실제로 머지않아 미국이 아프가니스탄을 침공한다. 그 결과 AP는 이 전쟁을 취재하면서 미국의 군사행동은 물론, 워싱턴에서 파키스탄 차만의 난민수용소까지 다각도로 취재할 수 있었다.

하지만 경험이 많은 특파원도 속보뉴스를 취재하다보면 중대한 사회정치적 변화의 징후를 놓칠 때가 많다. 특파원들은 이러한 상황을 흔히 '나무를 보다가 숲을 놓친다'고 말한다. 더 안타까운 상황은, 이미 설정해놓은 이야기구조에 맞춰 상황을 해석하다가 그러한 징후를 놓치는 것이다.

다소 길지만 리드의 이야기는 귀 기울여 들어볼 가치가 있다. 결정적으로 중요한 사건은, 터지는 순간까지 드러나지 않는다는 사실을 그의 이야기를 통해 알 수 있다. 갑작스럽게 타오른 '아랍의 봄'이, 갑작스럽게 이슬람 근본주의로 완벽하게 탈바꿈하더니, 또 갑작스럽게 이라크 내 종파갈등을 촉발한다. 미국언론들은 이 과정을 오로지 '중동의 민주주의'라는 장미빛 전망에만 매달려 이야기를 짜다가 엉뚱한 보도만 쏟아냈다.

이집트에서 민중봉기가 일어날 것이라는 이야기는… 1982년부터 들었는데, 그런 일은 절대 일어나지 않았지. 사람들은 들끓고 있다고 하는데, 아무 일도 안 일어나는 이유는 아무도 설명할 수 없었어… [2011년] 친구들과 함께 추수감사절 저녁식사를 했는데, 얼마 전부터 있었던 시위가… 크게 확산될 거라고 친구의 가족이었던 한 청년이 말하더군…
사람들이 이번에는 정말 화가 나 있었고… 어쩌고 저쩌고… 확신을 하
더라고. 그 친구는 정치적으로 다소 과격한 듯 보였을 뿐만 아니라, 미
국에서 교육을 받은 어린 친구였기 때문에 나는 그의 말을 흘려듣기
만 했어… 미국적인 관점에서 느끼는 좌절감을 이 땅에서 오천 년 동
안 적응하며 살아온 이집트인들이 느끼기는 힘들다고 생각했지. 하지
만 결론적으로 그 친구의 말이 옳았어… 역시 앞으로 전개될 상황을
예측하는 것은 힘든 일이지. 그런 시위는 그 전에도 계속 있었는데, 자
고 나면 아무 일도 없다는 듯이 사라져버린 적이 한두 번이 아니거든.
왜 이번에는 그렇지 않았을까? 물론 신만이 알고 있겠지.[48] *Reid, 71-72*

시리아내전은 광범위한 지역에서 벌어졌을 뿐만 아니라 너무 기복이
심했지… 시리아내전이 2년 반이나 계속될 줄 누가 알았겠어? 또 사상
자가 이라크전쟁보다 많을 거라고 누가 예상했겠어? 미국이 바레인 진
압작전을 승인할 거라고, 엄청난 압박에 무대응으로 일관할 거라고 누
가 생각했겠어? 외교관들은 늘 '외교적인 힘을 얻을 수 있도록 바레인
상황을 좀더 많이, 자세히 써달라고' 불평했지만… 나는 그것이 지나
치게 이스라엘에 편향된 요구라고 생각했지. 중동을 이야기할 때 이스
라엘은 줄곧 서방언론이 써먹는 테마이고 앞으로도 써먹을 테마이기
때문에 될 수 있으면, 그런 관점에 편승하지 않기 위해 노력했지. 그런
데 우리의 판단은 결국 이슬람 극단주의자들의 손에 의해 놀아난 결
과가 되고 말았어. 그런 사태가 되도록 우리가 일조한 꼴이 되고 만 거
야… 하지만 또 그런 식으로 보도했다면, 우리는 사실을 날조한다는 비

---

48 실패로 끝난 이집트인들의 시위를 연대기적으로 정리한 내용은 다음 기사에서 볼 수
있다. Paul Schemm, "Egypt's workers battle police amid rising economic dis-
content," The Associated Press, April 7, 2008.

난을 받았을 테고. 모든 사건이 진행된 다음에 진실이 드러날 때까지 우리가 선택한 보도방향을 정당화하느라 고생을 꽤나 했겠지.*Reid, 75*

1990년 이라크는 미국과의 관계를 깨버렸어. 뭐 미국이 깬 것일 수도 있고. 미국정부뿐만 아니라 기자들 중에서도 이라크가 어떻게 돌아가는지 아는 사람이 거의 없었거든… 사담 후세인이 교수형에 처해졌다는 소식을 영국의 일간지 《더타임스》 보도로 접했는데, 렉시스넥시스를 활용해 검색을 해보니 그걸 보도한 언론사는 《더타임스》밖에 없더군[49]… 이라크정세에 대해 비교적 잘 아는 사람도 있었지만 대부분 이라크인들이었기 때문에, 그들이 이러저러한 이야기를 하면서 무슨 일이 일어날 거라고 경고도 했는데, 아무도 귀 기울여 듣지 않았어. 요약하자면, 너무나 많은 원한이 풀리지 않은 상태라 대량학살이 벌어질 것이고, 그 다음에 오래된 종파에 따라 분리되고, 그 다음에 시아파·수니파로 분리될 것이라는 이야기였지. 하지만 모두들 한 귀로 흘려들었어. 실제로 그 일이 터졌을 때 모두 놀랄 수밖에 없었지.*Reid, 57-58*

바그다드지국장이었던 스티븐 허스트 역시, 2000년대 중반까지 이라크전쟁 보도는 이라크사회 전반에서 벌어지는 일과 더불어 미군이 각 종파들이 충돌하지 못하도록 분리하고 감시하는 역할을 하다가 결국 모든 종파들의 공격을 받는 '증오하는 점령군'이 되어버린 상황을 취재하는 것이 전부였다고 말한다.*Hurst, 7* 물론 취재과정에서 불행한 사태가 다가온다는 징후를 감지한 특파원들도 있었지만, 그것을 확신하기는 어려웠다. 이라크 시아파가 미군과 협력하는 것을 옹호하기 위해 망명에서 돌아온 이맘 알코에이

---

49 후세인은 1982년 자신에 대한 암살시도 이후 소년들을 포함하여 남성 148명을 처형하라고 명령한 혐의로 2006년 12월 유죄판결을 받은 뒤 교수형에 처해졌다.

Al-Khoei가 알 사드르al-Sadr 부족이 선동한 폭도들에 의해 살해당하는 일이 벌어졌을 때 상황을 리드는 이렇게 회상한다.[50]

쿠웨이트에 있는데 [동료기자가] 묻더군. "군에서 내일 나자프로 가는 일정에 우릴 초대했는데, 갈까요?" "어, 무슨 일이 있는데?" "무슨 분쟁 조정회담 같은 게 있다던데." 이런 일은 흔해 빠진 것이어서, 아무도 심각하게 받아들이지 않았지. 하지만 우리 돈이 드는 일도 아니고, 마침 다른 일정도 없고, 그냥 대기장소에 앉아있다가 뭔가 보러 오라고 전화가 오면 나가서 보면 되는 것이니⋯ 굳이 가지 말아야 할 이유도 없었어. 가는 길에 우리를 안내하는 사람에게 누가 나오는 회담이냐고 물었더니, 말하지 않는 거야. 두리뭉실하게만 넘어가더군. 보안상 이유로, 회담장소에 도착하기 전에는 알려줄 수 없다고 하더라고. 오후가 되었고, 그 사내한테 전화가 왔는데, 빈틈없는 사람이었지⋯ 중동사람은 아니고, 뭔가 책임을 맡아서 이곳에 온 사람처럼 보였는데⋯ 전화상으로 이렇게 말하더군. "회담에 뭔가 문제가 생겼어요. 무슨 일인지 정확히는 모르겠지만⋯ 싸움이 벌어져서 한 사람이 죽었다고 합니다."⋯ 이게 무슨 사건인지 아나? 묵타다전투, 나자프전투, 카르바라전투는 물론 무수한 테러와 사마라의 황금돔 알아크카리 모스크 파괴를 촉발

---

50 Patrick McDowell, "Two Islamic clerics die in attack at Shiite shrine at meeting meant to promote peace, witnesses say," The Associated Press, April 11, 2003. AP기사는 이렇게 덧붙인다.

이번 유혈사태는 퇴역장군 제이 가너가 이끄는 미군과 이라크임시정부가 사담 후세인 정권이 붕괴된 뒤 혼란에 빠진 이라크 내 세력다툼 속에서 부족 간의 깊은 적대감과 정치적 대립을 해소하는 일이 얼마나 험난할지 여실히 보여주었다. 미군은 시아파들이 예언자 무함마드의 후계자라고 여기는 이맘 알리의 신전에서 열리는 회담을 이라크국민들에게 알리기 위해 노력했다. 미군은 취재헬기 두 대를 성스러운 도시 나자프로 날려보냈으나, 취재진이 도착하기 전에 유혈사태는 벌어졌고, 기자들은 아무도 그 사건을 목격하지 못했다.

한 사건이야. 별것도 아닌 것처럼 여겨졌던 이 작은 회담으로 인해 전 나라가 내전에 휩싸였지. 누가 참석하는지도 몰랐던 그 회담이 그렇게 중요한 의미가 있었는지 누가 알았겠어. *Reid, 58-59*

자원의 부족, 현지상황에 대한 이해의 한계, 언론을 따돌리려는 다양한 시도, 시간부족, 이러한 것들이 모두 합해지면서 통찰력있는 기사를 쓰는 일은 더욱 어려워진다. 더 나아가 아예 보도되지도 못하고 사라지는 이야기도 있다. 중국에서 오랜 기간 임무를 수행한 찰스 허츨러는, 처음 신장으로 취재여행을 떠났을 때 놓친 이야기가 여전히 마음에 걸린다고 말한다. 당시에는 그 이야기 속에 무슬림분리주의에 대한 통찰을 주는 단서가 들어있다는 사실을 알지 못했다. 신장 위구르자치구의 수도 우루무치에서 인터뷰를 마치고, 외무부에서 파견한 위구르인 '담당관'은 그를 식당으로 데리고 갔다. 분리주의운동과 위구르인들의 관계에 대하여 '알듯말듯한' 대화를 나누며 점심식사를 한 뒤, 그는 쇼핑몰을 구경하러 가자고 제안했다.

상인들은 볼품없는 콘크리트건물의 복층 구조로 되어있는 작은 공간을 임대해요… 중국 어디에서나 쉽게 볼 수 있는 것이지요… 그는 이렇게 말했어요. "이건 한 여성에 의해 시작된 것인데, 이웃을 진정으로 돕고 싶어하는 위구르 여성이죠." 나는 아무 생각없이 흘려들었어요. 아무런 반응도 하지 않았죠. 그런데 그가 말한 여성은… 바로 레비야 카디르Rebiya Kadeer였어요. 그때가 1994년이었는데, 1995년에 모범적인 위구르 사업가로 알려지면서 정부를 지지하는 인물로 유명해졌어요. 하지만 그녀는 나중에… 분리주의를 적극적으로 옹호하는 사람이었다는 사실이 밝혀졌고, 그것 때문에 추방당하고 말았죠… [그 담당관은] 위험을 감수하면서 그 이야기를 했던 거예요. 나는 그 정보가 무슨 의미인지 알아듣지 못한 거고요. *Hutzler, 29-30*

특파원들이 겪는 또 다른 어려움은 미국의 정가와 외교가에서 통용되는 '상식적인' 내러티브에서 벗어나는 것이다. 이러한 내러티브는 현실을 직시하기 어렵게 만들 수 있으며, 미국의 여론과 정책을 만드는 데 잘못된 결과를 초래할 수도 있다.

로젠블럼은 미국의 언론들이 아프리카에서 벌어지는 전쟁을 제대로 파악하지 못하고 있는 것 같다고 말한다.

> 작은 개별나라 안에서 벌어지는 전쟁은 장기적으로 펼쳐지는 '거대한 국제적 게임'이란 말이 있듯이 아프리카에서 벌어지는 온갖 전쟁들은 냉전의 대리전 성격을 띠고 있어.*Rosenblum, 11*

프레이져 역시 중앙아메리카의 '극악한' 독재정권들에 맞서 벌어지는 게릴라전에 대해 좀더 깊이 연구하고 싶다고 말한다.

> '여기 나쁜 놈들이 있다. 물리치자!'라고 말하는 것에만 관심을 둘 뿐, 그 뒤에 누가 그 자리를 이어받는지에 대해서는 그다지 관심이 없어. 누가 그 자리를 이어받을 거라고 생각하는 걸까? 걸스카우트? 절대 아니야… 폭력으로 건설된 정부는 폭력을 계속 유지하려고 하는 경향이 있지. 또 폭력으로 유지되는 정부는 폭력으로 위협을 받는 법이야. 현장에서 목격할 수 있을지는 모르지만, 어쨌든 그런 걸 목격하는 것은 어려운 일인데… 나도 정확히 알 수는 없지만, 역사의 흐름을 읽을 줄 알아야 해. 역사는 변하는 것이고, 그 변화는 이해할 수 없는 다양한 방식으로 찾아오지. 때로는 오랜 시간에 걸쳐 서서히 변하기도 하고, 때로는 급격하게 변하기도 하고. 우리는 역사를 빠르게 읽어낼 줄 알아야 해. 아무도 그렇게 하지 않았으니까.*Frazier, 40-41*

중동, 아프가니스탄, 멕시코 특파원들은 자신들이 현장에서 취재한 내용이 '민주주의'나 '민심얻기'와 같은 서방의 내러티브에 맞춰져 단순화되고 왜곡되는 상황을 무수히 목격했다. 이들은 입을 모아 그 나라에서 무슨 일이 벌어지고 있는지, 어떤 상황인지 제대로 설명하려면 현지 정서를 이해하기 위해 노력해야 한다고 말한다.

> 지금 생각해보면 매일 벌어지는 사건들을 우리는 너무 단순화하여 요약해서 보도했던 것 같아요. 사건의 전개과정을 상세히 밝히는 것 자체가 힘든 경우가 많았거든요… 서양의 관점에서 볼 때 아랍의 봄은 독재에 항거해 민중들이 들고 일어난 사건이지만, 지금 돌이켜보면 그렇게 단순하게 말할 수 있는 사건은 아니었던 것 같아요. 지금도 탐사하고 있는 주제인데, 무언가 이곳 청년들과 연관성이 있는 사건으로 보여요. 미래가 전혀 보이지 않는 절망적인 상황과 관련된 그 어떤 폭발… 어쨌든 아랍의 봄을 독재에 맞서는 시위로 보는 것은, 지나치게 단순화된 관점이죠. 그래서 현장경험이 어느 정도 쌓이고 나면, 단순히 눈에 보이는 사건뿐만 아니라 그러한 사건이 어떻게 촉발되었는지, 사람들을 움직이게 한 동기가 무엇인지, 사람들의 진짜 관심사는 무엇이고 또 앞으로 어떻게 전개될지 볼 수 있는 눈을 갖기 위해 노력해야 합니다. 그런 이야기를 쓸 줄 알아야 합니다. 그런 훈련이 되어있지 않으면, 리비아혁명처럼 거대한 사건이 터졌을 때 '오, 이것도 써야 하고, 저것도 써야 하는데' 하면서 정신을 차리지 못해요. 시간이 흐른 뒤 다시 돌아보면 그때 무엇을 어떻게 취재했어야 하는데 하면서 뒤늦은 후회를 하는 거죠._Laub, 32-33_

2000년 멕시코 제도혁명당PRI 집권 말기를 취재할 때 오랜 기간 멕시코 정치를 취재했던 경험이 큰 도움이 되었죠. 그 역사나 변천과정을 이해할 수 있었으니까요… 비센테 폭스가 승리하자, 사람들은 '민주주의를 안겨줘서' 고맙다고 말했지만, 사실 비센테 폭스가 민주주의를 안겨준 것이 아니라, 민주주의가 비센테 폭스를 안겨준 거였죠… 어쨌든 외부인의 시선으로는 그 세상이 움직이는 방향, 전체적인 과정을 이해하기 어렵습니다.*Rice, 16* [51]

2013년 아프가니스탄 중부 바르닥에서 자신의 친척이 미군에게 잡혀갔다고 하소연하는 이들을 만났어요. 이러저러한 예를 들며 미군특수부대가 얼마나 가혹하고 폭력적으로 사람을 다루는지 이야기했죠… 사람을 세워놓고 두들겨패기도 하고… 모욕적인 행동을 일삼는다는 이유 때문이었죠. 탈레반이 아닌데도 마치 탈레반처럼 취급한다고 말했어요… 이런 하소연은 2002년 9월에도 들었던 내용이죠. 그때는 우루즈간에서 취재했는데, 사람들은 이런 이야기를 했어요. "됐어. 이제 제발 떠나라. 그들은 우리 문화를 이해하지 못한다. 이제 탈레반은 없다. 모두 끝났으니 잘 가라."… 이걸 기사로 쓴 게 2002년 9월이니까[52]… 10년이 넘게 시간이 흐른 거잖아요. 파슈툰족은 완전히 기본권을 박탈당하고 있던 셈이죠… 파슈툰족 사람 2,000명이 아프간북부동맹이 운영하는 경찰과 군대에 입대하고자 한다는 이야기도 취재했어요. 사람들

---

51 John Rice, "Long struggle led to Mexico's opposition victory," The Associated Press, July 8, 2000. 라이스는 2000년 멕시코대선에 관한 기사를 수십 개 작성했다. 그 중 하나는 멕시코를 65년간 지배해온 제도혁명당 정권을 무너뜨리기 위한 '길고 긴 투쟁'을 추적한다. 이 기사는 부정선거로 당선된 제도혁명당 대통령당선자에게 항의하기 위해 초선 국회의원이었던 폭스가 부정투표용지를 귀에 매달고 있는 장면으로 시작한다. 대통령당선자는 그를 가리키며 자신의 측근에게 이렇게 말한다. "저 새끼는 자기 주제나 알고 까부는 건가?"

52 Kathy Gannon, "Cultural gap causing friction between Americans and one-time Afghan allies," The Associated Press, September 17, 2002.

은 수모를 당했죠. 모두가 이렇게 말했대요. "넌 탈레반. 넌 파슈툰, 넌 탈레반, 넌 아무것도 아냐." 결국 그들은 모두 다시 돌아갈 수밖에 없었다고 해요. 경찰청장은 이렇게 말했죠… "4명 빼고 모두 탈레반이더군. 4명만 남고, 나머지는 산속으로 흩어졌어"… 우리가 2002년에 쓴 기사가 제대로 인정받는데 이렇게 오랜 시간이 걸린 거예요.*Gannon, 67-68*

바르닥의 주도 마이단샤하르에서 개넌은 '적대감'을 드러내는 수십 개의 인터뷰를 기사로 썼다. 인터뷰를 한 사람 중에는 아들을 미군특수부대에게 뺏긴 모함메드 나비도 있었다. 그는 마을 모스크에 금요일 예배를 보러 갔다가 자신을 포함해 80여 명의 남성들이 붙들려간 일에 대해서 말했다.

"우리는 두 시간 동안 눈밭에 서있어야 했어요. 한 노인이 화장실에 가고 싶다고 했더니 '그냥 바지에 싸'라고 말하더군요." 곁에서 듣고 있던 그의 형도 고개를 끄덕였다. 다른 사람들도 자신이 당한 일을 소리 높여 이야기하기 시작했다.[53]

개넌은 또한 아프가니스탄전쟁 10주년을 기념하여 더욱 암울한 분석기사를 쓰기도 했다.

카오스상태가 벌어질 것을 경고하는 신호는 처음부터 있었다. 탈레반에 반대하는 사람에게 힘을 실어주려는 노력은 결국 민족 간의 갈등, 부패, 무법상태를 부추기는 군지휘관들, 결코 탈레반보다 낫다고 보기 어려운 자들에게 권력을 넘겨주는 것에 불과했다. 그 결과는 처음부터 뻔했다.[54]

---

53 Kathy Gannon, "Angry Afghan villagers want US special forces out," The Associated Press, March 11, 2013.

54 Kathy Gannon, "Analysis: First-person view of Afghan collapse," The Associated Press, October 7, 2011.

미국은 북부동맹이라고 하는 사람들을 자신의 우방으로 선택했어요. 탈레반이 떠난 뒤 북부동맹의 중무장한 민병대가 카불을 향해 돌진할 거라고 미국은 꿈에도 생각하지 않았어요. 나는 아프가니스탄의 유력한 군지휘관 압둘 라술 사야프에게 전화를 해서 민병대가 어디로 가고 있냐고 물었죠. 그는 미국인들의 천진난만함을 비웃으면서 이렇게 말하더군요. "어딜 가긴 어딜가? 우릴 막을 놈들은 다 뒈졌는데." 진짜, 탈레반이 쫓겨난 지 몇 시간도 되지 않아 민병대가 카불을 점령했어요. 탈레반 잔당을 찾는다며 집집마다 쳐들어가 마구 약탈하고 거리에서 난동을 부렸어요. 탈레반 낙오자 몇 명을 찾아내 잔인하게 죽인 뒤 시체를 공원 바닥에 던져놓았어요. 이것이 바로 미국이 구상한 '인내하는 자유작전Operation Enduring Freedom'의 결말이었죠. 이로써 미국은 예상했던 것보다 훨씬 오랜 시간을 인내해야 한다는 것을 뒤늦게 깨달았을 거예요.*Gannon, 67-68*

바티무스는 베트남전쟁 당시 미국이 '공산주의와 대결'만 강조하다가 베트남민족주의를 간과하고 말았다고 주장한다.

미국이 잘못된 판단을 내린 데에는 우리 기자들 책임도 있다고 생각해. 불에 탄 마을들, 미라이학살, 사상자 수, 그리고 가끔 전쟁미망인 같은 것에 관심이 있었을 뿐, 실제 베트남인들의 생각을 제대로 취재한 적은 없었던 것 같아.*Bartimus, 12 / 2002, 189*

바티무스에 앞서 사이공특파원으로 활동한 레더러 역시 휴전회담에 너무 많은 관심을 쏟느라 현장에서 충분한 시간을 보내지 못했던 것에 대해 아쉬움을 드러낸다. 레더러는 마을을 돌아다니며 보통사람들과 만났다면 베트남상황을 좀더 깊이있게 통찰하는 데 도움이 되었을 것이라고 말한다.

우리는 마을사람들과 이야기하기 위해 작은 마을에 들어갔지. 평화협정에 대해 어떻게 생각하는지 알고 싶었는데, 인터뷰해보니 거의 모든 사람들이 평화협정은 지속될 수 없을 거라고 대답하더라고. 미국사람들은 대부분 정 반대로 생각하고 있었거든. 그들이 훨씬 똑똑했던 것이지.*Lederer, 9*

사이공지국장이었던 파일은 베트남의 국내정치상황을 제대로 취재하지 못했던 것에 대해서 후회한다. 사실 당시 베트남의 정치상황은 '너무 난해했을 뿐만 아니라, 아무도 관심을 갖지 않았다.' 또 한편으로 '당시 미군이 인종간의 갈등, 마약 등 다양한 도덕적 문제와 긴장상황으로 인해 내부로부터 체계가 무너지고 있던 상황'을 제대로 취재하지 못했던 것에 대해서도 아쉬워한다. 물론 이를 입증해줄 만한 구체적인 사건을 찾아내기도 어려웠다. 어쨌든 베트남전쟁 이후 미군은 대중의 관심에서 멀어졌다.*Pyle, 18*

매일 벌어지는 사건을 단편적으로 전달하는 속보기사로 다루기만 할 경우, 중대한 역사적 변화나 가슴 아픈 인간적 비극마저도 가볍게 놓칠 수 있다. 인권, 급진주의, 이주 등 한층 깊은 차원의 이야기를 끌어내지도 못한다.

[칠레의 인권침해상황을 취재하라는] 명령이 떨어졌어. 나는 기획기사 몇 개를 썼지. 예컨대, 아버지를 찾기 위해 목숨걸고 헌신하는 여성들에 대한 이야기를 썼는데, 이 기사는 여기저기 많이 인용되었어. 하지만 그런 기사는 굉장히 예외적인 것이었고, 시시각각 터지는 사건을 쫓아다니기 바빴어. 여기서 시체가 나왔대! 그래? 빨리 가서 취재하자. 이거 문제가 될 거 같은데. 그래? 추적하자. 이런 식으로 기사를 쓸 수밖에 없었거든.*Gallardo, 21*

90년대 후반, 9·11 테러가 일어날 쯤 적극적으로 지하드에 참여하는 사람들이 많았어. 보스니아전쟁에서 지하드병사로서 경력을 시작한 이들이 많았지… 한번은 고라주데에서 온 사람이 이야기했는데, 공중에서 투하된 보급품을 얻기 위해 온 힘을 다해 달려가서 열어보니 음식은 없고 무기만 있어서 실망했다고 하더군. 보스니아의 무슬림군대는 이런 것에 예민하게 반응했지. 우리가 접근할 수 없는 지역에 지하드 병사들이 많이 있었어. 우리가 그곳에 접근할 수 없었던 이유는 단순해. 너무 위험하고, 상황이 불안했거든… 일단 그런 상황에서는 제대로 취재할 수 없다고 봐야지. 물론 그런 점을 이용해 세르비아인들은 자신들의 지하드 병력을 부풀려 이야기하고 자신들의 전과를 과장했지. 그래서 그들의 말을 모두 프로파간다라고 치부하는 사람도 있었어. *Reid, 96-97*

우리가 취재하는 방식에는… 말하고 싶지는 않지만… 일종의 공식 같은 것이 있어요. 예컨대 미국에서 어떤 이주민집단이 죽었다면 먼저 현장으로 가서, 장례식에 참석하고, 친지들을 만나고, 경찰과 이야기하고, 관료들을 인터뷰하고, 그들을 지원하는 사람들을 만나죠… 그런 다음 그들을 그곳에 모이게 만든 어떤 경제적 계기 같은 것을 찾으려고 노력해요… 허리케인을 취재할 때도 마찬가지죠. 먼저 준비단계를 거쳐서, 허리케인이 불어닥칠 때 연안에서 열린 사교모임을 알아보고, 허리케인이 상륙했을 때 상황, 수색하고 구출하는 과정, 복구… 순서대로 인터뷰를 따서 기사를 쓰죠. 장례식, 애도하는 가족, 이런 건 쇼핑목록처럼 이미 마련되어있어요. *Stevenson, 16-17*

베들레헴의 맨저광장 근처에 있는 카페에서 만난 캐린 라웁은 30년 가까이 이스라엘-팔레스타인 갈등을 취재하면서 대부분 사람들이 놓치고 있는 기사 주제들을 열거한다. 교회의 종소리, 이슬람 기도시간을 알려주는 목소리, 여기 저기 울려대는 자동차경적소리… 그리고 왜 이런 주제들에 대해 기사를 쓰기 어려웠는지 이야기한다.

165

의사결정의 자유가 지속적으로 박탈당하고 있다고 느끼는 팔레스타인 사람들의 감정을 다른 나라들은 이해하지 못하는 것 같아요… 제2차 인티파다가 최고조에 달했을 때, 그들은 검문소 앞에서 고개를 돌리는 것조차 마음대로 할 수 없었어요. 자신들의 운명에 대해 어떠한 계획도 세울 수 없었죠… 지금까지도 웨스트뱅크 사람들은 예루살렘에 들어갈 때마다 이스라엘군의 검문을 받아야만 해요. 이처럼 늘 감시받는다는 느낌, 상자 속에 갇혀있다는 느낌, 나 스스로 내 앞길을 결정할 수 없다는 느낌, 정말 끔찍하잖아요. 사람들은 이게 얼마나 괴로운 일인지 이해하지 못할 거예요. 사람들이 이해하지 못하는 또 다른 것은… 이 문제의 시급성이에요. "중동? 걔네들은 원래 서로 싸우잖아. 맨날 그렇게 살았는데, 뭐 앞으로도 계속 그렇게 살겠지." 그런 인식이 뿌리박혀있는 듯해요. 하지만 이건 정말 위험한 접근방법이죠… 하지만 [기자로서] 우리는 적정선을 찾을 수밖에 없어요. 우리는 여기에 취재하러 왔지 설교하러 온 게 아니니까요. 예컨대, 얼마나 상황이 심각한지 알아보기 위해서 시험삼아 5일 동안 웨스트뱅크 검문소를 관찰했어요. "8시 5분, 500명의 사람들이 줄 서있다. 대기시간은…" 이런 식으로 뭐든 적었죠. 그곳에서 어떤 일이 벌어지고 있는지 가장 잘 보여줄 수 있는 방법이라 생각했어요[55] 사람들의 목소리와

---

[55] Ben Hubbard, "Checkpoint misery epitomizes a Mideast divide," The Associated Press, February 21, 2010. 이 기사는 이렇게 시작된다.
예루살렘으로 가기 위한 팔레스타인사람들의 여정은 쓰레기더미가 쌓여있는 격납고에서 시작된다. 수만명이 매일 아침 방탄유리 뒤에 서있는 이스라엘군인들의 감시를 받으며 새장처럼 만들어진 통로를 지나 2미터 높이의 개찰구를 차례대로 통과한다. 군인들은 이따금씩 시끄러운 확성기로 소리를 지르고 겁을 준다… 이스라엘사람들은 칼란디아검문소를, 어느 순간 테러리스트로 돌변할 수 있는 사람을 걸러내는 관문이라고 말하지만 팔레스타인사람들은 직장을 가기 위해, 학교에 가기 위해, 가족을 만나기 위해, 병원에 가기 위해 이러한 굴욕을 매일 견디며 살아야만 한다. … AP기자는 5일 동안 이 검문소를 관찰했다.

풍경을 가장 가까이서 전해주면서 전반적인 맥락도 설명해줄 수 있었죠. 우리는 이러한 일상을 전하기 위해 노력하죠. 물론 정치적인 이슈도 빠뜨려서는 안되죠. [팔레스타인 총리] 살람 파야드가 사임했다는 소식을 전하면서, 이것이 어떤 의미인지 설명하는 기사도 중요하죠. 이처럼 모든 범위를 포괄하면서 가능한 한 공평하게 전달하고, 설명하고, 보통사람들의 진짜 목소리를 담고, 끝까지 희망을 잃지 않기 위해 노력해요. *Laub, 11-12*

결론
뉴스 가치 판단

해외에서 임무를 수행하는 AP특파원들의 첫째 임무는 바로 무엇이 뉴스인지 선택하는 것이다. 미국인들이, 그리고 최근에는 세계인들이, 어떤 나라에 대해 무엇에 대해 알아야 하는지 결정하는 것이다.

개중에는 '뻔한 뉴스'라고 여겨지는 것들도 있다. 이런 유형의 뉴스가 없으면 '아무 일도 일어나지 않았다'고 여겨지기도 한다. 전쟁이나 폭력사태가 가장 대표적인 '뻔한 뉴스'라 할 수 있다. 이런 사건은 사람들이 전혀 관심을 갖지 않는 곳에서 발생했다 하더라도 쉽게 기삿거리가 된다. 위험한 분쟁일수록 뉴스가 된다. 물론 많은 특파원들이 사망자 수만 단순히 전하기보다는 갈등의 원인과 파급효과까지 전달하기 위해 노력한다.

일상적으로 벌어지는 사건을 다루는 속보취재와 사건의 맥락을 통찰하는 심층적인 분석취재는 늘 긴장관계에 놓여있기 때문에, 특파원들의 뉴스가치 판단을 더욱 복잡하게 만든다. 속보취재는 통신사의 기본업무이지만, 분석취재는 오늘날 강조되는 '임팩트'저널리즘의 토대가 된다. 물론 AP는 속보취재를 중심으로 하는 통신사지만, '평범한 사람들'의 이야기를 취재하고 심층적인 기사를 쓰는 전통이 100년 가까이 내려오고 있다.

특파원들은 또 다른 긴장관계에 대해서도 이야기한다. '뻔한 뉴스'가 아니라고 해도 더 큰 진실을 담고 있는 뉴스가 존재한다는 것이다. 에디터와 독자들이 기대하는 친숙한 내러티브 속에 잘 들어맞는 이야기는 대개 문화적 고정관념의 틀로 현실을 왜곡한 기사인 경우가 많다.

워싱턴이 누리는 국제정치적 우위를 고려한다면 당연한 이야기처럼 보일 수 있으나, 미국을 중심으로 뉴스를 선별하는 전략은 냉전이나 '테러와의 전쟁' 보도에서 볼 수 있듯이 주요참여국의 내부사정을 제대로 파악할 수 없도록 가로막는 장애물로 작동한다. 특파원들은 이처럼 외부인이 쉽게 놓칠 수 있는 의미와 흐름을 찾기 위해 한 국가에 오랜 시간 체류하며 끊임없이 돌아다니며 취재하고 의심스러운 비밀정보를 추적해야 한다. 오늘날 점차 줄어들고 있는 취재자원을 고려할 때 이러한 접근방식은 더욱 유용하다.

하지만 거대한 테마만 좇다보면 역설적인 상황에 봉착할 수도 있다. 틀에 박힌, 단절된 기사 대신 중대한 사회변화에 관한 통찰을 일깨워주는 기사만 좇다보면 끝없는 속보뉴스를 따라잡지 못할 수도 있다. 반대로 다른 어떤 언론사도 갖추지 못한, 전 세계를 아우르는 인프라를 갖춘 AP에서 특파원으로 활동하다보면 사건의 전개와 진화과정을 예측할 수 있는 능력이 계발되기도 한다. 사실, 시간이 없어서 취재를 하지 못했다고 말하는 것은 기자로서 정당한 이유가 될 수 없다.

진짜 걱정스러운 것은 '민주주의'나 '인권'과 같은 서구적인 가치를 기준으로 복잡한 현지의 상황을 단순화하거나 왜곡해버리는 행

위다. 거스르기 어려운 이러한 가치와 객관적인 보도 사이에서 많은
특파원들이 곤란을 겪는다. 예컨대 아랍의 봄을 단순히 민주화운동
으로 규정해버림으로써, 이 사태가 개인의 자유를 신장시키기는커
녕 급진이슬람주의의 부흥을 촉발할 것이라고는 아무도 예측하지 못
했다. 또한 무조건 '나쁜 놈들'만 끄집어내리면 된다는 짧은 생각으
로 뛰어든 미국 덕분에 더 나쁜 놈들이 우위를 차지하고, 그로 인해
그 나라 사람들이 더욱 극심한 나락으로 떨어지는 상황을 보면서 좀
더 열심히 보통사람들의 이야기를 취재하지 못한 것을 후회하는 특
파원들도 있다.

특파원들은 기존의 관점과 논조를 개선하기 위해 상당한 노력을
기울이고 있다. 개인적으로 심각한 위험을 감수하면서 탈레반 통치지
역을 누비며 탐사보도를 하거나, 웨스트뱅크 검문소 앞에 죽치고 앉
아서 관찰을 하기도 한다. 하지만 그런 일을 하면서도 AP특파원들은
자신의 도발적인 접근방식이 대중의 이해를 조금이나마 높이는 데
도움이 되길 바란다는 '희망'을 이야기한다. AP기자는 사설이나 칼
럼 같은 것을 통해서 자신의 의견을 직접 전달할 수 없기 때문이다.

어쨌든 기자는 자신이 들려주고자 하는 이야기를 취재원의 입
을 통해 전달할 수밖에 없다. 취재원에 대해서는 다음 챕터에서 알
아본다.

쿠데타가 발생한 날 밤 나는 야간당직이었어요. 석간신문에 실을 기사를 마무리하고 새벽 한 시인가, 두 시인가 집에 갔어요. 고르바초프가 모스크바에 돌아오는 대로 자치권을 확대하는 연방조약을 확정할 거라는 기사였죠. 지국은 원래 자정에 문을 닫는데, 그 시간까지 기사를 마감하는 것은 거의 불가능했죠. 새벽 네다섯 시쯤 전화벨이 울렸어요. 라디오러시아를 빨리 틀어보라고 하더군요… 폴란드하고는 완전히 딴판이었어요. 거기선 반대파가 뭘 하려고 하는지 미리 알려주거든요… 전혀 예측할 수 없었죠. 기자에게 불확실한 일은 없을 거라고 생각했는데, 정말 굉장히 흥미로운 경험이었어요.

Seward, 11

[1991년 8월 쿠데타가 일어났을 때] 정말 놀라운 일들이 벌어지고 있다고 확신할 수 있었죠… '[소비에트 혁명 지도자] 펠릭스 제르진스키가 KGB 본부 루비얀카 앞에 당도했다' 같은 문장을 내 손으로 쓸 수 있다니!… 생각해보세요. 소비에트연방에서 쿠데타! 정말 믿기지 않는 일이잖아요.[56]

Porubcansky, 8-9

---

56 Mark J. Porubcansky, "24 hours that shook the Soviet Union," The Associated Press, August 23, 1991. 쿠데타가 수포로 돌아간 뒤 이 사건에 대한 분석기사는 이렇게 시작된다.
  "동토의 땅에 '붉은 테러'를 도발한 사람의 기념비가 무너지면서 막을 내린 24시간은 아마도 개혁 6년 만에 찾아온 가장 극적인 시간이었을 것이다. 그 시간 속에는 미래에 대한 단서들이 가득 차 있었다… 모든 이들의 입에 '러시아'라는 말이 오르내렸다. '소비에트'라는 말은 어디에서도 들리지 않았다."

사람들은 지금에야 돌아보면서 '어쩔 수 없는 일이었지. 소련이 무너지는 건 당연한 것이었지.'라고 말하지만, 그곳 현장에 있던 나는 어떤 상황에서도 소련이 망할 거라는 생각은 꿈에도 하지 않았어요. 그저 사태가 좀 다른 방향으로 흘러갈 수는 있다고는 생각했죠… 쿠데타가 일어나기 전 날, 나는 모스크바를 돌아다니면서 사람들을 인터뷰했어요. 그냥 '미국특파원입니다'라고 말하면 누구든 기꺼이 인터뷰를 해주었어요… [쿠데타가 벌어진 날] 미국대사관 앞에 사람들이 길게 줄을 서있는 모습이 눈에 띄었죠… 무슨 일인가 싶어 줄 서있는 사람들을 인터뷰하기 시작했는데, 전날과 다르게 모두들 인터뷰를 피하는 거예요. 인터뷰를 하려고 했던 한 젊은 남자가 있었는데, 앞에 서있던 그의 아버지가 돌아보면서 러시아어로 이렇게 말하더군요.

"괜한 문제를 일으키지 마라."

[사람들의 분위기가] 단 하루만에 완전히 뒤집어진 거예요… 사람들의 얼굴 표정에서도 확인할 수 있었죠… 누가 정권을 잡을 것인지… 알 수 없는 상황에서 사람들은 예전 소비에트 시절 행동방식으로 급격히 회귀한 것이죠. 괜히 이야기를 해서 말썽을 일으키지 말아라. 자신을 위해 잠자코 있어라. 누구와도 말하지 말아라…

급기야 고르바초프가 사임연설을 하는 곳에서도 사람들은 우리를 향해 소리를 질렀어요.

"사진 찍지 마시오! 사진 찍지 마시오!"

그럼에도 [AP 사진기자] 류흥싱은 TV카메라 삼각대 옆에 웅크리고 앉아있다가, 14분짜리 연설이 끝나는 순간에 셔터를 눌렀죠… 고르바초프가 연설문을 내려놓는 순간을 정확히 포착한 거예요… 그 사진 속 고르바초프의 모습에는 약간의 비애와 안도감이 뒤섞여있는 묘한 감정이 그대로 묻어있었죠. 류는 정말 굉장한 사진기자였어요. 단 한 방에 그 순간을 포착하다니. 찰칵-찰칵-찰칵-찰칵-찰칵-찰칵 찍어서 건진 게 아니었죠. 정말 셔터를 단 한 번 눌러서 찍은 거예요.[57]

사진을 찍고 곧바로 자리에서 일어서 나오는데, KGB 경호원 한 명이 "사진 찍지 말라고, 이 새끼야!"라고 외치면서 그의 배를 주먹으로 세게 갈겼어요. 류는 쓰러져서 숨을 쉬지 못할 정도로 힘들어했죠.

Cooperman, 3, 15-16, 24

---

57 류홍싱은 이 사진으로 AP의 다른 네 사진기자들과 함께 1992년 속보사진 부문 퓰리처상을 수상했다.

4

지금 하신 말씀,
기사에 써도 될까요?

누구를 취재할 것인가?

4

"지금 하신 말씀,
기사에 써도 될까요?"

누구를 취재할 것인가?

나는 집요하게 물고늘어져요… 늘 현장에 있죠… 가고 또 가고 또 다시 가요… 사람들을 만나 상황이 어떤지, 어떻게 생각하는지 물어보죠. 별다른 취재거리가 없을 때도 그래요… 사람들과 대화하는 걸 정말 좋아해요… 현장에 자리잡고 앉아있는 것을 정말 좋아해요. 지금 우리가 앉아있는 멋진 뒤뜰도 좋지만, 파키스탄 기독교인 거주지에서 맨바닥에 앉아서 함께 밥을 먹는 것도 좋아요… 아마도 이런 것 때문에 더 많은 곳에 다가갈 수 있었던 것 같아요. 언제든 어디서든 날 볼 수 있죠. "아, 캐시, 캐시 잘 알죠. 캐시를 모를 수 없죠." 캐시가 잘나서 그런 게 아니라, 캐시가 언제나 현장에 있기 때문이에요. *Gannon, 37*

매미가 한창 울어대는 어느 봄날 일요일 저녁, 이슬라마바드에 있는 집 안에 딸린 정원에서 만난 캐시 개넌은 1980년대 말 이후 가장 험난한 해외파견지로 통하는 파키스탄과 아프가니스탄에서 어떻게 취재원들을 확보했는지 이야기했다. 이곳은 목숨을 걸고 취재에 나서야만 하는 곳이었다. 실제로 나와 인터뷰를 하고 나서 1년도 되지 않았을 때 아프가니스탄에서 취

174

재를 하던 중 개년은 중상을 입고, 함께 동행했던 사진기자 아냐 니드링하우스는 목숨을 잃었다.

나는 그녀와 인터뷰를 하면서 집주변 비포장 골목길을 거닐었다. 집들은 대부분 진흙으로 지어져있었다. 골목 한 귀퉁이에서 영업중인 길거리이발소에서 한 남자가 면도를 받고 있었고, 그의 아내는 화려한 사리sari를 입고 주변을 거닐고 있었고, 신나게 크리켓게임을 하던 그들의 아이들은 우리를 향해 손을 흔들었다.

많은 기자들이 취재능력은 취재원에 의해 결정된다고 말한다. 그리고 취재원을 확보할 수 있는 힘은 바로 '근성'이라고 개년은 말한다. 정부의 최고지도자에서 부족마을에 사는 꼬마아이들까지, 로마교황청에서, 탈레반까지, 세계곳곳에 그녀의 취재원들이 있다.

'거리의 사람들'에서 정부의 수반, 또는 반군에 이르기까지 다양한 취재원들이 해외취재의 토대가 되지만, 제각각 문화와 정치시스템이 다르기 때문에 이들에게 모두 접근한다는 것은 결코 쉬운 일이 아니다. 이 챕터에서는 AP특파원들이 북한의 아이들로부터 프랑스 엘리제궁 대변인까지 다양한 취재원들을 발굴하고 그들과 관계를 유지하는 방법을 살펴본다.

또한 취재원에 대해 이야기할 때 두 가지 윤리적 책임에 대해 이야기하지 않을 수 없다. 바로 취재원을 검증하는 것과 취재원을 보호하는 것이다. 특히 취재원이 겁에 질려있을 때 그 증언은 얼마나 믿어야 할까? 또 취재원이 신변에 위협을 느낄 때 어떻게 진실을 털어놓게 할까? 취재현장에서 겪는 이러한 문제들은 결코 쉽게 해결할 수 있는 것이 아니다.

특파원들은 취재비중에 따라 취재원을 여섯 가지 유형으로 분류했다.

- 미국과 그 나라 외교관, 전시에는 군 관계자.
- 현지관료
- 반체제인사, 활동가

- 현지언론과 현지기자들
- NGO
- 일반시민 (거리의 사람들)

이와 더불어 많은 특파원들이 최근 소셜미디어를 통해 쏟아져나오는 메시지들을 정당한 취재원으로 간주할 것인지 고민하는 딜레마에 대해서도 이야기했다. 그리고 더 나아가 취재원과 관련하여 발생하는 다양한 문제에 대해서도 알아본다.

- 언제 어디서든, 불명확한 일이든 불쾌한 일이든 가리지 않고 진심으로 '사람에 관심을 갖는' 취재원을 발굴하고 그들과 관계 유지하기.
- 전 세계로 퍼져나가는 기사에 자신의 신원이 노출되는 것에 대한 일반시민들의 거부감.
- 제보의 진위를 입증하는 데 요구되는 비현실적인 기준.
- 취재원 보호의 중요성. (가끔은 예상보다 훨씬 큰 위험이 도사리는 경우도 있다.)

누굴 취재원으로 삼을 것인가?
유형별 취재원들의 실제모습

기자라면 당연히 취재원을 발굴해야 하지만, 해외특파원의 경우에는 훨씬 많은 난관을 넘어야 한다. 2장에서 다룬 '외국어'와 5장에서 다룰 '외국인에 대한 인식'은 가장 기본적인 난관에 불과하다. 특파원들은 낯선 이방인들 속에서 맨땅에 헤딩을 하듯이 하나하나 헤쳐나가야 한다. 예컨대, 1966년 인도에 특파원으로 파견된 마이런 벨카인드는 이렇게 말한다.

디너파티에서 만나는 사람들 중에 또는 대학에서 만나는 사람들 중에 정치인, 정부인사, 신문사편집자들을 먼저 취재원으로 골랐지. 관계를 맺고 나면 그들은 항상 '우리동네에 한번 가볼래요?'라고 이야기했어… 운이 좋았는지, 인도에 도착한 지 일주일도 되지 않아서 인도에서 가장 가난한 주라고 하는 비하르에 가게 되었어. 24시간 기차여행 끝에 도착한 그곳은 심각한 기근에 시달리는 상황이었는데… 인도정부가 제공한 자료만으로는 전혀 상상할 수 없는 모습이었지. 실제로 그곳 상황이 얼마나 심각한지, 정부지원이 제대로 이뤄지고 있는지 내 눈으로 직접 확인하는 것이 얼마나 중요한 일인지 알겠더군. 거기 가자마자 취재원을 물색하기 시작했는데… 단순히 이번 취재만을 위한 취재원이 아니라, 나중에 언제든 연락할 수 있는 취재원을 찾았지… 이후 어느 지역을 가든 그렇게 계속 취재원들을 발굴했어.*Belkind, 7-8*

취재원을 이처럼 다양하게 확보해 놓는 것은 긴급한 사건이 발생했을 때 큰 도움이 된다. 이란에서 발생한 미국대사관 인질사건은(1979-1981) 좋은 예라 할 수 있다. 이 사건이 마무리되었을 때 AP특파원들은 이란에서 떠나라는 명령을 받았다. 이 사건을 시작부터 끝까지 정리한 기사를 쓴 찰스 핸리는 당시 상황을 이렇게 회상한다.

우리는 모두 그날 풀려난다는 사실을 알고 있었지. 상황이 명확했거든. 하지만 어쨌든 확인을 해야 하니까, [나는 뉴욕에 있었기 때문에] 우리가 가지고 있는 취재원 명단을 보면서 전화를 걸어 물어보는 수밖에 없었지… 테헤란공항 컨트롤타워에 전화를 걸어 인질들이 비행기에 탑승을 했는지, 이륙은 했는지 물었어. 통화는 쉽지 않았는데… 영어를 할 줄 아는 사람이 한 명도 없었거든. 난감한 상황이었지. "Parlez-vous français?(프랑스어 합니까?)" 프랑스어 할 줄 아는 사람도 없더군.

"Habla español?(스페인어 합니까?)" 스페인어를 할 줄 아는 사람도 없었어. "Sprechen sie Deutsch?(독일어를 합니까?)" 사실 내가 아는 독일어는 이것밖에 없었거든. [웃음] 독일어라도 할 줄 아는 사람이 있었다면 아마 영어로 "독일어를 안다고요? 빨리 바꿔줘요!"라고 소리를 질렀을 거야. 어쨌든 컨트롤타워에서 이래저래 영어를 아는 사람을 수소문해서 전화를 바꿔주었고, 언제 언제 이륙했다고 확인해 주었지… 그렇게 속보를 내보낼 수 있었어.*Hanley, 2-3*

테헤란, 베를린, 보스니아, 이라크 등지에서 44년 동안 AP특파원으로 활약한 로버트 리드는 이렇게 말한다.

> 방구석에 처박혀서 인터넷으로만 해결하려고 해서는 안 돼. 남이 숟가락으로 떠먹여 주는 걸 그대로 받아먹거나, 미디어의 전반적인 흐름을 좇는 애매한 해석만 되풀이하고 말 거야. 당장 밖으로 나가야 해.*Reid, 88-89*

특파원이 밖으로 나가 맨 먼저 들러야 할 정거장은 바로 미국대사관, 대학과 같은 '공인된 기관'이다. 물론 이들에게 전적으로 의존하라는 뜻이 아니라 '그들이 가진 자원을 이용하라'는 뜻이다. 이 기관에 속한 '사람들'을 통해 훌륭한 취재원을 확보할 수 있다. 현지직원의 집에서 모이는 사소한 다과 모임에서도 정부관계자와 연결된 사람을 만날 수 있을지 모른다.

현지 상점을 둘러보는 것도 좋은 방법이다. 물론 10번 중 9번은 물건을 사는 것만으로 끝이 나겠지만, 10번 중 한 번은 상점주인이 그 지역에서 상당히 영향력있다는 것을 알게 될 것이다. 그의 조언이나 의견이 도움이 될 수도 있고, 또한 넓은 인맥을 통해 중요한 인물을 소개해줄 수도 있다.

현지언론인을 만나는 것도 좋은 출발점이 될 것이다. 특히 '언론을 통

제하는 나라에서는' 현지언론인들이 [AP]특파원을 통해 고급정보를 폭로하는 경우도 많다.[1]

각국의 외교관들

미국대사관은 20세기 후반까지 AP특파원들이 반드시 처음으로 거쳐야 하는 정거장 역할을 했다. 해외특파원들과 미국정부를 이어줄 뿐만 아니라, 새로 파견된 특파원들이 현지 적응할 수 있도록 결정적인 도움을 준다.*Roderick, 1993, 116; Pedelty, 1995, 7* 38년 동안 100여 개 나라에서 활동한 로젠블럼은 콩고민주공화국 수도 킨샤사에서 특파원경력을 갑작스럽게 시작했는데(이 이야기는 2장에서 소개했다), 이 낯선 땅에 도착하고 얼마 뒤 미국대사관 직원과 친구가 되어 지금까지도 우정을 이어오고 있다.*Rosemblum, 4*

물론 특파원들은 자신의 취재원을 무조건 믿어서는 안 된다. 따라서 취재원의 증언이 맞는지 확인해 볼 수 있는 카운터취재원counter-source을 마련해놓아야 한다. 미국대사관을 취재원으로 삼는다면 이에 대한 카운터취재원은 다른 나라 대사관이라 할 수 있다.*Belkind, 8* 미국과 중국이 다시 교류를 시작했을 때 베이징에 파견된 그레엄은, 미국대사관 못지않게 다른 나라 대사관과도 관계를 맺기 위해 노력했다.

> 미국대사관은 미국 기자들에게 상당히 많은 도움을 주지. [정보를 수집하기 위해] 기자들이 얼마나 혈안이 되어있는지 잘 아니까… 하지만 미국사람이 뭘 하고 있는지는 미국사람을 통해 잘 알 수 있지만, 현지상황이 어떻게 되어가고 있는지, 어떤 의미가 있는지는… 다른 나라 대

---

1 언론을 검열하는 나라에서는 현지기자들이 외국기자들에게서 고급정보를 얻는 경우도 많다. 1960년부터 《시카고데일리뉴스》 중남미특파원으로 활동한 조지 앤 가이어Georgie Anne Geyer의 자서전에 이러한 상황이 자세히 서술되어있다(Geyer, 1998, 66).

사관 사람들에게 물어보는 것이 훨씬 도움이 돼. 특히 동유럽쪽 사람들이 상당히 도움을 주었지. 공산주의국가의 대사관에는 중국의 당직자들이 자주 드나들었거든. 그들의 이야기를 통해 중국의 상황을 제대로 이해할 수 있었어.*Graham, 6*

여러 나라 말을 능숙하게 구사하는 업슨은 1960-70년대 라틴아메리카를 취재하면서 유고슬라비아 외교관들과 관계를 맺기 위해 노력했다. '냉전시대에 양쪽에 모두 발을 담그고 있는' 이들이었기 때문이다.

AP, 로이터, UPI, AFP 지국장은 어디를 가든 가장 먼저 확보해야 하는 취재원들이지. 이들을 통해 많은 사람을 만날 수 있어… 그들이 주최하는 모임에 가면, 어떤 이슈를 취재하든 30분 안에 유용한 정보를 가진 사람들을 찾아낼 수 있어. 상황이 어떻게 돌아가는지 금방 파악할 수 있지.*Erbsen, 14-15*

AP특파원이었던 아버지를 따라, AP특파원이 된 래리 하인즐링은 미디어가 가장 관심을 갖지 않는 아프리카로 가서 다양한 나라의 탈식민지화 과정을 취재했다. 그는 이곳에서 여러 나라 대사관을 다니며 취재원을 늘려갔다. 미국대사관을 시작으로, 이곳을 식민지배했던 프랑스와 영국의 대사관, 그리고 이 지역에 공을 들이고 있는 중국대사관까지 폭넓게 관계를 맺었다.

공산주의 중국은 70년대 초 나이지리아에 처음 대사관을 열면서 아프리카에서 영향력을 넓히기 시작했지. 나는 중국대사를 만나고 싶었어. 뭐, 아프리카에서 어떻게 지내는지, 왜 아프리카에 왔는지, 여기서 뭘 얻고자 하는지 직접 확인하고 싶었거든. 그런데 아무리 전화를 해도 받지 않더라고. 그래서 무작정 대사관으로 갔지. 문을 두드리자 누군가 나와서 뭘 원하냐고 묻더군. 내 소개를 하고 대사에게 '정중하게 인사 드리러왔다'고 했지. 그랬더니 "나이지리아에서는 사람들이 모두 친절하네요. 하지만 우리는 인터뷰할 시간이 없습니다." 이러고 들어가버리는 거야… [웃음] 아프리카 특파원들에게는 어쨌든 이런 대사관들이 가장 주요한 취재원이지.*Heinzerling, 5/14*

하인즐링은 이 경험을 그대로 기사에 썼다.[2]

외교관을 취재원으로 삼아야 하는 이유는 그들 주변에 다양한 취재원들이 모인다는 점이다. 외교관을 통하지 않고서는 접근할 수 없는 사람들이 많다는 점에서 외교관은 중요한 통로가 된다. 리드는 소련이 아프가니스탄을 침략했을 당시 카불에 있는 미국대사관에서 그곳에 와있던 선교사들을 만났다. 마침 그중 한 명이 대통령궁과 가까운 곳에 살았고, 덕분에 한밤에 벌어진 대통령궁 폭격에 대한 생생한 목격담을 들을 수 있었다. 그리고 그것은 그대로 기사가 되어 나갔다.*Reid, 12*

1950년대 모스크바에서는 외교관들을 위한 만찬회가 자주 개최되었다.

흐루쇼프가 특파원들에게 둘러싸여 격의없이 농담을 건네면, 각국 대사들과 외교관들은 그 이야기를 듣고 박장대소를 하지. 모스크바에 파견된 특파원들은 운전기사를 시켜 각국 대사들에게 인사장을 보내는 것이 가장 먼저 해야 할 일이야.*AP Oral History, Essoyan, 1997, 19*

---

2 Larry Heinzerling, "China Resurging in Africa," Washington Post, April 3, 1972, A12. 이 기사는 다음과 같이 시작한다.
[라고스] 아마두벨로 거리에 새롭게 문을 연 중국대사관 입구에 내걸린 붉은 중국 국기는 무더운 공기 속에 축 늘어져있다. 하지만 아프리카대륙에서 계속 행보를 넓혀가는 본국의 정책에 따라 중국의 외교관과 경비원들은 분주하게 움직이고 있다.

폴 알렉산더는 1990년대 다양한 전장을 쫓아다니며 취재했다. 잔인하기로 유명했던 소말리아와 보스니아전쟁에서도 최대한 취재원을 확보하기 위해 노력했는데, 그 출발점은 외교-군사 브리핑시간이었다.

> 소말리아에서는 매일 오전 UN의 브리핑이 있었죠. 해지기 직전에는 미군의 브리핑이 있었고요. 이 브리핑을 통해 매일 어떤 일이 벌어질 것인지, 또 하룻동안 어떤 일이 벌어졌는지 알 수 있었고, 무엇을 의제로 삼을 것인지 판단했죠. 그리고 이곳에 모인 외신기자들은 물론 현지기자들과도 이야기를 주고받으면서 아이디어를 얻을 수 있었고… 물론 현장에 나가 취재도 많이 했어요… 외딴 마을로 들어가는 행군에 참여하기도 했죠. 캐나다기자들은 뭘하고, 오스트레일리아 기자들은 뭘하는지 눈여겨보고… 귀를 솔깃하게 만드는 이야기가 있다면 기억해두었다가 나중에 취재하기도 했죠.*Alexander, 11*

현지의 정부관료와 유력인사들

공식적인 채널로 그 나라의 정부—최고지도자, 장관, 관료—를 빼놓을 수 없다. 이들과 관계를 맺기 위해서는 상당한 공을 들여야 하며, 그 나라의 권력집단에 접근하기 위해서는 긴 시간을 투자해야 한다.

캐시 개넌은 파키스탄의 '민주주의를 저해하려는 시도'를 취재하면서 베나지르 부토를 인터뷰하기 위해 상당한 공을 들였다. 실제로 개넌이 부토에게 접근한 것은 그녀가 권력을 잡기 훨씬 이전 일이었다. 그 당시 부토는 비교적 쉽게 접근할 수 있는 상황이었기도 하지만, '미국특파원이 자신을 중요한 인물이라고 생각한다'는 사실은 현지정치인들에게도 상당히 매력적인 요인으로 작용한다.

개넌은 부토와 인터뷰를 하기 위해 머리에 스카프를 썼다. 하지만 1989년 무슬림국가 최초의 여성수상이 되어 개넌과 인터뷰할 때 부토는 머리에 스카프를 쓰지 않고 두파타만 어깨에 걸쳤다.[3] 개년은 또한 파키스탄에서 세 번이나 총리를 지낸 나와즈 샤리프와도 긴밀한 관계를 맺었다.

> 라호르에 가면 으레 샤리프총리와 장관들을 만났죠. 장관들과도 친했어요. 함께 차를 마시러 가기도 했죠. 하지만 함께 저녁을 먹지는 않았어요. 될 수 있으면 저녁시간은 피했어요. 우선, 함께 저녁을 먹는 것은 부담스럽기도 했고, 또 이슬람세계에서는 여성에 대한 제약이 많기 때문에 신경써야 할 일이 이만저만이 아니었어요… 가끔 만찬에 참석한 적은 있었지만, 새벽 네 시까지 술을 마시면서 머무는 일은 없었죠.*Ganon, 32/27*

1970년대 파키스탄 라왈핀디에 AP지국을 처음 열었던, 아놀드 제이틀린도 개년과 비슷한 경험을 이야기한다.

> 파키스탄에 들어가서 첫 몇 달 동안은 유력정치인들을 다 찾아다녔지… 그렇게 많은 사람들을 만나면서 나는, 파키스탄 정계의 핵심인물이 줄피카르 알리 부토라고 결론내렸어. 당연히 그 때는 대통령이 되기 전이었지… 그와 가까워질 수 있는 계기를 만들기 위해서 그가 참석하는 회의에는 무조건 찾아갔어. 그가 하는 일에 상당히 관심이 있다는 사실을 알리기 위해 '아첨'을 동원하기로 했지… 어쨌든 상당히 탁월한 선택이었어. 진짜 가까워지는 성공했거든.*Zeitlin, 15-16/13*

파키스탄뿐만 아니라 전 세계 어디에서든, 고급취재원을 확보하기 위해서는 집요해야 한다. 그래서 '기다리는 능력, 남보다 오래 참는 능력'을 기자

---

3   Kathy Gannon, "In interview, Benazir Bhutto says she's fighting evil in Pakistan," The Associated Press, September 12, 1989. 이슬람세계에서 여성이 스카프를 쓰지 않는 것은 아주 가까운 사람과 있을 때에만 허용되는 것이다.

의 가장 기본적인 자질이라고 꼽는 특파원도 있다.*Geyer, 1998, 259* 혁명과 내
전이 휩쓸고 지나간 1990년대 중앙아메리카에 들어간 니코 프라이스는 외
신이 하나도 없는 곳에서 '놀이터'를 휘젓고 다니듯 마음껏 취재할 수 있는
신기한 경험을 했다. 프라이스는 이렇게 말한다.

> 월요일에 불쑥 찾아가서 인터뷰요청을 하면, 화요일 아침에 내무부장
> 관과 인터뷰를 할 수 있었죠.*Price, 5*

데니스 그레이는 왕립 방콕스포츠클럽에 있는 레스토랑에 앉아서, 1970년
대 중반 처음 태국에 왔을 때를 회상한다. 먼저 푸미폰국왕의 대변인들과
관계를 맺는 데 성공했고, 이후 그들과 맺은 친분을 활용해 국왕의 교외 순
시여행에 동행할 수 있는 기회를 얻는다. '눈부시게 아름다운 미인'으로 유
명했던 시리낏왕비까지 인터뷰하는 데 성공한다.[4]

> 국왕과 인터뷰하고 싶다고 요청한 건 아니야. 모두들 불가능한 일이라
> 고 말했었거든. 다만 '국왕의 여행에 동행한다면 혹시라도 몇 마디 이
> 야기 정도는 나눌 수 있다'고 귀띔해주는 사람이 있긴 했지. 당시 국왕
> 은 꽤 젊었기 때문에 방방곡곡 여행을 자주 다녔어. 시골마을을 걸어
> 다니면서 사람들을 만나 이야기도 하고, 지프를 타고 험난한 곳에 들어
> 가기도 했어. 지역개발프로젝트를 시찰하러 가기도 하고, 지방에서 중
> 요한 일이 있을 때는 꼭 참석했지… 한 번은 국왕이 북쪽지방으로 여행
> 을 간다는 소식을 듣고, 우리가 동행해도 되는지 물었더니 다행히 동행
> 허가를 해주더군. 치앙마이로 가는 여행이었는데, 그곳에서 국왕을 수

---

4 Denis Gray, "Beloved Queen Sirikit Talks with Affection about the Rural
Poor," *Bangkok Post*, May 24, 1979.

행하는 사람들과 함께 며칠을 보냈어. 여러 마을을 다니고, 등산도 하더군. 왕이 무슨 일을 하는 존재인지 가까이서 관찰할 수 있었지… 어느 순간 손을 뻗으면 닿을 만큼 가까운 거리에서 왕과 눈이 마주쳤는데, 정말 진땀이 나더군… 한두 마디 말도 주고받았어. 하지만 기사에 쓰지는 않았지. 물론 그것이 대단한 취재였다고 말하긴 어렵지만… 이 여행을 통해 대단한 기사를 쓴 것은 아니지만, 절대 헛된 경험은 아니었어. 어쨌든 왕족과 이토록 가깝게 접촉했다는 사실 자체가, 그 이후 취재활동에 매우 유리한 요인으로 작용했거든. *Gray, 40-41*

1970년대 이집트대통령 안와르 사다트가 평화협정을 재개하기 위해 갑작스럽게 이스라엘로 간다는 발표가 나왔을 때 이집트특파원으로 활동하던 니콜라스 타트로는 카이로에 도착한 지 한 달 밖에 되지 않은 신참특파원이었다. 그는 카이로에 가자마자 이집트의 정부부처, 특히 외무부를 하루도 빠지지 않고 찾아갔다.

관료들은 내 등쌀에 못 이겨서 결국 취재할 수 있는 권한을 줄 수밖에 없었지. 일주일에 한두 번씩은 그들을 직접 만나 질문하고 이야기도 나눌 수 있게 되었어. 궁금한 건 뭐든지 물어볼 수 있었지… 관료들과 나는 친구처럼 가까워졌어… 사다트가 자신의 고향인 밋아부알-쿰에 간 적 있었는데, 그때 나도 동행했지… 물론 수행원들이 있었지만, 여행 도중에 사다트가 나에게 다가와서 이야기를 건넸고, 몇 마디 주고받기도 했어. 뭐, 이게 엄청난 특종은 아니었지만, 그래도 알잖아. 통신사가 어떻게 돌아가는지. 어쨌든 특파원은 늘 취재원들의 코멘트를 얻어야 기사를 쓸 수 있는 사람이니까… 일이 잘 풀릴 때도 있고, 꼬일 때도 있고, 엇나갈 때도 있는 법이지만, 이 일을 계기로 언제든 고위관료를 취재할 수 있는 막강한 접근권을 확보하게 되었지. *Tatro, 3-4*

이와 비슷한 시기에 뉴델리에 있던 벨카인드는 어느 토요일 오후, 동료에게서 '인도가 핵폭탄 시험을 했다'는 소식을 듣는다. 그 순간 그는 어디로 가야 하는지 알고 있었다.

곧바로 인디라 간디의 집무실로 달려갔어. 인도주재특파원들을 위한 브리핑이 열릴 참이더군… "세계의 어느 나라든 우려하지 않아도 됩니다. 이것은 평화로운 핵실험일 뿐입니다." 그렇게 말하는 그녀의 모습을 내 눈으로 확인하고 싶었지. 그 다음날 헤드라인은 아직도 기억나는데, "India explodes PNE^{Peaceful Nuclear Explosion}"… 쿠알라룸푸르에 있을 때에도 AP본부의 '악명높은' 지령이 떨어졌어. 바로 '최고통치자의 코멘트를 얻어내라'는 거야. 나는 쿠알라룸푸르 슬랑오르에 있는 골프장 18번 홀로 달려갔지. 말레이시아의 초대 총리 툰쿠 압둘 라만은 골

1972년, 인도 총리 인디라 간디와 마이론 벨카인드. 남아시아 해외특파원연합 회원들과 기자회견을 하는 자리. 당시 벨카인드는 AP뉴델리지국장이자 남아시아 해외특파원 연합회장이었다. (Photo by Rangaswamy Satakopan, Courtesy of Myron Belkind)

프광이었거든. 거기서 우리는 손쉽게 그의 코멘트를 따냈어.*Belkind, 9-10*

1970년대 후반 중국에서 활동한 특파원과 2010년대 브라질에서 활동한 특파원 모두 개인적인 관계를 통해서 겉으로 보이는 현상의 내면을 이해할 수 있었다고 말한다.

개인적 관계를 유지하고 싶다면 관료들을 주기적으로 자신의 아파트로 초대해 함께 저녁식사를 하는 것도 좋은 방법이야. 이러한 자리를 통해 이것저것 귀중한 정보를 얻을 수 있지.*Graham, 3*

함께 보내는 시간이 늘어날수록, 그들은 더 많은 정보를 쏟아내요.

Hutzler, 14

행사장에서 정부지도자나 재계인사를 무작정 가로막고 자신을 소개하고 말을 거는 것도 좋은 방법이다. 어쨌든 자신의 얼굴을 기억하게 만들 수 있으며, 이후 그들에게 전화를 걸었을 때 '원하는 응답을 받을 확률'이 높아진다.*Clendenning, 4*

1960년대 나이지리아 내전이 발발했을 때 제이틀린은 육군참모본부장 집을 찾아갔다. '집무실에서는 말하지 않을 것들을 집에서는 말해줄 수 있기 때문'이다.*Zeitlin, 10* 70년 동안 멕시코를 통치한 제도혁명당 정권을 종식시킨 역사적인 2000년 멕시코선거 기간 동안, AP특파원들은 멕시코정계를 훨씬 깊숙이 취재하기 위해 노력했다.

우리는 심층취재를 하기 위해 후보자마다 담당기자들을 배정했어요… 물론 선거캠페인을 모두 따라다닐 수는 없었고, 선별적으로 취재했죠. 대신 우리는 취재원을 최대한 확보하기 위한 작업에 돌입했고… AP가 무슨 일을 하는지, AP의 영향력이 얼마나 큰지 일깨워주면서 취재원들을 적극적으로 설득했지요… 그 결과 우리는 그 어느 때보다도 방대한 정보를 얻어낼 수 있었죠… 그 결과 멕시코대선에 대한 대중의 관심, 특히 미국인들의 관심이 높아졌어요. 멕시코대선이 세계적으로 굉장한 관심의 대상이 되었던 것은 선거 그 자체가 한 편의 드라마 같았기 때문이기도 하지만, 광범위한 취재원들을 활용하여 선거의 심층적인 부분까지 기사로 다룰 수 있었기 때문이기도 하지요… AP특파원의 존재를 잊지 않도록 하기 위해 일주일에 최소 하루는 선거캠프 사람들과 저녁식사를 하면서 어울리는 자리를 마련했어요. 덕분에 하루 종일 그들을 따라다니는 멕시코기자들에게만 주는 고급정보를 우리도 얻어낼 수 있었죠. *Price, 8-9*

물론 가까이 다가가고 싶지 않은 정치인들도 있다. 하지만 전체적인 그림을 정확하게 보여주는 기사를 얻기 위해서는 사사로운 감정은 떨쳐내야 한다고 기자들은 입을 모아 말한다.

탈레반도 만나고, 아프가니스탄 구국이슬람통일전선[북부동맹]도 만났죠. 나는 누구와도 이야기를 해요. 누구든, 어떤 사람이든, 가리지 않고 만나요. 그게 우리가 하는 일이거든요. 누구든 이야기하고 질문을 하죠. 기자가 당연히 해야 하는 일이잖아요. 함부로 판단하지 않고, 묻고 또 묻고 완전히 이해했을 때에만 보도하죠… [9·11사태가 발생한 뒤 탈레반 내무장관 물라 카흐자르가 기자회견을 열었을 때] 질문을 했는데, 카흐자르가 나를 보고는 아는 척을 했어요… 기자회견이 끝난 뒤 몇몇 기자들은… 나를 보고 어떻게 그런 사람과 관계를 맺을 수 있느냐고 흉을 보았죠. '어떻게 그런 악당하고 친할 수 있지'라는 반응이었죠… 정말이지, 이것들이 기자가 맞나 싶더군요. 어쨌든 잠시 진정을 하고 마

음을 누그러뜨렸죠.[5]*Gannon, 20, 46*

소비에트연방이 무너지고 소비에트인민들이 지도자를 선출한다면, 가장 멋진 인물을 선출하지 않을 수 있다는 사실을 전달하는 것이 중요했죠. 블라디미르 지리놉스키처럼⋯ 여러 방면에서 부패한 사람이 선출될 확률이 높았어요. 그는 피부색이 다른 사람, 종교적 소수자, 유대인 등에 대해 서슴없이 차별적인 말을 내뱉는 인물이었죠⋯ 나는 블라디미르 지리놉스키를 정말 싫어했어요. 그런데 그를 취재하는 것이 내 임무가 된 거예요. 어쩔 수 있나요? 힘들더라도 그에게 접근하기 위해 상당히 많은 시간을 할애했어요. 그의 주변사람들과 어울리기 위해 노력했죠. 마침내 그를 곁에서 직접 관찰하고 기사를 쓸 수 있을 만큼 다가가는데 성공했어요.[6]*Cooperman, 24-25*

물론 막대한 시간을 쏟는다고 해서 늘 결실을 얻을 수 있는 것은 아니다. 개넌은 '이러저러한 핑계를 대며 만남을 미루는 사람들은⋯ 아무리 오랜 시간을 쏟는다고 해도 접근하기 어려운 경우가 많다'고 말한다. 그럴 경우에

---

5 Kathy Gannon, "Senior Taliban member defects, blames al-Qaida for turning Afghanistan into a terrorist haven," The Associated Press, November 24, 2001. 이 기사에서 개넌은 '역사적으로 중요한 거대한 불상 두 개를 몇 달 전 탈레반이 폭파시킨 행위는 자기 아들의 목을 따는 것보다 더 나쁜 짓이었다'고 카흐자르가 말했다는 사실을 밝힌다. 하지만 카흐자르는 당시 '이 말을 했다는 사실이 알려지면 자신이 위태로울 수 있다면서 익명으로 보도해달라'고 요청했다. 이틀 뒤 개넌은 카흐자르와 독점인터뷰를 했다. Kathy Gannon, "Weary of war, charter member of the Taliban leaves the movement, appeals for peace," The Associated Press, November 26, 2001

6 Alan Cooperman, "Nationalist offers magic balm for Russia's wounded pride," The Associated Press, February 6, 1994. 이 기사에서 쿠퍼먼은 지리놉스키가 떠벌리는 터무니없는 말들을 소개한다. 예컨대 에이즈는 '미국에서 온 전염병'이며, '러시아인으로서 느끼는 환희와 흥분은 마법의 연고처럼 응어리진 분노를 풀어주고 상처받은 자존심을 위로해 줄 것'이라고 말했다.

는 '장막 밖을 맴돌면서라도' 취재를 해야 한다.*Ganon, 88-89*

　제2차 세계대전을 취재한 브리아는 70년 전, 전쟁이 끝난 뒤 이탈리아 지도자들을 취재하기 위해 노력한 이야기를 들려주었다. 예컨대 사령관 피에트로 바돌리오와 인터뷰했는데, 그와 인터뷰를 한 목적은 그의 부고기사를 미리 써두기 위한 것이었다. 물론 이러한 인터뷰 목적은 그에게 밝히지 않았다.*Bria, 3*

　관료를 취재원으로 만들기 위해서는 느긋한 관료주의를 인내할 줄도 알아야 한다.

> 러시아도 소비에트연방과 거의 달라진 게 없었죠. 공장에 방문하고 싶다? 교도소에 방문하고 싶다? 관료조직과 이야기하고 싶다? 차라리 고르바초프를 인터뷰하는 것이 세금담당 관료나 교도관을 인터뷰하는 것보다 쉬웠을지 몰라요. 뭐 하나 요청하려면 팩스를 써서 보내야 하고, 팩스로 답이 오길 기다려야 하고… 그리고 이 과정이 무한반복되죠.*Cooperman, 9*

아시아에서 오랜 시간 경제분야를 취재한 AP특파원은, 중국의 국영회사들은 '전화기를 지하실 서랍 속에 넣고 자물쇠로 잠귀놓고 일하는 거 아닐까?' 의심이 들 때도 있었다고 농담을 한다. 실제로 기사를 작성하는 동안 몇몇 사항을 확인하기 위해 계속해서 전화만 돌리는 보조인력을 따로 두어야 했다.*Kurtenbach, 9-10*

　물론 이러한 책략이 전혀 먹히지 않는 경우도 있다. 천안문항쟁 직후 중국의 지도자들이나*Hutzler, 4,* 쿠바혁명 이후 몇 년 동안 피델 카스트로는*Flores, 5* 절대 인터뷰할 수 없었다. 이처럼 고위관료에게 접근할 수 있느냐 없느냐 하는 문제는 사회정치적 시스템으로 결정되어있는 것이 아니라, 당면한 문제에 따라 달라질 수 있는 것이다. 칠레 산티아고에서 만난 에두

아르도 가야르도는 마르크스주의자 대통령 살바도르 아옌데를 인터뷰하는 것이 아우구스토 피노체트나 그의 후계자들을 인터뷰하는 것보다 훨씬 쉬웠다고 말한다.

[요즘] 지도자들은 자기 편인 사람만 곁에 두고 싶어하지… 하지만 그렇지 않은 경우도 있었어. 어느 날 밤 아옌데가 주최한 저녁만찬에 참석했는데, 갑자기 아옌데가 '궁금한 게 있다'고 하더군. 그 자리에는 나를 포함해서 칠레사람들이 예닐곱 명 있었는데 이렇게 묻더라고. "여기서 나한테 투표하지 않은 사람이 있나요?" 난 손을 들었지. "아, 자네, 자네는 알고 있고, 또 누구 없소?" 나말고는 아무도 없었지.《뉴욕타임스》특파원이 손을 들었는데… "저는 칠레인이 아닙니다만, 아마도 대통령님께 투표하지 않았을 겁니다." 한바탕 웃음이 터졌어… [쿠데타로 아옌데를 몰아낸 뒤 정권을 잡은] 장군들은 기자들을 전혀 상대하지 않았어. 피노체트는 기자회견을 몇 번 열긴 했지만, 자신이 했던 약속을 철회한다고 공표하는 자리로 활용했을 뿐이지. 한번은 산티아고 중앙묘지에서 시체 두 구가 들어있는 관이 발견되었는데, 피노체트가 이런 말을 했다는 보도가 나왔어. "묘지 공간도 절약되고 좋군." 며칠 뒤… 피노체트는 자신의 발언이 와전된 것이라고 변명하는 기자회견을 하더군.*Gallardo, 8-9/13*

하지만 이 '공간절약' 발언은 피노체트보다 오래 살아남았다. 그가 죽었을 때 가야르도는 부고기사를 쓰면서 '민주적으로 선출된 칠레의 마르크스주의자 대통령을 유혈쿠데타로 내몬 장군'이라고 묘사하면서 이 주옥같은 그의 발언을 다시 살려냈다.[7]

---

7   Eduardo Gallardo, "Augusto Pinochet, long-time strongman in Chile, dies at age 91," The Associated Press, December 10, 2006.

특파원들에게 베푸는 접근권을 거절해야 하는 경우도 있다. 예컨대 멕시코의 광범위한 지역을 사실상 지배하고 있는 마야카르텔의 우두머리들은 기자를 잔혹하게 살해하는 것으로 유명하다.

우리는 카르텔과 직접 이야기하지 않습니다. 하지만 사람을 통해 끊임없이 연락이 오죠. "X와 이야기하고 싶지 않은가?" 그런 연락은 거의 예외없이 카발레로스 템플라리오스에게서 오는 것이죠. 지금까지 우리는 그런 제안을 거부하고 있어요… 안전을 보장할 수 없다는 것이 주된 이유지요… 물론 공개된 장소에서 만나자고 한다면 받아들이겠지만, 그런 건 결코 원하지 않을 거예요. 어쨌든 어떻게 될지도 모르는 취재에는 나서지 않을 겁니다. 눈을 가리고, 차에 태워져서, 어딘지도 모르는 장소로 들어가면… 어떻게 될지 누가 알겠어요? 아무리 가치있는 기사라고 해도 목숨까지 걸 수는 없습니다.*Stevenson, 27*

반란군, 반체제인사, 활동가들

공동체가 붕괴되어 몇몇 집단으로 쪼개져 대립하며 서로 우위를 점하기 위해 치열하게 경쟁하는 경우, 특파원은 좀더 쉽게 다양한 정치적 인물이나 활동가에게 접근할 수 있다. 아랍의 봄 기간 동안 리비아와 튀니지에서 활동한 특파원들은 이러한 상황에 대해 이렇게 말한다.

전쟁이 닥치면 사람들의 행동양식은 달라집니다. 수많은 사람들이 [반란군들 역시] 내일을 기약할 수 없으니… 행동양식도 크게 달라질 수밖에 없죠.*Laub, 31*

평범한 사람들이 기자를 잡고 말합니다. "제 이름은 모하메드입니다. 선언하고 싶은 것이 있습니다." 이러한 경험은 자신의 생각을 말할 수 없던 나라에 살다가 처음으로 자신의 생각을 공개적으로 말할 수 있게 되었을 때 사람들의 기분이 어떤지 극적으로 보여주죠.[8]*Ganley, 35*

리비아의 벵가지는 '상당히 개방된 도시'였습니다. 법원 앞에서 '누군가를 인터뷰하기 위해 특파원들이 줄을 서있는데, 줄 서서 기다리기만 하면 그들을 인터뷰할 수 있었죠.*Schemm, 10*

[이란혁명이 발발했을 때] 모든 규칙이 망가진 상황이었고… 그 전에는 감히 다가갈 수 없던 이들에게도 다가갈 수 있게 되었지. 예컨대, 아야톨라 호메이니에 반대하는 이들, 극단적인 테러리스트 조직, 성지 쿰의 성직자도 취재할 수 있었지.[9]*Tatro, 10*

감시가 심한 국가에서도 반체제세력은 AP특파원을 찾는다. 자신들이 발행한 지하신문을 전달하기 위해 폴란드 자유노조연대(솔리다르노시치)는 AP폴란드지국을 찾았다. 이들은 특파원들에게 중요한 취재원들이었다. '경찰의 최루탄 세례 속에서 흩어지기 전에' 이들이 시위에서 무슨 노래를 부르는지, 어떤 구호를 외치는지 손쉽게 수집할 수 있었을 뿐만 아니라 소비에트세계를 이해하는 데에도 큰 도움이 되었다.*Seward, 10; Daniszewski, 3* 더욱이 이들은 나중에 소비에트연방으로부터 독립한 뒤, 폴란드를 이끌어갈 지도자가 되었다. 베이징, 모스크바, 하바나에서도 이러한 활동가들은 끊임없이 AP지국의 문을 두드렸다.

---

8   Elaine Ganley, "Tunisians speaking out as shackles of silence fall," The Associated Press, January 19, 2011.

9   Nicolas B. Tatro, "Iran Struggles with Freedom," *Chicago Tribune*, June 5, 1978, 14; "Peaceful Iran Protest Breaks Six-Month Cycle of Violence," *Washington Post*, June 18, 1978, A20.

한 남성이 홍콩에서 팩스를 보내왔어요… 중국 곳곳에서 반정부 활동을 하는 사람들과 긴밀한 연락망을 가지고 있던 사람인데, 그들은 모두 우리의 소중한 취재원이 되었죠. 사람들은 늘 이렇게 우리에게 연락을 해 왔어요… 중국사회가 개방되고 역동적이 되어가면서 문제의 양상도 계속 달라졌죠. 에이즈 같은 건강문제가 이슈가 되기도 했어요. 우리에게 연락해 오는 활동가들도 훨씬 다양해졌죠… 원명원圓明園 근처 마을에서 자유로운 삶을 추구하며 살아가던 몇몇 예술가들이 쫓겨나게 되자, 우리 지국으로 전화를 걸어온 적도 있어요. 베이징에서 거주할 수 있다는 것을 증명하는 서류를 내지 않았다는 것이 이유였는데, 사실 중국당국은 이들처럼 자생적으로 발생한 공동체를 싫어했어요. 예술가들은 우리에게 만남을 요청했고, 우리는 한 식당에서 몇몇 대표들을 만났죠. 당국의 강제이주 압박이 어떻게 진행되고 있는지 설명을 들었는데, 마침 그 다음날 경찰이 강제집행할 예정이라고 하더군요… 그 다음날 우리는 아침 일찍 마을로 가서 취재준비를 했죠. 곧이어 공안들이 도착했는데, 좁은 골목에 외국인들이 거닐고 있는 모습을 보고는 당황하더군요. 결국 우리는 마을 한 구석에 있는 빈 건물로 끌려가 네다섯 시간 정도 감금되었다 풀려났어요._Hutzler, 4-5_

[모스크바에는] 우리를 만나고 싶어하는 사람들이 늘 있었어요. 자신들이 만든 팸플릿을 넘겨주었는데, 개중에는 먹지를 대고 타자기를 두들겨 만든 것도 있었고, 그렇게 만든 것을 등사하고 또 등사해서 만든 것도 있었죠… 모든 일이 갑작스럽게 벌어지죠. 모든 소비에트가 우리에게 무엇인가 팩스를 보내고 싶어하는 것 같았어요._Porubcansky, 5_

[쿠바의] 반체제인사들은 무슨 일이 발생하면 우리에게 전화를 했어요. 당시에는 전화를 거는 것이 쉬운 일이 아니었기 때문에 진짜 급박한 상

황에 닥쳤을 때… 전화를 했죠. 그 중에는 인권운동가들도 있었는데 그들은 늘 쫓기는 삶을 살았어요… 매번 감옥에 가는 건 아니었지만, 늘 그들을 감시하는 사람들이 있었어요. 그래서 하루이틀 집밖에 나가지도 못하고 갇혀 살아야 하는 경우가 많았죠. *Snow, 26-27*

멕시코시티 번화가에 위치한 사람들이 붐비는 레스토랑에서 만난 애니타 스노우는 사파티스타 게릴라를 인터뷰하기 위해 머나먼 정글 속으로 들어갔던 이야기를 한다. 정글에 들어갈 때 타고 간 폭스바겐 콤비가 가는 도중 퍼질 정도로 길은 험난했다. 이후 AP는 치아파스반군을 좀더 가까이서 취재하기 위해 산크리스토발 데라스카사스에 출장소를 마련하기도 했다.

한번은 열흘 정도 현장에 나가있었던 것 같아요… 오랜 시간 연락을 받지 못한 담당 뉴스에디터가 화를 낼 정도였죠. 하지만 정글 속에서는 연락할 방법이 없어요. ['부사령관'이라는 닉네임으로 유명한 반군지도자] 마르코스를 인터뷰하고 싶었는데, 진짜 그를 만나 인터뷰하는 행운을 얻었죠[10]… 그는 엄청난 바람둥이였어요. 여자만 보면 껄떡댔어요. 검은 마스크를 뒤집어쓰고 있었기 때문에 진짜 얼굴은 볼 수 없었지만, 초록색 눈동자는 정말 아름답더군요. 여자들이 모두 넋을 놓

---

10 Anita Snow, "Rebel leader says failure to reform system could spark national movement," The Associated Press, April 2, 1994. 이 기사는 '정부의 휴전제의에 대한 논의를 보류하고 자신들이 통제하는 지역에 대한 접근을 완전히 차단한 이후' 마르코스가 미국언론사와 처음 한 인터뷰였다.

인터뷰를 하기로 약속되어있는, 나뭇잎이 우거진 골짜기가 내려다보이는 집으로 말을 타고 나타난 마르코스는 트레이드마크라 할 수 있는 검은 스키마스크를 쓰고 있었다. 나무손잡이가 반들거려 윤이 나는, 총신을 짧게 자른 산탄총을 들고 있었고 가슴에는 빨간 총알이 가득 찬 탄띠 두 개를 교차하여 매고 있었다. 마르코스는 파이프 담배를 피우면서, 멕시코인민들은 사회전반에 뿌리내린 부패한 1당체제를 갈아엎기 갈망한다고 말했다.

고 그를 바라봤어요… 우리는 그곳에 AP하우스를 마련했어요. 비용을 아끼기 위해서… 사진기자를 비롯하여 모두 거기서 살았죠. 취재비용도 아끼고, 언제든 쉴 수 있는 공간도 생기니, 정말 좋은 아이디어였어요… 치아파스는 돌아다니기 쉬운 곳이 아니에요. 상당히 고립되어 있어서, 어딜 한 번 가려면 지프로 여덟 시간은 달려야 하죠.*Snow, 7-8*

스노우는 또한 과테말라의 민족혁명동맹URNG 사령관도 만나서 인터뷰했다. 마르코스를 인터뷰한 것과 마찬가지로 '화산산 경사면을 따라 형성된 깊은 정글 속에 위치한 비밀기지'까지 찾아들어가야만 했다.[11]*Snow, 14* 멕시코의 소요사태를 취재한 스티븐슨 역시 반군의 '베일에 싸인' 핵심지도부에 다가가기 위해 활동가들과 꾸준히 관계를 쌓아나갔다.

반군의 핵심부에 침투하는 것은 좀처럼 쉽지 않은 일이었어요. "주차장에서 기다려라. 누군가 당신을 지켜볼 것이다. 당신이 혼자 왔다는 것이 확인되면 말을 걸 것이고, 전화를 연결해 줄 것이다." 옛날 첩보영화에서나 볼 수 있던 그런 방식으로 접근할 수밖에 없었죠. 이렇게 우리는 멕시코반군들과 연락을 했죠… 사파티스타반군이나 악테알학살을 취재할 때에는 당시 상황을 완전히 파악하고 있던 예수회 사제를 찾아냈어요… 예수회는 정말 최고였어요… 물론 사제들이 우리에게 제보를 하는 이유는 그들의 악행을 세상에 알리고 싶기 때문이겠죠. 누가 좋은 사람이고, 누가 나쁜 사람인지 분명히 진술해주기를 바랐어요. 그렇다고 우리에게 기사를 어떻게 써달라고 직접 요구한 적은 없어요. 우리가 영리하다는 것을 알 만큼 그들도 영리했거든요.*Stevenson, 4-5*

---

11 Anita Snow, "From mountain hideout, rebels say new accord could mean peace," The Associated Press, May 8, 1996.

70년 넘는 세월 동안 분쟁이 계속되고 있는 이스라엘-팔레스타인 지역은 특파원들 사이에서 취재원에게 접근하기 쉬운 곳 중 하나로 꼽는다. 웨스트뱅크를 취재하는 특파원 라웁은 이 지역을 '기자들의 천국'이라고 말한다. 누구든 마음만 먹으면 쉽게 취재할 수 있기 때문이다.

> 기본적으로 이곳은 누구도 자신의 생각을 숨기지 않습니다. 누구든 자신의 주장을 관철시키기 위해 경쟁하죠… 사람들은 어떤 방식으로든 자신의 주장을 나에게 막 쏟아내고 싶어해요. 난민캠프에 가서 사람들과 이야기해보면, 말하고 싶은 게 얼마나 많은지 금방 알 수 있어요. 세계가 이곳에 관심을 갖고 있다는 것, 팔레스타인 사람들의 목소리를 듣고 싶어한다는 것을 그들은 잘 알고 있어요. 어느 마을이든 우리가 가면 사람들이 금세 모여들죠. 몇몇 사람들을 인터뷰하다보면, 구경하는 사람들이 몰려와서 자기 생각을 마구 쏟아내기 시작하죠. *Laub, 3/7*

이에 반해 이스라엘 거주민들은 좀더 조심스럽다. 베테랑 특파원 엘리아슨은 2000년대 중반 비인가정착촌을 취재하다가 쫓겨난 적이 있다. 그곳 사람들은 '자신들의 입장을 기사에 반영하겠다'는 약속을 받고 난 다음에야 취재를 허락했다. *Eliason, 8* 집요함 못지 않게 열린 자세는 이처럼 기존 언론들의 전형적인 프레임에 맞지 않는 이야기를 취재할 수 있는 기회를 안겨준다.

> 아부알라라는 이름으로 많이 알려진 팔레스타인총리 아메드 쿠레이를 직접 인터뷰했어요.[12] "가장 기본적인 목표는 무엇입니까?" 이렇게 물었더니 즉시 답을 하더군요. "네, 기본적으로 이스라엘이 계속 우리

---

12 Dan Perry, "AP Interview: Palestinian doubts 2-state solution," The Associated Press, April 23, 2012.

를 점령하겠다고 주장하면, 우리는 두 개의 국가에 대한 논의를 바로 접고, 하나의 국가에 대한 논의를 시작할 것입니다. 그것도 우리는 환영합니다." 그때까지 누구도 생각하지 못한 질문이었죠.*Perry, 19*

현지인 기자들과 현지언론

1960년대 나이지리아로부터 오늘날 중동, 멕시코에 이르기까지 현지언론은 취재원의 보고라 할 수 있다. 국영언론이나 대형미디어가 발간하는 신문이나 방송보도는 물론 지하단체에서 발간한 팸플릿도 중요한 정보를 제공한다. 로젠블럼은 수십 년 전 매일 아침 6시마다 '작은 단파라디오'를 통해 듣던 방송의 목소리를 지금도 생생하게 기억한다.

> "자유를 얻기 위해서는 끝까지 경계를 해야 한다! 비아프라여, 경계를 게을리하지 마라!"*Rosenblum, 18*

중동의 한 특파원은 지역방송과 신문을 모니터링하기 위해 현지직원을 채용했다고 말한다. 멕시코에서도 현지신문 다섯 종을 매일같이 샅샅이 살폈다.

> 다섯 개 신문에 모두 실린 사건을 특히 눈 여겨 보았어요… 이들 사이에 보도내용이 다를 경우 직접 사실을 검증하기 위해 나섰죠.*Rice, 13-14*

소비에트연방의 TASS나 중국의 《신화통신》처럼 폐쇄적인 정부의 국영미디어는 사실상 정부의 보도지침을 따르기 때문에 정권에 해가 되는 뉴스는 전혀 보도하지 않는다. 폴란드에서도 그단스크라디오를 제외한 모든 언론이 자유노조연대의 시위를 절대 보도하지 않았다.*Reid, 19* 스탈린 사망직후 모스크바에서 기자들은 말 그대로 암울한 분위기 속에서 취재를 이어나가야 했다.

우리는 새벽에 나오는 조간신문을 기다리는 것으로 일과를 시작했지. 모스크바에 파견된 첫 해에는 신문이 거의 유일한 취재원이었거든. 그 당시 외신기자들은 [모스크바] 센트럴텔레그라프 본사에 모두 모여 조간신문을 읽었는데… 조금이라도 신문을 빨리 읽고 뉴스가치가 있는 주제를 찾아내야만 취재경쟁에서 앞설 수 있었지. 먹지를 대고 타자를 쳐서 취재할 내용을 진술한 종이를 즉석에서 서너 장을 만들어내… 한 장은 보관하고, 두 장은 검열관실로 밀어넣어야 해. 검열관실은 극장표를 파는 곳처럼 생겼는데, 유리창이 초록색으로 가려져있어서 그 뒤에 누가 앉아있는지는 알 수 없어. 얼마 뒤 종이를 다시 돌려주는데, 마음에 안 드는 부분은 파란색으로 칠하거나 아예 가위로 잘라내서 돌려주지. 자신들이 보기에 문제가 없는 경우에만 깨끗한 종이를 그대로 돌려줬어.*AP Oral History, Essoyan, 1997, 16, 22-23*

중국에서도 현지신문은 유용한 정보를 확보하기 위한 주요통로였지만, 엄청난 양의 기사 속에서 '보도할 만한 주제'를 골라내는 일은 그야말로 문서더미 속에서 허우적거릴 수밖에 없는 일과도 같았다.

지국으로 매일 배달되는 신문이 50종에 가까웠어요. 중국 전역에서 벌어지는 일을 확인하려면 모두 봐야 하죠. 주요 행정구역, 성이나 자치구마다 신문이 나오니까… 신장이나 티벳 같은 곳에서 무슨 일이 벌어지고 있는지 알고 싶다면… 《신장데일리》나 《티벳데일리》에서 확인할 수 있어요… 물론 자극적이거나 폭력적인 사건에 대한 것만 아니라, 사람들의 관심사나 트렌드도 파악할 수 있었죠.*Hutzler, 3*

독립성과 전문성을 갖춘 현지기자들은 가장 먼저 포섭해야 할 취재원이다. 이러한 상황은 다음과 같은 최근의 언론자유에 대한 연구결과에 힘을 실어준다.

"미국은… 외국의 언론도 우리 언론이라고 간주해야 하며, 언론검열을 미국인의 권리를 침해하는 행위로 간주해야 한다."*Bollinger, 2010, 112*

하지만 취재전통과 취재방식이 달라서 오히려 현지언론이 미국기자들에게 방해가 되기도 한다. 예컨대, 일본에서는 정부부처마다 주류미디어에 속하는 기자들에게만 출입허가증을 발급한다. 출입증을 받지 못한 언론사는 정부의 기자회견에도 참석하지 못한다.*Kurtenbach, 9* 또한 AP는 다른 언론사들보다 익명보도를 금기시하는데, 이런 이유로 AP특파원들은 취재에 곤란을 겪기도 한다.

아무리 찾아봐도 취재원이 나와있지 않아요. '—라고 알려졌다'라는 말로 끝나는 기사가 대부분이예요.*Duffy, 2014.*

'정부관계자에 따르면—'이라는 말로 시작하는 기사가 이곳에는 넘쳐나. '판결문을 쓰듯이 모든 것을 입증하라'는 미국언론의 보도준칙에는 하나도 안 맞지.*Reid, 6.*

영국과 프랑스에서도 정부나 기업의 대변인들이 자신의 이름을 기사에 넣지 말라고 요구하는 경우가 많다. 그래서 '에어프랑스에 따르면—'이라고 기사가 나온다.*Doland, 3* 스페인, 브라질에서도 '홍보부에 따르면—· 대변인에 따르면—'이라고 기사를 쓰는 경우가 많다.*Clendenning, 4*

　　AP에서 고용하는 현지기자들이나 비상근통신원들 역시, 취재원을 발굴하는 중요한 통로가 된다. 특히 특파원이 현지언어를 할 줄 모르는 경우, 또는 평범한 사람들을 취재하거나 또는 반대로 최고권력자에게 접근해야 할 경우, 이들이 큰 힘이 되기도 한다. 인도에서 발생한 '지참금살인사건'을 취재할 때에도, AP의 현지인 기자가 경찰과 피해자 가족과 나눈 대화로 모든 취재가 시작되었다.*Graham, 25-26*

요르단특파원은 새로 파견된 날 곧바로 요르단국왕과 인터뷰하는 행운을 누렸다. 비상근 현지통신원이 '진짜 연줄'을 가지고 있었기 때문이었다.

> AP의 현지직원들의 인맥은 곧 AP특파원들의 자산이죠."*Doelling, 16*

1971년 미국과 중국 사이에 핑퐁외교가 시작되면서 AP는 마오쩌둥의 공산혁명 이후 다시 중국에 들어갈 수 있게 되었다. AP 역사에서 기념비적인 전환점으로 꼽히는 이 취재는 현지직원들의 도움이 없었다면 불가능했을지도 모른다. 1940년대 후반 중국특파원으로 활동했던 존 로더릭은 마오쩌둥과 동행하며 옌안동굴에서 함께 지낸 적이 있는데, 바로 그가 1971년 베이징특파원으로 들어간 것이다.

> 나는 당시 도쿄에서 데스크업무를 수행하고 있었지. 우리 기자 중에 상하이 출신이 있었는데 이렇게 말하더군. "저기, 중국이 베이징에서 열리는 탁구시범경기에 캐나다를 초대했다네요." 당연히 나는 이렇게 대답했지. "중국에 들어가면 미국도 초대할 건지 물어보세요."… 그는 중국관리들과 친분이 있었거든. "직접 중국외교부에 편지를 써서 보내주세요."… 나는 곧바로 [해외전보를] 썼는데 바로 답장이 왔더군… 24시간 만에 존 로더릭은 중국에 들어가기 위해 홍콩으로 출발했지.*Liu, 3*

> 옌안동굴에서 만났던 저우언라이를 20여년만에 천안문광장 인민대회당에서 만났어… 그는 나를 기억하고 있더군. 손을 흔들면서 나에게 인사를 했지. "로더릭씨, 정말 오랜만이네요."… 대회에 참석한 선수들이 모두 참석하는 다과회, 또는 콘퍼런스 같은 것이 있었는데, 그때도 저우언라이를 만나 이야기할 기회가 있었지. "우리가 이번에 중국방문허가를 받은 것이 관계개선의 출발점이 되길 바랍니다." 그는 몸을 앞으로 구

부리면서 나에게 무슨 말을 했는데, 통역자는 이렇게 전해주었어. "로더 릭씨, 당신이 문호를 열었습니다." 나는 그 말을 받아서 바로 전송했지.[13]

AP Oral History, Roderick, 1998, 25

1인칭 시점으로 쓴 로더릭의 여행기사는 시작부터 열정이 차고 넘친다.

> 이것은 내가 중국에서 22년만에 전송하는 기사다. 나는 불과 몇 주 전에 벌어진, 믿을 수 없는 일들에 대해서 쓰고자 한다. 미국인들이 중화인민공화국에서 환영을 받았다… 우리는 [탁구팀을] 취재하기 위해 들어간 것이었지만, 중국의 모든 것, 우리 주변에서 벌어진 모든 일들이 어느 것 하나 놓칠 수 없는 특별한 이야깃거리였다.[14]

로더릭은 또한 처음 방문하는 중국의 신기한 광경을 기사에서 재치있게 묘사했다. 베이징으로 향하는 비행기 안에서 '미제침략자들에 맞서 만국의 인민들이여 단결하라'는 문구가 눈에 띄었는데, 로더릭이 맞닥뜨린 유일한 침략자는 귀 옆에서 앵앵거리며 날아다니던 파리 한 마리밖에 없었다. 하지만 이 파리는 결국 '앵두같은 뺨에, 머리를 예쁘게 땋은 중국인 스튜어디스'의 강력한 일격을 맞고 골로 가고 말았다.

1979년 로더릭과 비키 그레엄은 베이징에 AP중국지국을 최초로 개설했다. AP 사진기자로 퓰리처상을 받은 류홍싱은 중국인민들과 친밀한 관계를 맺으며 취재원들을 확보하는 데 큰 공을 세웠다. 그때까지만 해도 서양인을 본 중국인은 거의 없었다. 빨간머리 백인여성을 눈앞에서 보고 그들

---

13 Rodrick, Covering China, 1993, 140-164. 이 책에는 중국방문 이야기가 자세히 서술되어있다.

14 John Roderick, "Americans Warmly Greeted in Peking," *Los Angeles Times*, April 12, 1971.

이 얼마나 놀랐을지 충분히 상상할 수 있다. 물론 카메라를 메고 멋들어진 레이밴 선글라스를 낀 류홍성도 상당히 멋진 남자였다.*Graham, 7*

거리의 평범한 사람들

'사람들의 목소리'를 의미하는 라틴어 vox pop은 미국저널리즘에서 특별한 의미를 갖는다. 어떤 뉴스를 다루든 미국언론들은 전통적으로 정치적인 관점에서 구조화된 접근을 하기보다는 개인적인 관점에서 사건을 진술하는 방식을 선호한다.*Benson, 2013* 하지만 개인적인 느낌을 날 것 그대로 전달하고자 하는 집념은 문화적 장벽에 가로막히는 경우가 많다. 특히 자신의 생각을 숨기는 것을 미덕으로 삼는 사회에서는 뉴스로서 가치가 있는 사람들의 목소리를 수집하기 어렵다. 특히 속마음을 드러내지 않는 일본이나 공동체를 강조하는 소비에트연방에서 AP특파원들은 벽에 부딪힌다.

> 고베대지진이 강타했을 때, 집이 무너지면서 가족을 모두 잃은 남자를 인터뷰했어요. 그의 일터도 무너진 상태였죠. 말 그대로 집도 사라지고 직장도 사라진 거예요. "현재 기분이 어떤지 말씀해 주실 수 있나요?" 이렇게 질문을 했는데, 전혀 예상치 못한 대답이 나왔죠. "아, 저는 인내하고 있습니다."… 그 말 속에 어떤 감정이 묻어있을 거라고 나는 생각해요. 그렇게 비참한 일을 겪었는데 어떻게 감정이 없겠어요… 폐허를 물리적으로 복구하는 과정도 중요했지만, 한결같이 견디려고 노력하는 일본문화를 두 눈으로 목격할 수 있었죠. 어떤 상황이 닥쳤을 때 대처하는 방식이 나와는, 아니 우리 미국인들과는 완전히 달랐어요.*Alexander, 25-26*

> 인터뷰를 하자고 하면, '나는 이런 일을 했다. 나는 이렇게 생각한다'라고 말하잖아요. 그런데 소련사람들은 한결같이 '우리는 이런 일을 했다. 우리는 이렇게 생각한다. 이게 우리 방식이다'라고 말해요… 인터

뷰를 할 때마다 나는 이런 의심을 했죠. "자신이 직접 경험한 이야기를 하는 것이 아니라, 자신들의 문화를 나한테 설명하려고 하는건가?" 개인의 관점에서 상황을 바라보고 해석하는 것은 서구 사람들만의 이해 방식일지도 모르겠어요. *Porubcansky, 21*

데드라인에 맞춰 거리에서 인용할 만한 사람들의 목소리를 긴급하게 따내야 하는 절박한 경우도 있다. 취재원을 검증할 만한 시간적 여유도 없는 상황에서, 기사에 자신의 이름이 나가는 것을 전제로 편안하게 인터뷰해 줄 수 있는 사람을 찾는 것은 정말 어려운 일이다. 파리특파원들은 이런 상황을 교묘히 헤쳐나가기 위해 '카페 인용'이라는 기발한 방법을 고안해냈다.

우리 사무실은 샹젤리제에서 멀지 않은 곳에 있었는데… 그래서 우리는 '샹젤리제와 가까운 카페에서 누군가 이렇게 말했다'라고 기사를 작성했어요… 프랑스에 가보지 않은 사람도 샹젤리제는 대부분 알잖아요. *Ganley, 10*

해외에서 일반인 취재원을 찾는 것을 어렵게 만드는 요인은 바로, 미국의 언론윤리다. 미국은 다른 나라에 비해 유독, 취재원의 실명을 반드시—때로는 나이와 직업까지—공개할 것을 요구한다. 하지만 다른 나라에서는 이러한 규범을 이상하게 생각한다. 프랑스사람들도 마찬가지다.

누군가 정말 기발한 표현을 했어요. 기사에 꼭 넣고 싶었죠. 그래서 이름을 물었더니 이렇게 말하더군요. "음, 그냥 쟈크라고 해 주세요. 그 정도면 괜찮지 않아요? 꼭 실명을 모두 넣어야 하나요?" *Ganley, 9; Doland, 3*

이탈리아사람들도 마찬가지다.

> 이곳 사람들은 자신의 이름을 기사에 쓰는 것을 절대 용납하지 않아. 여기서는 사람들이 모두 경계하거든… 아무도 서로 믿지 않아… 발언자의 신상정보가 필요하다고 이야기하면, 세상물정 모르는 촌놈이라고 무시하고 그냥 가버리지.*Simpson, 16-17*

스페인사람들도 마찬가지다.

> 내가 누군지 밝히고, 어떤 취재를 하고 있는지 설명하고, 인터뷰를 시작하기 전에 먼저 '우선 당신의 이름과 성, 나이, 직업이 무엇입니까? 기사를 쓰는 데 꼭 필요합니다.'라고 이야기해요. 그러면 대부분 그게 왜 필요하냐고 되묻죠. 이유를 차분하게 설명해줍니다. 뭐 어쨌든 그래야 하니까요. 우리가 진짜 실존하는 사람과 이야기했다는 것을 알려줘야 하거든요… 이걸 먼저 확인하지 않고 인터뷰를 하면, 실컷 코멘트나 사례를 얻고 난 다음에 자신의 이름을 알려주지 않아 낭패를 보기 십상이죠. 기사에 쓸 수가 없으니 헛수고한 거잖아요.*Clendennning, 18*

하지만 이러한 취재방식은 억압적인 정권 밑에서 살아가는 사람들을 심각한 위험으로 몰아넣을 수 있다. 외국(특히 미국)특파원과 내통하는 첩자나 매국노로 오인받을 수 있기 때문이다.

쿠바혁명 후 몇 년이 지났을 때, 아이작 플로레스는 쿠바인들을 취재하면서 그들이 온갖 주제에 대해서 흔쾌히 이야기한다는 인상을 받았다. 다만, '정부'에 대해서는 말을 아꼈는데, '그러한 주제에 연루되고 싶지 않았기' 때문이다.*Flores, 6* 그로부터 50년이 지난 뒤 하바나특파원은 '바구니에 담아 파는 피자' 등 쿠바의 길거리음식을 취재했는데, 사람들이 '음식처럼 정치와 전혀 관계가 없는 이슈에 대해서도 외신기자들과 이야기하길 꺼렸으며' 자신의 이름을 밝히는 것도 거부했다고 적는다.[15]

파월은 아사드 치하의 시리아에서 취재한 경험에 대해 이렇게 말한다.

> 인터뷰한 사람을 밝힐 수 없을 때가 있어요… 어쨌든 그들은 그곳에서 계속 살아야 하잖아요. 나야 언젠가는 떠날 사람이지만, 그들은 집도, 가족도, 다 거기 있잖아요.*Powell, 17*

2004년 리비아특파원은 과거에 정치범으로 고초를 겪은 인물의 이야기를 기사로 내보냈다. 그는 카다피의 경찰에게 잡혀 끔찍한 고문을 당했으며 '고통을 끝내기 위해' 자살을 시도하기도 했다.

> 인터뷰로 인해 자신이 위험에 처할 수도 있지만 기꺼이 감수하겠다고 말하면서 자신의 이름을 기사에 쓰라고 말했어요. 하지만 그의 아내는 아이들을 위해서라도 이름은 공개하지 말아달라고 나에게 애원했죠.*Price, 30*

결국 기자는 그의 이름을 기사에 넣지 않는 대신, 반체제인사들을 인터뷰하는 과정을 매우 상세하게 서술했다.

기자들이 호텔을 나서는 순간 정부감시원들이 따라붙어 일거수일투족을 감시했다. 간혹 기자들이 동행자 없이 누군가를 인터뷰하거나 사진 찍는 것이 발각되면 경찰이 바로 다가와 뭘 하느냐고 캐묻는다. 반체제인사들은 대부분 트리폴리 길가에서 감시망을 피해 어깨너머로 경계를 놓지 않으면서 매우 급하게 대

---

15 Anita Snow, "Cubans head to the street to augment food rations with pizza and 'pork rind' of macaroni," The Associated Press, June 12, 2007.

화를 주고받았다. 감시원이 다가온다 싶으면 카다피를 칭찬하는 말을 떠들어댔다… 푸아드와 또 다른 반체제인사는 도심광장에서 감시자들이 없는 틈을 타 우리에게 조심스럽게 접근해왔다. 그들은 모르는 사람처럼 길을 걸으면서 곁을 스치듯 다가와 기자에게 차례로 말을 건넸다. 한 블록 앞서 걸어가던 푸아드의 친구는 푸아드가 몸을 피하기 전까지 미로 같은 골목으로 기자들을 인도했다.[16]

특파원들에 따르면, 중국에서는 지금도 일반인을 인터뷰하기 쉽지 않다고 한다. 당의 입장에 반하는 말을 하거나 행동을 했다가 그것이 언론을 통해 알려질 경우 감당할 수 없는 위험에 처할 수 있기 때문이다.

> 2011년 튀니지에서 발생한 재스민혁명과 같은 '민감한 주제'를 중국사 람들에게 질문하는 건 상상할 수 없습니다.*Kurtenbach, 9*

중국지국장 찰스 허츨러는 중국 거리에서 보통사람의 인터뷰를 따는 것은 '쉬우면서도 험난한' 일이라고 말한다.

> 시민들에게 질문을 하면 곧잘 말을 합니다. 하지만 어느새 경찰이 나타 나 인터뷰를 방해하거나 곁에 서서 지켜보고 있다는 신호를 주죠. 결 국 사람들은 이야기하는 것을 그만두고 맙니다.*Hutzler, 4*

외국인과 대화하는 것 자체를 법적으로 처벌하는 나라도 있다. 2012년 AP 평양지국을 개설한 진 리는 북한에서 취재원을 확보하기 어려운 이유 에 대해서 말한다.

---

16 Niko Price, "AP Exclusive: Dissidents tell of torture, secret prisons, execu- tions under Libyan regime," The Associated Press, February 26, 2004.

누구와 말해도 좋은지, 어디를 가도 괜찮은지 파악하는 데 상당한 시간이 들었어요. 미팅을 하거나 이동할 때마다 사전에 조율해야 했거든요… 일반시민들과 이야기를 나누는 것 자체가 북한에선 사실상 불법이에요. 다른 곳 같으면 그냥 현지상점에 가서 질문을 하고 답변을 들을 수 있는 걸, 북한에서는 사전에 서류를 작성해서 신고를 해야 해요. 사람들과 이야기를 아예 할 수 없는 것은 아니지만, 어쨌든 상당시간 준비가 필요하죠… 이곳 사람들은 무슨 말을 하는지 서로 감시하기 때문에 늘 조심해서 말을 해요. *Lee, 4-5*

일반인과 깊이있게 접촉하기 위해서는 기자로서 자의식과 외국인(특히 미국인)으로서 자의식도 고려해야 한다. (이 문제는 다음 챕터에서 자세하게 다룬다.) 아프리카계 미국여성으로서 1990년대부터 2000년대까지 남아프리카, 인도, 이집트에서 특파원으로 활동한 도나 브라이슨은 '롤플레잉'을 활용했다.

내가 미국인이라는 사실에 반응하는 사람 앞에서는 '미국인'처럼 행동했어요… 나한테 뭔가 설명해주고 싶어하는 사람 앞에서는 정말 아무것도 모르는 사람처럼 행동했고요. 자신의 말을 이해하지 못하는 사람하고는 이야기하고 싶어하지 않는 사람도 있는데, 그런 사람 앞에서는 내가 상당한 지식을 가지고 있다는 것을 보여줬죠. *Bryson, 82*

소비에트연방에서 이집트까지, 특파원들은 상황에 따라 자신의 '외국인다움'을 적절하게 활용할 줄 알아야 한다고 말한다.

[소비에트연방이 갈라진 뒤] 내가 외신기자, 특히 미국특파원이라는 티를 조금만 내도 사람들은 하던 일을 멈추고 관심을 보였죠. 모두 나

와 이야기하고 싶어했어요. 서방외국인에게 상당한 관심을 보였죠…
그래서 인터뷰를 하다보면 내가 질문하는 것이 아니라 오히려 그들
의 질문에 대답하는 상황에 처하기 일쑤였어요. 정말 신기한 경험이
었죠. 이런 분위기 속에서 나는 누구든 쉽게 취재원으로 삼을 수 있었
죠. 한번은 러시아친구에게 '소비에트연방에서 최고의 코미디언은 누
구냐'고 물었던 적이 있어요. "겐다니 카자노프! 정말 웃겨요!" 그래서
아무 생각없이 '그 사람과 이야기를 해보고 싶네요'라고 말했는데…
"그래요?" 20분 정도 뒤에 겐다니 카자노프랑 전화통화를 하게 해주었
어요.[17]… 전화번호를 얻기란… 당시만 해도 굉장히 어려운 일이었거든
요. 그 당시엔 전화번호부도 없었어요. 어쨌든 거기선 인터뷰요청을 거
절당한 적이 없던 것 같아요.*Cooperman, 5-6*

무슬림형제단과 많은 시간을 보냈지. 그들의 연설회에도 참석하고 천
막모임에도 가고, 이 단체의 젊은 급진주의자들도 만났어… 그들도 나
에게서 정보를 얻고자 했지… 그들과 많은 시간을 보내면서 그들이 무
슨 생각을 하는지, 어떻게 그런 생각을 하게 되었는지 이해할 수 있게
되었어. 그들은 당대의 여러 부족장들의 연설이 담긴 카세트테이프를
만들어 시장에서 팔았는데, 굉장히 인기가 있었어… 나는 그것들을 얻
어내기 위해 상당한 노력을 했지. 모두 번역을 해서 무슨 이야기가 나
오는지 확인했는데, 근래에 발생한 주요한 정치적인 사건들을 종교적
인 언어를 활용하여 해설하고 있었어. 나는 거기에 언급된 사건들이나
종교적인 관념, 지역의 정치적 역학 등을 이해하기 위해 온 힘을 쏟았
고… 그렇게 쌓은 지식을 토대로 취재에 나섰지. 이집트 엘리트들이 모

---

17   Alan Cooperman, "Soviets keep sense of humor in trying times," The Associ-
ated Press, June 8, 1991.

이는 자말렉클럽도 찾아가고, 나일강을 오가는 작은 뱃사공을 찾아가 인터뷰했어. 신으로부터 버림받은 곳이라고 여겨지는 카이로 불라크도 찾아갔지. 그곳은 물도 나오지 않고, 전기도 들어오지 않고, 도로도 포장되어있지 않은 처참한 동네였어… 나는 이집트인 가정집에 세들어 살았는데, 나는 1층에 살고 그들은 2층에 살았거든… 완전하다고 할 수는 없겠지만, 그래도 그들과 하나가 되기 위해 상당한 노력을 했지. *Tatro, 5-6*

NGO등의 도움을 받아 '거리의 사람들'을 취재하는 경우도 있다. 특히 아프리카의 경우, 취재영역이 너무 넓기도 하고 의사소통을 할 수 있는 인프라도 여의치 않기 때문에 이러한 도움을 받아야 한다.

마이애미에 있다가 '낙하산으로 투하하듯' 갑작스럽게 카리브해로 파견된 테드 바티무스는 젊은 가톨릭사제(이들은 대개 개방적이다)부터 '최고급호텔 접객담당자', '지역경찰'까지 다양한 이들의 도움을 받아 취재원을 발굴했다. 심지어 '매음굴마담'도 중요한 역할을 했는데, 전쟁터에서 매음굴은 중립적인 '성역' 같은 역할을 하기 때문이다. *Bartimus, 6*

1980년대 중앙아메리카 전역에서 발생한 반정부폭동을 취재하러 간 프레이져는 '인권운동가들'의 도움을 받았다. 어쨌든 그들이 추천해주는 사람들은 대부분 신뢰할 수 있었다. *Frazier, 25*

1980년대에 수백만 명이 아사한 에티오피아 대기근을 취재하기 위해 파견된 데이빗 크래리는 도착하자마자 NGO를 찾았다.

그들은 오랜 시간 현장에서 적극적으로 활동을 하고 있던 사람들이기 때문에 현지상황에 대해서 잘 알고 있더군. 다양한 연락책도 이미 확보해놓은 상태였지. *Crary, 3*

그는 실제로 에티오피아에서 가장 큰 난민캠프였던 코렘캠프에서 일하는 NGO 활동가들의 도움을 받았다. 그들은 '초록빛 생명을 움트게 할' 비 소식을 기다리면서, 모든 사람들이 절망 속에 허덕이고 있는 와중에도 희망의 끈을 놓치 않았다.[18] 크래리는 보스니아전쟁 당시 사라예보 포위전을 취재하기도 했는데, 그곳에서 관료들보다도 거리의 사람들을 직접 만나 취재할 수 있었던 행복한 경험을 할 수 있었다고 말한다.

> 포위된 사라예보는 파리와 완전히 달랐어. 보통사람들과 훨씬 많은 시간을 보내면서 그들의 이야기를 직접 들을 수 있었지. 기자회견도 별로 없었고, 정부관료들을 만날 일도 거의 없었어. 정부기관은 아수라장에 가까웠고 관료들과 전화통화하기도 어려웠지… 관료들보다는 거리의 사람들의 일상생활을 취재하다보니 내가 세상과 연결되어있다는 느낌이 들더군. 내가 하는 일이 그들의 삶에 보탬이 된다는 보람도 느낄 수 있었고.*Crary, 13-14*

취재원이 꼭 '사람'이어야 하는 것은 아니다. 다양한 보도자료, 그라피티, 인터넷에 올라온 글 등을 취재원으로 삼을 수 있다. 미국언론들 사이에 취재경쟁이 치열했던 베트남전쟁 당시 한 AP특파원은 군부대 내 매점에서 아침 일찍 우편물을 수거하다가 한 특전부대Green Berets에서 발송한 보도자료를 발견했다. 그 보도자료에는 특전부대 지휘관이 베트남 민간인을 살해한 혐의로 기소된 것에 대한 이야기가 들어있었다. 그는 이 보도자료를 토대로 기사를 썼고, 이 기사는 《뉴욕타임스》와 《LA타임스》의 1면에 올랐다. 이 기사가 특종이 되었던 이유는, 이 기소사실을 미군이 숨기려고 했

---

18 David Crary, "Tinge of green on once-parched land is sign of hope in Ethiopia," The Associated Press, September 22, 1985.

기 때문이다.[19]

　조지 에스퍼가 작성한 이 기사가 나가자, 대혼란이 일어났지. 온갖 언론들이 사실여부를 확인하기 위해 정부에 연락하기 시작했고, 급기야 정부는 언론브리핑까지 열었지… "AP는 도대체 어디에서 이 망할놈의 정보를 얻은거야!"… 정부도 언론도 모두 궁금해했거든. 사실 누구나 볼 수 있는 우편함에 있던 보도자료였는데. 조지가 남들보다 일찍 그 곳에 갔을 뿐인데… 어쨌든 이 이슈에 관한 한 주도권은 우리가 가지고 있었지.*Pyle, 23*

지난 10여 년 간, 온라인게시판과 소셜미디어는 다양한 취재원을 발굴하는 새로운 채널로 자리잡았다. 이제는 영향력이 있는 지도자급 인사들도 이러한 통로를 활용해 뉴스를 만들어낸다. 하지만 이러한 상황은 윤리적인 딜레마를 야기한다.

　페리가 이야기하듯이 '민의'는 지금까지 언론이 끄집어내는 것이었지만, 이제는 민의가 스스로 밀어내 이슈를 만들어낸다. 사람들과 언론 사이의 '역학관계가 완전히 달라진 것'이다.*Perry, 22* 9·11테러 당시 카이로에서 중동뉴스에디터로 활동한 브라이슨은 온라인에서 자신을 향해 쏟아지는 사람들의 목소리에 곤욕을 치렀다. 사형집행비디오를 계속 보내온 것이다.

　나는 속으로 말했어요. 이건 아랍어로 되어있으니까, 아랍어를 구사하는 우리 기자가 보고 처리하겠지. 그러던 어느 날, 기자들이 모여서 그

19　"Green Beret Chief Held in Slaying of a Vietnamese," *New York Times*, August 6, 1969, 1; "7 Ex-Green Berets and Leader Charged with Viet Murder," *Los Angeles Times*, August 6, 1969, 1; "Army Secretive on 'Beret' Murder," *Washington Post*, August 7, 1969, A3.

것을 봤는데… 그래서 나도 볼 수밖에 없었죠. 정말 끔찍했어요. 그리고 나는 왜 그걸 봐야 하는지 고민하기 시작했어요. 우리가 정말 그걸 봐야 할 필요가 있나? 이걸 보여주는 것이 우리 보도에 어떤 도움이 되나? 그걸 봐야만 이 문제에 대해 정확한 판단을 내릴 수 있는 것일까? 전혀 그렇지 않았죠. *Bryson, 40*

멕시코의 마약카르텔을 취재한 스티븐슨은 세계에서 가장 위험한 임무를 수행한 기자라 할 수 있다. 그는 취재 중 또 다른 유형의 '소셜미디어' 메시지를 발견했다. 그것은 바로 길가에 내걸린 현수막이었다.

우리는 시우다드후아레스에서 후아레스카르텔을 물리치고 시날로아카르텔이 마약밀매 주도권을 차지했다는 기사를 냈어요. 미국관료들은 후아레스가 여전히 길거리에서 살인을 저지르고 있으며 마약거래망을 통제하고 있다고 말했지만, 우리가 취재한 바로는 시우다드후아레스와 미국 텍사스 엘파소를 가로지르는 국경지역에서 마약밀매망을 시날로아가 장악했다는 사실을 확인했어요… 비밀첩보와 우리가 확인한 여러 정황을 종합하여 내린 결론이었죠. 그래서 우리는 이 내용을 기사로 내보냈는데, 바로 다음날, 길거리에 '그건 사실이 아니다. 이곳은 시날로아에게 장악되지 않았다.'라고 적힌 그라피티, 포스터, 현수막이 곳곳에 눈에 띄기 시작하더군요.[20] 이것 때문에 살인사건도 발생했어요. 시장까지 우리를 찾아와서는 항의를 하더군요. "아, 왜 이런 기사를 내서 폭력을 도발하고 살인까지 일어나게 만드는 겁니까?"… 정말 어이가 없었죠. 우리 때문에 그런 일이 일어났다고 생각하지 않아요. *Stevenson, 27-28*

---

[20] Alicia A. Caldwell and Mark Stevenson, "AP Exclusive: Sinaloa cartel wins Juarez turf war," The Associated Press, April 9, 2010.

오랜 시간 인내하며 진심으로 다가서기

취재원 확보

취재원은 유형에 따라 조금씩 다른 방식으로 접근해야 하지만, 공격적이고 집요하게 따라붙어야 한다는 점에서는 어느 유형이든 예외가 없다.

1970년대 후반부터 바티칸을 취재해 온 빅터 심슨은 모든 이들이 만나고 싶어하는 취재원을 확보하려면 정중함과 진정성으로 무장해야 한다고 말한다. 교황을 인터뷰할 때, 교황은 그에게 '정치인들처럼… 중상모략은 하지 않겠지'라고 농담을 던지기도 했다.*Simpson, 40*

또한 어니스트 헤밍웨이를 취재하러 쿠바까지 찾아간 특파원도 있다. 당시 헤밍웨이는 자신의 집으로 들어오는 길을 쇠사슬로 막고 영어와 스페인어로 '사전에 약속이 되어있지 않은 사람은 들어올 수 없습니다'라고 쓴 표지판을 내건 채 어떠한 취재진과도 접촉하지 않고 은거하고 살았다.

일단 헤밍웨이 집 근처 술집에 들어가서 전화를 했어. 오전 10시나 11시쯤이었던 것 같은데… 쾌활하고 예의바른 남부 출신 소년 같은 인상을 주기 위해 노력했지. 메리 헤밍웨이가 전화를 받더군. "전화해 주셔서 감사합니다. 헤밍웨이씨는 일을 하고 있습니다. 새벽 5시부터 오후 1시까지 작업을 하기 때문에 누구도 방해할 수 없어요."… 어쨌든 성의를 봐서 헤밍웨이는 나에게 인터뷰할 수 있는 기회를 주었어. 노력이 결실을 맺은 셈이지… 그곳은 지금까지도 내 삶에서 가장 기억에 남는 취재장소가 되었어… 그리고 얼마 뒤 헤밍웨이가 노벨상 수상자로 결정되었다는 속보가 스웨덴에서 날아왔지… 나는 곧바로 전화를 걸었어… "선생님께서 노벨문학상을 받으셨답니다." "음, 원하는 것이 뭔가요?" "저한테 850단어만 이야기해주시고, 15분 동안만 누구와도 인터뷰하지 않으면 됩니다." "좋습니다." 그런데 전화를 끊고 나서 헤밍웨이가 곧바로 다시 전화를 걸어왔어. "여기서 아예 기자회견을 여는 건 어떻습니까?" 그렇게 해서 한 시간을 더 벌 수 있었지. 내 기사는 결국 《뉴욕타임스》 1면을 장식했지.*Summerlin, 9*

'보통사람' 취재원을 확보하기 위해서는 더 많이 관심을 갖고 예의를 차려야 한다. 예컨대, 중앙아메리카에서는 반군에 대한 정보를 얻으려고 할 때 '무턱대고' 질문을 던져선 안 된다.

질문을 바로 던지는 것은 절대 공손한 행동이 아니야… 일반적인 이야기부터 하면서 서서히 질문으로 넘어가야 하지… 성급하게 굴면 안 돼. 세 번, 네 번 그곳에 들어가 그들과 친분을 쌓고 익숙해져야 마음을 열지. 그저 1회성 관광을 하러 온 사람이 아니라는 확신이 들어야 해. 자신들에게 진정으로 관심을 가지고 있다는 인상을 주어야 돼… "보세요. 이게 정말 제대로 된 겁니까? 우리 이야기를 세상에 전달해주세요." 그렇게 말하는 순간이 온다고. 그나마 다행인 것은, 외신이 균형있는 관점에서 공정하게 취재하고 보도한다고 생각한다는 것이지. 물론 그것은 사실이야… 사실, 그들의 이야기를 기사로 내보내주는 채널은 우리밖에 없어… 물론 우리를 불신하고 곁을 내주지 않는 경우도 많지. "꺼져! 문제를 일으키고 싶지 않아!" 이렇게 문전박대를 당하는 것도 흔히 겪는 일이지.*Frazier, 25*

겁이 없으면서도 친절함을 잃지 않는 개넌은 아프가니스탄 남부 라슈카르가에서 9·11테러 이후 10년 동안 주둔한 미군에 대해서 보통사람들이 어떻게 생각하는지 취재했다. 또한 이스라엘이 무차별 폭격을 하는 와중에 레바논의 무장투쟁단체 헤즈볼라 조직원들을 취재했다.

아프가니스탄 남서부 헬만드에서 버스를 타기 위해 정류장으로 가고 있었는데… 분노로 가득한 사람들이 길거리에 가득했어요. 나는 얌전하게 한쪽에 서있다가, 조심스럽게 그들에게 질문을 던졌죠. 사람들은 소리를 지르며 화를 쏟아냈어요. 나는 가만히 듣고 있다가 다른 사람들에게 가서 똑같은 질문을 했죠. 다들 똑같이 고함치고 화를 냈어요. 나에게 그것은 마치 찻집에서 차를 마시는 것처럼 즐거운 경험이었어요. 음식을 먹고 차를 마시며 가만히 앉아있으면 사람들이 들어와 자신의 생각을 들려주고 안부도 전하는 것 같았죠.*Ganon, 71*

레바논 남부 티레에 있는 병원에서 일하는 여성과 친구가 되었어요. 마침 며칠 전 이스라엘이 이틀 간 폭격한 마을에 산다더군요. 그녀에게 자신이 사는 마을을 안내해줄 수 있느냐고 물었죠. 그렇게 그곳에 들어갔는데, 알고보니 그녀의 삼촌이 헤즈볼라 조직원이었어요. 마을에서 상당한 영향력이 있는 인물이었죠. 정말 기막힌 우연이지 않나요?[21]*Ganon, 7*

취재원을 확보하기 위해서는 끈기있게 시간을 투자해야 한다고 특파원들은 입을 모아 말한다. 점차 속도와 자본이 중요해지는 언론환경 속에서 끈기와 시간은 간과되기 쉬운 두 가지 자질이다. 그레이는 오랜 시간 공을 들인 끝에, 그리고 노새를 타고 11시간에 걸쳐 버마정글을 헤치고 들어가는 지독히 고통스러운 일정을 견뎌낸 끝에, 세계 최대 마약생산지라 할 수 있는 황금의 삼각지대Golden Triangle를 지배하는 '아편왕' 쿤사를 인터뷰하는 기회를 얻어냈다.

---

21 Kathy Gannon, "Halt in fighting sends Lebanese streaming back to war-ravaged regions," The Associated Press, August 14, 2006.

우리는 태국 서북단에 위치한 메홍손에 있는 연락책에게 연락했지. "알겠습니다. 이쪽으로 오시지요."⋯ 아침 일찍 픽업트럭이 우리를 데리러 왔고, 그것을 타고 국경을 향해 몇 시간을 달렸어⋯ 걷는 게 낫겠다는 생각이 들 만큼 길이 험했지. 정글 깊숙이 들어가자 이제 더 이상 자동차가 갈 수 없는 길이 나왔고, 거기서부터는 노새를 타고 가야 했어. 아, 지금도 노새만 보면 허리가 아파 올 것 같아⋯ 약 1킬로미터 정도 남은 지점에서⋯ 노새들은 더 이상 움직이기를 거부하고 풀밭으로 달아나버리더군. 자기들도 힘들다고 파업을 한 거야⋯ 마침내, 다음 날 아침, '어둠의 왕자' 쿤사를 만났지. 그를 만나고 쓴 기사의 첫머리가 지금도 기억나네.[22]*Gray, 51-52*

그레이는 또한 쿤사와 정 반대편에 서있는 태국의 푸미폰국왕을 인터뷰하기도 했다. 국왕은 '수익성은 떨어지더라도 좀더 상서로운' 작물을 재배하도록 메홍손의 산악부족민들을 설득하고 있다고 말했다.[23]

치열한 내전 속에서 탈레반정권이 수립되는 1990년대 중반 아프가니스탄을 취재한 개넌은 취재원을 확보하기 위해서는 상당한 시간을 인내하며 투자해야 한다고 말한다.

22　Denis D. Gray, "Warlord tries to retain control of narcotics trade, claims to be fighting for oppressed minority," The Associated Press, September 18, 1990. 이 기사는 미국사람들이 자신을 악마로 묘사한 것을 이야기하면서 쿤사가 크게 웃는 장면으로 시작한다.

　"사람들은 내가 뿔과 독니를 가지고 있다고 말하더군요. 갈고리 모양 손가락으로 관자놀이를 두들기는 모습을 그려놨던데⋯" 이에 대해 쿤사는 '버마 독재정권 아래 고통받는 여러 소수민족 중 하나인 샨Shan족 해방을 위해 싸우는 반군으로 자신을 봐주기 바란다'고 말하였고, 이에 대한 질의응답으로 인터뷰는 진행되었다.

23　Denis Gray, "The Many Roles of King Bhumibol," *Singapore New Straits Times*, March 10, 1977.

만나서 이야기하고, 또 이야기하고, 또 이야기해도 처음 한 시간 동안 은 아무것도 얻을 수 없어요.*Ganon, 88*

개넌은 끊임없이 차를 마시며 사람들과 이야기를 나누며 전쟁이 펼쳐지는 최전선을 취재했다. 그들과 대화할 때는 딸을 대하는 독실한 무슬림들의 차별적 태도를 조금이나마 개선시키고자 은근히 노력했다.

"이해할 수 없어요… 신께서 진실로 선지자 무함마드를 사랑하셨잖아 요. 그리고 무함마드에게는 자식이 하나밖에 없었는데, 그건 바로 여자 아이였어요. 그토록 애지중지하는 딸을 신께서 주셨으니, 우리 딸들이 얼마나 소중합니까?"… 그러자 한 남자가 맞장구를 치더군요. "아니, 아니, 우리는 딸들을 찬밥 취급하죠." "그렇죠!… 당신들은 선지자처럼 턱수염을 갖고 싶어하죠. 당신들은 선지자처럼 터번을 두르고 싶어하 고요. 그런데 당신들은 선지자처럼 왜 딸을 사랑하지 않나요? 왜 그런 건가요?" 그들은 모두 웃더군요… 누군가 아들 넷에 딸 하나가 있다고 말하면 나는 '안타깝네요. 딸이 하나밖에 없다니'라고 말하고… 딸 다 섯에 아들 하나가 있다고 말하면 '정말 운이 좋군요. 딸이 다섯이나 되 다니!'라고 말했죠. 내가 그곳에 갈 때마다 아이들이 주변에 몰려들었 어요. 모두 함께 웃으며 즐거운 시간을 보냈죠.*Ganon, 20*

이러한 노력 덕분에 개넌은 여러 무자혜딘 사이에서 외신기자로서 공정하 게 보도한다는 평판과 지명도를 얻었다. 개넌은 한 취재원과 관계를 유지 하기 위해 턱밑까지 차오르는 숨을 견디며 깎아지른 듯한 산에 오른 적도 있다.

정상에 올랐을 때 다리에 힘이 풀려 무릎이 저절로 꺾일 정도였죠.*Ganon, 4*

218

하지만 이러한 고행은 15년 뒤, 오사마 빈 라덴으로 인해 아프가니스탄이 국제뉴스면에서 가장 주목을 받게 되었을 때 보답으로 돌아왔다.

　미국이 아프가니스탄을 침공한 직후, 파키스탄에 있던 개넌은 아프가니스탄에 들어가려고 했으나 국경이 모두 통제된 상태였다. 무작정 국경초소를 찾아간 그녀는 정말 우연히도 15년 전 파슈툰 지도자와 함께 산을 올랐던 그녀를 기억하는 국경관리를 만났고, 결국 그는 입국을 허가해준다. 물론 빈 라덴을 만나지는 못했으나, 핵심지도부에 가장 가까이 다가갈 수 있는 몇몇 인물들을 접촉하는 데 성공했다. 개넌은 마침내 예멘에 있는 빈 라덴의 경호원들을 인터뷰했고 상당한 고급정보를 얻어낸다.

　　나는 소련군이 주둔할 때부터 아프가니스탄에 있었죠… 당시 총리였던 굴부딘 헤크마티아르부터 다양한 군벌들의 전투원들까지 방대한 취재원들을 확보하고 있었어요. 한 경호원이 나한테 '어, 이 사람 알아요?'라고 묻더군요. "당연히 알지. 날 뭘로 보고?" 그랬더니 나에 대한 경계를 풀고 자기가 아는 것들을 풀어놓기 시작하는 거예요. 나는 그를 따라 오가면서 상당히 많은 시간을 보냈죠… 그는 1996년부터 그 곳에 머무는 동안 오사마 빈 라덴이 뭘 했는지 상세하게 알고 있었어요. 진짜 알짜정보가 쏟아져나왔어요… 기사를 쓰는 것은 둘째치고, 세상에 어느 누구도 접근하지 못하는 사람에 대해 이토록 자세한 이야기를 들을 수 있다는 사실 자체가 정말 즐거웠어요. 그가 뭘 좋아하는지, 어떤 환경에 처해있는지, 어떻게 생각하고 어떻게 행동하는지 이해할 수 있었죠.*Ganon, 14-16*

개넌은 예멘의 수도 사나에서 이 경호원과 또 다른 유죄선고를 받은 알카에다 공작원들을 취재한 것을 기사로 썼다. 예멘은 공작원들이 법을 지키겠다고 동의만 하면 지하드에 참전한 전과는 처벌하지 않았다. 한 경호원은 '서구세력은 오사마 빈 라덴을 테러리스트라고 규정하지만, 우리에게는 성자'라고 말했다. 알카에다 첩보원으로 활동했던 한 인물은 자신이 자살폭탄테러를 할 학생 두 명을 뽑아 이라크로 보냈다고 털어놓았다. 그는 '학생들에게 훈계하는 선생과 같은 자긍심을 갖고 있었으며, 자신으로 인해 피에 물들어 죽어간 이들에 대해서는 아무런 죄책감도 느끼지 않는 것처럼 보였다.'[24]

아파르트헤이트 이후 남아프리카공화국에서 특파원으로 활동한 브라이슨은 끊임없이 지역을 돌아다니면서 취재원들과 관계를 맺어나갔다. 브라이슨은 누구든 말을 해줄 때까지 문을 두드렸다. 그녀의 등쌀에 못이겨 사람들은 그녀의 취재에 응할 '오늘의 취재원'을 뽑아서 내보내기도 했다.

아프리카국민회의ANC는 자신들이 민주적인 조직, 포용하는 조직이라는 사실을 자랑스러워했어요. ANC지역당원들 모임에 가면 누군가이렇게 이야기해요. "당원들을 모두 소집합시다. 오늘 브라이슨과 인터뷰할 사람을 투표로 뽑읍시다." 그리고 정말 투표를 했어요. 투표가 끝나면 그 과정이 공정했는지 평가하는 시간을 갖죠. 정말 시간이 많이걸려요… 그걸 기다리는 건 정말 '인내심테스트'라 할 수 있죠… 또 진실과화해위원회 청문회가 이스턴케이프에서 처음 시작되었을 때… 그곳의 흑인거주지역에 가서 집집마다 문을 두드리고 인터뷰를 했어요. 진짜 한 집도 빼놓지 않고, 가족 중에 죽거나 실종되지 않은 집이 없더군요… 날 소개할 겨를조차 없었어요. 그저 동네를 돌면서 문을 두드리기만 했던 것 같아요. *Bryson, 12-13*

---

24 Kathy Gannon, "Yemen signs pacts with al-Qaida militants to swear off attacks, but they still love bin Laden," The Associated Press, July 4, 2007.

멕시코의 마크 스티븐슨도 문을 두드리고 다녔다. 그 과정에서 스티븐슨은 '즉흥적으로 만나서 사람들에게 말을 거는 것이, 몇 주 동안 준비해서 인터 뷰를 한 번 하는 것보다 훨씬 많은 정보를 안겨줄 수도 있다'는 사실을 깨 달았다. 멕시코의 국경도시 시우다드후아레스에서 '어느 순간 흔적도 없이 사라졌다가 사막에서 시체로 발견된' 100명이 넘는 여성들에 대한 미스터 리를 취재할 때도 마찬가지였다.

> 경찰서로 들어갔는데… 미리 약속을 했던 것은 아니고 그냥 들어갔어 요. 이러저러한 사무실들을 하나하나 지나치다가, 문 앞에 servicio médico forense, 즉 '검시부'라고 쓰여있는 사무실이 눈에 들어오더 군요… 살짝 오싹해졌어요. 문을 빼꼼 열고 눈에 보이는 사람에게 무 작정 말을 했죠. "안녕하세요, 저는 기자입니다. 여성들의 죽음에 대해 물어보고 싶은 게 있는데요." 들어오라고 하더군요. 책상서랍을 열더 니 해골 하나를 꺼내서 책상 위에 올려놓더니… "여자들이 죽어가는 문제가 왜 해결되지 않는지 알고 싶어요? 이게 어제 되돌아왔어요. 부 검을 의뢰했는데 검사를 해주지 않아요. 범죄현장을 보전하지도 않아 요. 그냥 이런 걸 집어다가 뒤죽박죽 쌓아 놓기만 해요. 해골 옆에 서 서 담배를 피우고 담배꽁초를 아무데나 던져 놓죠. 현장에 경찰이 50 명이나 있었는데, 그냥 쓰레기처럼 가방에 쓸어 담고는, 다른 현장에서 수집한 뼈들을 모아놓은 곳에 쏟아붓죠… 이러니 사건이 해결될 리 있 겠습니까?" "지금 하신 말씀을 실명으로 기사에 써도 될까요?" "그러 세요. 저는 내일 그만둘 거니까."*Stevenson, 21*

스티븐슨은 '자신의 사직이 공식적으로 처리될 때까지 실명을 밝히지 말 아달라고 부탁하는 치와 주 베테랑 경찰조사관'의 말을 인용한다. 이 기 사에서는 또한 '온몸에 멍이 들어 감옥에 들어오는 이들이 있다'는 교도관의 말도 인용하는데, 이는 자백을 받아내기 위해 경찰이 폭력을 사용한다는 것을 암시한다. 이 교도관은 원래 감옥에 멍이 들어 들어온 수감자를 인터뷰할 수 있게 해 준다고 약속했었는데, 바로 그날 급작스럽게 다른 교도관으로 교체되었고, 인터뷰는 취소되었다.[25]

AP특파원들을 비롯하여 많은 특파원들이 자신들의 취재에 응해준 이름모를 평범한 이들에 대한 무한한 감사와 경외심을 표현한다.*see Fisk, 2002, 107* 특히 전쟁이나 자연재해 같은 참혹한 상황 속에서도 자신의 마음을 솔직히 터놓고, 기자들에게 기꺼이 자신들의 집을 내주기도 하는 그들의 모습은 깊은 감동을 주었다.

[허리케인] 취재를 마칠 때까지 나는 사람들과 함께 살았어요. 진짜 아무 것도 가진 것이 없는 사람들이었어요. 그런 그들이 내게 문을 열어주고, 음식을 나눠줬어요. 그들의 삶이 어떤지 알고 싶어하는, 일면식도 없는 나를 기꺼이 맞아주었죠… 내가 그런 상황에 처해도 그렇게 행동할 수 있을지 모르겠어요.*Price, 5-6*

카슈미르에서 폭력사태를 취재하기 위해 사람들을 계속 찾아다녔죠. 그들은 인간 대 인간으로 마주 앉아 이야기를 하고 싶어했어요. 그런 대화를 이끌어가기 위해 내가 준비했던 것은 바로 차예요. 연한 꿀 색깔이 나는 차를 마시며 이야기했죠. 그렇게 해서 무엇을 얻었을까요? 하지만 이건 결코 비즈니스 같은 게 아니었죠. 공유하고 나누는 것이에요. 내가 찾아와 질문한다는 사실 자체가 자신에게 일어난 일이 중요하게 여겨진다는 의미라는 것을 그들은 알고 있거든요. 자신의 감

---

25 Mark Stevenson, "Mexican border city doubts police have caught serial killers, despite official pressure," The Associated Press, December 31, 2001.

정이 존중받는다고 느꼈겠죠. 아무튼, 나는 사람들을 만나면 이런 질문을 해요. "기분이 어떠세요?"… 어쩌면 이렇게 말하는 사람도 있겠죠. "어떻게 그렇게 유치한 질문을 해? 그들이 어떤 기분일지 몰라서 물어?" 물론 나도 그들의 기분이나 감정을 충분히 예상할 수 있어요. 하지만 그건 내 생각일 뿐이죠. 그들이 무슨 감정을 느끼고 있는지 자신의 입으로 직접 말할 수 있는 기회를 주는 것도 좋지 않을까요? 어쨌든 내 질문이 정말 멍청하게 들릴 수 있다고 나도 생각합니다. 하지만 질문은 어리석어도 상관없어요. 대답만 어리석지 않다면 말이죠.*Bryson, 33~34*

개넌과 니드링하우스는 미군의 무인항공기(드론) 공격으로 민간인들이 죽는 상황에 대해 보통사람들이 어떻게 생각하고 있는지 생생한 인터뷰를 따기 위해 군인이나 보안요원을 동행하지 않고 탈레반 점령지역을 돌아다니며 취재했다. 폐허가 된 마을을 떠나 난민이 된 사람들을 인터뷰하기 위해 '무장단체가 설치해놓은 부비트랩이 곳곳에 있는' 고속도로를 통과하고, 얕은 강물을 가로질러 건너기도 했다.

상당한 사전준비를 하고 나서 아프가니스탄 동쪽에 있는 토라보라로 향했어요. 그곳에 닿기 전 길가에 칼리스난민촌에 있었는데, 거기에 드론공격으로 쑥대밭이 된 마을에서 피난 온 사람들이 꽤 있더군요. 그들을 찾아 다니며 인터뷰했죠. "와, 외국인이다"… 이들이 데리고 온 아이들이 나를 보고 모여들었어요. 탈레반이 점령한 지역에서 살던 아이들은 외국인을 한 번도 보지 못했다고 하더군요. 사람들은 상당히 화가 난 상태였죠. 그 중에는 드론공격에 대해서 아주 잘 알고 있는 사람도 있었어요… 어쨌든 그곳은 난민촌이었으니까 다양한 취재원을 찾을 수 있었죠. "아뇨. 탈레반이 우릴 괴롭힌 적은 없어요.

223

그랬다면 사람들은 그전에 모두 떠났겠죠." 사실 생각해보면 너무나
도 당연한 것이었어요. 드론의 무차별공격에 키우던 소 세 마리를 두
고, 이웃집에 열쇠를 맡기고 무작정 도망쳐나온 사람도 있었죠… 이
들과 이야기하고 나서 하루가 저물 때쯤 드론공격에 대해 아프가니
스탄사람들이 어떻게 생각하는지 기사를 쓸 수 있을 만큼 충분한 정
보를 얻었죠. 사실 토라보라로 들어갈 필요도 없었어요. 아프가니스
탄 사람들의 생각을 거기서 모두 들을 수 있었거든요. 정말 운이 좋
았죠.[26] *Ganon, 73, 26*

파리를 거점으로 30년 이상 특파원으로 활동한 일레인 갠리는 인종적, 민
족적 문제를 집중적으로 취재해왔다. 특히 과거 식민지였던 곳에서 파리
로 이주해 와 살아가는 이들을 찾아다녔다. 갠리는 여성성기절제FGM(female
genital mutilation)에 대해서 생생한 경험을 들려줄 취재원을 찾아 세계를 돌
아다녔던 적이 있다.

통계수치도 있었고, 정보도 있었고, 전문가도 있었죠. 하지만 그런 일
을 직접 당한 사람들의 목소리가 듣고 싶었어요. 수소문 끝에 한 젊은
여성을 찾아냈고, 자신이 겪은 이야기를 들려줬어요. 그녀는 여섯 살
때, 엄마가 파티를 하러 간다고, 언니와 함께 데리고 어느 집에 갔대
요. 그 집에는 입에 문신을 한 여성이 있었고, 집안에 향 냄새가 진동

---

26 Kathy Gannon, "Afghan villagers flee their homes, blame US drones," The
Associated Press, March 28, 2013. 이 기사는 '미군의 드론공습'으로 집 자물쇠를
잠그고, 열쇠와 소를 이웃에게 맡기고 도망쳐나온 '지팡이를 짚고도 잘 걷지 못하는'
노인 굴람 라술의 이야기를 중심으로 전개된다. 아프가니스탄사람들은 드론을 '벤가
이'라고 불렀는데, 파슈토어로 '윙윙거리는 파리'라는 뜻이다. 그들은 드론이 내는 소리
를 내며 얼굴을 찌푸렸다. 라술의 12살 손자는 드론공습으로 죽은 시체 세 구를 보기
위해 친구들과 옆 마을까지 걸어갔다고 한다.

했어요. 어둑한 지하로 들어갔는데… "엄마, 쓰레기만 있어. 파티가 열릴 거 같지 않은데? 우리 여기 왜 온 거야?" 곧이어… 자매는 각각 침대에 눕혀졌고… FGM을 당했죠… 그리고 그들이 입고간 파티복에 피가 묻지 않도록 하기 위해 어떻게 했는지 자세히 설명을 이어갔어요.[27] *Ganley, 26-27*

2000년대 스페인의 경제몰락을 취재한 클렌데닝은 취재원을 확보하기 위해 매일 새벽에 일어났다. 파산하여 집까지 빼앗긴 사람들 중에, 자신의 경험을 온세상에 공개하고 싶은 사람은 없을 것이다. 어쨌든 클렌데닝은 그들이 개최하는 새벽시위에 한번도 빠짐없이 나갔다. 그러한 노력 끝에 자신의 인생사를 기꺼이 들려주겠다는 한 여성을 만난다. 노숙자들이 모여사는 거리에서 골판지로 만든 상자 안에서 살아가는 두 아이의 엄마 45살 에이레네 곤잘레스가 기사의 도입부를 장식한다.*Clendenning, 16*

비좁고 갑갑한 아파트에서 겨우겨우 살아갔는데… 담보대출을 갚지 못해… 그곳에서도 쫓겨난 그녀는, 자신과 같은 처지에 놓인 사람들을 위해 정부가 하루빨리 도움을 주기 바란다고 절실하게 요청했다.[28]

27　Elaine Ganley, "Despite tougher laws, an ancient custom remains a secret horror for some girls in Europe," The Associated Press, September 7, 2007.

28　Alan Clendenning, "Spaniards hope for eviction reprieve amid crisis," The Associated Press, December 10, 2012.

취재원의 말을 액면 그대로 받아쓰지 말라

취재원 검증

취재원을 확보하기 위해서는 상당한 시간을 들여야 할 뿐만 아니라 요령도 있어야 한다. 때로는 위험도 무릅써야 한다. 이렇게 취재원을 찾아내 인터뷰하는 데 성공했다고 해서 모든 것이 끝난 것이 아니다. 가장 기본적이지만 결코 만만찮은 문턱을 넘어야 한다. 바로, 취재원에게서 얻은 정보가 사실인지 아닌지 가려내는 것이다. 특히 고문이나 살인과 같은 잔혹한 사건에 대한 증언일수록 반드시 검증절차를 걸쳐야 한다. 협박을 당하는 상황에서는 자기검열이 작동할 확률이 높기 때문이다.

AP특파원들은 'AP는 사람을 마구 죽이지 않는다.AP doesn't kill people off'라는 말을 하는데, 이 말은 공식발표든 긴급한 속보든 죽음에 관한 뉴스에 대해서는 반드시 '더블체크' 과정을 거친다는 뜻이다. 매튜 페닝턴은 베나지르 부토가 2007년 선거유세를 하는 도중에 폭발사고가 일어나 상당한 인명피해가 발생했을 때 취재한 경험을 들려준다.[29]

> 시체수를 세고 있는 현지기자에게 누군가 이렇게 말했어요. "지금 여기 있을 때가 아니에요. 병원으로 가는 게 좋을 겁니다." 대변인은 부토가 괜찮다고 발표했지만, 정말 괜찮은지는 아직 확인되지 않은 상태였죠… 그래서 비상근 현지인 기자 자라르 칸을 병원으로 보냈어요. 경호원들이 병원 앞에서 들어가지 못하도록 막고 있었기 때문에 도둑처럼 몰래 잠입할 수밖에 없었죠… 휴대전화를 연결한 상태로, 실시간으로 상황을 전해주었는데, 중간에 전화가 끊기고 말았어요. 하지만 다른 사

---

29 Sadaqat Jan and Zarar Khan, "Pakistani opposition leader Bhutto killed in suicide attack on campaign rally," The Associated Press, December 27, 2007.

람의 전화기를 빌려서 다시 연결했죠. 마침내… 수술실에서 나오는 사람들이 보인다고 했어요. 사람들이 울고 있었는데, 확인해보니 부토의 측근들이었죠. 부토가 사망했다고 이야기해줄 사람을 두 명 확보하는 데 성공했어요… 부토의 측근들은 대개 카라치 출신이었는데, 병원에 잠입한 비상근 현지통신원도 카라치 출신이었거든요. 그동안 취재를 해오면서 그들과 인맥을 맺어두었는데, 마침 수술실에서 나온 측근들 중에 아는 사람이 있었어요… 나는 누군가 죽었다는 기사를 쓸 때 절대 단정하지 않습니다… 엄격하게 팩트체크를 하죠. 취재원의 이름을 밝히지 않는 것은… 정말 어쩔 수 없을 때에만 용인되는 최후의 선택이에요. 논박의 여지가 없을 만큼 확신할 수 있을 때 기사를 써야 합니다. 취재원을 실명으로 밝힐 수 있어야 하고, 취재원 스스로 자신이 무슨 말을 하고 있는지 분명히 이해하고 있다고 확신할 수 있어야 해요… 한번은 파키스탄에서 어떤 부족마을에 잠입한 민병대원을 추적하는 작전이 벌어졌는데, 이 작전에 참여한 준장 한 명이 우리의 취재원이었습니다. 상당한 고위급이라 할 수 있었죠. 작전을 마치고 나서 그는 '사살했다'고 우리에게 알려주었어요. 그런데 얼마 뒤 그 민병대원이 살아있다는 게 확인되었죠… 아무리 명성이나 권위가 있는 사람이라고 해도… 그들이 항상 진실만 말할 거라고 믿어선 안 돼요… 알지도 못하면서 이야기할 수 있다는 것을 늘 염두에 둬야 합니다. *Pennington, 4-6*

1970년대 후반 군사정권이 지배하던 서울에서 테리 앤더슨은 야간통행금지령도 무시한 채 한밤중에 AP서울지국으로 달려갔다. 대통령 박정희가 '총격을 당했다'는 소식을 들은 것이다. 한시바삐 사건의 구체적인 사실관계를 확인해야만 했다.

대통령이 암살당했다는 것은 분명한 사실이었지. 문제는 '어느 시점에 공식속보를 타전할 것인가?'였어. 취재원들로부터 이러저러한 정보들이 쏟아져 들어왔지만, 실제로 어떤 일이 벌어지고 있는지 증언해 줄 수 있는 사람이 한 명도 없었어. 군대가 거리를 점령했고, 광화문에는 탱크까지 진입한 상태였지. 그가 죽은 것은 분명했는데… 현지기자 황K. C. Hwang도 죽은 것은 분명하다고 말했어… 하지만 죽었다는 사실을 뒤집을 수 없는… 그 무언가가 나오기 전에는 속보를 타전하고 싶지 않았지. 근거가 있는가? 확신할 수 있는가? 누가 그렇게 말했는가?… 결국 나는 황기자의 말을 믿을 수밖에 없었어. 그는 어쨌든 한국인이었고, 한국어를 할 줄 알고, 정부인사들은 물론 반체제인사들까지 폭넓게 취재원을 확보하고 있었거든. 망설임 끝에 우리는 결국 박정희 사망 속보를 타전했지._Anderson, 5-6_

잔혹한 재난이 발생하여 사망자 수를 파악하기 어려울 때, 다수의 취재원, 공식적인 언급, 독자적인 검증이라는 세 가지 요건을 확보하는 일은 훨씬 어려워진다. 스티븐슨은 공적인 취재원들이 내놓는 정치적 의제에 대한 뿌리깊은 불신 때문에 기사에서 가장 중요한 정보를 담고 있는 문장을 기사의 도입부에 쓰지 않고 감춰야만 했던 경험을 이야기한다. 허리케인 미치가 니카라과와 온두라스를 덮쳤을 때는, 미국이 이들 나라 사람들의 긴급 이민을 허용할 만큼 절박한 상황이 펼쳐졌다.

양 국가 모두 사망자 수를 1만 명으로 발표했는데, 스티븐슨은 AP특파원들이 직접 취재한 나라의 발표는 그대로 사실로 받아들였으나 다른 나라의 발표내용은 '세 번째 문단 속에' 파묻었다. 정부의 발표내용을 그대로 '믿을 수 없었기 때문'이다. 기사를 전송했는데, 곧바로 뉴욕데스크에서 조심스러운 어투로 쓴 메모가 날아왔다.

"마크, 정말 좋은 기사네요. 그런데 '수천 명이' 죽었다는 내용을 기사

머릿글로 올리는 게 좋지 않을까요?"*Stevenson, 25*

고문의혹 또한 검증하기 어려운 주제다. 허츨러는 중국의 파룬궁 집단박해를 취재했는데, 잠정적인 가해자와 피해자가 모두 능구렁이처럼 유연한 커뮤니케이션 전략을 구사하여 누구 말이 맞는지 판단하기 매우 힘든 상황에 처했다.

> 관료들을 찾아가 사실을 확인하려고 했는데, 모든 걸 부인하더군요… 사실 [파룬궁]은 유별난 문제도 아니었어요. 지난 수년 동안 우리가 접촉했던 무수한 정치범들의 증언과 하나도 다르지 않았죠. 그래서 나는 그들의 이야기가 진실일 것이라고 믿고 취재를 계속했지요. 그들은 기꺼이 세세한 정보를 제공했고, 자신들에 대해서도 설명했죠. 그리고 자신들을 탄압하는 경찰간부의 이름도 계속해서 알려줬어요. 진술에 일관성은 있었지만, 문제는… 그런 정보들을 검증할 방법이 없다는 것이었죠.*Hutzler, 19-20*

그레이는 40년 전 폴 포트의 만행이 시작될 때 그 참상을 알리는 기사를 썼지만 AP에디터들에 의해 폐기된 일을 회상하며 지금도 '화가 난다'고 말한다. 그는 캄보디아 국경에서 난민들을 인터뷰하여 기사를 썼다.

> 사실을 확인해 줄 취재원이 어디 있었겠어. 다 난민들인데. 캄보디아에서 증언을 검증해 줄 사람은 아무도 없었어. 미국 CIA나 뭐 그런 곳에 연락을 해도 '어, 우리도 거기서 무슨 일이 벌어지고 있다는 이야기는 들었는데…' 그 정도 이야기밖에 딸 게 없었지. 우리는 난민들을 취재원으로 쓸 수밖에 없었는데… 그래도 나는 캄보디아에서 몇 년을 살았기 때문에 그들이 평범한 주민들이라는 것은 금방 알 수 있었지… 자

229

신이 겪은 일을 있는 그대로 말하는 소박한 사람들이야… "크메르루주에 대해 어떻게 생각하나요?" 뭐 이런 질문을 한 게 아니야. "바탐방에서 왜 나왔나요? 무슨 일이 있었나요? 어디서 살았었나요? 지휘관은 누구였나요? 그들이 당신의 아내나 아이들에게 무슨 짓을 했나요?" 이런 질문을 했지. 자신의 생생한 경험담을 쏟아냈을 뿐이야. 당연히 그들의 말을 99퍼센트 진실이라고 믿어야지. 실제로 나중에 다 진실로 밝혀졌다고.*Gray, 11-12*

북아프리카와 웨스트뱅크를 취재하던 라웁은 튀니지의 담배행상이 자신의 몸에 불을 붙여 분신한 사건이 발생하자 실제 경제난이 얼마나 심각한지 파악하기 위해 무수히 사람들을 찾아다니며 인터뷰를 했다. 라웁이 수집한 취재원들의 구체적인 증언들은 이후 나온 공식적인 통계수치로 검증되었다.

기자들의 가장 중요한 임무는, 어떤 슬로건에 맞춰 현실을 재단하는 것이 아니라, 실제 사람들을 만나 그들의 이야기를 듣는 것이라고 생각합니다… 사람들이 몇 달째 급여를 받지 못하면서 웨스트뱅크는 심각한 경제난에 봉착한 상태였어요. 나는 이런 상황에서 사람들이 어떤 생각을 하고 있는지 확인하고 싶었죠. 이런 상황이 누구 때문에 초래되었다고 생각할까? 실제로 질문을 해보면 수많은 사람들이 처음에는 인샬라 즉 '알라의 뜻'이라고 말하죠. 사람들은 대체로 말을 아끼는 듯했어요. 그래도 계속 질문했죠. "지금 수입으로 어떻게 살고 있나요? 냉장고가 비지는 않았나요?"… 10분 만에 끝낼 수 있는 인터뷰가 아니었어요. 무작정 군중 속에서 아무나 붙잡고 인터뷰를 시작하더라도, 결국은 그들 집까지 따라가서 마주 앉아 커피를 마시면서 인내심을 갖고 이것저것 이야기를 해야만 그들은 진정한 속내를 드러냈죠. 물론 진실을 밝히는 데 끝내 도움을 주지 않아 허탕치는 경우도 있어

요. 어쨌든 그런 노력을 통해 그곳의 경제난이 얼마나 심각한지 파악할 수 있었죠.*Laub, 34/7-8*

오늘날 세계에서 북한보다 비밀스럽고 고립되어있으며 엄격하게 통제되는 사회는 없을 것이다. 서울 이태원에 자리한 분위기 좋은 카페에서 만난 진리는 이제 막 북한에서 내려온 연락책과 회의를 마치고 나오는 길이라고 말했다. 과일스무디를 마시면서 북한에서 '진실'에 다가가는 일이 얼마나 힘든지, 그럼에도 현장에 있는 것이 얼마나 중요한지 이야기한다.

지금도 북한을 둘러싼 수많은 이해관계와 정략이 작동하며 치열하게 경쟁하고 있습니다. 혼란을 일으키기 위해 누군가 의도적으로 퍼트리는 정보도 실제로 많아요. 그래서 어떤 정보를 입수하든 그것이 사실인지 파악하기 위해 가능한 모든 수단을 동원해야 하죠… 무슨 일이 벌어지고 있는지 확인하기 위해서 우리는 쉴 새없이 판단을 해야 합니다… 2년 전부터 북한에서 한 달 정도씩 머물며 취재를 해왔는데… 이제 연출된 이벤트의 이면이 보이기 시작하는 듯해요. 거리에서 벌어지는 일들뿐만 아니라 사람들의 일상적인 삶도 이해할 수 있게 되었죠… 북한사회가 어떻게 작동하는지 전체적인 그림이 그려지는 것 같아요. 물론 모든 걸 알 수는 없겠지만, 최소한 어떤 특정한 부분만큼은 말이죠. 하지만 여전히 실제로 상황이 어떻게 돌아가는지, 진실이 무엇인지는 아직도 잘 모르겠어요. 물론 시간이 가면서 좀더 명확해지겠죠. 북한에 관한 기사를 쓰기 위해 우리는 정말 많은 사람들을 만나요. 북한 사람들만 만나는 것이 아니라, 북한 밖에 있는 사람들, 전문가들, 북한에 있는 NGO활동가들… 그들은 제각각 특정한 시각을 가지고 있죠. 그런 사람들의 생각을 종합하여 한 편의 기사 속에 넣기 위해서는 상당한 노력이 필요합니다.*Lee, 7-8*

진 리는 북한사람과 인터뷰를 한 기사를 쓸 때, 감시 하에서 인터뷰가 이뤄졌는지 아닌지, 또는 인터뷰이가 관리들이 주선한 사람인지 아닌지 등을 분명히 밝힌다.

전쟁터를 취재하는 특파원들도 이 문제에 대해 매우 민감하다. 특히 군의 안내를 받으며 취재할 때, 미군이 점령한 지역의 민간인들을 취재할 때, 사람들은 자신의 생각을 솔직히 터놓을 수 있을까? 하지만 위험이 상당히 큰 지역에서는 이런 방식 말고는 민간인을 취재할 방법이 없다. 이라크전쟁이 그랬다.

> 부대 밖에는 나갈 수 없었지. 이라크사람들을 직접 만나 이야기를 하고 싶었지만⋯ 기회를 얻기 힘들었어⋯ 가끔 기회가 있기는 했지만 미군과 동행해야만 했고. 물론 솔직하게 말하는 사람도 있었겠지. 실제로 내 옆에 서있는 미군을 욕하는 이라크사람도 있었거든. 하지만 대부분⋯ 무슨 말을 할 수 있겠어? 그들 중에는 알카에다나 탈레반을 응원하는 사람도 있을테고, 폭동을 꾀하는 사람도 있을텐데, 미군을 앞에 세워놓고 어느 누가 그런 생각을 솔직하게 털어놓겠어?⋯ 어쨌든 그 중에는 솔직한 인터뷰도 있었겠지만⋯ 판단하기 어려워. *Gray, 32-33*

아프가니스탄의 시골마을로 혼자 취재하러 가는 것 역시 검증이라는 난관을 풀어야 한다. 앞서 이야기한 개넌의 드론공격 취재가 이런 경우였다. 개넌은 십여 년에 걸쳐 확보한 취재원들의 도움을 받아 이 취재여행을 준비했다. 아프가니스탄사람들의 사고방식에 익숙하지 않았다면, 비밀스럽게 진행된 드론공격작전이 어디에서 진행되었는지 알아낼 수 없었을 것이다. 아프가니스탄내전을 취재하면서 확보한 한 취재원이 자신의 친구에게서 아프가니스탄 동부 낭가르하르에 위치한 두 마을에 얼마전 드론공격이 진행되었다는 정보를 듣고 개넌에게 알려주었다.

국제안보지원군ISAF 또는 북대서양조약기구NATO는 '공습이 있었다'고만 말할 뿐 그것이 드론공격인지는 알려주지 않았어요… 나는 취재원을 통해 그러한 정보를 세부적으로, 그러니까 공격장소와 시간까지 알고 있었기 때문에 브리핑룸에서 이렇게 질문했어요. "그것이 드론공습이었다는 정보가 있는데, 확인해주실 수 있나요?"… 그들은 처음에는 부인했지만 끈질기게 물고늘어졌습니다. "정확히 어느 지역이죠? 어느 마을이죠?" 아닙니다. 아니… 아닙니다… 마침내 확인해보겠다는 반응을 얻어내는 데 성공했죠. 빙고! 내가 해낸겁니다! 정말 이 취재에서 결정적인 장면이었죠. 사실, 그들은 끝까지 잡아뗄 수도 있었어요. "아닙니다, 우리 기록에 따르면 그날 거기에서 공습은 없었습니다. 그건 잘못된 정보입니다."… 뭐 기록에 그렇게 되어있다는데, 그게 거짓말이든 아니든 잡아떼면 그만이었거든요. 하지만 내가 부인할 수 없는 정보를 계속 제시하자 그는 잠시 나갔다가 들어오더니 이렇게 말하더군요. "확인해본 결과, 맞습니다." 정말 기분이 째지는 거 같았어요. 곧바로 취재여행을 떠날 짐을 싸기 시작했죠.*Ganon, 72-73*

최악의 폭력사태가 이라크 전역으로 확산되었을 때 바그다드지국으로 발령난 리드는 미국과 이라크에서 확보한 공식적인 정보들을 읽어나가며 하나씩 검증해나갔다. 이러한 '검증취재'는 기자들이 반드시 수행해야 할 중요한 임무다.

[다국적군은] 정말 별일 아니라는 듯 지루한 목소리로 언론브리핑을 하는데, 나중에 알고 보면 그게 정말 엄청난 사건이었다는 것이 드러나지. 정말 어이가 없지 않아? 한번은 브리핑에서 이런 말을 하더군. "합동군사재판법 몇 조, 몇 조에 따라, 수용소 정책에 관하여 사령관은… 조사에 착수하기로 결정했습니다." 이게 뭔 말이냐면… 수

용소 내에서 학대행위가 발생했다는 거야. 당시 미국은 이라크 전역에 수용소를 다섯 개 정도 운영하고 있었고, 수감자도 결코 적지 않았어. 처음에는… 짜증이 나더군요. 그날 기사를 거의 다 작성한 상태였거든. 일단… 군에 전화를 걸어, 어떤 수용소에서 학대가 발생했는지 물었지. 물론 그들은 답하지 않았어… 그 상황에서 우리가 알아낼 방법은 없으니까… 어쨌든 그렇게 밝혀진 곳이 바로 아부그라이브 수용소였지. 그곳에서 어떤 일이 벌어졌는지는 잘 아시죠?

Reid, 71/63-64

핸리는 AP동료들과 함께 한국전쟁 당시 미군이 노근리에서 양민 400여 명을 학살한 사건, 이른바 '노근리양민학살'을 탐사보도하여 퓰리처상을 받았다. 핸리는 이 보도를 할 때 자신이 평생 취재한 사건 중 가장 광범위한 조사와 검증을 거쳤다고 말한다.[30]

　　1990년대 중반, AP 서울지국 기자 최상훈이 먼저 생존자들의 진술을 수집하기 시작했다. 어느 정도 자료가 수집되면서 핸리를 비롯한 AP탐사 기자들이 취재에 본격적으로 합류한다. 이들이 검증해야 할 문제는 비교적 단순했다. 생존자들은 제1기병사단이 학살에 가담했다고 주장했지만, 미군은 제1기병사단이 당시 이 지역에 있지 않았다고 부인했다. AP기자들은 1950년 지도를 '사무실 벽에 붙여놓고' 공식적으로 기록된 미 육군부대의 이동기록을 찾아 좌표를 찍으며 부대의 이동경로를 추적하였고, 결국 제1기병사단이 노근리에 있었다는 것을 밝혀냈다. AP특파원들은 미군의 이동경로를 추적하면서 동시에 난민과 북한군의 이동경로도 추적하여 이

30　Sang-Hun Choe, Charles J. Hanley, and Martha Mendoza, "After half-century's silence, U.S. vets tell of killing Korean refugees," The Associated Press, September 30, 1999. 이 취재로 최상훈, 찰스 핸리, 마사 멘도자는 2000년 탐사보도 부문 퓰리처상을 수상했다. 자료조사에는 Randy Herschaft도 참여했다.

것이 양민학살이라는 것을 입증해냈다. 정보공개청구를 통해 이 작전에 참여한 병사 2,000명의 실명을 확보하였고, 핸리는 마사 멘도자와 함께 일일이 전화를 돌려 이 사건에 대하여 '증언'을 해달라고 요청했다.

> 1950년 7월 전쟁상황에 대해 많은 것을 알게 되었다는 것을 빼면 아무 것도 진척된 게 없었지. 특히 대량학살을 입증해줄 만한 것은 하나도 없었어. 증언을 얻기 위해 일일이 전화를 돌렸고, 34번째 사람에게 전화를 했을 때 처음으로 짧은 증언을 확보할 수 있었지. "네, 다리 밑에서 난민 몇 명이 사살되었을 거예요." 우리는 계속 전화를 걸었고, 마침내 양민학살에 참여한 부대가 '제1기병사단 제7기병연대 제2대대'라는 사실을 밝혀냈어. 그제서야 이 부대에게 초점을 맞출 수 있게 되었지. 이 부대에 소속되어있었던 사람 15명을 확보하여 증언을 수집하는 데 성공했는데, 문제는 증언이 완전히 일치하지 않았다는 거야. 우리는 차이가 나는 부분을 어떻게 해석할 것인지 토론했지. 물론 그때 상황을 아주 세부적으로 진술해준 사람도 있었지만, 진술을 회피한 사람도 있었고. "저는 당신들이 뭘 듣고 싶어하는지 압니다. 맞습니다. 그런 일이 있었죠. 하지만 저는 그 일에 대해서 이야기하고 싶지 않습니다." 어쨌든 이런 진술도 양민학살이 실제로 있었다는 사실을 뒷받침해 준 셈이지. *Hanley, 14-18*

130명에 달하는 사람들을 전화로, 또는 직접 만나 인터뷰하여 확보한 병사들의 증언은 생존자들의 증언과 소름끼치도록 일치했다. "터널입구에 시체더미가 쌓였고, 피난민들은 살기 위해 죽은 가족의 시체 뒤에 숨었다." 또한 피난민을 향해 발포명령을 내린 것을 입증하는 미군의 문서도 찾아냈다. 마침내 1999년 가을. 미군이 한국전쟁에서 자행한 대량학살에 대한 생존자들의 증언과 수십 명의 재향군인들의 인터뷰를 통해 입증해낸 AP의 탐사보도가 세상에 타전되었고, 이로써 그전까지 세상에 알려진 적 없던 한국전쟁의 참상을 세상에 알리는 데 성공했다.

전장에서 한치 앞도 가늠하기 힘든 상황을 비유적으로 '전장의 안개 fog of war'라고 하는데, 이는 군인뿐만 아니라 종군기자들도 경험하는 것이다. 전장 한 가운데에서는 '무엇이 진실인지' 확신할 수 없다고 특파원들은 말한다. 예컨대 보스니아, 크로아티아, 세르비아가 치열하게 싸울 당시, 세 나라에 모두 AP특파원이 있었는데, 그들은 각각 현장취재를 해서 오스트리아 비엔나에 있는 데스크에 기사를 전송했다.

> 하나의 사태에 대한 '본질적으로 다른 서사'를 하나로 엮어내는 일도 골치 아팠지만, 무엇을 취재할 것인지 조율하는 것도 매우 힘들었어요. "지금 여기서 이러이러한 이야기가 돌고 있는데, 이것 좀 확인해주세요." 서로 상반된 요청이 제각각 쏟아졌기 때문이죠. *Alexander, 13*

엘살바도르 내전 당시 프레이져는 최전선을 찾아가기 위해 애쓸 필요가 없었다. 살바도르에 있는 AP지국 앞에도 시체가 널브러져있었기 때문이다. 하지만 도시 밖 외곽지역은 누가 장악하고 있는지 확인하는 일이 쉽지 않았다. 직접 눈으로 확인한 것만 믿을 수 있다는 취재윤리를 지키면서 다른 지역의 상황을 파악하기 위해서는 창의성이 요구되었다.

> 진실과 허구를 구분하기가 정말 어려운 시점이 있지. 그것을 구분하는 데 우리는 거의 모든 시간을 쏟았어… 당시 레이건행정부 때였는데, 미국정부는 언론보도에 자신들의 프로파간다를 반영하기 위해 애썼거든. 미국대사관에 가면 상황이 어떻게 되고 있는지 알려주기는 하는데… 그것을 곧이곧대로 믿었다간 큰일나지… "우리가 이곳, 저곳, 또 저곳을 통제하고 있습니다." 그 말이 진짜인지는 직접 가서 확인하는 수밖

에 없어. 하지만 그럴 수 없는 경우도 있잖아. 바로 그때가 그랬어. 이동은 막혀있고, 취재원들에게 연락할 방법도 없고. 그래서 우리는 기발한 아이디어를 떠올렸지. 내가 생각해낸 건데… 당시에는 전화가 있는 집이 매우 드물었거든. 그래서 마을마다 '센트럴'이라고 하는 공동전화가 하나씩 있었어. 다른 마을로 연락하고 싶을 때는 센트럴을 통해야만 하는데, 그러니까 누군가 마을을 장악했다면 센트럴부터 차지하겠지. 결론적으로 말하자면, 누가 어디를 장악하고 있는지 알아보고 싶다면 그냥 전화만 걸어보면 되는 거야. 꽤 효과적인 방법이었지. [웃음] 물론 그래도 현장에 직접 가서 확인을 하는 것은 여전히 중요해. 공적인 자리에 있는 취재원들은 정말 신뢰하기 어려웠거든… 그 무엇도 액면 그대로 받아들여선 안 돼. *Frazier, 11-12/13-14*

평시에도 특파원들은 기사를 전송하기 전 사실관계를 확인하기 위해 공을 들인다. 이는 대부분 대중의 관심 밖에서 벌어지는 일로, 속보경쟁, 기술발달, 독자들의 압박 등으로 인해 더욱 촉박해진 취재시간의 상당부분을 잡아먹는다. 2003년 하바나, 마이애미 등지에 분포되어있는 취재원들이 쿠바에서 체포된 반체제인사의 숫자를 제각각 다르게 보고했을 때처럼, 기본적인 정보조차 확인하기 어려울 때도 있다.[31]*Snow, 25-26*

  2013년 알제리사막 깊숙한 곳에서 이슬람 극단주의 테러리스트들이 집단인질극을 벌였을 때도 마찬가지였다. 당시 테러리스트들은 41명을 억류하고 있다고 발표했다.[32]

---

31 Anita Snow, "Cuban leaders round up dissidents, restrict American diplomats' movements," The Associated Press, March 19, 2003.

32 2013년 1월 알제리의 외딴 사막에 있는 가스공장에서 테러범들이 수백 명을 인질로 잡은 사건. 30명이 넘는 외국인 인질이 사망했다.

우리는 처음에 창문을 깨고 순식간에 물건을 훔쳐가는 것처럼 사람들을 납치했을 거라고 생각했어요. 하지만 추론은 다음 질문에서 막혔죠. "41명을 어떻게 태우고 갔지? 그렇게 큰 차는 없을 텐데…" 그제서야 우리는 처음부터 뭔가 잘못 짚고 있었다는 것을 깨달았죠. "41명이 원래 건물 안에 있었고, 그들이 들어가 억류한 건 아닐까?"… 추론을 뒤집어보니 상황이 납득되었죠. 그렇게 접근하니 문제는 더 커지고 말았어요. "그렇다면… 인질이 41명밖에 안 될까?" 급박하게 사실확인에 나섰는데, 정말, 인질은 훨씬 많았어요… 41명은 외국인만 센 숫자였던 거예요._Schemm, 17-18_

조급한 상황에서 검증을 생략하는 선택을 한 경우도 있다. 하지만 그런 선택은 수치스러운 결과를 낳았다. '정정보도'를 해야만 했던 것이다. 아프리카단결기구OAU 회담을 취재한 로젠블럼은 식민지배국과 피지배국 사이의 갈등을 상당히 설득력있게 해설하는 기사를 작성하면서, 잠비아대통령이 영국총리를 'traitor(반역자·배신자)'라고 불렀다고 인용했다. 문제는 잠비아대통령이 사용한 단어가 'traitor'가 아니라 'trader(장사꾼)'였다는 사실이 밝혀지면서 그의 기사는 빛을 잃고 말았다._Rosenblum, 6-7_

　내부고발을 토대로 기사를 써야 할 때 사실확인은 훨씬 골치 아픈 일이 된다. 내부고발자들은 진실을 말할 때도 많지만, 순수하지 않은 의도로 폭로하는 경우도 많기 때문이다. 멕시코의 한 유류사업자는 멕시코의 최대 석유회사 페멕스의 불법계약서에 관한 사실을 폭로하겠다며 스티븐슨을 찾아왔다. 하지만 그는 '기삿거리를 주면 무엇을 줄 것인지' 물으면서 뇌물을 요구했다. 스티븐슨은 요구를 거절했다._Stevenson, 19_

　한편 스티븐슨은 멕시코 북부의 탄광도시에서 사람들의 혈중 납 농도가 급증했다는 NGO보고서를 보고 사실을 확인하기 위해 이곳을 찾았다가 사뭇 다른 경험을 했다. 실제로 사람들이 사는 집 바로 옆에 '납 폐기물'이 산처럼 쌓여있었다. 마을사람들의 시위행진에서 그 지역에 사는 과학자를 만났는데, 이 회사는 납이 어린아이들에게 얼마나 큰 영향을 미치는지 알면서도 10년째 폐기물을 마을에 쌓아놓고 방치하고 있다고 말했다.

> 회사를 찾아가 인터뷰를 했죠. CEO가 직접 나오더군요. 인터뷰를 시작하기 위해 우선 가벼운 질문을 던졌는데… "당신들이 버린 납 폐기물 바로 옆에서 사람들이 살아가는 모습을 보면 죄책감 같은 건 들지 않나요?" "아, 그럼요. 하지만 우리는 그 폐기물로 뭔가 해줄 수 있다고 생각해요. 긍정적인 분위기가 물씬 나는 에코파크 같은 걸 지을 수도 있겠죠." 정말 어이없는 답변이었죠. 어쨌든 그의 대답을 그대로 기사로 내보냈어요. 다시 찾아갔을 때는 더 이상 CEO 혼자 나오지 않더군요.[33] *Stevenson, 24–25*

온라인에서 떠도는 정보 검증하기

소셜미디어의 광범위한 사용은 새로운 윤리적, 직업적 딜레마를 만들어냈다. 온갖 트렌드를 추적해야 할 것 같은 압박감을 느끼는 와중에도 특파원들은 사실여부를 검증하기 어렵고 익명으로 제작되는 UGC를 거의 신뢰

---

[33] Mark Stevenson, "Mexican children live a tragedy foretold in shadow of refinery," The Associated Press, May 5, 1999. 이 기사는 마을의 상황을 다음과 같이 묘사한다.

이 아이들이 사는 집과 아이들이 다니는 학교는 80미터 높이의 광산재 산으로 둘러싸여있다. 관료들은 수천 명의 아이들의 혈관으로 독성 납이 스며드는 동안 아무 조치도 하지 않았다.

기사는 이 회사의 대표 마누엘 루에바노스의 말을 인용하며 끝을 맺는다.

"검은 산의 일부는 콘크리트로 포장을 하기도 했습니다." 하지만 아주 적은 부분에만 취해진 그러한 조치는 아무런 차이도 만들어 내지 못했다. 그 대신 그는 "광산재 산은 랜드마크가 될 겁니다… 우리나라에 생태학적인 메시지를 보내는 기여를 할 수 있을지도 모르잖아요."

하지 않는다. '참고하는' 정도로만 활용할 뿐이다.*Reid, 74*

물론 그렇지 않은 때도 있다. 현장에 갈 수 없는 상황에서 소셜미디어가 그나마 정보를 얻을 수 있는 유일한 채널이 되는 경우가 있다. 2010년대 시리아내전이 그런 상황이었다. 기자들이 현장을 일일이 찾아다닐 수 없었기 때문에, 자신이 확보한 정보를 개별적으로 검증하기가 매우 힘들었다.

2011년 일본에서 지진, 쓰나미, 핵발전소 붕괴로 이어지는 사태가 발생했을 때 AP일본지국을 이끌던 말콤 포스터는 후쿠시마발전소에 관한 정보를 수집하는 동안 온라인에서 놀라울 만큼 완벽한 취재원을 찾아낸다. 하지만 그 내용을 기사를 쓸 때 활용하지는 않았다. 검증할 수 없었기 때문이었다.

> 절박한 심정으로 발전소직원들을 만나 직접 이야기를 듣기 위해 노력했지만 모두 실패했어요. 그들에게 연락을 할 방법이 없었고, 도쿄전력은 직원들이 기자를 만나는 것을 허락하지 않았어요. 그래서 우리는 어쩔 수 없이 소셜네트워크를 뒤졌어요. 절박했죠. 마침내 한 여성을 찾아냈는데, 정말 적절한 사람이었어요. 하지만 우리는 그녀를 취재원으로 사용할 수 없었는데… 검증할 수 없었기 때문이죠. 그러기를 잘했던 것 같아요. 나는 모험을 하기보다는 안전한 쪽을 선호하는 편이거든요.*Foster, 12*

AP가 전통적으로 금기시하는 취재원을 익명으로 처리하는 것보다, 페이스북에 올려놓은 글을 인용하는 것을 더 내키지 않아 하는 특파원들도 많다.

> 취재원을 익명으로 보도한다고 해도 어쨌든 그 취재원은 직접 만나

서 이야기한 거잖아요. 페이스북에 올려놓은 글은 그러한 기초적인 정보조차 검증하지 않은 것인데, 어떻게 그걸 기사로 쓸 수 있나요? *McDowell 17*

베테랑 특파원 리드는 전화에서 팩스로, 팩스에서 온라인비디오로 정보를 전달하는 방식은 변했어도 주의깊게 검증을 해야 한다는 사실은 변하지 않았다고 말한다.

[이라크에서] 몇몇 사람들이 소셜미디어를 활용해 이러저러한 공표를 하기 시작했지. 처음에는 어떻게 받아들여야 하나 고민을 했는데… 거짓계정일 수도 있고, 해킹되었을 가능성도 있잖아. 그런 글이 나올 때마다 계속 전화를 해서 직접 확인을 했는데, 그럴 때마다 이런 답변을 들었지. "아뇨. 아닙니다. 진짜 우리가 쓴 거 맞아요." 결국 우리는 소셜미디어를 40년 전 처음 등장한 팩스와 같은 것으로 간주하기로 했어. 팩스가 처음 등장했을 때에도 똑같은 혼란이 있었거든… 기술이 발달하면서 이제는 글뿐만 아니라 사진과 비디오도 올라오기 시작하는데… 어쨌든 그런 자료를 부분적으로 활용하여 기사를 쓰고는 있지만, 그래도 세심하게 검증을 해야 돼. 의심스러운 내용은 없는지, 사진 속에 왜곡된 곳은 없는지, 동영상 속에 나오는 건물이 진짜 그곳에 존재하는지, 뭔가 조작되었거나 포토샵 처리한 것처럼 보이는 곳은 없는지 눈을 크게 뜨고 봐야 돼. *Reid, 74*

기자가 직접 만난 취재원이든 온라인취재원이든 제 아무리 엄격하게 검증을 했다고 하더라도, 궁극적으로 인용의 핵심은 '기자가 그것을 처음에 어떻게 알았느냐'가 아니라 '누가 뭐라고 말했느냐'에 있다고 특파원들은 말한다.

[카다피 이후의 리비아는] 극심한 혼란에 빠졌어요. 취재하기 쉽지 않은 곳이 되었죠… [카다피의 대변인이었던] 모우사 이브라임이 붙잡혔다는 정부발표가 있었는데… 확인해보니 사실이 아니었어요. 군인들 사이에 떠도는 소문을 그냥 발표한 것이었죠… 공식적인 취재원이 발표한 것도 사실이 아닌 것으로 뒤집히는 나라에서, 진실을 취재하는 일은 정말 고달플 수밖에 없죠.*Schemm, 17*

[시리아 북부에 위치한 주요도시] 이들립에서 오는 소식은, 반드시 아랍어를 할 줄 아는 사람을 통해 진위를 검증해야 합니다. 먼저 사람들의 말투가 그 지방 특유의 억양을 가지고 있는지 확인합니다. 배경에 보이는 건물의 간판도 유심히 보고 그곳이 정말 이들립인지도 확인하죠… 전문가 검증을 거치는 것과 같은 이치예요. 그리고 신뢰할 수 있는 취재원이 보내오는 정보만 주로 활용합니다. 그렇지 않은 사람들이 보내오는 정보는 참고만 합니다… "이 동영상은 AP기준에 따라 검증된 아마추어기자가 찍은 비디오입니다."… 이렇게 말할 수 있어야 합니다. 검증의 책임을 취재원에게 돌릴 때 기자는 '취재원에 따르면'이라고 말하죠. 이 경우 취재원이 사실을 말하지 않았다면 어떻게 될까요? 취재원이 거짓말한 것이지, 내가 거짓말한 것이 아니라고 핑계를 댈 수 있을까요? 아닙니다. 진실이 아닌 것을 보도한 책임은 무조건 기자가 져야 합니다… 어쨌든 기자는 취재원의 말을 인용해야 합니다. 자신이 모르는 것을 아는 척해서는 안 됩니다. 진위를 파악하기 위해 힘이 닿는 데까지 노력해야 합니다. 그래야 아주 조금이라도 더 진실에 다가갈 수 있습니다. 무엇이 진실인지 알 수는 없지만, 그래도 최선을 다해야 합니다. 무엇이 진실에 가까운지 판단하는 것은 결국 기자의 몫입니다. 이러한 책임에서 빠져나갈 수 있는 구멍은 없습니다.*Perry, 23-24*

실명공개의 딜레마

취재원 보호와 배려

취재원을 발굴하고 검증하는 것은 특파원들이 반드시 수행해야 하는 임무다. 이러한 과정에서 부딪히는 위험과 갈등을 헤치고 나아갈 줄 알아야 한다. 하지만 취재원과 관련하여 또 다른 윤리적인 딜레마가 따라오는데, 바로 취재원을 어떻게 보호할 것이냐 하는 문제다. 기자는 취재원이 불필요한 고통이나 곤란에 휩싸이지 않도록 보호해야 한다. 특히 중국이나 라틴아메리카 같은 곳에서는 기자에게 자신의 생각을 잘못 말했다가 목숨을 잃을 수도 있다.

> 끔찍한 세상에서 살아가는 사람들을 생각해보세요. 온두라스의 수도 테구시갈파의 한 레스토랑에서 국무장관을 지냈던 [알프레도] 란다베르드를 만났어요. 경호원도 무기도 없이 약속장소에 왔더군요. 그는 나에게 온두라스 경찰의 온갖 비리를 폭로했지요. 최고지휘부까지 비리에 깊이 연루되어있었어요. "란다베르드씨, 정말 이것을 기사로 써도 됩니까?" 여러 차례 묻고 확인했지요. "네, 나는 소신껏 행동합니다. 사람들도 내가 그렇게 행동할 것이라는 사실을 알고 있습니다. 지금 나는 그렇게 행동할 뿐이죠." 우리는 다시 만날 것을 기약하고 헤어졌는데, 길가에서 오토바이를 탄 괴한의 총격을 받고 6개월 뒤 사망했지요.[34] 자신의 목숨까지 내놓아야 하는 위험을 무릅쓰고 진실을 말하는 사람

---

34 Mark Stevenson, "Honduras becomes Western Hemisphere cocaine hub," The Associated Press, October 30, 2011. 이 기사는 '온두라스가 남미에서 재배된 코카인의 주요 수송경로가 된 이유'를 상세히 설명하면서 란다베르드의 인터뷰를 인용한다. 물론 그의 실명은 밝히지 않았다. 하지만 기사가 나간 지 두 달도 되지 않아 총격으로 사망한다.

들을 보면서 나는 정말 깊은 감명을 받았습니다.*Stevenson, 22*

프레이져는 중앙아메리카에서 게릴라전을 취재하던 중, 폭탄공격으로 아
내를 잃었다.[35] 그 사건을 겪은 후 프레이져는 심리적 트라우마를 겪는 민
간인들의 마음을 더 잘 이해하게 되었다고 말한다. 프레이져는 엘살바도르
를 취재하는 동안 뉴욕의 에디터들에게 취재원들이 말을 잘 하지 않는 이
유를 설명해야만 했다. 30년이 지난 지금까지도 자신과 인터뷰했던 것 때
문에 불행을 겪었을지도 모를 사람들에 대해 여전히 마음의 빚을 지고 있
다고 말한다.

> 다섯 아이를 둔 여성과 이야기했지. 그녀는 또 임신을 해 만삭인 상태
> 였어. 불 옆에 서서 콩 같은 것이 들어있는 냄비 밑에 나무때기를 던
> 져 넣고 있는 그녀가 이야기했지. "그… 나쁜 놈들이 와서 남편을 잡
> 아 갔어요. 신의 말씀을 설교했다는 이유로요. 그 이후 다시는 보지
> 못했어요… 우리가 커피를 수확하러 가는 길에 매복해있었어요." 그
> 러더니 갑자기 등을 돌리면서 이렇게 말하더군. "난 못 봤어요. 아무
> 것도 못 봤어요."[36] 사람들은 그렇게 불현듯 공포에 휩싸였어… 뉴욕
> 에 있는 잘나디 잘난 사람들은 이렇게 말하지. "거리로 가서 평범한
> 엘살바도르사람과 이야기를 하세요. 이 사건에 대해 일반적인 엘살바
> 도르사람들은 어떻게 생각할까요?" 나는 그런 작자들에게, 뇌 세포
> 가 두 개 이상 돌아가는 평균적인 엘살바도르사람이라면 입을 다물
> 고 있다고 말해주었어. 그곳에서는 입 한 번 잘못 놀렸다가는 눈깜짝

---

35 《티코타임스》의 기자였던 그의 아내 린다 프레이져는 1984년 니카라과 기자회견장 폭
    탄테러로 목숨을 잃었다.

36 Joseph Frazier, "Refugee camps swelling in El Salvador", The Associated
    Press, January 18, 1981. 이와 똑같은 장면을 묘사하는 대목이 이 기사에 담겨있다.

할 새 죽을 수 있거든… 인터뷰를 하고 나서 몇 시간 후 시체로 발견되기도 해. 물론 그게 우연이길 바라지만, 누가 알아? 그런 상황은 나도 힘들어… 물론 거기서 평생 살아야 하는 사람들에 비할 바는 아니지만. *Frazier, 22/16/25*

1989년 6월 테릴 존스는 천안문광장에서 탱크 사이를 휘젓고 다니며 천안문항쟁을 취재했다(BtN#4 참조). 지금도 베이징특파원으로 활동하는 그를 천안문광장 서쪽구역에 위치한 그의 사무실에서 만났다. 4반세기가 지났음에도 그는 여전히 죄책감에 시달리고 있었다.

그는 당시 기사를 작성하면서 몇몇 취재원들의 실명을 공개했다. 물론 취재원의 실명을 공개하는 것이 AP의 전통이었을 뿐만 아니라, 어쨌든 민주주의가 승리할 것이라는 서구인들의 막연한 낙관 때문에 그는 기사를 쓸 당시 이름을 공개하는 것에 대해 별다른 고민을 하지 않았다. '베이징과학기술대학에서 경영학을 전공하는 내몽골자치구에서 온 3학년 학생 양지셩'은 그가 사태 초기에 작성한 기사에 등장한다. 이 기사가 나온 뒤 양지셩은 주요인물로 떠올랐다. 그는 기사에서 군대가 전혀 두렵지 않다고 말하였으며, 천안문광장에서 임시거처로 사용하던 탈취한 버스 위에 올라가 아코디언을 연주하기도 했다. 그는 결국 중국정부에 구속되었다.[37]

AP에서 작성한 기사나 사진 때문에 체포당한 사람들이 있지 않을까요? AP 때문에 처형당하거나, 고문당하거나, 불구가 되거나, 다시 걷지 못할 정도로 두들겨 맞은 사람이 있진 않을까요? 또는 가족과 생이별을 한 사람은 없을까요? 가족이 박해를 당한 경우는 없을까요? 그

---

37 Terril Jones, "Students living in makeshift city in Beijing's central square," The Associated Press, May 25, 1989.

렇습니다… 이건 현실이죠. 내가 인터뷰했던 사람들, 아주 잠시 만났을 뿐이지만, 그들은 지금도 내 머릿속에서 떠나지 않아요. 그 댓가로 나는 지금도 고통을 겪고 있습니다. 그런 일을 겪은 사람들은 내가 아는 것 말고도 훨씬 많이 있을 것입니다… 나는 편안한 시간을 보내고 있을 때, 여행을 즐기고 아이들과 함께 놀고 가족들을 베이징으로 초대하여 동물원 구경을 할 때, 그들은 과연 어떤 시간을 보내고 있을까요? 나는 늘 죄책감을 시달립니다… 나로 인해 초래되었을지 모르는 그들의 불행을 생각해보면 나는 너무나 운이 좋고 행복한 사람이지요. 나는 이 사건을 함께 취재했던 기자들 모두 똑같은 비극을 겪을 것이라고 생각해요. 모르고 했든, 의도하지 않았든, 피할 수 없는 운명이죠…

[1989년] 6월 3일 밤, 계엄군이 광장을 향해 발포하면서 돌진하기 시작했어요… 난 베이징호텔 로비에 갇혀있었죠… 한 젊은이가… 신분증을 슬쩍 보여주면서 자신이 공안부 소속이라고 밝히며 묻더군요. "거기서 뭘 취재했나? 무슨 일을 했나?"… 비디오카메라를 꺼내 보여주었더니… 테이프를 꺼내 가져가는 거예요… 두 시간 분량의 영상이 담겨있었는데… 정말 화가 치솟았고, 열을 내며 항변했지요. 나는 너무도 화가 나서 방으로 돌아갔다가, 도저히 참을 수가 없어서 그를 쫓아가야겠다고 마음먹었지요. 그가 호텔 밖으로 나가는 모습이 보였고, 밖에는 군중이 모여있었어요. 도망치려는 순간 그의 팔을 잡으면서 소리쳤습니다. "이 사람은 공안입니다. 내 필름을 압수했어요!" 군중들이 달려들어 그가 가진 물건을 빼앗으려고 했지만… 결국 되돌려받지 못했어요. 나는 그 비디오테이프에 무엇이 담겨있었는지 기억하지도 못해요. 다만, 자신의 얼굴이 찍히는 것도 겁내지 않고 자신의 희망과 열망을 토로한 사람들, 왜 자신이 그 자리에 나왔는지 열변을 토하는 평범한 사람들이 기록되어있었을 뿐이죠. 그 테이프로 인해서 그들에게 무슨 일이 벌어졌을지는… 잘 모르겠어요. *Johns, 31-33*

지금도 마찬가지이지만, 중국취재가 시작된 1970년대부터 중국특파원들은 사람들과 관계를 맺을 때 늘 신중해야만 했다. 일반인은 물론 하급관리들도 정부의 감시를 받고 있기 때문이다. 감시는 물론 전자기기를 활용하여 은밀하게 이루어지지만, 노골적으로 감시를 할 때도 있다. 그레엄은 중국에서 반체제인사들을 만나 인터뷰하러 갈 때마다 초록색 메르세데스벤츠가 따라붙는다는 것을 깨달았다. 그레엄은 베이징의 유럽인 거주지역에서 살았는데, 이곳은 늘 공안이 출입자들의 신원을 확인했다. 그래서 반체제인사를 초대하는 것은 불가능했다.*Graham, 12*

그로부터 40년이 지난 뒤에도 상황은 달라지지 않았다. 베이징에 있는 AP지국에서 중국지국장 허츨러를 만나 인터뷰하는 도중에 그는 이렇게 말했다.

우리 사무실은 낱낱이 도청되고 있을 거예요.*Hutzler, 14*

이런 상황 속에서 취재원보호에 신경을 쓰지 않을 수 없다고 말한다.

이곳에서 기자로서 겪는 가장 큰 어려움은 늘 이런 것이죠. 그래서 내가 할 수 있는 일이 별로 없어요… 민감한 취재원에게 연락할 때는 선불전화기를 쓰는데… 그래도 기본적으로 추적을 당하는 상황이라면, 당신이 어떤 선불전화를 쓰는지 공안은 금방 알아낼 것이고, 통신회사에서 번호를 따내겠죠… 머지않아 취재원에게 위협이 가해지기 시작하겠죠? 전화를 끊자마자 공안이 들이닥칠지도 몰라요… 반체제인사나 활동가들이, 그들의 가족들이, 때로는 관료에 의해 부당한 일을 당한 일반인들이 우리를 찾아오는데, 그건 진짜 절박한 상황이라는 뜻이에요. 어디에서도 도움을 받을 수 없는 상황에 처했을 때, 우리와 접촉함으로써 자신에게 닥칠 수 있는 불이익도 감수할 수 있다는 뜻이죠… [취재원 중에] 공산당 중앙위원회에서 보안을 담당하는 관료가 있었는데 그와의 관계가 노출되지 않도록 상당히 조심했어요. 일단 나는 그에게 전화할 수 없었어요… 외신사무실은 대부분 외교관 거주구역에 위치하기 때문에 여기서 정부부처로 나가는 전화는 빠짐없이 감청당해요… 그래서 나는 그 취재원과 연락하기 위해 복잡한 루틴을 짜냈죠. 내가 먼저 그의 집으로 전화해서… '오, 라오펑요우^{老朋友old friend}'라고 말을 하는 거예요… 전화로 시간만 정하면, 미리 정해놓은 장소에서 만나는 거죠. 그렇게 우리는 가끔 만나서 이야기를 했어요… 한동안은 정말 소중한 관계였는데… 이런 관계에서 종종 벌어지는 일이지만, 그가 높은 관직으로 승진을 하였고, 외국기자와 만남을 유지하는 것은 너무 위험한 일이 되어버렸어요. 취재원을 잃은 거죠.*Hutzler, 5-6*

AP특파원으로서 북한에서 직접 취재한다는 사실에 상당한 자부심을 가지고 있었던 진 리는 '우리에게 말을 걸 만큼 용기있는 사람들'에게 해를 끼쳐서는 안 된다고 말한다. 그녀는 이것을 '해외특파원이 어느 곳을 가더라도 반드시 갖춰야 할 도덕적 나침반'과 같다고 말한다.*Lee, 7*

AP국제보도부문을 이끄는 존 대니젭스키도 공산주의정권들이 붕괴되어 가던 동유럽에서 특파원으로 활동하던 때를 회상하면서, 취재원을 보호하기 위해 어떤 노력을 했는지 이야기한다.

[취재원들 중에는] 정부가 무슨 일을 하는지 훤히 꿰뚫고 있는 사람들이 많아. 그래서 감시를 당하거나 추적당하더라도 허술하게 잡히지는 않지. 어쨌든 그들의 집도 늘 감시당할 확률이 높아서, 비밀스러운 대화를 해야 한다면 집밖으로 나가 공원이나… 감시가 따라붙기 힘든 장소로 가서 이야기하지. 도청하기 힘든 장소를 찾아야 해. 자동차나 택

시도 안전하지 않아. 식당이나 커피숍 같은 곳은 종업원이 엿들을 수도 있고. 그런 나라에서는 피할 수 없는 삶이지… 수도꼭지를 틀어 놓고 이야기를 나눈 적도 많아.*Daniszewski, 11*

미국-멕시코 국경에서 가까운 마약카르텔이 지배하는 무법지대에서 스티븐슨은 자신과 취재원들의 목숨을 보전하기 위해 취재원칙을 수정할 수밖에 없었다. 취재원의 실명을 밝히지 않는 것이었다.

마약전쟁에서 7만 명이 죽었잖아요. 누군가 보복의 두려움 때문에 자신의 이름을 밝히지 말아달라고 요청한다면, 그건 오히려 신뢰할 만한 취재원이라는 뜻이죠… 카르텔 간에 갈등이 치열한 지역에 사는 사람들은 거의 말을 하지 않아요. 자기들이 살고 있는 도시와는 무관한 카르텔에 대해선 거침없이 이야기를 해도, 자기가 사는 곳을 장악한 카르텔에 대해서는 입을 다뭅니다… 시우다드후아레스에서 한참 떨어진 발레데후아레스에 갔을 때, 카르텔이 라이벌카르텔의 철자를 틀리게 쓴 전단지를 나눠준다고 사람들이 말하더군요. 이것은 상대방 카르텔을 위협할 때 사용하는 전형적인 수법이었는데… 우리는 도나 M 식당에서 타코를 먹고서 마을을 한 번 둘러보고 다시 그 식당으로 갔는데, 도나M이 나가서 그 전단지를 직접 구해다 놓았더군요. 사람들은 정말 우리에게 도움을 주고 싶어했어요. 자신들의 처지를 알리고 싶어했죠… 한번도 가본 적 없는 곳… 본적도 없는 사람들… 지방을 장악한 카르텔의 보스를 인터뷰해보지도 않고 퍼즐을 맞춰나가는 것과 같아요. 옆 도시로 가야만 그 조각을 맞출 수 있죠… 절대 맞부딪쳐서 할 수 있는 일이 아니에요… 사람들은 힘이 닿는 한 돕고 싶어했어요. 하지만 동네마다 금기어가 있었죠. 예컨대, 타마울리파스에서는 아무도 제타스Z를 입에 올리지 않아요. 그냥 '글자', '끝 글자'이렇게 말하죠. 특파원이라고 해도 그 단어를 입에 올렸다가는 큰 일을 당하죠. *Stevenson, 11-13*

익명보도를 용인할 수밖에 없는 상황은 특파원에게 역설적일 수밖에 없다. 사람들에게서 온전한 정보를 얻기 위해 모든 힘을 다해 싸우고 나서, 그들에게서 정보를 얻었다는 사실을 다른 누군가, 특히 정부에게 노출하지 않기 위해 더 열심히 싸워야 한다. 해롤드 올모스는 1970년대 중반 광산지역에서 일어난 폭동을 진압하기 위해 볼리비아군대가 동원되었다는 사실을 제보한 육군중사의 신원을 밝히지 않기로 결정했다. 결국 그는 볼리비아정부에 의해 추방당하고 말았다. *Olmos, 22*

베트남전쟁 중 AP사이공지국장이었던 파일은 북베트남 폭격명령을 거절한 사실을 폭로한 미군 전투기 조종사의 신원을 밝히지 않아 미군은 물론 다른 기자들로부터 따가운 눈총을 받았다. AP와 독점인터뷰한 취재원을 알아내기 위해 달려드는 사람들을 보면서 더욱 그를 보호해야겠다는 생각을 굳혔다고 한다.

마이클 헥이라는 대위가 [1972년] 북베트남에서 폭격명령을 거절했다가 임무에서 배제되었다는 기사가 워싱턴에서 나왔는데, 그 기사를 보고 조지 에스퍼가 '어, 이거 기삿거리가 되겠는데'라고 말하더군… 별일없이 옆 자리에 앉아있던 나는 그가 하는 일을 지켜보고 있었지. 전화를 걸고, 걸고, 또 걸더니 마침내 답을 얻어내더군. 그 대위가 태국에 있는 미군전투기 비행장에서 근무하고 있다는 사실을 알아낸 거야… 한 45분 정도 대화를 하더니… 에스퍼는 정말 재빠른 놈이었어… 대위의 은혜를 입고서는 이야기를 풀어내기 시작했더군… 그렇게 작성한 기사는 그 다음날 《뉴욕타임스》 1면을 장식했지. "우리가 거기서 수행한 대규모 폭격에서는… 폭탄이 과녁에서 벗어날 수밖에 없다는 것은 의심할 여지가 없는 것이죠." "이 전쟁에 참전하는 것보다 [영장을 몇 년] 사는 것이 훨씬 쉬울 듯합니다." 실제로 기사에 인용된 인터뷰 내용은 엄청난 충격을 몰고왔어.[38] 지옥에서 마귀들이 모두 풀려났는지, 전화통에 불이 나기 시작했지. "누구예요?! 어떤 파일럿하고 이야기를 한 거예요? 어떤 사람이에요?!"… "죄송합니다. 우리는 그가 어디서 근무하는지 이야기하지 않겠다고 약속했습니다."… 다음날 대위에게 다시 전화를 걸었더니 거기도 난리가 났다고 하더군… "오, 이런, 한 발짝도 나갈 수 없네요. 나는 아무데도 가지 않을 거예요. 나는 한 마디도 하지 않을 거예요." 에스퍼가 이렇게 묻더군. "그들이 말하지 못하게 하는 건가요?" "네, '그들은' 나한테 누구하고도 말하지 말라고 하네요. 당신하고도 말이죠." "그들이 당신의 입을 틀어막았다는 말씀이시죠?" "네. 그들이 나의 입을 막았다고 말할 수 있겠네요." "감사합니다." 전화를 끊고 나서 에스퍼는 또 기사를 막 쓰더군. "공군이 그의 입을 막았다." 다음 날 또 한 번 난리가 났지.[39] *Pyle, 21-22*

1970년대 로디지아와 1990년대 보스니아의 특파원들은 취재원과 인터뷰 내용을 고려하여 너무 끔찍한 이야기는 자세하게 보도하지 않았다고 한다. 모두 사망자와 관련된 내용이다.

오늘날 무타레와 가까운 지역에서 또 다른 대량학살이 벌어졌어. 거기에는 개신교 선교사들이 많았거든… 우리는 최대한 빨리 현장으로 달려갔는데… 생후 3개월 정도 된 갓난아기가… 이마에 군화발자국

---

38 George Esper, "B-52 Pilot Who Refused Mission Calls War Not Worth the Killing," *New York Times*, January 12, 1973, 1.

39 마이클 헥Michael Heck 대위는 휴 멀리건과도 인터뷰했다. (AP Oral History, Mulligan 2005, 20–21).

이 난 채로 죽어있더군… 이 처참한 현장상황을 기사로 쓸 생각은 전혀 하지도 못했어… 당시에는 휴대전화 같은 게 없었기 때문에, 사무실로 돌아와 기사를 써야 했는데… 그래서 글을 쓰기 전에 생각할 시간이 좀 있거든… 돌아오는 길에 옆에 앉아있던 기자와 이야기를 나눴는데… "너무 끔찍하지만 좋은 기삿거리네. 투자한 것에 비하면, 정말 대단한 특종인데." 그러자 그가 말하더군. "아, 그런데 투자를 논하기 전에 인생에 더 중요한 것이 있지 않을까?"… 정말 그랬지.[40] *Johnson, 3-4*

보스니아에 있을 때, 사고소식이 들어왔어요. 한 가족이 점심을 먹다가 몰살당했다는 거였는데… 시체안치소에 가서 엄마의 시체를 확인했어요. 깜짝 놀라서 '오!'라고 소리지르는 표정이 얼굴에 그대로 남아있더군요. 점심밥을 먹고 있다가 창문으로 박격포 포탄이 날아들어왔다고 해요. 한 가지 눈에 띄는 것이 있었는데, 기사에는 쓰지 못했지만… 여전히 움직이고 있는 시계였어요… 당시 미국에서 티멕스 시계가 '험한 충격을 받아도 시계바늘은 계속 갑니다'라고 광고했거든요. 물론 그녀의 시계는 티멕스가 아니었지만… 왠지 그걸 기사에 쓰는 것은 옳지 않다고 생각되더군요. 사실 기자로서는 놓치기 아까운 디테일이었지만, 마음이 편하지가 않더라고요…*Alexander, 15/29*

실제로 기자들은 타인의 고통을 깊이 파고들어, 그 고통을 독자들이 실감할 수 있도록 더 드라마틱하게 기사를 작성하라는 압박을 받는다. 고통을

---

40 Maureen Johnson, The Associated Press, June 29, 1978. 이 기사는 참혹한 현장상황을 다음과 같이 진술하고 넘어간다.
영국 선교사들은 검은 괴한들에 의해 처참하게 죽임을 당하였고 가장 어린 희생자는 생후 3주밖에 되지 않은 여아로 엄마와 함께 관 속에 눕혀졌으며, 다른 한 소녀의 관에는 그녀가 생전에 가장 좋아하던 노란 부엉이 인형을 넣어주었다.

누그러뜨리고 완화하기보다는, 자극적이고 가학적으로 묘사할수록 더 많은 호응을 얻고 신문에 실릴 확률이 높아진다. 그래서 1960년대 콩고내전이 한창일 때 킨샤사공항에서 피난을 가려는 사람들 사이를 휘젓고 다니며 '영어할 줄 아는 강간당한 분 있습니까?'라고 외친 기자도 있었다.[41] 물론 검증이 중요하긴 하지만 취재원의 존엄성까지 해쳐서는 안될 것이다.

캄보디아난민들은 모두 가족을 잃은 사람들이었지. 둘, 셋, 넷… 모두 잃은 사람도 있었어. 나는 그들에게 굉장히 구체적인 질문을 던졌어. "당신의 아버지를 그들이 어떻게 죽였는지 자세하게 말씀해주실 수 있습니까? 머리를 돌로 내리쳤습니까? 산 채로 구덩이에 던졌습니까? 총을 쐈습니까?" 생생한 기사를 쓰기 위해 그들의 끔찍한 기억을 되살려내달라고 괴롭힐 수밖에 없었지. 무수히 그런 질문을 던졌어. 그들은 대답을 하다가 눈물을 흘리기 시작하지. 물론 나도 괴로워… 나는 내가 할 수 있는 한 최선을 다하기 위해 노력할 뿐이야. 그들과 공감하고 함께 슬퍼하지. 어쨌든 2분짜리 인상적인 인터뷰 하나를 얻기 위해 '당신의 아버지를 어떻게 죽였는지 말씀해주세요'같은 질문을 남발하는 기자가 되지 않기 위해 노력했어. 인터뷰를 하기 위해 그들과 함께 많은 시간을 보내려고 노력했지… 인터뷰한 사람에게 사례를 하지 않는 것이 원칙이지만, 그래도 사람들이 너무 굶주리는 상황일 때는 마을의 지도자에게 기부금을 내기도 하고, 아이가 굶주리는 상황에서는 어머

---

41 로이터를 비롯하여 여러 통신사에서 특파원으로 활동한 에드워드 베르Edward Behr의 회고록 "Anybody here been raped and speaks English?"에 나오는 한 장면이다. 1960년 신생독립국 콩고에서 수천 명의 벨기에 민간인들이 빠져나오기 위해 몰려든 공항에서 누가 봐도 영국 방송기자인 것이 티가 나는 한 사람이 적대적인 군중 가운데서 마치 소대 지휘관처럼 카메라맨과 스태프들을 끌고다니면서 이따금씩 멈춰서서 딱딱하지만 우아한 BBC스타일 영어로 "여기 영어할 줄 아는 강간당한 분 있습니까?"라고 외쳤다. (Behr, 134).

니에게 쌀을 조금 사서 주기도 했어. 돈을 직접 주기보다는 뭔가 사서 주는 게 좋다고 생각했지. 최근에는 버마에서 가장 가난한 지역인 '친'에 취재하러 갔다가… 가이드에게 물었지. "우리가 이들에게 사례금을 주기는 어려울 듯한데, 어떻게 생각하나요?" "아이들에게 크래커를 좀 주는 건 어떨까요?" *Gray, 16-17*

멕시코사람들의 생생한 목소리를 듣고 싶어서 한 작은 마을에 들어갔어요. 유괴되거나 실종된 가족이 있는 사람들을 인터뷰하고 싶었죠… 한 여성이 인터뷰에 응했는데, 말하다보니 그녀가 사건의 내용을 모두 알고 있지 못했어요. 인터뷰가 중간에 끊겼죠. 어떻게 해야 할지 몰라 잠깐 서있었는데, 느닷없이 사람들이 모여들더니 주변을 에워싸더군요. "우리 형도 실종되었어요. 우리 형 이름도 적어주세요!" 사람들이 웅성대며 실종된 자기 가족의 이름을 외치기 시작했어요. "세뇨르, 요 노소이폰쵸나리오, 요소이페리오디스타 (여러분, 나는 관료가 아닙니다. 기자입니다.)" 이 말을 반복할 수밖에 없었죠. 결국 나는 그 사람이 불러주는 이름을 모두 적을 수밖에 없었어요. 정말 비참한 기분이 들었죠. 내가 그들을 위해 해줄 수 있는 게 아무 것도 없었거든요. 그곳에 심각한 문제가 있다는, 대체적인 인상을 글로 전달하는 것이 고작 내가 할 수 있는 일이었죠. *Stevenson, 33*

미군이 전쟁포로를 베트남에서 필리핀으로 이송했지… 비행기로 도착한 날 우리는 그들을 취재할 수 없었어. 취재를 허락하지 않았거든. 그래서 다음날인가, 다다음날인가 우리는 그들, 그들 중 몇 명을 취재할 수 있는 기회를 얻었는데, 그들은 정말 멀쩡했어. 미군이 그런 포로들만 선별해서 내보낸 것인지 어떻게 한 것인지는 알 수 없었지만… 그런데 외부인과 접촉을 해서는 안 되는 사람들은 이미 별도의 항공편으

로 나뉘어 이송되었다는 사실이 밝혀졌지… 그들이 어떤 일을 겪었을
지 쉽게 이해할 수 있었지.[42] *Liu, 5*

가야르도는 1972년 안데스산맥에서 발생한 비행기 추락사고의 희생자 가
족들과 함께 활주로 위에 서있었다. 참사 후 2개월 이상 지난 시점이었지만,
그제서야 생존자들을 실은 비행기가 들어오기로 되어있었다. 누가 살아있
는지, 어떻게 살았는지 전혀 알려지지 않은 상태였다. 그들은 생존하기 위
해 다른 사람의 시신을 뜯어먹을 수밖에 없었는데, 가야르도는 이 사실을
기사의 맨 끝부분에 다음과 같이 진술하고 넘어간다.

> 충돌 당시 기록에 따르면, 선체에 음식이 많지 않았던 것으로 보인다.[43]

40년도 더 지났지만, 가야르도는 여전히 산페르난도공항에서 생존자들을
맞이한 순간을 떠올리면 목이 메인다고 한다.

> 활주로에 많은 가족들이 미리 나와서 기다리고 있더군. 나는 몇몇 가
> 족들을 인터뷰했지. 얼마 뒤 헬레콥터 한 대가 착륙하더니 공군장교가
> 문을 열고 나와서는 생존자 명단을 발표했어. 이름을 읽어나가다가…
> 16명을 읽고 난 뒤 이렇게 말하더군. "안타깝게도 여기까지입니다. 생
> 존자는 더이상 없습니다." 옆에 서있던 커플이 바닥에 주저앉아서 오열
> 하기 시작했어. 그들은 누마 투르카띠라는 사람의 친척이었는데… 생
> 존자들이 돌아온 뒤 증언에 따르면, 투르카띠는 구조되기 3-4일 전까

---

42 "34 More POWs Freed," *Stanford Daily*, March 6, 1973. 이 기사에는 '힘없이' 팔
을 늘어뜨리고 발을 절며 걸어가는 '잿빛 얼굴을 한 포로들'에 대한 묘사가 나온다.

43 "16 Survivors of Oct. 13 Plane Crash Found in Andes," *New York Times*, De-
cember 23, 1972, 1.

지 생존해있었다고 하더군. 하지만 죽은 사람의… 살을 먹을 수 없다고 끝까지 거부하다가 그만… 하지만 활주로에서는 더이상 그 커플에게 관심을 가질 여유가 없었지. 명단 발표가 끝나고 곧바로 생존자들이 헬리콥터에서 한 명씩 내렸기 때문에 그들의 코멘트를 따야 했거든… 땅을 밟은 그들은 사람들과 포옹하고, 기쁨과 슬픔이 뒤범벅되어 눈물바다가 되었지. 정말 감동, 감동의 물결이 펼쳐졌어. 지금 돌아보면, 바닥에 주저앉아 울고 있던 그 커플에게 관심을 갖지 못한 것이 후회가 돼. 무슨 말이라도 건넸어야 하는데… *Gallardo, 3-4*

결론
취재원 확보와 유지

어느 지역에 배정되어 취재를 시작하기 위해서는 가장 먼저 그곳의 다양한 사회계층에서 취재원을 발굴하고, 관계를 만들고 유지해야 한다. 세계적인 지도자들로부터 거리의 일반시민들까지 사람들을 설득하여 취재원으로 만드는 일은 아마도, 기자가 해야 할 일 중에서 가장 많은 시간과 노력을 쏟아부어야 할 것이다. 전세계 언론을 통해 공개되는 기사에 자신의 이름을 밝히고 증언을 해달라고 설득하는 일은 결코 쉬운 일이 아니다.

시간과 장소를 막론하고 특파원들이 취재원으로 반드시 확보해야 하는 사람들이 있다. 미국은 물론 현지정부의 지도자, 정치인, 관료들, 그리고 이들에 맞서는 반대세력들, 특히 접근하기가 매우 까다로운 반군이나 반체제활동가들이다. 현지 언론사의 기자들, 현지에 파견되어있는 다른 특파원들도 빼놓아서는 안 된다. 거리에서 만나는 일반인들 역시 놓쳐서는 안 된다. 물론 외신기자와 이야기하다가 불이익을 당할 수 있는 나라에서는 일반시민들을 인터뷰하는 것이 매우 어렵다.

이러한 취재원을 발굴하고 유지하기 위해서는 상당한 시간과 노력을 쏟아야 한다. 인내할 줄 알아야 하며, 그들을 존중하는 마음을 가져야 한다. 끊임없이 발로 뛰며 탐문해야 한다. 험한 정글 속을 헤치고 나가야 할 때도 있고, 지하드전사들과 함께 험난한 바위산을 기어올라가야 할 때도 있고, 집집마다 돌아다니며 끝없이 노크를 해야 할 때도 있다.

취재원을 발굴하는 것 못지않게 어려운 임무는 또한 취재원이 제공한 정보를 검증하는 일이다. 트위터에 올라온 글은 물론, 생존자의 비극적인 증언, 더 나아가 정부의 공식적인 발표까지도 검증해야 한다. 검증과정을 소홀히 했다가는 치명적인 오보를 할 수도 있다.

또한 많은 경우, 특파원들은 취재원을 보호하는 책임까지 고려해야 한다. 3장에서 이야기한, 사회적으로 정형화되어있는 담론—예컨대 천안문항쟁이 일어났을 때 '민주주의의 승리'를 낙관하는 서구인들의 관점—만을 앞세워 취재원의 신변을 마구 노출하는 실수를 저지르지 않도록 조심해야 한다. 외신기자, 특히 미국기자와 이야기하는 것을 명백하게 금지하는 나라에서는 취재원의 신변을 보호하기 위해 상당한 주의를 기울여야 한다. 감시망을 피할 수 있는 비밀스러운 루틴을 만들어 내기도 하고, 익명으로 보도하는 선택을 하기도 한다. 물론 이러한 노력이 모두 성공하는 것은 아니다. 취재원이 겪는 위험은, 수십 년이 지난 뒤에도 많은 특파원들에게 회한으로 남아있다.

다음 챕터에서는 취재원과 관계를 맺을 때 피할 수 없는 요인, 즉 단순히 '기자'일 뿐만 아니라 '미국인'이라는 사실로 인해 발생하는 문제에 대해 이야기한다. 세계 어디를 가나 미국인은 대체로 인기가 없지만, 오히려 유리한 요인으로 작용할 때도 있다.

AP는 재빨리 상시감시체제에 돌입했어요. 조를 짜서 교대근무를 하며 광장 상황을 관찰했죠… 언제 어디서 무슨 일이 터질지 모르는, 긴장된 순간의 연속이었어요… 한시도 한눈을 팔기 어려웠죠. "와, 이러다 정말 무슨 일이 터지겠는데? 지금 무슨 일이 벌어지고 있는 거지?" 우리가 머릿속에 그린 것은 바로 공산주의정권의 붕괴였어요. 진짜 모든 사람들이 그것만 생각했어요…

6월 2일 밤, 나는 키쟈유웬 외교관구역에 있는 AP지국에 있었죠… 그날 야간취재조에 배정되어있었는데… 창밖에서 무슨 소리가 들려왔어요… 엄청난 수의 군인들이 오와 열을 맞춰 구보를 하고 있더군요. 천안문광장을 향해가고 있었죠… 재빨리 차를 타고 광장으로 달렸죠. 엄청난 광경이 눈앞에 펼쳐졌어요. 학생들과 시민들… 수천, 수만 명의 시민들이, 군인들이 광장에 들어서지 못하도록 길목을 막아서고 있는 거예요… 당시 우리는 문자 그대로 벽돌처럼 생긴 거대한 휴대전화기를 들고 다녔는데… 곧장 데스크에 전화를 걸었어요. 기억하기론 [전화를 받은 AP에디터가]… "정말로요? 그래서 그래서, 그냥 돌아섰다고요?" "네, 자신들이 왔던 곳으로 그냥 헛되이 되돌아갔어요. 사람들의 위세에 눌려 되돌아갔어요"… 이 내용은 다음날 전세계 신문의 헤드라인이 되었죠. 하지만 그 기사가 나간 날 밤, 인민군이 광장에 들이닥쳐 무력진압을 했죠. 바로 6월 3일이었죠…

나는 취재를 하기 위해 천안문광장과 장안대로가 한눈에 내려다보이는 베이징호텔 객실을 얻었죠… 창문밖으로 전화기를 내밀면 총소리, 구급차소리 같은 것도 바로 전달되었어요. 군중들의 외침도 전화기를 통해 모두 전해졌지요… 베이징호텔이 있는 왕푸징거리는 혹시 무슨 일이 있지는 않은지 광장상황을 살피러 나온 사람들로 하루종일 붐볐어요… 그러던 중

인민군이 광장으로 진격해 들어가면서 발포하기 시작했죠. 허공으로 쏘기도 했지만, 사람을 조준해서 쏘기도 했어요… 공포에 질려 흩어져서 도망가던 사람들이 빈틈이 생기면 다시 광장으로 돌아오기도 했어요. 4일 아침에만 적어도 세 번은 그런 일이 반복되었죠… 중국사람들은 '칸레나오看热闹'라는 말을 자주 하는데, '무슨 소동이 벌어졌는지 구경가자'는 뜻이에요. 소동이 벌어지면 사람들은 그걸 보러 몰려나오죠… 덕분에 훨씬 많은 사람들이 '소동'에 휘말려들 수밖에 없었어요.

시민들에게 광장에 접근하지 말라는 인민군의 경고방송이 계속 나왔어요. 그 중에 특히, 내 귀에 들어온 한 구절이 있었죠…

"카메라로 사진을 찍거나 망원경으로 관찰하는 사람은 그 자리에서 총살당할 것이다."

6월 5일… 거리로 나가 주변을 둘러봤죠. 광장 쪽에서 총성이 들려왔어요. 탱크가 이동하는 소리가 굉장히 시끄럽게 들려왔고… 곧이어 탱크가 시야에 들어와서… 나는 본능적으로 카메라를 들었는데, 주변에 있던 사람들이 갑자기 흩어져 달아나더군요. 내가 바로 총살 타겟이 되었기 때문이죠… 하지만 그때 처음 찍은 사진에… 그 유명한 '탱크맨'이 담겨있었어요. 물론 그를 보고 찍은 건 아니었지만…

필름을 숨겨놓아야 했는데… 나는 항상 카메라와 필름을 [욕실 천장에 있는] 네모난 구멍을 열고 그 속에 숨겨 놓았어요… 내가 찍은 사진에서… 탱크맨은 이쪽에 서있었고, 탱크들은 반대쪽에 있었어요… 그는 꿈쩍도 하지 않고 탱크들이 다가오는데도 그대로 서있었죠… 내가 보기에 그건 우발적인 행동이 아니었어요… 탱크가 들어오는 것을 보고 '제기랄' 이렇게 외치면서 갑자기 뛰어든 것이 아니었죠. 탱크가 다가오는 걸 알고 거기 서서 기다리고 있었어요. 탱크는 계속 밀고 들어왔고… 결국 바로 앞에서 멈출 수밖에 없었죠.

[천안문광장에 몰려나온 시민들을 해산시키는 데 성공한 뒤] 상황은 급반전되었죠. 학생들은 모두 지하로 숨어들었고, 긴급수배자 명단이 발표되었고, 시위대를 비난하는 내용으로 온 방송은 도배되기 시작했어요. 언론은 완벽하게 통제되었고, 결국 모든 것이 원래대로 돌아갔죠. 일생에 한 번 올까 말까 하는 기회가 눈앞에서 날아가버리는 것을 허망하게 바라보는 감정을 모든 사람들이 느꼈을 거예요. 물론 '날아가버렸다'고 말하는 것은 너무나 미약한 표현에 불과하죠.[44]

Jones, 17-27, 31

---

44 Terril Jones, "Military turned back in advance toward Tiananmen Square," The Associated Press, June 3, 1989; Terril Jones, "Wounded say soldiers fired without provocation," The Associated Press, June 5, 1989. 이 두 기사는 군대가 개입하면서 급박하게 달라지는 시위현장의 모습을 잘 보여준다. 6월3일 기사에서는 '시위군중 속에서 우왕좌왕하며 혼란에 빠진 군인들을' 되돌려보내는 수천 명의 학생과 시민들의 단합되어있으면서도 절제된 모습을 보여준다. 하지만 인민군의 진압작전이 본격적으로 펼쳐진 6월5일 기사는 다음과 같다.

총에 맞아 피를 흘리는 사람들이, 옷을 찢어 급하게 만든 붕대를 감은 채 피로 얼룩진 더러운 매트리스 위에 누워있었다… 무장하지 않은 시민들을 향해 인민해방군은 총을 쏘고, 곤봉으로 때리고, 목을 졸라 죽이는 잔인한 대학살극을 펼쳤다… 한 여성은 무슨 난리가 났는지 보려고 길거리에 나섰다가 총상을 입었다… 그녀는 다른 이들과 마찬가지로 자신의 이름을 공개하지 말아달라고 요청했다… 부상을 입은 환자들은 한결같이 천안문에서 벌어진 '끔찍한 진실을 보도해달라'고 AP특파원에게 당부했다.

AP
역사의 목격자들
FOREIGN CORRESPONDENTS IN ACTION

5

미국기자놈들을
모조리 잡아죽입시다!

해외특파원을 현지인들은 어떻게 보는가?

5

"미국기자놈들을
모조리 잡아죽입시다!"

해외특파원을 현지인들은 어떻게 보는가?

1980년대 초 레바논전쟁을 취재할 때는 특파원은, 특히 미국특파원도 어디든 갈 수 있었지. 무엇이든 취재할 수 있었고, 어느 편이든 이야기를 나누는 데 문제가 없었어. 미국정부의 보증 때문이 아니라 기자로서 인정을 해줬거든. AP는 아랍과 영국 모두에게서 상당한 신뢰를 쌓고 있었어… 우리는 최소한 여섯 곳 이상 출입할 수 있는 기자증을 가지고 있었는데… 정부는 물론 주요민병대 모두 출입할 수 있었고, 팔레스타인해방기구PLO와 시리아도 자유롭게 취재할 수 있었지… 하지만 상황이 점점 나빠지기 시작하더니… 내가 기자라는 사실보다는 미국인, 서양인이라는 사실만 부각되기 시작하더라고… 내가 납치당했을 때 그곳에는 거의 모든 특파원들이 이미 떠나버린 상태였지… 하지만 나는 [동료들과 가족들에게] 내가 잡혀가는 일은 없을 거라고 말했어. 진정으로… 그들의 목소리를 세상에 전달하는 역할을 수행한다고 자부했기 때문이야. 이스라엘이 레바논 남부를 침략하여 점령한 상황을 취재하면서, 이스라엘 사람들이 그곳에서 무슨 난동을 벌이고 있는지, 500년 된 올리브나무 숲을 어떻게 파괴하고 있는지[1]… 이스라엘의 만행을 취재하는 몇 안 되는 사람 중 하나였거든. 하지만 그런 사실은 그들에게 전혀 중요한 사실이 아니었지. 내가 미국인이라는 이유만으로 '스파이'라고 여겼어. 그들에게 나는 이중스파이에 불과했던 것이지.*Anderson, 17-18*

미국인 AP특파원 테리 앤더슨은 1985년 3월에 베이루트의 시아파 이슬람 무장단체 헤즈볼라에 의해 납치되었다. 7년 가까이 납치되어있는 동안, 거의 모든 시간을 창문 없는 방에서 쇠사슬에 손과 발이 묶인 채 한쪽 벽에 붙어 서있어야 했다. 이는 다른 외국인 인질들이 억류되어있던 기간을 모두 합친 것보다 긴 시간이었다.

지옥 같은 시간에서 벗어난 지 30년이 지난 어느 날, 플로리다 남부 신록이 우거진 목장에서 그 시간을 회상했다. 앤더슨은 자신이 '유명한 미국인 기자'였기 때문에 납치범들의 '포스터 모델'이 되었고 (납치범들은 앤더슨의 사진과 함께 계속 뉴스에 등장했다) 또 그 덕분에 목숨을 보전할 수 있었다고 말한다. 앤더슨이 죽으면 '자신들이 나쁜 놈들로 보일까봐' 납치범들은 그가 죽지 않도록 주의를 기울였다.

이처럼 해외특파원의 활동, 특히 취재현장을 누비며 취재원을 발굴하는 활동은 특파원의 정체성에 따라 크게 달라질 수 있다. 그들이 기자라는 사실도 중요하지만 외국인이라는 사실 자체가 매우 중요한 차이를 낳기도 한다. 앤더슨처럼, 가장 눈에 띄는 정체성으로 인해 생사가 결정되는 경우도 있다.

---

1   Terry A. Anderson, "Israelis building new defense line," The Associated Press, August 6, 1983. 이 기사는 '카르카 지역에서, 게릴라가 숨을 수 있는 은신처가 될 수 있다는 이유만으로 올리브나무와 오렌지나무로 가득한 원시림을 베어버리려 하는 이스라엘군의 만행'을 폭로한다. 이 기사를 쓰고 2년 뒤 앤더슨은 이슬람무장세력에게 납치된다.

시대와 문화에 따라 특파원에 대한 사람들의 인식은 달라졌고, 그러한 차이가 다양한 수준에서 도움이 되기도 하고 방해가 되기도 했다. 기자라는 이유만으로 즉각 추방을 당하는 경우도 있고, 기자라는 이유만으로 환영을 받는 경우도 있었다. AP특파원이라는 사실이 도움이 될 때도 있고, 오히려 방해가 될 때도 있었다. 백인이라는 사실은 '외국인혜택'을 받을 수 있는 무기가 되는 경우도 있지만, 서양인에 대한 적개심이 강한 지역에서는 상당한 제약이 되기도 한다.

제2차 세계대전 이후 80여년 동안 미국이 누린 패권을 고려한다면, '미국인'이라는 타이틀은 특파원에게 상당한 고민거리가 된다. 이라크의 팔루자 사람들이나 엘살바도르의 파라분도마르티민족해방전선FMLN 전사들은 미국인을 절대 달갑게 생각하지 않는다. 반면, 20세기에 독립한 많은 아프리카국가에서는 미국인을 대대적으로 환영한다. 이곳에서는 미국특파원을 미국에서 파견한 관료라고 여기는 곳도 많다.

미국인특파원은 또한 스파이로 몰려 위험에 처하는 경우도 많다. 아프리카에서는 인종도 중요한 이슈가 된다. 특파원이 모두 백인이라는 사실이 문제가 된 적도 있고, 어쩌다 한두 명 있는 아프리카계 미국인특파원도 문제를 겪는다. 여성특파원들은 여성이라는 이유 때문에 특별히 조사나 감시의 대상이 되기도 하지만, 그것이 취재를 제약하는 요인이 된 경우는 많지 않았다. 물론 여성특파원들은 남자와 달리 옷차림에 제약이 있는 경우도 있다. 좋든 나쁘든 문화마다 다른 반응은 특파원의 취재방식에 상당한 영향을 미친다.

시골 촌뜨기에서 미국을 대표하는 거물로
AP특파원에 대한 현지인들의 인식

폭력, 갈등, 부패와 같은 이슈를 취재하는 것은 그 자체로 상당한 위험을 수반하지만 (이에 대해서는 7장에서 이야기한다) 그래도 '기자'라는 신분은 많은 나라에서 상당한 보호막을 제공한다. AP특파원들은 한결같이 AP라는 간판이 취재하는 데 큰 도움이 되었다고 말한다. AP가 오랜 시간에 걸쳐 명성과 신뢰를 쌓아왔기 때문이다. 경험이 없는 신입기자라고 해도 'AP특파원'이라는 타이틀 때문에 상당한 혜택을 입는 경우가 많다.

1940년대이후 지금까지 유럽, 중국, 인도, 일본, 중동 등 세계 곳곳에서 활동한 특파원들은 AP라는 글자가 새겨진 신분증을 제시하면 닫혀있던 문도 열리고 입도 열리는 경험을 무수히 확인했다.*Bria, 4, 17* 1960년대초 이집트에 파견된 한 'AP맨'은 '조지아 발도스타에서 온 촌뜨기'에 불과했음에도 갑자기 '거물' 대접을 받았다고 회상한다. 그것은 순전히 'AP라는 후광이 뒤에서 비쳐주었기 때문'이다.*McArthur, 9* 한 'AP우먼'은 극진한 대접을 받았을 뿐만 아니라 젠더라는 장벽을 넘어설 수 있었던 경험을 회상한다. 1970년대 말부터 1980년대 초까지 인도지국장을 역임했으며 이후 중국에서도 지국장을 역임한 비키 그레엄은 이렇게 말한다.

> [베이징] 사람들은 날 AP사장처럼 대했지… [인도에서도] 뉴스에 관한 한 나를 미국관료처럼 대접하더군. 인도정부도 나를 그렇게 대했어. 막힐 게 없었지. 내가 여자라는 사실에 그들은 더 깊은 인상을 받은 것 같아.*Graham, 17/26*

도쿄는 직함을 상당히 따지는 곳이다. 일본에서 활동한 특파원은 'AP소속'이라는 사실이 미국인이라는 정체성보다 훨씬 크게 작용했다고 말한다.

일본에서 AP는 꽤 괜찮은 명성을 갖고 있어요. 사람들은… 나를 상당히 신뢰할 수 있는 사람으로 대했죠. 나의 능력 덕분이 아니라 AP에 속해있다는 사실 덕분이죠. *Talmadge, 17*

하지만 보통사람들은 대부분 AP를 잘 모른다고 특파원들은 말한다. 특히 AP가 협동조합이라는 사실, 또한 AP가 《뉴욕타임스》 같은 주요신문사나 CNN 같은 24시간 뉴스채널보다 훨씬 큰 언론사라는 사실을 아는 사람은 많지 않다. 더욱이 AP를 로이터와 라이벌통신사라고 생각하는 사람이 많은데, 그럴 때 특파원들은 상당한 좌절감을 느낀다. 로이터는 원래 영국이 과거에 자신의 식민지였던 아프리카와 중동의 소식을 듣기 위해 만든 통신사였기 때문에, AP와 차원이 다르다.

오랫동안 멕시코특파원으로 활동해온 스티븐슨은 사람들에게 AP가 어떤 회사인지, AP와 인터뷰하는 것이 어떤 의미인지 이야기하면서 특별한 만족감을 느꼈다고 말한다.

멕시코시티에서 작은 모퉁이상점을 운영하는 한 여성에 관한 근사한 기사를 쓴 적이 있어요. 그녀는 코카콜라에 상당히 화가 나 있었어요… "코카콜라 냉장고를 가지고 장사하려면 코카콜라에서 나온 물건만 팔아야 한답니다. 다른 회사 제품을 팔면, 냉장고를 가져간답니다." 이것은 멕시코의 독점금지법을 위반하는 것이었죠. 여성은 소송을 제기했고, 결국 코카콜라에게서 천문학적인 배상금을 받아냈어요. 작은 모퉁이상점 주인이 코카콜라를 이긴 거예요. 그런데 어떤 기자도 이걸 취재하지 않더군요… 멕시코시티 동부 빈민가에 위치한 그녀의 가게를 찾아가 인터뷰했죠. "아, 그래서 화를 냈더니… 이렇게 협박을 하더군요." 자신이 겪은 이야기를 차근차근 들려줬어요. 마지막으로 나는 그녀에게 이렇게 말했죠. "아줌마는 굉장히 유명해질 겁니다. 준비하고 계세요!"… 사람들은 사실 그런 걸 잘 몰라요. 이게 내가 하는 일에서 가장 이상한 면 중 하나죠. 우리는 세간의 이목을 끄는 사람도 아니고, 많은 스태프나 운전기사를 몰고 다니지도 않지만… 우리가 만들어낸 기사를 전 세계 사람들이 읽죠. 나에게 이야기를 한다는 것은, 《뉴욕타임스》 에디터들을 비롯해 온갖 세상사람들에게 이야기한다는 것과 똑같아요.[2] *Stevenson, 31-32*

미군의 드론공격의 타겟이 된 아프가니스탄의 외딴 마을에서, AP가 '뭔지도 모르던' 사람들은 미국에 대해 화가 끝까지 나 있었음에도 '우리는 기자로서, 당신들의 이야기를 있는 그대로 전할 것'이라는 말에 열정적으로 인터뷰에 응했다.

"세상을 향해 '나는 무인비행기가 싫습니다'라고 말해주세요." 같은 부탁을 한 것이 아니에요… 이곳에서 무슨 일이 벌어졌는지, 또 세상사람들에게 하고 싶은 말이 무엇인지, 듣고 싶을 뿐이라고 말했어요… 낯선 외국여자 둘[개넌과 니드링하우스]이 갑자기 들이닥쳐 인터뷰를 하자고 하니 당황했겠죠… 우리는 우선 차를 마시면서 상당히 오랜 시간 이야기를 나눴어요. 굉장히 즐거운 경험이었죠. 그들은 당시 상황을 떠올리면서 분노에 차올랐죠. 물론 우리에게 화를 낸 것은 아니었어요. *Gannon, 74-75*

고통스러운 상황에 처한 이들은 자신의 이야기를 절실하게 전하고 싶어한

---

2   Mark Stevenson, "Mexican shop owner pushed for big antitrust fine against Coca-Cola bottlers," The Associated Press, November 15, 2005. 기사는 그녀가 말하는 모습을 이렇게 묘사한다. "가게주인이 벽돌로 지은 단층짜리 가게 앞에서 코카콜라 상자를 뒤집어놓고 그 위에 앉아서… 빠르게 말을 쏟아냈다."

다. 그들은 언론이 자신들을 구하러 올 것이라고 믿는 경향이 있는데, 이는 4장에서 이야기한 윤리적인 딜레마를 초래한다. 특파원은 그들이 처한 곤경을 세상에 알리는 일을 할 뿐이지, 직접적으로 도움을 주는 것은 아니기 때문이다. 중국에서 칠레까지, 평범한 아프가니스탄 마을에서 포위공격당하는 보스니아의 좌익게릴라들까지, 많은 이들이 해외특파원을 통해 자신의 명분을 알리고자 노력했다. 그들은 해외특파원들을 어느 정도 권력을 가지고 있으면서도 동정심이 많은 사람이라고 생각했으며, 동시에 위협을 하면 쉽게 말을 들어줄 것이라고 생각했다. 실제로 무장한 민병대가 AP지국을 습격하여 자신들의 성명서를 기사로 전송해달라고 요구한 경우도 있다.

3장에서 이야기한 친민주주의적 담론과 국가의 간섭을 전혀 받지 않는 독립성과 공정성은 AP의 명성을 높여주는 역할을 한다. 자국의 정치적 변화를 갈망하는 소련과 중국의 시민들이 AP특파원에게 자신의 이야기를 털어놓는 것은 '외신을 통해 자신들의 이야기를 알림으로써 해외정부들의 주목을 받을 수 있고, 이로써 [자기] 정부에 대한 국제적인 압박이 가해질 것'이라고 믿기 때문이다.*Hutzler, 4; Cooperman, 23*

베를린장벽이 무너질 당시, 동독의 55살 치료사는 AP기자의 소매를 잡아 끌면서, 더듬거리는 영어로 BBC에서 왔냐고 물었다. 그녀는 BBC TV의 외국인을 위한 영어학습프로그램 "Follow Me!"를 보면서 영어를 배웠는데, 원어민이 영어를 하는 것을 직접 보고 몇 마디 귀에 들린다는 사실에 상당한 짜릿함을 느꼈다고 소감을 이야기했다. 특파원은 영어로 몇 마디 이야기하다가, '좀더 속도를 내기 위해' 독일어로 인터뷰를 진행했다.[3]*Johnson, 20*

---

3   Maureen Johnson, "East Berliner savors freedom, though it may be too late," The Associated Press, November 13, 1989.

2002년, 우고 차베스 대통령을 끌어내리기 위한 쿠데타가 일어났을 때, AP특파원은 아주 낯선 환대를 받기도 했다.

베네수엘라의 좌파들은 왜곡보도를 일삼는 현지언론에 굉장히 화가 나 있었죠. 그러던 중 나를 발견하고는 쿠데타에 대해서 자세히 보도해줄 것이라는 생각에 엄청 환호했어요… 그 전에는 나를 좋아하지 않았던 사람들이었는데, 이제는 나를 보고 열광하더군요._Rice, 11_

보스니아전쟁 초기에 외신기자는 수많은 희생자들에게, 바깥세계에서 상황을 계속 지켜보고 있으며 따라서 언제든 외부에서 도움을 주기 위해 개입할 수 있다는 증표처럼 여겨졌다. 하지만 대량학살이 계속되면서 외신기자에 대한 호의는 점차 식어갔다.

외신기자들에 대한 믿음은 점차 냉소적으로 바뀌어갔어요. 2년이나 지났는데 아무것도 변하지 않았기 때문이죠. 사라예보사람들은 AP, CNN,《뉴욕타임스》가 자신들의 이야기를 아무리 드라마틱하게 보도해준다고 해도 아무 도움도 되지 않는다는 걸 깨달았어요._Crary, 14_

도쿄에서 활동하던 특파원 에릭 탈마지는 2004년 초 일본군을 따라 이라크 남부 사마와에 갔다. 탈마지는 거기서 시민들 눈에서 바라보는 '언론의 권력'이 어떤 것인지 깨달을 수 있는 흔치 않은 경험을 했다. 그 당시 탈마지는 일본군기지 밖에 집을 얻어 AP직원들과 함께 생활했다.

하루는… 점심을 먹고 있을 때였나… 도시에서… 지역의 지도자라는 사람들이 예고도 없이 찾아왔어요. 7-8명 정도 되었던 것 같은데, 모두 굉장히 옷을 잘 차려입고 왔더군요. "일본군기지에 대해 이야기를 나누고 싶습니다. 우리는 당신이 AP기자이고, 이 일본군기지에 대하여 취재하고 있다는 것을 알고 있습니다. 우리는 이 문제에 대해 당신과 이야기를 하고 싶습니다."… 그 자리에서 바로 토론인지 인터뷰인지 모를 대화가 시작되었지요. 그들은 일본군이 지불하는 임대료에 불만이 있었어요. 일본군이 더 많은 임대료를 내야 한다고 주장했죠. 그리고 그러한 자신들의 요구를 '나한테' 전해달라고 부탁했어요. 또한 자신들의 이야기를 기사로 써달라고 했고, 그럼으로써 일본에게 압박을 가하고 싶어했어요. 결론적으로 나는 그들이 원하는 방식대로 기사로 쓰지는 않았지만, 어쨌든 매우 독특한 경험이었죠.[4]*Talmadge, 10*

1980년대 남아메리카 게릴라들도 이와 똑같은 목적으로 AP지국을 찾았다. 한 가지 차이점은, 이들은 폭력적인 방법을 사용했다는 것이다. 에두아르도 가야르도는 남아메리카 특파원으로 활동하는 동안 게릴라들에게 공격받은 이야기를 한다.

어느 날 마누엘로드리게스애국전선FPMR 단원들이 우리 사무실을 급습했어. 사무실을 점령하자마자 벽에 자신들의 슬로건을 스프레이로 갈겨썼지. "피노체트에게 죽음을! 끝까지 투쟁하자! 조국이냐, 죽음이냐!"… 그리고 자신들의 성명서를 뉴욕으로 전송하라고 명령하더군…

---

4   Eric Talmadge, "Troops from Japan spark hope in southern Iraq city persecuted under Saddam," The Associated Press, February 14, 2004. 이 기사는 이라크에 파병된 일본군을 취재하러 온 일본인 기자 수가 '일본군 수와 거의 똑같다'는 것을 언급하는 것으로 시작된다. 현지에서 금세공업을 하는 '사마와-일본 우호협회' 창립자의 말이 기사에 인용되었는데, 그는 '일본군기지에서 나오는 엄청난 분뇨를 처리하는 문제와 공원과 같은 인프라 부족 때문에 지역민들이 상당한 불편을 겪고 있다'고 말하면서 '일본이 하루빨리 이런 문제를 시정해주기를' 그리고 이라크의 불안정한 정세를 핑계로 '겁에 질려 철수하지 않기를 희망한다'고 덧붙인다.

타협의 기미는 전혀 없었지. 그들이 작성해온 표현 중에는 기사로 쓸 수 없는 것도 있었는데, 예를 들어 "불굴의 인민들이 떨쳐일어날 것이다."… 그런 표현은 뉴스가 될 수 없거든… 물론 그들이 우리를 학대하거나 목숨을 위협하진 않았어. 우리가 입은 피해라면… 벽에 갈겨 쓴 낙서가 전부였어… 어쨌든 우리는 그들의 요구 대로 성명서를 뉴욕으로 전송했고… 뉴욕의 에디터들은 그게 우리가 작성한 글이 아니라는 사실을 대번에 알았지. 베이루트에서도 그런 '기사'가 들어오는 일이 가끔 있었거든. 어쨌든 게릴라들이 떠난 뒤 우리는 좌익게릴라들이 오늘 AP칠레지국을 급습했다는 진짜 기사를 써서 뉴욕으로 보냈고, 그제서야 무슨 일이 있었는지 뉴욕에디터들은 정확하게 알 수 있었지.*Gallardo, 14-15*

페루 리마에서도 비슷한 사건이 발생했는데, 여기서는 새로운 게릴라공격의 양상이 드러났다. AP지국을 기습한 네 명의 도시게릴라들은 '양키제국주의를 타격할 것이다. 양키의 약한 고리를 칠 것이다'라는 메시지를 전송했다.[5]

테크놀로지의 발전은 이러한 상호작용에 큰 변화를 가져왔다. 예컨대, 2000년대 이라크전쟁 당시 바그다드지국을 이끌던 리드는, (안전문제는 제쳐두더라도) 이라크반군을 '코빼기도' 보기 힘들었다고 말한다.

지하드전사들 입장에서 이제 우리는 옛날만큼 필요한 존재가 아닐거야. 그들도 이제 자신들만의 소통수단을 갖고 있으니까. 웹사이트도 있고, 이메일리스트를 활용해 자신들의 메시지를 직접 전달할 수 있거든.

5 Eduardo Gallardo, "Urban guerrillas have U.S. targets," The Associated Press, October 4, 1984.

예컨대 탈레반하고 비교하더라도 훨씬 적대적일 뿐만 아니라 접근하기도 힘들어. 탈레반은 그래도 자신들의 메시지를 전하기 위해 우리에게 이메일이라도 보내주는데… 이라크반군은 그런 이메일조차 보내지 않더군. *Reid, 98-99*

이방인으로서 누리는 혜택
외신기자를 대하는 현지인들의 태도

기자라는 신분은 다양한 상황에서 이점을 제공한다. 반면, 외국인이라는 사실은 도움이 되기도 하지만 위험을 초래하기도 한다.

외국과 교류가 없는 나라에서 '외국인'은 '호기심의 대상'이 된다. 구소련, 문호 개방 직후의 중국, 오늘날의 북한에서 외신기자는 일반인들의 호기심을 자극하는 이국적인 존재다. 예컨대, 평양에서는 AP사진기자가 카메라를 만져볼 수 있게 해주자 아이들이 떼지어 몰려들었다. *Lee, 13*

도나 브라이슨은 인도의 작은 시골마을을 취재하러 들어갔다. 이 마을은 과거에 '에이즈 마을'로 낙인 찍혀 상당한 수모를 겪었다. 그들은 가족의 죽음을 부끄럽게 여겼을 뿐만 아니라 죽었다는 사실조차 숨기기에 급급했다.[6] 하지만 아프리카계 미국인이라는 이중적인 '외국인성性'을 가진 브라이슨 앞에서 사람들은 자신들의 속마음을 털어놓기 시작했다.

자신들의 이야기를 내가 편견없이 들어줄 것이라고 생각했던 것 같아요. 오랫동안 주변이웃들에게서 가혹한 평가를 받아 움츠리기만 했던

---

6   Donna Bryson, "AIDS death brings panic and prejudice for Indian village," The Associated Press, November 10, 1997.

그들이, 진짜 아무런 가치판단도 하지 않는 이방인 앞에서 자신들의 이
야기를 할 수 있는 기회를 갖게 된 것이죠. 아프리카계 미국인으로서
나는 인도인들 눈에 꽤나 이국적인 존재로 보였는데, 이러한 사실이 어
떤 식으로든 취재에 도움이 되었다고 생각해요. 사람들은 모두들 나
에 대해 알고 싶어했죠. 내 이야기를 들려주자 자신들의 이야기도 들려
줬어요… 나는 인도의 전통 의상 '사리'와 '살와카미즈'를 입고 다녔는
데, 이런 옷차림이 그들에게 어떤 영향을 미쳤을지도 모르겠네요… 그
건 그냥 인도에서 나의 페르소나를 만들어내기 위해 선택한 것이었죠.
살와카미즈를 입은 아프리카계 미국 여성, 궁금하잖아요? *Bryson, 31-32*

이슬람국가에서 수십 년 동안 생활해온 두 여성특파원 캐시 개넌과 캐린
라웁은 외국인이라는 사실이 '현지여성에게는 허용되지 않는 일을 할 수
있게 해 주는 면허' 역할을 했다고 말한다. *Laub, 19*

내가 이곳에서 스카프를 쓴 것은… 가자지역에서 급진 이슬람무장단
체 살라피스를 취재할 때뿐이었어요. 그들은 기자와 이야기하는 것을
굉장히 주저했어요. 긴 협상과정을 거친 다음에야 족장과 인터뷰를 할
수 있었는데, 그가 내세운 조건 중 하나가 바로 '머리를 스카프로 덮는
것'이었어요. 취재를 할 것이냐? 자존심을 지킬 것이냐? 갈림길에서 나
는 취재를 택했죠.[7] 그래도 베나지르 부토처럼 머리카락이 드러나도록
스카프를 썼는데, 그건 나만의 절충안이었죠… 굉장히 개인적인 영역
이지만, 팔레스타인과 아랍의 여성들은 이러한 제약 속에서 상당한 고

---

7   Karin Laub, "Muslim firebrands challenge Hamas rule in Gaza," The Associ-
ated Press, February 15, 2010. 이 기사는 극단적인 이슬람주의에 기반하여 전세계
를 대상으로 지하드(성전)를 펼치는 살라피스Salafis가, 이스라엘과 비공식적으로 휴
전을 맺고 가자지구를 통치하던 하마스에게 골칫거리로 떠올랐다고 이야기한다.

통을 겪고 있어요. 내가 스카프를 두르지 않고 다닌 것은 그런 전통을 깨는 데 조금이나마 이바지하고 싶어서였죠. 스카프는 말 그대로 압박의 상징과도 같습니다… 이스라엘에 대항하는 팔레스타인 무장단체 하마스 지도자들은 이러한 측면에서 매우 열린 자세를 취합니다. 그들은 내가 스카프를 쓰지 않는 것에 대해서 어떠한 지적도 한 적 없어요. 하지만 근본주의를 지향하는 급진파 살라피는 자신들의 전통에서 어긋나는 것은 절대 허용하지 않았죠.*Laub, 20*

아프가니스탄사람이 아니기에, 더욱이 무슬림도 아니기에 나는 비교적 자유롭게 행동할 수 있었어요. 물론 그들의 종교에 대해서 잘 알고 있었죠… 나는 스카프를 느슨하게 걸치기만 할 뿐, 그 이상 어떤 제약도 받지 않았어요. 팔이 긴 셔츠를 맨날 입었죠. 한 탈레반은 현지특파원 아미르 샤에게 이렇게 말했다고 해요. '당신의 보스는 굉장히 소박하군요. 맨날 똑같은 옷만 입어요.' [웃음] 뭐 패션쇼도 아니고, 목숨이 위태로운 최전선에서 옷이 중요한가요? 또한 그들은 강인함을 존중해요. 자신들을 직접 보기 위해 험난한 여정을 헤치고 온, 용기있는 사람을 존중하죠.*Gannon, 19-21*

라웁은 2011년 리비아에서 폭동이 발생하자 나토가 카다피군대에 폭격을 가한 것을 이야기하면서 빈정거리는 말투로 '덕분에 서구인들이 리비아반군에게 꽤 환영을 받았다'고 말한다.*Laub, 31*

중동에서는 '미국인'보다는 '외국인'으로 인식되는 것이 훨씬 유리합니다. 종교적으로도 무슬림국가나 이스라엘에서는 '무슬림'이나 '유대교신도'보다는 차라리 '기독교인'으로 인식되는 것이 훨씬 중립적인 대우를 받을 수 있죠.*Powell, 12*

하지만 똑같은 이유로 몇 가지 개인적인 신상은 드러내지 않는 것이 좋다. 예컨대 레바논 혈통이든지 이탈리아 혈통이라든지 그런 정보를 밝히는 것은 기자가 사사로운 목적을 가지고 취재하고 있다는 인상을 줄 수 있다.*e.g. Bria, 10* 반대로, 볼리비아 출신 해롤드 올모스는 미국미디어의 문화적 제국주의 확산에 대한 불만이 팽배했던 1970년대 라틴아메리카를 취재하면서 자신의 전혀 미국적이지 않은 외모를 적극적으로 활용했다.

> 나는 동료들과도 스페인어로 이야기했지. 인터뷰할 때도 당연히 스페인어를 썼고, 현지인들이 쓰는 은어도 썼어. 인터뷰를 하면서도 내가 미국의 통신사에 소속되어있다는 것은 굳이 밝히지 않았는데… 덕분에 선입견이나 편견으로 인해 취재가 어려워지는 상황은 많이 피해나갈 수 있었지.*Olmos, 15*

양키고홈!
반미감정의 그림자

AP특파원들은 자신의 실제 국적과 무관하게 대부분 자신을 미국인이라고 인식한다. 미국은 20세기 이후 지금까지 다른 어떤 나라보다도—긍정적이든 부정적이든—압도적인 아우라를 분출해왔다. 이러한 사실이 취재하는 상황에서 별다른 영향을 주지 않았다고 말하는 특파원도 있지만, 대부분 상당한 요인으로 작용했다고 말한다.

그전까지만 해도 쉽게 접근할 수 있었던 취재원이라도, 기자가 미국인이라는 사실을 깨닫는 순간 입을 닫아버리는 상황이 많았다고 한다. 물론 그러한 일은 대개 국가가 미디어를 통제하고 상시 감시체제가 작동하는 나라에서 벌어진다. 더 나아가, 미국인이라는 이유만으로 살해협박을 당한 경우도 있었다. 미국의 언론, 미국정부, 미국의 정보기관이 모두 한통속이라고 생각하는 것이다.

물론 반미감정이 곧바로 미국인 기자에 대한 위협으로 이어지지 않는 경우도 많다. 베트남전쟁 중 베트남에서도 그랬고, 인도-파키스탄전쟁에서 미국이 파키스탄 편을 드는 와중에 인도에서도 그랬고, 9·11테러 이후 테러와의 전쟁을 선포한 뒤 이집트에서도 그랬다. 이들 지역에서는 모두 반미감정이 폭발하고 있었지만, 미국인 '기자'에 대해서는 어떠한 위협도 발생하지 않았다. 물론 스파이 혐의를 받는 경우에는 생명의 위협을 받기도 했다.

뉴델리 미국대사관 앞에서 벌어진 대규모 반미시위를 취재한 AP특파원은 이렇게 말한다.

> [미국인이라는 이유로] 위협을 느낀 적은 한 번도 없어. 미국의 정책에 반대한다고 해서 미국사람들까지 반대하는 것은 아니었거든.*Belkind, 14*

브라이슨은 9·11테러가 일어난 이후에도 카이로에서 아무 일없이 걸어서 출퇴근했다.

> 미디어에 나오는 시위자들로 가득찬 '아랍의 거리'는 어디에서도 느낄수 없었죠. 그런 게 있었다고 하더라도 내 주변에서는 전혀 일어나지 않았어요.… 분노는 속마음을 털어놓게 만들죠. 시리아와 요르단에서 팔레스타인 난민촌을 취재했을 때가 기억나네요. 내가 미국인이라는 사실은 오히려 그들에게 속마음을 털어놓게 만드는 요인이 되었어요. 미국을 향해 마구 욕을 퍼부을 수 있는 기회를 준 것이죠. 하지만 그들이 쏟아내는 이야기는, 분노보다는 슬픔에 가까웠어요. 적어도 '우리는 당신들과 이야기하고 싶지 않아!'라는 태도가 아니었다는 것은 분

명해요. 기자 입장에서 사람들이 소리를 지르고 화를 내며 뭔가 이야기를 하는 것이, 아무것도 이야기하지 않는 것보다 훨씬 낫죠.*Bryson, 42*

캐나다인 개넌은 아프가니스탄에서 만나는 취재원들에게서 불타는 적개심을 느끼는 경우가 많았다. 하지만 그러한 적개심은 개넌 개인을 향한 것이 아니었다.

"이 외국인들은 왜 아직도 여기 있는거야? 빨리 떠나지 않고 여기서 뭐하는거야?" 늘 이런 식으로 대했어요. 하지만 그들은 늘 이야기할 기회를 갖고 싶어했죠. 폭격을 당한 곳이나 민간인들이 죽은 현장을 취재하러 가면 사람들은 모두 분노에 가득차있어요… 인터뷰를 할 때마다 사람들은 분노를 쏟아내기 시작하죠. 가끔은 나를 향해서 분노를 쏟아내는 사람도 있어요… 그런다고 피하면 안 돼요. 그들을 존중하는 자세를 잃지 않고 끝까지 참고 들어줘야 하죠. 차를 마시면서, 바닥에 앉아서 함께 음식을 먹으면서. 이야기를 들어주면 서서히 마음을 열기 시작해요… 끝까지 나를 미워하는 사람은 본 적이 없어요. '미국언론을 위해 일하기 때문에 당신과 이야기하지 않겠다'고 말하는 사람은 한 명도 없었죠.*Ganon, 28*

1980년대 후반 전체주의에 맞서는 시민운동이 벌어진 중국과 폴란드 같은 곳에서는 '미국인'이라는 사실이 취재를 하는 데 유리한 요인으로 작동했다. 천안문항쟁 당시 한 시위자가 말했듯이 '미국을 자신들의 빛나는 모델로 여겼기' 때문이다.*Jones, 21; Seward, 7*

1960년대 말 서아프리카 특파원은 부르키나파소의 한 마을을 취재하러 갔다가 어느 집 헛간에서 케네디대통령이 나온 포스터를 보고 신기해했다. 그들은 아프리카를 식민지배했던 영국이나 프랑스의 기자들보다 미국기자들을 훨씬 중립적인 존재로 여겼다.*Heinzerling, 11* 북아프리카 특파원 폴 쳄은 이로부터 거의 50년이 지난 뒤에도 비슷한 경험을 했다.

모로코와 알제리 사람들은 자신들이 프랑스사람을 얼마나 싫어하는 지 프랑스어로 열변을 토하며 말합니다.*Schemm, 20*

하지만 2010년대 초 모로코에서 시리아까지 광범위한 지역에서 경험한 바에 따르면, '미국인'이라는 사실은 취재를 하는 데 도움이 되기도 하고 방해가 되기도 한다.

이집트에서 '미국인'이라는 사실은 일반적으로 방해가 되는 거 같아요. 나는 여기서 아주 오랫동안 살았다는 것을 꼭 강조하죠. 더욱이 이집트아랍어를… 꽤 잘 구사하기 때문에 사람들의 마음을 사는 건 그리 어렵지 않아요… [2011년 시위가 일어나고] 며칠 뒤 거리에서 시민들과 인터뷰를 했어요. 이때는 기자들이 이집트에 혼란을 부추기려 한다는 소문을 정부에서 퍼트려서 사람들이 기자에 대해 매우 적대적이었어요… 당시 운 좋게 합리적으로 사고하는 중년의 가게주인과 몇몇 사람들과 이야기를 나눌 수 있었는데… 그들이 날 보호해줬어요. 누군가 다가와서 사람들을 선동하려고 하면, 그들이 쫓아와서 '아냐, 아냐! 이 친구는 괜찮아!' 그런 식으로 우리를 도와줬어요. 그런 사람 두세 명만 곁에 있어도 사람들이 폭도로 돌변하는 것을 막을 수 있죠. 실제로 그런 일을 몇 번 경험했어요. 하지만 이집트 밖에서는 그런 일을 겪지 못했어요. 시리아에서는 '미국인'이라는 사실에 대해 아무도 신경쓰지 않아요. 물론 지하드전사라면 다소 경계할 수도 있겠죠. 리비아에서는 외국인들, 특히 미국인을 좋아해요. 미국이 공습이나, 뭐 그런 것들로 도움을 줬기 때문이죠. 리비아사람들은 특히 프랑스인들을 정말 좋아해요.

모로코에서도 미국인이라는 사실에 전혀 신경쓰지 않아요._Schemm, 20_

미국의 중동정책과 미군이 중동에서 벌인 일을 고려할 때, 미국특파원들은 중동을 취재하기 위해서 자신의 페르소나에서 '미국인'이라는 요소를 최대한 제거해야 하는 어려운 과제를 수행해야 한다. 리드는 1970년대 말 소련탱크가 시내를 휘젓고 다니던 카불에서 특파원활동을 했다. 야외에서 음식을 조리하던 한 남자가 리드를 보고는 침을 뱉으면서 '러시아놈'이라고 욕을 했는데, 리드가 자신이 미국사람이라고 알려주자 '그래? 미안해!'라고 대답했다. 리드는 '이것이 아프가니스탄에서 미국인이라는 것 때문에 덕을 본 유일한 순간이었다'고 웃으면서 말한다._Reid, 11_

모스크바특파원이었던 스티븐 허스트는 소련이 아프가니스탄을 침공했을 당시, 12차례나 아프가니스탄으로 취재여행을 갔다. 그곳에서 '콧대 센 지하드전사들'과 인터뷰를 하면서 '외진 시골에 있는 수용소에서 무심한 듯 아름답게 우거진 나무 아래에 빙 둘러앉아있는 그들의 증오에 가득 찬' 모습을 아직도 기억한다고 말한다. 그런데 바로 그 모습을 미국이 이라크를 침공했을 때 다시 목격했다고 말한다. 이라크전쟁 초기에는 비교적 안전했지만, 금세 치안은 악화되어 내전상황이 펼쳐졌다. 미국인을 향한 증오는 불타올랐고, 마침내 '바깥을 돌아다니지 못할 정도로' 심각한 상황이 되었다. 미국인은 '악귀'처럼 여겨졌고, 사람들을 취재하는 것은 사실상 불가능했다.

초창기에는 바그다드에서 폭발음이 들리면 곧바로 차를 타고 현장을 취재하러 달려갔지. 하지만 2006년, 7년쯤에는 그런 상황이 벌어지면 외국인이 나타난다는 사실을 알고 일부러 그런 일을 벌이더군. 그들의 타겟은 바로 미국인이었어. 사람들은 미국에 정말 화가 많이 나 있었지. 언제든 순식간에 위험한 상황에 빨려들 수 있었어._Hurst, 10/6_

라웁은 1987년 이후 이스라엘과 팔레스타인 지역을 취재하면서 AP를 '미국통신사'라고 소개하기보다는 '국제통신사'라고 소개하는 것이 유용하다는 사실을 깨달았다고 말한다.*Laub, 7* 또한 라웁은 자신을 독일에서 왔다고 소개했는데, 팔레스타인사람들은 대부분 미국이 '이스라엘 편만 드는 완전히 편향된 나라'라고 생각했기 때문이다. 그러한 전략이 성공했는지 라웁은, 관료들이 기사에 대해 가끔 불평한 경우는 있었지만 팔레스타인사람들 사이에서 '적대감을 느낀 적은 한번도 없었다'고 말한다.*Laub, 23* 실제로, 라웁을 인터뷰하기 위해 베들레헴을 찾았을 때 그녀는 이스라엘 장벽을 따라서 아이다난민캠프까지 나를 데리고 갔는데, 거친 젊은이들이 자동차를 타고 좁은 도로를 빠른 속도로 헤치고 지나가면서 우리를 향해 신나게 손을 흔드는 모습을 볼 수 있었다.

아랍의 봄' 당시 튀니지에서 취재하던 특파원은 당국자에게 분노가 섞인 공격을 받았다. '언론감독관' 역할을 하던 여성이었는데, 갑자기 전화를 걸어와 따지기 시작했다.

"너! 그리고 너희 외국기자들!" 그런 말로 시작하여 미친듯이 소리를 지르면서 이것저것 따졌는데… 기분이 상하지는 않았어요. 사실 그럴 만도 했거든요. 갑작스럽게 거리는 광란의 도가니에 빠져들었고, 그녀가 그동안 알고 있던 것, 믿고 있던 것, 이해할 수 있는 것들이 모두 사라져버린 상태였거든요.*Ganley, 39*

2000년대 브라질 상파울루를 기반으로 활동한 라틴아메리카특파원은 브라질사람들이 미국을 자신들의 모범으로 여기며 미국인에게 '상당히 호감을 보인다'고 말한다.

반미정서가 강한 다른 지역에 갈 때는 미국이 아니라 '브라질 상파울루에서 왔다'고 말했어요. 또 브라질 억양이 들어간 스페인어를 사용해서 친근감을 주었죠.*Clendenning, 8-9*

아시아에서 미국인특파원은 어쩔 수 없이 특별한 이방인으로 여겨진다. 일본어를 유창하게 구사할 뿐만 아니라 미국에서 산 기간보다 일본에서 산 기간이 훨씬 긺에도 탈마지는 미국인이라는 첫인상을 넘어서는 데 여전히 어려움을 겪는다.

일본사람들은 나를 보면 거의 자동적으로, 그러니까 무의식적으로 '어쨌든 이 사람은 미국인'이라고 생각해요. 자기들끼리 이야기할 때와 같은 방식으로 나를 대하지 않죠.*Talmadge, 16*

진 리는 자신이 한국계라는 사실이 북한을 취재하는 데 큰 도움이 되었다고 말한다.

어린 시절부터 미국에 대해 '자신들을 죽이려고 하는 철천지원수'라고 배우는 나라에서 미국인은 사실 무서운 존재죠. 하지만 내 모습을 보고는 그나마 겁을 덜 먹었어요. 지나치게 외국인처럼 보이지는 않았거든요… 그래도 [국적은] 숨길 수 없었죠. 취재허가를 구할 때 반드시 국적을 밝혀야 하거든요. 그래서 내가 미국인이라는 사실을 알고 나면 갑자기 경계하는 표정이 역력하게 나타나죠. 어쨌든 북한사람들은 AP가 평양에 주재하고 있다는 것을 알고 있고… 우리가 바로 그 AP기자라는 사실을 깨닫는 순간 최대한 친절한 모드로 돌변해요… 우리는 평양에 있는 유일한 미국인이었고… 그래서 어딜 가든 눈에 잘 띌 수밖에 없었어요.*Lee, 4-5/17*

중동 이야기로 돌아오자면, 리드는 이라크인들이 '진심으로 서양언론에 협력하려고 하지 않는다'는 것을 뼈저리게 느꼈다고 한다.

> [이라크인들은] 미국기자들을 미국정부의 연장선이라고 여기지… 자기들 나라처럼 미국에서도 정권이 언론을 장악하고 있을 것이라고 생각하는 거지. "그놈들 좋으라고 협조할 일 있나? 괴수의 팔 한 짝에 불과할 뿐인데." *Reid, 98*

"CIA가 이런 누추한 곳까지 오시다니"

AP특파원에 대한 오해

제2차 세계대전 당시 이탈리아로부터 오늘날의 중동에 이르기까지 AP특파원들이 직면한 가장 위험한 오해는 미국인 기자를 미국정부의 대변인, 더 나아가 미국의 스파이로 간주하는 것이다. 이러한 경향은 극단적인 반미운동이 거세게 벌어지는 나라에서 특히 강하다. 또한 불안정한 국내정세를 모면하기 위해 외부의 적을 찾는 독재정권들도 미국을 적으로 삼는 경우가 많다. 물론 미국이 공공연하게 다른 나라의 정권교체에 개입하는 경우도 있기에, 미국특파원에 대한 시선이 더욱 냉랭할 수밖에 없다.

20세기 중반 쿠바특파원들은 누구든 '양키편Yankee part'이라는 딱지가 붙으면 살아남지 못했다고 말한다. 쿠바사람들은 AP기자를 미국정부의 대변인으로 치부했다. *Flores, 14; also Wheeler, 19* 피그스만 침공과 미사일 위기 이후, AP하바나지국은 잠시 폐쇄되었다가 다시 문을 열었는데, 미국인 기자는 아예 입국허락을 내주지 않아 미국인이 아닌 AP기자들만 체류할 수 있었다. 한참 뒤 하바나로 복귀한 플로레스는 이렇게 말한다.

> [카스트로 정권은] 여전히 나를 CIA 정보원이라고 간주했어요… 취재하기가 상당히 곤란했죠.*Flores, 2-3; Flores, 2007, 82*

카스트로는 한 연설에서 플로레스 후임으로 온 존 펜튼 휠러를 '지극히 순진한 인물이거나 CIA패거리'일 거라고 말했다.*Wheeler, 2008, 2-9* 쿠바에서 활동하던 초기에 휠러는 '두 명의 추방자들이 쿠바지도자를 암살하기 위해 파견된 CIA요원인지 확인해달라'는 요청을 받은 적이 있었는데, 자신은 '기자지 재판관이 아니'라고 대답했다. 훗날 플로레스와 휠러를 관리했던 쿠바의 관료는 미국 상원에 출석하여 AP기자들을 '스파이 활동'에 연루시키라는 명령을 받고 임무를 수행했다고 증언한다.*Wheeler, 2008, 55-59*

이란의 AP직원들은 미국대사관 인질사태 즈음 추방당했다. 미국정부가 미국에서 활동하던 이란의 관영통신사에 제재조치를 한 것에 대한 보복이었다. 이처럼 보복이 보복을 낳는 상황은 수십 년 간 계속되었다.*Tatro, 11; Reid, 99* 비교적 최근인 2014년, 우크라이나 크림자치공화국의 수도 심페로폴에서도 AP사진기자가 스파이활동을 했다는 혐의로 몇 시간 동안 억류되고 촬영장비를 압수당하는 사건이 발생했다.[8] 소말리아내전에 미국이 참전했을 때 모든 미국인은 '미국놈들'로 도매금으로 취급받으며 납치와 살해위협에 시달렸다. 당시 순회특파원이었던 폴 알렉산더는 처음이자 마지막으로 자신의 국적을 캐나다라고 속였다고 한다.

> 어쨌든 위험을 줄이기 위해서 그렇게 할 수밖에 없었고, 또한 국적을 숨기는 것이 큰 문제가 될 것 같지 않았어요. 위험요인을 줄일 수 있는 다른 방법은 없었죠… 미국인이라는 이유만으로 죽을 수는 없잖아요.

---

8 "Armed men confiscate AP equipment in Crimea," The Associated Press, March 7, 2014.

또 괜히 긴장수위를 높일 필요도 없고요._Alexander, 10_

브라이슨은 1990년대 자이르(현 콩고)에서 미국인들이 짊어지고 있는 '마음의 짐'을 느낄 수 있었다. 1960년대, 미국을 오랫동안 적대시해온 파트리스 루뭄바 총리를 처형한 사건이 미국의 묵인 아래 벌어졌다는 사실을 사람들이 여전히 기억하고 있었기 때문이다._Bryson, 14_

그레이도 이라크와 아프가니스탄에서 특파원들이 겪는 문제를 '마음의 짐'이라고 묘사했다.

정부관료나 일반시민들과 이야기할 때 우리는 미국정부와 무관하다는 것을 이해시키기 위해 노력하지. 우리는 AP이고, 독립된 언론이다… 그럼에도 미국정부를 편드는 기사를 내보내면, '그럴 줄 알았다'고 말하며 우리를 호되게 비판하지… 편향된 언론에 익숙해있는 사람들, 정부든 특정정파든 반란세력이든 어느 쪽으로든 편향되어있는 언론만 늘 보아오던 사람들은 AP가 중립적인 언론이라고 아무리 이야기해도 받아들이지 못해… 아프가니스탄, 이라크, 소말리아, 르완다, 베트남 등에서는 지금까지도 그런 눈으로 우릴 바라보고… 조금은 덜할 테지만 캄보디아 사람들도 우리가 미국정부의 입장을 대변한다고, 적어도 편향되어있다고 생각해._Gray, 35_

이러한 인식이 팽배한 상황에도 실제 사람들을 직접 만나보면 비교적 관대하다고 특파원들은 말한다. 그레이는 크메르루주가 권력을 잡기 직전 프놈펜에서 특파원으로 활동했다. 당시 미국은 캄보디아에게 전쟁을 '실컷 부추겨놓고는' 내팽개치고 떠나버렸다.

미국이 자신들에게 헛된 꿈을 꾸게 만들었다는 것을 잘 알고 있었지.

그럼에도… 내가 미국인이라는 사실을 알면서도… 나를 해코지하거나 비난하는 사람은 한 명도 만나지 못 했어.*Gray, 9-10*

중앙아메리카에서 특파원으로 활동한 조셉 프레이져 역시, 사람들이 레이건정부의 외교정책에 상당히 화가 나 있었음에도 자신을 비난하거나 나쁘게 대하는 사람은 없었다고 말한다.

[남아메리카의 독재정권들은 가끔] 우리에게 좌파게릴라들과 한통속 아니냐고 불평했지… 그들이 싫어할 만한 기사를 많이 썼거든. 우리는 도대체 누구의 적인 걸까?*Frazier, 4*

AP를 통하면 미국정부와 메시지를 주고받을 수 있을 거라고 생각하여 기자들을 찾아오는 취재원들도 있다. 아프가니스탄과 파키스탄의 관료들은 이따금씩 개넌에게 '우리는 테러리스트가 아니라 온건주의자'라는 메시지를 미국에 전달해달라고 요청했다.*Ganon, 27*

이러한 상황은 유럽도 예외가 아니다. 프랑스 외무부 대변인은 '프랑스는 이라크전쟁에 반대한다'는 의견을 공식적으로 발표하고 난 뒤, 취재를 마치고 나가려고 하는 AP특파원 갠리를 쫓아와 물었다.

이해하셨죠? 이해한거죠? 알아들었죠? 알아들었죠?*Ganley, 31*

하지만 AP특파원을 외교관이라기보다 CIA스파이로 인식하는 경우, 문제는 훨씬 심각해진다. 특히 언론을 통해 첩보를 수집하는 나라에서는 그러한 오해를 하기 쉽다. 더욱이 그토록 위험한 곳도 마다하지 않고 찾아다니며 샅샅이 취재하는 미국기자들을 보면 스파이로 인식할 수밖에 없을 것이다. 앤더슨은 '증오심으로 똘똘 뭉친 반미무장단체' 헤즈볼라가 자신을 납치한 것은, 스파이로 여겨졌기 때문이라고 말한다.

해병본부 폭격사건이 일어난 직후, 헤즈볼라의 최고리더를 인터뷰하러 갔어. 당신들이 폭격한 것이냐고 물어보려고 했던 것인데, 사실 이곳저곳 돌아다니면서 그런 질문을 하는 사람은 누구든 스파이로 몰릴 수 있는 상황이었지. 하물며 미국인이었으니, 말할 필요도 없었지.

Anderson; AP Oral History, 1997, 7

레바논에서 오랫동안 특파원으로 활동해온 영국의 《더타임스》 특파원 로버트 피스크는 앤더슨이 납치되기 직전 상황을 직접 목격했다. 팔레스타인 무장세력이 검문소에서 두 기자의 신분을 확인하는, 다소 긴박한 상황이었다.

"너희들은 왜 이곳에 있나?" 앤더슨은 자신의 레바논 기자증을 보여주었다. "기자! 미국기자와 영국기자! 미국이 팔레스타인사람들을 죽였다." "아닙니다. 아닙니다. 우리는 기자, 언론, 사하파, 저널리스트입니다." 더 많은 무장대원들이 주변에 모여들기 시작했다. 자동소총을 들고 탄약을 몸에 두른 그들은 누구도 웃지 않았다. 검은 옷을 입은 한 남자가 앤더슨을 보면서 말했다. "미국이 무슬림을 죽인다." 상황은 악화되었다… "당신, 스파이인가?" 우려했던 상황이 펼쳐졌다. "우리는 취재하러 이곳에 온 것이다." 우리는 항변했다. "우리는 이야기하고 싶을 뿐이다."… 앤더슨은 다시 기자증을 보여주었다. 뭔가 잘못되어가고 있었다. 지난 수년 동안 이들은 적대적이고 자제심이 부족하긴 했어도, 우리가 하는 일을 존중해주었다. 우리가 자동차 앞유리에 붙이고 다니는 sahafa, 즉 '보도'라는 단어를 존중해주었다. 우리가 무슨 일을 하는지 이해해주었다. 그런데 갑자기 그러한 연결점이 끊어져버린 것이다. 그들은 더 이상 우리를 기자로 대하지 않았다. 언론보도는 아무 의미 없는 일이 되어버렸다. 우리는 그저 외국인에 불과했다. *Fisk, 2002, 500*

사실 AP특파원이 스파이로 여겨지기 시작한 것은 CIA가 창설되기 훨씬 전부터 있던 일이다. 실제로 미국의 첩보기관이 미국의 기자들에게 접근하여 정보를 달라고, 또는 의도적으로 오보를 내달라고, 더 나아가 직접 스파이활동을 해달라고 요구한 적도 있다. 예컨대, 베트남에서 이러한 공작을 실행했다고 폭로한 전직 CIA정보분석가도 있다.[9] 더 최근 사례로는, 이라크에서 벌어지는 납치사건에 대처하기 위한 CIA컨퍼런스에 자신이 초대된 적 있다고《뉴욕타임스》기자가 밝힌 적도 있다. *Filkins, 2008, 285-286* 존 로더릭은 1940년대 AP중국특파원으로 일하는 동안 CIA의 전신 OSS의 임무수행요청을 거절한 적이 있다. 그럼에도 중국의 취재원들은 대부분 그를 스파이로 여겼다고 한다. *Roderick, 1993, 117; AP Oral History, Roderick, 1998, 17-18* 실제로 로더릭은 다른 언론사에 소속된 몇몇 기자들 중에는 첩보기관에 협력하는 이들이 있었다고 진술한다. 유명한 베트남특파원 말콤 브라운도 똑같은 진술을 한다. *Malcolm Browne, 1993, 90-91* 또한 나와 직접 인터뷰한 몇몇 AP특파원들도 첩보기관과 연루된 기자들이 존재할 것이라고 말했다.

　기자를 첩보요원으로 활용하는 CIA의 위험한 활동은 이미 1970년대 미국 상원의 조사를 통해 밝혀졌다. 하지만 관련자들은 '예산절감을 위해 진행된 것일 뿐'이라고 변명했다. *Houghton, 1996; Daniloff, 2008, 246*

　내가 인터뷰한 특파원들 중에는 첩보기관과 접촉한 경험이 있는 사람은 없었다. 그럼에도 혹시 스파이로 오인받지 않을까 하는 우려에 각별히

9　The Associated Press, November 20, 1977.

신경을 썼다고 한다. 소말리아 같은 혼란스러운 전장에서도 무기를 절대 소지하지 않았고,*Alexander, 9* 중요한 취재원과는 의도적으로 거리를 두기도 했다. 이는 현지인들에게서만 받는 오해가 아니다. 로젠블럼은 라고스에서 새로 부임한 정치담당관과 만난 경험을 이야기한다.

> 화를 내며… [미국대사관을] 박차고 나왔지. 그 담당관은 내가 전임자와 당연히 정보를 주고받았을 것이라고 확신하고 있었어.*Rosenblum, 9*

많은 특파원들이 이러한 오해는 뿌리쳐도 뿌리쳐도 계속 달라붙는 '거대한 요괴'와 같다고 말한다. 독재정권은 물론 동료특파원들조차 끊임없이 이러한 의심을 하는 경우가 있고, 또 그러한 의심을 빌미삼아 독재정권들은 기자들을 통제하고 감시하고 위협한다.

그레엄에 따르면, 베이징에 주재하는 소련의 관영통신사 TASS의 기자들은 그레엄을 취재원으로 삼기 위해 끈질기게 노력했다고 한다. 그레엄이 미국과 중국 관계에 대한 특별한 정보를 가지고 있을 것이라고 여겼던 것이다.*Graham, 13*

1980년대 니카라과 AP지국장은 군장성들이 참석하는 리셉션에 참석했다가 산디니스타정권의 내무장관에게서 이런 농담을 들었다.

> "CIA가 이런 누추한 곳까지 오다니, 니카라과에 뭐라도 캐낼 정보가 있나보죠?"*AP Oral History, Aguilar, 2009, 31*

1970년대 초 피델 카스트로가 아프리카 시에라리온을 방문했을 때 기자회견장에서 쿠바기자들에게 쫓겨난 특파원도 있다. 하지만 이것은 전초전에 불과했다.

호텔방으로 돌아올 수밖에 없었지. 그런데 그날 밤 시에라리온 경찰들이 들이닥쳐 나를 체포하고, 노트와 온갖 소지품들을 압수해가버렸어. 쿠바와 자신들이 굳건한 동맹이라는 것을 보여주기 위해 그랬던 것 같아. 그날 저녁 호텔에서 마림바악단의 공연을 봤는데, 그들이 Cherry Pink and Apple Blossom White라는 유명한 곡을 연주하더라고. 그 연주가 인상적이어서 노트에 '시에라리온에서 듣는 Cherry Pink and Apple Blossom White'라고 적어놓았는데, 경찰이 '이 암호는 무슨 뜻이냐?'고 심문하더군. 어… 나는 문화에 관한 기사를 쓰고 싶었을 뿐인데… 사과나 체리가 나지 않는 아프리카에서 이런 음악을 연주하는 것이 식민지시대와 독립 이후 아프리카의 문화적 괴리를 드러내는 재미있는 사례라고 여겨졌거든. 이걸 열심히 설명했지만… 결국은, 미국대사관의 도움으로 겨우 빠져나올 수 있었지. 뭐 이런 건 늘 겪는 일이지만.*Heinzerling, 18*

소련이 쇠퇴하던 시절, 앨런 쿠퍼먼은 자신도 모르게 소련의 권력자들 사이에서 관심의 대상이 되었다. 당시 그는 미국대사관 경제관료와 친분이 있었는데, 훗날 이 경제관료가 CIA요원이었다는 사실이 밝혀졌다.

어느 날 괴상한 전화를 받았어요. 누군가 AP지국으로 전화를 해왔는데, 나랑 통화하고 싶다고, 나하고만 이야기해야 한다고 말했어요… 전화를 받았는데, 헬리콥터 설계에 관한 이야기를 늘어놓기 시작하더군요… '내가 헬리콥터에 관심이 있었던가?' 나중에 그는 몇몇 사람들을 데리고 AP지국으로 직접 찾아왔더군요… "무엇 때문에 전화를 하신건가요? 왜 이런 이야기를 하시는 건가요?… 제보할 게 있나요? 무슨 사건이 있었나요? 무엇을 원하시나요?"… "아, 아니요. 제가 소련의 헬리콥터 설계도면을 가지고 있는데요… 그래서 이 엔지니어들을 소개해드리고 싶어서 찾아왔습니다." "아, 그렇군요. 저는 그런 데 전혀 관심이 없습니다." 그러자 이렇게 말하더군요. "음… 그런데 미국 대사관 쪽에 여기 관심을 갖고 있는 친구가 있을 텐데요." 그 순간… 그들이 나에게 접근한 이유를 온전히 깨달을 수 있었죠. 내가 미끼를 무는지 확인하기 위해 계속 떠본 거였어요. 나는 단호하게 말했죠. "관심없습니다. 저는 기자입니다. 다시는 전화하지 마세요. 어떤 것도 나한테 보내지 마십시오. 그런 걸 받고 싶지 않습니다. 전혀 관심 없습니다."… 그 뒤로 다시는 연락이 오지 않더군요. *Cooperman, 10-11*

"이건 백인기자가 하는 질문 같네요."

특파원과 인종

특파원의 페르소나를 구성하는 요소 중 기자, 외국인, 미국인과 같은 것은 어떤 식으로든 신분을 확인하는 절차를 거쳐야 드러나는 반면, 즉각적으로 본능적으로 눈에 띄는 요소도 있다. 바로 인종과 성별이다. 이 책에서 인터뷰한 특파원들은 대부분 백인이다. 특히 아프리카와 아시아를 취재한 특파원들은 자신이 '백인'이라는 사실이 취재과정에서 상당한 영향력을 발휘했다고 말한다. (물론 흑인이든 백인이든 미국인특파원들은 '미국인'이라는 사실도 상당한 영향력을 발휘했다고 말한다.)

많은 특파원들은 자신이 '백인'으로 인식되는 것이 취재하는 데 도움이 되었다고 말한다. 1960년대 나이지리아에서 특파원으로 활동한 기자는 이렇게 말한다.

어느 집이든 문을 두드리면 모두 들어오라고 하더군. 어쩌면 식민지시대의 잔재 때문일지 모르겠지만. *Zeitlin, 10*

어머니가 중국인인 중국계 미국인 기자는 중국과 프랑스 거리에서 인터뷰할 때 '덩치 큰 백인이 자신들의 말을 쓰며 친절하게 질문하는 모습'에 일반 시민들이 쉽게 인터뷰에 응했다고 말한다.*Jones, 7*

1990년대 인종간 갈등이 고조되던 남아프리카공화국과 소말리아에서 임무를 수행한 백인특파원들은 매우 상반된 경험을 했다. 아파르트헤이트 말기 남아프리카공화국 흑인거주지역에서 폭동이 발생했을 때 '카메라와 노트를 들고 현장을 나가면 상당한 환영을 받았다'고 특파원들은 회상한다.*Daniszewski, 16* 그들은 백인특파원들을 보호해주기도 했다.

> 진짜, 정말 놀라웠지. 전혀 예상하지 못한 상황이었거든. 흑인거주지역
> 사람들과 활동가들은… 외신기자를 잠재적인 지지자, 동지라고 간주
> 했어. 어떻게든 그 사람을 자기 편으로 만들고 싶어하는 것 같았지…
> 나는 백인이었음에도 흑인거주지역에서 나를 적대적으로 대하는 사람
> 은 한 번도 만난 적이 없어. 나를 적대하는 낌새도 느낄 수 없었지. 하
> 지만 남아프리카에서 인종문제는 아파르트헤이트가 종식된 이후, 본
> 격적으로 시작된 것 아닐까 하는 생각이 들기도 해. 다른 백인기자들
> 을 통해 들리는 바로는, 흑인거주지역에 가는 게 예전처럼 편하지 않
> 다고 하더군.*Crary, 5*

크래리의 말대로 1990년대 말 치안이 심각하게 붕괴되면서 남아프리카공화국은 위험한 곳이 되었다. 유색인종이 아니라면 기자라고 해도 안전을 보장받을 수 없는 위험한 지역이 곳곳에 생겨났다. 알렉산더는 차량도난의 표적이 되지 않기 위해 '앞유리창이 깨진 낡은 르노자동차'를 몰고 다녔다고 한다. 그는 또한 소말리아에서 이른바 '블랙호크다운' 사건이 일어난 직후 대규모 군중집회를 취재하러 간 적이 있는데, 그 당시… '온몸에 소름이 돋는' 경험을 했다.

[소말리아의 군벌지도자] 모하메드 파라 아이디드가 집회에 나와 연설한다고 해서, 취재를 하러 갔어요. 바로 얼마 전, 기자 네 명이 살해되는 사건이 있었는데,[10] 그 다음 처음 벌어진 군중집회였죠. 사실, 그곳은 백인에게는 출입을 허용하지 않는, 매우 위험한 지역이었어요. 무법천지였죠. 차에서 내리자마자 군중들이 나를 에워싸더군요. 식은 땀이 났어요… 드디어 아이디드가 연단에 올라 연설을 시작했어요. 연설 도중 기자 네 명이 살해된 사건에 대해 이야기하더군요. 통역을 통해 그 이야기를 들으면서 머리가 쭈뼛 섰죠. 잔뜩 긴장한 상태로 주변사람들의 반응을 살폈어요. "이왕 말 나온 김에, 지금 당장 그들을 모조리 잡아죽입시다!" 이렇게 말하면 어떻게 하지? 정말 소름이 돋았죠. 다행이도 그가 다음에 한 말은 그런 내용이 아니었어요. 대신 이런 말이 이어졌죠. "기자들은 우리의 친구입니다. 그런 일은 절대 일어나서는 안 됩니다"… 사람들이 나를 향해 미소를 보였고, 나도 통역도 어느 정도 긴장을 풀 수 있었죠. 하지만 그것은 순전히 운이었을 뿐입니다. 군중의 분위기가 돌변하는 순간, 그것으로 세상과 작별해야 했을 겁니다. 그걸 알면서도 그런 곳을 찾아다녀야 하는 게 기자가 할 일이지만… 불안한 것은 어쩔 수 없네요.*Alexander, 22-24*

소말리아에서 알렉산더는 보기 드문 아프리카계 미국인특파원인 《워싱턴 포스트》의 키스 리치버그와 함께 움직였다. 그들은 미군의 헬리콥터 공격으로 인한 사상자 수를 확인하는 과정에서 시민들의 반미정서를 자극하지 않으면서 도심에 위치한 주요병원들의 응급실을 들락거릴 수 있는 방법을 찾아냈다. 리치버그는 호통을 치며 지시를 내리는 것처럼 행동하고 알렉산

---

10 1993년 7월 12일 모가디슈에서 로이터기자 3명과 AP기자 1명이 소말리아 사령부를 UN군이 급습한 사건을 취재하던 중 폭도들에게 맞아 죽었다.

더는 마치 '순종적인 부하처럼' 행동을 한 것이다. *Richburg, 1998, 86-87*

리치버그는 아프리카계 미국인 기자로서 아프리카를 취재하면서 겪은 일들을 모아 《아웃 오브 아메리카Out of America》라는 책을 썼다. 이 책에서 리치버그는 '흑인'과 '기자'라는 두 가지 정체성 사이에서 흑인기자들이 느끼는 딜레마에 대해 이야기한다. 기자로서 더 충실하고, 분석적이고, 정확한 저널리즘을 추구할 것인지, 아니면 흑인으로서 '흑인의 의제'만 다룰 것인지 고민한다. *Richburg, 1998, 144; also Broussard, 2013*

아프리카계 미국인특파원 브라이슨은 1990년대 초 남아프리카공화국을 취재하면서 느꼈던 긴장감과 기대감을 2000년대 말 이곳으로 다시 돌아갔을 때에도 똑같이 경험했다고 한다.

> 남아프리카공화국에 도착했는데, 그 나라 사람의 80퍼센트가 나처럼 생겼더군요. 하지만… 생긴 건 비슷해도 제각각 고유하고 존엄한 역사를 가지고 있지요. 그들은 내가 알지 못하는 언어로 말하고 전혀 다른 방식으로 사고하죠. 내 입장에서 보면 그들은 모두 낯선 이들이죠. 외모만 닮았을 뿐 그들을 이해하기 위해서는 상당한 대화를 해야 하죠. 이것은 오히려 더 좋은 기사를 쓸 수 있는 시작점이 될지도 몰라요… 내가 대학을 다닐 때, 오리건에서 인턴을 하면서 한 흑인남성을 인터뷰한 적이 있는데… 질문을 시작하자, '이건 백인기자가 하는 질문 같네요'라고 말하더군요. 내가 그들을 공감하지 못하고 있다는 뜻이었죠… 물론 미국 밖에서는 누구도 그런 말을 하지 않아요. 아마 흑인으로서, 미국밖에서 활동하는 것이 훨씬 자유로울 수도 있을 것 같아요. 신기한 건, 남아프리카공화국에서 생활한 지 꽤 오래되었는데도 이곳 사람으로 오인된 적이 한 번도 없다는 사실이에요… 아프리카사람들은 아프리카사람이라면 반드시 아프리카를 지지하고, 아프리카를 개발하는 데 찬성해야 하고, 비판적이어선 안 된다고 생각해요. 하지만 미국인인

293

나한테는 그런 기대를 하지 않죠.*Bryson, 68-71*

브라이슨이 다시 그곳으로 돌아왔을 때 그녀를 기억하고 있던 이들은 그녀를 반갑게 맞이하면서 이렇게 말했다고 한다.

"돌아온 것을 환영합니다. 다시 이곳에서 기자로 오게 된 걸 기쁘게 생각합니다. 하지만 아프리카계 미국인이라는 이유 때문에 우리를 위해 무언가 하겠다는 부담을 가질 필요는 없습니다."*Bryson, 68-71*

브라이슨에게 '특별한 출입'이 허용되는 특권 같은 것은 주어지지 않았지만, 남아프리카사람들은 자신들의 이야기를 세상에 알리고 싶어했기 때문에 '그들과 쉽게 친해질 수 있었고, 꽤 자주 대화할 수 있는 기회를 누릴 수 있었다.'

그럼에도 브라이슨은 여전히 변칙적으로 인종차별을 경험했다. 전혀 예상하지도 못했던 코소보에서도 그런 경험을 했고, '흑인을 투명인간처럼 대하는' 몇몇 남아프리카공화국 백인들은 진짜 그녀를 투명인간처럼 취급하며 '그냥 스쳐지나갔다.' 하지만 수많은 사람들이 브라이슨 앞에서 허물없이 이야기를 풀어내며 유쾌함과 놀라움과 통찰력을 선사했다. 백인기자였다면, 움츠러들고 진술을 거부했을지도 모르는 사람들이었다.

가끔 남아프리카공화국 백인들과 이야기를 주고받다 보면, 어떤 시점엔가 '미국흑인은 우리 흑인과 다르군요.' 같은 말을 할 때가 있어요… 나는 고민에 빠집니다. 그런 말을 듣고도 내가 가만히 있다면, 앞으로 어떤 말을 더 할 수 있을까?… 나는 어쨌든 사람들에게 기회를 줬다고 생각해요. 내 일을 묵묵히 해나가는 것 자체가 사람들에게 새로운 시각을 안겨줄 수 있다고 생각해요.*Bryson, 68-71*

294

부르카는 쓰지 않습니다

특파원과 젠더

브라이슨이 처음 남아프리카공화국에 도착했을 때 여성특파원은 남성특파원에 비해 훨씬 적었다. 그때 한 여성동료가 옷차림에 대해 조언을 해 주었는데, 원피스나 치마를 입으라는 것이었다.

> 그래야만 사람들이 당신을 인간으로 대한다는 거예요… 바지를 입은 여성을 보면 '저건 뭐야?' 그런 식으로 대한대요.*Bryson, 15*

1970년대부터 지금까지 AP의 여성특파원들은 젠더가 취재활동에 상당히 영향을 미친다는 것을 잘 알고 있다. 하지만 심각한 남성지배적인 사회에서 여성이라는 사실이 늘 부정적이거나 불리한 것만은 아니다. 예컨대 중동에서, 폭력사태가 한창 벌어지는 와중에도 여성특파원들은 위협적인 존재로 인식되지 않기 때문에, 현지여성에게 쉽게 다가갈 수 있으며, 상황과 분위기 속에 조화를 잘 이룬다는 점에서 기자로서 유리할 때도 많다. 베이루트의 한 에디터는 이렇게 말한다.

> 내전이 한창일 때 남자기자들은 절대 밖에 나가지 못하지. 거리에서 미쳐 날뛰는 무장세력들의 눈에 띄는 순간 사살될 수 있거든. 하지만 여성기자들은 상관없어… 여성은 위협적인 존재로 여기지 않으니까… 남성성을 과시하려고 과장되게 행동하기는 하지만, 말을 걸지는 않아. 그래서 여성기자들이 거리상황을 훨씬 쉽게 관찰할 수 있지.*Tatro, 14*

웨스트뱅크에서 라웁은 여성이라는 이유만으로, 남자들이 출입할 수 없는 훨씬 사적인 공간에 내밀하게 접근할 수 있다고 말한다.

애도의 집과 같은 곳에 별다른 제지 없이 들어갈 수 있어요. 희생자의 어머니나 가족과 이야기나누고 싶을 때 그냥 들어가서 슬픔을 함께 나누며 인터뷰할 수 있죠. *Laub, 21*

이라크전쟁 시기 바그다드에 특파원으로 들어간 샐리 버즈비는 아랍 전통 의상 아바야를 입고 스카프를 뒤집어써서 머리색깔을 감추고 다녔다. 그녀는 이 의복이 자신을 위험으로부터 보호해 준다고 느꼈다.

내가 누군지 알아보지 못하게 하고 싶었죠. 더욱이 위험한 시기였으니까… 그런데 이걸 입고다니면서 그런 생각이 들더군요. "이건 절대 평생 입고다닐 만한 건 아니군… 하지만 이런 임무를 선택한 것은 나고, 내가 하고 싶어서 한 것이니까, 더욱이 이건 끝이 있는 임무니까… 하지만 이런 거죽에 의존해 자신을 보호한다는 것은 얼마나 우스운가… 이것이 벗겨지는 순간 훨씬 큰 위험에 처하고 말텐데." *Buzbee, 8-10*

파리에 기반을 두고 활동한 일레인 갠리는 아프리카 마그레브 지역을 취재할 때, 스카프를 쓰고 우비를 입고 다녔다. 갠리는 택시를 탈 때마다 택시기사의 친척처럼 보이기 위해 조수석에 앉기는 했지만 이것 말고는 여성이라는 사실 때문에 '골치'가 아픈 적은 없었다. *Ganley, 46*

하지만 여성특파원들은 신체적인 특징으로 인해 호기심의 대상이 되는 경우가 많다. 1980년대 중앙아메리카에서 바지를 입고 다녔던 금발의 애니타 스노우는 마을사람들이 '내 머리를 보면 땋아주고 싶어했다'고 회상한다. *Snow, 8* 비슷한 시기에 모린 존슨은 런던 다우닝가에서 열린 비공식 회견에서 호기심의 대상이 되어 남성들에게 둘러싸이기도 했다. *Johnson, 2*

무엇보다도 여성이라는 이유만으로 접근권에 제약을 받는 경우도 있다. 여성기자라는 이유만으로 인터뷰를 거절하는 경우도 있다. *Snow, 8* 여성특파원 대신 남성운전기사나 통역과 이야기하겠다고 하는 사람도 있었다.*Buzbee, 10-11* 그럼에도 많은 여성특파원들은 남자와 똑같이 '위험천만한' 지역에 가겠다고 자청했다.

아마도 여성특파원에게 탈레반이 통치하는 지역보다 더 위험한 곳은 없을 것이다. 이곳에서는 여성기자들의 접근을 막기 위해 기자회견장에 커튼을 치고 여자들을 그 뒤에 몰아넣는 등 코미디같은 조치부터 치명적인 조치까지 다채로운 일이 벌어진다.*Filkins, 2008, 28-29*

개넌은 30년 동안 이 모든 일을 견뎌내면서 '배제'가 아닌 '수용'을 얻어 냈다. 개넌 대신 남성 사진기자와 이야기하겠다고 고집했던 탈레반 법원장도 마침내 그녀와 인터뷰하기로 수락했다. 여섯 시간을 버틴 끝에 얻어낸 결실이었다.

> 그 사람은 집에도 못가고 자신의 집무실에서 밤을 샜어야 할지도 몰라요. 내가 그 집무실 앞에서 버티고 있었거든요. 아마도 그에게는 수치스러운 일이었겠죠.[11]*Ganon, 43*

개넌은 또한 1990년대 탈레반과 협상을 하러 온 UN특사에게 여성의 권리에 관한 한 절대 물러서지 않겠다는 다짐을 받아내기도 했다. (이에 대한 이야기는 BtN#9를 참조하라.)

---

[11] Kathy Gannon, "Chief Taliban justice refuses to meet diplomats seeking information about trial of foreigners," The Associated Press, September 5, 2001.

특파원에 대한 현지인들의 인식

AP특파원들은 취재원 발굴과정에서, 또 현장을 취재하는 과정에서 다양한 나라의 정부측 인사들로부터 일반시민들까지 무수한 사람들을 만난다. 그들은 특파원의 가진 페르소나의 다양한 측면에 영향을 받고 반응한다. '외국인'이라는 사실과 '기자'라는 신분은 취재활동에 도움이 되기도 하고 방해가 되기도 한다.

언론이 자신들에게 도움이 된다고 (또는 이용할 수 있다고) 여겨지는 한, 기자는 대부분 보호를 받는다. 특히 다른 신문사나 방송국과 달리 AP는 오랜 시간 중립적인 명성을 쌓아온 덕분에, 경험이 일천한 풋내기 기자들도 AP의 후광에 상당한 도움을 받는다.

특파원들은 '이방인'이라는 신분이 선사하는 자유를 만끽하기도 하지만, '미국인'이라는 인식은 훨씬 미묘하게 작동한다. 제2차 세계대전이 끝난 뒤 지금까지 미국은 전세계에서 가장 강력한 권력을 행사해 왔기 때문에, 반미정서는 많은 나라에 퍼져있다. 미국에 대한 분노로 인해 '미국인' 기자에게 더 많은 이야기를 쏟아내는 경우도 있으니 오히려 도움이 되는 경우도 있다.

하지만 반미정서는 특파원에게 매우 치명적인 상황을 초래하기도 한다. 미국정부의 스파이나 정보요원으로 여겨져 치밀한 감시를 받는 경우도 있다. 반대로, 미국언론의 독립성을 인지하고 있는 경우, 미국과 전쟁 중인 나라라고 해도 미국인특파원들을 환영하는 경우가 많다. '미국인'이라는 사실 때문에 불필요한 위험에 처하는 경우, 특파원들은 임기응변으로 위기를 넘겨야 할 때가 많다.

'미국인'이라는 페르소나보다도 훨씬 눈에 잘 띄는 표식은 바로 인종과 젠더다. 인종은 '외국인'이라는 특성 못지않게 특파원에게 양날의 검이 될 수 있다. '여성'이라는 특성은 이제 특파원 임무수행에 별 다른 문제가 되지 않고 있다. 지금까지 많은 여성특파원들이 무수한 차별에 맞서 단호하게 개선시켜 온 덕분이다.

이 모든 요인들은 현지인들과 상호작용하는 데 어떤 식으로든 영향력을 발휘한다. 가끔은 기자, 외국인, 미국인이 가기에는 너무 위험하다고 여겨지는 곳도 존재한다. 하지만 전혀 예측할 수 없는 곳에서 치명적인 위험이 찾아오기도 한다.

2014년 4월, 개년과 니드링하우스는 아프가니스탄 대통령선거운동을 취재하기 위하여 동남부 지역으로 취재여행을 떠났다. 그 전에도 몇 번 취재하러 갔던 곳이었다. 가는 길에 검문소를 통과하기 위해 잠시 정차해있던 와중에 검문소에서 근무하던 경찰이 다가오더니 '알라아크바르(신은 위대하다)'라고 외치면서 칼라시니코프 소총을 난사하기 시작했다. 니드링하우스는 그 자리에서 즉사했고 개년은 중상을 입었다. 차에 함께 타고 있던 통역과 프리랜서 비디오촬영기사는 무사했다. 공식수사보고에 따르면 그것은 계획된 총격이 아니었다. 재판에서 총격범은 자신의 행동에 대한 진술을 거부했다.[12]

그의 표적은 개년과 니드링하우스였을까? 그렇다면, 왜 그랬을까? 그들이 기자였기 때문에? 외국인이기 때문에? 백인이기 때문에? 여성이기 때문에? 또는 이 모든 것 때문에? 우리로선 알 길이 없다. 하지만 이 사건은 역사의 증인이 되기 위해 현장에 서는 해외특파원들이 치러야 하는 댓가를 다시 떠올리게 해준다. 다음 챕터에서는 이러한 해외특파원의 정체성과 소명의식에 대해 살펴본다.

---

12 "Death sentence given in AP photographer's killing," The Associated Press, July 23, 2014. 첫 재판에서는 사형이 선고되었지만, 2015년 두 번째 재판에서는 징역 20년으로 형량이 낮춰졌다.

다음 날 아침, 그러니까 토요일 새벽에 사진기자 돈 멜Don Mell과 테니스를 치러 갔어… 게임을 끝내고… 그를 데려다주기로 했지. 그의 아파트 앞에 차를 세웠는데… 갑자기 그들이 차에서 나와 내 머리에 총을 들이대고 '내려'라고 하더군… 날 자신들의 차에 태운 뒤 출발했는데, 멜이 차를 쫓아 계속 달려오더군.[13] 몇 년 뒤 그를 다시 만났을 때 물어보았지. "그렇게 뛰어서 뭘 하려고 했던 거지? 그 놈들을 테니스라켓으로 잡을 생각이었나?" "뭐, 뭐라도 해야 한다는 생각일 뿐이었죠…" 그렇게 납치되어 나는 7년 동안 세상에서 사라졌지. 거기서 온갖 나쁜 일이란 나쁜 일은 다 겪었어. 그래도 어쨌든 살아남기는 했네…

나의 가장 큰 장점은, 나에게 일어난 일을 부인하거나 화를 내는 것은 아무런 도움도 되지 않는다는 사실을 잘 안다는 거였지. 아마도 해병대훈련을 받고 베트남전쟁에 참전하고 또 특파원으로 살면서 얻은 분석적인 측면에서 기인한 면 같은데… 물론 화가 날 수도 있고, 나를 납치하고 나를 두들겨 팬 사람을 증오하는 것은 꽤 정당한 일이겠지만, 그럼에도 누군가를 증오하는 것은 아무 도움도 되지 않지…

나는 협상가가 되기로 했어. 무언가 얻어내기 위해, 상태를 개선시키기 위해, 영향을 미치기 위해 애를 썼지. 사실 절망스러울 때가 많았지. 아무것도 바꾸지 못할 때가 많았거든. 쇠사슬에 매달린 채 벽에 붙어 계속 서 있어야만 했고, 누구와도 이야기할 수 없었지. 그래도 끊임없이 그들을 설득하려고 노력했어. 라디오를 가져다달라고 계속 부탁을 했고, 결국 몇 년이

---

13 1985년 3월 26일 이 납치사건에 관한 AP기사에 등장하는 인터뷰는 바로 멜이다. 하지만 바이라인에는 그의 이름이 들어가지 않았다.

지나서 라디오를 얻어냈지. 책이나 잡지도 가져다달라고 했고, 집에 편지를 쓰게 해달라고 했어… 그들을 설득하기 위해 노력하고 또 노력했지… 나는 당신들의 포로일 뿐이다, 나는 범죄를 저지르지 않았다. 징역형을 선고받은 적도 없다, 당신들은 나를 처벌할 권한이 없다…

처음에 납치되어 3년 정도는… 베이루트 남부 슬럼가에 있는 한 아파트의 침실에 갇혀있었어. 창문엔 쇠창살이 쳐져있었고. 내가 감금된 지 얼마 지나지 않아 또 다른 사람을 납치해왔더군. 감시원이 와서 우리 눈을 가리고 쇠사슬로 벽에 바짝 묶어놓았어… 어느 날 아침 감시원이 들어와서는… 다리를 군화발로 차면서 '일어나!'라고 소리를 지르더라고. 일어났더니 나에게 소리를 지르고 총으로 막 찌르더니, 쇠사슬을 풀고는 문밖으로 끌어내 내동댕이쳤어. 나한테 샤워하라고 하더군. 욕실로 밀쳐넣고, 세게 잡아끌고, 아랍어로 저주를 퍼붓고, 총으로 찌르고, 다시 발로 걷어찬 뒤, 쇠사슬에 묶고… 그렇게 3년반을 지냈어…

나는 '비디마흐무드!'라고 외쳤어. 마흐무드는 거기서 책임자였는데, 영어를 할 줄 아는 게으른 놈이었지. '비디마흐무드!(마흐무드를 만나고 싶다!)' '리쉬?(왜?)' '비히마흐무드할라(당장)'… 마흐무드에게 이렇게 말했지. "마흐무드, 이 사람을 좀 내보내주시오. 그렇지 않으면 나를 죽일 것 같소. 여기서 3년반이나 있었는데, 계속 이런 취급을 받을 수는 없소." 그 뒤로 그 감시원은 다시 나타나지 않더군…

나는 인질 중에서도 맨 끝까지 붙잡혀있었지. 마지막 몇 주 동안은 혼자 지냈어. 그 때쯤에는 나한테 꽤 잘 대해 주더군… 나는 이렇게 말했어. "쇠사슬 좀 풀어 주시오, 도망가지 않습니다. 이제 나는 고국으로 돌아갈 것이오. 당신들도 알잖소. 그러니 이제 쇠사슬은 좀 치워 둡시다." 그들은 결국 쇠사슬을 풀어 벽에 걸어뒀어. 나는 그곳에서 풀려나길 기다리고 또 기다렸지. 하지만 아무 소식도 없이 시간은 흘러갔지… 마지막 날, 아침에 라디오를 켰는데, 내가 풀려나서 다마스커스로 가고 있다는 뉴스가 나오는 거야. 곧바로 마흐무드를 불렀지. "마흐무드, 이걸 좀 들어 봐. 나는 여기에 있는데, 이미 떠났다잖아. 형씨! 내가 다마스커스로 가고 있다고!" 우리는 한바탕 웃었죠.

그는 자리를 떴고, 나는 라디오를 켜놓고 카드놀이를 하면서 하루를 보냈지. 라디오에서는 내가 아직 도착하지 않은 이유로, 폭설 때문에 도로가 끊겼다고 이야기했는데, 내가 있는 곳에 눈은 코빼기도 보이지 않았어. 그날 저녁 늦게 그들이 다시 돌아와서는 새 옷과, 7년 전 내게서 빼앗아간 시계 대신 새 시계를 주더군. 그런 다음 '자기를 믿어달라면서' 나를 자신들의 정치적 논쟁에 끌어들이려고 하더리고. 나는 고개를 저으면서 말했지. "제발 이제 그만합시다. 나는 그런 협상은 하고 싶지 않습니다."

그들은 나에게 카네이션 여섯 송이를 주면서 이렇게 말하더군. "당신 아내에게 미안하다고 전해주시오." 물론 그 말은 전하지 않았어. 꽃도 버렸고. 내 눈을 가린 다음 자동차에 태우고 한참을 달리더니, 그냥 여기서 서 있으면 된다고 하면서 나를 길가에 세워놓고 차를 몰고 가버렸지. 사전에 약속이 되어있었던 것이 분명한데, 무카바라트, 그러니까 시리아 비밀경찰들이 탄 자동차가 와서 나를 태우고 안대를 벗겨 주더군. 그리고 다마스커스를 향해 달리다가 무카바라트본부에 가서 두어 시간 대기했지. 그 당시는 알지 못했는데, 외무부장관이 자신의 내연녀를 데리고 어디론가 사라져버리는 바람에 그를 찾느라 그랬다고 하더군.

마침내 다마스커스에 도착했더니, 기자회견이 마련되어있었고 거기 외무부(장관은 끝내 찾지 못했는지) 차관과 [UN에서 파견한] 지아니 피코가 와있더군. 피코가 나를 석방하기 위해 협상을 진행하고 조그만 기자회견을 마련한 사람이라고 하더군. [AP특파원] 알렉스 엡티가 기자회견장에서 나를 보고는 꼭 안아주었는데, 그 턱수염 속에 파묻혀 숨막혀 죽는 줄 알았어.

Anderson, 18, 20~21, 25~26

6

AP
역사의 목격자들
FOREIGN
CORRESPONDENTS
IN ACTION

모두 떠나버리면 무슨 일이
벌어졌는지 어떻게 알아?

현장을 직접 취재하기 위한 노력

6

"모두 떠나버리면 무슨 일이
벌어졌는지 어떻게 알아?"

현장을 직접 취재하기 위한 노력

인도네시아로 휴가를 갔어요. [이집트에서] 멀리 떨어진 곳이라고 생각했거든요. [2011년] 1월 25일부터 2월 11일까지 3주 간 휴가를 가기로 했는데, 혁명이 일어난 시기와 그대로 겹쳤죠. 물론 휴가 전에 대규모 시위가 벌어질 거라는 사실을 알고 있었어요. 하지만… 그동안 어떤 시위도 소용이 없거든. 왜 하필 그 때 시위만 그렇게 되었을까요? 왜 하필 그 때 시위만 혁명을 촉발했을까요?… 두바이에 내려서 뉴스를 봤는데, 입이 쩍 벌어졌어요. 인도네시아에 도착해서 처음 3-4일 동안은 전화통에 불이 났죠. "어디예요? 취재가…" "지금 그곳에 있지 않아요. 이집트가 아니라구요."… 하루는 잠에서 깼는데 아침 6시… 카이로는 새벽 2시였는데, 《알자지라》 방송을 통해 국민민주당NDP 건물이 불타고 있는 장면이 나왔어요. 그제서야 깨달았죠… 진짜 혁명이 일어났다는 것을… 결국 나는 휴가를 중단하기로 결정했어요. 사실, 말이 휴가지 내 인생에서 가장 마음 졸인 시간이었죠. 제 아내와 한 살반이 된 아기는 발리에 남겨두고 비행기를 탔죠… 시위 마지막 일주일 동안 나는 휴가지가 아닌 현장에 있었죠. 무바라크가 사임을 발표하는 순간 타히르광장에 있었어요. 어쨌든 역사적인 순간에 내가 현장에 있었다는 사실은 나에게 정말 중요한 의미입니다. *Schemm, 3-4*

발리에서 휴가를 즐기던 중 '아랍의 봄'이 터졌을 때 카이로특파원 폴 쉠이 그랬던 것처럼, 해외특파원들은 거의 본능적으로 역사를 만드는 소용돌이 속으로 돌진한다. 이것이 바로 기자의 근성이다. 현장에서 직접 취재하는 것, 이것이 바로 기자의 가장 본연적인 임무다. 다른 사람들은 모두 도망치는 위험한 상황이라도 상관없다. 그리고 이렇게 현장에 있고자 하는 욕구는 '근무시간'과 무관하게 지속된다. 특파원들은 대부분 이러한 것을 소명으로 여긴다.

이 챕터에서는 특파원들이 지난 80년 동안 세계사에서 가장 핵심적인 순간들을 어떻게 목격했는지, 그리고 그 현장에 있음으로써 어떤 기사를 쓸 수 있었는지 이야기한다. 리비아반군과 미국 헬리콥터 파일럿과 함께 히치하이킹을 하기도 하고, 아프가니스탄 고산지대에서 지진으로 흔들리는 도로를 다리를 절룩이며 걷기도 하고, 전세계를 무대로 불법을 저지르는 갱스터들이 지키는 검문소를 말로 구슬려 빠져나가기도 하는 등, 온갖 위험을 무릅쓰고 현장에서 직접 취재를 한 이야기를 들을 수 있다.

또한 특파원들이 현장에 갈 수 없을 경우—극단적인 폭력사태가 발생했을 때, 정권이 언론에게 적대적이거나 보이콧할 때, 행동불능상황에 빠져 '비밀정보수집초소'에 모든 업무를 위임해야 할 때— 어떻게 취재를 했는지 알아본다.

두 눈으로 직접 봐야만 이해되는 것들

현장목격의 중요성

특파원들은 직접 눈으로 보는 것이 직업적인 책무의 핵심이며, 그렇게 기사를 써야만 정확성을 담보할 수 있으며, 그렇게 쓴 기사가 영향력을 발휘한다고 생각한다. 역사적으로 언론이 권위를 갖게 된 것은, 기자들이 사건을 직접 목격하고 취재하여 보도했기 때문이다.*Zelizer, 2007* 하지만 이러한 직접목격은 단순히 속보를 취재하기 위한 것만이 아니라, 통찰을 얻기 위한 것이기도 하다.

하지만 현장을 일일이 찾는 것은 상당한 시간과 비용을 들여야 할 뿐만 아니라 지극한 위험이 따르기도 한다. 최근 뉴스기관들이 예산을 절감하기 위해 노력하면서, 예전처럼 직접 현장을 쫓아다니는 기자들은 갈수록 찾아보기 어려워지고 있다. 하지만 특파원들은 예외없이, 현장에 가지 않고는 어떤 사건도 제대로 취재할 수 없다고 확신한다.*Rosenblum, 46* 한발 더 나아가 특파원은 무슨 일이 일어날지 미리 예측할 줄도 알아야 한다. 이라크전쟁을 취재한 리드는 이렇게 말한다.

내전이 발발하면서 이동이 사실상 불가능해지긴 했지만, 그 전까지는 특별한 기삿거리가 없더라도 시간이 있고 어디든 갈 수 있으면, 나가기만 하면 무조건 기사를 가지고 돌아올 수 있었지.*Reid, 63*

물론 '사무실에 앉아서 국영통신에서 내보내는 뉴스를 체크하고 라디오방송을 듣는 것'*Belkind, 5* 또는 '기자실 같은 곳에 가서 숟가락으로 떠먹여 주는 기사를 받아쓰는 것'*Pyle, 24*도 대안이 될 수 있다. 하지만 이런 취재방식은 권력기관이나 군사정권이 좋아하는 방식이다. 권력기관들은 기자실 제도를 활용하여 자신의 입맛에 맞는 언론에게는 정보를 주고 마음에 들지 않는 언론은 배제하는 등 접근권을 자신들에게 유리하게 통제하려고 노력한다. (이러한 전략은 사실, 많은 곳에서 효과적으로 작동하고 있다.)

언론보도가 권위를 갖는 이유는 그것이 '객관적이고 독립적인 기자가 현장에서 직접 확인했다'고 여겨지기 때문이다.*Gannon, 79* 현장에서 직접 취재한 생생하고 자세한 보도를 통해 독자들은 다른 나라의 현실을 이해한다. 소말리아내전을 취재한 특파원 폴 알렉산더는 독자들에게 '공기 중에 떠다니는 온갖 먼지의 맛', '호텔에서도 맡을 수 있는 시체 썩는 냄새', 대낮의 혼란과 한밤의 어두운 침묵처럼 '현장의 티끌 하나까지도' 독자들에게 전달하기 위해 노력했다.*Alexander, 30*

특파원들은 제2차 세계대전부터 한국전쟁과 중앙아메리카 게릴라전까지, 마더테레사의 죽음부터 멕시코에서 벌어진 마약카르텔에 맞선 자경운동까지 세상의 모든 일들을 취재해 오면서, 마음속에 새긴 생생한 이미지가 훌륭한 이야기를 이끌어낸다는 사실을 경험했다. 그리고 그러한 이미지가 자신의 기억 속에 뿌리내린다는 것도 알게 되었다. 조지 브리아는 거실에서 나와 인터뷰를 하던 중 70년 전 목격한, 이탈리아에서 투항한 독일장교가 개를 쫓는 모습을 흉내내며 보여줬다. 브리아가 어린 시절 '굴렁쇠를 굴리며' 놀던 바로 그 피렌체공원에 세워진 막사에서 일어난 일이다.

조지 브리아가 2015년 1월 2일에 뉴욕시에 있는 자신의 아파트에서 제2차 세계대전 당시 독일군이 이탈리아에서 무조건적인 항복을 선언했다고 RCA 케이블로 타전한 '속보' 사본과 1940년대 그가 들고다니던 기자증들을 보여주고 있다. (Photo by Giovanna Dell'Orto)

상당히 크고 긴 철제구조물로 이루어진 퀸셋막사에서 항복하는 의식
이 있었지. 연합군 리더는 마크 클락 장군이었고, 고위장교들이 모두…
막사에 도열해있었어… 클락은… 폭스테리어를 길렀는데… 왠일인지
막사 안에 그 개를 풀어놓더군. 독일군장군이 막사에 들어서 군홧발을
구르며 섰는데, 개가 그의 발 밑을 계속 따라붙더라고. 굉장히 우스운
장면이 연출되었지. 아무튼, 그는 개를 쫓아버리느라 진땀을 뺐어. 독
일장군은 수행단을 이끌고 연합군의 고위장교들 앞으로 다가와서 악
수를 하자고 손을 내밀었는데… 누구도 손을 받아주지 않더군. 허공에
떠있는 그의 빈 손은 정말 상징적인 모습이었지… 현장에서 그 모습을
직접 목격한 나는 그걸 기사로 썼어. 여전히 믿기지 않지만… 그 기사
를 내가 썼어.*Bria, 6*

한국전쟁 중 연합군과 함께 '북한부대를 추격하던' 맥스 데스포는 '오줌이
마려워서' 잠시 멈췄다가 눈밭에 솟아있는 한 쌍의 손을 목격했다.

두 손이 눈 밭에 솟아올라있었고, 바로 몇 센티미터 위에 검은 구멍이
있더군. 곧바로 나는 카메라를 꺼내들었지. 검은 구멍은… 그 아래 누
워있는 시체가 마지막으로 숨을 쉬면서 눈이 녹아 생긴 것이 분명했지.
황급히 지휘관을 불렀고… 거기서 남녀 시체가 100여 구가 나왔어…
당시 우리가 추적하고 있던 부대는 굉장히 다급했던 모양이야. 그들이
끌고 가던 사람들, 함께 북쪽으로 넘어가려고 했던 사람들이 뒤쳐지
기 시작하자 모두 총으로 쏴죽이고 떠난거야. 그렇게 쓰러진 사람들
위로 눈이 내려 시체를 모두 덮어 버린 것이지. 손등과 손등을 마주하
여 손목이 묶여있었는데… 이런 일은 당시 수도 없이 벌어졌어.*Desfor, 4*

니카라과의 오지마을을 취재하러 들어갔던 조셉 프레이져는 친척아이가

산디니스타 소년병캠프에 갔다는 이야기를 듣고는 곧바로 '맙소사, 지금 당장 가봅시다.'라고 말하고는 취재에 나섰다.

> 살벌한 분쟁지역이었기 때문에 거기까지 가는 것은 쉽지 않았어. 부모가 음식을 가지고 와서 전해주는 상황을 연출해서 캠프에 겨우 들어갈 수 있었지… 산디니스타는 그런 음식을 제공하지 못했거든. 아이들 중 상당수가 이미 죽은 상태였고… 아이들은 자신들이 자랑스럽다고 말했지만… 모두들 자신이 들고 있는 소총보다 몸집이 작더군.[1]*Frazier, 36*

카발레로스 템플라리오스 카르텔과 그 라이벌 카르텔에서 동시에 지원을 받고 있다고 알려진 자경단이 점령하고 있는 지역으로 멕시코군대가 진입한다는 소식에 마크 스티븐슨은 곧바로 동행하기로 결정했다. 그곳이 오히려 '더 안전할' 것 같았고, 어쨌거나 '포위공격을 당하는 마을을 볼 수 있는' 마지막 기회였기 때문이었다.

> 그들은 바리케이드를 치고 마을 주변에 도랑을 파서 방어하고 있더군요. 동네축구장엔 돌로 'SOS'라는 글자를 써 뒀고요. 헬리콥터에서 볼 수 있게 하기 위한 것이었죠… 자동차를 타고 마을 앞을 지나가면, 아무런 눈치도 챌 수 없어요. 하지만 고속도로 한 쪽 편에 있는 상점들이 모두 불에 타있는 것이 눈에 띄더군요. 또한 고속도로 맨 끝에 위치한

---

1   Joseph Frazier, "Nicaraguan children recruited to fight," The Associated Press, November 3, 1983. 소총보다 작은 아이들의 키에 대한 이야기가 기사의 도입부를 장식한 뒤 다음과 같은 글이 이어진다.
14살 산드라 산체스 산도발은 멍하니 생각에 잠긴 표정을 지으면서 진홍빛 시럽이 뿌려진 빙수의 일종인 '라스파도'를 소리내어 먹으면서 자신의 임무를 또렷하게 설명했다. "우리는 조국을 지키기 위해 이곳에 있습니다. 우리는 자유를 원합니다. 콘트라는 절대 이 다리를 넘어올 수 없습니다."

코알코만까지 가니, 불에 탄 트럭과 버스들이 고속도로에 버려져있었죠. 그 마을은 벌목을 해서 먹고사는 마을인데, 이곳의 목재저장소들이 모두 불에 타있었어요. 카발레로스 템플라리오스가 추방당하면서 빠져나가던 길에 있는 모든 걸 다 태워버린 것이죠.[2]*Stevenson, 26*

도나 브라이슨은 '무덥고 습한 캘커타'에서 마더테레사의 장례식 전 일주일 동안 유해를 공개한 현장을 취재했다. 브라이슨은 그 일주일을 끔찍한 이미지 한 장면과 더불어 '몸으로' 기억했다.

마더테레사의 발은 침대의 끝과 평행을 이루며 똑바로 서있었는데⋯ 시간이 흐르면서 발이 힘을 잃고 붕괴되기 시작하더군요⋯ 그걸 기사로 쓸 생각은 전혀 없었지만, 일주일 내내 똑같은 기사만 써야 했기에⋯[3] 그래서 뭔가 새로운 기삿거리를 찾던 차에⋯ 물론 이건 기자들만 느끼는 기분일 수도 있겠죠?⋯ 어쨌든 독자들이 매일 새로운 기사를 원하는 것은 아닐 수도 있잖아요?*Bryson, 28-29*

---

2   Mark Stevenson, "Mexico cartel dominates, torches western state," The Associated Press, May 22, 2013; Mark Stevenson, "In Mexico, self-defense squads battle violence," The Associated Press, January 21, 2013. 미초아칸의 자경운동을 취재한 이 기사는 이렇게 쓴다.
카르텔은 중세시대와 같이 공포에 기반하여 주민들을 통제하였고⋯ 불을 질렀다. 두 마을 사이를 잇는 고속도로 주변에 있는 제재소 세 곳에서는 여전히 연기가 나고 있었다.'

3   "Mother Teresa to lie in state for public homage in India," The Associated Press, September 7, 1997. 이 기사는 마더테레사의 유해를 일반에게 공개하는 과정을 이야기한다. "Prayers offered at Mother Teresa's graveside," The Associated Press, September 14, 1997. 이 기사는 장례식과 매장이 끝난 뒤 그곳에서 머물면서 느낀 점들을 이야기한다. 이뿐만 아니라, 브라이슨은 마더테레사의 유산, 그녀의 존재가 캘커타에 갖는 의미, 그녀에게 경의를 표하는 다양한 사람들의 이야기 등 매일 기사를 써서 전송했다.

전쟁을 직접 체험하며 취재하다보면 전혀 새로운 통찰을 얻기도 한다. 알렉산더는 장기간 포위공격을 받고 있는 사라예보를 취재하면서, 장의사들을 통해 좀더 효과적으로 이곳의 분위기를 전달할 수 있을지 모른다는 생각을 하게 되었다. 무덤 파는 일을 하는 23살 청년과 직접 인터뷰를 했는데, 그 직업은 생각보다 훨씬 위험했다.

> "장례식은 해뜰녘이나 어둑해질 무렵에 열려요. 아침에는 어느 정도 안개가 있어서 세르비아 저격수들의 총에 맞을 확률이 낮거든요. 묘지 입구에는 쇠로 만들어진 컨테이너가 있는데, 하객들은 충분히 어두워질 때까지 이곳에서 기다려야 해요."… 나는 무덤을 파는 청년을 인터뷰했고, 번역한 원고를 받아들였죠. 그제서야 전쟁이 시작된 이래 그 일을 하던 동료 서너 명이 총에 맞아 죽었다는 사실을 깨달았어요. 이처럼 삶의 현장을 직접 찾아가면 전혀 예상치못한 이야기들이 이처럼 도처에서 불쑥불쑥 나타났어요.[4] *Alexander, 20-21*

디테일한 정보를 볼 줄 아는 예리한 눈은 앞으로 펼쳐질 일을 예측하는 힘이 되기도 한다. 1990년대 알제리에서 내전이 발발하기 직전, 일레인 갠리는 이슬람구국전선이 승리할 것으로 예상되었던 선거가 취소되었을 때 사람들의 동태를 살피기 위해 '금요기도회'에 갔다.

---

4   Paul Alexander, "Bosnian gravedigger dodges death to bury the war's casualties," The Associated Press, December 16, 1993. 이 기사는 다음과 같이 시작된다. 하리스 수바직의 직업은 사라예보에서 가장 위험한 일 중 하나다. 바로 무덤을 파는 일이다… "거의 매일 저격수들이 총을 쏘지요. 그들은 나를 손바닥 안에 놓고 보듯이 볼 수 있어요… 낌새가 이상하면 곧바로 땅 속으로 뛰어들어 엎드려요. 사라예보사람들 모두 그런 일에 익숙하죠."… 사라예보에서는 죽는 이들이 늘어나자 축구장에 시신을 묻기도 했다.

발디딜 틈 없을 만큼 사람들로 북적였어요. 회당 밖 길에도 사람들이 넘쳐났죠… 겨우 비집고 들어가서 지붕 테라스에서 사람들을 관찰할 수 있는 공간을 찾아냈어요… 나도 거대한 기도의 물결의 일부가 되었는데… 정말 놀라운 광경이었죠. 설교가 이어졌는데, 점차 격렬해지면서 사람들이 모두 격정적으로 돌변하기 시작했어요.*Ganley, 41-42*

2000년대 웨스트뱅크 안에 유대인들이 불법적으로 정착하고 있는 아모나라는 지역을 직접 취재하러 간 특파원은, 이곳에서 오릿 카스피라고 하는 27살 유대인여성을 인터뷰했다. 보수적으로 차려 입고 있던 이 여인은 한 달 동안 휴가를 내어 이곳에 왔다고 하면서, 그 이유를 이렇게 말했다.

"성경에 이곳이 실제로 등장하는데… 네가 그 땅을 직접 밟지 않는 한… 얻지 못할 것이라고 쓰여있지요."*Eliason, 8*

이 기사는 이렇게 작성되었다.

카스피에게 이곳의 소유권을 입증하는 초월적인 증명서는 바로 여호수아 18장이었다. "그리하여 여호수아는 이스라엘백성에게 이렇게 일렀다. 언제까지 너희 조상 하느님 야훼께서 너희에게 주신 땅을 차지하지 못하고 머뭇거리겠느냐?" 성경에 등장하는 그발암모니Kephar Ammoni라는 지명에서 지금의 아모나라는 지명이 유래되었다고 유대인들은 믿는다."[5]

1979년에 교황 요한바오로 2세의 첫 폴란드 방문에 동행했던 바티칸특파

5   Marcus Eliason, "Olmert's tough line heightens settlers' fears that Israel is leaving them behind," The Associated Press, January 22, 2006.

원 빅터 심슨은 공산주의 국가에서 펼쳐진 신기하고도 다채로운 모습을 직접 목격할 수 있었다. 환영식에서 교황에게 더 머물러달라고 간청하며 '눈물을 글썽이는 폴란드사람들의 모습', 교황을 좀더 가까이서 보고 싶어하는 사람들을 '경찰이 밀쳐낼 때마다' 어두운 표정을 짓는 교황의 모습, '교황의 퍼레이드가 지나간 뒤 그의 가치를 폄하하기 위해 길에 뿌려진 꽃을 밟고 달리는 소련제 장갑차행렬' 등이 그의 눈에 들어왔다.[6]

교황이 가는 곳은 어디든 무수한 군중들이 몰려나왔지… 폴란드정권은 자신의 나라에서 지금 벌어지고 있는 상황이 심상치 않다고 생각했는지 사람들을 강압적으로 억누르려고 했어. 하지만 교황의 방문이 거듭되면서, 그런 노력이 아무런 효과가 없다는 것을 깨달았던 것 같아. 분위기가 미묘하게 달라지는 것을 느낄 수 있었지. 인민들이 일어나고 있다는 것을 감지할 수 있었어. 실제로 그걸 해냈지. 피 한 방울 흘리지 않고 혁명을 이뤄냈거든. 교황은 폴란드를 일곱 번 방문했는데, 나는 일곱 번 모두 동행했기 때문에 그 변화를 실감할 수 있었지… 계엄령 선포 이후 교황이 다시 방문했는데, 사람들은 교황이 적어도… '자유노조연대'라는 단어는 절대 입에 담지 않을 거라고 생각했거든. 그런데 교황은 비행기에서 내리자마자 '자유노조연대'에 대해서 말한 거야. 심지어 그 발언이 몇 분 동안 이어졌어. 방문을 마치고 로마로 돌아가는 날까지 계속 '자유노조연대'에 대해서 이야기했지.[7] *Simpson, 10*

---

6   Victor L. Simpson, "Globe-trotting pope making his 100th foreign tour despite age, infirmities," The Associated Press, June 4, 2003.

7   Victor L. Simpson, "Pontiff and authorities in apparent test of wills," The Associated Press, June 20, 1983. 이 기사는 교황이 폴란드정부를 상대로 치열한 '힘겨루기'를 펼쳤다고 진단한다.

디테일한 정보를 발굴해내는 특파원들의 눈과 귀는 '상황을 이해하고, 또 그 의미를 파악하는 데'에도 큰 힘이 된다. 소련과 동유럽을 여행하면서 공산주의정권이 내적으로 붕괴하고 있다는 사실을 감지했던 데보라 수어드는 '단순히 현장에서 본 것을 말하는 것은 누구나 할 수 있는 일'에 불과하다고 말한다. 수어드는 폴란드 크라쿠프를 방문했을 때 길거리에서 꽃을 파는 여인을 보면서 소련의 미하일 고르바초프가 더이상 현상황을 유지할 수 없다는 것을 직감했다. 이 여인이 고르바초프의 책을 펼치면서 이렇게 말했기 때문이다.

> "이건 완전히 연출된 거예요. 세상이 변했다는 것을⋯ 전혀 모르고 있죠." *Seward, 13/9*

수어드에 앞서 모스크바에 파견되었던 특파원은 소련공산당 중앙위원회 정치국의 공식행사를 하나도 빠짐없이 취재했다. 현 체제를 누가 지지하고 있는지, 소련정부에서 어떤 인물이 뜨고 또 지고 있는지 알아내기 위한 것이었다.

> 직접 내 눈으로 관찰하고 알아내고 싶었지. 이성적으로 추론하고 분석해내고 싶었어. 특파원은 늘 이런 식으로 세상을 바라보지. *Minthorn, 6*

1990년대, 소련 못지않게 거대해진 중국을 취재하던 베이징특파원 찰스 허츨러는 시골에서 거대도시, 특히 공단개발로 인해 급속도로 확장되고 있는 도시로 인구가 대규모 이동하고 있다는 것을 감지했다. 허난성, 사천성 등 여러 마을을 취재하면서 이러한 사실을 발견했다.

> 사람들을 취재하다보니, 예전에 비해 살림살이가 나아진 집들이 꽤 있

다는 것을 알게 되었습니다⋯ 가족구성원 중 누군가가 도시의 공장에
취직하여 집으로 돈을 보내기 시작한 것이었죠.*Hutzler, 8*

현장취재가 안겨주는 결정적인 차이는 이것뿐만이 아니다. 우리가 머리로
만 이해할 수 없는 것은 자칫 미신이 될 수 있다. 눈으로 직접 봐야 한다. 중
앙아메리카의 한 특파원은 '직접 현장을 둘러봐야만' 미국정부, 현지정
부, 반군 등 모든 이해당사자들이 어떻게 세력균형을 이루고 있는지 이해
할 수 있다고 말한다.

> 그런 환경에서 사람들이 어떻게 살아가고 있는지 직접 두 눈으로 보지
> 않고서는 절대, 짐작조차 하기 어렵지.*Frazier, 3*

취재원들이 말하는 숫자가 서로 일치하지 않는다면 어떻게 해야 할까? 이
스라엘의 영토확장에 대한 기사를 쓴 특파원은 이렇게 말한다.

> 정착지를 직접 가서 눈으로 확인하고, 최대한 많은 사람을 직접 찾아다
> 니며 만나서 이야기해야지. 이렇게 취재를 해야지만, 주장만으로는 확
> 인할 수 없던 실체를 파악해낼 수 있는 법이지.*Tatro, 22*

2000년대 초, 탈레반이 아편재배를 모두 근절했다고 발표했을 때 개넌은
그것이 사실인지 직접 확인하러 나섰다. 탈레반의 발표를 못 믿었기 때문이
아니라, 그 어려운 일을 어떻게 해냈는지 궁금했기 때문이다.

> "누구라도 양귀비를 재배하면, 그 사람은 물론 당신들도 모두 체포할
> 것이오." 탈레반들이 마을을 일일이 찾아다니면서 물라(율법학자)와 원
> 로에게 이렇게 말했다고 해요. 사람들이 탈레반에 대해 한 가지 분명

315

하게 알고 있는 사실 하나가 있다면, 그것은 바로 '그들은 한 번 말한 것은 무조건 행동으로 옮긴다'는 거였죠… 결국 마을의 원로와 물라들이 마을마다 엄격하게 단속을 했고… 실제로 캠페인이 진행되는 과정에서 발각된 양귀비 재배면적은 2,000제곱미터에 불과했고, 이로 인해 목숨을 잃은 사람은 네 명밖에 되지 않았대요… 이 이야기를 기사를 썼는데, 모두들 반응이 비슷했죠. "에이, 그럴리가? 이걸 믿으라고?"[8] 나는 UN이 낸 통계도 확인했고, 온갖 자료를 다 확인했어요. 실제 양귀비를 재배하던 농가에도 가봤고요. 농부들은 정말 수입이 사라져서 눈물을 흘렸어요. 헬만드, 칸다하르, 낭가르하르… 내 눈으로 똑똑히 보았죠.*Ganon, 47-48*

존 라이스는 멕시코에서 '이상한 가면을 쓰고 신출귀몰하는 반군세력'에 대한 '무수한 억측과 추정과 소문'이 사람들 사이에서 유행한다는 이야기를 들었다. 라이스는 그들이 누군지 알아내기 위해 '산간오지로 무수히 많은 취재여행을 한 끝에' 그들의 존재를 밝혀내는 데 성공한다.

오코싱고라는 마을로 갔는데… 소탕작업이 여전히 진행되고 있었고, 거리에 여전히 시체가 널브러져있었어요… 길에 바리케이드를 치고 경계를 서는 사람들이 보이길래 말을 걸었습니다. "안녕하세요. 이야

8　Kathy Gannon, "In war on heroin, Afghan rulers ban poppies, farmers know not to disobey," The Associated Press, November 16, 2000. 이 기사에서 지적하듯이 농부들이 탈레반의 요구에 순응한 것은, '헤로인을 얻고자 양귀비를 재배하는 것은 무슬림이 할 짓이 아니'라는 탈레반이 내세운 종교적인 교리 때문이 아니라 그들에 대한 '두려움' 때문이었다. 개넌은 이듬해 봄, 아프가니스탄에서 양귀비재배가 소멸되었다고 공식적으로 확인한 UN보고서가 나왔을 때 이에 대한 후속취재도 했다, "U.N.: Taliban virtually wipes out opium production in Afghanistan," The Associated Press, February 15, 2001.

기하고 싶습니다."… [《LA타임스》특파원 후아니타 달링Juanita Darling과 함께] 비행기를 빌려서 사파티스타 민족해방군이 있다고 알려진 곳으로 갔어요. 그곳에서 이야기할 만한 사람을 찾아다녔는데… 운 좋게도, 그 마을사람들 중 절반은 사파티스타에 소속되어있었고 절반은 그렇지 않았어요… 우리는 먼저 사파티스타가 아닌 사람들과 인터뷰를 했어요. 인터뷰를 마치고 그들은… 사파티스타에 소속되어있는 사람들에게 우리를 데려다주었어요. 그들은 모두 한 마을에서 살아가는 형제자매였죠… 그런 이유 때문에 사파티스타는 자신들의 이데올로기적 노선을 현실에서 그대로 적용하기 힘들어 했어요. 자신들의 주장을 하면서도 동네사람들과 이야기를 맞춰야 했기에… 인터뷰는 어느 순간 집단토론이 되어버렸죠. "당신들이 원하는 것은 무엇인가요?" 우리가 이렇게 물어보면 "잠시만요, 다른 사람들과 이야기해볼께요. 혼자서 결정할 수 없어요."… 그렇게 40명에 달하는 사람들이 모였고, 우리가 질문하면 40명이 대답을 하는 인터뷰가 되었어요… "우리는 토르티야가 먹고 싶어요. 하루 정도는 빨래를 하고 싶지 않아요. 물 길어오는 게 귀찮아요"… 정말 인간적인, 일상적인 이야기가 쏟아져나왔죠… 정치적 노선이 강요하는 무수한 레토릭 너머에 우리가 진정으로 원하는 것이 무엇인지 볼 수 있었어요.[9]

Rice, 9-10

---

9 John Rice, "Ocosingo emerges to scenes of death," The Associated Press, January 4, 1994. 이 기사는 다음과 같이 적고 있다.
멕시코남부의 이 작은 마을의 거리에는 시체가 널브러져있고, 마을주변에 있는 옥수수밭 위에는 독수리가 하늘에서 맴돌고 있다… 화요일에 첫 번째 기자들 무리가 마을에 도착했다. 전투가 있은 뒤 시체 11구가 시장건물에서 발견되었기 때문이다. 시체들은 대부분 피웅덩이 속에 누워있었다. 시신 곁에는 썩어 가는 야채, 반쯤 마시다 만 음료 캔, 상한 토르티야가 어지러이 놓여있었다.

물론, 현장에서 기자들이 공격당하는 사건은 자주 벌어진다. 멕시코 치아파스에서는 '보도'라는 표시를 분명하게 달고 있었음에도 공격을 받았다.[10] 이러한 위험을 무릅쓰고 현장을 누비면서 '특파원들의 손톱 밑에 때가 껴야만 하는' 이유는, 현지인들의 정보조작에다가 미국정부나 미군의 프로파간다까지 더해져 진실은 가려져있기 때문이다.*Pennington, 17*

또한 특파원들은 '종군'취재를 통해 (10장에서 자세히 논의한다) 전쟁의 한 단면, 즉 미군의 영웅적인 면모에서 잔학한 행위까지 모든 것을 직접 확인할 수 있다고 말한다. 제2차 세계대전 당시 태평양에서 미군부대를 취재한 데스포는 원자폭탄을 투하하고 돌아오는 에놀라게이Enola Gay를 찍기 위해 카메라를 들고 사이판 활주로 위에 서있었다. 그리고 몇 주 뒤, 미군비행기를 타고 원폭으로 쑥대밭이 된 히로시마를 취재하러 가기도 했다. 또한 미 해병대가 도쿄에서 가까운 요코스카에 상륙작전을 펼칠 때 동행취재를 하면서 전혀 예상하지 못한 광경을 목격한다.

> 배에서 내리자마자 병사들은 육지에 엎드려 기관총을 설치하고는 곧바로 전방을 주시했지. 그런데 눈앞에 적군이 하나도 안 보이는 거야… 그리고 정말 웃기는 일이 벌어졌는데… 왼쪽편으로 일본사람들 한 무리가 눈에 띄어서 다가갔더니 손을 흔들면서 좋아하더라고. [웃음] 우리를 환영하기 위해 나와있던 거지. 미군들도 흙을 털고 일어나 무장을 해제했어. 우리 인생이란 이처럼 한치 앞을 모르는 것이지.*Desfor, 10/8-9*

이라크전쟁을 취재한 그레이는 시장에 갔다오던 농부를 검문하는 미군들의 행동을 보고는 충격을 받았다. 미군들은 그의 차를 수색하다가 갑자기

---

10 Anita Snow, "Attack on journalists raises concerns about reporters' safety," The Associated Press, January 6, 1994.

타이어를 칼로 쑤셨다.

> 그 모습을 보는 순간 화가 나지 않는 사람이 어디 있겠어? 전혀 그럴
> 필요가 없었거든. 이런 수모를 당한 사람들이 미군, 더 나아가 미국에
> 대한 반감을 갖는 것은 당연하지. 우리 같은 특파원들이 전장에 나가
> 서 직접 확인하지 않았더라면, 그런 일이 벌어지고 있다는 걸 도대체
> 누가 알 수 있겠어.*Gray, 62*

미군을 따라다니며 취재하는 '종군'특파원들은 미군만 따라다니는 것이
아니라 독자적으로 취재에 나서기도 한다. 전쟁이 일반시민들에게 어떤 영
향을 미치는지, 종파 간 갈등은 어떻게 전개되고 있는지 생생한 목소리를
듣기 위한 것이다.

> 언젠가 미군은 이라크에서 철수할 수밖에 없고, 이라크와 미국은 동맹
> 을 맺겠죠. 그러한 과정이 어떻게 형성되는지 이해하는 것은 매우 중
> 요한 일이에요… 미군 측에서 발표한 것과 이라크에서 새로운 권력층
> 으로 부상한 시아파가 발표한 것이 일치하지 않는 경우… 그것을 확
> 인하기 위해서는 기자가 나서야 해요. 여러 기자들이 수집한 정보를
> 종합하여 기사를 써야하죠. 당시 상황에서는 중요한 정보를 쥐고 있
> 는 취재원이 너무 다양해서 한 사람이 다 취재하는 것은 불가능했거
> 든요.*Buzbee, 7*

레바논내전에 미해병대가 개입한 것을 취재한 특파원은, 직접 취재원들
을 찾아다니 것이 여러 진술을 하나로 엮는 데 반드시 필요하다는 것을
깨달았다. 물론 그런 취재를 나갔다가 무사히 살아돌아온다는 보장은 없
었다.

319

전화를 걸 수도 받을 수도 없었죠. 전화가 잘 터지지도 않았을 뿐만 아니라 반대편에서 전화를 받지 않는 경우도 많았어요. 상황이 어떻게 진행되고 있는지 감을 잡으려면 직접 가볼 수밖에 없어요. 덕분에 우리는 분쟁당사자들과 라포르rapport를 형성할 수 있는 기회가 많았죠… 예를 들어, 많은 해병대원들이 검문소에서 목숨을 잃었는데… 해병대는 그 일에 대해 이야기하려고 하지 않았어요. 그러면 우리는 상대편 민병대를 찾아가서 무슨 일이 있었는지 묻죠. 그런 다음 해병대기지로 돌아와서 다시 묻습니다. "무슨 일이 있었는지 확인했습니다. 어떻게 이런 일이 발생한 건가요? 당신들 입장을 이야기해 주세요. 말하지 않으면 저쪽에서 알려준 대로 쓰겠습니다." 이런 방식의 취재는 기자로서 자신감을 심어줍니다. 우리는 어느 쪽으로도 치우치지 않는다는 자신감이죠. 이건 직접 당사자들을 찾아다니며 취재해야 얻을 수 있는 겁니다. 물론 전선을 가로지르며 취재하는 것은 위험천만한 일이기에 조금도 긴장을 늦춰선 안 되겠죠.*Powell, 2-3*

특파원들은 한결같이 현장에 가서 직접 보는 것을 기자의 가장 기본적인 임무라고 말한다. 현장에 접근하기 어려울 때는 현장에 가기 위해 기지를 발휘해서라도 현장에 가야 한다. 아무리 위험이 따른다고 해도 현장에 서 있다는 사실에 기자들은 어떤 외경심, 만족감을 느낀다고 말한다. 세계사 속에 길이 남을 사건, 특히 민주화운동이 폭발하는 현장에 서있을 때 느끼는 감격과 기쁨을 직접 체험해본다면, 특파원들이 그토록 분주하게 뛰어다니는 이유를 어렵지 않게 짐작할 수 있다.

쉠이 발리에서 휴가를 포기하고 이집트로 달려갔듯이, 파리를 기반으로 활동하는 순회특파원 로젠블럼도 플로리다에서 약혼자와 휴가를 즐기다가 동유럽의 공산주의정권이 무너지고 있다는 소식을 듣고는 곧바로 현장으로 돌아갔다.

드라이브를 즐기며 느긋하게 행복한 순간을 만끽하고 있었지. 아름다운 금발의 약혼자와 함께 라디오를 듣고 있었는데 제기랄, 베를린장벽이 무너졌다는 거야. 여긴 파리가 아니라 마이애미잖아. 파리에서는 한시간 거리밖에 안 되는 곳인데… 아! [이런 역사적인 현장에 있지 못한다는 것은 기자로서] 최악의 순간이었지… 나는 즉각 비행기를 타고 프라하로 갔어. 그나마 좀 위안이 되었던 건, 프라하 바츨라프광장에 수백만 사람들이 모여있었기 때문이지. 모두들 열쇠를 치켜들고 흔들었어. '여기서 꺼져, 이 망할 것들아!'라는 의미로 체코사람들이 시위할 때 하는 행동인데… 나는 그렇게 체코슬로바키아가 자유를 되찾아서는 현장에 서게 되었지. 내 곁에는 체코어를 통역해 주는 사내가 있었는데, 그의 말을 받아적다가, 어느 순간 멈출 수밖에 없었어… 그가 통역을 하다가 갑자기 눈물을 터트렸기 때문이지. 더이상 말을 잊지 못하더군… 나는 그냥 거기 앉아서, 그러한 감정들을 온몸으로 받아들였어. 사건의 한 가운데에서, 자신들의 운명을 스스로 바꾸기 위해 거리에 나선 수백만 사람들 속에서.*Rosenblum, 42*

하지만 현장을 직접 목격하고자 하는 욕구는 소위 '아드레날린 중독'으로만 설명되지 않는다. 거의 모든 외신특파원들이—특파원이 아닌 몇몇 사람들도—2011년 쓰나미로 인해 원자로가 용해되었을 때 이 지역을 취재한 도쿄특파원 에릭 탈마지의 이야기에 동의할 것이다.

나는 이 사태가 발생한 뒤 49일이 지날 때까지 후쿠시마 현장을 뜰 수 없었어요. 그곳은 바로 내가 꿈꾸었던, 그런 현장이었죠. 그곳에서 사람들과 직접 이야기를 나누고, 모든 것을 보고 싶었어요. 나의 취재기술이 제대로 빛을 발휘하는 곳이었죠.*Talmadge, 5*

캐린 라웁은 10년 동안 예루살렘에서 데스크업무를 수행하면서 아이들을 키운 다음에, 웨스트뱅크와 가자지구 취재기자로 돌아갔다. 10년만에 현장에 돌아온 그녀는 '남녀데이트와 결혼문화의 변화상'처럼 다소 거시적인 변화의 흐름을 조망하는 기사를 쓸 수 있게 되었다는 사실에 마치 '사탕가게에 들어선' 느낌이 들었다고 말한다.[11]*Laub, 18*

개넌은 1996년, 탈레반이 카불을 포위했을 때 그곳에 자신이 있었던 것은 진정한 '행운'이었다고 말한다. 외국인노동자들은 대부분 탈출하기 위해 안간힘을 썼지만, 개넌은 오히려 항공편이 완전히 끊기기 전에 서둘러 파키스탄에서 카불로 날아왔다. 그녀는 이렇게 말한다.

> 현장을 내 눈으로 직접 보고 싶었어요. 카불에 도착하자마자 최전방으로 취재하러 갔어요. 하루 종일 수많은 전투를 취재하고 밤에 돌아와 기사를 쓰고 잠이 들었는데, 새벽 4시에 눈이 번쩍 떠졌어요… 숙소 바로 앞에 [탈레반] 탱크가 서있더군요. 아침기도를 읊고는, 누군가 소리를 질렀어요. "나지블라[아프가니스탄 대통령], 공산주의자가 처형당했다." 깜짝 놀라서 광장으로 뛰어나갔죠… 그의 시체를 매달아놓았는데 정말 끔찍하더군요… 대통령궁 앞 교수대에는 여전히 전 대통령의 부풀어오른 시체가 대롱거리며 매달려있었는데, 아침햇살이 눈부시게 빛나는 거리에는 상점들이 다시 문을 열고, 사람들이 아무렇지 않게 거니는 비현실적인 광경을 목격할 수 있었죠.[12]*Ganon, 39-41*

11 Karin Laub, "Postcard from Palestine: In hard times, a university degree is a bride's biggest asset," The Associated Press, January 19, 2007.

12 Kathy Gannon, "Afghan rebels seize capital, execute ex-president," The Associated Press, September 27, 1996.

그렇다고, 목숨까지 걸어야 할 일인가?

현장취재의 위험성

1970년대 중반, 역사의 증인이 되어야 한다는 책임감에 그레이는 크메르루주가 진격하는 프놈펜으로 향했다. 하지만 한 달 후 크메르루주의 프놈펜 입성이 눈앞에 닥쳐오자 AP는 미국인특파원들에게 빨리 헬리콥터로 도시에서 탈출하라고 명령한다. 크메르루주가 공항에 포탄을 퍼붓고 진격을 하면서, 도시에서 온갖 만행을 저지를 것이 명백한 상황이었기 때문이다. 그레이는 이때 헬리콥터에 올랐는데, 이것을 '인생에서 가장 후회하는 결정'이라고 말한다.*Gray, 8* 반면에 AP의 현지인 기자들은 그곳에 남기로 결정했다.

북베트남이 폐쇄될 때에도 많은 사람들이 사이공에서 벗어나기 위해 노력했다. 하지만 사이공지국장이었던 리차드 파일은 사이공으로 돌아가겠다고 고집했다. AP에서 허락하지 않자, 그냥 가서 사무실청소만이라고 하고 있겠다고 했다.

> 베트남에서 나를 필요로 했던 건 아니고, 그냥 내가 가고 싶었던 거야. 나는 거기 남아야 한다고 생각했지. 왠지 나 자신은 물론 다른 사람들, 더 나아가 베트남에서 쌓은 모든 경험을 배신하는 듯한 기분이 강하게 들더군.*Pyle, 16-17*

제2차 세계대전부터 2010년대 시리아내전까지 특파원들은, 현장취재 과정에 수반되는 위험의 무게와 취재원칙을 따라야 하는 기자로서 가져야 할 책임의 무게를 저울질하며 신중하게 따졌다. 미국에 있는 에디터들은 기본적으로 특파원들에게 안전수칙을 지키라고 강조하지만 현장기자로서는 그러한 조언이 짜증스럽게 들릴 때도 많다. 엄격하게 말하자면, 현장에서 떠날 것인지 계속 머물 것인지 판단하는 기준은 현장의 위험도보다는 그 사건에 대한 독자들의 관심도에 따라 달라진다.

라웁은 반란군이 점령한 시리아 북서지방에 위치한 마렛미스린에 가야하는지 가지말아야 하는지 고민했던 경험에 대해서 이렇게 말한다.

> 그곳에는 여전히 사람들이 살고 있었지만, 검문이 살벌하게 이뤄지고 있었어요. 반란군검문소와 정부군검문소가 여기저기 산재해있었죠. 이 지역에서 큰 도시라 할 수 있는 이들립으로 공무를 수행하러 갈 때마다 공무원들도 여러 차례 검문소를 통과해야만 했어요. 나는 이곳에 만연한 부조리의 실태를 취재하고 싶었는데… 독자들이 '오늘 반란군은 어떠어떠한 일을 했다'라고 쓴 기사를 읽는 것으로 만족한다면, 우리도 쉽게 기사를 쓸 수 있었겠죠. 하지만… 그런 기사로는 독자들이 지금 이 상황을 자신의 이야기로 연결짓지 못해요. 현장에 직접 찾아가 그들의 목소리를 직접 들려주어야 겨우 관심을 갖죠. "거리에서 만난 아무개는 이렇게 말했다… 이 작은 마을에서 처음 경험하는 상황이에요."… 물론 이러한 인터뷰기사가 굉장한 내용을 담고 있지 않을 수도 있지만… 어쨌든 매일 스스로 질문을 던져야 해요. 그만큼 위험을 감수할 만한 가치가 있는 취재인가?[13] *Laub, 36*

전쟁 취재는 본질적으로 위험하다. 한국전쟁 당시 데스포는 고향을 그리워하는 미군병사들의 '훈훈한' 이야기를 취재하다가 생전 처음 낙하산을 메

---

13 Karin Laub, "No water, power, cash: Syria rebels run broke town," The Associated Press, December 16, 2012. 이 기사는 마을의 유일한 빵집 앞에서 빵을 사기 위해 줄을 서있다가 헬리콥터 소리를 듣고 숨을 곳을 찾아 흩어지는 사람들의 모습을 생생하게 묘사한다. 며칠 전, 빵집 앞에 줄을 서있는 사람들을 향해 기총사격을 했기 때문이다. 반면에 빵 24개가 포장되어있는 한 봉지를 사기 위해 '목숨을 걸고' 빵집 앞에 서서 꼼짝도 하지 않고 서있는 사람들도 기사에 등장한다.

고 허공에서 뛰어내려야만 했다.

낙하산병들을 취재하러 수송선에 올라탔어. 맨 앞에 보이는 젊은이들부터 차례차례 인터뷰했는데… 인터뷰를 마칠 때쯤, 오늘 취재한 내용으로 근사한 '고향기사'를 한 편 쓸 수 있겠다는 생각이 들더군… 들떠서 그랬는지, 지휘관에게 다가가서 뜬금없이 낙하산 강하를 나도 해보고 싶다고 말했어. 그건 용기 같은 게 아니었지. 정말이야. 그저 낙하산병들이 땅에 착륙하는 모습을 사진에 담으면 정말 좋겠다는 막연한 생각이 문득 들었기 때문이었지… 인터뷰했던 병사가 낙하산을 타본 적 있냐고 묻더군. "없어요. 처음이에요. 비슷한 것도 해 본 적 없어요." "그러면, 땅에 착륙할 때 무릎을 굽혀야 한다는 것만 기억하세요." 사실, 무슨 말인지 몰랐어. 헬멧을 꽉 조여야 한다는 것도 몰랐지. [웃음] 공중에서 낙하산이 펼쳐질 때 헬멧이 홀러덩 벗겨지면서 코를 세게 때려서, 눈물이 핑 돌았지. 정신이 번쩍 난 덕분에, 착륙할 때 무릎을 굽히라는 말은 잊지 않고 해낼 수 있었어._Desfor, 5_

내전, 반란, 게릴라를 취재하는 것은 이보다 훨씬 위험한 일이다. '니카라과에 산디니스타 정부가 들어서면 어떻게 될지' 알아보고자, 프레이져는 산디니스타가 초기에 점령하여 지배하고 있던 마을에 들어갔다. 하지만 마을에 들어가자마자 취재장비를 모조리 압수당하고 20시간 동안 감금되어있다 겨우 풀려났다. 기사에 따르면, 감금된 기자들에게 음식을 주기도 했지만, 게릴라들이 오가면서 문 안으로 머리를 들이밀고 '혹시 CIA요원 아니냐'고 농담하며 놀렸다.[14]_Frazier, 7_

14   Joseph Frazier, The Associated Press, July 1, 1979.

2006년 이스라엘과 헤즈볼라 사이에 휴전협정이 체결되고 몇 시간 뒤 개넌은 사진기자를 데리고 무리에서 벗어나, 전쟁기간 동안 '상당한 피해를 입었던 국경지역으로 갔다.' 차에 커다랗게 'TV'라는 글씨를 써 놓았음에도 UN 통제지역에 들어서자마자 공격이 쏟아졌다. 얼마 뒤 밝혀진 바로는 그들을 공격한 이들은 이스라엘군이었다. 그들은 '진심으로 미안한 마음에 몸 둘 바를 몰라했다.'[15] *Ganon, 8-9*

앨런 쿠퍼먼은 1991년 8월 쿠데타가 벌어졌을 대 모스크바 의회 건물에서 나오지 않고 취재를 계속했다. 덕분에 당시 건물 내부의 '무덤처럼 고요하고 다소 초현실적인' 분위기를 기사속에서 자세하게 묘사할 수 있었다. 의원들은 어깨 위에 방독면을 걸친 채, 건물을 향해 날아오는 탱크포격이 뜸해지자 차를 마시며 마음을 안정시켰지만, 여전히 '저격수의 타겟이 되지 않을까 불안해했다. 전기도 수도도 끊긴 깜깜한 건물복도를 손으로 더듬으며 다녀야 했다.'[16]

그곳에서 이틀 밤을 지냈죠. 나중에 알게 된 사실인데, 내가 그 안에 있는 동안 의회 돌격명령이 떨어졌다고 하더군요. 군인들이 명령에 불복했기 망정이지… 생각해보면 아찔한 일이었죠. 어쨌든 나는 당시 받은 방독면을 아직도 간직하고 있어요… 건물에 갇혀있던 이틀 사이에 식량도 소진되었죠… 당시 나는 10킬로그램 정도 되고 길이는 30센티미터 정도 되는 벽돌 같은 휴대전화를 가지고 있었는데, 긴급한 상황이 발생하면 바로 보고할 생각이었어요… 역사적인 현장에서 취재하고 있다는 생각에 에너지가 넘치고 아드레날린이 솟구쳤죠. 어쨌든 그 안

15 Kathy Gannon, "Fragile peace could break down at any village or hilltop in southern Lebanon," The Associated Press, August 14, 2006.

16 Alan Cooperman, "Russian lawmakers prepare for potential assault," The Associated Press, August 21, 1991.

에 있다는 사실만으로도 굉장한 행운이었어요… 러시아의회의 외교위
원회 위원장은 외신기자들보고 모두 나가라고 했지만 나는 끝까지 버
텼어요… 나는 그날 밤 건물 안에 있는 사람들을 인터뷰하고 싶었지만,
그건 실패했어요. 불을 켤 수 없었기 때문에 건물 안에서 이동하는 게
너무 힘들었고, 누가 어디있는지 찾아다닐 수도 없었거든요. 물론 겁도
많이 났어요. 깜깜한 복도에서… 어디서 총알이 날아올지도 모르는 상
황이었으니… 모두 두려움에 떨며 밤을 지샜죠.*Cooperman, 13-14*

때로는 현장에서 눈에 띄지 않게 노력해야 할 때도 있다. (5장에서 살펴본) '기
자'라는 신분, '외국인'이라는 사실이 취재를 오히려 방해할 수 있기 때문이
다. 2000년대 파리 근교에서는 아랍과 북아프리카 출신 이민자들이 주도
한 폭동이 주기적으로 발생했다. 일레인 갠리는 이 지역을 취재하러 갈 때
마다 '매우 조심스럽게 행동하기 위해서' 노력했다. 갈 때마다 취재장비를
빼앗기고 '분실했기' 때문에 결국에는 종이와 연필과 휴대전화만 들고 현
장취재를 나갔다. (사진도 휴대전화로 찍을 수밖에 없었다.) 그럼에도 적대적인 위
협은 여전히 강렬했다.

파리 근교 중에서 가장 난폭한 동네라고 일컬어지는… 레보스케라는
곳을 여러 차례 방문했는데… [2005년 폭동 이후 도시미화작업이 이뤄지
기 전까지만 해도] 정말 음침한 공동주택단지였어요… 건물의 외벽은 물
론 건물 안 복도도 온갖 그래피티로 가득 채워져있었는데, 정말 무서웠
어요. 길거리에서 놀고 있는 애들에게 다가가면 굉장히 험악하게 굴며
위협을 했고요… 레보스케에서 카페에 들어갔는데… 여자가 들어가면
안 되는 카페라는 사실을 까맣게 몰랐죠… 자리에 앉아서 차를 마시고
있는데 젊은 남자 두 명이 내 앞에 와서 앉더니 정말 입에 담지도 못할
지저분한 욕설을 마구 퍼붓기 시작하더군요… 정신을 놓지 않기 위해

노력했어요. 겁내는 모습을 보이면 안 된다, 안 된다, 속으로 계속 되뇌었죠. 그런 일을 당하고도 다음에 취재하러 갔을 때 또 그 카페를 갔어요… 자꾸 가니까 사람들도 이제 포기했는지 [웃음] 조금 부드러워지더군요. 어쨌든 그곳은 사람들의 다른 모습을 볼 수 있는 장소였죠. 길거리에서는 절대 볼 수 없는 모습이었죠.*Ganley, 20-22*

갠리는 레보스케에서 1991년과 2007년 두 번 기사를 썼다. 두 기사 모두, 나무 위에 '너덜너덜 매달려있는 바지와 티셔츠', '창문 밖으로 내던진 음식물 쓰레기'를 주워먹는 비둘기들, '음침한 그래피티로 뒤덮여 마치 비명을 지르는 사람의 입처럼 보이는 기분 나쁘고 눅눅한 건물입구', '빛의 도시[파리]와 바로 붙어있는 곳이라고는 전혀 믿기지 않는 몽페르메의 황량한 공동아파트'의 삶을 묘사한다.[17]

허슬러는 중국의 국영공장들이 폐쇄되면서, 이로 인해 전국적인 항의시위가 조직되고 있다는 비밀제보를 받았다. 중국정부도 그런 시도에 대해서 전혀 알지 못하는 상태였다. 허슬러는 경찰에 발각되지 않고 시위를 최대한 오래 취재할 수 있는 장소를 물색했고, 마침내 인기관광지인 청두에서 그리 멀지 않은 곳에 일하는 3륜자전거 택시운전사들의 시위를 취재하기로 결정했다. 그들은 실직한 노동자들로 3륜자전거를 몰아 근근이 생활비를 벌었는데, 3륜자전거는 그늘이 경찰에게 압류당하지 않은 유일한 재산이었다.

---

17 Elaine Ganley, "In high-rise suburbs, the French good life seems far away," The Associated Press, August 1, 1991; Elaine Ganley, "Residents of French slums suspicious of change as presidential election approaches," The Associated Press, April 11, 2007. 2007년 기사에는 카페에서 만난 33살 전기기술자와 인터뷰한 내용이 실려있다. 성인남성들과 소년들이 모여 카드놀이를 즐기는 카페에서 커피를 마시던 그는 암울한 현실 속에서도 이곳을 떠나지 못하는 이유를 말했다. "다른 곳에 간다고 해서 뭐 할 게 있겠어요?"

이 3륜택시에서 저 3륜택시로 건너뛰듯 옮겨다니면서 단거리를 이동하면서 운전사들을 인터뷰했죠.*Hutzler, 15-16*

니코 프라이스는 '아메리칸드림'을 한 조각이나마 붙잡고자 목숨을 걸고 국경을 넘는 중앙아메리카 사람들의 삶을 직접 취재하기 위해 사진기자와 함께 그들의 행렬에 들어갔다. 과테말라에서 적당한 취재원으로 한 밀수업자를 골라, 그를 그림자처럼 따라다녔다. 밀수업자 곁에는 매춘부 한 명이 있었고, 엘살바도르 출신 '시골뜨기 13명이 있었고, 또 그들을 인도하는 가이드가 있었다. 물살이 세찬 강을 건너기도 하고, 신발이 빨려들어가는 진창을 달리기도 했다.[18]

> 우리는 가능한 한 조심스럽게… 인간 밀수업자를… 수소문했지만, 과테말라의 외딴 도시에서 미국인 기자 두 명이 그런 일을 하고 있으니 눈에 띌 수밖에 없었죠. 우여곡절 끝에 며칠만에 밀수업자를 소개받았고… 끈질긴 설득 끝에 취재를 허락하겠다는 동의를 받아냈어요. 설득하는 데 하루 정도는 걸렸던 것 같은데, 마지막에 돈을 얼마 줄거냐고 묻더군요. 우리는 돈은 지불할 수 없다고 말했죠. [웃음] 난처한 상황이었지만, 어쨌든 그는 우리에게 따라와도 좋다고 말했어요. 우리는 모두 멕시코로 넘어왔고, 북쪽으로 우리를 실어다 줄 차를 기다렸어요. 하루 종일 거기서 기다리다가 저녁이 될 때에 밴 하나가 오더군요. 그 차를 겨우 끼겨 타고 밤새 들판과 숲을 가로질러 달렸는데, 정말 녹초가 되겠더라구요… 다음 날 아침, 차에서 내린 뒤 그들과 작별인사를 하고 우리는 다시 국경으로 돌아갔어요… 가는 길

---

18 Niko Price, "Central Americans struggle to make the long road north," The Associated Press, May 6, 2001.

에 우리는 진흙을 뒤집어쓰고, 신발은 다 망가지고, 꼴이 말이 아니었죠. 그런데 검문소에서 우리보고 비자에 입국도장을 받아오라는 거예요. 그래서 출입국관리소로 걸어들어갔는데, 국경관리가 우리를 힐끗 보더니 이렇게 말하더군요. "와, 지난 밤에 한바탕 재미있게 놀았나봐." *Price, 23-24*

"당신은 앞으로 우리 땅을 밟지 못할 것이오."
현지정부의 취재방해

모든 정부관료들이 멕시코 국경관리처럼 유연한 것은 아니다. 현장취재가 전세계 독자들의 무의식 속에 있는 미신을 타파하고 감동을 전해준다는 것은 누구나 동의하는 암묵적인 사실이지만, 아프가니스탄이나 소련과 같은 곳의 권력자들은 특파원들을 배척하기 위해 온갖 노력을 기울였다. 취재를 하기 위해서는 사전승인을 받거나 관리자와 동행하라고 요구한다. (이에 대해서는 9장에서 논의한다.)

개년은 2001년 10월, 미국과 전쟁 중인 아프가니스탄에서 입국허가를 받아냈다. 탈레반이 입국허가를 내주는 것은 매우 드문 일이었다. 하지만 정작 파키스탄 국경경비내 초소에 도착했을 때 입국이 허락되지 않았고, 개년은 그곳에서 목놓아 울고 싶을 정도로 힘들었다고 말한다. 다행스럽게도 아미르 샤가 자동차를 타고 와서 신원을 보증해준 다음에야 아프가니스탄 땅을 밟을 수 있었다.

운전하는 내내 이런 생각만 들더군요. "내가 이곳에 다시 오게 되었다니, 꿈인가 생시인가 믿기질 않아. 진짜 천만다행이야." 물론 이슬라마바드에도 사람들이 수백명 있었지만, 모두 북쪽으로 올라가고 없었지요. 카불에는 나 말고는 아무도 없었어요. 하루는 카불 시내에 나갔는데, 카페트판매상이 다가오더니 '오, 외국인이 돌아왔나봐?'라고 말하더군요. "아니요. 아직이요. 나뿐이에요." [웃음]… 4월이 될 때까지 카불에 머물 수 있을 거라고 생각하지 않았기에… 열심히 취재하러 다녔죠. 그곳에 있다는 것 자체가 너무나도 중요했거든요.*Ganon, 60-61/66*

도엘링에게는 그런 '행운'이 따르지 않았다. 1979년 11월 이란의 미국대사관에서 인질사태가 발생하자 곧바로 이란행 비행기에 올라탔다. 이란공항에 도착했지만 비자문제를 핑계로 거기서 출항하는 바로 다음 비행기에 실려 곧바로 추방되고 말았다.*Doelling, 14*

2011년 초 알제에 도착한 갠리는 공항에 억류되었다. 취재비자는 있었지만 통신부에서 '허가서'를 발급받지 않았다는 않았다는 이유로 억류된 것이다.

공항을 나가려고 하자… 경찰차에서 경찰들이 우르르 나오더군요. 사람들이 몰려들었고, 서로 치고받으며 몸싸움이 시작되었고, 더 많은 경찰들이 몰려왔어요… 나는 그들과 이야기를 하려고 했는데, 프랑스어를 할 줄 아는 사람은… 겨우 한 명 있더군요… 갑자기 누군가 어깨를 툭툭 치면서 묻더군요. "당신 누구야?" "나는 기잡니다."… 여권에 찍혀있는 취재비자 스탬프를 보여줬어요. 그러자 통신부에서 발급한 허가증을 보여달라고 하더군요. 그래서 나는 아직 통신부에 가지 못했으며, 전화를 해도 받지 않는다, 나도 지금 바쁘다고 대답했죠. 그러자 나는 허가를 받지 못한 거라고 말하면서… 경찰 밴에 태우려고 하는 거예요. 경찰서로 끌고 가려고 한거죠… 더 많은 경찰들이 몰려와서 나한테 빨리 타라고 소리질렀고, 결국 나는 경찰서에 가겠다고 말했어요. 하지만 내 발로 걸어가겠다고 했죠. 나는 잘못한 게 전혀 없기 때문에 범죄자처럼 경찰차에 실려가고 싶진 않았거든요. 그들은 경찰들을 붙여 나를 경찰서로 인도했어요. 거기서 조서를 작성한다고 몇 시간을 붙잡아 놓은 채… 이것저것 계속 질문을 하는데, 대답하는 것이 정말 내키지 않더군요… 그렇게 작성한 걸 가지고 또 나한테 무슨 트집을 잡을지 알 수 없었죠. 어쨌든… 그렇게 해서 내가 자치경비대와 접촉하지 못하도록 하는 데 성공했어요. *Ganley, 53-56*

하지만 그들이 갠리의 취재를 방해하는 데 완전히 성공한 것은 아니었다. 다음날 아침, 호텔에 머물고 있던 갠리는 구호소리를 듣고는 곧바로 발코니로 달려갔다. '테러리스트에 대항하는 보위군의 눈과 귀' 역할을 하는 자치경비대가 '불법적인' 대정부시위를 벌이고 있다는 사실을 확인하고, 곧바로 현장으로 달려간 것이다. 까다로운 관료적인 절차를 건너뛰고 취재하러 나간 것은, 그 시위가 수십 년 지속된 비상사태의 종식을 이끌어내고, 알제리를 '아랍의 봄'의 소용돌이 속으로 끌고 들어가는 중대한 기점이 될 것이라고 여겨졌기 때문이다.

물론 취재과정은 순탄하지 않았다. 시위현장에서 인권변호사의 사진을 찍는 도중, 누군가 그녀의 휴대전화를 낚아채 가버렸고 안경도 날아가 깨졌다.[19]

공산주의정권 하의 폴란드에서 시위현장을 취재하던 특파원도 이와 비슷한 경험을 했다.

---

19 Elaine Ganley "Algerian police break up crowd at pro-reform rally," The Associated Press, February 19, 2011. 이 기사는 대규모 시위와 경찰의 강압적 대응에 대해 보도한다. Elaine Ganley, "Algeria keeps lid on social unrest for now," The Associated Press, March 2, 2011. 이 기사에서는 경찰의 난폭한 진압 속에서도 자신들의 불만을 쏟아내는 자치경비대원들의 인터뷰를 담고 있다. 갠리는 자치경비대의 시위가 '북아프리카의 석유부국 알제리 내에 광범위하게 잠재해있던 사회적 불안이 폭발한 것'이라고 해설한다.

나를 붙잡아 검문을 하더니, 한두 시간 정도 잡아두더군. 내가 취재하려고 했던 사건이 끝난 뒤에야 풀어줬어.*Daniszewski, 11*

남아프리카공화국에서는 아파르트헤이트 초기, 소웨토 등 흑인거주지역을 취재하기 위해서는 통행증을 발급받아야 했다. 한 특파원은 통행증이 만료된 뒤에도 몇 번을 몰래 숨어들어가 취재하다가 다른 기자들과 함께 체포되었다.

우리는 교회에서 지하운동조직 지도자들과 함께⋯ 모임을 하는 현장에 있었지. 경찰이 와서 교회를 포위하고는 밖으로 나오지 않으면 최루가스를 쏘겠다고 했어. 밖으로 나갈 수밖에 없었는데⋯ 다행이 금방 풀려나긴 했지.*Heinzerling, 4*

외국정부가 특파원들이 현장에 접근하지 못하도록 막는 방법 중 하나는, 자신들이 조직한 '관제여행'에 데리고 가는 것이다. 1990년대 한창 내전이 벌어지던 알제리를 취재하던 갠리도 그런 여행에 끌려가다시피 동행했다.

미니밴 같은 걸 타고 대량학살이 있었던 마을을 둘러보는 여행이었죠. 관광용 버스가 왔는데, 커튼으로 둘러쳐져 밖을 볼 수 없게 되어있었어요⋯ 그렇게 [1997년] 대량학살이 벌어진 알제리 남부 시디라이스에 있는 희생자들의 공동묘지에 도착했어요.[20]*Ganley, 43*

---

20 Elaine Ganley, "Mystery, contradictions plague site of largest Algerian massacres," The Associated Press, October 25, 1997. 이 기사는 '갓 봉분이 된 흙에 세워져있는 나무합판에 수백 명의 망자들의 이름이 써있는' 풍경을 묘사한다. 그곳에서 인터뷰한 주민들은 '넋을 잃은 듯 아무 생각 없이 모순되는 말만 늘어놓았고, 공동묘지는 여전히 이해할 수 없는 공포가 뒤덮고 있었다.'

타트로는 이스라엘군이 남레바논을 점령했을 때 현장을 취재했다. 당시 타트로는 이스라엘군이 마련해준 '통제된 시찰'을 따라나섰다가 이스라엘군의 비인간성을 의도치 않게 목격하였다. 자살폭탄범이나 적군이 매복해있을 수 있다는 이유로 '차를 타고 달리면서 길가에 보이는 덤불을 향해 사정없이 총질을 해댄 것이다.' *Tatro, 19*

이보다 10년 앞서 테리 앤더슨은 '이스라엘 언론담당부관이 운전하는 지프차를 타고' 레바논 점령지를 취재하러 갔다. 하지만 그 부관은 이스라엘 공수부대가 팔레스타인해방기구PLO로부터 이제 막 탈환한 뷰포트요새까지만 갈 수 있다고 했고, 결국 취재여행은 결렬되고 말았다.

"나는 여행객이 아닙니다. 그 십자군요새에는 전혀 관심이 없습니다. 나는 최전선에 가고 싶어요. 전투가 벌어지고 있는 현장이요." 그는 끝까지 거부하며 뷰포트로 간다고 하더군. "그래요? 가든지 말든지." 나는 바로 짚차에서 내렸어… 북쪽으로 가는 군인트럭을 히치하이킹했고, 그렇게 해서 전장에서 가까운 곳에 도착했지. 또 거기서 실제 전투가 벌어지고 있는 곳까지 가려면 어떻게 해야 하는지 수소문했어. 지금 어디서 전쟁을 하고 있는지, 얼마나 빠르게 전진하는지, 단기적인 목표는 무엇인지, 전략적 목표는 무엇인지 알아내고 싶었거든. 이스라엘은 단순한 국지전일 뿐이라고 선전했어. 금방 끝날 것이라고 말했고, 베이루트를 침공할 의도도 없다고 말했는데, 이 모든 게 새빨간 거짓말이었지… 프레스센터에 들어갔더니 언론담당장교가 내 기자증을 획 잡아채가더군. "언론담당부관과 동행하지 않았죠?" "아니요. 그 사람이 나를 동행하지 않은 거죠."… 우리는 서로 고함을 지르며 싸웠지. 기자증은 겨우 돌려받았어. 며칠 뒤 몇몇 기자들과 함께 이스라엘장교의 인솔을 받으며 베이루트까지 갔다왔어. 무엇을 어떻게 취재할 것인지 확인하기 위해 갈 수 있는 한, 가장 멀리 갔다가 돌아왔지… 일주일 정도 지난 뒤… 나는 베이루트지국으로 발령이 났고, 이스라엘군 장교들에게 이제 떠난다고 했더니… '당신은 앞으로 이스라엘 땅을 밟지 못할 것'이라고 저주를 퍼붓더군. 나도 여기 돌아올 생각이 없다고 맞받아쳤지. 그러고는 나한테 교통수단을 제공하지 않겠다고 하더라고… 쩨쩨하기는… 어쨌든 베이루트에 와서 전쟁이 한창인 동부지역을 한 일주일 동안 취재했어… 그리고 AP베이루트지국이 위치한 서쪽지역으로 들어갈 준비를 했지. 이곳은 이스라엘공군이 끊임없이 폭격을 퍼부어 완전히 고립된 상태였거든. 아직 폐쇄되지 않은 검문소를 어렵게 찾아 겨우 서쪽지역으로 들어갔고, 끊임없이 쏟아지는 폭격을 뚫고 사무실까지 찾아갔어. 그곳은 폭격 속에서 매일 20시간, 22시간씩 일을 하고 있더군… 나도 그들과 함께 몇 달간 일했지.*Anderson, 11-12*

전쟁상황이 아닌 때에도 많은 정부들이 기자들의 움직임을 제한한다. 냉전기 유럽의 최전선이었던 동독을 탐방하고자 한 특파원들은 상당한 '비용'을 지불하더라도 '체크포인트 찰리'를 통과하고 싶어했다. 하지만 그곳을 넘어가기 위해서는 정확한 여행동기와 장소와 일정을 구체적으로 신고해야 했다. 그리고 신고한 내용은 절대 변경할 수 없으며, 그것과 다른 경로로는 움직일 수 없었다. 리드는 이렇게 말한다.

그 나라가 어떻게 돌아가고 있는지, 그 나라 사람들이 어떻게 살고 있는지 전혀 알 수 없었어. 가볼 수가 없는데 어떻게 알겠어.*Reid, 20-21*

북한은 지금도 그렇다. 진 리는 이렇게 말한다.

자신이 원하는 대로 돌아다니거나 이동할 수 없어요. 거의 유일한 외국인인 우리에게만 적용되는 규칙이었죠. '안내원'이라고 하는 사람들을 동행하지 않고는 어디도 갈 수 없어요. 스케이트장, 수영장, 식당에 가는 것조차 미리 조율을 하고 허가를 받아야 했지요. 그렇게 해서라도 가다보면 운 좋은 날에는 현지인들과 이야기할 수 있는 기회를 얻기도 했어요._Lee, 17_

소련과 중국에서도 수도 밖으로 나가려면 허가를 받아야 했다. 외곽지역은 정부가 제공하는 취재여행을 통해 둘러보는 수밖에 없었다. 이러한 여행을 통해서나마 전체주의적 통치 속에서 살아가는 사람들의 일상과 저항을 목격하기 위해 특파원들은 노력했다.

마크 포럽칸스키는 1988년 소련의 항구도시 마가단에 갔다. 이곳은 스탈린시대 정치범들을 강제노동수용소로 보내는 기점 역할을 했다. 소련외무부가 주관한 이 여행에서는 생존자를 만나 이야기할 수 있는 자리도 마련되어있었다. 생존자는 '심문, 언제 실행될지 모르는 사형, 수용소에서 벌어진 사건들을 기억하기 위해… 묶어 둔 작은 매듭'이 떠오른다고 말했다.[21]

하지만 이런 취재는 독재정권 하에서 매우 예외적인 허용된 것이었다. 어디를 가든 최소한 48시간 이전에 외무부에 상세한 여행계획을 제출해야만 했으며, 정부기관을 통해 여행예약도 진행해야 했다.

"그다지 문제는 없어 보이지만 내일은 하필 비행기가 뜨지 않을 것 같네요"… 이런 식일 때가 많았어요. 48시간 전에 신청을 하라고 말하지만, 48시간이 지나도록 답을 주지 않을 때도 많았고요. 그러면 취재는 망한 거죠._Porubcansky, 6-7_

허츨러는 1996년 신장으로 취재여행을 갔다. 석유산업에 관해 사람들과

---

21   Mark J. Porubcansky, The Associated Press, November 21, 1988.

만나 이야기를 나누고 역사적으로 유명한 무역도시 카슈가르를 방문하고 싶다는 '핑계'를 댔지만, 진정한 관심사는 신장의 분리주의 운동이었다. 분리주의운동이 고조되고 있다는 기사를 《신장데일리》에서 보았기 때문이다. 정부는 취재안내원을 붙여주었는데, 물론 그들의 임무는 허츨러를 감시하는 것이었다. 안내원은 멋진 축하연을 보고난 뒤, 어떤 이맘을 만나러 모스크에 간다고 했는데, 그 이름이 어디서 들어본 적 있는 것 같았다.

> 《신장데일리》 기사를 모아놓은 문서파일이 있었죠. 그때는 인터넷이 없던 시절이었거든요. 기사를 들쳐서 확인해보니 그는 분리주의자들의 암살타겟이 된 적이 있는 인물이었어요. 목을 칼로 그었지만 죽지 않았죠. 그날 저녁, 모스크바닥에 앉아있는데, 터번을 쓴 굉장히 위엄있어 보이는 노신사가 다가왔어요. 목에 커다란 밴드를 붙이고 있었죠… 그를 인터뷰할 수 있다는 사실 자체가 믿기지 않았어요… 나는 많은 질문을 던졌지만, 그는 세부적인 내용까지는 말하려고 하지 않더군요. 그의 곁에는 이맘이 또 한 명 있었는데, 그는 신장 분리주의운동의 전반적인 문제점에 대해 이야기해 줬어요… 중국정부의 의도와는 달리 나에게는 굉장히 소중한 기회였죠. 갇힌 새장 속에서 어떻게 취재를 해야 하는지 보여주는 모범사례라고나 할까… 예상치 못했던 취재를 할 수 있었던 덕분에 가치있는 기사를 쓸 수 있었고… 이렇게 정부가 제공하는 취재원도 쓸모있을 때가 있더군요.*Hutzler, 20-22*

캄보디아, 쿠바, 헝가리의 특파원들은 제한구역에 들어갈 수 있는 또 다른 방법을 찾아냈다. 바로 복음전도사 빌리 그레엄 같은 서방의 유명인사와 동행하는 것이다. 그레엄은 1970년대에 특파원 두 명과 함께 공산주의 체제하의 동유럽과*Reid, 17-18* 인도의 나갈랜드를 방문했다. 버마-인도 국경에서 버마 측은 특별여행허가증을 요구하면서 특파원들을 쌀쌀맞게 대했지

만, 어쨌든 국경을 넘을 수 있었다.*Bradsher, 2013, 97*

　그레엄은 축구장에서 집회를 열었는데 2,000여 명이 몰려들었다. 그리고 집회 도중 흥분한 관중들 사이에서 폭동이 발생했다. 물론 그레엄의 '호소' 덕분에 폭동은 크게 번지지 않고 위기는 겨우 모면할 수 있었지만, 긴장감이 감돌던 현장의 생생한 모습은 마이런 벨카인드의 특종이 되어 전세계로 퍼져나갔다.[22]*Belkind, 15-16*

　그레이는 1979년 미국인 자선운동가들 덕분에 너무나 가슴 아픈 이야기를 취재할 수 있었다. 크메르루주정권이 무너진 직후, 크메르루즈가 저지른 잔학행위와 당시 광범위한 기근으로 인해 고통받는 상황을 취재하기 위해 프놈펜으로 돌아가려고 했지만 쉽지 않았다. 마침 미국의 구호단체 월드비전이 캄보디아에 들어가면서 기자의 동반입국을 허용했는데, 그레이는 이 기회를 놓치지 않았다. 프놈펜에 들어간 그레이는 무수한 사람들이 고문당하고 죽어간 튜올슬렝 감옥을 취재했다. '그곳은 여전히 바닥이 피로 물들어있었다.' 한 달 동안 온갖 잔혹한 현장을 찾아다니면서 충격과 슬픔 속에서 빠져나올 수가 없었다.*Gray, 45-46*

　베트남에서 소위 '보트피플'이 한창 쏟아져 나올 때, 난민들은 조잡하게 만든 배를 타고 해적이 들끓는 해역으로 나올 만큼 절박했다. 그레이는 그 현장을 취재하려고 했으나 쉽지 않았다. 이때 역시 그레이는 월드비전의 난민구조선의 도움을 받았다. 광대한 남중국해에서 징처없이 떠다니는 난민들을 구조하기 위해 월드비전이 긴급하게 임대한 배였다.

　배는 무척 휘청거렸지. 먼 바다로 나갈 수 있게 설계된 배가 아니었던 것이 분명해. 인도네시아 맨 위쪽부터 홍콩까지 해안을 따라다니며 난

22　Myron Belkind, "Convoy Hit as Graham Preaches," *Chicago Tribune*, November 23, 1972, B26.

민들을 수색했는데… 2주 동안 이 해안을 오르락거렸음에도… 정말 안타깝게도 하나도 찾지 못했어. 나도 사진기자도 당직을 섰지. 난민을 최대한 많이 싣기 위해 최소한의 선원만 탑승했거든. 나도 당직차례가 되어, 4시간 동안 뱃머리에 서서 쌍안경으로 난민들을 찾았는데, 아무 것도 보이지 않더군… 새벽 3시쯤 말레이시아 해안에서 200 킬로미터 정도 떨어진 한 원유채굴기지 근처에 도달했는데, 구조신호가 온 거야. "가까운 곳에서 보트피플이 있다. 도와줄 수 있는가?"… 마침내 사람 들이 타고 있는 나무보트를 발견했고 그들을 구조했지. 46명 정도 되 는 사람들을 우리가 탄 배로 끌어올리는데, 정말 영화의 한 장면 같았 어… 난민을 찾아다니며 배에서 겪은 이야기와 우리가 구조해낸 사람 들의 인터뷰를 뼈대 삼아 기사를 작성했지.[23]*Gray, 43-44*

나이아가라 폭포에서 샤워하기
시간의 부족과 자원조달의 어려움

지금까지 살펴본 사례들에서 볼 수 있듯이 현장취재, 특히 접근하기 어려

---

23 Denis D. Gray, "Refugee Drama on the High Seas," *Bangkok Post*, August 4, 1979. 이 기사는 난민들이 탈출하는 장면으로 시작된다.

태풍이 점차 거세지는 상황에서 베트남정부는 '도망치는 보트가 발견되면 즉각 사살 하라'는 명령을 내렸다. 미국정부에서 일하던 보후민은 이제 막 아기를 출산한 아내를 데리고 배에 올라탔다. 체력이 고갈된 아내를 데리고 탈출하는 것은 정말 최악의 선택 처럼 보였다… "우리가 탈출에 실패할 확률은 90퍼센트, 아니 100 퍼센트였죠." 하지 만 지난 두 달 간 준비를 해왔을 뿐만 아니라, 누구도 믿을 수 없는 상황에서 이미 계 획된 탈출은 되돌릴 수 없었다. 몰래 마련한 9미터 길이의 보트를 타고 망망대해로 이 끌 사람은 나침반을 한 번도 사용해 본 적 없는 어부였다. 밤이 내려준 어둠 속에서 보 트는 붕따우 휴양지에서 몰래 바다로 빠져나갔다. 20마력 엔진이 낼 수 있는 가장 빠 른 속도로 공유해역을 향해 나아갔다.

운 장소를 취재하기 위해서는 상당한 시간과 자원을 투자해야 한다. 갈수록 자금지원이 축소되고 속보경쟁이 치열해지는 오늘날 저널리즘 환경에서 현장취재는 더욱 어려워지고 있다.

실제로 현장취재를 하기 위해서는 상당한 시간을 준비해야 한다. 취재원들과 인간관계를 맺기 위해, 아이디어를 발굴하기 위해, 승인이나 허가를 받기 위해, 안전하게 인터뷰할 수 있는 장소를 마련하기 위해, 사건을 예측하기 위해 기자들은 오랜 시간 준비하고 기다려야 한다. 물론 그러한 노력이 모두 성공하는 것은 아니다. '관공서 밖 울타리에 갇혀… 비를 맞으며 기다리다 정부의 선전과 거짓변명'만 얻어내는 경우도 많다.*Perry, 36*

브라이슨은 1990년대 남아프리카공화국에서 엄청난 시간을 투자하여 쓴 두 편의 특집기사에 대해서 이야기한다. 한 편은 학교 내 인종차별이 공식적으로 철폐된 날을 취재한 기사였고, 다른 한 편은 올림픽에서 처음으로 금메달을 따고 돌아온 흑인선수에 관한 기사였다. 첫 번째 사건을 취재하기 위해 브라이슨은 사진기자와 함께 아침 일찍 현장에 가서 작은 소녀가 학교에 가기 위해 준비하는 과정부터 관찰하기 시작했다. 소녀가 등교하는 길목에서 '백인시위대가 학교로 들어가는 흑인아이들을 향해 욕하는 모습'을 직접 확인할 수 있었다.

생각하던 그대로였죠. 우리가 예상했던 상황을 직접 눈으로 확인한 거예요. 다음 날에도 또 갔는데, 전날과 마찬가지로 경찰이 나와있었고, 그저 자기 아이들을 안전하게 학교에 보내고 싶을 뿐이라고 소리치는 백인부모들과 그 반대편에는 흑인아이들의 등교를 지지하는 부모들이 죄인처럼 서있었죠. 전날보다는 훨씬 조용하더군요. 그날 백인소녀와 인터뷰를 했는데 아이는 정작, 주변을 둘러보며 새로운 친구들을 만난다는 생각에 상당히 들떠있더군요. 그날 학교의 일상은 평범했어요. 하루가 아닌 이틀을 취재하기로 결정한 것은 정말 좋은 선택이었어요. 첫날은 우리가 기대했던 사건이 펼쳐졌지만, 둘째날은 훨씬 차분 했거든요. *Bryson, 11-12*

학교 내 인종차별에 대한 첫째날 기사는 남아프리카공화국 포트지터스 루스와 미국 도시들 사이의 뚜렷한 역사적 유사성을 언급하며 시작된다.

과거 미국에서도 많은 도시에서 흑인아이들은 백인아이들이 아직 집에 있는 이른 시간에 '경찰의 질서유지선'의 도움을 받아 학교에 등교했다… 오늘 처음으로 이 학교로 등교하는 10살 소녀 타방 툴라는 취재선 밖에서 대기하고 있는 수십 명의 기자들을 향해 이렇게 자신의 소감을 밝혔다. "이제 집에서 가까운 학교에 다닐 수 있게 되어서 정말 기분이 좋아요."… 하지만 백인시위대에 있던 한 백인남성이 흑인아이들을 향해 아프리칸스어로 '유인원!'이라고 외쳤다… 기자들과 카메라맨들이 곧 그를 취재하기 위해 몰려들자, 그의 딸은 울음을 터뜨렸고, 그는 기자들을 향해서도 저주를 퍼부었다.

둘째날 기사는 여덟 살 소녀 루셸 윌드보어의 말을 인용한다.

그 전날에는 경찰과 기자들 때문에 위험하다며 그녀의 부모가 그녀를 학교에 보내지 않았다. 사람도 줄어들고 좀더 차분해진 이튿날, 그녀는 다시 학교에 나왔고, 이제 함께 공부하게 될 흑인친구들을 적극적으로 도와주고 싶다고 말했다. 그녀에게 흑인친구들은 '새로운 친구'에 불과했다.[24]

---

24 Donna Bryson, "Heavily guarded black children knock down a vestige of apartheid," The Associated Press, February 22, 1996; Donna Bryson, "School peaceful on second day of desegregation," The Associated Press, February 23, 1996.

브라이슨은 하루종일 운전해서 요하네스버그 북쪽에 있는 작은 마을로 갔다. 올림픽 마라톤에 출전해 금메달을 딴 조시아 투과니의 집이 그곳에 있었기 때문이다. 전직 광부였던 흑인이 올림픽스타가 되어 금의환향한 것이다.

> 집 앞에 도착했는데, 그를 인터뷰하고자 하는 기자들이 줄지어 서있었죠… 특별히 즐거운 임무는 아니었지만, 그래도 그곳에 있던 밴드 덕분에 지루하지는 않았어요… [인터뷰에서 그는] 승리를 거둬 매우 기쁘다고 말했죠. 물론 그 기사는 요하네스버그에서도 쓸 수 있었어요. 전화로 인터뷰를 하거나 TV를 보고 기사를 쓸 수도 있었겠죠… 하지만 그렇게 했으면 많은 것을 놓쳤을 겁니다… 그 마을에 들어서면서 그의 집을 어떻게 찾을 수 있을까 조마조마했던 마음이나, 막상 가보니 군악대와 사람들로 떠들썩한 풍경들… 내가 생각했던 것과는 전혀 다른 현장을 목격할 수 있었어요. 전체적인 그림을 직접 봄으로써 생생하고 풍부한 기사를 쓸 수 있었죠.*Bryson, 75-77*

실제로 기사는 이렇게 묘사되어있다.

> 흙먼지 휘날리는 황량한 흙빛에 보여있는 양철판잣집들 사이에서 그의 집을 찾는 것은 전혀 어렵지 않았다. 의기양양한 군악대장과 브라스밴드의 음악소리가 들리는 곳이 바로 그의 집이었다. 집 앞에는 몇몇 여성들이 모여 기쁨에 겨워 흐느끼고 있었다.[25]

---

25 Donna Bryson, "First black South African to win gold returns to hero's welcome," The Associated Press, August 11, 1996.

공산주의 체제의 폴란드에서 특파원을 한 AP국제에디터 존 대니젭스키는 '어떤 일이든 직접 현장에 가서 봐야 한다'면서 자신이 취재한 시위 이야기를 했다.

> 자동차로 대여섯 시간을 운전해서 갔지. 다른 방법은 없었어. 물론 그곳에 자유노조연대 활동가를 비롯해 다양한 취재원들이 있었기 때문에 전화를 통해 알아볼 수도 있었지만, 그렇게 얻는 정보는 오류가 없는지 확인하기 어렵거든. 현장으로 가서 직접 보고, 직접 사진을 찍고, 또 얼마나 많은 군중이 참여했는지, 수백 명인지, 수천 명인지, 또는 수만 명인지 확인하는 것이 가장 확실하지.*Daniszewski, 5*

리비아 벵가지를 취재한 특파원 셈은 모든 곳에 가야하고 모든 것을 취재해야 한다는 압박에 시달렸다. 특히 리비아혁명이 벌어질 때 한 동안은 홀로 취재해야만 했다.

> 모든 걸 나 혼자서 해결하려다보니 약간 정신이 나갔던 거 같아요… 어느 시점엔가 굉장히 감정적으로 폭발하기도 했는데, 나 혼자 그 모든 것을 취재해야 한다는 압박감이 상당했거든요… 매일 차를 몇 시간씩 타고 최전선으로 달렸어요. 어느 날 취재를 마치고 사무실로 녹초가 되어 돌아왔는데, 가까운 탄약고에서 거대한 폭발이 일어나 70명 가까이 사망했다는 거예요… 제기랄, 어떻게 할 수가… 내 몸은 하난데 어떻게 할 수 없잖아요. 결국 그 기사는 놓치고 말았죠.*Schemm, 11*

이처럼 넓은 지역을 혼자 취재하는 특파원이 존재한다는 사실은, AP는 물론 어떤 언론이든 어쩔 수 없이 취재하지 못하는 사건들이 존재한다는 것을 의미한다.*Liu, 6* 특히 이라크처럼 거점도시에 머물며 주변지역 전체를

343

혼자 담당하거나, '아랍의 봄'처럼 전혀 예측하지 못한 급변사태가 발발할 때 더더욱 그렇다. 리드 같은 베테랑특파원도 이러한 문제는 풀지 못했다.

나이아가라 폭포에서 샤워해봤나? 그 속에 들어가 물방울 몇 개는 부딪혀 볼 수 있겠지만, 쏟아지는 물방울을 다 맞아볼 수는 없는 법이지.*Reid, 58*

중앙아메리카에서 여러 허리케인을 취재한 프라이스는 자연재해를 취재할 때도 치밀하게 예측하고 계획을 잘 짜야 한다고 말한다.

허리케인 경로가 어떻게 될지 일기예보를 주시해야 합니다. 경로에 따라 언제 공항이 폐쇄될지 예측할 수 있고, 언제 어디로 가야 현장을 취재할 수 있는지 알 수도 있죠. 허리케인이 어디로 갈지 예측하기 힘들 때는 팀을 나눠야 하죠. 어느 한 쪽이라도 현장을 취재할 수 있잖아요. 경로가 명확해질 때까지 기다렸다가 출발하면 늦어요. 이미 상황이 끝난 뒤 도착하면 아무 소용없잖아요.*Price, 16*

인도나 브라질 같은 나라에서는 훨씬 일반적인 상황에서도 광대한 영토와 혼잡하고 황폐한 도로 사정 때문에 현장으로 가는 일이 어려울 때가 많다.*Powell, 16; Clendenning, 14* 1990년대 초 알바니아 같은 조그마한 나라에서도 '기름'이 없어서 현장까지 가지 못한 경우가 있었다.*Porubcansky, 22* 중국에서는 에이즈의 급격한 확산과 혈액판매 스캔들이 동시에 발발했을 때 보건당국이 세부정보를 전혀 공개하지 않아 현장취재를 할 수 없었다.

후난성에서 벌어진 일이라고만 말할 뿐, 어느 마을인지는 알려 주지 않았어요. 후난성 인구가 8,000만 명인데, 거기서 어떻게 찾아요?*Hutzler, 7*

2013년 1월, 테러리스트들이 외딴 가스공장에 수백 명을 붙잡아놓고 인질극을 벌였을 때 알제리정부 역시 '아무것도' 공개하지 않았다. '정부가 찔끔찔끔 공개하는 정보도 사실이 아닌 경우가 많았다.' 그래서 특파원들은 가끔 나오는 정부의 공식발표, 무장단체가 웹사이트에 올려놓은 글, 풀려난 인질들의 증언 등을 모두 종합하여 무엇이 사실인지 가려내는 작업을 펼쳤다. 그리고 이렇게 가려낸 정보를 수도에서 1,200킬로미터 이상 떨어져있는 사막 한가운데 위치한 실제 사건현장에서 입수한 정보와 일일이 대조하고 확인하는 작업을 했다.*Schemm, 23-24* 이러한 확인작업을 통해 인질 중에 필리핀사람도 있다는 사실을 밝혀냈다.

적대국 간의 국경을 넘는 일은 훨씬 많은 공을 들여야 한다. 1973년 10월, 전쟁이 이제 막 끝난 베트남에서 나온 리차드 파일은 아랍연합군과 이스라엘의 전쟁을 취재하기 위해 로마, 트리폴리, 벵가지로 이어지는 장거리비행을 한 뒤, 전장인 이집트로 가기 위해 '14세 소년운전사가 모는 자가용'을 타고 24시간 동안 사막을 가로질러 달렸다.*Pyle, 27-28b* 라웁은 가자지구에 들어가서 혼잡한 난민캠프를 취재하고 나오는 데에만 꼬박 하루를 쏟아야 했다. 이스라엘군이 설정한 무수한 '군사지역'을 피해나가야만 했기 때문이다.[26]*Laub, 3*

국경을 넘어가는 것이 불가능할 때도 있다.

수단이 남북으로 나뉘어 피비린내 나는 내전을 벌였는데, 북쪽은 카이로에서 온 기자들이 취재하고 남쪽은 나이로비에서 온 기자들이 취재했어요. 하지만 그 둘은 결코 만날 수 없었죠.*Powell, 16*

---

26 Karin Laub, "Jabalia has become center of resistance to Israel," The Associated Press, December 19, 1987.

서울과 평양은 자동차로 세 시간이면 닿을 수 있는 거리지만, 국경을 넘을 수 없어서 베이징을 거쳐 돌아가는 수밖에 없어요. *Lee, 2*

포위당한 사라예보를 취재하는 일은 자원조달 측면에서 가장 난이도가 높았다. 이곳 특파원들은 대부분 짧은 기간으로 나뉘어 파견되었다. 비엔나에서 활동하던 특파원 마크 포럽칸스키는 사라예보에 파견되었을 때, 자동차 뒷자리에 타이어를 잔뜩 싣고 도시에 진입했다. 뒤에서 날아올지 모르는 총알을 막기 위해서였다. 그리고 땅콩버터를 비롯해 온갖 생필품과 식수 정화제도 한가득 실었다. 사라예보에서는 깨끗한 물을 구하는 것이 거의 불가능했기 때문이다. *Porubcansky, 13*

포화 속으로
현장으로 가기 위한 특파원들의 분투

현장에 들어가는 것이 그곳에서 취재하는 것 못지 않게 위험한 때도 많다. 20세기 초 유명했던 특파원 니커바커H. R. Knickerbocker는 이렇게 말했다.

어딘가에서 수천 명에 딜 하는 평범한 사람들이 모두 빠져나오려고 애쓰고 있는데, 정신 나간 몇몇 사람들이 그곳으로 들어가려고 애쓰고 있다면, 그들은 틀림없이 기자들일 것이다.[27]

포도밭이 내려다보이는 스페인의 현대적인 느낌이 나는 빌라에서 만난 토

---

27 AP특파원 모트 로젠블럼의 책《한 줌의 미친 사람들 A Little Bunch of Madmen》
에서 발췌한 문장이다

니 스미스는 니커바커의 말에 전적으로 동의하면서, 포위공격 직전 사라예보에서 자신이 바로 그런 정신나간 사람이었다고 말한다. 사라예보에서 빠져나가는 차량들 속에서 홀로 남기로 결정했고, 며칠 뒤, 위험천만한 여행을 시작했다. 결국 함께 동행한 사진기자는 중상을 입었고, 동료기자 한 명은 목숨을 잃고 시신이 되어 돌아왔다.[28]

사라예보로 들어가는 길목에 있는 호텔에 일단 묵기로 했어요. 거기에는 온갖 신문사와 방송국 기자들이 있었고… 유럽공동체EC의 감독관도 있었죠. 가까운 곳에 포탄이 떨어지기도 했지만, 무슨 일이 생기진 않았어요… 우리를 겁줘서 돌려보내고자 하는 것이었다고 확신했지만… 어쨌든 그들의 도발은 결국 성공했죠. EC는 그곳이 너무 위험하다고 판단했어요. 감독관들이나 취재진은 비무장이었고, 꼭 사라예보를 지켜야 할 의무같은 것도 없었죠. 그냥 상황을 지켜보는 게 자신들의 임무라고 생각했기에, 결국 크로아티아 스플리트로 후퇴했기로 결정했어요.[29] 방송국쪽 사람들이 먼저 철수했고, 그 다음 신문사 기자들도 모두 철수했는데… 나는 두 사진기자—산티아고 리용과 데이빗 브로클리—와 끝까지 고민했어요. 사람들 모두 떠나고 나면 이곳은 누가 취재할까? 누군가는 계속 취재를 해야 하지 않을까? 여기 아무도 없으면, 전화나 전보도 끊길지 모르는 상황에서 사라예보 안에서 무슨 일이 벌어지는지 알 수가 없잖아… 우리는 결국 사라예보 안으로 들어가기로 결정했죠. 당시에 나는 사라예보로 들어가기만 하면 취재하는 일이 어렵지 않을 것이라고 생각했어요. 호텔주차장에 서서… EC감독관

---

28 Tony Smith, "Tearful farewell, then a drive past desperate refugees," The Associated Press, May 21, 1992.

29 Tony Smith, "EC pulls its last observers out of Bosnia due to danger," The Associated Press, May 12, 1992.

들이 탄 짚차, 수송대, 방송국들, 신문기자들이 올라탄 랜드로버들이 하나둘 주차장에서 빠져나갔고, 결국 우리만 덩그러니 남았죠. [웃음] 주차장엔 찌부러진 오래된 폭스바겐 골프와 끔찍한 몰골의 토요타 코롤라, 두대만 남았어요. 하나는 렌트한 차였는데… 며칠 전에 대전차 장애물을 들이받아서 그런 상태가 된 것이었죠.*Smith, 7*

사건의 실상을 알리고자 목숨 걸고 현장으로 간 특파원은 스미스뿐만이 아니다. 레바논에서 AP특파원들과 긴밀하게 협력했던 《더타임스》의 특파원 로버트 피스크는 1982년, 아일랜드에서 휴가를 보내던 중 이스라엘군이 베이루트로 진격했다는 소식을 접했다. 피스크는 광속으로 자동차를 달려 더블린으로 갔고, 더블린-제네바-다마스커스로 이어지는 긴 항공여행을 했다. 택시를 세 번 갈아타고서야 베이루트에 들어선 다음에, 한참을 걸어서 지뢰밭을 가로질러 베이루트의 AP사무실에 도착했다. 사무실에 들어섰을 때 AP의 뉴스에디터 제랄드 라벨이 텔렉스 앞에서 욕설을 늘어놓고 있었다. 텔렉스로 들어온 통신문이 전혀 읽을 수 없었기 때문이었다. 그는 웃음기 없는 충혈된 큰 눈으로 [피스크를] 쳐다보며 이렇게 말했다.

"왔군. 미칠듯이 반갑네."

라벨의 아내 아일린 파월도 베이루트의 특파원이었다. 당시 베이루트는 서로 경쟁하는 다수의 무장세력들이 제각각 장악하고 있는 검문소들이 곳곳에 있어 예측할 수 없는 충돌이 쉴 새없이 발발했다. 베이루트의 일상은 끊임없이 머리털이 곤두서는 경험이었다.

모퉁이를 돌 때마다 긴장을 하지요. 재빠르게 현관기둥 뒤에 몸을 숨기고 다시 주변을 살펴요. 저기까지 갈 수 있을까? 계속해서 전방을 살피며 몸을 빠르게 움직여야 하죠. 취재를 하기 위해서는, 취재원을 만나기 위해서는 어쩔 수 없었죠. 무슨 일이 있었는지, 언제 그 일이 일어났는지, 누가 그랬는지, 무엇을 보았는지, 현장은 어떠했는지, 누구의 소행으로 추정되는지 알아내야 하잖아요.*Powell, 5*

1983년, 베이루트의 미해병대 막사가 폭격당하여 240여 명이 목숨을 잃었다. 라벨, 파월, 피스크, 앤더슨은 모두 짙은 연기와 잔해 속에 시체가 널브러져있는 현장으로 달려갔다. 피스크는 해병대출신 앤더슨이 어떻게 '저지선을 뚫었는지' 이야기한다.

"AP, AP에서 나왔습니다. 들어가게 해 주세요." 앤더슨은 젊은 경비병에게 사정을 했지. 나중에는 여의치 않자 소리를 지르며 협박을 하기도 했어. "나를 들여보내줘야 할거야! 날 안 들여보내주면 어떻게 될 줄 알아!" 결국 그들은 철조망을 걷고 우리를 들여보내주었어.*Fisk 2002, 513*

군인들의 도움을 받아 현장에 들어가는 경우도 있다. 물론 미군의 도움을 받을 수 있다면 훨씬 안심이 될 것이다. 한국전쟁 당시 데스포는 미군전투부대를 옮겨다니며 최전선을 취재했다. 그는 '미니어쳐 위스키'를 이용해 혹한 속에서 취재할 때 필요한 물품들을 '슬쩍 얻어내는' 법을 익혔다.

그렇게 나는 필요한 의복을 구했지. 음식이나 교통편도 마찬가지였어… 그들과 동행한 덕분에 생생한 사진들을 찍을 수 있었지.*Desfor, 4*

1980년대 페르시아만에서 미국이 이란과 전쟁을 벌이는 동안 한 미국군함이 기뢰와 충돌하여 침몰했다. 당시 다른 함선에 승선해있던 파일은 다른 기자들과 함께 헬리콥터를 타고 이 배에서 저 배로 '계속 옮겨 다니면서'

군함이 가라앉는 현장을 지키던 순양함까지 갈 수 있었다. 파일은 미군이 바로 반격을 시작할 것이라는 사실을 알게 되었고, 그 때에도 배에서 머물 수 있는지 물었다. 해군은 취재를 허락해주었고, 덕분에 '당일치기 전투'라고 일컬어진 작전을 배 위에서 취재할 수 있는 기회를 얻었다. 심지어 그 배 위에서 기사까지 모두 작성하여 곧바로 전송했다.

> 이란이 쏜, 아니 쏜 것으로 보이는 실크웜미사일을 향해 레이더를 교란하기 위한 교란탄chaff를 발사했어… 해가 졌고, 전투가 끝났지. 상황은 모두 종결되었고, [당직 장교 오지 폰투리어가] 임무완료 신호를 보냈어. 신호를 마치고 우리 쪽으로 돌아보면서 짧게 한 마디 내뱉더군. "시원한 맥주 한 잔 합시다." [웃음]… 물론 함선에서 술은 먹을 수 없으니, 그건 그냥 시적인 표현이었지만, 그래도 정말 멋졌어. 기사에 그 장면을 인용했지.[30] *Pyle, 8-10b*

탈마지는 2004년 동남아시아를 강타하여 25만 명에 이르는 사람들의 목숨을 앗아간 쓰나미를 취재하면서 3주 동안 미해군 함선 USS본험리차드의 도움을 톡톡히 받았다.

> 우리는 매일 그 함선에서 이륙하는 헬리콥터를 타고 아무도 취재하지 못한 최악의 피해지역으로 이동할 수 있었어요. 긴급생필품을 날라다 주는 것이 핵심임무였는데, 공중에서 전체적인 상황을 조망할 수 있었죠. 정말 참혹했어요. 육지에 내려가 상황이 얼마나 심각한지 취재하고, 다시 헬리콥터를 타고 함선으로 복귀하였는데… 함선에는 기사를

---

30 Richard Pyle, "Iran fired Silkworm missiles at U.S. ships," The Associated Press, April 19, 1988. 이 기사는 "시원한 맥주 한 잔 합시다"라는 인용구로 끝난다.

쓰고 잠을 자는 방이 있었는데, 너무도 훌륭했어요. 매일 현장을 탐사하며 정말 참혹한 장면을 목격하고 돌아와 저녁마다 좋은 방에 앉아 기사를 쓰는 것이 모순처럼 느껴졌지만… 동시에 상당히 체계적이었기도 했어요. 뭔가 일을 제대로 하고 있다는 느낌이 들었죠.*Talmadge, 6*

베트남에서 미군이 철수한 뒤에도 현장을 계속 취재한 바티무스는, 자신을 북베트남까지 데려다주던 미군헬리콥터가 그리워지려던 찰나에 현장조사를 하며 순회하던 평화유지군의 도움을 받을 수 있었다. 하지만 지상로를 따라 이동할 때는 '잘못 길을 들었다가 지뢰를 밟을 수 있다'는 위험한 사실을 깨달았다.*Bartimus, 18*

2001년 초 탈레반은 아프가니스탄 바미안에 있는 매우 오래된 거대 석불 두 개를 폭파하여 전 세계의 격분을 샀다. 이때 개넌은 동료기자들과 함께 현장을 확인할 수 있게 해달라고 탈레반을 설득했다. 결국 허락을 얻어 현장으로 갈 수 있게 되었는데, 그때 제공받은 운송수단은 유물에 가까운 러시아제 프로펠러기였다. 비행기는 현장에 착륙할 때 거대한 암벽 바로 앞에서 겨우 멈춰서는 아찔한 경험을 선사했다.*Ganon, 50-51*

2012년 개넌은 니드링하우스와 함께 아프가니스탄군과 함께 2주 동안 함께 동행하면서 취재할 수 있게 해달라고 요청했다.

'우리가 원하는 것은 그저 당신들의 이야기를 듣는 것'이라고 말하자 굉장히 놀라더군요. 결국 그들은 온갖 교전이 벌어지는 일촉즉발 위험한 국경도시 가르데즈에 들어가는 것을 허락했어요. 그래서 우리는 어떻게 가야 하냐고 물었더니 아프가니스탄군 대변인은 이렇게 말하더군요. "우리도 몰라요. 아마 차를 타고 가야 하지 않을까요?" 결국 우리는 AP카불지국의 현지인 기자 아미르 샤가 운전하는 자동차를 타고 전장으로 향했죠. 하지만 아미르 샤는 중간에 돌려보내기로 했어요. 군인들이 무슨 짓을 할지 알 수 없었기 때문이죠. 또한 이번만큼은 옳고 그름에 대한 판단은 꺾기로 하고 부르카를 뒤집어썼어요. 너무나 위험한 취재였기 때문에 안전을 보장하기 위해 모든 걸 다 했죠… 어쨌든 우리는 가르데즈에 갔어요… 그곳은 연대급 부대가 주둔하고 있었는데, 아무래도 최전선 느낌이 나지 않더군요. 그래서 이틀 후 20명으로 구성된 작은 소대의 주둔지로 자리를 옮겼죠. 20명이 전투를 하는데, 헬멧이 하나밖에 없어서 그걸 번갈아가며 사용하고 있더라구요. 랜턴도 하나밖에 없어서… 10명씩 두 동으로 되어있는 막사는 한 쪽만 불을 켤 수 있었어요. 밥을 먹을 때도 교대로 먹어야 했죠.[31] *Ganon, 68-71*

때로는 반란군들의 호위를 받으며 취재를 하기도 한다. 레바논내전을 취재하던 파일은 민병대가 장악한 지역을 통과해 다마스커스에서 베이루트로 달리던 중 무장한 민병대원들을 태워주어야 하는 상황에 처했다. 하지만 이들 덕분에 파일은 안전하게 그 지역을 통과할 수 있었다. *Pyle, 16-17b*

　2011년 반反카다피혁명을 취재하던 쉠은 국경을 몰래 넘어 반군 점령지로 갔다. 벵가지를 향해 계속 진격해야 한다고 주장하며, 포화를 뚫고 사막의 시체안치소로 가서 시체를 세는 쉠의 모습을 본 반군은 쉠을 친구

31　Kathy Gannon, "As army grows, a unit highlights the challenges," The Associated Press, June 11, 2012; Kathy Gannon, "From M16s to boots, Afghan troops feel slighted," The Associated Press, May 20, 2012. 개넌은 이 전장에서 수십 명의 장교와 사병들을 직접 인터뷰한 내용을 기사에 담았다.

날카로운 갈색 눈을 가진 땅딸막한 병사는 연합군을 경멸하면서도 한편으로 그들이 떠나지 않길 바랬다. 그의 눈빛은 적의와 선망, 동시에 고마움이 뒤섞여있는 이상한 기운을 발산했다… 2014년 미국과 나토군이 이곳에서 철수하면 아프가니스탄은 이들이 지켜야 한다… 하미드 카르자이 대통령은 아프가니스탄군은 만반의 준비가 되어있다고 장담했지만, 차이나리에 주둔한 군인들의 장비사정은 형편없었다… 20명이 헬멧 하나를 돌려쓰며 전투를 할 지경이었다. 나랑 사진을 찍을 때 그들은 헬멧을 서로 주고받느라 바빴다… 오래된 장비와 틀어진 군화에 대한 병사들의 불평은 이만저만이 아니었다…

북아프리카 특파원 폴 쉠이(가운데) 2011년 2월 22일 오전, 이집트에서 리비아로 넘어온 직후 리비아 혁명세력의 환영을 받고 있다. 혁명이 발발하고 며칠 뒤였다. 왼쪽에 있는 남자의 옷에는 국경수비대원으로서 '종족주의를 반대한다! 파괴행위를 반대한다! 리비아 청년운동이여 영원하라!'라고 쓰여있다. (Photo courtesy of Paul Schemm)

처럼 대했다.

라웁은 '정부의 허가를 얻어' 한 무리의 기자들과 함께 리비아 트리폴리로 갔지만, 그곳에서 라웁은 대부분의 시간을 안내원들과 함께 5성급 호텔 안에서 보내야만 했다. 카다피정권이 무너졌을 때 라웁은 정부의 허가를 무시하고 한밤중에 '반군들의 차를 타고… 저격수들의 빗발치는 총알을 뚫고… 트리폴리로 향했다.' 라웁은 이 취재를 자신의 최고의 업적이라고 여긴다. *Laub, 1-2* (BtN#6 참조)

라웁에게 '뒷문으로' 들어가라고 제안한 사람은 바로 그 당시 에디터로 일하던 로버트 리드다. 정신없는 현장으로 들어가는 기발한 우회경로를 찾아내는 것은 그의 경험에서 우러난 감각이었다. 1979년 크리스마스 때, 리드는 본에서 데스크직을 수행하고 있었는데, 소련군이 아프가니스탄을 침공했다는 속보가 떴다. 그는 곧바로 아프가니스탄으로 가는 비행기를 찾았다. 암스테르담에서 출발한 아리아나항공 비행기가 프랑크푸르트 공항에 착륙해 있다는 사실을 확인한 뒤 곧바로 공항으로 달려가 비행기에 올라탔다.

[공항에 가자마자] 현금으로 카불로 가는 편도티켓을 달라고 했지. 내가 배운 트릭 중 하나인데, 왕복티켓을 가지고 있는 외국인은 쫓겨날 확률이 높아.[32]… 당시 아리아나항공은 서비스가 좋기로 유명했거든. 프랑크푸르트공항에서 많은 기자들이 탑승했는데, 기내에서 제공하는 식사와 음료수가 훌륭하더군. [웃음] 밥을 먹고 잠이 들었다가 카불 상공을 선회할 때쯤 잠에서 깼지. 비자는 없었지만, 그리 큰 문제가 아니었어. 그 당시 미국인들은 공항에서 비자를 살 수 있었거든. 공산주의

---

32 Robert Fisk, *The Great War for Civilisation*. New York: Alfred A. Knopf, 2005: 51.《더타임스》의 특파원 로버트 피스크의 저서에도 편도티켓을 끊고 카불로 갔다는 이야기가 나온다.

국가에서도 마찬가지였어. 하지만 거기선 달랐지. 착륙한 뒤 비행기에서 내렸는데… 비자문제로 별도의 심사를 받으라는 거야. 커뮤니케이션에 문제가 있었던 게 분명했지. 사실 그들도 정신이 없었거든. 그 비행기가 카불로 돌아올 거라고는 전혀 생각하지 못했나봐! [웃음]… 나는 작은 종이에 빈칸을 채웠어. 직업을 적는 칸이 있었는데… 또 하나 트릭인데, '기자'라고 쓰면 안 된다는 거야. 아무리 영어를 하지 못하는 사람이라도 jounalist라는 단어는 알고 있다고 하더군. 그래서 나는 그냥 writer라고 쓰면서 알아볼 수 없을 정도로 흘려썼어. 어쨌든 그게 효과가 있었는지, 심사관은 쾅, 도장을 찍더라고. 곧바로 일어나서 카불 시내로 들어갔지.*Reid, 9-11*

못 먹어도 고!

리드처럼 모든 것을 제쳐두고 급박하게 출발해야 하는 상황을 특파원들은 적잖이 접한다. 혁명이나 지진이 대표적인 경우라 할 수 있다. 위험성이나 타당성을 따져볼 여유도 없이 가야 할 때도 많다. 1980년대 말에서 1990년대 초까지 동유럽과 소련에서 반공산주의혁명이 연쇄적으로 발발했을 때도 마찬가지였다.

비엔나에서 활동한 특파원 포럽칸스키는 꼭 필요한 것은 아니었지만 유사시를 대비하여 소비에트연방 비자를 만들어놓은 상태였다. 1991년, 아침 6시에 쿠데타가 발발했으니 모스크바로 급히 출발하라는 포린데스크의 전화를 받자마자 영사관으로 달려가 비자를 찾아서 그날 오후 쿠데타 현장에 도착할 수 있었다.*Porubcansky, 8*

1989년, 바르샤바조약의 마지막 회원국이었던 루마니아는 여전히 혁명에 저항하고 있었다. 바르샤바특파원 대니젭스키와 파리특파원 로젠블럼은 본능적으로 그곳으로 향했다. 소요사태에서 총상을 입은 대니젭스키는 차우셰스쿠 반대시위가 일어난 티미쇼아라로 달려갔다.

비행기를 타고 세르비아 벨그레이드로 가서, 차를 빌려서 루마니아로 들어갈 생각이었어. 나는 비자가 없었는데⋯ 루마니아는 비자에 대해 가장 인색하게 구는 나라들 중 하나였거든. 정말 억압적인 경찰국가였지⋯ 그래도 어떻게 되겠지 생각하며 무작정 국경으로 갔어. 그런데⋯ 국경에 막상 도착해보니 엄청난 반정부시위가 그 도시를 압도하고 있는 거야. 국경수비대는 술에 취해있었고, 그냥 담배 한 보루 사주고는 국경을 통과했지.*Daniszewsky, 7-8*

로젠블럼은 연설을 하다가 성난 군중의 함성에 뒷걸음치는 차우셰스쿠의 모습을 TV에서 보고는 곧바로 루마니아로 갈 렌터카를 알아보기 시작했다.

공포의 균형이 깨진 거야⋯ 우리는 곧바로 프랑스공군으로부터 프랑스영공 이륙허가를 받았지만 루마니아로부터는 어떤 것도 받지 못 했어. 모험을 하기로 했지⋯ 우리기 탄 비행기는 지적을 분간할 수 없을 정도로 어두운 활주로에 착륙했어. 비행기에서 내려서 깜깜한 공항건물을 향해 걸어갔는데⋯ 창문 뒤에 한 사내가 서있는 것이 보이더군⋯ 무표정한 얼굴로 눈을 크게 뜨고 우리를 빤히 쳐다보더라고. 나는 아무렇지 않은 듯, 여권을 내밀면서 이렇게 말했지. "요새 좀 어때요?" "이제 좀 살 만하죠." 그러면서 도장을 찍고 우릴 들여보내 주더라고. 그 사내는 걸어가는 우리를 향해 돌아서더니 완벽한 영어로 이렇게 외쳤어. "A small revolution in a small place!(작은 나라의 작은 혁명!)" 우리는 도시로 들어갔지⋯ 갈라치TV타워⋯ 시쿠리타트[국가보위부], 차우셰스쿠군대가 TV타워 주변에 깔려있었고, 그곳을 포격하고 있었어⋯ 바로 혁명의 현장이었지. 우리는 TV타워 출입구에 갔는데⋯ TV방송국 사람들이 빗장을 지른 채 문을 막고 있었어. 아무도 들여보내주지 않았지만… 몇몇 사람들에게는 문을 열어주더군. 그래서 문 앞에 가서 제스처를 취했지. "프랑스 방송국?" "Oui, oui, si, si!" 우리는 안으로 들어갈 수 있었지.*Rosemblum, 43-44*

세르보-크로아티아어를 구사할 수 있는 스미스는 수년 동안 유고슬라비아에서 '정치적 몰락'을 취재했지만, 전쟁취재를 해본 적은 없었다. 하지만 이 지역에서 도미노가 쓰러지듯 연쇄적으로 분쟁이 시작되면서, 아무런 준비도 하지 못한 상태에서 전쟁특파원이 되었다. 슬로베니아, 자그레브, 사라예보까지 계속 취재를 이어갔다. 인종청소와 거센 포격전이 벌어지는 곳 한 가운데에서 친구를 만들고, 아파트를 임대하고, 현지직원과 보안인력을 고용하고, 자동차와 기름을 구하는 등 취재에 필요한 일들을 순차적으로 해결해나갔다.*Smith, 5*

파리에서 '무미건조한' 생활을 즐기던 테릴 존스는 라이베리아내전이 발발하자 아프리카로 급작스럽게 파견된다. 아프리카에 처음 발을 딛은 지 몇 시간만에 존스는 고무농장들을 가로질러 라이베리아 뷰캐넌을 향해 차를 달리는 모험을 한다.

사람머리가 장대에 꽂혀 여기저기 세워져있었어요. 마을사람들이 정부군의 머리통을 잘라 꽂아놓은 것이죠. 불에 탄 장갑차도 여기저기 보이더군요. 뷰캐넌에 가니 아이들이 사람의 머리통, 두개골로 축구를 하고 있었어요… 뇌랑 다른 것들이… 여전히 들어있는 그런 두개골 말이에요. 우리가 돈 주고 사고 싶은, 그런 것은 전혀 아니었죠. 정말 열악하고 거친 세상이었어요. 내가 경험한 아프리카의 첫 인상이었죠. "안녕? 아프리카에 온 걸 환영해…" 그렇게 말하는 것처럼 정말 충격적이었어요. 보면서도 믿기지 않는 강렬한 경험이었죠.*Johns, 35*

357

존스는 그 전에 도쿄에서 특파원생활을 하면서 미야케섬 화산폭발을 취재한 적이 있다. 그곳에서 '불속에서 그을려 사라지는 헝겊조각'처럼 파괴된 마을을 취재했는데, 거의 아무런 준비도 못한 채 취재에 나섰던 존스는 짙은 연기 속에서 닥쳐오는 위험에서 빠져나오기 위해 누구의 것인지도 모를 자동차를 집어 탈 수밖에 없었다.[33]

그 차에는 키가 꽂혀있었어요. 섬의 반대편으로 가고자 길을 따라 내려가는데, 거대한 용암벽과 마주친 거예요. 용암은 서서히 흘러내리더니⋯ 도로를 완전히 막아버렸죠. 용암이 흘러간 자리에는 모든 것이 불타버렸어요⋯ 용암이 식으면서 새로운 대륙이 만들어지고 있었죠⋯ 차를 멈추고, 그 돌 위를 걸어 봤는데, 엄청난 열기를 느낄 수 있었어요. 돌 안이 들여다보였는데, 시뻘겋고 뜨거웠죠. 그리고 돌이 계속 움직이면서 소리도 났어요. 마치 산 전체가 서서히 밀려오는 것처럼 느껴졌어요⋯ 그때 사실 수동변속기 자동차를 처음 운전해본 것이었죠. 다시 출발하기 위해서는 차를 거꾸로 돌려야 했는데, 앞뒤로 왔다갔다 하는 데에만 10분 정도 걸렸던 것 같아요⋯ 어쨌든 그 차를 처음 발견한 곳에 다시 갖다두지 못해서, 지금도 미안하게 여겨지네요.*Johns, 10-11*

우리집 현관으로 날아오는 스커드미사일
뉴스현장이 문 앞에 들이닥칠 때

2011년 3월, 도쿄지국장 말콤 포스터는 책상 앞에 앉아있었고, 특파원 탈마지는 집에서 낮잠을 자며 하루 휴가를 보내고 있었다. 그러던 중 키보드

---

33 Terril Jones, The Associated Press, October 3, 1983.

를 칠 수 없을 정도로 7층에 위치한 AP지국사무실이 격렬히 흔들리기 시작했다. 긴급뉴스의 현장이 그들 앞에 다가온 것이다. 사상 최강의 지진과 쓰나미로 기록된 이 재해는 1만 5,000여 명이 목숨을 잃었으며 핵발전소 폭발이라는 대참사를 초래했다.

포스터가 처음 지진을 감지했던 바로 그 7층 사무실에서 그를 만나 인터뷰를 했다.

> 즉각 긴급취재에 나섰죠. 각 지역에서 입수되는 피해현황을 정리하고, 일본공영TV에 생중계되는 거대한 쓰나미의 모습을 공포 속에서 시청하며 AP아시아데스크로 최신정보를 실시간으로 전송했어요. 첫 번째 지진이 일어난 뒤 세 시간도 되지 않아 파괴된 고속도로, 용해된 원자로, 망가진 휴대전화통신망, 가장 심각한 타격을 입은 지역을 취재하기 위해 AP특파원들은 현장으로 달려갔죠._Foster, 4-5_

이러한 자연재해처럼 갑작스럽게 기삿거리가 제 발로 찾아오는 경우도 있지만, 기자가 접하는 일상 자체가 뉴스가 되는 경우도 있다.

> 베트남에서는 전쟁이 마치 늘 곁에 있는 일상처럼 취재할 수 있었지.
> _McArthur, 14_

이는 직접 두 눈으로 보는 것이 기자라는 직업의 가장 기본임무라는 점을 잘 보여준다. 사이공의 호텔에 묵고 있던 한 특파원은 지국장과 통화를 하던 중 비행기 한 대가 날아와 대통령궁에 폭탄을 투하하는 것을 두 눈으로 목격한다.

전화에 대고 현장상황을 설명하고는 "유선상 보고. 직접 목격한 기사.

바이라인에 내 이름을 달아서!" 이렇게 외치면서 웃옷을 챙겨 입고 지국으로 곧바로 출발했지. *Zeitlin, 23*

그레이는 캄보디아에서 특파원으로 활동을 개시한 첫 날, 각국의 특파원들이 묵고 있던 르로얄호텔에서 '멋진 호수를 감상하며 점심으로 생선튀김'을 먹고 있었다. 그때 창밖으로 보이는 영화관에 갑자기 수류탄이 날아들어 폭파되었다.

끝내주는 점심식사를 하던 우리는 모두 그곳으로 달려갔지… 사람들이 뛰쳐나오고 사방에 피가 튀었어… 벗겨진 고무신이 바닥에 널려있었고…*Gray, 7*

베이루트특파원 시절 타트로는 휴일에 집에서 TV를 보고 있었다.

《스타스키와 허치》 재방송을 보고 있는데, 난데없이 총성이 들려오더군. TV에서 나는 소리는 분명히 아니었어… 내가 사는 아파트 앞에서 엄청난 총격전이 벌어지기 시작한 거야. 몸을 낮춰 발코니로 기어서 나가서 총격전을 자세히 관찰했지… 레바논내전 당시 대혼란을 주도하던 99개의 무장단체가 있었는데, 그들 사이에 벌어진 총격전이었지… 그리 특별한 일은 아니었어. 도시 곳곳에서 늘 그런 전투가 벌어졌거든.*Tatro, 13*

라틴아메리카에서 활동하던 베테랑특파원 해롤드 올모스는 동이 트기도 전, 전화벨 소리에 깨어났다. 발코니로 달려나갔더니 베네수엘라 대통령궁에서 기관총 소리가 들려왔다. 쿠데타가 벌어진 것이다. 올모스는 그날부터 며칠 동안 AP지국에 틀어박혀 지냈다. 그는 취재원에게서 오는 전화를 놓

치지 않기 위해 뉴욕에서 오는 전화도 받지 않았다.*Olmos, 11-13*

　1968년 이스라엘과 아랍연합군의 전쟁이 발발했을 때, 마커스 엘리아슨은 사무실에 늦게 출근해서 책망을 들었다. 엘리아슨은 자신이 늦은 이유를 늘어놓았다.

> "어머니 집에 가서 정원에 도랑을 깊이 파는 일을 도와줬어요. 폭격당할 걸 대비해야 하거든요. 그리고 생존에 필요한 물건들을 사러갔는데, 가는 길에 병사들 한 무리가 집결지까지 좀 태워달라고 해서 거절할 수 없었어요. 급박한 상황에서 어찌 모른척할 수 있겠어요? 그들을 내려주고 오려고 하는데 길이 꽉 막혀서 움직일 수도 없는 거예요…"
> "어, 잠깐, 잠깐만…" 책상에서 듣고 있던 동료가 내 말을 가로막더니 이렇게 말하더군. "그거 그냥 기사로 써도 되겠는데." 그렇게 했지… 빠르게 타이핑을 해서 기사를 넘겼고, 에디터가 사인펜을 들고 바로 교정을 했어. 나는 에디터 옆에 서서 사인펜으로 빗금을 긋고, 잘라내고, 장황한 문장을 핵심만 뽑아내 간결하게 줄이는 것을 보고 있었지. 정말 감탄이 절로 나오더군. 마침내 기사가 완성되었고, 기사의 바이라인에는 내 이름이 들어갔지. 믿기지 않는 일이었어… 아마도 이게 나의 첫 번째 AP기사였을 거야.*Eliason, 2*

　제2차 인티파다 당시 이스라엘의 한 특파원은 여러 바리케이드를 넘어서 아이들을 학교에 어떻게 데려다줄 수 있을까 걱정했다.*Laub, 40*

　걸프전쟁 당시 AP직원들은 텔아비브를 향해 마구 쏘아대는 이라크의 스커드미사일을 취재하기 위한 연락체계를 구축했다. 스커드미사일에는 생화학무기가 탑재되어있을지도 모르는 상황이었다.

　집 앞 현관에서 스커드미사일이 날아오는 것이 보이면 곧바로 차를 타고 예루살렘사무실로 달려가 미사일이 발사되었다는 소식을 전달했어요. 텔아비브에서는 미사일이 떨어지고 나면 곧바로 방공호에서 나와 미사일이 떨어진 현장으로 취재를 나갔죠. 그런데 정말 기분이 묘했어요… 미사일이 날아오는지 감시하려고 발코니에 나가서 보고 있긴 하지만, 사실 그게 내가 서있는 곳에 떨어질 수도 있는 거잖아요._Powell, 14_

우연한 기회에 기삿거리를 목격할 때도 있다. 그렇다고 해서 기사의 가치가 떨어지는 것은 아니다. 전후 독일에서 기차여행을 하던 도엘링은 전 나치 친위대 치과의사가 바로 옆 객실에 있다는 사실을 알게 되었다. 소위 제2차 아우슈비츠재판에서 무죄판결을 받고 나온 사람이었다. 도엘링은 곧바로 그를 기차 안에서 인터뷰하여 특종을 냈다._Doelling, 6_

이디스 레더러는 박정희가 암살된 뒤 한국정세를 취재하기 위해 서울로 향했다. 공항에서 내려 서울특파원 앤더슨에게 전화를 걸어 톱뉴스를 가지고왔다고 말했다. 서울로 오는 비행기에서 미국무부 부장관 옆자리에 탔던 것이다. 앤더슨은 그녀를 반갑게 맞이하면서 이렇게 말했다.

"사무실 책상에 앉기도 전에 기삿거리를 갖고 왔군요."_Anderson, 6_

애니타 스노우는 한 달 동안 쿠바인들의 배급품으로 음식을 해 먹기로 결심했고, 그 경험을 기사로 썼다. 하바나지국장으로서 8년을 지내는 동안 애니타는 쿠바인들과 '엄청난 우정을 쌓았고 그들을 깊이 존경하게 되었다'고 생각했지만, 기사에 적었듯이 "미국달러로 계산하는 외국인으로서, 그들처럼 창의력을 발휘하여 어떻게 해야 월말까지 먹고 살 수 있을까 고민하며 살아 본 적은 없었다." 그 생활을 상세하게 다룬 기사에서 스노우는 '콩이 보글보글 끓는 냄비에서 나는 양파와 고수의 향기로운 냄새'가 최근 세상을 뜬 자신의 어머니에 대한 향수를 불러일으켰다고 말한다. 그녀의 어머니는 '쿠바인들이 무엇을 어떻게 먹는지 이해할 수 있도록, 소박한 식사의 가치를 딸에게 일깨워준 미국 남부사람'이었다.[34]

바구니가 정말 극단적으로 작았죠. 대부분 원조받은 물품이었고… 두 끼 먹으면 없어질 정도의 닭고기 같은 게 있었는데, 이걸로 한 달을 나야 했지요. 달걀 10알, 설탕 1 킬로그램 정도… 커피 조금, 담배 몇 개비… 어쨌든 쿠바인들이 받는 것을 모두 구했어요. 쿠바인들이 받는 일반적인 월급, 쿠바돈으로도 넉넉치 않았는데, 약 30달러를 생활비로 책정했지요… 그 월급으로 채소를 약간 사고… 달걀도 조금 샀어요. 가끔 물물교환도 하고, 매매도 했는데… 그곳에서 보낸 시간 중 가장 흥미진진한 한 달이었죠… 진짜 사람들, 사람이 살아가는 방법을 취재한 것 같아요.*Snow, 17-18*

"수영을 즐기며 편하게 기사 쓰는 AP기자놈들"
현장에 들어갈 수 없을 때

속보취재든 체험취재든 어쨌든 기자는 현장에 가야 한다. 9·11테러 직후 탈레반 지도자 물라 오마르가 외국인추방명령을 내렸을 때 카불에 머물던 개넌을 비롯한 기자들과 적십자 직원들은 끝까지 아프가니스탄을 떠나는 것을 거부했다.

---

34 Anita Snow, "Living on rations in Cuba: Meals made up of rations and goods from farmers' markets," The Associated Press, May 31, 2007; Anita Snow, "Cuban food project conjures up memories of family, Southern fare," The Associated Press, June 6, 2007.

선택의 여지가 없었죠. 어떤 구실로든 남아있을 방법은 없었어요… 현지인 기자 아미르 샤만 남겨 두고 떠나야 한다는 사실이 특히 견디기 어려웠죠. 하지만 파키스탄국경까지 폐쇄해버리면, 진짜 아프가니스탄에 갇히는 꼴이 되고, 더 이상 취재도 할 수 없는 상황에 처하는 거였어요… 어쩔 수 없이 아프가니스탄에서 나와 9월 13일부터 10월 7일까지 파키스탄 퀘타에 머물며 기사를 썼어요. 거기가 아프가니스탄과 가장 가까운 접경지역이거든요. 파슈툰사람들은 국경을 넘나들 수 있었기 때문에 그 사람들을 통해서 그나마 뭔가 취재할 수 있었지만… 그래도 아프가니스탄 안에 들어가서 직접 취재하고 싶었어요.*Ganon, 57-58*

개년만 그랬던 것은 아니다. 정부의 국경폐쇄, 출입금지, 비자거부와 같은 조치 때문에, 또는 지나친 위험 때문에 일시적으로 또는 수십 년 동안 현장에 가지 못하는 경우도 있다. 그러한 경우에도 특파원들은 취재를 이어나가기 위한 방법을 찾기 위해 노력했다. 국경 너머에 '비밀정보수집초소'를 마련하거나, 현지언론을 (지금은 소셜미디어도) 모니터링하거나, 현지기자들과 접촉하여 취재를 한다. 물론 내부로 들어갈 수 있는 길을 찾기 위해 집요하게 노력한다.

국제사회에서 영향력이 커진 것을 감안할 때, 중국은 가장 유별난 출입금지 지역이었다. 1949년부터 1970년대까지 미국인은 중국땅을 밟을 수 없었다. 이 시기 내내 미국의 특파원들은 물론 '중국전문가들'도 홍콩에 머무르며 정보를 수집할 수밖에 없었고, 미국영사관에 의존할 수밖에 없었다. 미국영사관은 '100여 명의 번역가와 에디터들로 구성된 참모진을 운영하며 천문학적인 비용을 투자하여… 본토에 심어놓은 요원들이 보내주는 정보를 종합했다.' 중국의 관영언론 신화통신을 통해서도 정보를 수집했다. 신화통신은 '당 회의나 공식연설을 건조하고 평범하게 보도하는데, 인내심을 가지고 모니터링을 하면 사소하지만 귀중한 정보, 예컨대 당직자, 정부관계자, 군인사의 승진이나 좌천이나 사망 소식, 정책의 변화 등을 알아낼 수 있었다.'*Roderick, 1993, 120-21; also Topping, 2010, 298*

하지만 가장 생생한 취재원은 바로 중국에서 오는 난민들이었다. 몇몇 난민들은 상어가 들끓는 바다를 헤엄쳐 홍콩으로 건너오기도 했다. 이들이 들려주는 중국에서의 삶은 '다소 한쪽으로 치우쳐있을' 가능성이 컸기에 특별히 주의를 기울여 들어야 했다. 난민들이 들려주는 이야기는 인도주의 활동을 하는 단체의 사람들을 만나 사실관계를 검증했다.*Liu, 18*

미중관계가 정상화된 지 10년이 지난 뒤에도 중국은 여전히 폐쇄적이었다. 만다린중국어를 유창하게 구사하는 중국통 AP특파원 존 폼프렛 John Pomfret은 천안문항쟁으로 계엄령이 내려진 이후 일제단속상황을 취재하다가 중국본토에서 추방되어 일시적으로 홍콩에서 근무할 수밖에 없었다.[35] *Liu, 7*

AP도쿄지국은 아시아지역의 본부역할을 했다. 예컨대, 1975년 이후 베트남이나 북한처럼 이 지역 국가들이 일시적 또는 지속적으로 폐쇄된 경우 도쿄에서 정보를 취합했다. 폐쇄된 국가에서 발행하는 영어뉴스를 모니터링하고, 행간을 읽어내고, 일상에서 벗어난 '리듬'을 감지해 내기 위해 노력했다. 오랫동안 아시아지역 에디터로 활동한 로버트 류는 이렇게 말한다.

> 베트남언론의 기사를 읽는데, 리듬이 뭔가 깨진 듯 느껴졌어요. 큰 축하행사가 있었다는데… 본능적으로 감이 왔죠. "어라, 뭔가 이상한데." 다시 읽어보니 호치민이 행사에 참여했다는 이야기가 없었죠. 이것을 바탕으로 우리는 기사를 썼어요. '베트남에서 축하행사가 열렸고… 지도부가 모였으나 호치민은… 그가 참석하지 않은 이유에 대해서는 아

35　Jim Abrams, "Two students arrested, U.S. journalists expelled," The Associated Press, June 14, 1989.

무런 설명이 없다. 그는 이미 나이가 많이 들었고, 병환도 있다.' 이 기사가 나가고 이틀 뒤였던 것 같은데… 호치민이 사망했다는 공식발표가 나왔죠.*Lui, 6-7*

1970년대 중국이 문호를 개방한 뒤, 베이징은 여전히 봉인되어있는 북한에 대한 정보를 수집하는 기지로 변모했다. 1990년대 북한과의 국경지역을 취재할 수 있는 허가를 받고 허츨러는 동료들과 함께 이 지역을 탐방했다. 중국은 이 지역을 개발할 계획을 추진하고 있었으나, 당시 심각한 기근을 겪고 있던 북한은 이것을 마뜩지 않게 생각했다. 안내원들은 주민들과 인터뷰하는 것을 막았으나, 허츨러는 예기치않게 주민을 인터뷰할 수 있는 기회를 잡았다.

북한과 중국의 국경을 가르는 압록강가를 지나가는데… 밭을 경작하고 있는 주민이 눈에 띄더군요. 우리는 운전사를 향해 소리를 질렀어요. "스탑! 스탑! 스탑!" 얼떨결에 운전사는 차를 세웠고, 우리는 우르르 달려가 농부를 인터뷰했어요. 운좋게 누구의 방해도 없이 15분 동안 즉흥적으로 인터뷰를 할 수 있었죠. 북한사람들이 겨울에 이곳으로 자주 넘어온다고 말했고, 또 그들이 상당히 굶주리고 있다고 했어요. 물론 심층보도라고 할 수는 없지만, 당시에 그 정도 정보라도 얻을 수 있는 것은 대단한 일이었죠.*Hutzler, 11*

2000년대 초까지만 해도 북한은 북한 밖에서 취재할 수밖에 없었다. 취재원은 주로 서울, 워싱턴, UN 등에서 확보했으며, 북한당국의 허가를 받아 (감시를 받으며) 취재할 수 있는 경우도 드물지만 있었다. 또한 남한에서 북한의 관영매체를 '매의 눈으로' 감시해 기사를 쓰기도 했는데, 남한에서도 북한의 매체를 보기 위해서는 특별한 허가를 받아야 했다.

평양의 개발프로젝트를 취재하던 도쿄특파원 일레인 커텐바크가 1992년에 두만강 삼각주에 있는 북한-러시아 국경에 서있다. (Photo courtesy of Elaine Kurtenbach)

AP가 2012년 북한에 첫 AP지국을 개설하고 1년 뒤, AP는 또 다른 출입금지국가였던 미얀마에도 지국을 개설했다. 그전까지 미얀마 정보는 방콕에서 수집했는데, 현지통신원들이 보내는 메모를 바탕으로 에디터들이 미얀마 기사를 썼다. 때로는 '취재허가기간'이 주어져 미얀마에 직접 들어가 취재할 수 있는 경우도 있었다.*Pennington, 8*

1970년대 캄보디아, 라오스, 베트남에 공산주의정부가 수립된 이후 태국 방콕은 이들 국가에 대한 정보를 얻기 위한 감시탑이 되었다. 이들 공산주의정부들은 미국인특파원들을 추방했기 때문이다. 물론 아주 드물긴 했지만 단기간 취재여행을 허락하는 경우도 있었다. 홍콩에서 중국의 정보를 취합했던 것처럼, AP는 현지인 두 명을 고용하여 이들 세 나라의 라디오를 모니터링하였으며, 이들 나라를 오가는 외교관들과 NGO 사람들을 통해 정보를 수집했다. 그레이는 다른 기자들과 함께 자동차로 네 시간을 달려 태국-캄보디아 국경지역에 있는 난민캠프에 가서 난민들을 직접 만나 인터

뷰하기도 했다.*Gray, 3/14-15*

호메이니 치하 이란도 오랜 기간 접근할 수 없는 나라였다. 미국대사관 인질사태 직후, AP특파원들은 테헤란에서 추방당했다. 이때부터 뉴욕의 특별특파원 찰스 핸리는 '444일 동안' 중동전역에서 수집한 정보를 한데 모으고 정리하고 분석하는 일을 맡아서 하게 되었다.[36]*Hanley, 1* 카이로에서 근무한 에디터는, 2000년 이후에도 이란에 특파원이 들어갈 수 없었기 때문에 이란 현지통신원들에게 의존하는 수밖에 없었다고 말한다. 현지통신원들의 안전을 확보하기 위해 기사작성날짜를 바꿔서 내보내는 경우도 있었다.

이란에 대한 정보는 [이란에 있는] 우리 측 사람들을 통해서 두바이에서 수집했어요. 모든 기사는 두바이에서 작성한 것으로 표시되었죠. 하루는 기사를 모두 발송하고 휴가를 보내기 위해 내 고향 샌디에이고로 갔어요. 마침 샌디에이고신문을 보게 되었는데… AP기자들이 이란에 직접 가서 기사를 쓰지 않고 놀기 좋은 두바이에서 수영을 즐기며 편하게 기사를 써서 보낸다는 코멘트가 실려있었어요… 화가 났지만 신문에 항의를 하거나 편지를 쓰지는 않았죠… 모든 사람이 진실을 이해할 수 있는 것은 아니잖아요… 그곳에 상존하는 위험을 피하기 위해서는 어쩔 수 없는 것인데, 그런 사정을 멀리서는 알 수 없겠죠. 기사 내용과 기사 작성일자가 맞지 않는다고 지적하는 사람도 있을지 모르지만, 그건 게으른 기자가 두바이수영장에서 놀다가 그렇게 된 것이 아니라… 이야기를 직접 취재하기 위해 그곳으로 갈 수 있는 비자를 얻지 못했거나, 그곳에 들어가는 일이 너무 위험했기 때문일 수도 있어요. 어쨌든

---

36 1979년 11월 이란혁명의 여파로 무장세력이 테헤란 주재 미국대사관을 점령하고 그 안에 있던 미국인 50명을 14개월 동안 억류했다. 당시 AP지국장이었던 니콜라스 타트로는 11월 추방되었고, 그의 밑에 있던 특파원도 1980년 2월 추방되었다.

취재하고 보도할 만한 가치가 있는 내용이라면 그런 식으로라도 전달 해야 하잖아요.*Bryson, 73; also Buzbee, 13*

미국 해안 바로 앞에도 미국특파원들이 들어갈 수 없는 나라가 있었다. 바 로 쿠바다. 1960년대 초 긴장이 고조되는 가운데 카스트로정권은 기자들 을 대부분 감옥에 넣거나 추방해 버렸다.

이때 클로드 업슨은 '오랜 기간 쿠바를 모니터링해야 할 수도 있다'는 생각에 플로리다 키웨스트에 있는 모텔에 방 하나를 빌렸다. 모텔방에 10 미터 정도 되는 안테나를 세워놓고 쿠바의 라디오와 TV를 모니터링했다. 업슨은 특히 TV를 눈여겨봤는데, 밖에서는 알 수 없는 세세한 정보를 알 수 있었기 때문이었다. 예컨대, 피그스만 형무소에서 카스트로가 연설을 하던 중 한 감시병이 총을 떨어뜨려서 발포되는 바람에 연설이 끊겼다는 뉴스도 있었다.*Erbsen, 1-3*

1960년대 말 AP는 하바나에 특파원을 들여보내는데 성공한다. 특파 원은 로이터특파원과 함께 공항을 통해 밀입국을 시도했다. 한 명이 지나 가면서 경비원의 눈길을 끄는 동안 다른 한 명이 커튼 뒤에 숨어 빠져나가 는 방법을 썼는데, 원래 이것은 비행기납치범들이 자주 사용하는 수법이었 다.*Wheeler, 6; 2008, 133* 그렇게 쿠바에 들어간 AP특파원은 1969년, 냉전시대 쿠바에서 추방당한 마지막 미국인 기자라는 영예를 차지했다.

오늘날 소셜미디어는 특파원이 직접 가기 힘든 지역을 취재하는 데 큰 도움을 준다. 2010년대 초 시리아가 대표적인 예다. 당시 앗사드정권은 비 자를 좀처럼 내주지 않았다. 그리고 2014년 이곳에서 이슬람 과격분자들 이 미국인 기자 두 명을 참수하는 일이 벌어졌다.[37] 이곳을 취재하던 특파

---

37 ISIS**이라크시리아이슬람국가**는 2014년 여름, 프리랜서 기자 제임스 폴리James Fo-ley(41살)와 스티븐 소틀로프Steven J. Sotloff(31살)를 납치해 참수했다.

원, 라웁, 페리, 쉠은 인터넷에 올라온 조잡한 동영상에 담긴 내용이라도 다른 취재원을 통해 검증하지 못한 것은 기사로 삼지 않는다는 원칙을 세웠다. 더 나아가, 현장에서 활동하는 사람이나 반군과 스카이프를 통해 인터뷰를 했을 때에도 여러 채널을 통해 진위를 다시 검증했다.

4장에서 이야기했듯이 현장에 있지 않으면 이러한 취재원칙을 지키는 것은 불가능에 가깝다. 특파원들이 현장을 직접 목격하기 위해 감내하는 위험의 수준을 고려한다면, 위험하다는 이유만으로 현장에 갈 수 없다고 말하는 것은 정말 드문 일이라 할 수 있다. 앤더슨이 납치된 직후 AP는 베이루트에 있던 미국인 기자들을 모두 키프로스로 퇴각시킬 수밖에 없었다. 아이러니한 사실은, 25년 뒤에는 안전을 위해 시리아특파원들을 베이루트지국으로 퇴각시켰다는 사실이다. 이때 AP특파원들의 시리아사태 보도는 퓰리처상을 받았다.[38]

> 기이한 기분이 들었어요. 베이루트는 아름답고 편안한 도시였죠. 우리는 시리아에서 일반인들이 찍어서 올리는 죽음과 파괴가 담긴… 끔찍한 동영상들을 보면서 하루를 보냈어요. 나는 이것들을 한 편의 멋진, 제대로 된 기사로 담아내고자 최선을 다했죠.*Laub, 36-37*

폭력사태가 너무나 극에 달할 경우 외국인 기자도 공격대상이 될 수 있기 때문에, 특파원이 들어갈 수 없는 경우가 있다. 미군이 이라크를 침공하여 위험수위가 최고조에 달했을 때 바그다드에 머물던 《뉴욕타임스》 특파원은 '귀에 거슬리는 온갖 소음이 들려오는 와중에도 자신이 머무는 숙소에서 나갈 수 없는 신세였다'고 말한다.*Filkins, 2008, 216* 바깥에서 폭탄소

---

38 2013년 AP는 시리아에서 찍은 사진으로 속보사진 부문 퓰리처상을 수상했으며, 멀티미디어를 활용한 보도로 국제보도 부문 최종후보에 올랐다.

리가 들려도 나가지 못하고, 건물옥상에서 이라크사람들을 쳐다볼 수밖에 없었다.

AP바그다드지국장을 역임한 리드 역시 이러한 위험 때문에 이라크 현지인 기자에게 거리취재를 맡길 수밖에 없었다고 말한다. 물론 현지인이라고 해도 감금될 수 있었고, 때로는 훨씬 심각한 위험에 처할 수 있었다.[39]*Reid, 65* 소말리아내전을 취재하던 기자들도 거리에서 쫓기다 목숨을 잃을 수 있었다. 그래서 눈 앞에 있는 UN사무실조차 가지 못하고 위성전화를 걸어야만 했다.

> 모가디슈에 있는 우리 사무실에서 세 블록 떨어진 곳에 위치한 UN사무실에 전화를 하려면… 위성전화를 이용해 뉴욕으로 전화를 걸어서 모가디슈 UN사무실로 연결해달라고 해야 했어요.*Alexander, 8*

엘살바도르내전을 취재하던 베테랑특파원 조셉 프레이져는 게릴라들이 우술루탄의 작은 산악도시를 공격했다는 소식을 듣고 현장으로 가고자 했지만, 너무 위험했을 뿐만 아니라 도로가 폐쇄되어 접근할 수 없었다. 대신 그는 그 도시의 시장에게 전화를 걸었다. 현지인 기자가 그 지역을 방문하여 취재한 적이 있는데, 그 때 확보해 놓은 취재원이었다.[40]*Frazier, 18*

---

39 AP의 현지인 사진기자 빌랄 후세인Bilal Hussein은 이라크 내 저항세력을 도운 혐의로 2006년 미군에 체포돼 2008년까지 억류되었다. 그가 찍은 사진은 2005년 속보사진 부문 퓰리처상을 수상했다.

40 Joseph Frazier, "Guerrillas launch attack on mountain town, government reinforcements sent," The Associated Press, January 30, 1983. 기사도입부에 통화내용이 그대로 인용되었다.

전화를 받은 그의 아내는 이렇게 말했다. "지금은 전화를 받으러 올 수 없어요. 창가에서 게릴라들과 총격전을 하고 있거든요… 지금 도시 곳곳에서 전투가 진행되고 있는데… 게릴라들은 도시에 진입하자마자 곧바로 육군본부로 쳐들어갔어요."

전쟁만이 아니라, 범죄로 인해 도시 전체가 위험지역이 되기도 한다. 이런 곳을 취재해야 할 경우에도 피해를 최소화하기 위한 대책을 마련해두어야 한다. 예컨대 한 달 동안 이어진 갱조직의 폭력사태로 인해 브라질 상파울루가 '폐쇄된' 적이 있다. 당시 자동화기로 무장한 갱단이 대낮에 경찰서를 찾아가 총알세례를 퍼붓는 일이 벌어졌고 '정의를 구현하고자 하는' 경찰들이 보복차원에서 슬럼가로 몰려가 죽음의 잔치를 벌였다.

'슬럼가의 삶이 어떠한지 잘 알고 있었던' 앨런 클렌데닝은 '단지 피부색이 어둡다는 이유만으로 경찰들의 무차별 난사에 목숨을 잃을 수 있는 상황에 처한 빈민들'의 이야기는 분명히 취재할 가치가 있다고 생각했다.[41] 하지만 '갱단의 동의를 얻지 못한 채' 그곳에 갔다가는 돌이킬 수 없는 운명에 처할 수 있다는 사실 또한 잘 알고 있었다.

그 지역에서 자선활동을 하는 가톨릭신부를 찾았어요. 전화를 걸어서 '빈민가에 들어가서 사람들과 이야기를 나누고 싶다'고 말했죠. 내 취재의도에 공감했어요. 이곳 상황이 좀더 세상에 알려져야 한다고 생각했죠… "그러면, 일단 교회로 오세요. 빈민가 모퉁이에 있는데… 택시기사에게 길 앞에 세워달라고만 하고 내리지 말고 기다리세요. 내가 나갈테니. 나와 함께 빈민가를 함께 돌아보는 걸로 하지요… 낮에는 괜찮을 거예요. 물론 밤에는 위험합니다."… 신부는 빨간색 피아트를 몰고다녔는데, 심플하고 밝은 느낌이었어요. 그 차를 타고 빈민가를 누비면서 사람들을 인터뷰했죠. 그렇게 할 수 있었던 것은, 빨간색 피아트가 신부의 차라는 걸 갱들이 다 알고 있었기 때문이에요. 그 차에서 내리는 사람은 누구든 자신들 편이라고 생각했죠. 하지만 가끔

---

41   Alan Clendenning, "Killings of young men in Sao Paulo raise specter of police death squads," The Associated Press, June 4, 2006.

은 '저 길에는 들어가면 안 됩니다'라고 신부가 말해주는 경우도 있었어요… 뉴욕도 위험하긴 하지만 그래도 일이 터지면 곧바로 경찰이 달려오잖아요. 하지만 그곳은 그냥 한 번 가서 보고 올 수 있는 곳이 아니었어요.*Clendenning, 5-7*

2010년쯤부터 멕시코에도 '가면 안 되는 지역'이 생겨나기 시작했다. 마약카르텔이 지배하는 타마울리파스에는 이주자들은 물론 '그 지역을 통과하는 버스승객들'의 대규모 무덤이 생겨나기 시작했다.

이곳은 군대나 경찰의 통제에서 완전히 벗어나있는 무법지대와 다르지 않았죠.*Stevenson, 7-10*

한 AP사진기자는 동료와 함께 이곳 무덤에서 150킬로미터 정도 떨어진 지역으로 허리케인 알렉스를 취재하러 갔다. 그곳 식당에서 무장한 남자들과 마주쳤는데, 그들은 기자증을 확인한 뒤 Z라는 글씨가 새겨진 '금메달'을 건네주며 이걸 보여주지 않으면 그 자리에서 죽을 수 있다고 말했다. 덕분에 그들은 경찰이나 군대가 작동하지 않는 곳에서 허리케인과 마약카르텔 간의 전쟁을 취재할 수 있었다.

알고보니 우리가 그 지역에 들어간 최초의 기자들이었더군요… 멕시코군도 우리를 보호해줄 수 없다고 말했어요… 군인들은 거기 들어가면 죽을 수 있다고, 들어가지 말라고 했죠. 사실, 시우다드미에르에서 어떤 집을 기습하는 부대를 만났는데, 우리는 안심하고 다가갔어요. 어쨌든 외국인이고 기자이기 때문에 우릴 위협하지는 않을 거라고 생각했거든요. 그런데 왠걸, 우리를 향해 반사적으로 외치더군요. "물러나! 뒤로 돌아!" 총구를 겨누며 위협하면서 우릴 먼 거리에 세워뒀어요. 그

때 깨달았죠. "정부군에게 어떤 도움도 받을 수 없겠구나." 경찰도 마찬가지였어요. 너무 부패가 만연해서 누가 카르텔에 속하는지 전혀 알 수 없었죠… 멕시코시티에서 파견한 연방경찰도 있었는데, 나보다도 그 지역에 대해 아는 게 없더라구요.[42] *Stevenson, 7-10*

이 기사는 실제 현장을 눈앞에 보여주듯이 생생한 이미지를 활용해 이야기를 실감나게 전달한다.

식민지화된 이 마을의 외곽에 있는 출장소는 총탄으로 벌집이 되어있었다. 출장소 앞 도로에는 탄피가 널려있었고… 더욱 흉포해지고 있는 라이벌 마약카르텔들 간의 전쟁, 그 사이에서 힘을 쓰지 못하는 정부를 가장 드라마틱하게 보여준다. 주정부와 연방정부는 이제 안전하다고, 사람들에게 돌아가라고 말한다. 한 관료는 여행자들을 불러들이기까지 했다. 하지만 AP가 목격한 현장은 전혀 달랐다. 해가 떠있는 대낮인데도 마을을 순찰하는 멕시코군인들조차 긴장의 끈을 놓지 못했다. 이 지역 전초기지 앞마당에 서있는 군용 픽업트럭에는 벌집처럼 총알자국이 나 있었다. 현지인들의 증언에 의하면, 지난 주말 매복공격을 당해 이 트럭에 타고 있던 군인 네 명이 목숨을 잃었다고 한다. 하지만 멕시코군은 이런 사건이 있었다는 사실을 부인할 뿐… 하지만 이런 일에 놀라기에는 아직 이르다… 시우다드미에르로 돌아올 만큼 용감한 사람들도 게레로 쪽으로는 감히 발길을 향하지 못한다. 그곳에서는 며칠 전 제타카르텔과 군인들 사이에 전투가 벌어졌고, 이로 인해 11명이 목숨을 잃었다. 한 시간 넘도록 지켜보았으나 그쪽으로 가는 차는 단 한 대도 볼 수 없었다.

---

42 Mark Stevenson, "Refugees: No return to town hit by Mexico drug war," The Associated Press, November 22, 2010.

결론
현장취재의 어려움

현장에 가서 직접 취재하는 것은 특파원의 존재이유라 할 수 있다. 이는 특파원의 사명감을 불타오르게 하는 본능적 욕구이며, 위험을 무릅쓰게 하는 가장 본질적인 원인이다. 기자가 정확하고 권위있는 기사를 쓸 수 있는 힘은 바로 이러한 '불굴의 정신'에서 나온다. 또한 그렇게 작성한 기사가 영향력을 발휘한다.

카르텔에 포위당한 멕시코마을의 축구장에 누군가가 돌로 만들어놓은 SOS 구조신호와 같이 생생하고 구체적인 정보는 독자를 사로잡는다. 현장에서 직접 보고 느낌으로써 현장을 정확하게 이해할 수 있다. 외부인들이 가진 선입견 너머, 밖에서는 잘 보이지 않던 현상을 가까이서 볼 수 있게 되면서 그곳을 제대로 이해하게 되는 것이다.

또한 현장에서는 예상치 못했던 기삿거리를 발견하기도 한다. 복면을 쓴 중앙아메리카 게릴라들의 요구가 무엇인지, 미군들이 이라크인들을 어떻게 취급하는지, 현장에 가본 사람만이 프로파간다의 진위를 간파할 수 있다.

특파원들은 또한 분쟁, 폭력, 재난 상황 같은 '뻔한' 뉴스에 독자들이 관심을 갖게 만들 책임이 있다. 현장취재는 그러한 관심을 끌기 위한 방법이며, 이러한 책임을 다하기 위해 특파원들은 위험을 감수한다. 또한 단순히 사망자 수를 정확히 집계하여 전달하는 것만으로는 독자의 관심을 끌지 못한다는 사실도 알아야 한다. 이 점에 대해서는 다음 장에서 자세하게 이야기한다.

전시든 평시든 권력자들은 기자를 최대한 현장에서 떼어놓기 위해 노력한다. 따라서 기자는 그러한 통제망을 넘어설 기회를 늘 엿보아야 한다. 비자발급을 거부하거나, 사람들에게 다가가지 못하도록 제한하거나, 관제투어를 기획하여 통제된 범위 안에서만 취재를 허용하기도 한다. 중국-북한 국경에서 길거리에서 만난 농부를 붙잡고 15분 동안 이야기를 나눈 특파원처럼, 이런 상황에서도 기자는 진실에 다가설 수 있는 기회를 끄집어낼 수 있어야 한다.

취재원 확보와 마찬가지로, 현장취재를 하기 위해서는 상당한 인내와 시간을 쏟아야 한다. 물론 모든 사건을 취재할 수는 없을 것이다. '대혼란'을 일부러 찾아다니는 '미친 사람'으로 살아간다고 해도, 모든 곳에 존재할 수는 없기 때문이다. '기사를 쫓아서' 사라예보로 들어가는 길목을 막고 있는 대전차장애물에 돌진하거나, 무장단체들이 지배하고 있는 베이루트의 뒷골목을 헤집고 다녀야 할 수도 있다. 정부군은 물론 반군의 보호를 받을 때도 있다. 급박한 순간에는 소련군이 밀고내려오는 카불을 향해 편도티켓만 손에 쥔 채 날아가기도 한다. 지진이든 총격전이든 특파원이 있는 곳으로 현장이 갑자기 찾아온다고 해도 쉽게 취재할 수 있는 것은 아니다.

현장에 접근하지 못하는 경우도 있다. 예컨대, 중국에는 30년 동안 미국특파원이 들어갈 수 없었다. 그럴 경우에는 정보수집소에서 현지뉴스를 모니터링하고, 관영언론이나 소셜미디어에 올라오는 글을 계속 주시해야 한다. 반면, 내전에 휩싸인 시리아나 무법천지가 된 상파울루처럼 죽음의 위험을 무릅쓰고 접근해야 하는 곳도 있다. 그럼에도 많은 특파원들은 현장에 가기 위한 시도를 멈추지 않았다. 이것이 바로 기자의 본질적인 임무이기 때문이다.

소셜미디어나 인터넷에 올라온 정보만으로는 절대 현장취재를 대신할 수 없어… 물론 예산도 고려해야 하겠지만… 현장에 가야지만 정확한 기사를 얻을 수 있어. 직접 가서 두 눈으로 보고, 이야기도 해봐야지. 전화도 부족해. 전화로는 상대방이 뭔가 속일 수도 있거든. 인터넷에 올라와있는 것은 여러 번 필터링을 거친 간접적인 정보에 불과해. 현장에 가서 그곳의 분위기를 느끼고, 사람들의 반응을 직접 보고, 그들이 살아가는 방식을 봐야 하지. 기자의 미션이 진실을 전달하는 것이라면, '현장에 있어야 한다'는 것은 절대 부인할 수 없는 임무야.*Gray, 17-18*

하지만 현장은 위험할 때가 많다. 다양한 위협이 도사리고 있는 곳에서 상당한 시간을 보내야 한다. 끔찍한 시체들을 일일이 세면서, 자신도 그런 시체가 될 수 있는 상황을 견디는 일은 결코 쉬운 일이 아니다. 이 주제에 대해서는 다음 챕터에서 이야기한다.

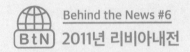
"자유 리비아에 오신 것을 환영합니다."

기둥에 스프레이로 이렇게 써 놓았더군요. 그 앞에서 자신들의 총을 쥐어
주며 포즈를 취하게 했어요… 그들은 사실, 어쩌다가 그곳을 차지하게 된
부족민들이었죠…

　미사일과 고사포가 잔뜩 있는 군 기지에 들렀는데, 총을 메고 있는 한
무리의 사내들이 우리에게 '왔어? 한 번 둘러볼래'라는 식으로 우릴 들여
보내줬어요… 무기거래가 완전히 봉쇄되어있는 중동에서 군 기지를 이렇
게 직접 살펴볼 수 있는 기회가 나한테 오다니, 정말 사탕가게에 들어온 아
이가 된 기분이었죠. 어디서도 본 적이 없는 광경이었어요. 거기서 나와 토
브룩으로 갔는데, 사람들이 환호성을 지르며 공중으로 총을 갈기면서 파티
를 즐기고 있더군요… "어이, 서양기자님들!" 우리를 반겨주더군요. 우르르
몰려들어 자신들의 이야기를 들려주기 시작했어요…

　시르테는 카다피의 주요 거점이에요. 거기 굉장히 무서운 군대가 있었
는데, 모두 그쪽으로 몰려가기 시작했어요. 우리도 [현지인 기사가 운전하는]
자동차를 타고 함께 움직였죠…

"우리도 이집트처럼, 튀니지처럼 되겠지."

그때까지만 해도, 사람들은 모두 이렇게 생각했죠. 다시 말해 평화적인 혁
명, 평화적인 정권교체로 이어질 것이라고 생각한 거예요… 그런데 리비아
군이 갑자기 시위대를 향해 포격을 하기 시작했어요… 우리는 다시 거점

을 옮겨야 했어요. 전선과 가까운 곳에 버려진 집이나, 또는 사람들이 사는 집을 빌려서 생활했어요. 그러다가 또 전선이 이동하면 우리도 거점을 옮겨야 했죠…

우리는 머리가 희끗희끗한 사람을 만나고 싶었어요… "계급이 있나요?" "아니요, 우리는 계급이 없습니다." "누가 책임자입니까?" "우리 모두 책임자입니다."… 모두 그런 식이었죠. 그래서 충돌이 발생할 때마다 누굴 신뢰해야 할지 알 수가 없었죠. '시르테가 점령되었다'는 소문이 한창 돌 때가 있었는데… 사실, 온갖 소문이 돌았죠. 어쨌든 우리는 소문이 진짜인지 확인하기 위해 자동차로 그곳에 가봤는데 거짓말이었어요. 하지만 그곳에서 벌어진 무력충돌로 인해 10명이 죽었다는 소식을 듣게 되었고, 우리는 사실을 확인하기 위해 시체안치소로 가서 시체를 확인했어요. 그 당시 우리는 시체를 무수히 봐야만 했는데, 정말 무섭고 끔찍했죠… 우리는 서서히 다시 밀리기 시작했고, 점점 후퇴속도가 빨라졌어요… 결국 벵가지에서 나와 토브룩까지 퇴각하였고, 그로 인해 실제 충돌현장은 취재하지 못했어요.

Schemm, 8–12

연료가 부족했어요. APTN^{AP TV Network}통신원과 나는 전장까지 차를 얻어 타고 가야만 하는 상황이었죠… 우리는 트리폴리에서 서쪽으로 약 50킬로미터 정도 떨어져있는 해안도시 자위야에 있었는데… 무시무시해 보이는 사내들이 다가왔어요. 악몽에나 나올 법한 모습이었죠.

알고 보니 그들은 정부군 기지에서 탈출한 포로들이었어요… 우리는 결국 이 포로들과 함께 모험을 하게 되었죠… 알고 보니 이들이 갇혀있던 거대한 군기지를 반군이 급습하여 그들을 풀어주고 그곳에 있던 탄약을 모두 빼내 싣고갔다고 하더군요. 정말 모든 게 드라마틱한 사건이었죠. 그날 저녁 위성전화로 사무실에 전화를 걸어 이것을 기사로 내보냈어요.

밤 11시였나, 12시였나, 녹색광장에 반군이 모여있다는 전화를 받았어요. [AP특파원] 벤 허버드와 나는 서로 얼굴을 바라보면서 동시에 외쳤어요. "가자!" 당시 트리폴리는 꽤 어두웠기 때문에 누가 뭘 하는지 잘 보이지 않았죠. 녹색광장에 거의 다다랐는데, 한 무리의 사람들이 우리 차를 멈춰 세우더니 이렇게 말했어요

"속도를 줄이세요. 저격수들이 있습니다."

그런 다음 우리에게 안전한 길을 알려줬어요. 그 길로 좀 달리다보니 눈앞에 녹색광장이 나타났는데… 번쩍번쩍 빛이 나는 파티가 펼쳐지고 있더군요. 사람들은 흥분해있었어요. 벤과 나는 재빨리 몇몇 사람들을 인터뷰하고 현장스케치를 한 뒤 전화로 기사를 전송한 다음 그곳을 빠져나왔어요… 그때의 느낌은, 정말 진부하게 들릴 수도 있겠지만, 역사의 한 장면을 목격했다는 생각에 정말 뿌듯했어요.[43]

Laub, 28-31

---

43 Ben Hubbard and Karin Laub, "AP reporters ride with rebels into Libyan capital," The Associated Press, August 22, 2011. 1인칭 시점으로 쓰여진 이 기사는 카다피에 맞선 반군이 승리를 축하하는 현장의 열기를 상세하게 전달한다.

트리폴리에서 10킬로미터 정도 떨어진 곳을 달리던 중 우리 차 앞에서 갑자기 총성이 들려왔다. 그것은 분명, 승리를 축하하기 위한 총성이 아니었다. 우리는 거기서 가까운 현지인 기자의 집으로 피신하기로 했다. 그 집 가족들은 우리에게 주스를 대접하고, 컴퓨터를 사용하고 전화기를 충전할 수 있도록 발전기를 돌려 전력을 공급해주었다. 마음을 졸이며 겨우 트리폴리에 들어섰을 때, 도시 한복판 광장은 승리를 축하하는 반군들의 요란한 소음으로 가득차있었다.

7

AP
역사의 목격자들

FOREIGN CORRESPONDENTS IN ACTION

이러다 진짜
죽을 거 같아요!

현장취재에서 겪는 위험과 공포

7

"이러다 진짜
죽을 거 같아요!"

현장취재에서 겪는 위험과 공포

[루마니아 티미쇼아라에서 일어난 차우셰스쿠 하야시위] 기사를 비엔나지국
으로 보낸 뒤 그곳 동료와 이야기를 나눴는데, 내가 목격한 것보다 훨씬
많은 총격이 있었다는 정보가 들어왔다고 하더군. "그래요? 난 그렇게
많이 듣지는 못했는데… 어쨌든 다시 가서 확인해 볼 게요." [웃음] 그러
고 나서 [기사를 전송하는 장소로 사용하던] 유고슬라비아 영사관에서 나
왔어… 거리에선 여전히 총격전이 벌어지고 있었지. 동료와 함께 호텔로
무사히 돌아갈 수 있는 길을 찾느라 시간이 좀 걸렸지. 많은 길이 대규모
전투로 인해 폐쇄되어있었거든. 한 번은 왔던 길로 다시 돌아가야만 하
는 상황에 놓였어. 길 한 가운데 검문소가 있었는데, 반대편에서 우리가
탄 차를 향해 갑자기 발포하기 시작하는 거야. 나는 그 때 총에 맞았고…
기자란 원래 위험한 직업이지. 하지만 그래야 기자지. 경찰이나 군인과
다르지 않아. 직무를 수행하다가 부상을 당하거나 죽을 수 있지만, 그래
도 세상에서 벌어지는 일을 직접 목격하고자 노력하는 게 기자의 소명
이지. 물론 목숨을 걸 만한 가치가 있는 기사는 없다고 말하지만… 맞아.
쓸데없이 위험을 감수할 필요는 없어. 하지만 생생한 이야기를 전달하기

위해 무릅쓸 수밖에 없는 위험이라면, 감수해야 하지… 기자란 자신을 위험 속으로 몰아넣으며 살아가는 사람일지도 모르겠어. 그럼에도… 우리가 무릅쓰는 위험은, 그곳 현장에서 실제로 살아가고 있는 사람들이 무릅쓰는 위험에 비하면 아무것도 아니야… 그토록 많은 사람들이 그러한 위험 속에서 살아가는데, 기자라는 사람이 그곳에 가서 직접 목격하고, 그걸 사람들에게 전하는 것쯤은 해야 하지 않을까? 누군가 목숨을 잃고, 학살당하고, 폭격당하고, 감옥에 갇히고 있는데… 기자가 아니면 누가 그걸 세상에 전해주겠어? 그런 사실을 세상사람들이 전혀 모른다면, 정말 슬프지 않겠어? *Daniszewski, 8-9*

전 세계에서 밀려드는 뉴스가 책상마다 놓여있는 두세 대의 모니터 위에 나타나며 끊임없이 화면이 스크롤되어 내려가는 뉴스룸의 풍경은 감탄을 자아낸다. 뉴욕 맨해튼에 있는 AP본사의 개방형 뉴스룸이 한눈에 내려다보이는 사무실에서 AP의 부대표이자 국제뉴스 수석에디터를 맡고 있는 존 대니젭스키를 만났다. 25년 전 동유럽에서 가장 억압적인 국가 중 하나였던 곳에서 공산주의정권이 몰락하는 순간을 취재하다가 총상을 입은 사건에 대해 들려주었다.[1]

이처럼 당연히 현장에 있어야 한다는 고집, 폭력을 '현장에서 몸소 확인하고자 하는' 태도는 특파원들 사이에서 어렵지 않게 찾아볼 수 있다. 그로 인해 특파원들은 늘 치명적인 위험에 노출된다. 그러면서도 위험을 무릅쓰는 자신의 행동을 과시하기보다는 용기내 증언해 준 사람들, 그리고 독

---

1   John Daniszewski, "AP correspondent shot 3 times in early throes of Romanian revolt," The Associated Press, December 26, 1989. 기사에서 대니젭스키는 자신이 총상을 입은 것에 대해 이렇게 말한다.
공포와 의심과 보복으로 뒤덮힌 땅, 나는 그 토요일밤의 카오스 속에서 또 하나의 희생자가 되었다.

자들에게 모든 공을 돌린다. 생명보다 값진 기사는 없다고 말은 하지만, 현장을 고집하는 기자로서의 사명감을 실천하기 위해 그들은 늘 위험을 무릅쓴다.

이 챕터에서는 특파원들이 보편적으로 경험하는 위험—정신적 육체적 부상—에 대해 이야기한다. 그리고 이러한 경험이 취재에 어떠한 영향을 미치는지 이야기한다. 기자보호위원회CPJ에 따르면, 1992년부터 2015년 6월까지 해외특파원을 포함하여 취재과정에서 목숨을 잃은 기자는 1,135명에 달한다고 한다. '위험한 현장에서 취재'를 하다가 죽은 이들도 있고, 때로는 부당한 보복에 의해 죽은 이들도 있다. 7년 동안 인질로 잡혀있는 동안 무수히 죽음의 위협을 넘긴 테리 앤더슨은 이렇게 말한다.

> 사무실에서 기사를 작성하고 있는데 총알들이 갑자기 쏟아졌 들어왔지. 빗발치는 총알세례 속에서 기사를 마무리하고 전송하는 데에는 성공했는데… 마침내 박격포 포탄이 날아들어왔고, 결국 총에 맞고 말았어. 나는 비명을 질렀고… 포로가 되었지._Anderson, 15_

전쟁취재에 따르는 위험은 전장에서 경험하는 공포가 전부가 아니다. 전장에서 느낀 공포는 일상으로 파고든다. 불에 탄 아이의 시체에서 피어오르는 연기, 강간한 뒤 살해한 여성들의 피투성이 몸뚱아리를 직접 눈으로 확인해야 한다. 특파원들이 현장에서 진실을 파헤치기 위해 마주하는 가장 불편한, 동시에 가장 자주 접하는 업무 중 하나는 바로 시체 세기다. 한국, 리비아, 멕시코, 파키스탄 등에서 송장을 세며 사망자 수를 파악했던 특파원들은 이후 깊은 트라우마를 겪으며 고통을 받았다.

여전히 해외특파원을 아드레날린 중독자라고 폄하하며 '자기가 좋아서 하는 일'일뿐이라고 말하는 사람도 많지만 여기 실린 인터뷰들은, 처참한 현장을 경험하고 난 뒤 특파원들이 얼마나 큰 고통을 당하고 있으며, 그러한 경험이 이후 삶에 어떤 영향을 미쳤는지 보여준다. 진실을 알리기 위해, 폭력을 피할 길 없는 이들의 목소리를 세상에 전파하기 위해, 위험을 무릅쓰더라도 꼭 해야만 하는 일이었다고 그들은 한결같이 말한다.

"랍스터는 물 건너간 것 같네요."

전쟁취재

전쟁은 '당연히 취재해야 하는 뉴스'이기 때문에 특파원들은 위험을 무릅쓸 수밖에 없다. 특히 비정규전, 예컨대 내전이나 게릴라전은 전선이 뚜렷하게 그어져있지 않기 때문에 훨씬 위험하다. 40년 이상 AP특파원을 지낸 데니스 그레이는 '주요한 전쟁 세 건과… 크고 작은 전쟁을 무수히' 취재했다. 이라크전쟁 당시 사드르시티에서 미군을 따라다니며 취재했는데, '가벼운 부상'은 일상적인 일에 불과했다.

전쟁은 중요한 기사를 쓸 수 있는 기회, 사람들과 깊은 인연을 맺을 수 있는 기회를 제공한다. 전쟁은 '기자가 경험할 수 있는 가장 흥미진진한 현장'이다. 하지만 그레이는 이렇게 말한다.

전쟁을 직접 경험하고 나면, 그걸 좋아할 사람은 없을 거야.*Gray, 27-28*

목숨을 잃은 동료들을 떠올리며, 그의 눈시울은 붉어졌다. 전장을 취재하다보면 '비극적인 한계상황에 몰릴 수밖에 없다.' 베트남전쟁은 특히, 기자들이 '어디든 돌아다닐 수 있었던 덕분에' 훨씬 위험했다. 캄보디아에서는 미군의 의료지원이나 병참지원도 받을 수 없는 상황에서 취재를 했다. 이후 이라크와 아프가니스탄에서는 미군의 지원을 받을 수 있었기에 비교적 안심하고 취재를 할 수 있었다. 하지만 어떤 취재든—미군을 따라다니는 종군

385

취재조차—위험은 늘 도사린다.

무슨 일이 일어나고 있는지 확인하고 싶다면, 정찰대랑 동행하는 것이
좋지. 미군들이 아프가니스탄의 평범한 사람들의 집을 돌아다니면서
문을 두드리고 이것저것 꼬투리를 잡고 여성들을 대하는 모습을 직접
볼 수 있어… 나도 여러 번 정찰대를 따라다녔지. 그냥 본부에서 이야
기만 들어서는 군인들이 어떻게 임무를 수행하는지 전혀 알 수 없잖아.
강압적인 태도, 인종차별적인 언행, 여성학대… 기자라고 해서 군인과
다른 건 없어. 군인과 똑같이 위험에 처하지… [이라크에서는] 매복공격
을 당했고… 나자프에서는 차를 타고 가던 중 10분 간격으로 두 번이
나 총알세례를 받았지… 한 번은 지붕에서 총알이 날아왔고, 한 번은
길가에서 총알이 날아왔어.*Gray, 28-29, 62*

1950년대 한국전쟁에서도, 2010년대 아프가니스탄전쟁에서도, 특파원들
은 '사방에서 날아오는 총알세례'를 받았다.*Summerlin, 2* 에릭 탈마지는 아프
가니스탄 칸다하르에서 캐나다군을 따라나갔다가 이틀만에 목숨을 잃을
뻔했다. 캐나다군은 '가끔 주변에 로켓포가 날아올 때도 있지만', 기지 안
은 안전하다고 큰소리쳤다.

기자텐트에 앉아있었어요. 천으로 되어있기는 했지만 문도 있었는데…
문을 열어놓고 컴퓨터로 기사를 작성하고 있었죠. 날씨는 참 좋았는
데… 곁눈으로 섬광이 번쩍이는 것이 보였어요. 곧바로 엄청난 폭발음
이 들렸고, 순식간에 자갈들이 날아와 텐트를 덮쳤죠. 문을 열어놓았
던 바람에 더 피해가 컸어요… 로켓추진수류탄RPG 한 발이 내가 앉아
있던 곳에서 10미터, 15미터 정도 밖에 되지 않는… 바로 앞에 있던 컨
테이너에 명중한 거예요… 내가 있던 텐트에 명중했다면 그날 나는 죽

었겠죠. 텐트 안에 나까지 세 명이 앉아있었는데, 후우… 우리는 모두 흙과 돌멩이 속에 묻혀버렸죠… 몽롱한 상태로 쓰러져있다시피했는데, 5분 정도 지났을 때 한 캐나다군 장교가 달려오더니 이렇게 외치더군요. "모두 지하벙커로 내려가세요!" 우리는 꿈인지 생신지… 벙커로 들어가서… 멍하니 앉아있었죠. 컴컴한 벙커에서 장교와 함께 앉아있는데, 휴대전화가 울리더군요… 장교의 전화였는데, 장교는 전화에 대고 나지막한 목소리로 이렇게 말하더군요. "저기, 나중에 제가 전화해도 될까요? 지금은 통화하기가 좀 어렵겠네요."… 그런 일은 계속 반복되었어요. 언제 어디서 폭탄이 날아올지 몰랐죠. 기지 안은 안전하다고 하더니 전혀 그렇지 않았어요.[2]*Talmadge, 11-12*

아프가니스탄의 베테랑특파원 캐시 개넌은 9·11테러 이후 카불에 미군의 폭격이 시작되면서 위험에 처했다. AP사무실 밖에서는 탈레반과 탈레반지지자들이 몰려와 과격한 반미시위를 벌이며 계속 총을 쏴댔다. 그리고 하늘에서는 B-52 폭격기가 날아다니며 쉬지 않고 건물에 폭탄을 퍼부었다. 파키스탄 이슬라마바드에 있던 개넌의 남편 파샤와 전화통화를 하고 있던 중, 바로 뒤 건물에 미사일이 떨어지면서 엄청난 후폭풍이 창문을 통해 밀려들어왔다.

후폭풍은 나를 날려버렸어요. 안경, 신발, 전화기도 모두 날아갔죠. 처

---

2   Eric Talmadge, "Rocket attacks fact of Afghan life," The Associated Press, January 29, 2010. 이 사건은 기사에 다음과 같이 묘사되어있다.
군인과 민간인직원과 기자들은 어깨와 어깨, 무릎과 무릎을 맞댄 채 어두운 벙커 안에 꽉 들어차있었다. 그들은 이 낯선 경험에 대한 자신의 느낌을 함께 공유하면서 서로 격려의 말을 건넸다… 사이렌이 다시 한 번 구슬픈 소리를 냈다. 확성기를 통해 안내방송이 나왔다. "상황종료! 상황종료!" 전투기 한 대가 활주로에서 굉음을 냈다. 모두 원래 자리로 돌아가 자신이 하던 일을 다시 시작했다.

음 든 생각은 낙관적이었어요. "아이고, 하느님! 그래도 위성이 내 전화기를 찾아낼거야. 우릴 찾아낼 거야."… 빠르게 짐을 추스르고 지국을 빠져나왔어요. 교차로에서 차가 막혀서 꼼짝달싹 하지 못하게 되었죠. 비행기가 날아가는 굉음과 함께, 하늘에서는 폭탄이 계속 떨어지고 있었죠. 자동차는 꼼짝할 수 없었지만 아랍인들은 오토바이를 타고 자동차 사이로 빠져나갔어요. 아미르 샤는 이곳에서 빠져나갈 방법을 찾기 위해 무지 애를 썼죠. "이놈의 외국인은 왜 여기 있는거야?" 샤는 온갖 문서를 보여주면서 내가 기자라는 것을 알려주었죠… 결국, 그들의 도움을 받아 천신만고 끝에 인터컨티넨탈호텔에 도착했어요. 거기서 밤을 보내고 아침을 맞았죠. 우리는 거의 잠을 자지 못했어요. 망을 보면서 호텔을 나섰는데, 밤 사이 세상이 뒤바뀌었다는 걸 알 수 있었어요. 북부동맹이 도시를 완전히 장악한 거예요.[3]… 남편 파샤는 불안과 초조함 속에서 며칠을 지새야만 했죠. 전화통화를 하다가 폭탄소리와 함께 연락이 끊겼거든요. 며칠 뒤에야 통화를 할 수 있었고, 그제서야 내가 괜찮다는 사실을 알 수 있었죠._Ganon, 61/63-65_

존 라이스는 걸프전쟁 때 바그다드에 있었다. 폭파범들이 이라크공군기지를 점령하고 있었는데, 기지가 내려다보이는 1킬로미터 거리에 있는 알라시드호텔의 고층객실에 자리를 잡고 중동기자 3명과 함께 '앉아있었다.'

무시무시하면서도… 지독하게 아름다웠어요. 마치 척추가 녹아내리는 기분이 들 정도로 인상적이었죠. 하늘에 예광탄이 여기저기 솟아올랐

---

3   Kathy Gannon, "Taliban deserts Kabul as Northern Alliance moves into the capital," The Associated Press, November 13, 2001. 이 기사의 한 대목은 다음과같다 힌두쿠시 위로 해가 떠올랐을 때 카불 시민들은 탈레반정권이 끝났다는 것을 깨닫고 환호했다."

고, 폭발음이 계속 들려왔죠. 기지를 완전히 해체해버리는 것 같았어요. 폭발로 인해 호텔건물이 흔들렸을 뿐만 아니라, 엄청난 쇳조각들이 날아와 호텔벽에 치면서 소리를 냈죠. 뿌연 연기와 먼지구름이 터져나왔고 서서히 2층, 3층, 4층 차올랐어요. [4] *Rice, 3*

2003년 이라크전쟁 당시 리드는 바그다드 팔레스타인호텔에 있었다. 이곳은 전쟁을 취재하기 위해 전세계에서 온 기자 100여 명이 묵고 있는 베이스캠프 같은 곳이었다. 근처에서 치열한 전투가 벌어지고 있었는데, 미군탱크 한 대가 갑자기 호텔을 향해 포격을 했다. 이로 인해 기자 두 명이 목숨을 잃었다. 당시 미군을 따라 종군했던 AP기자의 증언에 따르면, 호텔을 향해 포를 발사하고 난 다음에 무전기 속에서 한 미군지휘관이 이렇게 외치는 소리를 들었다고 한다.

"야 이 새끼, 너 지금 팔레스타인호텔을 쏜 거야?" *Katovsky, 2003, 371-373*

실제로, 이라크에 100일 동안 머물며 전쟁을 취재하고 뉴욕으로 돌아온 바로 다음날 심각한 심장마비가 찾아온 특파원도 있다. *Hurst, 6* 북아일랜드, 베이루트, 니카라과, 체첸 등의 시가전은 특파원의 일상 자체를 바꿔놓기도 한다. 이런 곳에서는 집 앞 가게를 가는 것마저도 치명적인 결과를 초래할 수 있다. 제1차 인티파다를 취재한 한 특파원은 이렇게 말한다.

어떤 전쟁도 이처럼 매일, 항상 싸우지는 않을 겁니다. *Powell, 12*

---

4   John Rice, "Fear and awe as bombs fell on Baghdad," The Associated Press, March 18, 2003. 이 기사는 이라크전쟁 개시 하루 전에 나온 것이다.

1985년 레바논내전 당시 베이루트 코모도르호텔 복도에 피신해있는 특파원들. 복도 맨 끝 바닥에 앉아있는 여자가 AP특파원 아일린 알트 파월이다. (Photo couresy of Eileen Alt Powell)

소비에트연방이 붕괴되면서 민족 간 전투가 발발했다. 모스크바특파원 앨런 쿠퍼먼은 언제 어디서 다음 전투가 벌어질지 모르는 상황이었다고 말한다.

나고르노-카라바흐에서 사람들을 인터뷰하고 있었죠. 갑자기 헬리콥터가 날아와 머리 위로 크게 원을 그리며 날더군요. 더 작게 원을 그리며 한 바퀴 돌면서 좀더 가까이 내려오더니… 헬리콥터 문이 열렸는데… 인터뷰하던 사람 중 한 명이 이렇게 말했어요. "어, 어제 사격하기 직전에 저렇게 했는데." 우리는 곧바로 전력을 다해 뛰기 시작했어요… 다행히도 그때는 사격을 하지 않았죠. 정말 총을 쐈다면, 모두 죽었을 거예요.*Cooperman, 13*

중앙아메리카에서 게릴라전을 취재하던 중 폭탄으로 아내를 잃은 조셉 프레이져는 동료와 함께 니카라과의 수도 마나과에서 기사와 사진을 전송할 만한 호텔을 찾아다니다가 진짜로 죽을 뻔했다.

> 우리는 늘 차를 따로 타고 이동했어. 자동차가 고장나거나 무슨 일이 생겼을 때를 대비해서 그렇게 했지. 나머지 한 명이라도 움직일 수 있으니까… 캄캄한 밤이었는데, 달리던 중 자동차 앞유리가 굉음을 내며 터지지 뭐야. 누군가 나를 향해 총을 쏜 거지. 나중에 살펴보니 차에 총알구멍이 일곱 개 났더군… 누구의 소행인지는 알 수 없었지. 전쟁 직후였기 때문에 버려진 무기를 누구나 가지고 다닐 수 있었거든… 온 몸에 유리 파편이 박힌 채로 몇 달 동안 고통을 견디며 일할 수밖에 없었어. 죽을까 봐 겁이 나긴 했지만, 다행이도 생각보다 심한 건 아니었다더군.*Frazier, 7-8*

안타깝게도 그의 동료는 이 사건이 일어나고 몇 달 뒤 목숨을 잃었다. 베이루트 AP지국은 내전 중 각국의 특파원들이 모이는 코모도르호텔 근처에 있었는데, 이곳 역시 끊임없는 혼란의 소용돌이 한복판이었다. 타트로는 이렇게 말한다.

> 로켓추진 유탄발사기에서 날아오는 수류탄이 심심하면 날아와 사무실 앞에서 터졌어. 사방에서 기관총 세례가 쏟아졌고, 여기저기에서 폭탄을 싣고 돌진하는 자살폭탄테러가 일어났지. 거리에서 늘 볼 수 있는 일상적인 풍경이었지.*Tatro, 13*

사라예보도 마찬가지 사정이었다. 모두들 빠져나오기 위해 안간힘을 쓸 때 오히려 그 포위당한 도시로 들어간 토니 스미스는 낡은 토요타 코롤라를 타고 다니며 도시를 누볐다.

저격수의 사정거리에서 벗어나려고 속도를 냈어요… 눈 앞에 대전차장 애물이 보이길래 기어를 저속으로 바꾸려고 했는데, 아차 "이 차는 자동변속기였지"… 주춤대는 사이에 방향을 꺾지 못하고 그대로 들이박고 말았죠. 소화불량에 걸린 상어처럼 볼썽사납게 자동차 앞부분이 움푹 패였는데… 그래도 차가 달리더라구요. 코롤라에게 축복을!*Smith, 8*

밖에 나가지 않는다고 해서 안전한 것도 아니다. 스미스는 부동산 중개인에게서 아파트를 빌려 임시 AP사라예보지국을 꾸렸다. 그곳은 세르비아 포격의 표적이 된 병원이 내려다보이는 아파트건물 맨 위층에 있었기 때문에 위험하긴 했지만, '사상자들을 관찰하고, 그 숫자를 세는 데에는' 상당히 좋았다. 폴 알렉산더는 사라예보에 입성한 첫 날을 생생하게 기억한다.

지대공무기를 지대지무기처럼 쓰는 세르비아 군인들 사이를 뚫고 간신히 사무실까지 갔죠. 거리의 간판들은 총알구멍으로 곰보가 되어있었고, 곳곳에 매복한 저격수들은 조준점을 확인하고 있었어요. *Alexander, 10*

베를린에 있는 그의 집에서 만난 로버트 리드는 새들이 가득한 마당에 앉아 탄산수를 마시면서 AP기자로 활동한 50년 중 가장 위험했던 순간을 떠올렸다. 보스니아전쟁 취재 중 AP에 소속된 크로아티아인 사진기자 흐보예 크네즈Hrvoje Knez와 함께 취재장소로 이동하고 있었다. 여러 차례 검문소를 통과한 뒤 비포장도로를 달렸다. 영국군 기지에 도착하면 '멋진 식사를 하고 수영을 즐길' 생각에 한껏 부풀어있었는데 갑자기 '제복을 입고 무장한 사내들이 길가에서 나와 고함을 지르면서 사격자세를 취하는' 것이 아닌가? 영문도 모른 채 차를 세우고 손을 머리위로 들었다. 그들은 숲속으로 끌고 갔다. 거기에는3-40명의 무장대원들이 북적이고 있었다.

우리에게 누구냐고 묻더군. 크네즈가 크로아티아어로 답했는데, 그랬더니 우리를 더 깊은 숲속으로 끌고 들어갔더라고. 점점 두려움이 엄습했지. 숲속에서 총으로 쏴 죽여도 아무렇지 않은 상황이었거든. 보스니아전쟁은 정말 잔인했어. 소리소문없이 죽어나가기 때문에 아무도 모르게 실종된 사람들이 전국에 넘쳐났지. 그들은 우리에게 앉으라고 하면서 담배를 건넸는데, 크네즈는 담배를 입에 대지도 못하더군. 그가 그렇게 겁먹은 모습은 처음 봤어. 그들이 무슨 말을 하는지 알아듣지는 못했지만, 상황이 심상치 않았지. 나는 그에게 나지막이 물었어. "우릴 총살한답니까?" "모르겠어요. 지휘관의 결정을 기다리고 있는 것 같아요." 우리는 거기서 머리 위에 총구가 겨눠진 상태로 25분, 30분 정도 앉아있었는데, 정말 시간이 길게 느껴지더군. 특별히 까칠하거나 적대적으로 우릴 대한 건 아니었지만, 총구는 끝까지 우리 머리 위에 있었지. 마침내 키 크고, 은색머리를 한, 40대 중반 정도 되는 남자가 나타났는데, 굉장히 다부진 체격에 잘 다려진 제복을 차려 입고 있었기에 무리 중에서 금방 눈에 띄었지. 우릴 끌고 온 자가 그에게 뭐라고 중얼거리며 보고를 하자 그는 우리에게 다가오더니 이렇게 말하더군. "Get the hell out of here!"*Reid, 91-95*

하지만 그들은 자동차, 여행가방, 카메라를 비롯한 취재장비, 수천 달러의 현금은 모두 가져갔다. 사정사정한 끝에 여권은 겨우 돌려받을 수 있었다. 리드와 크네즈는 늦은 오후, 살았다는 안도감에 너털웃음을 지으며 도로를 걸었다. 한참을 걷다가 EC옵저버의 장갑차를 만나 다행히 구조되었다. 하지만 그들의 모험은 거기서 끝난 것이 아니었다. 장갑차는 박격포 포탄세례를 뚫고 달리기도 했으며, 검문소에서 술 취한 크로아티아 민병대원의 살벌한 검문을 받아야 했으며, 길이 막혀 나침반에 의존해 숲 속을 가로질러 가기도 했다. 그 와중에 마음씨 좋은 옵저버는 '무장세력이 추방된' 무슬림

마을을 둘러보겠다면 이곳저곳을 돌았다. 그 다음날은 리드의 생일이었다.

보스니아와 베이루트도 치명적이었지만, 여러 전쟁을 취재해본 특파원들이 가장 힘들고 암울했다고 꼽은 곳은 소말리아였다. 식량부족, 오염된 물, 끝없는 폭력으로 기자들은 늘 중무장한 수비대와 함께 이동해야만 했다. 소말리아의 수도 모가디슈는 특파원들 사이에서 절대 출입금지구역으로 여겨졌으며, 이러한 상태는 2000년대 말까지 계속되었다. 알렉산더는 호텔에 머물고 있었음에도 몇 주 사이에 3번이나 공격을 받았다.

> 호텔 벽이 총알로 도배가 되었고, 여섯 발은 벽을 뚫고 방안으로 날아들었죠. 우리는 방탄조끼를 입고 헬멧을 쓴 채 복도에서 스크래블을 하고 놀았어요. 거기서 할 수 있는 게 그것밖에 없었거든요… 호텔에만 계속 머물러있는 시간이 이어지면서 그곳에서 탈출해야 하는 건 아닌지 심각하게 고민하게 되었죠… 어느 날 파키스탄 평화유지군이 우리를 호위해주겠다고 왔는데, 글쎄 이렇게 말하고 말았죠. "우리는 이곳을 떠나지 않을 것입니다. 뉴스 한복판에서 왜 나갑니까?"… 호텔 옥상에서 거리를 관찰하다가 총상을 입었어요… 총알은 내 뒤에 있는 벽을 관통했는데, 그중 하나가 벽을 뚫지 못하고 튕겨나오면서 나에게 부상을 입혔죠. 운이 없었다고 말할 수밖에 없겠네요. *Alexander, 7/9*

소말리아처럼 위험한 곳에서 활동하다보면 목숨이 왔다갔다하는 위험도 아무렇지 않게 받아들이게 된다. 알렉산더는 이렇게 말한다.

> 호텔 옥상에 있는 바에서 밤에 술을 마셨어요. 새로 온 친구가 있으면 난간에 서서 저 멀리에서 총격전이 지금 벌어지고 있는데, 거기서 총알이 여기까지 날아올 수 있다고 말해줬죠. 사람들은 그저 웃기만 했어요. 하하하하. 총성이 들려도 아무렇지 않은 듯 행동했어요. 일제사격

총성이 울리지 않는 한 바닥에 엎드리지 않았죠.*Alexander, 10*

알렉산더가 소말리아에서 겪은 위기일발 상황은 이뿐만이 아니다. 사진기자와 함께 모가디슈 북쪽으로 반군지도자 알리 마흐디를 인터뷰하러 갔을때, 마흐디의 부하들은 그들을 두 대의 차량으로 호송해주겠다고 했다. 가까운 곳에 있는 저렴한 랍스터 레스토랑으로 가려고 했는데, 첫 번째 교차로에서 총격전이 벌어졌다.

우리는 랜드로버에 탑승해 세 번째로 서있었죠. 맨 앞에는 체로키가 있었고, 그 뒤에는 경호차량이 있었어요. 총알이 쇠를 뚫는 소리가 들렸어요. 누군가 우리가 탄 차를 향해 AK소총을 쏘기 시작했어요. 우리 차 운전사는 우측으로 후진했다가, 다시 계속 후진하여 막다른 길에 다다랐어요. 가운데 경호차량에서는 누군가 총에 맞아 쓰러진 것 같았어요. "제기랄, 이게 무슨 꼴이람?" 체로키가 속도를 높여 우리에게 달려왔어요. 긴급토론이 벌어졌죠. "당신들 지금 빨리 가야 합니다." "지금 가야만 한다니. 무슨 말이에요?" "우리가 반격해서 좀 잠잠해졌지만, 오래가지는 못합니다. 지금 빨리 빠져나가야 해요." 그들 말대로 운전사는 전속력으로 달리기 시작했죠. 뒷자리에서 최대한 몸을 숙인 채 밖을 살폈는데, 정말 소강상태였어요. 겨우 안심을 하고 몸을 일으켜 앉을 수 있었죠. 분계선에 다가왔을 때, 사진기자가 나를 보면서 이렇게 말하더군요. "랍스터는 물 건너간 것 같네요."… 그날 부상을 입은 사람은 우리를 통역을 해주고 경호해주던 사람이었어요. 반격을 하느라 AK소총으로 21발을 쐈는데, 뜨거워진 총신에 팔이 데고 말았대요.*Alexander, 18-19*

하인즐링은 탈식민지전쟁이 한창 벌어지고 있던 서아프리카 기니비사우에서 총격의 위험을 무릅쓰고 자동차를 달렸다.*Heinzerling, 18* 미국 애리조나

투손에 있는 그의 집에서 만난 로젠블럼은 파이프담배를 피우며 인질로 잡혀있던 것을 별일 아닌 것처럼 이야기한다.

> 총을 들고 있는 사람들에게 끌려가 핏자국이 여기저기 선명한 작은 방에 갇혔는데… 뭐 그리 오래 갇혀있던 건 아니고… 그냥 잠깐 갇혀있다 나온 게 전부야. *Rosenblum, 26*

라틴아메리카에서 오랜 기간 특파원생활을 한 에두아르도 가야르도는 칠레와 페루에서 게릴라들에게 세 번이나 붙잡혀 억류되었다. 하지만 그 정도는 특파원들이 일상적으로 겪는 일이라고 말한다.

> 그다지 인상적인 경험도 아냐. *Gallardo, 4*

"기자 양반, 뒤통수 조심하쇼."
표적이 된 기자들

혼란 속에서 취재를 하는 것은 위험할 수밖에 없다. 더욱이 기지이면서 외국인이라는 신분은 직접적인 표적이 될 수도 있다. 5장에서 이야기했던 것처럼, 특파원은 범죄집단은 물론 정부의 표적이 되는 경우가 많다.

개넌은 2014년 아프가니스탄 경찰의 공격을 받아 중상을 입었지만, 그 이전에도 무수한 위협을 받았다. 무자헤딘과 파키스탄정보부까지 온갖 정보원들을 통해서 미국과 캐나다의 첩보기관이 수집한 정보에 따르면, 개넌은 매우 위험한 상황이었다. 파키스탄정부는 총알을 막을 수 있게끔 그녀가 사는 집의 벽을 보완해주었고, 위험할 때는 이슬라마바드 집에서 나와 일주일 동안 대피할 수 있는 곳을 마련해주기도 했다.

하지만 실생활 속에서 개넌은 전혀 위험을 느끼지 못했다. 거리를 다닐 때에도, 불안정한 지역에 들어가 사람들과 이야기를 나눌 때에도 위협을 느낀 적은 거의 없었다. 이러한 경험을 통해 개넌은 이렇게 결론내렸다.

> 내가 감당할 수 있는 수준의 공포인지, 감당할 수 있는 수준을 넘어선 공포인지, 기본적으로 내가 선택할 일이죠… 거기서 온갖 일을 겪었지만, 지금도 그곳은 놀라운 장소라고 생각해요… 내가 만난 사람들… 내가 그들의 이야기를 궁금해하고 귀 기울인다는 사실, 그들의 이야기를 존중한다는 사실에 사람들은 상당한 기쁨을 느껴요. 물론 그곳이 적대적이지 않다고 말하는 건 아니에요… 누군가에게 다가갔을 때 살벌한 감정이 느껴진다면, 내가 외국인이라는 사실 때문에 그런 것이라면, 나는 상냥한 표정을 지으며 조심스럽게 걸어나와 다른 곳으로 갔죠. 물론 납치되거나 살해당할 수 있는 표적이 되지 않도록 늘 경계해야 합니다… 정말 분노로 가득찬 사람들을 마주해야 할 때도 있어요. 그 사람과 직접 이야기하지 못하더라도 주변사람들을 통해서 이야기하려고 하고, 어떻게든 대화를 계속 이어가려고 합니다… 납치될 위험, 폭격당할 위험, 총에 맞을 위험… 내가 거기 있다는 사실만으로도 위험은 따라붙기 마련이죠… 하지만 내가 취재하고자 하는 사람들이 거기 있잖아요. 내가 그곳에 가는 것은 나의 선택이에요. *Ganon, 29-31*

물론 모든 특파원이 개넌처럼 극단적인 위험 속에서 수십 년 동안 일을 한 것은 아니다. 하지만 특파원은 대부분 어떤 식으로든 언어적, 육체적 위협 속에서 살아왔다. 외신기자를 따돌리고자 하는 이들은 전세계 도처에 존재한다. 가장 먼저 각국의 정부들을 꼽을 수 있다. 니콜라스 타트로는 이란혁명이 일어났을 때 테헤란에서 지도부의 연설을 듣다고 갑자기 '해외특파원들을 더이상 믿을 수 없다'면서 '24시간 내에 이란에서 나가라'는 말을 들었다. 나가지 않으면 '더 이상 안전을 보장해줄 수 없다'는 협박도 잊지 않고 따라붙었다.

타트로는 곧바로 호텔로 돌아와 짐을 싸기 시작했다. 짐을 싸던 중 여권을 도둑맞았다는 사실을 깨닫는다. 하지만 미국대사관에 아는 사람을 통해 몇 시간 안에 새 여권을 발급받았고, 이란에서 뜨는 마지막 브리티시항공 비행기티켓을 구하는 데 성공한다. 비행기가 이륙하자 탑승객들은 박수를 치며 환호했다고 한다.*Tatro, 11*

칠레의 에두아르도 가야르도는 밤 늦게 피노체트장군의 호출을 받고 육군본부로 갔다. 그곳에는 해외특파원들이 모두 모여있었는데, 그것은 곧 쿠데타를 감행한다는 의미와도 같았다. 결국 가야르도는 칠레를 빠져나올 수밖에 없었다.

> 피노체트장군이 들어왔는데… 완전군장을 하고 있더군. 선글라스를 끼고, 헬멧을 쓰고, 손에는 큰 권총이 들려있었지. "신사 여러분, 나의 메시지를 전달해달라고 부탁하고자 여러분을 초대했습니다… 지금 상황은 매우 불안정할 뿐만 아니라 위기로 계속 치닫고 있습니다. 그리하여 나는, 동포들에게 부탁하고 싶습니다. 나의 군대를 거리로 내보내야 하는 결단을 하지 않도록 해주십시오. 만약 나의 군대가 거리에 나간다면, 군대는 훈련받은 것을 실행하게 될 것입니다." 그건 대량학살을 예고하는 것이었지… 우리는 어떤 질문도 하지 못했어. 자기가 할 말을 끝내고는 "이것으로 마치겠습니다. 신사 여러분. 안녕히 주무시길" 이렇게 말하고는 곧바로 뒤돌아 나가버렸거든… 나는 기사의 첫머리를 이렇게 썼지. "육군참모총장이 위협적으로…"*Gallardo, 5-6*

엘살바도르에서도 특파원들은 엄청난 고생을 했다. 매복공격, 지뢰, 갑작스러운 총격전을 피해 재빠르게 도랑으로 몸을 던져야 하는 일이 다반사로 일어났다. 하지만 그중 최악은 엘살바도르정부였다. 그들은 해외특파원들이 좌파게릴라 편에 서서 인민을 선동한다고 생각하여 틈이 날때마다 특파원들을 협박했다.*Frazier, 14; also AP Oral History, Aguilar, 2009* 프레이져는 사진기자와 함께 현장취재를 나갔다가 경찰에게 붙잡혔다.

> 경찰 세 명이 나타나 등에 총을 겨누더니 골목으로 몰아넣고는, 내가 가지고 있던 작은 녹음기를 빼앗아서 재생버튼을 눌러보더군. 녹음기 속 테이프의 한 면에는 반정부 시위대의 시끄러운 소음이 녹음되어있었고, 다른 한 면에는 유가에 대한 정부의 기자회견이 녹음되어있었지… 기자회견 녹음에는 누군가 코 푸는 소리가 들어가있었는데, 그게 무슨 신호 아니냐고 따져묻더군. 그 사건 이후로는 예전에 녹음했던 테이프 위에 다시 녹음하지 않고, 테이프를 먼저 깨끗하게 지우고 다시 썼지.*Frazier, 14-15*

특파원들의 은신처 역할을 하던 카미노리얼호텔도 안전을 보장해주지 못했다. 한 특파원은 체크인하고 나서 한 시간도 되지 않아 괴한의 전화를 받았다.

> "우리는 네가 여기 있다는 걸 알고 있다, 이 개자식아"
>
> *AP Oral History, Aguilar, 2009, 35*

프레이져의 회고록에는 '체제전복을 위해 활동하고 있는 가짜 기자들'이라는 제목의 문서가 수록되어있다. 1982년 엘살바도르 정부에서 누군가 타자기로 작성한 이 비밀문서에는 10번째 인물로 'AP특파원 조셉 프레이져'가 올라가있다.*Frazier, 2012, 21*

호텔라운지에서 빈둥거리며 앉아있는데, 누군가 다가왔어… 재킷을 젖혀 허리춤에 찬 45구경 권총을 보여주고는 이렇게 말하더군. "당신들이 이곳에서 안 좋은 일을 당하는 걸 원치 않습니다."… 새벽 2-3시쯤 전화벨이 울려서 받아보면, 수화기에서 이런 소리가 들려. 찰칵, 찰칵, 찰칵… 리볼버 소리였지. 그런 뒤 아무 말없이 전화가 끊겨. 주차장에 세워 둔 자동차 위에 누군가 부패한 시체를 올려놓은 적도 있어. "우리 나라가 아닌 너희 나라를 배신하라." "우리는 네가 누군지, 어디 사는지 안다" 같은 말이 적힌 쪽지도 자주 붙어있었지… 위협은 끊임없이 이어졌어. 하지만 머지않아 무신경하게 되더군. 늘 그렇지 뭐… 그러다가 진짜 괴한에 끌려간 적도 있어… 뒷목에 총구를 대고는 차에 바짝 붙여 세우더니… 일단 그 상황에서 벗어나기 위해 이러저러하게 둘러대기는 했지만… 그런다고 이러한 일에서 완전히 벗어나지는 못할 것 같더군. *Frazier, 15-16*

시리아내전 당시 반군들은 보도를 통제하기 위해 '기자 블랙리스트'를 공개하며 이들을 납치-감금을 하겠다고 협박했다. 폴 쉠은 알카에다가 시리아북부를 점령했다는 '거짓보도'를 했다는 이유로 블랙리스트에 올랐는데, 알카에다가 시리아북부를 점령했다는 것은 '명백한 사실'이었다. 쉠에게 이러한 싸움은 사실 일상에 불과했다. 시리아의 극단주의자들은 끊임없이 기자들을 물고 늘어졌다.

극단주의 이슬람반군 중 하나가 우리 차를 둘러싸더니 나를 데려가려고 했어요. 다른 사람들은 요르단, 헝가리 출신이었는데… 나만 미국인이었거든요. 난처한 상황이었죠… 그들이 이라크사람들이었는지 북아프리카사람들이었는지는 여전히 알 수 없어요. 아무튼 많은 사람들이 몰려왔는데 모두 무장을 하고 있었죠. 그냥 겁주려고 한 것일 수도 있지만, 정말 무서웠어요. 그곳은 어느 마을 한 가운데였기 때문에 마을사람들도 쏟아져나와 구경했어요. 하지만 마침 우리 차를 운전해주던 사람이 그 마을 출신이었는데, 아마도 그 운전수 때문에 무사히 빠져나올 수 있었던 것 같아요… 물론, 미국인 기자 하나가 돌아다니고 있다는 소문이 사실인지 확인하기 위해 나왔던 것일 수도 있고요.*Schemm, 18-19*

유럽에서도 특파원들은 비밀경찰의 위협을 받았다. 포르투갈에서 군사정권에 맞선 학생시위를 취재하던 아이작 플로레스는 경찰기동대에게 두들겨 맞았다. 악명 높은 포르투갈의 공안기관 PIDE에 끌려가 감옥에 갇혀있다가 미국대사관의 도움으로 겨우 풀려날 수 있었다.*Flores, 10-11*

댄 페리는 혁명 후 첫 대통령에 오른 일레스쿠에 반대하는 시위로 거리가 술렁이던 루마니아에서 첫 특파원생활을 시작했다. '미국인'이라는 특권 덕에 부쿠레슈티의 혼란스러운 시위현장 한가운데에서도 '안전하게' 집으로 걸어갈 수 있었다. 그런데 거리에서 한 시위자가 페리를 보고는 '저기 저 사람!'이라고 소리를 질렀고, 갑자기 경찰들이 몰려와 몽둥이로 두들겨 팼다. 쓰러진 그를 창문도 없는 밴에 태웠는데, 그곳에는 술에 취한 사람들이 가득차있었다.

페리는 유창한 루마니아어로 '나는 미국인입니다!' 소리를 질렀지만 소용이 없었다. 옆에 있던 사람이 페리에게 무슨 짓을 했냐고 물었다. "난 아무 짓도 안 했습니다. 나는 해외특파원입니다!" 그 대답을 듣고 그들은 즐거워하는 것처럼 보였다. 밴이 출발하자 거기 타고 있던 사람들은 시끄럽게 소리를 지르기 시작했다. 경찰서에서 도착하자마자 경찰들은 뒷문을 열고는 안에 있던 사람들의 머리통을 몽둥이로 때리기 시작했다. 페리는 경찰서에 끌려들어갔고, 항의 끝에 경찰서장을 만날 수 있었다.

"앉으시오, 체류증 내놓고." 나는 외교부에서 발급받은 파란 외국인 체류허가장을 보여줬어요… 나한테 무슨 일이 있었는지 이야기하라고 했고, 서장이 직접 받아 적더군요… 한 민간인이 어떤 이유에서인지 나를 지목했고, 갑자기 경찰들이 달려와 나를 두들겨팼다고 말하니 이렇게 받아적더군요. "사복요원이 나를 지목한 뒤 경찰들에게 두들겨패라고 시켰다." 그래서 나는 항의를 했죠. "그건 내가 말한 거랑 다릅니다." 나를 보면서 웃으며 이렇게 말하더군요. "오, 그렇군요. 바꿔드릴까요?" "어… 아무렇게나 쓰셔도 상관없습니다." 어쨌든 그런 식으로 진술을 마무리하고 난 다음에, 머그샷을 찍었어요. 지금 생각하면 그걸 거부했어야 하는데… 아무튼 그런 다음에 나를 풀어주더군요. *Perry, 9-11*

가야르도는 AP페루지국에서 휴가를 간 지국장을 대신해 사무실을 지키고 있다가 게릴라의 습격을 받았다. 게릴라들은 그의 이마에 권총을 대고는 자신들의 성명을 뉴욕으로 전송하라고 명령했다. 10분만에 일을 마치고 나서 그들은 스프레이로 자신들의 슬로건을 벽에 휘갈겨 쓴 뒤 떠났다. 그들은 나중에 UPI사무실도 찾아가 똑같은 짓을 했다.

　게릴라가 떠나고난 뒤 가야르도는 경찰에 신고했고, 경찰이 AP사무실로 현장검증을 하러 왔다. 하지만 그는 경찰이 아니라 정보기관의 비밀요원이었다. 게릴라가 이마에 총을 겨누었다고 진술하자, 그는 가방에서 권총 두 자루를 꺼내 얼굴 앞에 들이밀면서 물었다.

"이거랑 비슷했나요? 아니면 이거랑 비슷했나요?" *Gallardo, 14*

그날 밤 가야르도는 호텔에 있다가 전화 한 통을 받았다.

"헤이, 칠레사람, 아직도 거기 있어? 조심하는 게 좋을 거야!"

가야르도는 1980년대 중반, 협박당하는 특파원들을 대신하기 위해 콜롬비아에 파견된 적 있다. 거기서도 늦은 밤에 전화가 걸려왔다. 비밀 정보기관으로 출두하라는 전화였다. 가야르도는 기사를 통해 이 기관을 매우 비판한 적이 있었는데, 그가 입국한 것을 정보기관이 눈여겨보고 있었던 것이다. 활기 넘치는 산티아고의 한 호텔로비에서 만난 가야르도는 자신이 겪은 무수한 위험들이 감수할 만한 가치가 있었다고 생각하는지 묻자 이렇게 대답했다.

오, 그럼요! 그럼요! 당연하죠. 할 수만 있다면 기쁜 마음으로 그때로 되돌아갈 겁니다.*Gallardo, 17-19*

가야르도는 AP특파원으로 일을 하면서도 칠레국적을 포기하지 않았다. 하지만 이 때문에 더 많은 위험에 노출되었다. 많은 특파원들이 말하듯이, 현지인 기자는 외국인에 비해 훨씬 심각한 위험에 처할 확률이 높다. 1990년대 중반 불안정한 아이티에서 30명 정도 되는 해외특파원들을 따라다니며 가이드하고 운전해주던 현지인이 뒤발리에 추종자들이 쏜 총에 맞아 죽는 사건도 있었다.

몇 년 뒤 에디터들의 취재요청으로 스티븐슨은 아리스티드 망명에 대한 아이티인들의 반응을 알아보기 위해 시테솔레이 슬럼가로 갔다. 취재를 마치고 호텔로 돌아가는 길에 자그마치 세 번이나 총격을 받았다.

우리 차는 날카로운 소리를 내면서 겨우 호텔 안으로 들어갔어요. 뒷유리창이 모두 깨져있었죠. 방탄조끼가 자동차 뒤 쪽에 처박혀있었는데, 도착하자마자 그걸 꺼내서 허둥지둥 입었어요.*Stevenson, 7*

"총에 맞아 죽는 것보단 쪄 죽는 게 낫겠지?"

특파원을 위한 안전프로토콜

전장에서 처하는 끊임없는 위기상황은 물론, 곳곳에서 표적이 되는 상황
에 대처하기 위해 특파원들은 나름대로 노력을 계속해서 기울여왔다. 하
지만 많은 이들이 입을 모아 말하는 것은, 2000년을 넘어서면서 취재환
경이 오히려 위험해졌다는 것이다. 그에 걸맞게 AP 역시 특파원들의 안
전을 지키기 위해 더욱 강력한 보안과 규칙을 내놓기 시작했다. 폭력사태
를 취재할 때는 반드시 방탄복을 입고 헬멧을 쓰도록 의무화했다(무기는
소지할 수 없다). 숨막히게 더운 사막에서도 예외가 아니었다. 라웁은 이렇
게 말한다.

> 자동소총과 기관총 소리를 들으면서 이렇게 위안했죠. "그래도 총에
> 맞아 죽는 것보단 쪄 죽는 게 낫겠지?"*Laub, 32*

특파원들이 임기응변으로 문제를 해결해야 하는 때도 많다. 포위공격에서
벗어난 뒤 사라예보 내에는 긴장이 고조되면서 폭력적인 충돌이 자주 발
생했다. 거의 무정부상태였기 때문에 신뢰할 수 있는 정보를 얻을 수 있는
채널도 없었다. 스미스는 다섯 명의 동료들과 함께 매일 짝을 이뤄 직접 현
장취재에 나섰다.

> 한 시간, 한 시간 반 정도 시내를 돌아보면서 특별한 일은 없는지 순찰
> 했어요. 거리에서 열리는 집회는 물론 사람들의 이야기를 듣고 사진을
> 찍었죠. 그렇게 현장에서 수집한 것들을 정치권에서 이야기하는 것과
> 대조해보면서 검토했어요… 이게 우리가 일하는 방식이었죠. 안전을 확
> 보하는 선에서, 데스크가 필요로 하는 사진과 뉴스를 얻기 위해 가능

한 한 많이 취재하려고 노력했어요. *Smith, 9*

당시 스미스는 자동차 번호판을 가리고 다녔다.

우리의 정체를 드러내고 싶지 않았어요. 만나서 이야기도 해보지 못한 사람에게 총을 맞는다면 너무 억울하잖아요. *Smith, 13*

역시 사라예보에서 특파원 생활을 한 대니젭스키는 이렇게 말한다.

어디 있을지 모르는 저격수의 표적이 되지 않기 위해서, 늘 건물이나 다른 무언가 뒤에 붙어서 다녔지. 그리고 자동차에는 항상 강력한 테이프로 'TV'라는 글자를 크게 붙여놓았어. TV보도를 하는 기자라는 걸 알리면 저격당할 확률이 조금이라도 줄어들지 않을까 생각했거든. *Daniszewsky, 14-15*

하지만 이것은 만병통치약이 아니었다. ABC 소속 프로듀서가 밴을 타고 가다가 사라예보 거리에서 저격으로 사망하였는데, 총알은 밴 뒷면에 테이프로 크게 붙여 놓은 'T'자와 'V'자 사이를 정확히 관통하여 그를 타격했다. *Hess, 1996, 36*

인티파다 당시 이스라엘에서 활동한 페리는 매일 자동차를 타기 전에 밑에 폭발물이 있는지 확인했다. 식당에 가더라도 테라스처럼 바깥쪽으로 열린 공간보다는 최대한 안쪽에 앉았다. 시도때도 없이 자살폭탄테러가 터지기 때문이었다. 팔레스타인 지도자 아라파트를 인터뷰하기 위해 그의 본부건물로 찾아갈 때도 상당히 신경을 썼다. 이스라엘군이 얼마전 그곳을 폭격했는데, 본부건물은 그대로 두었기 때문에 '이스라엘이 그 시점에 아라파트를 제거하지는 않을 것'이라고 확신했고 그래서 '그곳은 안전하다'고

예루살렘지국장 댄 페리가 2001년 12월, 팔레스타인 지도자 야세르 아라파트와 라말라본부에서 인터뷰한 뒤 이야기를 나누고 있다. (Photo by Jacqueline Larma, courtesy of Dan Perry)

판단했다.[5]*Perry, 26*

수십 곳의 분쟁지역을 취재해 온 특파원들은 자신의 몸과 마음을 지키기 위한 방법을 끊임없이 배워야 한다고 말한다. 전쟁은 온갖 트라우마를 유발하기 때문이다.*Alexander, 3; Hanley, 8-9* 위험한 것은 전쟁뿐만이 아니다. 몇몇 여성특파원들은 강간당할 수 있다는 공포에 늘 시달렸다고 한다. 아이티에서는 강간을 통해 HIV에 감열될 확률도 매우 높아서, 스노우는 혼자서 밖에 나가는 일은 최대한 삼갔다.*Snow, 11*

AP도쿄지국 특파원들은 후쿠시마 원자력발전소가 터졌을 때 '방사능

---

5   Dan Perry and Karin Laub, "Beleaguered Arafat says he'll face down militants, calls for peace with Israel," The Associated Press, December 8, 2001. 이 기사는 이렇게 시작한다.

아라파트와 인터뷰는 웅장한 본부건물 안에 있는 그의 사무실에서 1시간 동안 진행되었다… 이번 주 초 이스라엘은 이 건물 바로 앞까지 미사일을 쏟아부었다. 이는 팔레스타인 지도자도 더이상 공격대상에서 예외가 되지 않는다는 경고의 메시지로 여겨진다.

의 위험성'을 서둘러 학습해야만 했다. 일본과 미국은 방사능오염지역을 발표하며 주민들에게 대피명령을 내렸는데, 대피지역은 시간이 가면서 계속 확대되었고, 때로는 일본정부와 미국정부가 갈등하기도 했다. 미국에서 핵 분야 전문지식을 가지고 있는 기자가 급파되었으며, 방사능농도측정장치도 10여 개 배당되었다. 탈마지를 비롯하여 특파원들은 하루에 세 번씩 사고지역으로 나가 방사능농도를 측정하였다. *Foster, 6-7*

원자로가 폭발한 뒤, 또다른 쓰나미가 온다는 경보가 발령되었다. 원자로가 붕괴하는 소리가 들릴 만큼 가까운 곳에서 대기하고 있던 기자들에게 탈출하라는 명령이 떨어졌다. 하지만 탈마지는 뉴욕에디터들에게 자신은 빼달라고 요구하고는 거꾸로 원자로를 향해 달렸다. 눈보라를 뚫고 산을 넘고 전신주에 부딪히는 등 온갖 고생을 겪으며 원자로를 향해 달렸다. (자세한 이야기는 BtN#7을 참조하라.)

안전문제는 현장특파원과 수천 킬로미터 떨어져있는 에디터가 갈등하는 원인이 되기도 한다. 지금도 정글이나 사막 한가운데에서는 무선통신이 작동하지 않는 경우도 많기 때문에 오해와 갈등은 더욱 증폭되기도 한다.

'아랍의 봄'이 발발했을 때 쉠은 뉴욕의 에디터의 말을 듣고 아무런 대비도 없이 리비아로 가볍게 들어갔다가, 내전에 가까운 혼란상황을 눈앞에 마주했다. 더 나아가 에디터는 트리폴리로 들어가라고 요청했는데, 택시기사가 너무 위험해서 더 이상 들어갈 수 없다고 운행을 거부했다. 뉴욕의 에디터가 엉터리 보고서를 토대로 취재명령을 내린 것이다. 쉠은 에디터에게 전화를 걸었다.

"지금 내게 원하는 게 뭔지 정말 알고 싶네요. 지금 이곳에는 교통수단이 없어요. 거길 가려면 총알 사이를 뚫고 반군들과 함께 차를 타고 달려야 해요. 정말 그렇게 하기를 원한다면, 그렇게 하라고 직접 당신 입으로 나한테 말을 해주세요." *Schemm, 16*

에디터는 사과했지만, 쉠은 사진기자와 함께 결국 트리폴리로 들어가는 데
성공했다.

> 우리는 건물에서 건물로 이동하면서 조심스럽게 움직였어요. 엄청나게
> 많은 사람들이 우리를 향해 총을 발사했죠. 우리와 함께 있던 사람들
> 도 총을 마구 쏴댔죠… 바닥에 탄피 같은 것들이 무수히 널려있었는
> 데… 어느 시점엔가 이런 생각이 들더군요. "아, 이 얼마나 바보 같은
> 짓이야? 뭐 하려고 이곳까지 기어들어온 거지?" *Schemm, 16*

1980년대 베이루트특파원들과 2000년대 바그다드특파원들은 취재욕심
과 분명한 위험 사이에서 심한 갈등을 겪었다. 앤더슨이 납치되었을 때 그
와 함께 레바논에서 근무했던 아일린 파월은, 당시 기자들이 '자신은 안전
할 것'이라는 막연한 망상에 사로잡혀있었다고 말한다. 서양인들이 납치되
는 일이 계속 늘어나고 있는 와중에도 공정하게 발언권을 주는 한, 기자는
안전할 거라고 믿었던 것이다. *Powell, 7*

그런 와중에도 특파원들은 혹시 모를 공격에 대비하여 집에서 잠을 자
지 않았으며, 외출할 때는 반드시 조를 짜서 움직이고, 운전기사와 함께 움
직였다. 하지만 현지인 직원들이 납치되었다가 풀려나는 일이 여러 차례 발
생하면서 안전에 대한 우려는 더욱 커졌다.

그러던 중 해병대출신으로 많은 특파원들이 의지했던 앤더슨이 납치
되는 사건이 발생했다. 테니스를 치러 갔다가 앤더슨이 납치당하자 AP는
곧바로 모든 미국인 직원들에게 그곳에서 탈출하라고 명령했다. 그런 상황
에서도 파월을 비롯한 AP동료들은 자신들 역시 다음 납치표적이 될 수 있
었음에도, 최대한 그곳에 남아 앤더슨의 행방을 찾고 그를 석방시키기 위
해 민병대들을 찾아다녔다.

계파 간 갈등, 납치, 참수가 폭발적으로 증가하던 2000년대 중반 바그

다드에서 특파원들은 AP를 비롯하여 언론사들이 너무 몸을 사린다고 느꼈다. 사무실은 엄중한 방어체계를 완수해야 했으며 사무실에서 나갈 때는 반드시 경호원을 대동하라고 AP는 명령했다. 그럴수록 취재활동은 더욱 위축될 수밖에 없었다.

> 마치 감옥 같았어요. 그런 상황에서 취재임무를 수행하는 것은 정말 힘들었죠.*Reid, 64; also Schemm, 1-2; Buzbee, 7*

2010년대 중반 시리아와 멕시코에서 무수한 무장집단의 광범위하고 예측할 수 없는 폭력이 만연하면서 특파원들에게 극단적인 안전조치가 내려졌다. 상당지역이 출입금지구역으로 지정되었다. 시리아특파원 라웁은 이렇게 말했다.

> 마치 버뮤다 삼각지대에 온 것 같았죠.*Laub, 35*

30년 동안 멕시코시티를 중심으로 활동한 마크 스티븐슨은 마약카르텔이 지속적으로 확대되면서 멕시코 전역이 위험하게 되었다고 말한다. 6장에서 이야기했던 것처럼, 고속도로를 달리는 것마저 어려울 지경이었다.

> 언제 어디서 검문을 당하고 차를 세워야 할지 몰라요. 그게 삶의 마지막이 될 수도 있고요… 우리는 시우다드미에르의 국경지역에 들어갔어요… 말 그대로 탄피를 밟고 걸어야 했죠… 뒤집어진 방탄조끼들, 탄띠들이 길가에 버려져있었는데… 누군가를 차에 치어 죽이고서는 끌고 간 것 같았어요. 집 나온 가축들이 길 위를 배회하고 있을 뿐, 사람은 하나도 보이지 않았어요. 한 시간 정도 그곳을 지켜봤는데 진짜, 지나가는 사람이 한 명도 없더군요. 이 세상에 그런 곳이 또 있을까 싶어

요. 우리는 그런 장소에 가는 것 자체가 정말 위험하게 느껴졌고, 안전 프로토콜에 따라 그곳을 출입금지지역 목록에 넣었죠.*Stevenson, 10-11*

2014년 여름, 스티븐슨은 사진기자와 함께 위험지역을 여행하다가 즉흥적으로 안전프로토콜을 고안해냈다. 사흘 전 산페드로리몬에서 벌어진 '총격전'에서 카르텔단원 22명을 사살하고 정부군은 한 명만 경상을 입었다고 멕시코정부가 발표했는데, 진위를 확인하기 위해 그곳에 들어갔다. 카르텔의 상당한 무장 수준을 고려할 때 이렇게 한쪽으로 치우친 전과는 상당히 의심스러웠기 때문이다. 현장으로 가는 길에 있는 마을마다 들어가서 그곳 상황을 정탐했다. 그 취재여행이 과연 안전한지 확인하기 위한 것이었다.

마을사람들 중에는, 무장한 카르텔단원이 검문을 하면 '자기 이름이나 친척의 이름을 대면 무사할 것이라고 알려주는' 사람도 있었다. 그러한 도움 덕분에 스티븐슨은 사건현장까지 들어갈 수 있었고, 정부보고가 허위라는 증거를 상당수 발견했다. 한 창고에서 발견한 탄흔과 혈흔은 '벽을 보고 서있는 사람을 가슴 높이에서 총으로 쏴 죽였다'는 것을 보여주었는데, 카르텔단원들의 주장에 따르면 이는 정부군을 처형한 것이었다.[6]

"김 대령님, 내가 시신을 직접 세 보았습니다!"

사상자 수 확인하기

특파원들은 전투의 결과를 정확하고 진실되게 전달하기 위해 시체를 직접 세야 하는 경우가 많다. 스티븐슨도 피 웅덩이 속에서 시체를 셌다. 분쟁지

---

6   Mark Stevenson, "In Mexico, lopsided death tolls draw suspicion," The Associated Press, July 8, 2014.

역에서 이러한 임무는 특파원이 수행하는 가장 기본적이면서도 위험한 일 중 하나다. 정부가 발표하는 정보에는 왜곡이 많기 때문에 기자는 직접 현장에 가서 사실을 확인하고 기사의 신빙성을 높여야 한다. 물론 이러한 경험은 상당한 트라우마를 남긴다.

앤더슨은 이런 일을 두 번이나 수행했다. 1980년 인구가 100만 명에 달하는 한국의 도시 광주에서 정부군이 무자비하게 반정부시위를 진압하는 사건이 발생한다. 광주시민들은 계엄군에 맞서 도시를 장악했고, 계엄군은 도시외곽을 봉쇄한 다음, 도심으로 진격하여 시민들을 무참히 학살하였다. 사건이 발생하자마자 앤더슨은 사진기자와 함께 광주로 갔다. 택시기사는 광주로 들어가는 길목을 10여 킬로미터 남겨두고 그들을 내려주었고, 걸어서 바리케이트를 넘었다. 기사를 송고하기 위해 전화기를 사용하러 매일 계엄군부대에 들어간 것을 빼고 나머지 시간은 모두 현장에 머물렀고, 그렇게 9일 동안 광주를 취재했다.

광주에 들어간 첫째 날, 정신을 차리지 못할 만큼 너무나 큰 충격과 비통함 속에서 하루를 보냈어. AP가 뭐하는 곳인가? 가장 기초적인 사실을 기록하는 곳이지. 사람이 얼마나 죽었을까? 계엄군은 폭도 세 명이 죽었다고 말했지만, 정말 죽은 사람은 몇이나 될까? 첫날, 그날 아침, 내가 광주에 들어가자마자 한 장소에서만 센 게 179구였어. 차에 깔려 죽고, 두들겨 맞아 죽고, 사지가 잘려 죽고, 온갖 끔찍한 방법으로 살육당한 시신들… 그걸 직접 내 눈으로 확인하며 숫자를 셌어. 손가락을 들어 하나, 둘, 셋, 넷… 시내를 헤집고 다니며 눈에 띄는 시체는 모조리 셌어… 그날 저녁 기사를 전송하기 위해 도시외곽으로 나오면서 내린 결론은, 한국정부의 발표는… 새빨간 거짓말이라는 사실이었지. 죽은 건 세 명이 아니야. 내 눈으로 그 끔찍한 시신들을 하나하나 셌다고. *Anderson, 4-5*

앤더슨은 광주 전라남도청 옆에 있는 호텔에 묵었다. 도청은 계엄군이 최종 진격을 했을 때 시민군이 끝까지 저항하던 최후의 보루였다. 계엄군은 호텔을 향해서도 총격을 가했는데, 당시 앤더슨이 묵던 방의 벽에 붙어있던 숙박비 알림판에도 총탄이 날아와 구멍을 뚫었다.

그날 새벽에 우리는 잔뜩 겁에 질려 밖으로 나왔어… 한국군 대령이 지프를 타고 지나가길래 그를 향해 소리를 질렀지. "대령, 대령, 대령!" 그가 멈춰서더군. "김 대령님, 오늘 작전으로 사람이 얼마나 죽었습니까?" 나를 빤히 쳐다보더니 두 명이라고 대답하더군요. "군인 한 명과 반란군 한 명이 죽었소." 우리는 건물을 돌아 도청 안으로 들어갔어. 앞마당에 쌓여있는 시신만 17구가 되더군. 그 자리에 나 말고 특파원이 두 명 더 있었는데, 최대한 흩어져서 시신을 찾아보자고 했지. 우리는 각자 구역을 나눠 흩어졌다가 다시 모였고, 그렇게 해서 확인한 시신은 수백 구에 달했어. 우리가 도청에서 알아낸 게 그 정도였으니, 광주 전체에서 죽은 사람은 도대체 몇 명이나 될까? 알 수 없지.[7]*Anderson, 4-5*

몇 년 후 베이루트에서도 사망자 수가 적게는 400명, 많게는 1만 5,000명까지 너무나 크게 벌어지는 미스테리한 사건이 발생했다. 여기서도 앤더슨은 몇몇 특파원들과 함께 병원과 묘지를 찾아다니며 직접 시체를 셌다. 특파원들은 '인간의 고통을 일관성있고 정확하게 취재하는 것을 저널

---

[7] Terry A. Anderson, "Government troops retake Kwangju," The Associated Press, May 26, 1980. 이 기사는 시체 수에 관해 이렇게 적는다.
계엄군은 공식적으로 셋이 죽었다고 발표했으나 총알세례를 받아 벌집이 된 한 건물 안에서만 기자는 시신 16구를 발견했다. 시민군 지도자들에 따르면 그날 죽은 사람만 261명이라고 했다. 오랜 시간 기자생활을 했지만 이토록 많은 시체를 본적은 없다. 하지만 그것이 전부가 아니었다. 학생들에 따르면, 매장하기 위해 가족들이 수습해 간 시신도 많고, 배수로, 공터, 공사장에 버려진 시체도 많았다.

리즘의 가장 중요한 의무'라고 생각한다.*Fisk, 2002, 275 & 2005, 1003* 한 AP기자는 피맛이 느껴지는 공기 속에서, 비닐봉지 밖으로 튀어나온 시체조각들 사이에서 시체를 세고 있는 자신의 모습에 공포를 느낀 경험을 들려주었다.

> "하나, 둘, 셋"… 집중하기 위해 손가락으로 하나씩 짚어가면서 셌죠. "하나, 둘, 셋." 밖으로 소리를 내면서 셌어요. 얼마까지 셌는지는 모르겠어요. 20, 30… "더이상 못 하겠어." 나도 모르게 소리쳤어요. 나 자신이 싫었어요. 그곳에 서서, 아무렇지도 않은 듯이 시체를 세고 있는 나 자신을 참을 수 없었어요.*AP Oral History, Faramarzi, 2009, 53-54*

AP기자들은 이라크전쟁 당시 미군의 폭격이 끝나면 곧바로 바그다드 내 병원을 돌아다니며 사상자를 파악했다. 안전상 문제로 인해 밖을 나갈 수 없는 경우에는 비상근 현지인 통신원들로부터 보고를 받았다. 당시 AP기자들은 '시체안치소 관리인' 업무를 하는 것과도 비슷했다. 미군이 피해상황을 거짓으로 공표하지 못하도록, 실제 사망자 수를 확인하기 위한 작업이었다.[8]

> 우리가 전쟁의 어두운 면만 부각시키려고 한다면서, 미군은 늘 우리가 집계한 숫자에 대해 이의를 제기합니다.*Schemm, 1; Hurst, 8*

이 소름끼치는 임무를 AP특파원들이 중시하는 이유는, 다른 언론사들이 AP의 집계를 '표준'으로 삼기 때문이다. 1966년 브라질에서 대홍수가 발생했을 때, 이로 인한 사망자 수를 집계하는 통신사는 AP밖에 없었

---

8   AP는 이라크전쟁 기간 동안 기사만 쓴 것이 아니라 매일 사망자수를 집계하여 발표했다.

다.[9] 당시 리우데자네이루에서 근무하던 업슨은 AP 내부소식지에 이렇게 썼다.

이곳 AP기자들의 주요일과는 매일 시체안치소에 가서 홍수로 인해 죽은 시신에 붙어있는 인식표 숫자를 확인하는 것이다.

1960년대 베트남특파원 말콤 브로우니는 AP사이공지국에서 근무하는 기자들을 위해 24쪽짜리 '베트남 뉴스보도에 관한 간략한 지침'을 작성해서 배포했다. 이 지침서에는 다음과 같은 팁이 소개되어있다.

군사적인 분쟁을 취재할 때, 누군가 깔끔하게 정리해서 보여주는 사상자 수는 절대 액면 그대로 받아들여서는 안 된다. 어떤 어려움이 있더라도 직접 현장에 가서 시체 수를 직접 세어보고 확인해야 한다.

The Associated Press and Hamill, 2014, 26

《뉴욕타임스》의 전설적인 전쟁특파원 호머 비가트Homer Bigart는 당시 UPI의 젊은 기자를 호되게 질책했다. 최근 전투에서 베트콩이 200명가량 죽었다고 UPI가 보도했는데, 비가트가 직접 현장에 가서 확인해보니 시체는 12구밖에 없었기 때문이다.*Salisbury, 1980, 39*

AP사이공지국 국장이었던 리차드 파일은 전투가 종료된 현장을 돌아보기 위해 미군의 헬리콥터에 올라탔다. 그는 전장을 둘러보면서 시신 수를 꼼꼼하게 세었고 결국 '미군이 주장한 숫자만큼 베트콩 시신이 누워있지 않다'는 것을 확인할 수 있었다. 시체를 갈기갈기 찢어버리지 않았다면,

---

9   Claude E. Erbsen, "O que esta acontecendo na A.P. no Brasil," The AP World (Spring 1968): 16.

미군이 '숫자를 날조했다'는 의심을 하지 않을 수 없었다.*Pyle, 15*

시체를 직접 세는 작업은 사망자 수를 확인하기 위한 것뿐만 아니라 처참한 현장을 생생하게 목격하기 위한 것이기도 하다. 아프가니스탄에서 무자헤딘 무장단체 사이에서 발생한 무자비한 전쟁 중, 개넌은 5살 소녀를 향해 로켓포를 발사하는 장면을 목격했다. 아이는 아파트 밖으로 나왔다가 참사를 당하고 말았다. 심지어 강간을 한 뒤 머릿가죽을 벗겨 죽인 여성들의 시체를 바로 눈앞에서 봐야만 했다.

> 하자라 족 사람이 미친듯이 울음을 터뜨리며 내 발 앞에 뭔가를 던졌는데… 소스라치게 놀랐어요. 사람의 머릿가죽이었죠. 그리고 나를 끌고가 머릿가죽이 벗겨진 시체들을 보여줬어요.[10]*Ganon, 16*

스티븐슨은 멕시코 시우다드후아레스에서 벌어진 여성 집단살해 사건을 취재했다. 사막 여기저기에서 토막으로 발견되는 소녀들의 시신을 다시 짜맞추는 일을 하는 여자를 찾아갔다. 그 여자는 작업을 하면서 기록해 놓은 일지와 함께 썩어가는 시신을 보여줬다. (이후 그녀도 살해당했다.)

> 이제 막 신원을 확인한 송장을 보여주면서… 가족이 가지고 있던 그녀의 마지막 사진을 보여줬는데… 성인이 된 것을 축하하는 파티에서 예쁘게 차려입고 찍은 사진이었어요. 지금 내 눈 앞에서 썩어 가는 송장… 어여쁜 열여섯 살 소녀… 그녀와 인터뷰를 마칠 때쯤 정말 눈물이 마구 쏟아지더군요.[11]*Stevenson, 22*

---

10 Kathy Gannon, "Analysis: First-person view of Afghan collapse," The Associated Press, October 7, 2011.

11 Mark Stevenson, "Grinning skull and four words: 'This is your daughter,'" The Associated Press, October 9, 1999.

이란혁명 이후 도엘링은 테헤란 시내에 있는 시체보관소로 갔다. 검시관은 그에게 차 한 잔을 건넨 뒤 '바로 전날 사형당한 이란왕실군 장교 시체 네 구'를 보여줬다.

사타구니만 살짝 가린 채 몸뚱아리는 완전히 벌거벗겨진 상태였는데, 머리통은… 참수된 머리통은 토마토 깡통 위에 꽂혀있었어. 토마토 깡통… 영광스러운 왕실군의 최후였지.[12] *Doelling, 14*

어린 시절 이탈리아에서 '무솔리니 만세'를 외치는 군중을 보며 자란 조지 브리아는 그 독재자와 그의 애인이 성난 군중에 의해 처형된 뒤 갈기갈기 찢긴 시체를 목격했다.

둘 다 총살되어 죽었지… 그리고 사람들은 그 시체를 끌고 가서 밀라노의 한 주유소의 철제 대들보에 거꾸로 매달았어. 아, 매달려있는 모습은 내가 직접 보지 못 했어. 다음 날 그곳에 도착했는데 그 때는… [임시] 시체보관소로 옮겨진 뒤였지. 거길 찾아가서 보니, 무솔리니와 그녀의 정부 클라레타의 시체가 벌거벗겨진 채 바닥에 누워있더군. 나무조각 같았어. 함께 총살당한 이들의 시체도 여러 구 함께 쌓여있었고… 내가 열 살 때, 발코니에 서서 당차게 연설하던 사람, 그를 향해 울려 퍼진 환호성이 생생하게 떠오르더군. 그랬던 그가 차가운 바닥에 자신의 정부와 함께 시체가 되어 쓰러져있다니. 정말 대조되는 장면이었지… 그런 느낌을 기사에 담았어… 물론 내 생각은 최대한 배제했지. 그래서는 안 되는 것이니까. *Bria, 5*

---

12 "Four Generals Executed in Iran; U.S. Begins to Evacuate Citizens," *International Herald Tribune*, February 17-18, 1979, p.1.

특파원들은 또한 단순히 시체 수를 세는 것을 넘어, 사인을 밝혀줄 증거를 찾거나 신분을 확인해야 하는 경우도 많다. 프레이져는 엘살바도르 내전이 극에 달했을 때, 27살 인권운동가와 함께 전국을 돌며 바쁘게 시체사진을 찍었다. 어느 지역에서 무수한 시체들을 집단무덤에 매장한다는 소식을 입수하고 새벽부터 현장을 찾았다. 40구에 달하는 시체가 놓여있었는데 일일이 사진을 찍어놓았다.

시신을 다 묻고 나자 마침 한 여성이 자신의 남편의 시신을 찾는다고 뒤늦게 찾아왔다. 그는 시신을 묻기 전 찍어놓았던 사진을 보여주었고, 여성은 거기서 남편을 찾아냈다. 결국 다시 무덤을 파내기로 했다. '지독한 냄새가 나는 구덩이 속에서 남편이 입고 있던 옷 조각과 그의 턱뼈'를 꺼내는 데 성공했지만, 시신을 온전히 꺼내기에는 역부족이었다. 결국 남편은 그곳에 그대로 둘 수밖에 없었고, 그녀는 남편의 시체를 넣기 위해 산 관을 환불받았다.[13] *Frazier, 23*

스티븐슨은 멕시코에서 카르텔 간에 대규모 전투가 벌어져 많은 사람들이 죽었다는 정보를 입수했다. 그 사실을 확인하기 위해 이들이 묻힌 집단매장지를 찾아 샌페르난도로 가는 '섬뜩한 취재여행'에 나섰다.

연방경찰의 호위를 받아 고속도로를 달렸는데, 어느 지점에 다다르자 경찰들은 곁길을 가리키며 '이 비포장도로를 따라가면 집단매장지가 나올 것'이라고 말하면서 멈추더군요. "당신들은 안 갈겁니까?" "네, 우리는 가지 않습니다. 당신들이 가고 싶어한다고 해서 와준 것뿐입니다." 결국 특파원들은 모두 자동차 한 대에 몰아타고 비포장도로를 달리기 시작했어요. 하지만 매장지는 눈에 띄지 않았죠. 연방경찰이 제대로 알려준 것일까? 어쩌면 이미 파헤쳐서 사라져버린 건 아닐까? 어?

---

13   Joseph Frazier, "Death's cameraman," The Associated Press, January 22, 1981.

저기 큰 무덤처럼 보이는 건 뭘까? 채석장처럼 보이기도 하고… 결국 현지인의 도움을 받아, 시체들이 묻혀있는 곳을 겨우 찾아낼 수 있었죠.*Stevenson, 10*

리드는 이라크에서 미군이 저지른 두 건의 양민학살사건을 조사했다. 두 사건 모두 공식적인 해명과 취재한 내용이 달랐다. 리드는 사실관계를 확인하기 위해 노력했고, 결국 두 사건 모두 진실을 밝혀냈다. 첫 번째 사건은 미군이 '알카에다'를 공격했다고 주장했지만, 실제로는 일반인의 결혼식장을 공격하여 40여 명을 죽인 것으로 밝혀졌다.

미군이 거짓말을 하고 있다고, 전쟁범죄를 자행하고 있다고 고발해야 하는 순간이 드디어 온거니… 만반의 준비를 갖춰야 했지… 우선 AP의 현지인 기자가 결혼식에서 찍은 비디오를 입수했어… 8시간 분량의 테이프였는데, 누가 8시간짜리 테이프를 보고 싶겠어? 그래도 열심히 훑어봤지… 결혼식에서 노래를 부른 가수와 연주자가 눈에 띄더군. 바로 트럭에 실려있던 시신에서 본 얼굴이었거든…[14] 증거를 제시하니 미군은 한발 물러나 말을 바꾸기 시작했어. '나쁜 놈들'의 결혼식이었다는 거야. 익숙한 패턴이었지. 우리가 그 증거를 보여달라고 하자 사진을 내밀더군. "우리는 그들이 준비해놓은 무기도 찾아냈습니다! 이거 보세요."[15]… 우리를 응원하던 기자들은 물론, 우리의 취재를 못마땅해 하던 기자들이 보기에도 사진은 좀 이상했어. "무기라고 하기에는 너무

---

14 Scheherezade Faramarzi, "Officials say American aircraft kill more than 40 at wedding party," The Associated Press, May 19, 2004.

15 Scheherezade Faramarzi, "U.S. airstrike along Syria border in Iraq reportedly kills more than 40; Iraqis say wedding party attacked," The Associated Press, May 20, 2004.

부실한 것 같은데, 더 없나요?"… 연합군 부사령관 준장 마크 키밋은
"아, 이것 말고도 또 있습니다. 조사하고 있는 중인데… 내일 더 보여주
겠습니다." 다음 날도 그들은 똑같은 무기를 찍은 사진을 보여주더군…
키밋은 사과하지 않고, 자신의 입장도 굽히지 않았어. 뻔뻔하게 버티기
만 하면서, 이 문제에 대해서는 아무런 코멘트도 하지 않고 침묵했고…
결국 소동은 그렇게 흐지부지 끝나버리고 말았지.*Reid, 67-68*

두 번째 사건취재는 '시체안치소 주변을 어슬렁거리던' 리드에게 한 남자가
던져준 제보에서 시작되었다. 제82공수사단 소속 미군부대가 팔루자 길가
에서 폭탄테러로 자기 부대 소속 중사가 죽자, 복수하겠다면서 장애가 있는
그의 형을 수갑을 채워 끌고 나가 뒤통수에 총을 쏴 죽였다는 것이다. 그
의 진술이 '전혀 터무니없는 것은' 아니었기에 리드는 시체를 직접 확인했
다. 하지만 시체 상태만으로는 사실을 입증하기 어려웠고, 목격자들을 찾
아다니며 증언을 청취했다. 어느 정도 세부적인 증거들을 확보한 다음, 미
군에게 전화를 걸어 사실확인을 부탁했다.

미군은 '펄쩍 뛰면서' 부인했다. 교차검증을 했음에도 여전히 '확실한
한 방'이 없는 상황이었다. '미군의 주장과 내가 취재한 목격자들의 증언'
이 대립했다.

뉴욕에 몇 차례 전화해서 논의를 했지. 선임에디터와 상의한 뒤 일단
보도하기로 방향을 잡고, 하루 더 취재를 보강하여 최대한 빈틈이 없
도록 세부적인 정보까지 확인하기로 했어. 다시 시체안치소로 갔지. 주
변을 돌아보던 중… 마침 구급차 운전기사를 만났는데… 그가 이렇
게 말하더군. "네, 지체장애인이었어요. 길가에서 담배를 팔던 사람
이었는데, 그 사람도 거기에 있더군요. 그를 차에 싣느라 혼났어요. 이
미 죽은 상태였는데, 팔이 축 늘어져 너무 흔들거렸거든요. 그래서 내

가 손목에 수갑을 채웠죠." 내가 손목에 수갑을 채웠죠… 내가 손목에 수갑을 채웠죠… 그의 증언을 듣는 순간 기사는 날아가버리고 말았지.*Reid, 69-70*

공포와 절망에 무릎꿇지 않기 위한 노력

특파원들의 트라우마

폭력으로 희생된 이들의 시신을 직접 눈으로 확인하는 것은 쉬운 일이 아니다. 아무리 경험 많은 특파원도 마찬가지다. 이러한 경험은 직접적인 위험으로 입는 몸의 상처보다 훨씬 큰 마음의 상처를 남길 수 있다. 특별한 치료방법도 없이 오랜 시간 트라우마와 싸울 수밖에 없다. 기껏해야 '정상적인' 세계에 나와 며칠 휴가를 보내며 마음을 달래고 서둘러 일터로 돌아가는 것이 전부다.

탈마지를 인터뷰하기 위해 AP도쿄지국을 찾아갔다. 그의 책상 앞에는 2011년 3월 자연재난과 핵재난에 관한 신문기사들이 붙어있었다. 후쿠시마 방사능 오염지대에서 시체들을 찾는 경찰수색조를 취재한 경험을 떠올렸다. 경찰들은 '머리부터 발끝까지 하얀 우주복'을 뒤집어쓴 채 진흙밭을 수색했고, 탈마지는 밖에서 그들을 기다리고 있었다. 그는 청바지를 입고 있었다.

나는 주차장에서 수색조 한 팀을 따라갔어요. 그들은 진흙밭에서 시체들을 끌어당겨 꺼내 바닥에 눕혀놓고는 호스로 물을 뿌려 진흙을 씻어냈어요. 그리고 밴에 싣더군요. 시체안치소로 옮기기 위한 것이었죠. 나는 시체들을 실은 밴에 올라탔죠. 사실 시체안치소는 그 전날에도 갔던 곳이었는데… 차를 타고 가는 동안 너무나 불쾌한 느낌이 나를 짓눌렀어요. 자꾸만 이런 생각이 들더군요. "나는 이 짓을 왜 하고

있지? 이거 정말 해도 너무한 거 아닌가?"*Talmadge, 18*

탈마지처럼 특파원들은 대부분 어쨌든 임무를 모두 마치고 난 뒤, 자신의 감정을 돌본다. 말하자면, 현장에서는 공포가 밀고 들어올 수 있는 틈이 없을 정도로 바쁘게 임무를 수행함으로써 자신의 감정을 보호하는 것이다. 한국전쟁에서 인간이 처한 비참한 현실을 보여주는 사진으로 퓰리처상을 받은 맥스 데스포는 이렇게 말한다.

> 그때 그곳에서는 아무렇지 않아. 해야 할 일이 있으니까. 무슨 일이 있어도 맡은 일을 끝내야 하잖아. 돌아보거나 멈칫거려서는 안 돼. 계속 가야 하지. 남은 것들은… 나중에 기억을 되짚어가면서 하나씩 해결해 나가면 되는거지.*Desfor, 4*

파리 외곽에 비행기가 추락했든, 인도에서 공장이 폭발했든, 특파원들은 아드레날린을 계속 분비하면서 거침없이 달린다. 사건을 취재하는 동안에는 비참한 현실이 자신의 감정을 뚫고 들어오지 못하도록 막기 위한 몸부림이다. 취재원을 찾고 기사를 작성하는 과정에서 기자가 겪는 가장 큰 고통은 바로 이러한 '감정의 장벽을 치는 일'이다.*Bryson, 33; also Doland, 4; Graham, 29*

남아프리카공화국에서 아파르트헤이트가 끝날 무렵, 브라이슨은 폭력현장을 취재하던 중 동료 여럿이 죽었다. 그럼에도 그녀는 지국으로 돌아가지 않고 현장에서 취재를 계속 이어나갔다.

> 이런, 오늘 내 제삿날이 될 뻔했네… 그래도 현장에 남아 취재하고 기사를 써야 해.*Bryson, 9*

위험한 현장이 불시에 특파원 눈앞에 찾아오는 경우도 있다. 2011년 지진

당시 도쿄지국장이었던 말콤 포스터는 아내와 아이들을 중국으로 보내고
자신은 '도쿄지국 근처 호텔에 묵으면서 쉬지 않고 일했다.'*Foster, 9*

보호지역 바깥으로 나가는 것이 극도로 위험해진 바그다드에서는 견
고한 AP사무실 속에 숨어있는 것이 특파원의 하루일과였다.

일과가 시작되면 책상 밑으로 들어갔죠. 새벽 1-2시까지 일하다가 잠자
리에 들고 아침에 일어나 다시 책상 밑으로 들어갔어요.*Hurst, 6*

중국 천안문에서 괴멸된 시위대를 취재할 때,*Kurtenbach, 3* 가자지구의 자발
리아 난민캠프에서 진흙과 폐수 속에서 비참하게 살아가는 사람들을 취재
할 때,*Laub, 9* '도무지 희망이라고는 전혀 꿈꿀 수 없는, 캄캄한 절망만이 펼
쳐져있는 현실' 앞에서는 특파원도 좌절할 수밖에 없다. 이러한 절망감은
특파원들에게 깊은 마음의 상처를 남긴다. 라웁은 이렇게 말한다.

희망이 없어 보이는 무언가를 계속 취재하는 것은 정말 힘든 일입니
다… 누구든 행복한 결말을 쓰고 싶은 게 사실이잖아요.[16]*Laub, 40*

스미스는 포위당한 사라예보에 들어간 첫날, 무자비한 폭력 속에서 동료
한 명이 죽고, 또 다른 한 명은 심각하게 부상을 당하는 일을 경험했다. 그
상황에서 아무런 도움도 주지 못하는 자신의 무기력함에 가슴이 무너져
내렸다. 오랜 시간이 지난 뒤에도 그는 당시 겪었던 구체적인 상황을 선명

16　Karin Laub, "Jabalia has become center of resistance to Israel," The Associat-
ed Press, December 19, 1987. 기사의 두 번째 문단은 이렇게 시작한다.
주민들은 기관총으로 무장한 이스라엘군인들을 향해 겁도 없이 돌을 마구 던진다.
그들이 수십 년 동안 살아왔다는 이 비참한 환경을 보면 그들의 행동은 충분히 이해
할 수 있다.

하게 기억하고 있었으나, 자신이 실제로 그곳에서 얼마 동안 있었는지는 기억하지 못한다.

> 하루하루가 녹아서 그냥 다음 날과 섞여있는 것처럼 느껴졌어요. 그건 정말로 하나로 이어진 경험이었어요… 내가 며칠을 그곳에 있었는지 기억할 수 없어요. 열흘? 2주? 그 정도… 사람들은 자주 나한테 물어요. "그곳에 있을 때 위험하다고 느꼈나요?" 아뇨. 전혀 느끼지 못했어요. 내가 해야 하는 일에 너무나 집중해있었거든요. "오, 맙소사, 총에 맞는 거 아냐?" 그런 걱정을 할 시간도 없었어요. 물론 저격수들이 하루종일 총구를 겨누고 있는 길을 통과해야 할 때는 정말 심장이 튀어나올 듯 무서웠죠. 하지만 매일 매순간 그런 건 아니에요. 그렇게 느낀다면 이 일을 할 수 없어요… 절대 그런 사람은 할 수 없는 일이에요. 분별하지 말고, 그냥 마음 한켠에 밀어놓을 수 없다면… 정말 이런 것들이 신경 쓰인다면 현장에 나갈 수 없을 것이고, 따라서 취재도 할 수 없겠죠. 기본적으로 위험을 향해 뛰어들지 못하는 사람은 기자를 해서는 안되죠. *Smith, 8/13*

때로는 너무나 본능적이어서, 현장에서는 감지하지 못하는 공포도 있다. 취재를 하는 동안에는 전혀 인지하지 못했던 공포가 나중에 깊은 상처로 남아 치유되지 않기도 한다. 앤더슨은 베이루트에서 그런 경험을 했다.

> 세 살짜리 남자아이가 불에 타 온몸이 까맣게 되어 수술대 위에 죽어 있는 걸 봤습니다. 의사는 감정을 억누르지 못하고 목놓아 울었죠. 응급실 옆에 놓인 물양동이에는 젖먹이 쌍둥이 남매가 놓여있었는데, 죽은 아이의 동생이었어요. 물 속에서 아직도 연기가 피어오르고 있었죠. 그 참혹한 장면을 나는 기사로 썼어요. *Anderson, 13*

423

병원은 팔레스타인해방기구PLO가 점령한 서베이루트에 있었는데, 이스라엘의 분계선에서 몇백 미터밖에 떨어지지 않은 곳에 있었다. 당시 현장에는 피스크도 있었는데, 그는 앤더슨이 '눈물을 쏟으며' 타이핑하는 모습을 아직도 선명하게 기억한다.*Fisk 2002, 282-284, 128* 앤더슨이 쓴 592단어로 된 기사는 이렇게 시작한다.

얼굴과 가슴에 심각한 화상을 입은 3살짜리 꼬마 아메드 바이탐을 병원침대에 올려놓고 부드러운 붕대로 묶었다. 의사 아말 사마는 백린탄으로 인해 여전히 연기가 피어나는 상처를 살펴보기 위해 몸을 기울였지만, 그 순간 어린 아이의 심장은 멈췄다… 마른 체구의 소아과의사는 온힘을 쏟아 아이의 가슴을 강하게 압박하며 규칙적으로 입에 숨을 불어넣기 시작했다. 간호사는 정맥주사와 전기충격기를 가져오기 위해 달려나갔다. 목요일 오후, 20분 간 노력을 쏟았음에도 아이는 되살아나지 못했다.[17]

앤더슨은 인질로 잡혀있는 동안, 아이를 취재할 때 느낀 경험을 시로 썼다. 시는 이러한 비극을 취재한다고 해서 세상이 달라지지 않을 것이라는 절망을 표현한다.

우리가 종이 위에 흘린 눈물은
아무런 힘도 발휘하지 못한다.
다음 세상에도 또다른 아이와
또 다른 기자가 있을 것이고,
폭력으로 가득찬 세상이라는 욕조에서

---

17   Terry A. Anderson, "One phosphorous shell kills three children, burns 11 relatives," The Associated Press, July 30, 1982.

아무 상처도 입지 않고 일어날 수는 없는 법

단어를 수천 개 늘어놓는다고 한들

그 감정은 깨끗이 정화되지 않는다.

Anderson, 1993, 38, 29

특파원들은 오랜 시간 외상후스트레스장애PTSD에 시달려왔으나, 언론사들이 이에 대한 치료가 필요하다고 인식한 것은 불과 몇 년 전 일이다. 몇몇 특파원들은 동료들과 자신의 경험을 공유하는 것으로 해결해왔다고 말한다.*Schemm, 13* 이러한 대화는 경계를 풀고 끈끈한 연대의식을 심어주기도 한다. 반대로 고독 속으로 파고드는 이들도 있다.*Bartimus, 22* 어떤 특파원은 사라예보에서 근무할 때 테트리스 게임을 했다.

> 세르비아 사람들이 박격포를 쏘아대는 데 내가 할 수 있는 건 아무 것도 없더군요. 박격포 한 발이 어느 때든 나한테 떨어질 수 있다는 공포에 사로잡히지 않고 싶어서 찾아낸 방법이었죠.*Alexander, 20*

그런 감정을 치유하기 위해 오히려 취재에 더욱 몰두한 특파원들도 있다. 언제든 죽을 수 있었던 레바논전쟁을 취재하던 당시, 자신과 직원들을 어떻게 관리할 수 있었냐는 질문에 타트로는 웃으면서 이렇게 대답했다.

> 나도 모르겠네. 아마도 술을 많이 마셨던 것 같은데. 모르겠어. 많은 기자들이 대부분 술로 해결하지 않을까…*Tatro, 15-16*

타트로는 1982년 10주 간 포위공격이 지속된 서베이루트에서 경험한 몇몇 에피소드를 이야기했다. 베테랑 종군특파원 알렉스 엡티Alex Efty는 지붕 위에 올라가 공항에 폭격이 쏟아지는 것을 관찰하다가 죽은 사람들의 피를

425

뒤집어쓴 채 지국으로 돌아왔다.

앤더슨은 또 다른 AP기자와 함께 이스라엘의 공습으로 무너진 빌딩에 가서 지하에 갇힌 희생자들을 찾기 위해 애쓰는 구조자들과 생존자들을 인터뷰하고 있었는데, 이때 자동차가 돌진하며 폭탄이 터졌다. 그들은 폭발의 여파로 쓰러졌는데, '피와 시체조각들'이 날아와 그들을 덮어버렸다. 그 시체조각은 바로, 눈 앞에서 그들이 인터뷰하고 있던 임신한 여성에게서 튄 '정체를 알 수 없는 무언가'였고… 기절할 만큼 끔찍한 것이었다. 앤더슨은 결국 현장을 빠져나올 수밖에 없었고, 이 사건은 그에게 끔찍한 트라우마로 남았다.*Anderson, 17*

AP사무실 바로 옆에 폭탄이 떨어지기도 했다. 그 당시 타트로는 기사에 이렇게 썼다.

이 도시에서 승자는 없다. 어느 곳도 안전하지 않다.[18]

7년 뒤 앤더슨이 마침내 납치에서 풀려났을 때 AP는 그에게 정신과 의사 두 명을 붙여주었다. 하지만 20년이 지난 지금 그는 무뚝뚝하게 이렇게 말한다.

그런 경험에서 회복했느냐… 과연 '회복'이라는 단어를 쓸 수 있을지 모르겠네… 나는 치유되었다고 생각하지 않아. 그냥 다른 사람이 된 거지. 그 모든 경험이 나라는 사람의 일부가 되었을 뿐이야. 그 모든 상처도 나의 일부고… 내 인생의 목표는 치유가 아니야. 내 삶을 생산적으로, 제대로 된 방식으로 살아가는 것이 나의 영원한 목표지. 늘 그렇게 살기 위해 노력할 뿐이야. 물론 늘 성공적인 것은 아니지만… 내가

---

18   Nicolas B. Tatro, The Associated Press, August 21, 1982.

치유되었을까? 모르겠어. 그걸 확인하려고 다시 상담을 받으러 가고는 싶진 않네. 괜찮아요.*Anderson, 19-20*

앤더슨처럼 심각한 트라우마를 견디며 살아가는 특파원은 많지 않다. 대부분 자신이 목격한 비극 속에 갇혀 살기보다는, 잠시 휴식을 취하고 빠르게 현장으로 복귀한다. 자신이 수행하는 일의 중요성을 인식하고 있을 뿐만 아니라 트라우마 속에서 허우적거려서는 특파원으로서 일할 수 없다는 것을 알기 때문이다. 간단히 말해서 이것은 특파원의 운명이다.

자신의 감정 때문에… 자신이 목격한 비극이나 끔찍한 고통 때문에 이일을 그만뒀다는 말은 들어 본 적 없어… "끔찍한 장면을 너무 많이 보게 될 것 같아서 거기는 가지 못 하겠어요." 진짜 기자라면 그런 말은 절대 하지 않지.*Hanley, 14*

알렉산더는 소말리아에서 5개월, 보스니아에서 3개월, 르완다에서 1개월을 비롯하여 총 18개월을 쉬지 않고 근무한 뒤 1년 동안 휴직했다.

내 머릿속은 터지기 일보직전이었죠. 사람에 대한 신뢰가 완전히 깨진 상태였어요… 이 일을 하는 사람이라면 당연히 치러야 하는 댓가가 아닐까 생각해요. 다만 그걸 어떻게 다루느냐 하는 문제일 뿐이죠.*Alexander, 3*

방사능 잔해 속에서 시체를 끄집어내는 것을 지켜보며 하루를 보낸 뒤, 탈마지는 자신이 왜 이 일을 하고 있는지 회의가 들었지만, 거기에 대해 이렇게 답했다.

나는 기사를 쓰기 위해 취재하고, 스스로 의미있다고 여겨지는 것에 관해 기사를 쓰죠. 또 그 다음날 아침 일어나 어제 했던 일을 반복하죠. 그냥 계속 그렇게 하는 게 내가 할 일이에요._Talmadge, 18_

중앙아메리카에서 수천 명을 죽음으로 몰아넣은 허리케인 미치가 지나간 뒤, 니코 프라이스는 햇살 아래 썩어가는 시체들이 여기저기 널브러져있는 진흙밭을 헤치고 다니면서 열흘을 보냈다. 취재를 마치고 그는 짧은 휴가를 받았으나, 그것마저 날아가버렸다.

멕시코시티에 이제 막 착륙했는데 국제에디터에게서 전화가 왔어요. "지금 복귀하라는 말을 건네는 것이 좋은 생각인지는 잘 모르겠네요"… 그래도 나를 많이 신경써주더군요. "오늘 밤 아내와 함께 멕시코시티에서 가장 좋은 레스토랑에 가서 식사를 하고 식사비를 저한테 청구하세요. 그리고… 내일 아침 비행기로 현장에 복귀하세요." 기꺼이… 그렇게 했지요._Price, 18_

사라예보처럼 위험한 지역은 끊임없이 기자들을 빨아당긴다. 스미스는 부상당한 동료들과 죽은 동료의 시체를 싣고 사라예보를 탈출하는 데 성공한 뒤, 휴가를 받아 아버지를 만나기 위해 영국으로 갔다. 폭격으로 도시 절반이 사라진 사라예보 상황을 전달하기 위해 BBC뉴스에 출현한 것이 아버지에게 전한 마지막 안부였기 때문이다. 당시 위성전화는 기사를 전송할 때만 쓸 수 있었기 때문에, 자신이 살아있는지 죽었는지 가족에게 알려줄 길이 없었다. 하지만 그는 일주일만에 비엔나로 돌아와 사라예보로 다시 들어가겠다고 자원한다.

지금 돌아가지 않으면 다시는 그곳에 가지 못할 거 같아요… 지금 돌아가고 싶어요. 취재하다가 중단하고 온 게 있는데, 빨리 돌아가서 그 취재를 마무리하고 싶어요. 지금 가지 않으면, 나중에는 그런 용기가 날지… 잘 모르겠어요.*Smith, 14*

데이빗 크래리는 1992년 보스니아에 도착해 공항에서 AP지국으로 가는 동안, 총알들이 머리 위로 쌩쌩 소리를 내며 날아다니는 것을 보고는 공포에 질렸다. 파리에 두고 온 아내와 두 아이들이 떠올랐다. 하지만 그곳에서 3주를 보낸 뒤, 그곳에서 활동하는 기자와 시민들의 용기에 깊이 감화되었고, 그곳의 취재활동은… '계속하고 싶은 무언가가 되어 버렸다.' 파리로 돌아갈 때가 되니 '뭔가 개운치 않고, 죄책감 비슷한 감정'까지 느껴졌다.

적어도 첫 한해까지는 물도, 전기도 잘 들어오지 않았어. 사람들은 정말 궁핍하게 살았지. 나야, 외국인 기자니까 현지 담당자가 음식이나 물을 구해다줘서 그나마 현지인들보다는 어느 정도 형편이 나았지만, 고통스럽긴 마찬가지였어. 그러다 파리로 돌아왔는데… 어디든 마찬가지겠지만… 특히 크리스마스 시즌을 맞아 온갖 화려하고 들뜬 분위기가… 왠지 모르게 불편하게 느껴지더군… 그렇다고 사라예보로 가는 게 무섭지 않았던 건 아냐. 거기 들어갈 때마다, 처음 그곳에 들어갈 때 느꼈던 두려움이 되살아났지.*Crary, 10-11*

타트로도 크래리와 비슷하게 레바논에서 이스라엘로 건너갈 때마다 '디즈니랜드'에 들어가는 기분이 들었다고 한다.

이스라엘은 관광객들로 붐볐지. 미국에서 온 아이들이 반바지를 입고 아이스크림콘을 들고 다니더군… 나만 어깨에 커다란 짐을 짊어지고 있는 것처럼 느껴졌어. 전혀 예상치 못했던 낯선 감정이었지.*Tatro, 17*

429

프레이져는 엘살바도르에서 멕시코행 비행기를 타고 빠져나올 때 승무원들이 음료를 병 째로 주는 것을 보고는 크게 한숨을 내쉬었다.

> 멕시코로 돌아오는 길에… 우리가 현장에서 겪었던 그 심각한 문제들이 모두 그런 식으로 해결되어버리더군. 정말 많은, 생존과 직결된 문제들이 그렇게 어이없이 사라져버렸어._Frazier, 16_

아내가 죽었을 때 자신을 책망하던 프레이져는 '하루는 아드레날린이 솟구치다가도 다음날에는 우울감에 휩싸이기를' 반복했다. 그럼에도 에디터에게 전화를 받는 순간 곧바로 임무를 재개할 수 있도록, 아주 짧은 기간 휴직을 가졌을 뿐이다._Frazier, 35-37_

전장에서 마시는 뜨거운 커피
두려움마저 압도하는 특파원의 사명감

특파원들이 위험을 헤치고 트라우마를 무릅쓰면서 끈질기게 취재를 계속해나가는 것은 두려움을 느끼지 못하기 때문이 아니다. 급박한 상황 속에서도 목격자의 증언을 들어야 하는 이야기가 있고, 그 이야기를 가능한 한 진실되고 완전하게 전달해야 한다는 사명감이 두려움보다 크기 때문이다.
see also Shadid, 2006, 69; Fisk, 2005, 234-235

눈앞에 있는 사건이 자신의 목숨을 걸 만한 가치가 있는지 많은 특파원들이 자문해본 경험이 있다고 한다. 그들은 대부분 '그렇지 않다'고 대답했다고 말한다. 하지만 그런 대답이 무색하게 실제로 그들의 행동은 매우 과감하다. 사실 그들에게 죽을 수 있다는 말은 '막연한 가능성'이 아니라 '구체적인 확률'을 의미한다. 특파원이 임무를 제대로 수행하기 위해서는 확률게임을 할 수밖에 없다.

> 죽을 수도 있다는 사실을 알면서도 취재를 하겠냐고 질문하면 누가 하
> 겠다고 대답하겠어요? 잘 모르겠지만… 우리에게 이런 문제는 '리스
> 크가 큰 베팅'과 비슷해요. 찻길을 건널 때마다 우리는 위험을 감수하
> 잖아요. 그렇다면 길을 건너는 행위는 목숨을 걸 만한 행위라는 뜻이
> 죠. 슈퍼볼을 보러 가기 위해 비행기를 타는 것도 마찬가지예요. 목숨
> 걸 가치가 있는 일이라면, 일종의 미션이나 꿈을 실현하는 일이라면, 의
> 심할 여지없이 밀고나가는 거죠. 위험이 크다는 말이 곧 부정적인 결
> 과로 이어진다는 뜻은 아니잖아요. 위험은 확률에 불과해요.*Perry, 37*

파일은 베트남전쟁에서 겪은 일을 이야기한다. 당시 라오스 상공에서 헬리
콥터가 격추되어 그와 함께 일하던 사진기자 네 명이 죽었다. 이는 시간과
장소와 무관하게 어디에서나 적용할 수 있는 이야기다.

> 제정신이 박힌 사람이라면 절대 가지 않을 곳으로 가기 위해, 상당한
> 시간을 헬리콥터에서 보냈지. 그때를 돌아보면 이런 말이 나올 수밖에
> 없어. "5년? 5년 동안 그 짓을 했다고?" 그 정도면 불운을 경험할 확
> 률이 매우 높은 거 아닌가? 실제로 그렇기도 했지. 그곳에서 죽은 그
> 친구들처럼 말이야…[19] 하지만 그 친구들도 헬리콥터를 타고 라오스로
> 가는 기회를 마다하지 않았을 거야… 누가 그런 제안을 거절하겠어?…

---

19 Richard Pyle and Horst Faas, *Lost over Laos: A True Story of Tragedy, Mys-
    tery, and Friendship* (Cambridge: Da Capo Press, 2003). 1971년, AP에 소속된
    프랑스인 사진기자 앙리 웨Henri Huet을 비롯하여 사진기자 4명이 라오스전선을 취
    재하기 위해 헬리콥터를 타고 나섰다가 피격으로 추락하여 사망했다. 너무 외진 곳에
    추락하는 바람에, 거의 30년이 지난 뒤에야 당시 동료였던 리차드 파일과 AP 사진기자
    호스트 파스가 사고현장을 발굴하면서 알려졌다. 유해는 찾지 못했다.

나는 그곳에서 5년을 보냈지만… AP가 나를 거기서 끌어내지 않았다면, 더 오래 있었을 거야.*Pyle, 15-16*

그렇다고 해서 특파원들이 맹목적으로 전선을 향해 달려가는 것은 아니다. 오히려 많은 특파원들이 불필요하게 우쭐대며 취재하는 태도, 이른바 '카우보이저널리즘'은 지양해야 한다고 말한다. 굳이 그런 상황을 찾아다니며 어슬렁거리지 않아도 그런 현장은 다양한 경로로 기자들을 찾아오기 때문이다.*Frazier, 8*

한국전쟁과 베트남전쟁을 취재한 베테랑특파원 조지 맥아더는 최전선이니, 전쟁취재니 모두 '헛소리'라고 무표정하게 말한다.

나는 남들 뒤에 숨어있기 바빴어. 특히 통신병 뒤에 자주 숨었지.

McArthur, 3

1960년대 말 아프리카 독립전쟁 당시 래리 하인즐링은 요동치는 전선을 쫓아다니며 취재하는 것을 거부했다.

총에 맞아 죽을 위험을 감수할 만큼 가치있는 일이라고 여겨지지 않았어. 뭣 때문에 그걸 해? 오늘 아침 전세를 판난하는 게 목숨과 바꿀 만한 일인가? 내일이면 또 바뀔 것이고, 그 다음날이면 또 바뀔 건데.

Heinzerling, 19

몇 년 뒤 AP국제데스크를 이끄는 역할을 맡은 하인즐링은 앤더슨의 석방 협상에 나선 언론사들에게 AP기자가 그랬던 것처럼 무모하게 위험을 무릅쓰고 취재를 하지 말라고 주의를 주었다. 특파원 모트 로젠블럼은 아르헨티나의 군사독재정부의 암살대상 명단에 올랐다. 위험을 감지한 그는 아르헨티나를 떠나지 않고 친구의 아파트에 숨어서 지냈다.

> 떠날 생각은 전혀 없었어. 이 망할 놈의 정부가 무서워서 도망치는 꼴
> 은 보여주고 싶지 않았거든… 물론 나도 소심한 사람이야. 정말 불에
> 타 죽고 싶지는 않았거든. 아내와 반려견이 불에 타 죽는 건 더더욱 싫
> 고._Rosenblum, 31/34_

많은 특파원들이 거취를 고민할 때 가장 많이 고려한 것은 '취재하기 위해
서, 진실에 도달하기 위해서, 끝까지 밀고나가야 한다'는 자신의 직업적 사
명와 자신의 가족, 특히 자녀의 안전이었다. 샐리 버즈비는 이라크전쟁을 취
재하면서 느낀 두려움에 대해 이렇게 말한다.

> 아직 어린아이가 둘이 있었는데… 길거리에서 폭탄이 터져 아이들이
> 죽으면 어떻게 하나 두려움이 밀려들더군요. 내가 내린 결론은, 그런 생
> 각은 아예 하지 않는 게 정답이라는 것이었죠._Buzbee, 8_

인도네시아특파원 로빈 맥도웰은 9·11테러 이후 잠깐 임무를 수행하기 위
해 파키스탄으로 갔을 때 10살도 되지 않은 아들이 있었다. 비행기에 타고
나자 불안이 몰려왔다.

> 나는 왜 이런 선택을 했을까? 내 머리에 무슨 문제가 있는 건 아닐까?
> 뭔가 홀린 건 아닐까? 그냥 내가 바보인건가?… 미친건가? 지금 정말
> 거기에 가고 있다고?_McDowell, 25_

《월스트리트저널》특파원 다니엘 펄Daniel Pearl이 파키스탄에서 납치되어
처형된 직후, 돌란드는《월스트리트저널》에서 파키스탄 데스크직을 맡아

달라는 제안을 받았다고 한다. 하지만 두려움에 그녀는 이직 제안을 받아들일 수 없었고, 이러한 결정은 그녀의 커리어에서 중요한 분기점이 되었다.*Doland, 12*

특파원은 이야기를 쫓아 전 세계를 돌아다니는 것이 위험을 감수할 만한 가치가 있는 일인지 매 순간 판단해야 한다. 더 나아가 건물 모퉁이를 돌 때마다 그것이 위험을 무릅쓸 만한 일인지 판단해야 할 때도 있다.

[베이루트에서] 거대한 폭발이 일어나… 200여 명이 죽고 다쳤어요. 대부분 여자와 어린이들이었죠… 거리에는 하늘을 향해, 모든 것을 향해 총질을 해대는 무장단체 단원들이 있었고… 그런 총알에 맞아 언제든 죽을 수 있는 상황이었어요. 사람들은 현장에 나가는 걸 두려워했지만, 나는 그래도 나갔어요. 물론 나가지 않겠다는 사람을 겁쟁이라고 하거나, 나가겠다는 사람을 용기있다고 말할 수는 없었죠… 거리에 나가서는 모퉁이를 돌기 전에 항상 곧바로 어디에 숨을 것인지 미리 확인해야 했어요. 모퉁이를 돌자마자 가장 가까운 집 현관에 몸을 숨기는 것이 안전하죠… 언제 어디서 총알이 날아올지 모르고, 폭탄이 터질지 모르니까… 한번은 현관에 몸을 숨기고 있는데, 그 집 가족이 문을 열고는 나한테 커피를 가지고 내려와 대접하기도 했어요. 얼떨결에 그 집 손님이 된 거예요. 그들은 나보고 잠시 들어와서 편안하게 머물다가 가라고 했어요. 내가 있던 곳은 그런 곳이에요. 여기저기 길거리에서 무법자들이 허공에 총질을 해대고, 여기저기 폭탄이 터지면서 연기가 자욱한 곳이기도 했지만, 한편으로 현관에 서있는 알지도 못하는 이방인을 위해 뜨거운 레바논커피 한 잔을 대접하는 마음씨 따뜻한 사람들이 사는 곳…*Powell, 4-5*

결론
현장취재에서 겪는 위험과 공포

해외특파원들은 시체안치소와 병원에서 시신을 세며 정확한 진실을 추구하는 폭력의 목격자라 할 수 있다. 세상에는 지금도 무수한 위험이 난무한다. 전쟁은 그 자체로 위험하다. 미군을 따라 종군을 할 때도 마찬가지다. 종군기자는 군인들과 똑같은 위험에 노출된다.

전쟁 중에서도 훨씬 위험한 것은 내전이다. 전세가 급변하며 한치 앞을 내다볼 수 없기 때문이다. 중무장 헬리콥터의 공격을 받을 수도 있고, 길에서 매복공격을 받을 수도 있다. 어딘가 숨어있는 저격수의 총알이 날아오기도 하고, 납치를 당할 수도 있다. 총구를 머리에 들이대고, 핏자국으로 얼룩진 밀실에 감금될 수도 있다.

외국인 기자라는 사실 때문에 표적이 되기도 한다. 성난 군중에게 몰매를 맞아 죽을 수도 있고 온갖 살해위협을 받을 수도 있다. 정부 역시 살해 위협을 한다. 이란에서는 '특파원들의 안전을 보장해줄 수 없다'는 노골적인 협박을 받기도 했고, 엘살바도르에서는 '당신이 지금 어디 있는지 알고 있다'는 괴전화를 받기도 했다. 시리아에서는 미국 기자가 '거리에 돌아다니는 것'이 마음에 들지 않는다면서 특파원을 차에서 끄집어내 납치하기도 했다. 이처럼 특파원들에게 위험은 늘 찾아오는 것이다.

특파원들은 오랜 경험을 통해 위험을 취소화하기 위한 예방책을 마련해 왔다. 방탄복을 입고(무기는 소지할 수 없다), 밖에 나갈 때는 늘 함께 다니고, 차량에 테이프로 커다랗게 'TV'라는 글자를 써붙인다(물론 지금은 이런 표식이 오히려 과녁 역할을 하는 경우가 많다). 자동차에 타기 전 폭발물이 있는지 점검하고, 체내 방사능 수치를 확인한다.

위험에 대한 평가로 인해 특파원과 에디터가 대립하는 경우도 있다. 특히 베이루트나 바그다드처럼 늘 치명적인 장소에서는 특파원들이 위험에 노출되기 쉽다. 시리아나 멕시코의 카르텔 장악지역 등, 위험도가 너무 높다고 판단되는 곳은 출입금지지역으로 설정하기도 한다.

몇 킬로미터 전진할 때마다 위험도를 평가하고 취재여부를 판단해야 하는 경우도 있다. 특히 죽음이 은폐된 곳에 접근할 때는 더욱 조심해야 한다. 시체를 찾고, 숫자를 세고, 사인을 파악하는 것은 거짓을 깨기 위해 반드시 밟아야 하는 과정이다. 특히 재난이나 학살과 같은 상황에서 AP는 다른 언론보도의 '기준'과 같은 역할을 하기 때문이다. 한국군은 공식적으로는 세 사람이 죽었다고 했지만 직접 현장에 가서 '손가락으로 짚어가며' 세었을 때 시신은 179구나 되었다. 때로는 미군의 전쟁범죄 혐의를 폭로하기 위해 AP특파원은 손상된 시체를 면밀히 조사하기도 한다.

방사능보호구를 입고 시체를 호스로 씻는 것을 지켜보면서 특파원은 자신의 임무에 회의를 품기도 한다. 현장에는 특파원이 해야 할 일이 매우 많다. 너무 생각이 깊어지면, 그들이 정말 해야 하는 일, 즉 다음 날 아침 현장으로 다시 나가서 의미있는 기사를 쓰는 것을 방해할 수 있다. 하지만 너무나 끔찍한 공포를 직면하면, 예컨대 불에 타버린 갓난아기의 몸에서 여전히 피어오르는 연기를 보거나, 또는 저격수들의 집중사격에 벌집이 되어버린 동료의 시체를 끌어내면서 정서적인 충격을 받고 무너져 내릴 수 있다.

하지만 이러한 트라우마를 치유하기 위한 특별한 대책은 거의 없다. 그저 '낯설게 느껴지기만하는 정상세계'로 잠시 휴가를 다녀오는 것이 전부다. 특파원들은 목숨보다 가치있는 기사는 없다고 입을 모아 말한다. 하지만 이 말은 죽을 '가능성'을 이야기하는 것이 아니라 눈앞에 닥친 '죽음의 확률'을 이야기하는 것이다. 특파원들은 지난 수십 년 동안 '제정신이라면 절대 가지 않을 곳'으로 달려가 목숨을 걸고 현장을 쫓아다녔다.

특파원들은 자신보다 훨씬 고통받는 사람들, 총알이 날아다니는 거리에서 몸을 움츠린 채 현관에 서있는 이방인에게 따듯한 커피를 내어주는 사람들의 이야기를 세상에 전달하는 것이 자신의 진정한 임무라고 믿기에 이러한 위험을 기꺼이 감수하는 것이다.

특파원들이 극심한 위험과 트라우마를 극복하는 데 가장 큰 힘을 되는 요인은 바로 동료 간의 끈끈한 팀워, 그리고 경쟁이다. 다음 챕터에서 자세히 살펴본다.

일본에는 조기 경보시스템이 있어요… 10-15초 정도 먼저 경보가 울리는
거죠. 하지만 우리는 그게 울려도 그냥 '아이고, 깜짝이야' 정도로만 여기
고 넘기는데, 그날은 진짜 10초 정도 뒤 심한 진동이 시작되었어요… 건물
이 삐걱거리고 찢어지는 듯한 소리를 냈어요. 창문에 블라인드가 부딪혀
달그락거렸고… 문자메시지랑 통신장치 등을 이용해 데스크에 '엄청난 지
진이 왔다'라는 메시지를 전송했죠. 그 다음 '일본에 강력한 지진이 발생해
도쿄의 건물들이 흔들리고 있다'라는 글을 쓰려고 했는데… 전송도 하기
전에, 쿠쿵, 다시 심하게 흔들렸어요. 진동이 계속되는 와중에 작성한 문장
을 전송했죠. 타이핑을 하는 것도 쉽지 않았어요. 키보드가 말 그대로 왔
다갔다 휘청거렸거든요. 문득 이런 생각이 들더군요.

　"건물이 무너지면 어떻게 하지?"

불현듯 나도 가족도 죽을 수도 있다는 생각이 들었죠.

　"아, 이렇게 죽는건가?"

다행스럽게도 진동이 가라앉았고, 아시아데스크는 내가 작성한 경보를 전
송했어요. 우리는 이 순간을 매우 자랑스럽게 기억하고 있어요. AP가 지진
을 가장 처음 보도한 언론사였거든요.

Foster, 3-5

해안기슭에 있는 여관의 주인과 인터뷰했어요. 모든게 사라져버린 직후였는데… 그녀의 여관은 무사했지만, 쓰나미로 인해 밀려온 자동차가 앞마당에 뒤집어져있었죠… 사이렌이 울리더니 경찰순찰대가 와서 우리에게 소리치더군요.

"여기서 나가세요! 나가세요!"

우리는 경고를 무시하고 버텼어요. 두 번째 순찰대가 오고, 세 번째 순찰대가 왔는데, 이번에는 경찰이 아니라 군인들이더군요. 군인들은 우리를 끌고 나갔고, 그렇게 해서… 높은 언덕으로 올라갔어요…

"초대형 쓰나미가 또 오고 있는 것으로 확인되었습니다. 20분 내에 닥칠 겁니다. 처음 쓰나미보다 훨씬 크다고 합니다…"

언덕에 앉아있었는데… 우리 빼고는 대부분 구조대원들이더군요. 거기서 쓰나미가 오길 기다리면서 바다를 바라보고 있는데, 난데없이 거대한 굉음이 들려왔어요. 바그다드에서 폭탄을 투하할 때 들었던 소리처럼 엄청난 것이었죠. 폭탄이 떨어졌을 때처럼, 반사적으로 바닥에 바짝 엎드렸는데, 어쩌면… 내 의도와 무관하게 쓰러진 걸 지도 모르겠네요. 정신을 차리고 해안 쪽을 쳐다보니, 짙은 연기가 솟아오르더군요. 쓰나미가 무언가세게 쳐서 폭파했나보다… 생각했어요. 쓰나미가 온다고 했으니까 당연히 그렇게 생각했죠.

몇 분 지났을까… 소방서장이 메가폰을 들고 나타나서 이렇게 말을 했어요.

"3번 원자로가 방금 폭발했습니다."···

아! 우리가 목격한 것이 바로 그것이었어요. 그 엄청난 폭발음과 진동을 직접 느꼈던 거예요. 다행이도 예고되어있던 쓰나미는 오지 않았어요. 알고 보니 우리가 대피해있던 언덕은 해수면보다 약간 높을 뿐이어서, 예고했던 것처럼 처음보다 큰 쓰나미가 진짜 왔다면, 나를 포함해서 거기 있던 사람들은 다 죽었을 거예요. 생각만해도 소름이 끼치는 일인데··· 이제 그건 문제도 아니였어요.

"어, 우리가 얼마나 많은 방사능에 노출된 거지? 원자로가 터지는 걸 눈 앞에서 봤잖아."

Talmadge, 7-8

440

AP

역사의 목격자들

FOREIGN
CORRESPONDENTS
IN ACTION

8

같은 선수끼리
이러깁니까?

특파원들의 협업과 경쟁

8

"같은 선수끼리
이러깁니까?"

특파원들의 협업과 경쟁

특 파원은 외로운 늑대가 아니다. AP특파원들은 대개 팀으로 일하면
서 동료애를 쌓는 한편 서로 경쟁도 한다. 1992년 토니 스미스는 AP
사진기자 산티아고 리용, 데이빗 브로클리, 《노스스타North Star》의 사진기자
피터 노솔Peter Northall, 카탈로니아의 일간지 《아부이Avui》의 조르디 푸졸Jordi
Pujol과 에릭 하욱Eric Hauck 등 외신기자들과 함께 포위공격이 시작된 사라예
보로 향했다. 이들은 특파원들 간의 연대의식이 얼마나 중요한지, 또 그들
의 동료애가 얼마나 애달픈지 보여준다.

이들은 위험을 최소화하면서 효과적으로 취재하기 위해 폭력이 난무
하는 이 도시를 세 구역으로 나눠, 두 명씩 짝을 지어 90분 마다 순찰하기
로 했다. 어느 날 아침, 순찰을 나갔던 브로클리와 푸졸이 복귀하지 않았
고, 다른 두 팀은 이들을 찾아나섰다. 폭격이 시작되기 직전 폭격지역으로
들어가는 것을 목격했다는 현지인들의 증언을 확보했다. 그곳에서 가까운
병원에 일일이 전화를 걸어 수소문했지만, 어디에서도 찾을 수 없었다. 결
국 그들은 폭격지역으로 들어갔고, 거기서 발견되었다. 브로클리는 유산탄
에 맞아 쓰러져있었는데, 마취도 하지 않은 상태로 몸 한 쪽에 박힌 파편을
혼자서 뽑아낸 상태였다. 반면, 방탄조끼를 입고 있지 않던 26살 푸졸은 현

442

장에서 즉사했다. 스미스는 이렇게 회상한다.

> 이상하게 들릴 수도 있겠지만, 취재를 계속 해야 하는 상황이었기에 어떤 면에서 비극을 진정으로 느낄 여유도 없었어요.[1]*Smith, 10*

이 '초현실적인' 상황에서 스미스는 계속 취재를 하면서, 관을 만들어 줄 사람을 수소문하고 동시에 기름이 가득 채워진 자동차를 찾아 구입했다. 전쟁통에 관까지 만드는 것은 유난스러워 보일 수도 있겠으나 꼭 해야만 하는 일이었다. 전기도 끊긴 상황이에서 '시체 썩는 냄새가 진동하기 시작했기' 때문이다. 또한 브로클리의 상태가 어느 정도 안정되어 여행을 할 수 있다는 의사들의 소견을 얻어내야만 했고, 이들을 이송하기 위한 국제적인 정부관료들의 협조도 받아내야 했다. 하지만 UN에서 파견된 관료들은 아무런 도움도 되지 않았다. 제 밑도 닦지 못하는 허수아비 같았다.

결국 스미스는 다른 특파원들과 함께 '부상으로 인해 최대한 안정이 필요한' 브로클리를 태우고 사라예보를 탈출할 독자적인 계획을 세울 수밖에 없었다. '심하게 파손된 토요타 코롤라'를 타고 사라예보를 빠져나가 250킬로미터 정도 떨어져있는 스플리트로 갈 계획을 짰다.

사라예보에서 빠져나가기 위해서는 그 악명높은 '스나이퍼앨리Sniper

---

1   Tony Smith, "Bosnian troops call off assault on army barracks," The Associated Press, May 17, 1992. 이 기사의 다섯 번째 문단에 푸졸의 죽음에 대한 이야기가 나온다.
토요일 밤새 전개된 전투는 동틀녘에 끝났다. 하지만 카탈로니아 일간지 《아부이》의 사진기자 조르디 푸졸이 사망하고 AP의 사진기자 데이빗 브로클리가 중상을 입었다. 브로클리는 머리, 사타구니, 팔에 박힌 박격포탄 파편을 제거하는 수술을 받았다. 푸졸은 발발 10주 만에 1,300 명이 목숨을 잃고 70 만 명이 난민이 된 보스니아전쟁에서 사망한 첫 번째 언론인이 되었다.

Alley'를 통과해야 했어요… 그 길을 전속력으로 달릴 때가, 아마도 내 인생에서 가장 무서운 순간이었을 거예요… "아, 이제 끝이구나. 그래도 우리는 할 만큼 했어. 해야 할 일을 했지. 어쨌든 최선을 다했으니 죽어도 후회는 없어."… 하지만 운 좋게도 사라예보를 빠져나올 수 있었죠. 그렇다고 고비가 끝난 건 아니었어요… 또 다른 바리케이드가 나왔고, [더 광신적인] 무장단원들이 지키고 있고… 무슨 일이 닥칠지 전혀 알 수 없는 상태였어요… 또한 정말 더 이상 갈 수 없는 지점에 도달한 적도 있어요… 사람들은 이렇게 말했죠. "가지 마세요, 그쪽으로 가면 그자들이 당신들을 가만히 두지 않을 겁니다." 그곳을 피해 가는 방법은 산길로 돌아가는 거였어요… 돌멩이가 울퉁불퉁 솟아있는 험난한 비포장도로를 달리는 거였죠. 브로클리는 계속해서 '아메리칸 파이'를 부르면서 이를 악물고 극심한 고통을 견뎠어요… 어쨌든 산길을 무사히 통과하는 데 성공했는데… 또 크로아티아 경찰이 나타나 우리를 세우더군요. "서류를 보여주십시오." "저기… 없습니다. 있었는데 모두 잃어버렸어요… 이 친구는 사라예보에서 취재를 하다가 큰 부상을 입었습니다. 그리고 뒤에 따라오는 차에는 관이 실려있습니다. 우리는 지금 스플리트공항으로 가는 중입니다. 제발 좀 가게 해 주세요." 하지만 그건 우리 생각일 뿐이었습니다. 그렇게 해줄 생각이 전혀 없더군요… 잠시 무전을 한다고 경찰들이 자기들 차로 갔는데, 나는 그 순간을 놓치지 않고 "지금, 간다. 출발!" 소리쳤고, 그대로 시동을 걸고 달렸죠. 그 경찰은 어이가 없었겠죠. 결국 우리는 스플리트에 진입했고, 공항에 다다랐어요… AP에디터들이 마련해놓겠다고 한 부상자 수송용 헬리콥터가 있더군요. 브로클리를 먼저 헬리콥터에 실어 떠나보내고, 이제 시체를 처리하기 위한 일을 했죠… 모든 일이 끝난 뒤 에디터들이 이걸 기사로 쓰라고 요청했어요. 결국 이게 내가 쓴 기사 중에 1인칭 시점으

로 쓴 유일한 기사가 되었죠.[2]*Smith, 10-12*

험난한 내전지역에서 온갖 장애물을 헤치고 중상을 입은 동료와 동료의 시체를 운반한 스미스는 사선에서 AP특파원들이 보여주는 끈끈한 유대감을 잘 보여준다.

매체들이 AP기사를 실을 때 바이라인에서 AP특파원의 이름을 뺄 때도 있는 만큼, AP특파원들의 개인적인 인지도는 낮다. 더 나아가 그들이 기사를 공급하는 회원사 기자들과도 현장에서 취재경쟁을 해야 하는 경우도 많다. 특파원들이 현장에서 다른 특파원과 맺는 관계는 크게 다음 세 가지로 구분할 수 있다.

- 내부적으로, 데스킹(기사편집과 작성)을 하는 기자와 현장에서 취재하는 기자가 맺는 관계.
- 외국에서 파견된 특파원과 '현지인' 특파원이 맺는 관계.
- 외부적으로, 다른 언론사 특파원들과 맺는 관계.

최근 전반적으로, 해외파견은 줄어드는 반면, 현지인을 특파원으로 고용하는 비중이 높아지고 있다. '현지인특파원'의 장점은 대개 훨씬 다양한 취재원을 확보하고 있으며, 외국인이 파악하기 어려운 언어적 뉘앙스를 알아듣고 미묘한 배경지식까지 갖추고 있다는 것이다. 물론 단점도 있다. 이야기 진술 방식이 조금은 다른 경우도 있고, 그 나라 정부의 압박에 훨씬 크게 영향을 받는다. 오랜 기간 중동에서 특파원 활동을 한 아일린 파월은 이렇게 말한다.

---

2   Tony Smith, "Tearful farewell, then a drive past desperate refugees," The Associated Press, May 21, 1992. 스미스와 함께 이 여정에 참여했던 영국 《가디언》의 기자도 이것을 기사로 썼다. Maggie O'Kane, "Escape from Sarajevo," The Guardian, May 21, 1992. 특히 이 기사에는 UN의 무능함에 대한 맹렬한 비판이 담겨있다.

나는 고향으로 돌아가면 그만이지만 그들은 이라크에서 계속 살아야 하잖아요. 과연 이런 사람들이 자신의 삶을 위태롭게 할 수 있는 취재까지 할 수 있을까요? *Powell, 10*

"오늘 AP에는 아프리카에디터가 없습니다."
AP 내의 협업

팀워크는 본질적이면서도 미묘한 관행이다. 많은 사람이 협력하여 만들어내는 뉴스통신에서 바이라인은 개인을 드러낼 수 있는 아주 작지만 중요한 공간이다. 나중에 퓰리처상을 받는 순회특파원 찰스 핸리는 1990년 여름 이라크의 쿠웨이트침공부터 1991년 봄 걸프전 종전까지 뉴욕에서 전쟁에 관한 주요기사들을 썼다. 하지만 그가 쓴 기사들의 바이라인에는 페르시아만이나 사우디아라비아에 있는 기자들, 미군부대를 따라다니며 전장을 취재하는 종군기자들의 이름이 들어갔다.

책상에 앉아서 신문에 실을 수 있는 수준으로 글을 작성하거나 고치는 사람이 있지만, 그 기사의 바이라인에는 현장에서 직접 취재한 사람, 그 기사를 현장에서 전송한 사람의 이름이 들어가야 하지. 물론 현장에서 전송한 것이, 기사라고 하기에 부실한 경우도 있어. 그저 몇 줄 메모에 불과할 때도 있고, 심지어 전화를 통해 전달한 몇 마디 말일 때도 있거든. 그런 정보에 과거에다가 취재한 자료나 배경지식을 가져다 살을 붙여 기사답게 만들어내는 건 뉴욕의 에디터들이 하는 일이지… 그럴 경우, 사실 데스크에서 기사를 작성했다고 해도 틀린 말은 아니겠지만, 그럼에도 현장특파원의 이름으로 기사를 내보내는 것을 AP에디터들은 자랑스럽고 명예롭게 생각해… 이게 바로 AP에서 작동하는 변치 않는 작업방식이지. 자신의 이름이 드러나지도 않는 글을 쓰기 위해 헌신하는 사람들 덕분에 AP가 지금도 빛나는 거야.*Hanley, 10-11*

특히 교황의 죽음이나(BtN#8 참조) 전장 소식처럼 주요관심사가 되는 뉴스속보는 중앙데스크에서 처리한다. 중앙데스크는 '오케스트라지휘자처럼'*Reid, 53* 현장에서 실시간으로 들어오는 뉴스를 취합하여 기사를 생산해내는데, 이 경우에도 바이라인에는 특파원의 이름과 그들이 취재한 날짜가 들어간다.

특히 신입기자들이 속보취재를 하는 경우에는 기사 속에서 더 깊은 맥락을 제시하지 못하는 경우가 많기 때문에, 이러한 데스킹은 기사의 질을 높여주는 역할을 한다. 물론 이렇게 중앙데스크에서 내러티브를 짜면 속보취재를 한 특파원의 개성이 기사에 반영되기 어렵다.*Rosenblum, 2010, 117*

도나 브라이슨은 아파르트헤이트가 존재하는 남아프리카공화국에서 처음 특파원생활을 시작했다. 총격전이 수시로 발발하던 흑인거주지역으로 '사진기자와 함께 얼떨결에' 취재를 나간 초짜특파원 브라이슨은 이곳의 사회적 구조적 맥락에 대해 거의 이해하지 못하는 상태였다.

나는 현장에서 목격한 장면을, 지국에서 근무하는 더 경험이 많은 기자들에게 전해줄 뿐이었어요. 내가 본 것, 구체적인 폭력의 결과를 이야기해주면, 그들은 대번에 그 사건이 어떤 맥락에서 어떤 의미를 갖는지 바로 이해하더군요. 내가 그 정도 안목을 갖추는 데는 상당한 시간이 걸렸죠.*Bryson, 4*

앤젤라 돌란드는 자신이 '진짜 중요한 사건'을 처음 취재했던 순간을 회고한다. 2000년 파리 근교에서 콩코드여객기가 추락한 사건을 취재했는데, 이 사고로 총 113명이 사망했다. '파리지국에서 가장 미숙한… 급박하게 속보를 작성해 본 적이 한번도 없던' 그녀는 '거의 형체를 알아볼 수 없을 만큼' 산산조각난 기체와 그 파편으로 인해 손상을 입은 호텔에서 피어오르는 연기 등 구체적인 사실을 취재하여 전달했다. 그렇게 취재한 내용은 데스크의 도움으로 그럴듯한 기사로 변모했다.[3]

그때를 생각하면 겸손해질 수밖에 없습니다. 다음 날 잠에서 깨어 신문을 보니 헤드라인 기사의 바이라인에 내 이름이 들어가 있더군요. 내가 잠을 자는 사이에 너무나 많은 일이 벌어져있었죠. 얼마나 많은 이들이 그 기사를 만들어내기 위해 힘들게 일했을까?… 정말이지, 너무나도 놀라운 경험이었어요.*Doland, 4*

현장기자와 데스크기자 사이에 불화가 일 때도 있지만 (이 주제에 대해서는 11장에서 이야기한다) AP특파원들은 대부분 두 가지 직책을 번갈아가면서 경력을 쌓기 때문에 그러한 갈등이 심화되지는 않는다. 어쨌든 현장기자들은 데스크가 그저 책상에 편하게 안아서 불평이나 한다고 생각하는 경향이 없을 수는 없겠지만, AP의 현장기자들은 데스크가 자신들만의 명예를 추구하기 보다는 팀을 위해 헌신한다고 생각한다. 소련침공 시절 카불에서 특파원으로 활동한 모린 존슨은 취재한 내용을 전화를 통해 뉴델리지국으로 전달했다.

그곳 시간으로 새벽 2시에도 그들은 자리를 지켰어. 때로는 앞뒤가 맞지 않는 내용을 쏟아낼 때도 있었는데, 그걸 품위있는 기사로 탈바꿈시켜 내놨지… 그렇게 쓴 기사의 영광은 내가 차지하는 거잖아.[4]…

3   Angela Doland, "Concorde crashes outside Paris; at least 113 killed," The Associated Press, July 25, 2000.

4   Maureen Johnson, "Food, fuel and optimism in short supply in beleaguered Kabul," The Associated Press, January 28, 1989.

누군가의 말을 받아쓰기 위해 새벽 2시까지 자리를 지키고 앉아있는
일을 좋아할 사람이 있을까?*Johnson, 19/26*

물론 그걸 좋아하는 사람도 있다. 남아프리카공화국 뉴스에디터였던 데이
빗 크래리는 '넬슨 만델라가 출소하는 역사적인 순간을 취재하기 위해 케
이프타운형무소 앞에 수백 명의 기자들이 운집하고 있는 동안 자신은 데
스크를 지켰다.

> 물론 현장에 있었다면 더 재미있었을지도 모르겠지만, 현장에서 들어
> 오는 기사를 받아서… 첫 몇 문단은 내가 직접 작성하여… 기사를 완
> 성하여 전송버튼을 누르는 건 정말 희열이 느껴지는 일이었지. 물론 내
> 이름이 바이라인으로 나가는 건 아니었지만, 내가 그런 일을 하기로 선
> 택한 것에 대해 절대 후회하지 않아.*Crary, 8*

중대한 사건이 예상치 못한 곳에서 터질 경우, 급작스럽게 특파원조직이 꾸
려지는데, 이런 곳에서는 대개 직무 구분도 없이 취재와 데스크를 모두 수
행해야 한다. 폴 알렉산더는 1990년대부터 2000년대 초까지 소말리아에
서 위험한 현장취재기자로 활동했으나, 2004년 동남아시아 쓰나미가 발생
했을 때에는 태국에서 에디터로 활동했다.*Alexander, 1-2*

또한 새로 파견된 사람들은 현장에 이미 익숙해진 기자들에게 새로운
관점을 제시하기도 한다. 카이로에서 에디터로 일하던 도나 브라이슨은 코
소보전쟁이 발발하자 현장취재를 지원하기 위해 이곳으로 급파되었다. 이
곳 사정에 대해 잘 알지 못했지만, 막상 현장에 도착했을 때 그녀의 아랍어
실력은 취재현장에서 상당한 도움을 주었다.*Bryson, 79-80*

2000년대 중반 브라이슨은 AP런던지국 아프리카담당 데스크로 자
리를 옮겼다. 그녀는 매일 아프리카 전역에서 활동하는 기자들과 화상회의

449

를 했다. 특종기사를 에디팅하였으며, 관리자 역할도 수행했다. 그녀는 관리자로서, AP특파원 앤소니 미첼이 케냐에서 비행기추락으로 사망했을 때 나이로비로 조문을 가기도 했다. 2005년 7월, 런던의 버스와 지하철 등 대중교통시설에서 연달아 자살폭탄테러가 발생했을 때에는 현장취재기자로 뛰기도 했다.

> 목격자를 찾고… 군중을 인터뷰하기 위해 바쁘게 돌아다녔죠. 런던지국에서 근무하는 사람들 모두 비상이었거든요. 취재에 나가는 날 나는 아프리카 특파원들에게 이렇게 말했죠. "자, 오늘 AP에는 아프리카에 디터가 없습니다." *Bryson, 50-51*

제2차 세계대전 이후 유럽의 재건과정, 다양한 전쟁, '아랍의 봄,' 쿠바에서 탈출하여 미국에 들어온 쿠바소년 엘리안 곤잘레스의 모험 등, 전세계 곳곳에서 발생하는 주요한 사건이나 이슈들은 특정한 지국의 취재만으로 이야기를 온전히 전달할 수 없다. 여러 지국이 공조해서 취재해야 하고 또한 취재한 내용을 긴밀하게 중재하고 종합하는 역할을 하는 중앙데스크의 필요성이 제기되었다.

1940년대 후반 냉전시대의 서막이 열린 서유럽을 취재하던 브리아는 부당한 대우에 화가 난 특파원들의 모습을 여전히 기억한다. 그들이 취재히여 작성한 기사—예컨대 난민에 관한 이야기—를 뉴욕데스크가 하나로 묶어 '해외토픽'과 같은 기사로 편집한 것이다. 60년 뒤, 이라크 내 종파분쟁에 관한 취재 역시 카이로지국에서 계속 걸러내는 바람에 제대로 보도되지 않았다는 불만이 제기되었다. *Buzbee, 2*

2000년대 언론환경의 변화에 발맞춰 AP가 더 적은 자원으로 더 길고, 더 넓고, '임팩트'있고, '빅픽쳐'를 제시하는 기사를 생산하겠다는 정책을 내세우면서, 기존의 AP네트워크를 최대한 활용하는 지역별 코디네이션

역할이 강화되었다. 전세계 어디에서나 AP지국을 통해 '다양한 정보를 수집하고 종합하고 협력하여 처리할 수 있다.'*Laub, 18, 39*

이러한 네트워크의 장점은, 예컨대 어떤 국제적인 사안에 대한 각국 대사관들의 코멘트를 얻는 것처럼 뻔한 취재뿐만 아니라 드라마틱한 사건을 취재할 때도 빛이 난다. 2011년 지진, 쓰나미, 핵발전소 붕괴라는 '3중 재난'이 일본을 강타했을 때는 전세계 AP기자들이 도쿄지국으로 모여들었다. 특파원들로 인해 사무실이 24시간 북적였기에, 당시 도쿄지국장이었던 말콤 포스터는 '교통경찰처럼 근무위치와 시간을 조율하느라' 다른 일을 할 수 없을 만큼 바빴다. 돌아보면, 다른 특파원들과 좀더 긴밀하게 취재를 분담하지 못했던 것이 좀 아쉽기는 했지만, 덕분에 구체적인 사건에 매몰되기보다는 '큰 그림'을 그릴 수 있는 여유를 갖게 되었다고 포스터는 말한다.

> 그 당시 취재팀이 예닐곱 개나 되었어요. 팀마다 다양한 취재를 멋지게 해 냈죠. 파괴된 현장을 탐사한 기사를 쓴 팀도 있고, 시체 수색과정을 취재한 팀도 있고, 이재민들을 취재한 팀도 있고, 정부의 사태수습과정을 취재한 팀도 있었어요… 그럼에도 핵발전소에서 벌어지고 있는 상황은 정확히 알 수 없었죠. 일본정부가 정보를 아주 조금씩 공개했거든요… 그 시설을 소유하고 있는 도쿄전력과 정부기구인 원자력안전보안원은 수시로 긴급기자회견을 열었고, 그래서 우리는 그곳에 상주할 취재팀을 파견하기로 했어요… 관계자를 직접 취재하고 취재한 내용을 정리하고 중요한 정보를 선별하여 기초적인 문단을 만들어내는 기자 한 명과 기사를 완성하여 전송하는 에디터 한 명, 재해상황을 좀더 심층적으로 파악하고 조언해주는 핵발전 분야 전문기자 제프돈Jeff Donn을 한 팀으로 구성했죠… 한달 보름 정도는 진짜 정신없이 취재했던 것 같아요.*Foster, 7-8*

아프가니스탄전쟁과 이라크전쟁에서도 '팀'은 매우 중요한 역할을 했다. 이라크전쟁이 벌어졌을 때 멕시코를 비롯하여 전세계 특파원들이 도하에 있는 '전쟁데스크war desk'에 모여 기사를 작성했다. 또한 로버트 리드와 같은 베테랑들은 취재팀을 이끌고 여러 군대를 따라다니며 종군취재를 했다. 취재팀원은 각국의 특파원들이 몇 달씩 교대로 돌아가면서 구성했는데, 그 중에는 현지인 기자도 있었다. 당시 종군취재를 했던 핸리는 이렇게 말한다.

> 운전기사들도 취재하는 데 많은 도움을 줬지… 그들은 소중한 기삿거리를 우리에게 적잖이 안겨줬어. 한 운전기사는 이라크군 대령 3명을 연결해주기도 했지.*Hanley, 23*

이라크군 간부를 직접 찾아가 인터뷰하여 작성한 핸리의 특집기사는 이라크전쟁을 '이라크인의 관점'에서 보여준다.

> 이라크군 간부 세 명이 부대를 이끌며 겪은 끔찍한 비극을 비롯하여… 전쟁의 참상을 매우 세부적으로 다채롭게 들을 수 있었어. 그것들을 기사로 썼지.[5] 아, 그리고 그들을 소개해 준 현지인 운전기사는 나중에 정치분야 AP특파원으로 채용되었고.*Hanley, 23*

---

5 Charles J. Hanley, "Courage, despair, incompetence: The defeated look back on their war," The Associated Press, May 31, 2003. 이 기사는 다음과 같이 시작한다.
시아파 무슬림들이 모여사는, 파리가 들끓고 무덥고 분뇨 악취가 진동하는, 좁은 골목들이 얽혀 형성된 미로와 같은 바그다드의 슬럼가에서, 군복이 아닌 사복을 입고 자신의 집에 있는 그들을 만났다… 그들은 부하들이 야밤에 집단도주했다고 말했다.

팀을 넘어 가족으로
현장에서 싹트는 동지애

팀을 유지하기 위해서는 상당한 노력을 쏟아야 한다. 팀원들 사이에 갈등을 겪는 경우도 있지만, 동료 없이 임무를 제대로 수행하기는 어렵다고 특파원들은 입을 모아 말한다. 리드는 이렇게 말한다.

> 사실, 어떤 기사도 나 혼자서 다 취재하고 작성했다고 말할 수는 없을 거야.*Reid, 38*

사실관계를 제대로 파악할 수 있는 핵심을 찌르는 질문을 떠올려준 재치있는 통역사, '도입부가 빠진 것 같기는 하지만 다섯 번째 문단은 완벽하네요'라고 지적하며 내 기사를 수정해준 총명한 에디터, 아무 역할 욕심 없이 내 기사를 전송해준 동료기자들, 그들의 도움이 없었다면 기사를 완성하기 어려웠을 것이다.

소련이 아프가니스탄을 침공하자, 당시 독일에 있던 리드는 카불로 급파되었고, 이후 뉴델리에 있던 베테랑특파원 배리 슐라터Barry Shlachter도 합류하였다. 먼저 도착해서 취재한 내용을 적어놓은 '두툼한 기자수첩'을 가지고 리드는 공항으로 슐라터를 마중나갔다. 하지만 슐라터는 공항관리에게 억류되어있는 상황이었는데, 그 와중에 벌써 공항에서 중요한 취재원들을 확보해놓고 있었다.

> 우리는 카불의 터미널 건물 안에 있는 커피숍으로 갔어. 내가 그동안 수집해놓은 정보를 들려주었고, 슐라터는 메모하기 시작했지. 이 지역을 오랫동안 취재해온 베테랑이었으니 당연히 그가 기사를 써야 한다고 생각했지. 나는 그저 그를 도와주는 역할에 만족하고자 했어. 테

이블에는 델리에서 함께 온 다른 기자들도 앉아있었는데… 한 사람
이 허겁지겁 뛰어오더니… "나쁜 소식인데… 밑에서 들었는데 말이야,
외국인을 모두 추방한대요. 비행기만 배정되면 나가야 한대요." 나는
이렇게 말했지. "아, 나는 비자 도장이 찍힌 여권을 가지고 있어요. 그
들과 실랑이하고 싶지 않으니 이만 일어나야겠네요." 슐라터와 악수
를 한 뒤 바로 자리를 떴지. 내가 취재한 것을 모두 알려줬기 때문에
망설일 게 없었지. 어쨌든 슐라터는 델리로 가서 기사를 작성하여 전
송하면 되니까… 커뮤니케이션이 불가능한 곳에서 두 사람 다 억류
되는 것보다는 한 사람이라도 빠져나가는 것이 훨씬 나은 선택이잖
아.*Reid, 12-14*

전세계에 모세혈관처럼 펼쳐져있는 AP네트워크는 특파원들에게 상당한
이점을 제공한다. 소말리아처럼 내란에 휩싸인 불안정한 지역에 가더라도,
그곳에 자리잡고 있는 동료기자와 현지인 기자들이 있다. 취재활동을 바
로 시작할 수 있는 기본적인 인프라가 이미 확보되어있는 것이다. 그 나라
의 기간통신사에 가서 어슬렁거리다 "오늘 뭐, 재미있는 일 없소? 오늘 들
어온 소식 좀 보여주시오."라고 말하고, 그걸 받아서 데드라인에 맞춰 느긋
하게 기사를 쓸 수도 있다.*Gray, 36; also Doelling, 22* AP라는 막강한 조식에 속
해있다는 사실만으로 '어제 갓 채용된 신출내기 기자'도 권위를 갖고 취재
할 수 있는 것이다.*McArthur, 15*

　　한국전쟁을 취재하기 위해 파견된 AP기자는 총 6명이었다. 조지 맥
아더는 그중 가장 막내였다. 다른 기자들이 1면 머릿기사를 쓰는 동안 그
는 자투리를 모아 기사를 썼다. 베트남전쟁에서 그는 기자 35명을 관리하
는 지국장이 되었다. 그가 통솔한 기자들 중에는 최초의 여성 AP특파원이
자 베트남에서 10년 이상 체류하며 취재한 이디스 레더러를 비롯하여 많
은 상을 받은 베테랑기자들도 있었다. 맥아더는 레더러를 이렇게 기억했다.

레더러는 어디를 가든 새로운 길을 만들어내는 놀라운 기자였어. 기자들 사이에서는 '사람들 입에 오르내리기 시작하면, 이미 늦은 것이다'라는 말이 있는데… 처음에만 여자라는 게 특별하게 여겨졌지, 여자라고 특별한 건 아니었어. 목소리는 여성스럽기는 했지만… 그냥 동료였을 뿐이지. 기자 중 한 명이었을 뿐이야.*McArthur, 17*

맥아더 후임으로 사이공지국장을 맡은 파일은 '팀워크'라는 바퀴가 잘 굴러가기 위해서는 현장에서 일하는 사람 중에서 리더가 나와야 한다고 말한다. 그래야 전장을 누비는 동료기자들의 신뢰를 얻을 수 있다.

우리는 모두 같은 목표를 추구했지… 지금까지도 가장 친한 친구들은 베트남에서 함께 일했던 동료들이야.*Pyle, 2*

위기감이 고조되는 시기, 전문성이 요구되는 시기에 특파원들 사이의 역학관계는 친구 간의 우정, 더 나아가 가족 같은 관계로 발전하기도 한다. 사무실 바로 앞에 박격포탄이 떨어지는 상황에서 매일 20시간씩 일하다보면, 에디터와 기자의 역할이 뒤엉켜 하나가 되어버리는 경우도 있다. 심지어 한 기자와 에디터는 결혼을 하기도 했다.

그나마 우리가 같은 임무를 수행하지 않는다는 사실이 18년 동안 해외에서 함께 일하면서 이혼하거나 서로 죽이지 않은 유일한 이유에요.*Powell, 1*

반려동물이 팀원이 되기도 한다. 로젠블럼은 OB^Odious Beast라는 개를 키웠는데, 반려견 덕분에 뜻밖의 도움을 받기도 했다.

파티가 끝나고 깊이 잠이 들었는데, 폭발이 일어난 거야. 게릴라들이 자동차 밑에 폭탄을 설치해 칠레군 장교 카를로스 프라츠를 날려 버렸지. 폭발음에 깜짝 놀란 OB가 나를 깨웠어. 폭발은 정말 거대하여 자동차는 4층 높이까지 솟았고, 운전대는 14층 높이까지 날아갔다더군. 파편이 산산히 흩어져있었고… 한밤중에 일어나서 취재를 하고 기사를 작성했는데… 그제서야 사람들은 깨어나기 시작했고, 그들은 나보다 한참 뒤늦게 기사를 썼지. 나중에 취재비용을 청구할 때, '비상근 통신원을 위한 분쇄육: $5'를 써 넣었어. *Rosenblum, 36*

뉴스에디터나 지국장에 오른 특파원들은 동료들의 존경의 대상이 되며, 신참내기들에게 노하우를 전해줄 수 있는 백전노장으로 여겨진다. 파리의 21살 특파원은 '프랑스어 법률용어'의 뜻을 묻기 위해 한밤중에 '자비로운' 데보라 수어드에게 전화를 걸기도 했다. *Doland, 2*

현지관리자들은 현장특파원들과 뉴욕의 에디터를 중재하는 역할을 한다. 오랜 기간 동안 런던지국장을 역임한 마이런 벨카인드는 런던에서 '취재성과가 부진하다'고 여겨질 때면 어김없이 AP본부에서 전화가 온다고 말한다. *Belkind, 18* 브라질지국장 클로드 업슨은 중요한 뉴스가 터지면 무조건 '지국관리업무를 덮어두고, 뉴스룸으로 이동했다.' *Erbsen, 10*

베트남전쟁 당시 AP의 대표였던 웨스 겔러거는, 테드 바티무스를 최초의 여성 전쟁특파원으로 발령하면서 '무조건 살아 돌아와야 한다'는 조건을 내걸었다. *Bartimus, 2002, 195* 그래서 그녀는 사이공 밖으로 나갈 수 없었는데, 머지않아 사이공지국장 조지 에스퍼와 '암묵적인 협정'을 체결한다.

운전기사, 통역사, 사진기자와 함께 취재를 간다면, 또 내가 할 수 있는 일이라면, 전장에 나가 취재할 수 있었지. *Bartimus, 13*

하지만 바티무스가 전쟁에서 팔다리를 잃은 베트남의 퇴역군인들을 취재해온 적이 있는데, 기사의 사실여부를 놓고 에스퍼와 크게 다투기도 했다.

> 그들은 자신들이 사지를 잃은 것을 축복이라고 했어. 불교의 가르침대로 이번 생에 너무나 큰 고통을 받았기 때문에 다음 생에는 더 나은 인간으로 환생할 거라고 믿었거든. 인터뷰내용을 가져다주었더니 에스퍼는 이게 말이 되냐고 화를 내더군. 결국 그는 직접 확인해보겠다고 하면서 그들을 찾아갔고… 내가 이겼지. 그 사건 이후 나는 자유를 얻었어… 에스퍼는 그제서야 나를 다른 남자기자들과 동등하게 대우하기 시작하더군. "너도 이제 네 스스로 기회를 잡아." 그렇게 말했는데… 그건 나에게 최고의 찬사였어. 나도 당당하게 현장기자로 활동하고 남자들과 경쟁하기 시작했지. 족쇄에서 풀려난 것 같았어. *Bartimus, 16-17*

몇 주 후, 에스퍼는 바티무스에게 비록 며칠 동안이지만, 캄보디아취재를 총괄하는 임무도 맡긴다. 레더러는 대사관 연락처부터 자신의 재단사까지, 가지고 있던 모든 자원을 바티무스에게 모조리 제공했다. '거대한 로켓공격'으로 프놈펜이 고립되었을 때 해변에서 휴가를 즐기고 있던 원래 담당자를 대신해 바티무스가 취재를 지휘했다. *Bartimus, 2002, 206* 로켓의 비행경로를 지도에 표시할 때에는 자가 없어 탐폰을 이용하기도 했다.

하지만 바티무스는 아쉽게도 원인모를 질병에 걸리는 바람에 베트남을 떠나야만 했다. 앉았다가 일어서지도 못했으며, 혀와 눈의 흰 자위가 검게 변했다. 뉴욕에서 한 달 가까이 검사를 받았는데, 결국 고엽제 중독으로 확인되었다. 겔러거는 매일 저녁 퇴근길에 병원을 찾아와 침대 발치에서 20분 정도 그녀와 이야기를 나누다가 집으로 돌아갔다. *Bartimus, 23-24*

AP특파원들은 대부분 사진기자들과 함께 취재에 나간다. (1990년대 중반부터는 사진과 비디오촬영 부문은 APTV·APTN으로 분사하였다.) 사진기자들도 취재과정에서 상당한 도움을 준다. 한국전쟁에 사진기자로 참여한 맥스 데스포처럼 사진기자가 바이라인에 게시되기도 한다. 사진은 오래도록, 기사에 곁들여지는 '부가요소'로 여겨졌지만, 오늘날 멀티미디어 시대에 접어들면서 콘텐트의 완성도를 높이는 중요한 요소로 발전했다.*Desfor, 6*

AP를 이끌어가는 이름없는 영웅들

AP지국의 현지인 기자들

AP는 '현지인' 즉 그 나라 출신 중에서 사진기자를 선발하는 경우가 많다. 비상근 또는 상근으로 수십 년 동안 AP에 고용되어 일을 하는 이들은, '현지인'이라는 이점을 살려 기자들이 취재를 개시하기 전 준비과정을 도와주기도 하고 취재과정에서 크고작은 도움을 준다. 현지인과 외국인(대부분 미국인)특파원의 협력은 취재과정에서 매우 중요하다. 아시아 에디터로 오랜 기간 일해온 로버트 류는 이렇게 말한다.

> 현지인 기자들은 AP지국의 척추 역할을 합니다… 그들 없이는 지국이 돌아가지 않지요.*Liu, 21*

AP에 고용된 현지인 직원들은 자신의 나라에 관한 귀중한 지식을 알려준다. 지역마다 다른 언어, 정치, 문화, 정서를 이해할 수 있도록 도와줄 뿐만 아니라 취재원을 연결해주고 때로는 이방인은 알아채지 못하는 위험신호를 알려주기도 한다. 이들은 대부분 AP뿐만 아니라 주요 외신들을 옮겨다니며 경력을 쌓기 때문에, 취재경험이나 언론에 관한 지식과 통찰력이 풍부한 경우가 많다. 말하자면 이들은 AP특파원들이 제대로 취재할 수 있도록 이끌어주는 '이름 없는 영웅'이라 할 수 있다.

엘살바도르, 소말리아의 현지인 기자들은 '긴급파견된' 특파원들에게 취재할 때 무엇을 체크해야 하는지 알려주기도 하고, 암시장에서 연료를 구해다주기도 하고, 취재원과 인터뷰할 수 있도록 연결을 시켜주기도 한다.*Alexander, 6-7; Frazier, 3* 또한 미국인들이 들어갈 수 없는 곳에는 자신들이 들어가 취재를 대신해주기도 한다. 시크교 반란세력을 제압하기 위해 암리차르에서 인도군이 군사작전을 개시했을 때, 이란정부가 미국인에게 미국-이란 인질사태 취재허가를 내주지 않았을 때, 비자 제한으로 인해 아프가니스탄에 들어가지 못할 때, '테러와의 전쟁' 중 인도네시아에서 폭력적인 반미시위로 인해 미국인특파원이 취재하기 어려워졌을 때, 현지인 기자들의 활약은 특히 두드러졌다.*Graham, 21; Johnson, 1-2/18; McDowell, 15*

오늘날 AP는 상근하는 현지인 기자와 미국인기자들을 동등한 지위로 인정하고 있다. 예전에는 미국에서 파견한 특파원들은 '깊이있는' 탐사보도를 담당하고 현지인기자들은 속보뉴스를 수집하는 역할로 인식했던 것과 사뭇 다르다. 버마처럼 서양인들이 오랫동안 접근할 수 없었던 국가의 경우에는 더욱이, 그들이 수십 년 동안 쌓아온 전문지식, 취재역량, 뉴스가치 판단수준을 볼 때, 그러한 대접하는 것이 당연해 보인다.

하지만 억압적인 정부들은 언론이 자유롭게 활동할 수 있도록 내버려두지 않기 때문에, 현지인들의 취재역량은 부족한 것이 현실이다. 따라서 AP는 미국인들에게 요구하는 취재역량—예컨대 객관적인 태도와 균형감각, '거리의 시민들'과 인터뷰하기 등—에 어느 정도 부합할 수 있도록 현지인 직원들을 훈련시킨다. 동시에 생소한 미국문화에 대한 이해도 높여야 한다. 진리는 미국프로농구선수였던 데니스 로드맨이 평양에 왔을 때, 북한의 현지기자들에게 미리 로드맨의 사진을 보여주며 교육을 시켜야 했다. 몸의 문신이나 피어싱, 머리염색은 그야말로 북한사람들에게 상당한 '문화충격'을 줄 수 있기 때문이다.*Lee, 15*

1993년 겨울 임시 AP지국으로 사용했던 벨베데레호텔 앞에서 AP사라예보취재팀이 포즈를 취했다. 스나이퍼벨리를 뚫고 사라예보로 들어가고 나갈 수 있는 '든든한 이동수단'이 되어주 었던 랜드로버 뒤 왼쪽 끝에 서 있는 썬글래스를 쓴 사람이 로버트 리드이고 그 옆에 선글래스 를 쓴 사람이 토니 스미스다. (Photo courtesy of Tony Smith)

어느 나라든 특파원은 고참이든 신참이든 현지인들과 파트너쉽 관계 를 유지해야 한다. 현지인들은 취재아이디어를 제공할 뿐만 아니라, 조직을 경제적인 측면에서 꾸려나가는 데에도 큰 도움을 준다.*Weissenstein, 3* 실제로 생활하다보면 국적의 차이는 무의미해진다.

마오쩌둥 시대 이후 AP지국을 다시 열기 위해 베이징에 들어간 비키 그레엄은 공산당에 관련한 시시한 기사들 속에서 유용한 뉴스를 찾아내기 위해 통역가에게 현지언론을 모니터링해달라고 부탁할 수밖에 없었다. 그 러던 중 그레엄은 효과적으로 정보를 수집할 수 있는 루틴을 만들어낸다. 오전, 오후, 저녁, 하루 세 차례 AP의 중국인 사진기자 류훙싱과 함께 시단 거리의 '민주화의 벽'을 순찰하는 것이었다. 이곳에는 중국전역에서 몰려든 사람들이 자신들의 청원을 벽에 붙여놓는다. 그레엄과 류훙싱은 사이드카 가 달린 짙은 녹색 오토바이를 타고다녔다.

누렇게 변색된 대자보도 있었지만… 절절한 목소리가 살아있는… 애
닯은 대자보들은 그 자체로 기삿거리였지. 일자리를 구하는 군인이 쓴
대자보, 옆에 붙어있는 대자보를 쓴 사람을 저주하고 자신의 주장을 호
소하는 후난성에서 온 사람이 쓴 대자보… 류훙싱이 10여 개 정도를
번역해서 기사에 담았어. '대자보를 보기 전에 자전거에 자물쇠를 채
워두시오'라는 벽 위에 붙어있는 안내문도 넣어서 기사의 생생함을 더
했지.[6]*Graham, 3/9*

보스니아전쟁을 비롯해 여러 대륙에서 위험한 분쟁을 취재해 온 알렉산더
는, 현지인 직원들과 통역가들에게 '발로 뛰는 취재'뿐만 아니라 안전에서
도 많은 도움을 받았다고 말한다. 그들의 모습은 언제 잠시 쉬면서 몸을 움
츠려야 하고 언제 과감하게 밀고나가야 하는지 알려주는 지표가 되기도 한
다.*Alexander, 27*

    AP사라예보지국 문 앞에는 유고슬라비아군 장교로 복무하다가 시력
이 나빠지면서 퇴역한 사람이 보초를 섰다. 어느 날 밤 보스니아 외무부장
관과 록밴드 U2의 리드보컬 보노가 예고없이 AP사무실을 찾아왔는데, 보
초는 여지없이 그들을 막아섰다. 장관은 자신의 신분과 더불어 함께 온 사
람이 국제적인 팝스타라고 소개했지만 그는 꿈쩍도 하지 않고 이렇게 말
했다.

"모두들 자신이 외무부장관이라고 하면서, 사무실에 들어가 물건을 훔
쳐갑니다."*Smith, 15*

---

6   Victoria Graham, "Today's focus: Voices from the wall," The Associated Press,
April 24, 1979.

사이공에서 베트남 현지직원들과 그들의 가족들은 레더러와 바티무스를 한 가족처럼 돌봐줬다. 이 '풋내기' 기자들을 돌보는 것을 자신들에게 주어진 '신탁'이라고 생각하는 듯했다. 네이팜탄이 터졌을 때 화상을 입고 도망치는 소녀의 모습을 담은 베트남전쟁의 상징과도 같은 사진으로 퓰리처상을 받은 닉 웃은 메콩강 삼각주 구덩이 속에서 기습포격이 쏟아질 때 레더러를 온 몸으로 보호해주기도 했다. *Lederer, 7; Bartimus, 22*

사이공이 북베트남에게 함락되었을 때 에스퍼를 비롯해 아직 남아있던 AP기자들은 전혀 기대하지 않았던 이의 도움을 받았다. 오랫동안 AP를 위해 사진촬영을 해온 비상근 통신원이 북베트남군 병사 둘을 데리고 와서 안전을 '보장해주겠다'고 말한 것이다. 그는 사실 베트콩의 스파이였던 것이다. 그들은 AP지국에서 함께 코카콜라를 마시면서 '약간 남아있던 케이크'를 먹고 자리를 떴다. *Esper, 1998, 546*

해외특파원이 임무를 수행하는 환경이 점점 위험해지면서 현지인 직원들에 대한 의존도는 더 커지고 있다. 물론 현지인은 현지정부나 현지의 권력집단에게 훨씬 큰 압력을 받을 수 있으며, 미국기관을 위해 일한다는 이유로 배신자로 낙인찍히기도 한다. 앤더슨은 레바논내전이 한창인 와중에 실수로 기독교도 운전기사를 드루즈마을에 데리고 간 적이 있다. 당시 기독교도와 드루즈Druze교도는 전쟁 중이었다.

> 운전기사는 오들오들 떨었지… 누군가 그에게 신분증을 요구했다면, 그 자리에서 총살당했을지도 몰라. *Anderson, 16*

베이루트특파원 파월은 1983년 미군 해병대 250여 명이 폭격으로 사망한 현장에서 미국인 기자들이 쉬지 않고 4시간씩 교대근무를 했던 이야기를 한다.

정말 힘들기는 했지만 아랍인 기자들을 내보낼 수는 없었어요… 무슨 일을 당할지 알 수 없었기 때문이죠… [해병대 생존자들은] 잿더미 속에서 동료들을 계속 끄집어냈는데, 대부분 죽은 상태였지만 살아있는 이도 가끔 있었죠. 몇몇은 토막으로 발견되기도 했어요. 구조작업을 하는 이들은 분노 속에 제정신이 아니었죠.[7] *Powell, 5-6*

2007년 바그다드 후리야지역에서 벌어진 수니-시아 분쟁은 메흐디민병대 소속 10대 소년들의 보호를 받으며 취재할 수 있었다. 이들은 미군의 눈에 띄지 않기 위해 민간인들 속에 숨어있었다. 또한 생생한 기사를 쓰기 위해 그 지역에 살고 있는 AP 소속 현지인 기자의 목격담을 인용했는데, 그의 이름은 기사에서 공개하지 않았다. 그러한 내용을 이야기했다는 이유만으로 무장단체에게 보복을 당할 수 있기 때문이다.[8]

그레이는 '크메르인이 미국기자와 함께 일하다니, 죽여버리겠어'라는 쪽지를 받고는 함께 일하던 캄보디아인 직원들을 남겨두고 프놈펜에서 빠져나올 수밖에 없었다. 그 당시 미국대사를 비롯하여 미국인들은 함께 프놈펜을 탈출했지만 지금까지도 그곳에 남지 못한 것을 아쉬워한다.

---

7   Eileen Alt Powell, "Grim search for comrades buried in rubble," The Associated Press, October 24, 1983. 이 기사는 수색현장을 다음과 같이 묘사한다.
     산산이 부서진 유리, 타 버린 옷가지, 헬멧, 냄비들이 나뒹구는 잿더미 위에서 해병대원들은 이성을 잃은 채 흐느끼고 있었다. 속옷 차림으로 피투성이가 되어있는 병사도 있었다.

8   Sally Buzbee, "Mixed Baghdad neighborhood now firmly controlled by Shiite radicals," The Associated Press, January 31, 2007. 이 기사에는 다음과 같은 주석이 달려있다.
     "이 기사에 사용된 자료를 취재하고 수집하는 작업은 AP바그다드지국에 소속된 현지인 스태프에 의해 진행되었다. 기사는 AP특파원 샐리 버즈비가 작성했다. 버즈비는 AP중동뉴스책임자로 카이로에서 주로 일하며 이라크에서도 자주 일한다."

40년이 지난 지금까지도 그곳에 남겨두고 떠나올 수밖에 없었던 캄보디아인들의 감동적인 의리는 결코 잊을 수 없어. 12명도 넘는 캄보디아의 취재기자들과 사진기자들, 내가 아는 한 그토록 용감하고 훌륭한 동료들은 없을거야. 우리가 나온 뒤 그들은 아마 대부분 죽었을텐데, 그들 생각에 지금도 잠 못 이룰 때가 많지.[9]*Gray, 9*

이스라엘-팔레스타인 지역에 위치한 AP지국은 끝없는 위험과 협박 속에서 특파원과 현지인들 사이에 강력한 유대감을 형성했다. 너무나 많은 고난을 함께 이겨냈기 때문이다

모하메드 다라그메는 제2차 인티파다 때 지옥이나 다름없던 나블루스에 살고 있던 현지인이었는데, 우리는 정말 그에게 신세를 많이 졌어요… 한번은 민병대에 관한 기사를 쓴 적이 있었는데… 다음날 아침, 동네 난민캠프에서 민병대원 다섯 명이 사무실로 찾아와서 깽판을 쳤어요. 넉살이 좋은 모하메드가 나서서, 자칫 위험으로 치달을 수 있는 상황을 무사히 넘길 수 있었죠. 우리가 그를 도와준 적도 있어요. 이스라엘군의 소탕작전으로, 모하메드가 수감된 적이 있었는데… 정말 수없이 전화를 돌린 끝에 감옥에서 빼내는 데 성공했어요… 하지만 어둠 속에서 집으로 돌아와야만 했는데… 사방에 탱크가 대기하고 있는 일촉즉발의 상태에서 어디서 총알이 날아올지도 모르는… 정말 상상할 수도 없을 만큼 위험한 상황을 함께 겪기도 했죠. 그런 시간을 함께 거치고 난 뒤 우리 사이에 유대감은 훨씬 강해졌죠… 어쨌든 현지인들은 우리가 전혀 걱정할 필요도 없는 정말 온갖 유형의 압박에 시달렸어요…

9   Denis D. Gray, "Ambassador: US handed Cambodia to 'butcher' 40 years ago," The Associated Press, April 10, 2015.

그들의 가족도 모두 그곳에 살고 있고… 하지만 그는 그런 압력에 전혀 굴복하지 않고 우리를 도와줬지요.*Laub, 15-16*

우리는 기껏해야 강제추방을 당하고 말겠지만, 감옥에 갇히지는 않잖아요.*Bryson, 27*

고국을 떠나 온 특파원과 현지인 직원의 조합은 안전문제는 물론 취재의 질적 측면에서도 상당히 좋은 성과를 안겨준다고 특파원들은 말한다. 사건의 맥락을 정확하게 이해할 수 있을 뿐만 아니라 신선한 관점을 발굴해낼 수도 있다. 외국인의 눈에는 보이지 않는 것이 그곳에서 살아온 현지인들의 눈에는 보일 때도 있기 때문이다.*Rice, 8* '이스라엘의 변덕'을 보여주는 텔아비브의 '크고 두꺼운 전화번호부'에 관한 특집기사는 바로 그러한 예라 할 수 있다.

사회주의 시대에는 전화기를 구하기가 어려웠기 때문에, 전화기를 소유할 수 있는 서열이 있었지. 그는, 전화번호부에 나오는 광고, 또 스티커를 붙여서 수정된 내용을 끼워넣은 것 등을 소재 삼아 특집기사로 썼지. 나는 100만 년이 지나도 전화번호부를 가지고 기사를 쓸 생각은 하지 못했을 거야… 물론 나도 조금은 도움을 줬어. "왜 이런 부류의 사람들이 왜 이런 부류 사람들보다 앞에 나오는거죠?" 그런 질문을 내가 했거든. 신기하게도 거기에는 다 이유가 있었지. 역사적인 이유, 어떤 사건, 장소… 이 모든 것들이 전화번호부 속에 공생하고 있더군.*Eliason, 7*

특파원들은 언제나 '미국과 현지 양쪽 세계에' 발을 딛고 서있으면서도 어느 정도 거리를 두고 있다. 이러한 이유로 특파원들은 현지인들에 비해 기사의 프레임을 어떻게 설정해야 하는지 잘 안다. AP의 주요독자층인 미국인들, 그리고 그 나라에 대해 전혀 모르는 사람들의 관심을 어떻게 끌어야 하는지, 또 그 나라에 대해 어떻게 설명해야 하는지 '감'으로 안다.

Porubcansky, 10; Crary, 17; also Erbsen, 4-5; Buzbee, 3-4

해외특파원이라는 말은 기본적으로 외국에서 왔다는 뜻이잖아… 지적 수준이 아무리 뛰어나도, 언어적 능력이 아무리 발달해도, 그곳 사람들과 완전히 똑같은 입장에 서는 건 불가능하겠지. 상하이에 사는 중국인 사업가와 밀워키에 있는 어떤 사람이 같은 신문을, 정확히 말해서 태블릿으로 같은 기사를 읽으면서 똑같은 생각을 하기는 어렵겠지… 어떤 기사가 누구에게나 똑같은 의미로 읽힐 것이라고 생각하는 것은 우리의 착각일지도 몰라. 오늘날 트위터는 그렇지 않은 것처럼 보이지만… 한층 깊이 들어가면 전혀 그렇지 않을 수도 있어.*Reid, 82-83*

미국의 지리정치학적 우위를 감안할 때 미국의 정책입안 과정에 대한 지식이 이라크에서 벌어지는 종파 간 전쟁과 같은 사건의 맥락을 이해하는 데 도움이 된다고 말하는 특파원도 있다. 이는 미국의 정책입안자들에게 다가갈 수 있는 여지를 제공하기도 하며, 현지인들에게 자기 나라의 상황을 타개할 수 있도록 도움을 주기도 한다.

군사작전 중에 미군장교들은 이집트를 비롯하여 중동 출신 기자들보다는 서양기자들과 이야기하는 것을 선호했어요. 유감스러운 일이기는 하지만 어쨌든 그랬죠. 우리의 현지인 기자들은 정말 뛰어난 역량을 가지고 있었지만, 정말 아쉬웠어요. 한번은 사드리에 미군의 군사작전을 취재하러 가면서 이라크인 기자들을 데리고 갔죠… 미군의 작전진행상황을 현지인의 눈으로도 보고 싶었거든요… 어쨌든 양쪽의 시각을 모두 종합하여 전체그림을 파악하기 위해 노력했죠.*Buzbee, 5*

하지만 내전이 발생한 나라에서는 현지인 직원들 사이에 서로 정치적 입장이 달라 충돌하는 경우도 있다. 이라크나*Buzbee, 12* 유고슬라비아처럼 동족간 전쟁이 일어난 곳에서는 이따금씩 지국 내에서도 불화가 발생한다. 기사를 놓고 격해지는 대화를 외국인특파원이 개입하여 중재해야 하는 상황이 종종 벌어진다. 베오그라드 출신 직원들과 자그레브 출신 직원들 (사라예보까지 끼면 난리가 난다) 사이의 대화가 격해지자 미국인특파원이 대화에 끼어들어 이렇게 말했다.

> "저기요, 여러분. 여기서 제2차 세계대전을 다시 벌이려고 하는 건 아니겠죠? 우리는 지금 제2차 세계대전 때 누가 누구에게 무엇을 했는지 따지려는 것이 아니라 오늘 벌어진 사건을 취재한 기사를 쓰는 겁니다."*Porubcansky, 12-13*

영국《더타임스》의 베테랑 중동특파원 로버트 피스크는 1980년대 초 AP 베이루트지국에 제각각 다른 종교를 믿는 현지인 직원들을 고용하여 그들 사이에 평화를 유지하기 위해 노력한 이야기를 들려주었다. (실제로 이러한 종교적 다양성은 취재역량을 상당히 높여주었다.) 그들은 자기들끼리는 아랍어로 말했고, 미국인기자들과는 영어로 말했다.

> 이 지역에 있는 다른 AP지국과 달리 우리 지국은 잘 돌아갔지. 종교가 달라도 서로 신뢰와 우정과 관심이 있었거든. 어쨌든 그들은 서로 의지할 수밖에 없었어. 레바논에 있는 AP지국 중에서 모든 종교공동체를 아우른 곳은 아마도 우리 밖에 없었을 걸.*Fisk, 2002, 201-202*

467

"전화기에 손대면 팔모가지를 분질러버리겠어"
특파원들간의 경쟁

《더타임스》의 특파원 피스크가 베이루트에서 AP와 맺은 관계는 소속을 불문하고 많은 해외특파원들 사이에 얽히고설킨 관계를 잘 보여준다. 통신 사와 언론사는 특종을 먼저 확보하기 위해 경쟁할 때도 있고 서로 도울 때도 있다. 1982년 이스라엘이 레바논을 침공했을 때 피스크가 레바논에 들어오자마자 처음으로 들른 곳은 바로 AP 지국이다.

AP특파원들은 피스크에게 편하게 '기사를 쓰라고' 했지만, 정작 AP기자들은 속보뉴스를 전송하는 데 사용하는 발전기가 고장나서 그걸 고치느라 바빴다. 결국 국제 뉴스라인은 다시 가동되었고, AP특파원들이 기사를 전송하고 나면 피스크도 영국으로 기사를 전송했다. 나중에 이스라엘 탱크들이 AP지국 주변 건물들을 포격할 만큼 가까이 다가왔을 때 피스크는 텔렉스 앞에서 AP기자들을 도와 기사전송을 도와주었다.

당시 내가 소속된 《더타임스》에 대한 충성심보다, AP특파원들에 대한 의리가 나에겐 훨씬 중요하게 여겨질 정도였지.*Fisk, 2002, 197-200*

20세기 내내 AP의 라이벌은 UP였다. UP는 '쥐꼬리만한 자본으로 운영되는 AP를 무너뜨리겠다'는 야심을 노골적으로 드러내면서 1907년에 창설된 미국의 통신사다.*Morris, 1957, 23* AP와 UP는 냉전기를 거치며 더욱 치열한 경쟁을 벌였다.[10]*Prochnau, 1995, 230; Daniloff, 2008, 40*

한국전쟁 당시에도 AP와 UP는 치열하게 경쟁했다. 휴전회담 첫 날 UP

---

10 현재는 UPI United Press International로 이름을 바꿨다. AP 대 UP를 ROX 대 UNIPRESS라고 말하기도 하는데, 이는 AP와 UP의 전신기호다.

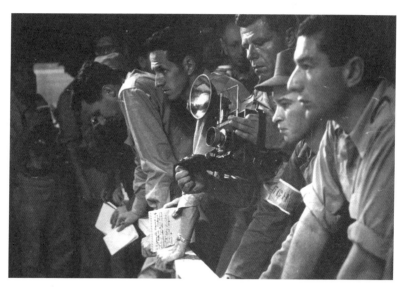

한국전쟁 특파원 샘 서멀린이(플래시 왼쪽) 다른 미국인 기자들과 함께 미국인 전쟁포로 석방에 대한 발표를 기다리고 있다. (Photo courtesy of Claire Slattery)

서울지국장과 UP대표는 당시 한국에 있었는데, AP특파원 샘 서멀린은 회담결과를 먼저 타전하기 위해 지프를 타고 그들을 앞질렀다.

> 회담장에서 쏜살같이 달려나와 먼저 차를 출발했지. UP가 나를 앞지르려고 해서 난 더욱 속도를 냈지… 그래서 특종을 내가 가장 먼저 터트렸어.*Summerlin, 4-5*

베트남전쟁에서도 마찬가지였다. 외부에서 전화로 속보를 전하고 난 뒤, 다음에 경쟁사 기자가 기다리고 있으면 전화선을 몰래 뽑아놓고 나오기도 했다고 레더러는 회고한다.*Lederer, 9; Ferrari, 2003, 176.*(Ferrari의 책에서 사이공에서 벌어진 AP와 UP 간의 격렬한 취재경쟁 이야기를 더 자세히볼 수 있다.)

세계대전 직후, 로마에서 쉬지 않고 일하게 만든 것은 다름 아닌 UP를 이기고자 하는 열정이었다고 조지 브리아는 말한다.*Bria, 13* 이러한 목적의식은 1970년대에도 여전히 유지되었다. 당시 로마특파원은 이렇게 말한다.

> 우리의 임무는 그들을 물리치는 것이었고, 그들의 임무는 우리를 물리치는 것이었지. 그야말로 전쟁이 따로 없었어. 우리가 기를 쓰고 현장을 열심히 쫓아다닌 건 그 때문이야.*Simpson, 3*

1분 1초라도 먼저 소식을 전달하기 위해 특파원들은 치열하게 경쟁했다. 인도총리 인디라 간디를 암살하려는 사건이 발생했을 때에도 그녀의 사망여부를 확인하기 위해 AP는 '현지인 직원들을 총동원해' 온 병원에 전화를 돌렸다. 결국 로이터에 이어 두 번째로 사망 소식을 타전했다.

> 뉴욕본부는 정말 몸이 달아있었지… 그럴 만 했어… [델리에 있던] 우리도 마찬가지였고.*Graham, 22*

앤더슨은 한국의 대통령 박정희가 암살당했다는 소식을 교차확인하자마자 뉴욕에 전화를 걸어 뉴스를 전달했다. 그날 밤 로이터특파원이 통행금지에 걸려 자신의 지국에 가지 못하고 AP지국에 있었는데, 앤더슨의 전화통화를 듣고는 전화기 쪽으로 슬그머니 다가갔다. 앤더슨은 엉겁결에 이렇게 소리쳤다.

> "자네를 싫어하는 건 아니지만, 지금 그 전화기에 손대면 그 염병할 팔모가지를 분질러버리겠어. 당장 꺼져."*Anderson, 5-6*

소말리아에서 선글라스를 훔치려 한 도둑을 군중 속에서 총으로 쏴 죽인 군인에 대한 군사재판을 취재하던 중, 이를 취재하던 알렉산더는 평소에 친하게 지내던 로이터특파원이 점심을 먹으러 가자는 제안을 거절했다.

이야기 흐름을 놓칠 수 있는 위험은 피하고 싶었어요.*Alexander, 11-12*

알렉산더는 밥도 먹지 않고 혼자서 법정에 앉아서 기사를 미리 작성해놓았다. 법정에서 최종판결이 나오자마자 기사를 바로 마무리해 전송할 수 있도록 준비해놓은 것이다. 결국, 선고가 난 뒤 부랴부랴 기사를 쓰기 시작한 다른 경쟁자들보다 세 시간이나 빠르게 특종보도를 했다.

이제 온라인으로 모든 소식이 실시간으로 공유되기 시작하면서 '속보의 가치'는 크게 떨어졌다. 상대방이 먼저 보도한다고 해도, 그대로 공개되기 때문이다.*Perry, 21* 디지털시대 이전에는 '마감시간'이라는 것이 있었으며, 가장 흥미로운 사건은 자신들이 직접 취재하고, 나머지 기사는 '통신사에서 보내주는 기사'로 채워넣었다. 하지만 21세기 들어서 AP도 임팩트있는 분석기사를 써야 한다는 정책을 강화하면서, 이제 통신사는 물론 AP의 기사를 받는 회원사들과도 취재경쟁을 해야 하는 상황에 처했다.

1940년대 AP의 존 로더릭은 뉴욕 출신 기자 두 명과 함께 옌안에서 마오쩌둥의 대변인을 인터뷰했다. 로더릭은 인터뷰 직후 기사를 썼다. 하지만 다른 기자들이 베이징으로 돌아가서 함께 기사를 전송하는 것이 어떻겠냐고 말하면서 기다려달라고 부탁했다. 로더릭은 그러한 제안에 동의하고 옌안에서 하루 더 쉬고 베이징으로 돌아갔다.

하지만 베이징에 돌아갔을 때 기자들을 기다리고 있던 것은 소속 신문사들에게서 날아온 분노의 전보였다. 베이징으로 돌아가는 비행기에서 로더릭이 파일럿에게 AP '베이핑' 지국으로 기사를 보내달라고 부탁한 것이 있었는데, 이것이 바로 뉴욕으로 보내는 기사였던 것이다.*Roderick, 1993, 56*

30년 뒤, 그레엄과 류는 페킹호텔을 나서는 길에 《뉴욕타임스》기자와 마주쳤다. 호기심에 찬 눈으로 기자가 어디 가냐고 물었다.

"그냥 산책하러 가요. 운하가 정말 아름답다던데…"*Graham, 8*

하지만 그들의 진짜 목적지는 베이징에 처음 생긴 '트렌디한 카페'였다. 젊은이들 사이에 인기를 끄는 핫플레이스가 된 이곳을 취재하러 간 것이다. 카페에 들어갔더니 아뿔싸, 아까 호텔에서 마주쳤던 《뉴욕타임스》 기자가 먼저 와서 자리잡고 있었다. 《뉴욕타임스》 기자들은, 이제 우리도 AP와 경쟁한다면서 너스레를 떨었다.

낮에는 치열하게 경쟁하지만, 늦은 밤 호텔바에서 만나면 특파원들은 술잔을 주고받으며 친분을 쌓기도 한다. 아프리카특파원 래리 하인즐링은 이렇게 말한다.

> 하루일과가 끝나면 서로 취재수첩을 펼쳐놓고 비교해보기도 하지. 물론 일과시간 중에는 그렇게 하지 않지만. *Heinzerling, 4*

험난한 취재상황을 뚫고 나가기 위해 다른 기자들과 협력을 해야 할 때도 있다. 혁명을 취재하기 위해 루마니아로 들어가는 길을 찾던 로젠블럼은 다른 언론사 특파원 두 명과 사진기자들과 함께 파리에서 비행기 한 대를 빌렸다. (뉴욕의 담당자는 반수면 상태에서 비행기 전세를 내는 데 드는 돈 5,000달러 지출을 승인해줬다.) 하지만 비행기에 함께 탑승한 이들은 통신사가 아니라 언론사였기 때문에 AP와 속보경쟁을 할 필요가 없었으며, 매체 영향력 측면에서도 AP에게 그다지 위협이 되지 않는 곳이었기 때문에 협력을 하는 데 별다른 문제가 없었다. *Rosenblum, 43/2010, 111*

1980년대 이란-이라크 전쟁 당시 핸리는 로이터특파원과 함께 최전방전투가 벌어진 곳을 직접 확인하기 위해 사막언덕을 기어올라 갔다. ('병력이 증강되었다는 보고를 확인하기 위해' 요르단-시리아 국경에서 이와 똑같은 행동을 한 특파원도 있다.)[11] 당시 쓰리피스 정장을 입고 있던 로이터기자는 걸프만에서 다

---

11   Nicolas B. Tatro, The Associated Press, November 28, 1980.

른 임무를 수행하다가 그곳에 급파된 상태였다. 미국의 주요신문사 소속 특파원도 현장에 있었지만, 그는 위험하다는 생각에 참호에서 나오지 않았다.

> 우리는 최전선 바로 앞까지 갔어. 이란이 이라크에게 빼앗겼던 영토를 되찾았다는 것을 확인하고 싶었거든… 어느 시점엔가 하늘을 날던 이라크의 전투기 미라주가 격추됐지. 파일럿은 낙하산을 타고 내려왔고 전투기는 지상에 추락했어. 진짜 그곳은 전쟁이 벌어지는 한복판이었던 거야. 우리는 작은 언덕에 이란 혁명수비대가 파놓은 참호 속에 있었는데… 나는 로이터기자와 함께 언덕을 기어서 올라갔어. 언덕 꼭대기에 올라가니 끝없이 펼쳐져있는 평원과 멀리 능선이 보이더군… "저 긴 티그리스와 유프라테스 평원인데, 이라크 땅이죠. 결국 이라크를 국경 밖으로 몰아내는 데 성공했군요." 내 말에 그 친구도 동의하더군. 그러다 약 1킬로미터 정도 떨어진 곳에서 갑자기 나타난 이라크군 탱크 두 대가… 우리를 향해 쏜 것인지는 모르겠지만… 포탄을 발사했지. 우리 머리 위에서 터졌는데… 정말 죽을 뻔했어. *Hanley, 9*

특종이고 뭐고, 살기 위해 협력해야 하는 급박한 상황도 있다. 베트남전쟁 당시 사이공에서 성난 군중이 외신기자들을 향해 몰려들 때 기자들은 목숨을 부지하기 위해 서로 도울 수밖에 없었다. *Arnett, 1994, 118* 모가디슈에서 블랙호크가 추락한 직후 미국인은 납치와 처형의 대상이 되었다. CNN은 '위험지역'에 파견된 기자들에게 서로 연락을 주고받을 수 있도록 워키토키를 지급했는데, 그곳에 가장 오래 있었던 알렉산더도 혜택을 입었다.

> AK-47 자동소총과 유탄발사기로 무장하고 마치 출근하듯 군사분계선을 향해 매일 터덜터덜 걸어가는 사람들 속에서 워키토키를 이용해 사전정찰 미션을 수행했죠. *Alexander, 8*

알렉산더가 소말리아에 처음 온 것은, 이곳 지국장이 아내의 출산 때문에 미국으로 돌아가는 바람에 빈 자리를 대신 맡기 위해 온 것이었다. 이곳 특파원들은 취재하던 중 납치되는 것은 물론, 폭도들에게 살해당하는 경우도 있었다. 그가 소말리아에 들어왔을 때에는 포로로 붙잡혀있던 미군파일럿을 석방한다는 대통령 아이디드의 기자회견을 열린다는 소문이 돌고 있었다. 알렉산더는 이 사건에 대한 상세한 정보를 알아보기 위해 현장에 나갔다가 '월드와이드TV뉴스'라고 하는 언론사 기자를 알게 되었고, 그는 자신이 찍은 비디오영상을 보여주었다. 그가 찍은 영상은 CNN을 통해 방송된 적도 있었다.

현장에 나간 지 두 시간 반만에 긴급속보를 두 개나 확보할 수 있었는데, 그건 순전히 운 좋게도 누군가의 친구가 되었기 때문이었죠.
Alexander, 4-5

이보다 수십 년 전, 중동에 한 번도 가본 적 없는 사람이 카이로특파원으로 갔다가 도착 첫 날부터 뉴욕의 에디터들에게서 온갖 질책을 받은 적도 있었다. 고고학적 발굴기사가 나왔는데, 관련기사를 보내지 않고 '도대체 뭐하고 있느냐?'는 것이었다.

발굴기사를 쓴 로이터특파원에게 무작정 전화를 걸었어. 홍콩에서 이제 막 도착한 신임 AP특파원이라고 소개했지… "그 망할놈의 석관인지 뭔지, 아는 게 하나도 없는데, 어디서 소식을 들을 수 있나요? 물론 우리는 경쟁하는 관계이긴 하지만, 그래도 같은 일을 하는 동료 아닙니까? 그리고 혼자 특종을 한다고 해도, 다른 기자가 크로스체크할 수 있는 후속보도를 내주지 않으면 기사의 신빙성에도 의심이 갈 수밖에 없잖아요?" 결국 전화번호를 내어주더군. *AP Oral History, Essoyan, 1997, 62*

전혀 예상하지 못했던 곳에 파견되어 좌충우돌하는 상태에서 '무엇을 누구에게 어떻게 취재해야 하는지' 아는 어엿한 외신기자로 변모해가는 과정을 특파원들은 누구나 겪는다. 유고슬라비아에 대한 해박한 지식을 갖고도 앙골라에 파견된 스미스는 그곳에 유고슬라비아에서 온 기자들이 있다는 것을 알게 되었고, 그들의 도움을 받았다.*Smith, 5* 또한 현지언론사들은 통신사 특파원을 경쟁상대로 여기지 않기 때문에, 그들을 적극적으로 도와준다. 아예 AP기사를 받아보는 현지 신문사에서 AP지국에 공간을 내어주기도 한다.*Olmos, 14; Hurst, 2* 멕시코에서는 대중교통이 마비되어 이동하지 못하는 현지언론 기자들을 자신의 차로 태워주면서 고급정보를 얻어 내기도 했다.*Snow, 9*

AP가 협동조합이라는 사실은, AP특파원들이 치열한 경쟁에서 한발 물러나 임무를 수행할 수 있도록 도와준다. 디지털시대 이전에는 AP의 뉴스를 다른 신문사나 방송사를 통해서 접할 수밖에 없었다. 언론사마다 AP기사를 미리 받아보고 검토할 시간이 필요하기 때문에, AP는 언론사들의 기사 마감시간보다 몇 시간 전에 타전한다.*Cooperman, 18; Seward, 3*

취재과정에서 진정한 동료애가 발휘되기도 한다. 남아프리카공화국에서 아파르트헤이트를 찬성하는 활동가가 고공농성을 벌인다는 소식을 듣고 브라이슨은 현장으로 갔다. 백인 남성특파원들은 그를 인터뷰하겠다고 했지만 브라이슨은 그가 인터뷰에 응할 리 없다고 생각했다. 하지만 동료의 손에 이끌려 따라갔다가, 얼떨결에 인터뷰를 하는 데 성공했고, 브라이슨은 생각지도 못했던 기사를 얻어내기도 했다.*Bryson, 16*

모스크바특파원 앨런 쿠퍼먼은 CNN의 도움으로 냉전이 종식되는 순간을 직접 목격하는 영광을 얻었다. CNN이 확보한 독점접근권을 그에게 나눠준 바람에, 고르바초프가 사임서에 서명하는 순간을 직접 목격했을 뿐만 아니라, 크렘린 궁에서 소비에트 사회주의 연방공화국 깃발이 마지막으로 내려오는 순간도 직접 목격했다.*Cooperman, 14*

무자비한 취재경쟁과 강력한 인간적 연대 사이에서 갈등하는 기자의 심정은 아마도 피스크의 글에서 가장 잘 느낄 수 있을 것이다. 테리 앤더슨이 석방될 수 있다는 소식을 듣고 다마스커스로 가던 길에 눈보라에 갇힌 피스크는 그의 석방소식을 전하는 BBC뉴스를 차 안에서 듣는다.

"제기랄!" 나는 주먹으로 얼어붙은 차문을 때렸다. 이런 이기심은 용서받을 수 있을까?⋯ 나는 시아파 리더들을 찾아다니며 앤더슨을 풀어달라고 탄원했다. 한 달 전 마침내 납치범들을 만날 수 있었고, 그들과 마주 앉아 앤더슨을 제발 살려달라고 간청했다. 그렇게 해놓고 앤더슨이 석방되는 순간, 영원히 기억될 순간을 직접 취재하지 못하고 눈 속에 갇혀서 다른 기자들을 통해 전해 듣고 있다니, 내 자신이 너무 한심스러웠다. *Fisk, 2002, 584-630*

취재경쟁과 동료의식은 동전의 양면처럼 특파원들을 오랜 세월 압박해 왔다.

누군가 일을 그르치면 곧바로 다른 사람들이 달라붙겠지. 당연히 일을 그르치면 안 된다는 압박에 시달릴 수밖에 없어. *Rosenblum, 46*

오늘날 해외특파원이 점차 사라지고 있는 상황에서 특파원들의 업무의 성격은 달라지고 있다. 순회특파원 로젠블럼은 해외특파원은 예전에 코요테처럼 일했으나 지금은 하이에나와 비슷해지고 있다고 한탄한다.

서로 상대방을 잘 알고 있으며⋯ 투자-수익 계산에 무척 밝지. 한 명이 먼저 한 입 베어 물고 나면, 다른 이들이 뒤처진 것을 만회하기 위해 뼈다귀만 남을 때까지 깨끗하게 발라먹거든. 하지만 지금은 그저 서로 피하기만 해. 살금살금 경계를 하다가 먹이나 나타나면 순식간에 돌진해서 자기 혼자 다 먹으려고 하지. 그렇게 뜯어먹고는 남은 건 썩게 내버려둬. 협력하지 않고 혼자서 모든 것을 다 해내려고 할 때에는 그렇게 해야만 목숨을 유지할 수 있거든. 비유가 아니라 현실을 이야기하자면, 이런 취재상황에서는 진실이 무엇인지 알 수 없게 된다는 말이야.*Rosenblum, 18*

혼자 취재한다는 것은 다른 이들의 취재내용을 '참고하는 것'을 전혀 고려하지 않고 취재할 대상을 좀더 자유롭게 선택할 수 있다는 뜻이다. 하지만 혼자 활동하면 시리아에서 끔찍하게 참수당한 프리랜서기자들처럼 취재의 위험도 높아진다. 기자들조차 들어가길 겁내는 멕시코의 마약카르텔이 장악한 지역에 가끔씩 들어가 취재하는 스티븐슨은 자신도 《뉴욕타임스》가 이곳을 취재하기 전에는 그곳에 들어가볼 생각을 하지 못했다고 말한다.

지금은 현장에서 다른 해외특파원을 만나는 일이 거의 없어요… 2013년 대통령선거에서도 마찬가지였죠… 그래도 대선 정도면 외신기자들이 어느 정도는 모이잖아요? 대통령 당선축하 연회에 갔는데… 기자로서 당연히 가야 할 장소잖아요?… 그런데 눈 씻고 찾아봐도 외신특파원은 고작 두세 명이 전부더라고요… 예전이 훨씬 재밌었냐고요? 그렇죠. 왁자지껄하고 활기가 넘쳤죠. 긴장을 놓지 못 하게 하는 경쟁의식도 있었고… 물론 그 시절을 꼭 그립다는 건 아니지만… 기자가 많으면 특종을 하기 어려우니까… 어쨌든 지금은 특종을 할 수 있는 기회가 많아진 건 사실이지만, 함께 어울릴 수 있는 특파원동료가 없어요. 웃고 떠들 수 있는 무리는 더 이상 존재하지 않죠.*Stevenson, 17-18*

477

특파원들의 협업과 경쟁

해외특파원들은 서로 치열하게 경쟁하는 동시에 깊은 동료애를 느낀다. 스미스가 극심한 고통을 느끼는 동료와 시체가 된 동료를 싣고 사라예보의 '스나이퍼앨리'를 전속력으로 통과한 것은 화요일이었고, 그것이 기사로 타전된 것은 목요일이었다.

AP지국 안에 머물며 자아를 억누르고 기사를 편집하고 행정처리를 하는 것은, 특파원이 되어 현장에 나가기 위한 준비과정이기도 하다. 오늘은 1면 머릿기사의 바이라인에 자신의 이름이 들어갔더라도, 내일은 다른 사람의 기사를 편집하는 데스크에 앉아있을 수 있다.

이러한 협력관계는 전세계 곳곳에서 펼쳐진다. 중대한 사건이 발발하면 전세계 곳곳에서 취재, 편집, 보도인력이 몰려든다. 새로운 환경에서 온 이들은 새로운 관점을 제공할 수도 있고, 취재인력이 풍부할수록 베테랑기자들은 속보성 기사 대신 큰 그림에 초점을 맞춘 기사를 기획할 수 있는 여유를 누릴 수 있다.

현지인을 채용하는 경우가 많아지면서, 외국인이 반드시 외신취재를 해야 하는지 의문을 제기하기도 한다. 현지인 기자는 모국어로 취재할 수 있다는 장점부터 폭넓은 취재원이나 배경지식 측면에서 외국인 기자보다 상당한 이점이 있다. 하지만 강압적인 권력이 지배하는 곳에서는 현지인 기자들이 큰 위험에 빠질 수 있다. 감옥에 갇히거나 가족이 위협받을 수도 있다. 또한 기자에게 필요한 취재훈련을 받을 기회가 대부분 없기 때문에 별도의 훈련과정을 거쳐야 하는 경우도 많다.

좋은 기사를 생산하기 위한 가장 효과적인 취재방법은 바로, 현지인과 외국인이 한 팀이 되어 움직이는 것이라고 AP특파원들은 말한다. 그 지역에 대한 현지인의 풍부한 지식과 그 나라 이야기를 다른 나라 사람들이 공감할 수 있는 방식으로 풀어내는 외국인의 시선이 결합하여 시너지를 낼 수 있기 때문이다.

오늘날 해외특파원의 규모가 전세계적으로 축소되고 있는 현실은 아쉬움을 자아낸다. 치열한 현장에서 특파원들은 서로 단련시켜주는 역할을 한다. 죽기살기로 경쟁하다가도 보급, 정비, 교통, 위생 등 문제가 닥치면 함께 도우며 헤쳐나간다. 특파원들이 위기에 빠지는 이유는 대부분 취재하는 나라의 정부에서 비롯된다. 특파원들은 자신이 주재하는 나라의 정부와 어떤 관계를 맺을까? 다음 장에서 상세히 다룬다.

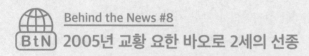

우리는 교황의 임종을 곁에서 지켜보는 사람을 취재원으로 확보해놓은 상태였지… 바티칸에서 들어온 소식을 곧바로 전송했는데, 알고보니 AP가 교황의 선종을 가장 먼저 보도했더군.

Simpson, 38

교황이 아프다는 소식이 들려올 때마다 비행기를 타고 로마를 들락거렸어요. 가보면 괜찮다고 돌아가라고 했고, 또 아프다는 소식에 또 다시 비행기를 타고 돌아오고, 그렇게 6개월을 왔다갔다 했죠… 요한 바오로 2세가 아프다는 소식이 들려올 때 우리는 야간근무도 섰어요. 한밤중에 교황이 죽었다는 발표가 나올 수도 있으니까요. 하지만 매일 아침 업데이트하는 내용은 똑같았어요.

"아침 6시 30분 교황이 입원한 병실에 불이 켜졌다."

교황의 건강을 기원하기 위해 성베드로광장에 많은 사람들이 촛불을 들고 나와 있었어요. 나는 그들과 잡담을 나누고 있었는데… 갑자기 '교황이 선종했나'는 발표가 나왔어요. 이거 특종인데 하면서 [웃음] 재빨리 지국으로 전화를 걸었죠. 내가 모르고 있었던 것은, 바티칸에 고위 취재원으로부터 그 소식이 이미 전해졌다는 것이었죠… 어쨌든 교황의 선종 소식도 중요하지만, 로마와 바티칸 곳곳에서 사람들의 반응을 취재하는 것도 중요하니까… 내가 그런 취재팀의 일원이 되었다는 생각에 뿌듯함을 느낄 수 있었죠.

Doland, 6-7/11-12

아마존으로 취재를 하러갔다가 아메리칸인디언 보호구역을 방문하는 일정이 있었어요. 브라간카의 문두루쿠족을 취재하는 것이었는데, 정말 힘들었죠. 8시간 정도 여행을 해서 그곳에 닿았는데, 사실 그들이 우리를 받아줄지도 모르는 상태였거든요… 다행히 우리를 환영해주더군요. 며칠 그곳에서 머물 수 있게 되었는데… 그들이 이렇게 말하는 거예요.

"교황이 죽었다는 소식을 들었나요?"…

라디오가 있었던 거예요. 우리가 타고 간 트럭에는 라디오가 없었죠… 다음날, 그 마을에는 사제도 없는 아주 아주 작은 교회가 있었는데, 아무튼 사제역할을 하는 사람이 인도하는 교황의 선종을 애도하는 미사를 올렸어요. 아마존정글에서 야자수에 둘러싸여있는 교회에서 아메리칸인디언 15명이 미사를 올렸죠. 기사에 필요한 인터뷰는 모두 마친 상태였는데, 미사가 끝나고 교황의 선종에 관련하여 다시 인터뷰를 했죠. 인터뷰를 마친 뒤 8시간을 미친듯이 달려 교신할 수 있는 가장 가까운 마을로 갔어요. 교황의 선종을 애도하는 아마존 원주민들의 반응을 담은 기사가 그렇게 만들어졌죠.[12]

Clendenning, 22-23

---

12 Alexander G. Higgins, "From great bell of Paris' Notre Dame to prayers in earthquake-stricken Indonesia, world mourns pope," The Associated Press, April 3, 2005. 클렌데닝의 기사는 교황의 죽음을 애도하는 전세계인들의 반응을 다루는 AP의 종합기사에 반영되었다. Alan Clendenning, "Indians near jungle highway fear pavement will destroy their way of life," The Associated Press, June 12, 2005. 이 기사에서는 문두루쿠족이 교황을 어떻게 생각하는지 보여준다.
아마존의 지류에서 살아가는 가톨릭교구민들은 열대정글 속에서 북소리에 맞춰 찬송가를 불렀다. 이 브라질 인디언들은 요한 바오로를 콩농사를 짓는 농부들과 벌목꾼의 침입으로부터 자신들의 땅을 지켜주는 농경개혁의 지지자로 기억하고 있었다.

사라예보 포위전

무슬림 인구가 많은 보스니아가 유고슬라비아로부터 독립을 선언하자 이 지역에 거주하는 기독교도 세르비아인들이 민병대를 조직하여 사라예보 주변 산악지역을 점령하고 소총, 기관총, 박격포, 대포, 로켓발사기 등을 배치한 뒤 도심을 공격하기 시작하였다. 세르비아민병대는 군인은 물론 민간인도 보이는 대로 사살하였다. 1992년 5월 2일 시작되어 1996년 2월 29일 끝난 이 포위전은 현대전 역사상 가장 긴 포위전으로 기록되었다. 보스니아군은 끝내 포위망을 뚫지 못하였으며, 결국 NATO의 무력개입으로 세르비아가 철수하면서 끝이 났다. 이 기간 동안 민간인 5,434명을 포함하여 13,952명이 사망하였으며, 사라예보 인구는 절반 가까이 줄었다.

9

AP
역사의 목격자들

FOREIGN
CORRESPONDENTS
IN ACTION

이 기사는 검열과정에서
삭제되었습니다

현지의 취재방해

9

"이 기사는 검열과정에서
삭제되었습니다."

현지의 취재방해

예안동굴에서 마오쩌둥, 집회현장에서 넬슨 만델라, 전용비행기에서 교황 요한 바오로 2세, 정글과 사막의 은신처에서 반군지도자 등, 특파원들은 온갖 유형의 지도자들과 교류한다. 이번 장에서는 특파원들이 세계곳곳에서 어떻게 이러한 사람들에게 다가갈 수 있었는지 살펴본다. 때로는 강고한 관료주의의 틈새를 비집고 들어가야 할 때도 있고, 나무덩굴 속에 숨겨져있는 쪽지에 쓰여진 지시를 따라 산길을 헤매야 할 때도 있다. 때로는 북한처럼 폐쇄적인 정권과 협상을 하여 AP지국을 설립하기도 한다.

　뉴스를 통제하고자 노력하는 많은 정부들이 부정적인 보도를 한 것에 대한 보복으로 접근을 거부하기도 한다. 인터뷰를 통해 밝혀진 바로는, 전 세계의 많은 정부들이 특파원들을 감시하고 검열한다. 일시적이나마 기사 전송을 막기 위해 감금하거나 추방하는 경우도 있다.

　때로는 정부관료들이 잘못된 정보를 흘리는 경우도 있다. 루마니아의 차우셰스쿠정권이나 크메르루주정부가 시도했던 것처럼, 프로파간다 선전에 활용하기 위해 왜곡된 정보를 제공하거나 대외적으로 보여주기 위한 취재를 허락하는 경우도 있다. 그런 경우에 기자는 어떻게 대처해야 할까?

"그런 질문은 하지 마시오."
해외정부와 지도자 취재하기

AP가 외국정부와 벌이는 최초의 대화는 가장 기본적인 것으로, 지국을 설립하는 문제라 할 수 있다. 1960년대 하바나, 2010년대 평양에서, 특파원들과 임원들은 AP지국의 개설허가를 얻어내기 위해 공을 들였다. 두 언어를 자유로이 구사하는 아이작 플로레스는 1960년대 중반 포린데스크에서 에디팅을 하다가 피그스만 침공과 미사일사태 직후 카리브해로 가게 되었다.

> AP의 거물들과 함께 워싱턴에 있는 체코슬로바키아 대사관을 통해 무수히 밀고당기기를 한 결과, 쿠바정권도 세계를 향해 목소리를 낼 필요가 있다고… 설득하는 데 성공했지. 물론 우리는 쿠바혁명의 좋은 측면도 전달하겠지만, 나쁜 측면도 전달할 수 있는 객관적인 기관이라는 것을 강조했어. *Flores, 1-2*

플로레스는 단기비자를 받아 쿠바에 들어갔는데, 계속 연장해서 거의 2년 반을 머물렀다. 플로레스와 그의 후임 존 펜튼 휠러는 식량부족과 같은 쿠바의 경제난에 관한 분석기사를 썼다. 그들은 정권의 장미빛 예측과 하바나의 청소부나 축산농가에서 일하는 여성들의 현실적 불만을 나란히 보여주기도 했다.[1]

하지만 카스트로정권이 1969년 미국인특파원을 모조리 쫓아냈을 때

---

1   Isaac M. Flores, "Cuba Hungry in 'Year of Agriculture'; Housewives Take What They Can Get," Chicago Tribune, September 19, 1965, B1; Fenton Wheeler, "Cubans Kept Busy Finding Enough Food," Chicago Tribune, June 18, 1967, A1.

AP지국도 문을 닫을 수밖에 없었다. AP가 다시 문을 연 것은 1998년말이다. AP지국을 다시 열기 위해 AP의 임원들은 하바나로 날아가 여러 차례 쿠바 지도자들과 협상을 했는데, 이때 월드서비스 총책임자 클로드 업슨도 동행했다. 그는 30년 전, 쿠바에서 쫓겨나 플로리다의 한 호텔에 AP'망명'쿠바지국을 차리고 피델 카스트로의 긴 연설을 입수하여 밤새도록 분석하고 기사를 쓰던 젊은 특파원이었다. 피델 카스트로를 만나 그때 이야기를 하자 카스트로는 자신의 연설로 밥 벌어 먹었으니 '커미션'을 달라고 농담을 건네기도 했다.*Erbsen, 1*

카스트로가 AP지국을 다시 여는 데 동의했을 때, 이 협상에 대한 기사를 쓰는 행운은 애니타 스노우에게 돌아갔다.[2] 이 특종을 쓸 사람으로 선택된 것을 축하하는 자리에서 그녀는 쿠바특파원으로 일할 것을 제안받았고, 그곳에 남아 AP하바나지국을 설립하는 업무를 맡게 되었다. 조직을 꾸리고 필요한 인력을 뽑는 일을 하면서 쿠바의 법규는 물론 미국의 통상봉쇄조항까지 살펴야 했다. 예컨대 쿠바사람을 고용하기 위해서는 반드시 정부의 취업소개소를 통해야 한다. 또한 미국에서 쿠바로 송금하는 것도 불가능하다.*Snow, 2*

2010년 말 북한은 '김정은의 데뷔'를 세계에 알리기 위해 해외특파원들을 초청했다. 매우 이례적인 일이었다. 이때 북한에 들어간 진 리는 북한정부에게 AP평양지국을 개설하고 싶다고 설득했다. 결국 2012년 초 AP평양지국을 설립한다는 양해각서를 조선중앙TV와 맺는 데 성공했다.*Lee, 3*

1990년대 초, 이스라엘은 미국을 비롯한 각국 대사관을 텔아비브에서 예루살렘으로 옮겨달라고 요청했다. AP에게도 이때 이전요청을 했다. 예루살렘을 '사실상' 이스라엘 수도로 삼겠다는 정책의 일환이었다. 당시 텔

---

2   Anita Snow, "Cuban government approves re-opening of AP Havana bureau," The Associated Press, November 13, 1998. 1997년 미국정부는 AP를 포함하여 10개 언론사의 쿠바지국 설립허가 신청서를 승인했다.

아비브지국장 니콜라스 타트로는 팔레스타인 지역에 더 쉽게 접근할 수 있다는 점과, 이스라엘-팔레스타인 분쟁을 좀더 쉽게 취재할 수 있다는 이유로 이전에 호의적이었지만, 조직의 독립성 또한 고려해야 했다.

> 이스라엘정부의 요구에 좌우되는 것처럼 보일 수 있잖아. 그들의 정책적인 요구에 맞춰 우리가 고개를 숙이는 모습으로 비치면 안 되지. 하지만 이스라엘정부부처도 상당수 그쪽에 있고, 팔레스타인을 취재하는 데 그곳이 더 유리했기 때문에 나쁜 제안은 아니었어._Tatro, 20_

특파원에게 특권처럼 주어지는 접근권도 있지만, 공을 들여야만 얻을 수 있는 것도 있고, 때로는 보복 차원에서 접근이 거부당하는 경우도 있다. 이는 미국과의 관계, 또는 지리정치학적 지위와 반드시 비례하는 것은 아니다. 미국이 뒤를 봐주는 정권에 맞서 내전을 벌이고 있던 공산주의 단체 파텟라오^Pathet Lao는 메콩강을 따라 올라가다가 길을 잃은 AP특파원을 자신들의 야영지에 하룻밤 묵게 해주고 접대했다.

> 날 잡아먹을 거라고 겁을 먹었는데 전혀 그렇지 않아. 나는 그들에게 오렌지를 줬고, 함께 먹었지… 그들은 기초적인 영어단어만 알았는데… "Cold… wind… tonight…" 그래서 나도 "Cold wind tonight."이라고 말했지. 다음날, 거기서 자고 동료들과 함께 카누를 타고 다시 강을 따라 내려갔지._Bartimus, 20_

이와 반대로, 미국과 사이가 좋다고 여겨지는 영국에서 로버트 바가 겪은 일은 매우 쌀쌀맞다. 대처총리 시절 미국언론사는 총리 브리핑에 들어가는 것이 아예 허용되지도 않았다. 대변인이 별도의 시간을 마련하여 소식을 전해주거나, 대처총리가 브리핑하는 장면을 녹화한 것을 보여주는 것이 고작이었다. 심지어는 영국의 국영통신사 PA Press Association의 보도내용을 통해 브리핑소식을 들어야 할 때도 있었다. 대처가 사퇴하는 역사적인 사건조차 취재할 수 없었다.

우리는 대처가 사퇴하는 극적인 사건을 TV로 봤어. 그게 전부였지.[3] *Barr, 4-5*

혼란에 처한 정부는 특파원들에게 잘 정리된 정보를 제공하지는 못하지만, 반대로 비교적 쉽게 접근할 수 있는 기회를 준다. 존스는 중국에서 전후무후한 언론의 자유가 보장되었던 시기는 바로 천안문항쟁이 벌어진 대혼란기였다고 회상한다. 당시 중국은 외국언론을 전혀 검열하지 않았다.

중국정부는 통신장비, 컴퓨터, 전화기 등 모든 것들을 압수할 수도 있었죠. 외신지국 앞에 인민군을 한두 명 세워놓을 수도 있었고요. 그랬다면 우리는 그렇게 취재할 수 없었겠죠. *Johns, 18*

그 당시에는 중국의 언론들도 '놀라울 정도로 솔직하고 빠르게 보도했으며 시위자들에 대한 공감도 가감없이 드러냈다.[4] 해외특파원들도 전혀 겁내지 않고 중국정부에 도발적인 질문을 했다.

외교부에 직접 물어봤죠. "지금 누가 중국을 이끌고 있는가?" 그에 대

---

3   Robert Barr, "Thatcher rival challenges her leadership," The Associated Press, November 14, 1990. 이 기사에서 대처와 그의 정적 국방장관 마이클 헤슬타인의 발언은 모두 스카이TV에 방송된 내용을 인용한 것이다.

4   Terril Jones, "Press gives unexpected coverage to demonstrations," The Associated Press, May 18, 1989.

한 답변이 참 의아했는데, "현시점에서 우리는 답할 수 없다." 뭐 그런 것이었어요. 그게 무엇을 의미하는지 알 수 없었죠. 시위대에 동조하는 외교부직원들에 대한 대규모 숙청이 있었던 것인지, 그 이상 어떤 말도 할 수 없을 만큼 단속이 심했던 것인지 아니면 혼란에 빠져있던 것인지… 지금도 궁금해요. *Johns, 31*

아파르트헤이트가 사라지기 직전부터 15년 동안 남아프리카공화국에서 특파원으로 활동한 도나 브라이슨은 권력판도의 변화과정에서 일어난 취재환경의 변화에 대해 말한다.

90년대… 남아프리카공화국 정치인들은, 백인이든 흑인이든 세계가 지켜보고 있다는 것을 알고 있었어요. 그래서 좋은 인상을 주기 위해서 특파원들에게 접근권을 쉽게 허용했죠… [몇 년 뒤] ANC는 언론을 귀찮아하기 시작했어요. 아파르트헤이트를 물리친 영웅이었던 그들은 선거를 통해 정치인이 되었고, 그들도 갖가지 의혹에 시달리기 시작했죠. 기자들의 질문은 점점 날카로워졌고, 그들이 바른 방향으로 나아가고 있는지 의심하기 시작했죠. 정치적인 관계도 복잡해졌고… 그들은 점점 격식을 요구하기 시작했어요. 권력을 가진 여느 사람들과 마찬가지로 접근하기가 어려워졌죠… 하지만 아파르트헤이트를 종식시키고자 노력할 때에는 전혀 그렇지 않았어요. 궁금한 게 있으면 답을 해줄 수 있는 사람을 바로 찾아갈 수 있었죠. 지금 돌이켜보면, 그때가 정말 좋았다는 생각이 드네요. *Bryson, 17-19*

특파원들의 끈질긴 요청에 지도자들을 갑자기 만날 수 있는 경우도 있다. 1980년대 레바논내전이 한창일 때 팔랑헤민병대가 라이벌 타이거민병대의 본부를 공격해 상당한 피해를 입혔다. 그 다음날, 타이거민병대의 대변인은 자신들의 지도자 다니 카모운의 아파트로 타트로를 데리고 갔다. 어제 공격에서 가까스로 살아남은 카모운은 가족과 함께 아침을 먹고 있었다. 레바논의 대통령을 역임했던 그의 아버지도 함께 있었다.

집에 불쑥 들어갔는데, 밥을 먹고 있더군… 현상금이 걸려있어서 언제든 총에 맞아도 전혀 이상하지 않은 상황이었는데, 신기하게도 아무렇지도 않은 듯이 식탁에서 시리얼을 먹고 있더라고… 히스테리가 폭발하기 일보직전이었던 그의 아내는 소리를 지르기 시작했어. 아내는 신발을 벗더니… 그걸로 그의 가슴팍을 때리면서 이렇게 말하더군. "이제 어디서 돈을 구해올거야? 돈이 필요하단 말이야. 우리는 이제 뭘 해서 먹고 살아?"… 그 광경을 곁에서 보는 건 정말 기이한 체험이었지… 그 시절에는 그렇게 사적인 공간에도 다가갈 수 있었어.*Tatro, 14*

브라이슨은 넬슨 만델라의 선거운동집회에 참석했다.

엄청난 군중이 운집했는데, 사람들이 계속 밀어대는 통에 땅에 발을 대지 않고도 서있을 수 있었죠.*Bryson, 58*

뜨거운 열기 속에서 한창 들떠있는데, 최근 감옥에서 풀려나 대통령후보가 된 만델라를 얼떨결에 코앞에서 마주하는 행운도 얻었다.

뭘 질문해야 할지 하나도 생각이 나지 않더군요. 겨우 생각을 짜내 질문을 했는데… 아마 그날 집회에 대한 감회를 물었던 것 같아요. 만델라는 나를 쳐다보더니 이렇게 말하는 거예요. "별로 좋은 질문이 아니군요." [웃음] 변호사답게, 말투도 우아했어요… 그냥 미소를 지어보이며 사과한 다음, 다른 질문을 떠올리려고 안간힘을 썼죠.*Bryson, 59*

거의 40년 동안 바티칸의 교황청을 취재한 빅터 심슨은 바티칸기자단의 일원으로 교황이 여행을 다닐 때마다 따라다녔다. 바오로 2세는 기자들 질문을 '피하는 법이 없었을 뿐만 아니라 비행기에 타고 있는 기자단을 찾아와 즉석 기자회견을 열기도 했다.' 바티칸의 의전담당자들은 그런 교황의 행동을 곁에서 지켜보며 못마땅한 표정을 짓고 서있었다.[5]*Simpson, 8-9*

2012년 심슨은 92번째로 교황전용기를 탔다. 심슨은 당시 교황이었던 베네딕토16세에게 내년 2월 26일에 기자생활을 은퇴한다는 소식을 전했고, 교황은 심슨에게 진심으로 축하한다고 인사를 건네면서 그의 옆자리에 앉아서 이러저러한 이야기를 나눴었다. 하지만 정작 그가 은퇴하기로 한 날 교황 베네딕토가 교황직에서 물러난다고 발표를 해 세상을 충격에 빠트렸다. 5개월 전 아무런 언급도 없던 교황이 급작스럽게 사퇴한다고 발표해 심슨은 퇴직날짜를 연기할 수밖에 없었다.[6]

심슨이 교황 옆자리에 앉아 이야기를 나눈 것은 그 전에도 여러 번 있었다. 1986년, 2주 간의 오스트레일리아 방문을 마치고 돌아가는 비행기에서 교황 요한 바오로 2세는 심슨에게 비행기 앞 칸으로 와서 함께 저녁식사를 하자고 초대했다.

새벽 4시에 일어나 세이셸로 갔어. 이번 여행의 마지막 기착지였지. 쏟아지는 빗속에서 교황이 집전하는 미사가 끝나고… 비행기로 돌아왔을 때, 나는 빨리 저녁 먹고 자고 싶은 생각뿐이었어. 너무나 피곤했거

---

5   Victor L. Simpson, "Globe-trotting pope making his 100th foreign tour despite age, infirmities," The Associated Press, June 4, 2003

6   Victor L. Simpson, "Close encounters with the popes over 3 decades," The Associated Press, February 26, 2013. 이 기사에서 심슨은 '꽉 막힌 바티칸에서 나와 비행을 하는 동안 교황들은 더 자유롭게 자신의 생각을 드러내는 것처럼 보인다'라고 쓴다.

든. 그런데 교황의 대변인이었던 조아킨 나바로볼이 내게 오더니 이렇게 말하더군. "교황님께서 오늘저녁 기자 한 명과 함께 저녁식사를 하고 싶다고 하시면서, 당신을 선택하셨습니다. 같이 가시겠습니까?" 그걸 어떻게 거절할 수 있겠어? 세상에나!… 새벽에 일어나서 면도를 했지만 벌써 부스스해진 상태였고, 사파리재킷은 비에 흠뻑 젖어있었지… 어쨌든 최대한 차려입고 콴타스항공 1등석 구역으로 갔어. 교황님 앞에 가서 먼저 사과할 수밖에 없었지. "실례합니다, 교황 성하, 이것이 일할 때 입는 옷입니다."… 교황도 자신의 흰 예복을 움켜잡으면서 '이 옷도 일할 때 입는 옷이지요'라고 말했어. 긴장을 풀어주려고 하신거지. 그리고 그의 품성을 단적으로 보여주는 경험을 했는데… 아까 말했듯이 난 정말 배가 고팠거든. 그런데 교황은 배가 고프지 않다고 하시는 거야. 맙소사, 그러면 나 혼자서 어떻게 저녁을 먹을 수 있겠어? 곤란한 상황을 눈치채시고는 교황은 예수회 수사인 의전책임자를 부르더니 배가 고프지 않냐고 물으시더군. 그는 새끼양 갈비살을 먹겠다는 엄청난 선언을 했고… 나를 보면서 함께 먹겠냐고 묻더라고. "저도 같은 걸로 먹겠습니다."… 나는 먼저 인터뷰할 때 지켜야 할 기본적인 제한이 있는지 물었는데, 그런 거 없으니 맘대로 하라고 하시더군.*Simpson, 17-19*

1965년 피델 카스트로와 피자를 나눠 먹던 플로레스에게는 그런 행운이 주어지지 않았다. 카스트로는 '기자들, 특히 [플로레스와 같은] 양키기자에게는 다가갈 수 없는' 존재였다. 플로레스는 스위스대사관에서 폐쇄적인 카스트로정권에 대한 정보를 얻었는데, 우연히도 새벽 두 시경 스위스대사와 카스트로가 말레꼰에 있는 작은 피자 가게에서 만날 것이라는 이야기를 들었다. 정말 그곳에 가보니 '거대한 자동차'와 보안요원들이 진을 치고 있었다. 플로레스를 알아본 언론보좌관은 잠시 기다리라고 손짓을 했는데, 플로레스는 미팅이 끝난 뒤 잠시 '몇 분만' 인터뷰할 수 있게 해달라고 사정했다.

피델이 자리에 앉아있었어. 남은 피자를 먹고 있었는데⋯ 나한테 와서 앉으라고 하더군. 자리에 앉았고, 몇 가지 심각한 질문을 던졌어. 하지만 그는 대답할 생각이 없더라고⋯ 야구 이야기를 하더군⋯ 나는 개인적인 이야기를 터놓는 인터뷰를 하고 싶었는데⋯ 그는 안 하겠다고 말하지는 않았지만, 계속해서 다른 곳으로 대화방향을 틀었지⋯ 그런 게 궁금하면 내가 지금까지 해온 연설을 보면 되지 않느냐고 말했어⋯ 그날 아침 나는 외교부 언론담당관의 호출받았어. 검열을 총 책임지는 사람이었지. "들어보니, 지난 밤에 피델과 피자집에서 만났다고 하던데." 새벽에 있었던 일을 모두 알고 있더군. "음, 하바나에 계속 있고 싶으면, 그건 당신 머릿속에만 남겨두길 바랍니다. 무슨 말인지 알겠죠?" 나는 거기 계속 머무는 것을 선택할 수밖에 없었지.*Flores, 3-5/17; also 2007, 48-53*

1999년 9월 AP하바나지국장 애니타 스노우가 국영방송에 출연한 쿠바대통령 피델 카스트로를 만나 이야기를 나누는 모습. 이 방송에서 카스트로는 팬아메리칸게임에 참여한 쿠바선수들이 약물사용을 했다는 혐의로 메달을 박탈당한 것은 부당한 공작이라고 주장했다. (Photo by Adalberto Roque, courtesy of Anita Snow)

카스트로정권 시절 쿠바정부에서 공식적으로 얻을 수 있는 정보는 카스트로의 공식연설밖에 없었지만, 정권 말기가 되면서 행사장 등지에서 카스트로는 '기자들과 조금씩 담소를 나누기도 했다.' *Snow, 19; also Wheeler, 4*

마오쩌둥은 훨씬 개방적이었다. 존 로더릭은 1940년대 중반 혁명을 취재하기 위해 옌안으로 갔는데, 몇 달만에 마오쩌둥의 '오두막'에서 함께 저녁식사를 하는 영광을 얻었다. 미국의 유통회사 시어즈가 중국에서 우편주문판매사업을 시작하는 것 등을 비롯하여 중국의 미래를 논의하며 '꽤 호화로운 식사'를 함께 했다. 이후 로더릭은 마오쩌둥과 저녁식사를 여러 차례 더 했다. 너덜너덜한 패딩 모직 옷을 입고 토요일 밤 무도회에 참석하거나 가극도 몇 번 관람하기도 했고, 이따금씩 마을을 함께 산책하기도 했다. '마오쩌둥은 말을⋯ 많이 하는 편이 아니었지만' 그래도 이 공산주의 지도자가 미-중관계를 어떻게 바라보고 구상하고 있는지 알 수 있었다. *Roderick, AP Oral Histroy, 1998, 8-14*

셰이크 무지부르 라흐만과 줄피카르 알리 부토로 양분되었던 1970년 파키스탄 대통령선거는 결국, 동파키스탄과 서파키스탄의 전쟁으로 이어졌다. 이들 양 진영에 취재원을 확보하기 위해 상당히 공을 들여왔던 아놀드 제이틀린은 양쪽에 모두 인터뷰를 요청했는데, 먼저 부토에게 연락이 왔다. 한밤중에 급작스럽게 진행된 인터뷰에서 부토는 상대방의 협상제안을 거부할 것이라고 말하면서, 파키스탄에 두 명의 총리가 존재할 것이라고 말했다. 제이틀린은 이러한 발언을 모두 기사에 실어 보도했다.

얼마 뒤 무지부르가 제이틀린을 집으로 불렀다. 제이틀린은 부토의 말을 그대로 전달했고, 동파키스탄의 지도자는 그 말에 수긍했다. 그러한 반응을 교차검증하고 제이틀린은 즉시 기사를 써서 전송했다. 전신국에서 호텔로 돌아오자마자 전화벨이 울렸다.[7]

---

7   Arnold Zeitlin, "Mujibur: Virtual Ruler of E. Pakistan," *Washington Post*, March 21, 1971, A26.

"내 말을 잘못 인용했더군요." 무지부르였어. "제가 잘못 인용한 게 아니라는 건 잘 아실 텐데요." "그 기사가 나가면 서파키스탄에서 나의 입지가 불리해질 겁니다. 기사를 철회할 수 있나요? 나는 부토가 이번에는 패배를 인정하고, 다음 대선에서 파키스탄 총리가 되어주기를 바랍니다." … "일단 전신국으로 다시 가보겠습니다. 기사가 아직 전송되지 않았다면 기사를 내리도록 하지요. 하지만 이미 런던에 갔다면, 기사를 내지 말아달라고 설득할 수 있는 방법은 없습니다." … 그런데 그 사이 전신국은 파업에 돌입한 상태였고… 다음날 아침 내가 쓴 기사는 라디오를 통해 인도 전역으로 방송되었지.*Zeitlin, 20-21*

특파원을 미국의 준외교관으로 여기는 잘못된 인식으로 인해, 특파원들에게 접근권을 허용하는 지도자들도 많다. 예컨대, 하마스를 포함하여 수십 년 동안 지속되어 온 이스라엘-팔레스타인 분쟁에 관련되어있는 집단들은 외신을 '서방의 인정을 받기 위한 핵심요소'라고 여겼고, 따라서 특파원들은 상당히 수월하게 핵심인사들을 인터뷰할 수 있었다.*Laub, 21* 이스라엘 장관들 역시 자신들의 입장을 홍보하기 위해 외신을 적극적으로 활용했다. 몇몇 특파원들은 메시지를 통제하고자 하는 이스라엘정부의 태도를 지적하는 기사를 쓰기도 했다.[8]

동남아시아 황금의 삼각지대Golden Triangle를 장악한 극악무도한 아편왕 쿤사도 정글 속 자신의 은신처로 특파원들을 초대해서 미국이 자신의 목에 현상금을 건 것은 부당하다는 입장을 적극적으로 피력했다.*Gray, 53*

---

8 《뉴욕타임스》특파원 토머스 프리드먼Thomas Friedman은 이렇게 쓴다(1995, 440). 이스라엘은 미국의 언론에 강박적으로 집착한다. 덕분에 총리든 누구든 인터뷰 요청을 하면 48시간 이내에 수락한다는 답변이 온다. 한편으로 이스라엘은 외신의 취재와 보도를 철저하게 검열하고 감시한다.

하지만 대개의 정부들은 특파원의 접근을 쉽게 허용하지 않는다. 외국 정부를 상대로 어떤 사건에 대한 공식적인 코멘트를 얻어내거나 취재내용을 확인하기 위해서는 온갖 장애물을 넘어야 한다. 이는 정부의 폐쇄성과는 무관하다. 1970년대 핑퐁외교 이후, 정식으로 교류가 재개되기 전까지 미국의 관리들은 중국에 들어갈 수 없었다. 따라서 홍콩에 주재하는 중국 관영통신의 기자들이 사실상 중국정부의 대변인 역할을 수행했다. 신화통신 기자들을 꼬드겨 정보를 얻어냈다.*Liu, 12*

이탈리아의 실비오 베를루스코니 역시 직접 인터뷰하기 쉽지 않았다. 아마도 외신들이 자신을 조롱한다고 느꼈기 때문일 것이다.*Simpson, 15* 아랍의 여러 정부들도 우호적이지 않은 적국 출신 기자들의 '도전적인 질문'을 인내하며 견뎌봤자 얻을 수 있는 게 없다고 여기는 듯했다.*Bryson, 41* 특히 이란혁명이 일어났을 때 이러한 경향은 더욱 두드러졌다. 아야톨라 호메이니가 혁명에 성공하고 첫 번째 총리를 소개하는 기자회견을 열었을 때, 외신기자들은 회견장을 엿보기 위해 높은 '철벽'을 기어올라야만 했다.*Doelling, 12*

이란국왕이 이란에서 추방당할 때, 떠나는 모습을 취재하기 위해 특파원들이 공항에 모여들었다. 갑자기 이란정부는 출발이 취소되었다면서 외신기자들에게 돌아가라고 했고, 그렇게 사무실로 돌아오고 나니 국왕이 공항을 떠났다는 발표가 나왔다. 하지만 타트로는 이에 굴하지 않고 국왕이 탄 비행기의 첫 기착지였던 이집트 아스완 근교의 작은 휴양지로 갔다. 그곳은 작은 돛단배를 타고서만 들어갈 수 있는 곳이었다.

아마도 일생에서 가장 모험적인 순간이었을 거야. 정말… 어리석은 선택이었지… 나는 사진기자와 함께 작은 돛단배를 하나 빌려서… 바닥에 누워 몸을 숨기고는 뱃사공에게 그 섬으로 가달라고 부탁했지… 섬에 몰래 들어가는 데 성공했고, 우리는 산책하고 있는 국왕에게 재빠르게 다가가 질문을 던졌어. 바다 너머에서 우리를 관찰하던 한 무리의 기자들이 우리를 향해 환호성을 질렀고, 곧바로 경호원들이 달려와 우리를 내동댕이쳤지. 어쨌든 우리는 국왕의 코멘트를 얻는 데 성공했어. 다행히도 체포되거나 총에 맞지는 않았지.*Tatro, 10*

경직된 관료정치는 또 하나의 장애물이다. 인도나 프랑스에서는 장관들이 연설이나 기자회견을 하기 전 또는 하고난 후 기습적으로 인터뷰를 해야 한다. 공식적인 자리에서는 언론대응팀이 준비해놓은 '애매모호한 말'만 늘어놓기 때문에, 그런 틈새를 노려 질문을 해야 좀더 솔직한 코멘트를 얻을 수 있다.*Ganley, 6-9*

"지금 자리에 없습니다. 점심식사하러 나가셨어요. 언제 돌아올지는 알 수 없습니다."*Bryson, 30*

멕시코에서 관료들에게 전화를 하면 비서들의 답변은 늘 한결같다. 콘트라 전쟁 당시 니카라과와 온두라스에서도 마찬가지였다.

산디니스타 전사와 이야기하려면 기밀취급 허가를 얻어야 했는데, 이 과정이 2주가 걸렸지. 언제 심사전화가 올지 모르니 2주 동안 밖에 나가지도 못하고, 전화기 앞에 앉아서 대기해야만 했어.*Frazier, 30-31*

노골적인 취재거부도 마음에 들지 않는 기사를 쓴 특파원을 배제하기 위해 많은 정부들이 사용하는 오래된 방법이다.

"이런 건 묻지 마세요. 그렇지 않으면 다시는 취재에 응하지 않을 겁니다."*Stevenson, 20*

이러한 요청이자 위협은 특파원들이 일상적으로 겪는 일이다. 원하는 기사를 쓰는 대신 취재원, 신용, 여행허가를 잃을 수도 있고, 심각한 경우 체류비자도 박탈당할 수 있다. 특파원들은 늘 이 두 가지 선택 사이에서 신중하게 고민해야 한다.*Prochnau, 1995, 137-138; Frank, 2013, 1*

중동지역의 베테랑특파원 캐린 라웁은 이스라엘의 예루살렘 개발계획을 '인종청소작전'이라고 말한 팔레스타인 입법의원의 발언을 인용한 기사를 내보냈다. 기사가 나간 뒤 이스라엘 총리실에서 전화를 걸어와, 베냐민 네타냐후 총리가 AP와 인터뷰를 하고 싶어한다고 말하면서 한 가지 조건을 걸었다. 앞선 기사를 작성한 라웁 말고 다른 기자를 보내달라는 것이었다. AP는 결국 인터뷰 제안을 거절했다. '누가 인터뷰할 것인지 인터뷰이가 지정하는 것은 언론의 자율성을 침해하는 것'이라고 판단했기 때문이다.*Laub, 16*

2000년대 인도네시아는 테러와의 전쟁을 대대적으로 실시했다. 테러리스트로 활동한 경험이 있는 이들을 정보제공자로 모집하는 등 상당히 떠들썩하게 진행되었는데, 그 이면의 부조리함을 AP특파원들은 파고들었다.

테러와의 전쟁을 총괄하는 관료는 자신의 정원에서 손님들을 우아하게 맞이했는데, 한 쪽에서는 발리나이트클럽 폭파로 유죄선고를 받은 '전직' 테러리스트들이 케밥을 즐기고 있었다. 이 '기괴한 모임'은 인도네시아의 테러와의 전쟁이 어떻게 진행되고 있는지 단적으로 보여주는 충격적인 예이자… 알카에다에 맞서는 전략이 동남아시아에서 어떻게 전개되고 있는지 잘 보여준다.[9]*McDowell, 13; Ricchiardi, 2008*

---

9   Chris Brummitt, "Indonesia says 'soft approach' yields dividends in Southeast Asia's war on terror," The Associated Press, October 12, 2007.

기사가 나간 뒤, 이 기사를 쓴 기자는 인도네시아 관료의 행사에 '다시는 초청받지 못했다.' 하지만 이 기사는 AP본사에서 손꼽는 '중요한' 국제보도의 모범사례로 선정되었다.

"앞으로 정보 얻을 생각 하지 마시오."
취재에 대한 불평·협박·추방

각국 정부는 자신들의 국제적인 이미지를 통제하고자 많은 노력을 기울인다. 가끔 마음에 들지 않는 기사가 나오면 관료들은 그 기사를 쓴 기자를 호출하여 불평하고 책망하며, 때로는 추방하겠다는 협박도 한다. 물론 그러한 협박이 실행으로 옮겨지는 경우는 많지 않지만, 실제로 가장 빠른 외국행 항공기에 태워 곧바로 추방시키는 경우도 있다. 1960년대 브라질지국장 클로드 업슨도 이러한 협박에 처했지만 강경하게 맞서 이겨냈다.

> 외교부에 가끔 불려갔지. 브라질대사관 같은 곳에서 수집한 신문·잡지기사들을 보여주면서 마음에 들지 않는다며 이러저러한 불만을 쏟아내는 거야. 다 듣고 난 다음에 이렇게 물었지… "사실과 다른 내용이 있다면 짚어주시겠습니까?" "아… 아니. 이게 사실이 아니라고 말하는 건 아니고… 하지만 우리는 이걸 굳이 기사로 쓸 필요가 있었느냐… 이런 생각입니다." "물론 그렇게 생각할 수 있겠습니다만, 기사내용이 사실과 다르다고 문제제기하는 게 아니라면, 우리가 이야기를 계속 할 이유는 없는 것 같습니다." 그러면 그들도 우물쭈물 물러날 수밖에 없었지. *Erbsen, 10*

그로부터 거의 40년 뒤 또 다른 브라질특파원은 '황송하게도' 마감시간 전에 정부의 코멘트를 따내 기사에 담았다가, 그것 때문에 한동안 온갖 불이익을 당했다.*Clendenning, 5* 포르투갈의 살라자르정부는 정권비판자들에 대해 보복을 한 것을 기사로 썼다는 이유로, 리스본주재 AP특파원들을 모두 '포르투갈에 해가 되는 정보를 외국으로 전파했다'는 명목으로 법정고소했다.[10]

1990년대 멕시코정부의 고소장은 색다른 방식으로 활용되었다. 불리한 기사가 나올 때마다 그들은 AP특파원들을 고소했는데, 실제 재판에서는 '진실을 있는 그대로 보도했을 뿐'이라고 주장만으로 모두 무죄판결을 받았다.

> 그들이 고소장에 적시한 내용을 읽어보면, 멕시코정부의 관점이 적나라하게 드러났어요. 이는 꽤나 유용했는데, 다른 방식으로는 얻을 수 없는 그들의 속마음을 담은 공식적인 코멘트였거든요.*Price, 19*

훨씬 사악한 방식으로 AP의 신뢰를 허무는 경우도 있다. 예컨대 소련에서는 국영미디어가 나서서 AP의 보도를 공개적으로 반박하고 비난했다.

내전 당시 엘살바도르에서는 미국이 지원하는 정부측과 게릴라측 모두 '자신의 정당성을 홍보하기 위해 열을 올리고' 있었다. 조셉 프레이져는 그들의 요구와는 무관하게 그곳 사람들이 처한 끔찍한 현실을 보도했다. 결국 그는 아직 쓰지도 않은 기사에 대해 '앞으로는 정보 얻을 생각도 하지 말라'느니 하는 온갖 협박을 양쪽에서 들어야만 했다.*Frazier, 13/12*

공산주의 정권 시절 폴란드에서는 TV로 방송된 기자회견에서, 한 기자가 AP의 보도내용에 관해 질문을 했다. 정부의 대변인은 AP기사는 모

---

10 Isaac M. Flores, "Scandal-Threatened Portuguese Regime Hits at Critics," *Washington Post*, December 25, 1967.

두 '날조이며, 악의적인 보도일 뿐이며, 정부의 관점과는 전혀 무관한 허무맹랑한 이야기'라고 공개적으로 폄하했다. 이날 기자회견은 마치 'OK목장의 결투'와도 같았다._Daniszewski, 12_

특파원들은 또한 자신들의 6개월짜리 비자를 갱신해 주는 외교부 직원과도 상대해야 했다.

> 나는 그 사람이 비밀경찰이었을 거라고 의심하는데… 내가 그 동안 무슨 일을 했는지 정말 자세히 알고 있더라고. 그러면서 왜 항상 저쪽 사람들의 코멘트만 인용하느냐고 묻더군._Daniszewski, 3_

유럽의 선진국 이탈리아의 정부관료들 역시 AP기자들에게 압박을 가했다. 심슨은 미국대통령 버락 오바마가 라퀼라에서 열린 G8회의에서 이탈리아 대통령을 만나 '청렴함을 극찬하는… 미사여구를 늘어놓은 것'을 전하면서 이는 '섹스와 부패스캔들로 얼룩진 베를루스코니를 두 번 죽이는 것이나 마찬가지였다'고 썼다.[11]

> 베를루스코니 측 사람들이 [G8회의장에 있는] AP출장소로 찾아왔더군. 고함치며 위협을 했지. "심슨이 누구야? 어떻게 이딴걸 기사라고 쓸 수 있나? G8을 깽판놓으려고 하는건가?"… AP기자 알레산드라 리쪼가… 그들에게 맞서 소리쳤어. "직접 전화해보세요! 여기 번호 있으니까. 전화해보세요. 직접 전화해서 이야기하세요."… 하지만 나한테는 아무 연락도 오지 않았어._Simpson, 35_

---

11 Victor L. Simpson, "Obama praises ceremonial leader," The Associated Press, July 8, 2009.

9·11테러가 발생했을 때 카이로에서 뉴스에디터로 일하던 브라이슨은 그곳에서 일하던 특파원들이 권력자들에게 불려다녔다고 이야기한다. 권력자들은 기사에 등장하는 '기독교-이슬람 문제에 관해' 해명하라고 요구했다.

> 이러한 문제제기에도 기자들은 전혀 굴복하지 않았어요. 나도 열심히 응원했어요. 그들은 우리한테도 겁을 주고 싶어했지만… 어쨌든 바이라인에 이름이 나오는 기자에게 항의할 수밖에 없었죠.*Bryson, 71-72*

1984년 인도정부는 암리차르에서 발생한 시크교도 폭동을 진압하는 과정에서 1,000명 이상 죽었을 뿐만 아니라, '몇몇 사람들은 자신이 쓰고 있던 터번으로 손목을 결박당한 채 총살당했다'고 보도한 AP기사를 보고 '격노했다.' 인도정부는 집단폭력을 선동한 혐의로 기자를 기소했지만, AP는 끝까지 기자를 옹호했다. 당시 지국장이었던 비키 그레엄은 '기사내용은… 전혀 거짓이 없는 진실이었으며… 매우 중요한 보도였다'고 말한다.[12]

> 지금 다시 돌아보면, 당시 우리에게 쏟아진 잇단 비난과 고초를 감안한다면, 그게 과연 옳은 결정이었을까 확신하기 어렵네… "젠장, 알게 뭐야. 취재한 대로 내는 거지." 그때는 단순히 이렇게 생각하고 밀어붙였는데… 정말 무모한 결정이었던 같아. 어쨌든 그럴 수 있었던 것이 다행이라고 생각하지만… 다시 생각해보면 너무나 힘들었지… 불안과 초조함 속에 늘 시달렸고…*Graham, 20-21*

---

12 Brahma Chellaney, "The battle at the Golden Temple," The Associated Press, June 18, 1984. 인도정부의 반응에 대한 내용은 다음날 기사에서 볼 수 있다. "Indian government criticizes AP reporting on Punjab," The Associated Press, June 19, 1984.

캐시 개넌은 우즈베키스탄 안디잔에서 급진적인 이슬람주의자라는 혐의로 재계인사들을 체포한 사건을 전하면서 '도시는 일촉즉발의 상황으로 빠져들고 있다'라고 기사에 썼다. 실제로 기사가 나온 뒤 몇 주 뒤 대규모시위가 발발했고 우즈베키스탄군대가 출동하여 시위를 진압하는 과정에서 수백 명이 죽는 사태가 발생했다. 우즈베키스탄정부는 이러한 사태의 책임을 개넌에게 뒤집어씌우려고 했다. 기자로서 통찰력이 너무 뛰어났던 것이 문제였다.[13] *Ganon, 2-3*

수십 년 동안, 많은 정부들이 마음에 들지 않는 기사를 쓰는 특파원을 위협하고 추방하기 위해 노력했다. AP지국을 완전히 폐쇄해버리는 경우도 있다. 쿠바에 주재하던 AP특파원 휠러는 계획경제를 통해 재배한 사탕수수의 수확량이 크게 부풀려졌다는 기사를 썼다가 카스트로를 화나게 만들었고, 결국 AP지국 자체가 폐쇄당한다. 새벽 3시에 갑작스럽게 추방통보를 받고는 아침 6시 비행기로 쿠바에서 나와야 했다. *Wheeler, 8-9* 휠러가 쓴 기사는 카스트로가 주장하는 사탕수수 생산량에 의문을 표하며 재배현황과 실제 수확량을 집요하게 파고들었다.[14] 40년이 지난 뒤 AP지국을 다시 열 때도 카스트로는 '참담한 사탕수수 수확량을 개선하고자 했던 자신의 노력을 미국특파원이 실패로 몰아갔다'고 헐뜯었다. *Frank, 2013, 3*

1950년대 한 모스크바특파원은 베이징을 방문하고 돌아와서 흐루쇼프가 '대중적 어려움'을 겪고 있다는 '해설기사'를 썼다가 일주일 간 잠적해서 지내야 했다.

---

13   Kathy Gannon, "Religious business group in volatile Uzbek region represents everything rulers fear," The Associated Press, April 19, 2005. 우즈베키스탄은 아크라미아그룹의 임원 23명을 극단주의자라는 혐의로 재판에 넘겼다. 개넌은 이 기사에서 이 사건이 반정부시위를 촉발할 것이라고 예측한다.

14   Fenton Wheeler, "Record Sugar Yield Is Cuba's '70 Goal," *Washington Post*, November 17, 1968, K4.

기사를 쓸 때부터 신상에 어떤 문제가 생길 수 있다고 생각했어…
아무런 대책도 없이… 일단 쓰고 보자고 생각했지…

AP Oral History, Essoyan, 1997, 40-43

헤럴드 올모스는 1971년 쿠데타가 발생한 이후 자신의 조국 볼리비아에
서 추방되었다. 추방된 반대파 장군이 그에게 편지를 보냈는데, 이것을 볼
리비아정부가 그의 우편함에서 훔쳤고, 편지 내용을 구실로 정부는 그를
재판에 기소했다. 그가 재판정에 나가기를 거절하자 추방해버렸다.*Olmos, 6*

이란-이라크전쟁이 발발했을 때, 스티븐 허스트는 단편적인 정보라도
얻어내기 위해 정보담당 관료와 싸워야 했다. 정부가 제공하는 정보의 사
실여부를 확인하기 위해 온갖 노력을 기울였다.

우리는 신문이나 잡지 구석에 나오는 소식부터 동네게시판까지 살살
이 뒤졌죠.*Hurst, 5*

이렇게 모은 자료를 바탕으로 허스트는 '이라크의 경제가 소련의 경제상황
과 급속도로 닮아가고 있다'는 기사를 썼다.

이라크정부는 기사가 나오자마자, 우리집을 찾아와 시끄럽게 문을 두
드리더군. "오전에 요르단으로 가는 버스가 있으니 그걸 타고 떠나시
오"… 뭐, 떠날 수밖에 없었지. 선택의 여지가 없었거든.*Hurst, 5*

사담 후세인 정권이 무너지기 일주일 전에도, 기자 52명이 이라크에서 추
방되었는데, 허스트는 그 명단에 올랐다.*Shadid, 2006, 136*

아무리 적대적인 정부라도 그들은 취재원이자 취재대상이다. 40년 이
상 특파원으로 일하면서 체코슬로바키아, 폴란드, 아프가니스탄 등을 누비

면서 몇 차례 추방당한 경험도 있는 리드는 이렇게 말한다.

> 납치되거나… 총에 맞거나… 추방당할 것을 걱정하면 특파원 일을 할
> 수 없지. *Reid, 90*

리드는 카불공항에서 AP특파원 배리 슐라터를 만나 메모를 전해준 뒤 호텔로 돌아왔다. 슐라터 일행은 카불공항에 들어왔다가 당국자들에 의해 곧바로 추방당했다.(8장 팀에서 가족으로 참조) 리드는 해가 지기 전 잘랄라바드 도로에서 소련군 차량의 움직임을 관찰하기 위해 택시를 잡아탔다. 그때 차문이 홱 열렸다. 얼마 전 그의 비자에 도장을 찍어 줬던 바로 그 아프가니스탄 관료가 리드를 향해 손가락질하면서 그가 거짓말을 했다고 말했다.(입국서류에 journalist가 아니라 writer라고 쓴 것 때문이었다.) 그들은 리드에게 '기자들을 위한 특별한 호텔'로 가야 한다면서 끌고 갔다.

> '특별한 호텔'이 감옥을 의미하거나, 아니면 강제추방을 의미한다고 생각했어… 정보부에서 나온 듯한 사내가 운전을 하고 덩치가 큰 경찰이 조수석에 앉아있었고, 무장한 군인이 내 양 옆에 앉더군… 공항에 도착했을 때는 이미 해도 졌고 카불공항도 어두침침했지… 차에서 내리니 그가 다가와서 '티켓 좀 봅시다'라고 말하더라고… 편도티켓으로 왔다고 말했지… 결국, 차를 돌려 항공권을 사러 갈 수밖에 없었어… 그러던 중 '슈우우우우우'… 비행기가 이륙하는 소리가 들리더군. 그 날 이곳에서 출항하는 델리행 마지막 비행기였지. "어쩔 수 없군. 오늘은 호텔로 돌아가서 하룻밤 머물고 내일 아침 9시까지 공항으로 오시오." 미국외교관이 나를 돌아보면서 이렇게 말하더군. "내가 이들이 쓰는 다리어를 아는데, 그가 다리어로 말한 것은 영어보다 훨씬 적대적이니까, 그 사람하고 실랑이할 생각은 하지 마세요. 그냥 가만히 있어요."

그들은 나를 호텔로 데려다줬고… 그런데 다음 날 아침 일어나 밖을 내다보니 눈이 거의 20센티미터 쌓여있더라고. 뭔가 '예감'이 좋더군. 1층으로 내려가 소식을 확인했지. 맞아. 눈 때문에 공항이 폐쇄된 거야. 결국 나는 거기서 일주일가량 더 머물 수 있었지.*Reid, 14-15*

7장에서 살펴봤듯이 각국 정부들이 외신기자에게 가하는 온갖 위협을 감안한다면, 추방당하는 것이 오히려 자비로운 처사일 때도 많다. 1990년대 중반부터 중국에서 활동한 찰스 허츨러에 따르면, '취재를 방해하는 관료들의 위협'은 시간이 지남에 따라 형태만 달라졌을 뿐 계속 이어져왔다.

1990년대에는 베이징 밖으로 취재를 나갈 때, 가고자 하는 지역의 관리의 허가를 먼저 받아야만 했어요. 지금은 그렇게 하지 않아도 되지만… 이제는 더 노골적인 방식으로 취재를 방해하죠. 자신들 마음에 들지 않는 인터뷰는 예고도 없이 취소해버리기도 하고… 특히 민감한 내용을 취재하는 기자는 구금해버려요. 정체가 발각되기 전에 자유롭게 움직일 수 있는 시간은 정말 몇 시간 정도가 고작이죠… 그러다 잡히면 정부당국자나 경찰들이 우르르 몰려와… 감금한 뒤 마을 밖으로 끌고 나오거나, 때로는 다음날 아침비행기에 태워 추방하기도 해요. 지금 중국은 자신들의 관영언론사를 다루듯이 외국특파원들에게도 노골적으로 위협을 가하고 폭력을 쓰죠.*Hutzler, 7/23*

2014년말, 중국의 외신기자클럽은 중국정부가 온갖 위협을 동원해 관료의 부패나 대중의 시위처럼 '민감한' 주제에 관한 언론보도를 조작하려 한다고 발표했다. 외신기자클럽의 보고서에 따르면 이는, 기자와 취재원에게 협박을 일삼고, 많은 지역에 기자들이 방문하는 것을 허락하지 않으며, 특파원들의 비자갱신을 거부하고, 새로운 지국 개설을 거부하는 방식

으로 이뤄진다.[15]

2008년 베이징올림픽 당시 중국정부는 처음으로 정부감시자 없이 티벳을 제외한 중국 전역을 기자들에게 개방했으나, 올림픽이 끝난 뒤 곧바로 이러한 조치를 철회했다. 지리정치적, 경제적 강대국으로 부상한 중국의 국제적 지위를 고려한다면 이러한 감시와 검열은 매우 기이한 것이다. 취재활동방해와 언론통제는 지금도 중국에서 일상적으로 조직적으로 벌어지고 있다.

"이곳은 모든 것이 도청되고 있습니다."

특파원에 대한 감시와 미행

침실을 도청하고 자동차를 미행하고 어디에나 감시자가 따라붙는다. 특파원의 활동내역과 동선을 파악하기 위해 많은 정부들이 노력을 아끼지 않는다. 중국, 쿠바, 이라크 등 통제국가에서 특파원에게 체류를 허가한다는 것은 곧 정부의 감시체계가 작동하기 시작한다는 뜻이다. '안내원'이나 '통역관'처럼 그럴 듯한 명칭이 붙기는 하지만, 그들이 실제로 하는 일은 특파원 곁에 붙어다니면서 그들이 무엇을 취재하는지 누굴 만나는지 감시하는 것이다.

흐루쇼프가 소비에트 지도자 스탈린을 돌발적으로 비난한 뒤 스탈린의 고향 조지아에서 대규모 소요사태가 발생했다. 이를 취재하고자 몇몇 특파원들이 이곳으로 들어가려고 했는데, 여행허가는 몇 주 뒤에나 나왔다. 소요사태는 이미 끝나버린 상황이었다.

---

15 "Position Paper on Working Conditions for Foreign Correspondents in China," September 12, 2014, retrieved from http://www.fccchina.org; Andrew Jacobs, "Foreign Journalists in China See Decline in Reporting Conditions," *New York Times*, September 12, 2014.

안내원이 너무나 바짝 달라붙어있어서 누구에게도 즉흥적으로 말을 걸 수 없었지. 설령 질문을 한다고 해도 사람들은 한결같이 '아뇨. 아무 일도 없었어요.'라고 말할 뿐이었어.*AP Oral History, Essoyan, 1997, 23-26*

하지만 AP특파원 로이 에쏘얀과 몇몇 특파원들은 '감시원들이 따라다니다가 지칠 때까지' 오랜 시간을 인내했고 결국 시위대를 잔인하게 진압했다는 인터뷰를 딸 수 있었다. 이 기사가 나온 뒤 감시원들은 외교부로부터 호된 질책을 받았다.

북한과 국경지역을 방문한 허츨러는 길거리에서 중국농부와 15분 동안 즉석 인터뷰를 할 수 있었다. 전날 밤 술을 많이 먹은 감시원은 운전사에게 도중에 절대 멈추지 말고 계속 달리라고 지시하고는 깊은 잠에 빠져들었다. 허츨러는 이 틈을 놓치지 않고 운전사를 압박하여 얼떨결에 길에서 차를 세우게 만들었다.*Hutzler, 11-12*

물론 감시원들과의 관계가 항상 적대적인 것은 아니다. 1999년 테러 공격을 위한 폭발물을 운반했다는 죄목으로 미국-캐나다 국경에서 체포된 남자의 형을 인터뷰하기 위해 AP특파원은 알제리의 작은 마을로 들어갔다. 그곳에 들어가자마자 특파원을 '안내하는' 임무를 맡은 군인이 자그마치 17명이나 따라붙었는데, 특파원은 그들을 위해 '커다란 라마단 페이스트리 한 박스'를 사서 나눠줬더니, 그들은 오히려 취재의 편의를 봐주었다.*Ganley, 44*

냉전시대 외교관과 특파원들은 '정부가 엄격하게 관리하는' 특별한 거주지역에 살거나 호텔에서 묵어야만 했다. 이런 곳에는 외부와 접촉을 감시하고 아무나 접근하지 못하도록 가로막는 경비원들이 항상 근무한다. 베이징의 한 특파원은 자신의 이웃집에 사는 미국대사관 직원과 중요한 이야기를 할 때는 반드시 필담을 했다고 한다.*Graham, 6-7; also Liu, 2012, 275* 그래서 취재활동을 원활하게 하기 위해서는 경비원들과 좋은 관계를 맺어두어야 한다. 모스크바특파원은 아파트경비원들이 자신의 딸의 유모차를 흔들어 줄 정도로 친했다고 한다.*AP Oral History, Essoyan, 1997, 30*

모스크바, 하바나, 베이징 등에서는 현지인 직원 중에 스파이가 있다는 의심이 들기도 했다.

> 통역사, 요리사, 운전사를 현지에서 고용했는데, 그들은 모두 정치공무 모임에 나간다더군. 아마도 거기서 우리에 관한 모든 것들을 보고했겠지. '이번 주에 내가 무슨 일을 했는지, 무엇을 샀는지, 무엇에 관심이 있는지' 일거수일투족을 보고했을거야. 무엇을 알고 싶어했을지 잘 모르겠지만… 그래도 함께 일하면서 우리는 친해졌고, 그래서 그 중국인들도 굉장히 불편한 상황에 처했을 걸. 어쨌든 우리가 그들을 존중한 만큼, 그들도 우리를 존중했을 거라고 생각해.*Graham, 5*

> 현지인 직원들이 우리를 염탐했을까요? 모르죠. 쿠바사람들이 우리가 무슨 일을 하고 있는지 알고 있었을까요? 그랬을지도 몰라요.*Snow, 19*

소련, 동유럽, 중국과 같은 국가에서는 더욱 은밀하게, 그럼에도 명백하게 특파원을 감시한다. 1950년대부터 1990년대까지 모스크바의 특파원들은 '감시가 24시간 이어지고 있다'는 사실을 알고 있었다. 소비에트의 KGB는 특파원들의 사무실과 아파트를 모두 도청했다. 침실의 전등갓에서 도청기가 발견되기도 했고, 전화통화도 모두 도청되었다. 특파원은 어딜 가든 추적되었다.*AP Oral History, Essoyan, 1997, 29-30; Bassow, 1988, 124*

익명으로 정보를 제공하고자 하는 취재원은 'eto ne telefoniyi razgovor (이건 전화로 할 말이 아니다)'라고 말했다. 취재원과 '접선'하는 것도 쉽지 않았다. 경찰이 접선장소에 불쑥 나타나서 '비밀문서'를 소지하고 있다거나 불법시위에 참석했다는 죄목을 뒤집어 씌울 수도 있기 때문이다.
Porubcansky, 3; also Minthorn, 2,4; Cooperman, 9-10; Topping, 2010, 199

진 리 역시 2010년대 평양특파원 시절 모든 대화나 통신내용, 전송하는 기사가 감청되었을 거라고 말한다.*Lee, 6*

아예 대놓고 감시원을 붙이기도 한다. 체코슬로바키아에서는 '굉장히 아름답고 젊은 금발 미녀를 특파원 곁에 붙여주었다.' 그 나라에서 불이익을 받거나 추방당하지 않기 위해, 이러한 협박에 어느 정도는 굴복할 수밖에 없었고, 결국 그곳에서 머무는 동안에는 '공산주의체제에 적대적인, 문제가 될 만한 거친 기사'는 쓰지 못했다.*Doelling, 6-7*

> 길을 걷다가 문득 뒤를 돌아보면 누군가 빠른 속도로 따라오는 게 보였어요… 그럴 때마다 겁에 질리곤 했죠.*Ganley, 34*

벤 알리 치하의 튀니지에서 자스민향기가 짙게 나는 부르기바 거리를 걸을 때마다 특히 이러한 두려움을 느꼈다. 그 거리에 위치한 내무부 건물 안에 고문실이 있다는 의혹이 있었기 때문이다. 폴란드에서는 대놓고 도청을 했다.

> 전화를 받았는데 감시자들이 이야기하는 소리가 그대로 들릴 때도 있었어. 한번은 누군가와 통화를 한 뒤 전화를 끊었는데, 다시 전화기가 울려서 받았더니—무슨 기술적인 문제였던 것 같은데—아까 내가 전화통화했던 내용이 재생되어 들리더라고… 또 한번은 숙소에 돌아와보니 누군가 왔다간 흔적이 명확하게 남아있던 적도 있었지. 아마도 도청장비를 점검하러 왔다간 것 같았는데… 뭐, 감시당하고 도청당하는 건 특파원의 일상이지.*Daniszewski, 10-11*

1979년 중국에 특파원들이 다시 들어갈 수 있게 되었지만, 그들을 맞이한 것은 감시, 미행, 도청이었다. 특히 2000년 파룬궁 문제를 파고든 허츨러 같은 특파원들에게는 더욱 집요하게 이뤄졌다. 허츨러는 파룬궁 사람들을 접촉하기 위해 몇몇 외신기자들과 비밀리에 베이징의 한 식당에 모였다. 기자들은 택시에 나눠 타고 주변을 도는 척하다가 도시외곽의 한 호텔에 다시 모였다.

그곳에서 파룬궁 회원들은 중국정부가 자신들에게 고문과 학대를 했다는 사실을 폭로하는 기자회견을 열었다. 기자회견 내용은 서양매체들을 통해 보도되었고, 중국당국은 외신기자들의 기자증을 압수하고 더욱 감시를 강화했다. 기자증은 2주 뒤 돌려줬지만, 공격적인 감시체제는 6개월이나 지속되었다.

아침에 집을 나서는 순간부터 일거수일투족을 모두 감시받았어요. 당시 우리는 외교관 거주지에 살았는데, 아이들이 아직 어렸거든요… 아이들이 다니는 몬테소리학교가 몇 구역 떨어져있었는데, 아침마다 아이들을 데려다주었죠. 집에서 나서는 순간부터… 감시자가 따라붙었어요… 한 손에 한 명씩, 두 아이 손을 잡고 걸어가는데… 가는 동안 아이들에게 한 마디도 말을 걸지 않았죠. 아직 너무 어린 아이들을 놀래키고 싶지 않았고, 중국에 대한 나쁜 인상을 심어주고 싶지 않았거든요. 그들은… 아이들과 함께 걸어갈 때는 50보 정도 뒤에서 따라왔는데, 아이들을 학교에 데려다주고 나 혼자 길을 나서면 30보 정도 거리로 좁혀 왔죠. 내가 자전거를 타면, 그들은 차를 타고 따라왔고… 가끔은 그들을 따돌리기 위해 머리를 쓰기도 했어요. 뭐, 별다른 이유는 없었어요. 그냥, 그게 나에게는 일종의 게임 같은 거였죠.

Hutzler, 18-19

"무장세력의 손님이 다이어트에 돌입했습니다."

기사검열

노골적으로 검열을 시도하는 국가도 많다. 특히 전쟁이나 비상사태를 겪는 국가들은 대부분 현지언론 못지않게 외신기자들도 심하게 억압한다. 북한에서 진 리가 그러했듯이, 특파원들에게 검열요구는 '절대' 받아들일 수 없는 수치스러운 요구다.*Lee, 6* 하지만 이스라엘, 캄보디아, 브라질 등에서는 한때 검열을 받지 않으면 기사를 전송할 수 없었다. 기사를 전송하는 우체국이나 통신사무소에 검열관이 배치되어있었고, 이들은 가끔 기사전송을 의도적으로 지연시키기도 했다.

전쟁특파원들은 대체로 검열을 수용할 수밖에 없다. 기사를 발송하기 전에 검열관이 부대의 이동 등 보도제한사항을 체크한다. 예컨대 1980년대 레바논전쟁을 보도하는 몇몇 기사에는 기사 앞머리에 다음과 같은 문장이 붙었다.[16]

"이 기사는 이스라엘군의 검열을 받은 것입니다. 하지만 수정은 전혀 이뤄지지 않았습니다/일부 수정이 이뤄졌습니다/상당 부분 수정된 것입니다."

그럼에도 특파원들은 작전기밀과 무관하게 메시지 자체를 통제하기 위한 검열에는 반대했다. 예컨대 레바논전쟁 기간에 이스라엘 전투기끼리 충돌한 사건이 있었는데, 이에 대한 기사는 이스라엘군을 격분하게 만들었다.

온갖 험악한 위협을 늘어놓으면서… 기사의 논조를 자신들의 마음에

---

16 한국전쟁이나 인도차이나전쟁처럼 미군이 개입한 전쟁에서는, 미국이 기사를 검열했다. 이 문제에 대해서는 10장에서 이야기한다.

드는 방식으로 바꾸고 싶어하더군.[17] *Tatro, 20; also Fisk, 2002, 201*

받아들일 수 없는 수준의 수정요구를 할 경우 특파원들은 항의하거나 다른 방법을 찾았다. 중앙아메리카의 게릴라전을 취재한 모험심 풍부한 특파원은 니카라과 마나과의 검열관이었던 젊은 중위를 데리고 나가 점심시간에 랍스터를 사주며 검열의 예봉을 무디게 만들었다.*AP Oral History, Aguilar, 2009, 30* 베트남전쟁 때에도,*Prochnau, 1995, 383* 1974년 볼리비아 쿠데타 때에도, 특파원들은 기사를 몰래 전송하기 위해 사진을 이용했다.

> 오래된 사진들, 야구 챔피언십 흑백사진들을 골라서 사진 아래에 영어로 쿠데타를 설명하는 캡션을 몇 줄씩 적어서 뉴욕으로 보냈어. 누군가 '볼리비아 라파스에서 왜 야구사진을 보냈을까?'라고 생각하면서… 내가 검열과 감시 속에 있다는 것을 눈치채기 바랐지.*Olmos, 3-4*

인도차이나전쟁에서 프랑스의 한 대대가 패배했을 때 이에 대한 기사를 프랑스군은 완전히 난도질했다.

> 가위질하고 남은 게, 겨우 한 문장도 되지 않더군. "AP, 로더릭… 검열 과정에서 600단어 삭제." 이게 전부였지. 나는 화가 나서 그걸 그냥 보냈어… AP뉴욕은 그 기사를 받아서… 전세계 신문에 박스기사로 실었지. 내가 쓴 기사는 모조리 잘려나갔지만, 인도차이나전쟁에 관한 기사를 프랑스가 얼마나 심하게 검열하는지 단적으로 보여주는 데에는 상당히 효과가 있었어.*AP Oral History, Roderick, 1998, 40*

---

17 Nicolas B. Tatro, "Israeli Army fights elusive guerrillas in South Lebanon," The Associated Press, January 13, 1985.

인도가 국가비상사태를 발령했을 때 마이런 벨카인드는 인도정부가 내정한 '담당검열관'에게 전화를 받았다. 그는 앞으로 모든 기사를 특정한 통신회선만을 이용해 전송해야 한다고 통보하면서—다른 회선은 모두 끊어버렸다— 모든 기사는 전송 전에 자신의 승인을 받으라고 말했다. 벨카인드는 물론 뉴욕의 AP에디터들도 검열에 반발했으나, 인도에 남아서 계속 취재하기 위해서는 검열을 받아들이는 수밖에 없었다. 그리고 검열로 인해 원고가 수정될 경우에는 그 사실을 기사에 적시하기로 했다. 예컨대 다음과 같은 문구를 기사 앞에 넣었다.

> "이 뉴스는 정부의 공식브리핑을 기반으로 작성되었습니다. 나머지 정보는 검열 과정에서 삭제되었습니다."[18]

하지만 벨카인드는 다른 특파원들과 함께 검열관을 설득하기 위해 노력했다. 아침 7시반부터 그의 집을 찾아가는 등 그의 비위를 맞추기 위해 온갖 궂은 일을 했다. 결국 검열을 '기사작성 가이드라인'을 준수하는 것으로 대체하는 데 성공한다. 가이드라인에는 '기사를 전송하기 전에 기사내용이 사실에 어긋나지 않는지 확인한다' 같은 지침이 담겨있었는데, 이는 기자들에게 특별한 지침도 아니었다.*Belkind, 11-12*

군인들이 독재하던 1968년 브라질에서 어느 밤 업슨은 '검열관들과 쫓고 쫓기는 게임'을 시작했다. 민주주의를 파괴하는 조치에 대한 기사를 텔렉스 천공테이프로 작성하여 AP본사로 전송을 하고 있었는데, 현지인 동료기자로부터 전화가 왔다. 군부에서 파견한 검열관들이 지금 그쪽으로 가고 있다는 소식이었다. 업슨은 에디터들과 미리 암호를 정해놓았는데, 중간이름을 넣어 기사를 보내면 검열을 받은 것이라는 뜻이었다. 검열관들

---

18   "Gandhi Grips Tight; Appeals Not Allowed," *Chicago Tribune*, June 28, 1975, 7.

이 곧 들이닥쳤고 그들은 즉시 텔렉스 테이프를 끊으라고 명령했다. 하지만 보내던 기사까지만 수신확인이 올 때까지 기다려달라고 했고, 그들은 동의했다. 검열을 받고 있다는 사실을 뉴욕에 알리는 것을 그들도 원치 않았기 때문이다.

> "RCVD OK. BIBIBI AND THIS IS CLAUDE ERNEST ERBSEN WISHING U GD NITE (수신완료. 바이바이, 클로드 어니스트 업슨. 좋은 밤이 되시길)" 마지막 신호를 보내고… 몇 분도 되지 않아 텔레타이프는 조용해졌지. 다음날 AP기사를 받아보고는, 간밤에 검열관으로 왔던 장교 둘이 놀라서 다시 찾아왔어. 밤새 나간 AP기사에 지난 밤부터 AP리오지국이 브라질정권의 검열을 받기 시작했다는 내용이 담겨있었거든… "이거 도대체 어떻게 나간거야?" 나는 웃으며 대답했지. "AP는 정보가 빠릅니다."[19] *Erbsen, 11-14*

이날부터 영어를 할 줄 아는 검열관들이 본격적으로 리오지국에 상주하면서 모든 기사를 전송하기 전에 검사했다. 하지만 업슨은 검열관의 눈을 속이는 방법을 계속 창의적으로 개발해냈다. 브라질의 유명한 야당정치인이 단식투쟁에 돌입했을 때, 업슨은 '무장세력의 손님이 다이어트에 돌입했다'고 썼다. 검열을 통과하여 전송된 기사에 뉴욕의 에디터들은 빈 칸을 채워넣었다.

더 나아가 업슨은 검열관들을 이용해 기사작성을 하기도 했다. 코파카바나 해변에서 발생한 총격사건에 대한 정부의 발표가 미흡하다고 도움을 청하자, 검열관은 관할지역 대위에게 직접 전화를 걸었다. "누구누구 소령이다. 지금 AP에서… 사건에 대해 자세히 알고 싶어한다." 취재원의 이름

---

19 업슨은 이 에피소드를 이메일로 보내주었다.

과 더불어 '누가 어떤 총으로 왜 쐈는지' 고스란히 인용할 수 있는 정보를 제공해주었다. 검열관 겸 '비상근 특파원'의 활약은 여기서 멈추지 않았다.

사실관계를 정확하게 확인하기가 곤란할 때가 가끔 있었지. 기사의 정확성을 높이기 위해서는 취재원을 두 명 이상 확보해야 할 뿐만 아니라, 취재원의 신뢰성도 따져야 하거든. 이런 문제로 난처해하는 우리를 곁에서 지켜보다가 그들이 나서서 해결해주기도 했어. 어느 날 저녁, 같은 시간에 열리는 축구경기 두 개를 모두 취재해야 했는데, 우리는 라디오를 켜놓고 경기중계를 청취했지. 단신으로 처리할 기사였기 때문에 100단어 내로 모든 내용을 정리해야 했는데… 어떤 팀과 어떤 팀이 붙어서 몇 대 몇으로 누가 이겼으며, 골은 13분, 22분, 54분에 들어갔다… 이런 식으로 쓰면 되는 거였어. 하지만 혼자서 두 게임을 모두 청취하기가 쉽지않더군. "비상근 특파원이 최소한 두 명은 있어야 합니다. 한 명이 두 게임을 모두 기록할 수 없어요." 뉴욕에디터와 통화하는 이야기를 듣고 있던 검열관이 나한테 이렇게 이야기하더군. "어… 내가 대학시절 스포츠기자를 해본 적 있는데… 괜찮다면 내가 도와드릴까요?" "정말 잘되었네요!" 나는 기사작성 포맷을 보여주고, 바이라인에 이름을 적게 했어. 다음날 아침, 뉴욕에서 전신이 왔더군. "이건 누구임?" 나는 답변을 보냈지. "검열관이 비상근 스포츠기자로 활동했음." *Erbsen, 14*

1970년 1월, AP는 1969년 전세계의 뉴스검열 현황을 보도하는 기사를 발표했다. 이 기사에서 쿠바에서 추방당한 뒤 브라질에서 활동하던 휠러는 브라질에서는 '뉴스가 자유롭게 유통된다'고 이야기한다. 반면 중국정보를 수집하는 '비밀지국'이 홍콩과 도쿄에서 운영되고 있으며, 이스라엘은 공식적인 것은 아니지만 20년 이상 검열을 실시해왔다고 보도한

다. 또한 나이지라아내전은 '기자가 접근하기에 불가능한 현장'이라고 쓰고 있다.[20]

"오늘 대통령께서 AP기자와 환담을 하셨습니다."
언론조작·왜곡·연출

증거를 부인하거나, 고도로 연출된 상황에만 접근할 수 있도록 허가하는 것도 또 다른 형식의 검열이자 언론조작이라 할 수 있다. 마약범죄를 수사하는 멕시코관리를 인터뷰하러 마약카르텔이 장악한 '사람이 살지 않는 땅' 타마울리파스에 갔을 때 마크 스티븐슨이 경험했던 것처럼, 초현실적인 상호작용과 마주치기도 한다.

> 수사본부 사무실 밖에는 헌병대 차량들이 주차되어있었어요. "저기, 이곳에 총격이 가해졌다고 들었는데요." 사무소를 운영하는 수사책임자에게 물었더니 이렇게 대답하더군요. "아뇨. 사실이 아닙니다. 아무런 공격도 받지 않았습니다." 사진기자와 함께 사무실 뒤쪽으로 돌아가보니, 창문이 다 깨져있고 여기저기 핏자국이 나 있었어요… 수사관은 사실 잔뜩 겁에 질려있던 거예요. 문득, 국가가 부재하는 세상을 눈앞에서 보고 있다는 느낌이 들었어요. *Stevenson 13-14*

리비아내전을 취재하기 위해 특파원 두 명이 반군들과 함께 차를 타고 트리폴리로 갔다. 우선 정부의 입장을 들어보고자 정부관료들을 찾아갔더

---

20 "News Censorship in 1969: A Checkered Map," *New York Times*, January 4, 1970, 14.

니, 카다피정부는 특파원들에게 호화로운 릭소스호텔에 몇 주 간 머물면서 취재하라고 압박했다. 자신들이 필요할 때—한밤중에도—기자회견을 한다고 호출을 하기도 했으며, 취재여행은 안내원이 따라붙는 버스를 타고 가는 것만 허락했다.

리비아정부는 자신들 입장만 주입하려고 했어요. 기본적으로 미스라타 포위공격 같은 것은 없었다고 주장했죠… 어쨌든 좀더 큰 관점에서 리비아정부의 입장을 전달하는 것도 우리가 할 일이었으니까… 한 번은 안내원들의 감시를 받으며 구도심으로 쇼핑을 하러갔다가, 잠시 감시망에서 벗어나 길거리에서 사람들의 이야기를 들어볼 수 있는 기회를 잡기도 했죠. 트리폴리의 실제 분위기를 취재하고 싶었거든요… 우리는 정부관료들과 늘 충돌할 수밖에 없었어요. 우리가 이미 알고 있는 사실에 대해서도 정부는 거짓말을 했어요. 그래도 우리는 이성을 잃지 않고 점잖게 행동하기 위해 애썼죠. 물론 몇 번은 반박을 한 적도 있지만, 그래도 능구렁이처럼 거짓말을 반복하기만 하더군요.[21]

Laub, 26–27; also Schemm, 14

---

21 Karin Laub and Maggie Michael, "Growing discontent, armed attacks in Tripoli," The Associated Press, April 22, 2011. 이 기사는 비현실적인 상황을 자세하게 묘사한다. 트리폴리에서는 정부의 안내원들과 함께 하는 취재만 할 수 있다. 기자들이 가는 곳마다 그들은 카다피를 지지한다는 사람들의 쇼를 연출해서 보여준다. 정부가 허용하는 취재여행에 나가면 어김없이 초록색 스카프나 머리띠를 한 시위대가 나타나 '오직 알라! 무아마르 카다피! 리비아!'를 연호한다… 옷가게에서 옷을 보고 있는 기자에게 22살 여성이 다가왔다. "이 사람들이 말하는 걸 믿지 마세요," 영어로 내게 말했다. 곁에 있던 중년고객들이 트리폴리는 평온한 일상을 보내고 있다고 아랍어로 떠드는 것을 일컫는 말이었다. 스카프를 쓰고 바닥에 끌릴 정도로 긴 치마를 입은 이 여성은 결혼을 앞두고 있다고 했다. 그녀는 잠옷을 뒤지는 척하면서 다른 쇼핑객들과 거리를 두고는, 또 다시 영어로 말했다. "지난 주 시위대를 향해 경찰이 발포한 이후 남동생이 실종되었어요." 다른 쇼핑객들이 눈치채지 못하도록 그녀는 재빨리 사람들 사이로 나가더니 아랍어로 카다피를 칭송하는 말을 떠들었다.

518

이보다 40년 전 '검은 대륙 아프리카 유일의 마르크스주의 국가' 기니에서
도 이런 상황이 존재했다.

> "사람들을 인터뷰하겠다고요?" 안내원이 자신의 귀를 의심하듯이 되
> 묻더군. "그건 불가능합니다. 저는 그렇게 하도록 둘 수 없습니다." 그
> 는 기자단이 쇼윈도를 보면서 걷는 것도, 해변을 걷는 것도, 영화를 보
> 는 것도, 자신들을 두고 망고나무가 줄지어 서있는 수도 코나크리의 가
> 장 넓은 대로를 산책하는 것도 허락하지 않더군. "우리는 그냥 구경하
> 다가 사람들과 이것저것 이야기하고 싶을 뿐입니다." 한 기자가 항의했
> 으나 냉정하게 거절했지. "안 됩니다. 여러분이 궁금해하는 것을 대답
> 해줄 수 있는 당지도부관료를 찾아드리겠습니다."[22]*Heinzerling, 26*

공공연하게 거짓말을 하거나 적대적이지 않은 정부도 자신들의 이익을 위
해 정보를 조작한다. 라웁은 이스라엘-팔레스타인 분쟁 국면을 취재한 경
험을 이야기하면서 이렇게 말한다.

> 조그만 틈만 생겨도 정보를 조작하기 위한 온갖 조율이 이뤄지기 때
> 문에… 기자로서 현장을 직접 목격하는 것은 매우 중요합니다.*Laub, 4-5*

분쟁상황에서는 양쪽 진영 모두 '정교한' 미디어전략을 구사하기 때문에
그들의 제공하는 정보만 믿어서는 안 된다. 제1차 인티파다 때 팔레스타인
은 '무장한 이스라엘 군인들 앞에서 청바지를 입고 운동화를 신은 18살 청
소년이 새총으로 맞서는 사진'이 보도되면서 전세계의 동정을 사는 데 성

22　Larry Heinzerling, "Guinea: Life Under a Tight Lid," *Washington Post*, June
　　29, 1972, A16.

공했다. 하지만 제2차 인티파다 때에는 양 진영 모두, 어린이들까지 무참히 살상하는 테러공격을 감행했고, 이로써 더 이상 '희생자의 지위를 두고 벌이는 경쟁'에서 우위를 점할 수 없게 되자 팔레스타인은 이스라엘 못지않게 '교활한' 미디어전략을 펼치기 시작했다. 마침내 기사에 쓸 단어를 놓고 기자와 싸우기 시작했다.

> 예루살렘 동쪽에 있는 이스라엘 사람들의 거주지역을 '정착촌settlement'라고 불러야 할까요? '이웃neighborhood'이라고 불러야 할까요? 오랫동안 우리는 '이웃'이라고 불러왔죠. 하지만 팔레스타인 쪽에서 이의를 제기했어요. "잠깐, 이곳은 점령지입니다. 영토병합은 국제사회에서 인정된 바 없습니다. 웨스트뱅크에 정착한 것과 마찬가지로 이곳도 정착한 것에 불과합니다. 차이를 두면 안 됩니다."… 결국 우리는 이 지역을 정착촌이라는 말로 바꿔서 쓰기 시작했어요… 이스라엘은 계속해서 장벽을 세웠는데, 팔레스타인은 그것을 '인종분리벽apartheid wall'이라고 부르고 이스라엘은 '안전펜스safty fence'라고 불렀죠. 사실, 두 가지 모두 완벽한 것은 아니었어요. 벽이기도 하고 펜스이기도 하기 때문이죠. 어쨌든 웨스트뱅크를 분리해내는 역할을 하니까, 우리는 '분리장벽separation barrier'이라고 부르기로 했고 지금은 이 말이 널리 쓰이고 있습니다. 물론 이러한 대안을 늘 찾을 수 있는 것은 아니에요. 이처럼 단어 하나 가지고도 자신들의 입장을 반영하기 위해 노력하죠.*Laub 4-5*

전략적 왜곡보다 더 골치 아픈 것은 특파원들을 속이기 위해 벌이는 쇼다. 연출된 이벤트나 인터뷰를 취재할 때 어디까지 진실인지 아닌지 판단하기 어려울 때가 많다. 때로는 그것이 연출된 것이라고 기사에 명시하기도 한다. 걸프전 당시, 사우디아라비아 국왕 파흐드가 연설할 때 '조련된 물개처럼' 바레인의 정보부 장관이 박수를 쳤다. 연설이 끝나고 특파원들은 그에게 인터뷰할 수 있을지 물어봤다. 그는 이렇게 말했다.

> "제가 당신들에게 말할 수 있는 것은 모두, 사우디 정보부 장관의 뜻이라고 생각해도 됩니다. 무슨 말인지 알겠죠? 내가 할 말은 하나도 없어요."*Pyle, 15b*

1990년대 리비아는 이제 막 완공한 인공수로를 보여주기 위한 취재여행을 기획하여 특파원들을 초대했다. 상당한 통제 하에서 진행된 여행에서 정부는 이 물로 사막을 개간하여 농사를 지을 것이라고 주장했다.

> 카다피가 갑자기 나타나서는 트랙터에 올라 밭을 갈기 시작했어요. 그러다가 벽에 부딪혔는데… 트랙터를 그대로 두고 내려서 가버리더군요.*Powell, 16*

외딴 정글 속에 사는 게릴라들도 세련된 홍보작전을 펼쳤다. 데니스 그레이는 크메르루주의 태국 '대사'를 찾아가 킬링필드를 설계한 크메르루주의 지도자 키우 삼판을 만나게 해달라고 사정했다. 우여곡절 끝에 승락을 받았고, 결국 방콕에서 '인솔자'들을 만나 정글로 들어갔다. 9시간에 걸친 밤샘여행 끝에 국경에 닿았고, 군인들의 인솔을 받아 국경을 넘었다.

> 한 마디로 '게릴라극장'이라고 할 수 있지. 처음부터… 연출된 느낌이 팍 오더라고. 그들은 정글에 들어서자마자 자신들이 만들어놓은 함정을 옆으로 지나가며 보여주더군. '푼지'라고 부르는 죽창을 꽂아놓은 함정인데, 자세히 관찰할 수 있도록 일부러 천천히 걸었어. 소똥이나 독 같은 것들이 창 끝에 묻어있었는데 거기에 떨어져 찔리면 세균에 감염되어 금방 위독한 상태에 처하고 말겠더라고. 적을 속이기 위해 만들어놓은 부

비트랩을 드러내놓고 일부러 보여준 거지. 이곳이 진짜 게릴라주둔지라는 것을 알려주려고 한 것 같아… 국경에 도착하니 군인들이 정글 속 사방에서 나오더군. 뭔가 위협을 주면서도 미스터리한 아우라를 풍기기 위해 모두 연출된 것이었지. 어쨌든 깊은 인상을 주는 데는 성공했어… 그리고 저녁에는 상당히 우아한 식사를 대접하더군… 가장 멋지고 교양 있으며 프랑스어를 유창하게 구사하는 사내가 식사를 함께 했는데, 자신이 프랑스에서 학교를 다녔다고 하면서 프랑스문화에 대해 이야기를 하더군… 이 모든 것이 미디어를 위해 마련한 쇼였지. 그럼에도 여전히 이상하지 않은 것도 있었어. 바로 키우 삼판이 그랬지… 우리는 세 시간 동안 인터뷰했는데, 사실 인터뷰라고 하기보다는 강의를 들은 것 같았어. 세계가 크메르루주를 잘못 인식하고 있다면서, 자신들이 무슨 일을 하고 있는지 열변을 토하듯 설명하더군. 세상에서 가장 초현실적인 경험이었지… 나는 그를 인간적으로 최대한 생생하게 표현하기 위해 노력했어. 100만 명을 죽인 최고책임자. 히틀러를 다시 만난 것과 같다고나 할까? 그런 사람을 앞에서 보게 된다면 어떤 반응을 보일 것 같아? 당연히 증오심을 표출하고 싶겠지. 실제로 나의 수많은 친구와 동료들이 그로 인해 죽었어. 하지만 동시에, 그도 한 인간일 뿐이기도 하고.[23]*Gray 48-49*

---

23 Denis D. Gray, "Khieu Samphan Turns On His Charm," *Bangkok Post*, 1980. 이 기사는 다음과 같이 시작된다.

금세기 가장 잔혹한, 피비린내 나는 혁명운동을 집행한 크메르루주의 정글 속 본부로 가는 여정은 수화기 너머로 들려온 여성의 부드러운 목소리와 가벼운 공원산책으로 시작되었다… 나비들이 브리핑탁자 주변을 날아다녔다. 키우 삼판의 나지막한 목소리는 지저귀는 새들과 귀뚜라미의 울음소리, 멀리서 들려오는 천둥소리와 경쟁했다.

기사는 대나무 창으로 만든 부비트랩, 우아한 서양식 만찬, 등불 아래에서 이야기하는 그의 얼굴표정을 상세하게 묘사하는 한편, 프놈펜 투올슬렝 감옥에서 벌어진 잔혹한 고문, 파괴된 불탑들, 폐허가 된 마을들, 대량학살, 강제노역, 인간성을 말살한 집산주의 등 그들이 저지른 만행도 이따금씩 언급한다. 하지만 이 둘 사이를 연결시키는 것이 생각보다 쉽지 않다는 것을 기사를 읽으면서 독자들도 느낄 수 있다.

멕시코에서 스티븐슨은 1995년 경찰의 대량학살 속에서 조직된 작은 반
정부 게릴라조직 혁명인민군EPR의 지도자들을 추적했다. 하지만 그가 마
침내 발견한 단서들은 게릴라조직이 그를 놀리기 위해 만들어놓은 함정이
라는 것을 깨닫는다.

> 전화 한 통을 받았어요. "빕스VIPS 앞에 있는 쓰레기통에 가면 메모가
> 있다." 메모엔 월마트주차장으로 오라고 써있었어요. 거기서 1시간반
> 을 기다렸는데… 누군가 나를 지켜보고 있었겠죠. 휴대전화로 전화가
> 걸려오더군요… "주차장 모퉁이에 나무가 보이나? 맨 아래 가지에 메
> 모가 있다." 메모를 보니 다음 행선지가 써있더군요. 그렇게 이리저리
> 이동을 했고… 나는 사진기자와 함께 마침내 위칠락 근교 산까지 갔어
> 요. 지방도를 타고 갔는데, 우리가 이동하는 모든 과정을 그들은 관찰
> 하고 있었겠죠… 사실 이쯤 되면 웬만한 기자들은 포기하겠지만, 오기
> 로 나는 끝까지 따라갔어요. 하지만 마지막에는 아무것도 얻지 못했
> 죠. 그들의 프로파간다가 담긴 전단지를 한 장이 내가 얻은 전부였어
> 요.*Stevenson, 5-6*

전쟁이나 반란을 겪는 정부들은 더욱 언론을 통제하기 위해 노력한다. 특
히 반대파의 핵심세력을 만나지 못하도록 온갖 방해작업을 한다. 이란-이
라크전쟁 당시, 이라크정부는 특파원에게 최전선을 취재할 수 있게 해주었
는데, 그곳은 한결같이 자신들이 '이겨서 뺏아온 지역'이었다.

> 습지에서 물을 빼내 땅을 더 넓어 보이게 했어요. 그리고 집들도 모두
> 새로 지어서 멋져보이도록 꾸며놓았더군요. 사람들도 인터뷰를 해보면
> 모두 사담의 통치 아래 들어오게 되어 기쁘다고 말했어요.*Rice, 2*

반대로 이란정부는 특파원들을 에빈형무소로 데려갔다. 혁명에 반대하다
가 수감되었던 젊은 죄수들이 모두 아야톨라를 향해 충성하겠다고 소리높
여 외치며 외신기자들을 조롱했다.

> 그들의 행동은 지금까지도 이해할 수 없어. 죄수들은 철창 사이로 손
> 을 내밀어 우리를 때리기도 했지. 다치지는 않았지만, 우리가 가는 곳
> 마다 '혁명만세'를 외치며 우리를 공격했어. 결국 진정될 때까지 우리
> 는 방에 들어가 앉아있을 수밖에 없었지. *Hanley, 8*

리비아내전 당시 카다피정부는 기자들에게 나토의 폭격으로 얼마나 큰 피
해를 입었는지 보여주고자 기자들을 데리고 거리로 나갔다. 거리 한가운데,
거대한 불발탄이 방치되어있었다.

> 동네사람들이 몰려나와 포탄을 기어오르고 뛰고 놀고 있더군요. 우리
> 는 '빨리 대피하지 않고 뭐하고 있느냐'고 말할 수밖에 없었죠. *Laub, 27*

1960년 벨기에로부터 독립한 뒤 내전이 계속되고 있던 콩고에서 외교부
장관은 특파원들에게 루붐바시 취재여행을 제안했다. 전용비행기까지 마
련한 콩고정부의 '관대하고 개방적인' 조치의 숨은 동기는 루붐바시에 비
행기가 착륙하자마지 밝혀졌다. 수도 킨샤사에서 대대적인 군사작전이 전
개되는 것을 보도하지 못하도록 기자들을 모조리 먼 지방으로 빼돌린 것
이다. *Rosenblum, 8*

중국정부가 파룬궁을 탄압할 때, 학식있고 홍보에 능통한 파룬궁회원
들은 공휴일마다 천안문광장에 나가 시위를 했다. 그들은 시위하는 시간
과 장소를 외신기자들에게 미리 알려주었고, 이로써 극적인 보도를 이끌
어냈다.

사복을 입은 공안들이 나이든 여성들을 땅바닥에 내동댕이치고 머리를 짓밟는 모습을 그대로 보여주었어요. 정말 충격적인 기사가 이때 많이 쏟아져나왔죠.*Hutzler, 17*

1979년에 그레엄은 마오쩌둥 사망 이후 처음 열린 취재여행에 참여했다. '삶의 질이 개선되었다고 말하는 티벳사람들, 중국이 그동안 베푼 것에 진심으로 고마워하는 행복한 티벳사람들'을 보여주는 것이 여행의 목표였다. 하지만 그레엄은 포탈라궁 주변에서 감시원들을 두어 번 따돌리는 데 성공했고, 운 좋게도 절망 속에서 울고 있는 노인들을 인터뷰할 수 있었다.[24]*Graham, 30*

1971년 파키스탄이 동서로 나뉘어 전쟁을 할 때, 서파키스탄정부는 로젠블럼과 브라운과 몇몇 기자들을 데리고 동파키스탄에 취재여행을 제안했다. 그들은 이곳에서 벌어진 대학살흔적이 눈에 띄지 않도록 길가를 온통 대나무로 둘러쳐놓고 미리 섭외해놓은 이들만 거리에 오가도록 했다. 인터뷰를 했는데 모두들 동파키스탄의 독립을 바라지 않는다고 말했고, 특파원들은 이곳이 '포템킨마을'이라는 사실을 금방 알아챘다.

우리를 안내하는 사람들은 다섯 명이었는데, 우리는 여섯 명이었거든… 그래서 우리는 작전을 짰지… 짚차가 멈추면 각자 다른 방향으로 달려가는 거였어. 다섯 명이 쫓아오더라도, 한 사람은 잡을 수 없을 테니 무조건 달리다보면 누구든 뭔가 찾아낼 수 있을 거라고 생각했

---

24 1979년 7월 19일, AP는 티벳에 관한 최초의 기사를 전송하면서 기사 앞에 이런 문장을 달았다.
 "수세기 동안, 서양인들에게 티벳은 소수의 용감한 여행자들만 가볼 수 있는 미지의 나라였다. 1950년 중국공산당의 지배를 받게 된 이후에는 접근하기가 더 어려워졌다. 지난주 AP북경특파원 비키 그레엄은 다른 외신기자들과 함께 해발5,000미터 고지에 위치한 이 달라이라마의 땅을 여행했다."

지.*Rosenblum, 27-28; Browne, 1993, 269*

사실 이런 작전은 새로운 것이 아니다. 맥스 데스포는 일본이 진주만을 공격하던 날, 워싱턴 주재 일본대사관이 정원에서 문서를 파쇄하는 모습을 찍기 위해 이 방법을 사용했다.

> 두세 명이 문서를 태우고 있었고, 한 남자가 빗자루를 들고 사진기자들을 쫓아냈지… 우리는 두 팀으로 나누어서… 한 팀이 먼저 빗자루를 든 남자를 유인하면 나머지 한 팀이 사진을 찍기로 했어… 두 팀이 번갈아 가면서 유인하면서 반복해서 계속 사진을 찍었지.*Desfor, 11*

외신기자를 위해 연출을 아무리 잘 한다고 해도, 이를 단번에 뒤집는 폭로 기사가 나올 때도 많다. (BTN9에서 소개하는 탈레반지도자를 취재한 개년의 이야기가 대표적인 예가 될 것이다.) 헝가리특파원은 로마가톨릭 대주교 요제프 민첸티의 이름이 새겨진 머릿돌이 남아있는 에스테르곰의 성당을 취재하러 갔다가, 헝가리 공산당이 한 발 앞질러 와서 머릿돌을 앞에 나무로 된 고해성사실을 만들어 가려놓은 것을 목격했다.

> 나는 기사의 도입부를 민첸티추기경으로 잡았지. 그의 존재를 숨기려고 하는 헝가리정부의 노력이… 오히려 더 눈에 띄는 기삿거리를 줬다는 것을 그들은 알까?[25]*Doelling, 8*

---

25 "Jozsef Cardinal Mindszenty has become a nonperson in his old archdiocese of Esztergom, the historic and now vacant seat of the primates of Hungary"; Otto Doelling, *The Post-Crescent*, July 20, 1974, p. 9.

1990년대 중반, 로버트 리드는 필리핀에서 무슬림극단주의자들이 불태운 기독교도들의 마을을 취재하는 여행에 참여했다. 마닐라공항으로 돌아가기 위해 자동차를 기다리는 동안 필리핀의 젊은 내무장관은 '지역에서 떠도는 날것 그대로의 이야기'를 들려줬다. 바로 전지구적인 성전을 펼치고 있는 오사마 빈라덴이라는 사람이 존재한다는 것이었다. 당시 빈라덴은 전혀 알려지지 않은 인물이었는데, 이 때 처음 그의 이름이 공식적인 기사로 나갔다.[26]*Reid, 48*

루마니아의 두 리더, 니콜라이 차우셰스쿠와 그의 후계자 이온 일리에스쿠는 특파원들과 인터뷰하는 것을 체제선전도구로 활용했다. 1975년 오토 도엘링이 차우셰스쿠와 악수하는 모습은 공산당 일간지 《싼테이아》 1면 사진으로 사용되었다. 의도적으로 사진을 기울여 독재자는 실제보다 훨씬 크게 나오게 배치하고, 그 앞에서 외신기자는 존경심을 표하며 고개를 숙이고 있는 것처럼 보이게 만들었다.[27]*Doelling, 10*

15년 뒤 댄 페리 역시 코트로세니 궁전에서 일리에스쿠와 TV인터뷰를 했다. 그는 '거대한 의자'에 앉도록 배치하여, 서양기자보다 커 보이도록 만들었다. 인터뷰내용에는 거의 관심이 없었고, 따라서 인터뷰는 형식적으로 끝났지만, 그날 밤 인터뷰소식은 루마니아 TV에서 주요뉴스를 장식했다.

---

26 Robert H. Reid, "Saudi jailed in California may be key figure in extremist network," The Associated Press, April 16, 1995.

27 wikileaks.org에공개된 외교전문에 따르면 (2014년 1월 17일 접속) 인터뷰 사실이 루마니아언론을 통해 공개된 날, 부쿠레슈티대사는 미 국무부와 다른 동유럽 지역의 대사들에게 외교전문을 보냈다. "차우셰스쿠는 AP특파원 오토 도엘링과 3월 25일 인터뷰하였고 오늘 루마니아 언론을 통해 보도되었다. MFN(최혜국대우), 무역협상과 이민정책 연계 등에 관한 루마니아 최고권력자의 직접적인 언급이 이 자리에서 처음 나왔다."

"존경하는 시청자 여러분, 오늘 여러분께 이온 일리에스쿠 대통령께서 AP기자와 환담하는 장면을 보여드릴 수 있게 된 것을 영광스럽게 생각합니다," '인터뷰'도 아니고 '환담'이라고 전하더군요. 그리고 전혀 편집하지 않은 것처럼, 일리에스쿠가 말도 안 되는 음흉한 말을 던져도 내가 수긍하는 표정을 짓는 장면을 보여줬어요. 모든 것에 대해 동의한다는 것처럼 말이죠. [웃음]… 지금 이런 식으로 보도한다면 세계적인 스캔들이 되겠죠… 유감표명이라도 할 걸 그랬나요? 뭘 어떻게 해야 할지 몰랐어요. 뉴욕본부라도 개입했으면 모르겠지만, 본부도 어쩔 수 없었죠… 혹시 인터넷이 있었다면 모를까… 그때는 해외전화를 거는 것도 어려웠던 시절이었거든요. 내가 뉴욕에 자초지종을 전달하려고 하더라도, 텔렉스를 보내야 했는데… 결국 모르는 척 내버려둘 수밖에 없었어요. *Perry, 4-5*

왜곡과 조작은 시대와 국가를 통틀어 언제나 존재했다. 하지만 디지털시대에 들어서면서 정부의 언론조작은 더욱 교묘해졌고, 이는 특파원들이 기본적인 업무를 수행하는 것조차 어렵게 만들었다.

더 달고 더 맛있는 케이크를 만들기 위해 크림을 한 층 더 입히는 것처럼 자신들에게 유리한 기사를 쓰도록 유도하기 위해 온갖 회유를 퍼붓기도 하고… 가끔은 마구 허튼소리를 쏟아내기도 하지. 물론 그게 우리를 속이려는 것이라고 단적으로 말할 수는 없어… 프로파간다에 불과한 것인지, 거짓말인지, 무언가 감추려고 하는 것인지, 또는 어떤 PR인지 끊임없이 의심하고 판단할 수밖에 없지. *Gray, 50*

결론
현지 정부의 취재방해와 언론조작

상세한 이야기를 취재하기 위해, 또 접근권을 확보하기 위해 특파원은 외국의 정부관료들과 일상적으로 상호작용해야 한다. 그 중에는 뻔뻔스럽게 거짓말을 하거나 과장하는 정부도 많다. 더 나아가 접근권을 지렛대 삼아 협박을 하거나 감시·검열·왜곡 등 언론을 직접적으로 통제하는 나라도 있다.

이러한 정부의 태도는 지리정치적 상황, 미국과의 관계, 국내 정치 상황 등과 무관하게 작동하는 것처럼 보인다. 현장을 취재하기 위해 끈질기게 노력하는 특파원들을 직접 대면하고 취재에 응한 마오쩌둥이나 교황과 달리, 취재거부, 입국거부, 강제추방 같은 수단으로 접근 가능성 자체를 막아버리는 지도자도 있다.

마음에 들지 않는 기사를 썼다는 이유로 특파원을 추방해버리는 나라도 많기 때문에, 그런 나라에서는 기사를 쓸 때마다 기자들이 자기검열을 할 수밖에 없다. 비자를 연장해주는 관료가 기자의 활동을 감시하는 비밀경찰 역할까지 하는 나라도 있다. 특파원은 오랫동안, 무수한 곳에서 감시의 대상이 되었다. 감시원이 따라붙고, 도청장치를 설치하고, 거리에서 미행한다. 이 모든 것은 특파원은 물론 취재원에게도 상당한 위협으로 작동한다.

특히 전시에는 어느 나라든 검열을 실시하는 경우가 많다. 때로는 자국 안에 검열관이 밤낮으로 상주하는 경우도 있다. 자신들의 입맛에 맞는 정보만 제공하고, 눈앞에 뻔히 보이는 증거도 없다고 우기고, 자신들에 우호적인 사람들만 만나도록 접근가능 지역을 제한한다. 때로는 길가에 대나무울타리를 쳐 눈가림을 하기도 한다.

정부는 물론 반군도 외신기자를 자신들의 프로파간다를 전파하는 채널로 활용하기 위해 노력한다. 아예 보도할 가치가 없을 만큼 너무나 노골적으로 연출된 이벤트를 펼치는 경우도 있다.

이러한 장애에도 불구하고 특파원들은 객관적이고 균형잡힌 기사를 쓰기 위해 노력한다. 지난 80여 년 동안 국제무대에서 미국이 행사해 온 힘을 고려한다면, AP특파원들이 해외에 주재하는 미국의 외교관들과 맺는 관계도 순탄치만은 않을 것이라고 짐작할 수 있다. 다음 장에서 살펴볼 주제다.

Behind the News #9
BtN 1996-2001년 탈레반의 아프가니스탄 통치

탈레반이 처음 정권을 잡았을 때… 탈레반 총리 물라 모하마드 라바니
는… 기자회견장에 나를 들여보내주지 않았죠. 뭐 그래도 큰 문제는 없었
어요… 아미르 샤를 들여보낼 수 있었으니까요. 나는 대신 그 시간에 탈레
반 관료 몇 명을 따라다니며 궁전을 구경했죠. 덕분에 더 기가막힌 기사를
쓸 수 있었어요…[28]

며칠 뒤 나는 여단사령부 같은 곳에 갔어요. 사람들이 둘러앉아서 잡
담을 하고 있었는데, 나는 그들에게 이렇게 물었죠.

"도대체 이해할 수 없는 게… 왜 여자들은 집에서 못 나오게 하는 겁
니까? 그리고 여러분은 지금 이곳에 앉아서 뭐하고 있는 겁니까?"…

한 쪽 눈이 없고… 의족을 한… 건장한 남자가 사무실로 들어왔는데(법무
부장관 물라 누루딘 투라비였죠)… 나를 발견하고는 불같이 화를 내면서… 지금
뭐하는 거냐고 물었고, 수비대장이 일어나 말했죠.

"우리 업무에 대해서 그냥 설명해주는 겁니다."…

그러자 법무부장관은 그에게 다가가더니 뺨을 갈기고는 의자에 밀쳐 앉힌
뒤, 내 옆에 앉아있던 동료에게 소리쳤어요.

---

28 Kathy Gannon, "Taliban waste no time imposing its own brand of Islamic
    rule," The Associated Press, September 28, 1996

"꺼져버려!"···

나는 그를 보면서 이렇게 말했죠.

"진심이죠??!!"

사실 파시토어로 그가 한 말 중에 내가 알아들을 수 있는 거라곤··· '꺼져' 뿐이었거든요. [웃음] 나는 일어나 나가다가 돌아서서 그를 똑바로 쳐다보고는 돌아서서 나왔어요.[29]

탈레반의 통치방식에 대한 저항은 엄청났어요. 물론 [탈레반은] 처음부터 밀당 같은 걸 하지 않았기 때문에 그들의 극단주의는 전혀 놀랄 일도 아니었죠··· '우리는 중도노선을 지향하는 온건한 사람들입니다'라고 말하며 정권을 잡고 나서 억압적으로 돌변한 게 아니예요. 그들은 예전이나 그 때나 지금이나 줄곧 마을의 까다로운 율법학자들일 뿐이죠.

Gannon, 42–43/19

---

29 Kathy Gannon, "Out Front: Rebels use fear, punishment to impose strict Islamic law," The Associated Press, September 30, 1996. 이 기사는 탈레반의 통치 방향에 대해 이렇게 쓰고 있다.

교통과 보안문제가 어느 정도 해결되고 나면 이슬람 극단주의정책이 완화될 것이라고, 여자아이들도 학교에 갈 수 있고 다른 종교도 허용될 것이라고 말하던 지역의 탈레반 지도자들과 성직자들 앞에 투라비가 나타나면서 그러한 기대는 무너지기 시작했다.

10

AP
역사의 목격자들
FOREIGN
CORRESPONDENTS
IN ACTION

형편없는 기사도
기계적 균형은 잘 맞춘다네

객관성과 공정성 확보하기 위한 노력

10

"형편없는 기사도
기계적 균형은 잘 맞춘다네."

객관성과 공정성 확보하기 위한 노력

미국인으로서 해외에 파견된 특파원들은 그곳에 가있는 미국의 대사관, CIA, 군대에 소속된 관료들과 관계를 맺을 수밖에 없다. 오랜 기간 AP특파원들이 해외에 파견되었을 때 가장 먼저 찾아가는 곳은 바로 미국대사관이었다. 그리고 이들과 긴밀하게 정보를 교환하는 것은 어떠한 '문제'도 없는 것처럼 여겨졌다. 하지만 냉전이 시작되면서 미국관료들이 제공하는 정보에 대한 의구심이 들기 시작했고, 9·11테러 이후 이 둘 사이의 긴밀한 관계는 끝났다.

AP특파원과 미군과의 관계도 달라졌다. 제2차 세계대전과 한국전쟁에서는 '한 팀'으로 활약했으나 베트남전쟁에서는 느슨하게 협력했다. 중앙아메리카 게릴라전과 걸프전쟁에서는 미군이 언론을 조작하려고 했으며, 이라크전쟁과 아프가니스탄전쟁에서는 미군의 도움을 받기는 했으나 독립적으로 취재를 해나갔다.

미국정부가 구상한 시나리오에 도전하는 특파원들은 정치적인 압박을 받기도 했다. 특히 논쟁적인 정책방향과 잔혹한 고통이 가득한 현장을 취재할 때, AP특파원들은 객관주의라는 이상에 집착하고, 당파심이 부족하고, 모든 관점을 포괄하려고 하는 허황된 망상에 사로잡혀있다고 매도

당하기도 한다.

워싱턴의 시나리오
미국정부와 협력 또는 갈등

4장에서 이야기했듯이 미국의 관료들은 편파적이긴 하지만, 중요한 정보 제공자이자 취재원이자 분석가다. 특파원들은 그 지역의 외교관들과 관계를 맺을 수 있는 '사교클럽'에 속하는 특권을 갖기는 하지만, 멕시코시티처럼 미디어권력이 공고하게 형성되어있는 지역의 경우 상대적으로 데드라인이 유연한 엘리트신문사들에 비해 매일 마감시간에 쫓기는 통신사특파원들은 외교관들과 '비공식적인' 관계를 맺는 것은 쉽지 않다.*Price, 8*

　1970년대 초 베트남에서 베테랑기자들은 실제로 발생한 사건을 '은폐'하려고 하는 미국의 관료들과 공공연하게 충돌했다. 그러한 상황에서도 외교관들은 특파원의 생일파티를 열어줬다고 회상한다.*Lederer, 5* 사이공이 북베트남에게 함락되어 미국대사관이 약탈당했을 때, 한 AP특파원은 전사한 미군을 기념하는 동판을 되찾아주기도 했다.*Esper, 1998, 548* 미국대사관 관료들은 터키군대가 쿠데타를 감행했다고,*Hurst, 3* 또 모리타니가 극심한 가뭄을 겪고 있다고*Heinzerling, 2* 특파원들에게 알려주기도 했다.

　1990년대 미국이 개입했다고 여겨지는 분쟁들을 취재한 폴 알렉산더는, 분쟁지대를 옮겨다니는 관료들과 척지는 것보다 유연하게 관계를 맺는 것이 정보를 획득하는 데 훨씬 도움이 된다는 것을 깨달았다.

　"어떻게 그럴 수 있죠?"보다는 "이런 일이 발생했다는데, 거기에 대해 어떻게 생각하시나요?"라고 묻는 걸 선택했죠. 공정하게 균형을 유지한다는 평판을 쌓는 것이 중요합니다. 그렇지 않으면 사람들은 당신이 속인다고 생각할 수 있어요… 케냐의 한 술집에서 그를 만나 두세 잔을 마시면서 잠깐 브리핑시간을 가졌는데, 정말 중요한 정보를 얻을 수 있었죠. *Alexander, 12*

베트남전쟁 당시 조지 맥아더도 사이공에서 CIA요원들과 '한잔'하면서 관계를 맺었다. 고급정보를 얻기 위한 노하우를 그는 잘 알고 있었다.

CIA요원들은… 먼저 상대방이 얼마나 알고 있는지 떠보지. 상대방이 자기만큼 정보를 가지고 있다고 판단되면 굳이 거짓말로 속이려고 하지 않아. 그래서 그들로부터 고급정보를 얻어내기 위해서는 나 스스로 상당한 정보를 가지고 있어야 하지. *McArthur, 19-20*

모트 로젠블럼은 부에노아이레스 미국대사관에서 양심의 가책을 느낀 한 관료 덕분에 아르헨티나의 '더러운 전쟁'에 관한 특종을 터뜨릴 수 있었다. 취재원의 인맥을 통해 알게 된 그 관료는 내부고발자가 되어 목숨이 위태로운 상황에 처해있었다. 당시 우루과이 해변에 불가사의한 시체들이 밀려오는 사건이 이따금 발생했는데, 아르헨티나의 비밀경찰들이 고문을 하고 나서 산 채로 바다에 던진 사람들이었다.

갑자기 '점심을 먹자고' 전화가 왔어… 그는 경찰서에서 고문이 행해지고 있는 것을 수도 없이 목격했다고 했지… 옳은 일이 아니라는 사실을 알면서도 누구와도 이야기할 수 없었다더군. 어쨌든 그들과 같이 일해야만 하는 처지였으니까… 그래서 기자에게 털어놓기로 결심했던 거지… 우루과이의 국회의원 한 명이 아내와 함께 암살되었는데, 그들에게는 자녀가 둘 있었지… 그래도 아이들까지는 차마 죽이지 못한 정부는 아이들을 미국인에게 입양시키려고 했대. "이틀 전에 식사를 하던 중, 나한테 아이들을 맡을 생각이 없느냐고 물었어요." 그 제안을 받았을 때가 바로 나한테 전화를 한 시점이었지. 나는 이걸 기사로 쓰고는… 뉴욕에 있는 에디터에게 전화를 걸었어. "저… 이번 기사에는 취재원을 밝히지 못한 내용이 좀 있습니다. 이곳 상황이 그럴 수밖에 없으니 양해바랍니다."… 그를 '서방외교관'이라고 지칭하는 것도 위험하고… 더 나아가, 그의 제보가 돋보이지 않도록 그곳에서 벌어지는 관련된 여러 사건들과 섞어서 기사를 썼지… 기사가 나온 다음에 관련 후속기사들이 더 나오기 시작했어.*Rosenblum, 32-33*

아르헨티나를 떠나고 한 달 뒤, 로젠블럼은 아르헨티나의 테러정치에 관한 분석기사를 썼다.[1]

최근, 대사관에 접근하는 일은 더 어려워지고 있으며 관료들도 입을 더욱 굳게 다물고 있다. 그에 따라 관료들의 '환심을 사기 위해' 시간을 쏟는 것은 그다지 가치가 없다고 생각하는 특파원들도 많아지고 있다.*Bryson, 62* 이러한 경향은 취재원이 다양할수록 더욱 분명해진다. 남아시아와 동남아시아의 한 특파원은 미국외교관들이 다른 서방국가들의 관료들에 비해 훨씬 방어적이며 '적극적으로' 발언하지 않는다고 말한다. 이는 부분적으로, 미국이 다른 서방국가보다 더 이권에 깊숙이 '개입되어있을' 뿐만 아니라 발언의 영향력도 훨씬 크기 때문이다.*Pennington, 16-17*

미국의 움직임을 극도로 주시하는 곳에서는, 미국의 외교관들과 기자들은 비공식적인 채널을 통해 정보를 공유하는 경향이 있다. 양쪽 모두 정보량

---

1   Mort Rosenblum, "The Harvest of Torture and Terror in Argentina," *Los Angeles Times*, October 24, 1976, E2; 이 기사는 1976년 10월 28일 The New York Review of Books에도 실렸다. 부에노스아이레스의 분위기를 묘사하는 장면에서 로젠블럼은 이 제보자를 '레스토랑에서 만난 한 경찰관'이라고 밝히면서 이렇게 쓴다. 그는 나에게 두 아이들의 부모가 어떻게 고문을 당하고 산 채로 불태워졌는지 들려주었다.

을 늘리기 위해서는 이런 방법밖에 없기 때문이다. (물론 AP기자들은 기본적으로 '보도하지 않을 정보'는 공유하지 않는다.) 이러한 관행은 특히 냉전시대에 심했다.

1960년대 서아프리카특파원으로 활약한 뒤 2000년대 후반까지 AP 국제보도를 이끈 래리 하인즐링은 당시 이러한 관행은 현재 인식과는 달리 전혀 문제가 없는 것으로 여겨졌다고 말한다.

> 냉전시기에는 '소비에트의 위협'이라는 인식을 우리는 공유하고 있었지. 그래서 우리는 '한 팀'까지는 아니더라도 어느 정도 동질감은 가지고 있었어. 미국정부도 우리의 동의와 지지를 얻기 위해 노력했고… 외교 쪽 커뮤니티에서 파트너쉽 같은 것이 작동하고 있었지. 물론 지금은 찾아볼 수 없는 관계지만… 남아프리카공화국 소웨토에 미국대사관이 USIS도서관을 개관했을 때 취재를 갔던 것이 기억나네. 그 당시만 해도 미국은 남아프리카공화국의 아파르트헤이트에 대해 적극적으로 이의를 제기할 수 있는 거의 유일한 나라였거든. USIS도서관 개관을 추진했던 사람은 바로… 미국의 흑인외교관이었어. 도서관이 개관하고 나서 그는 한발 더 나아가 직접 행동에 나섰지. 요하네스버그에 있는 백인들만 입장할 수 있는 식당에 간 거야. 나도 그 때 취재기자로 동행했는데… 주인이 그를 보더니 눈 하나 깜짝하지 않고 우리를 안쪽 테이블로 안내하더군. 아무 말없이 주문을 받았고, 우리는 밥을 먹고 나왔지. 물론 나는 이 사건을 기사로 작성했고… 이 사건은 요하네스버그에서 인종차별을 깨기 위한 첫 번째 시도로 기록되었어.[2] *Heinzerling, 5-6*

---

2 Larry Heinzerling, "U.S. Presses Message of Racial Equality in South Africa," *Washington Post*, November 28, 1976, 20.

암묵적으로 논조를 '유도'하려는 경우도 있지만*Heinzerling, 14*, 미국의 외교관들은 대부분 특파원을 '압박'하지는 않는다.*Minthorn, 9* 이는 정치엘리트들의 명령을 따르는 데 익숙한 TASS나 신화통신 특파원들에게는 놀라운 것이었다.*Belkind, 17-18* 해외특파원들은 훨씬 위험한 취재임무를 수행하기 때문에 '워싱턴에서 어떤 정치적 고려가 작동하고 있는지' 고려할 필요가 없고, 따라서 워싱턴에서 활동하는 기자들보다도 정치적인 압박을 덜 받았다.*Tatro, 5* 또한 특파원들은 지리정치적 군사적 고려보다 외국의 현실을 우선할 수밖에 없다.*Seward, 10*

물론 워싱턴의 사정을 잘 알고 있더라도 그런 것을 신경 쓸 여력이 없을 때가 많다. 중동에서 20년 동안 취재한 특파원은 이렇게 말한다.

> 현장에 있는 외교관들조차 워싱턴에서 하는 말을 그대로 전하지 않는 경우가 많아요. 현장에서 직접 보고 경험하는 것들, 특히 '오프더레코드'를 전제하고 하는 말은 워싱턴의 메시지보다 특파원들의 생각과 일치하는 경우가 많죠.*Powell, 13*

하지만 미국과 갈등을 빚고 있는 외교적으로 중요한 나라에 관한 기사의 경우 사정이 다르다. 물론 관료들에게 직접 압박을 받는 것이 아니라 AP기사를 공급받는 회원사의 에디터들이나 그 기사를 읽은 독자들이 항의를 한다. (이러한 경향은 디지털시대에 더욱 심화되었다. 이 문제에 대해서는 12장에서 논의한다.) 예컨대 쿠바지국을 다시 개설한 뒤 거의 30년 동안 이곳을 취재한 애니타 스노우는 이러한 압박에 시달렸다.

> 나한테 화가 나 있는 사람이 어디를 가나 한 명쯤은 있었죠… 하지만 내가 뭐 어떻게 할 수 있겠어요? 쿠바정부는 걸핏하면 언론감독위원회로 들어오라고 불렀죠. 반정부인사들에 대해서는 왜 보도하느냐? 카

스트로 앞에 왜 그런 단어를 붙였느냐? 예컨대 '독재자'라는 말은 쓸 수 없었죠. 이것저것 트집을 잡아 따졌어요. 반대로 미국의 독자들은 늘 불만이었죠. 왜 반정부운동에 대해서 많이 보도하지 않느냐? 카스트로를 왜 더 비난하지 않느냐? 쿠바에서 추방당한 뒤 미국에 살고 있는 어떤 사람은 자신의 블로그에 나를 욕하는 글을 올려놓기도 했더군요. *Snow, 15-17*

9·11테러 이후의 아프가니스탄의 상황을 취재하거나*Gannon, 46* 멕시코에서 넘어오는 이민행렬을 취재했을 때는 워싱턴에서 내려온 '강고한 네러티브'와 맞서 싸워야 했다.

취재내용이 미국정부가 구상하는 시나리오와 다른 경우… 이것이 정확한 취재사실이라는 것을 에디터들에게 설득하기 위해 상당한 노력을 기울여야 했죠. *Price, 14*

정치적 압력이 기사작성에 미치는 진짜 영향은, 미국정부의 주장을 뒤집는 기사를 써야 할 때 훨씬 많은 입증책임을 기자가 떠안아야 한다는 것이다. 모부투 집권초기 AP특파원은 CIA가 콩고에 상당한 영향력을 행사했다는 기사를 썼지만, 미국정부의 공식적인 부인을 뒤집을 만한 증거를 충분히 찾지 못했다는 이유로 게재되지 못했다. *Zeitlin, 12*

노근리학살 발굴기사를 쓰는 데 참여한 스페셜특파원 찰스 핸리는 기사를 내보내는 순간까지 수년 동안 끊임없는 팩트체크와 세부적인 편집토론을 반복하는 '투쟁'을 거쳐야만 했다고 말한다. *Hanley, 14-19*

40년 이상 AP특파원으로 활동한 로버트 리드는 이라크를 정치화된 논쟁의 '전형'이라고 말한다. 이곳에서는 사실입증을 방해하는 공작이 너무 심해서 미국의 정책에 반하는 기사는 사실상 쓰기가 힘들었다.

대통령, 합참의장, 국방장관, CIA국장… 어느 누구도 인용할 수 없었지. 검은색을 보고 하얀색이라고 말해도 그걸 뒤집을 수 있는 결정적인 증거를 잡지 못하는 한, 아니라고 말할 수 없었어… 아프가니스탄전쟁에서도 이라크전쟁에서도 기사를 썼는데, 지금 돌이켜보면 정확하게 맞는 이야기였지만, 당시 미국사람들의 생각과는 상반되는 것이었지… 이라크전쟁의 경우, 대량살상무기가 존재한다는 주장에 대해 의구심을 드러내는 기사였는데… 이런 논조로 나가려면, 아주 작은 의혹도 남김 없이 입증할 수 있어야 하는데 아무래도 그렇게 완벽하게 입증해낼 자신이 없었고… 결국 기사는 폐기하고 말았지._Reid, 42-44_

핸리는 2002-2003년 선전포고의 이유가 된 이라크의 대량살상무기에 대한 논의에서 '추론의 결함과 사실의 차이'를 찾아낸다. 그는 AP에디터들의 승인을 받고 UN조사단과 동행하여 이라크에 두 번 들어갔다. 그는 1990년대에도 똑같은 취재를 했다. 분석기사에 가까운 취재기사를 두어 편을 썼지만 게재되지 않았다. 하지만 그의 분석은 다른 기사를 작성하는 데 상당한 영향을 미쳤다. 예컨대 2003년 1월 바그다드에서 작성된 한 기사의 도입부는 이렇게 시작한다.

> AP의 분석에 따르면, 이라크를 불시에 방문한 UN무기감찰단이 거의 두 달 동안 전역을 돌면서 미국과 영국의 정보기관이 '문제시설'로 지목한 13개 지역을 조사했으나 대량살상무기를 생산한 징후는 발견하지 못했다… UN조사가 현재로서는 오래된 무기생산시설에서 금지된 무기를 만들지 않았다는 이라크의 주장을 뒷받침하는 것으로 보인다."[3]

---

3 Charles J. Hanley, "Inspectors have covered CIA's sites of 'concern' and reported no Iraqi violations," The Associated Press, January 18, 2003.

2003년 5월 바그다드에 있는 사담 후세인의 그레이트무브먼트궁의 피해상황을 조사하는 순회특파원 찰스 핸리. 미국의 대량무기수색팀의 활동을 취재하던 중이었다. (Photo by Murad Sezer, courtesy of Charles Hanley)

하지만 이러한 기사도 전쟁을 하려는 미국의 의지는 꺾지 못했다.

하지만 이런 기사들은 별다른 영향력을 발휘하지 못 했어. 워싱턴의 매체들은 이라크현장에서 전송되는 분명한 '사실'보다는 미국정부 취재원들의 '발언'에 초점을 맞췄거든거든… 아무리 미국에 언론의 자유가 보장되어있다고 하더라도, 미국의 정부관료나 미군의 공식적인 발표에 힘을 실어주는 것이 현실이지… 어쨌든 대량살상무기는 존재하지 않는다는 사실을 알고 있던 나는, 계속 기사를 써서 찔러대는 수밖에 없었어. *Hanley, 20-22*

"내 눈에는 아무것도 안 보이는데요."

미군이 취재에 미치는 영향

사단 단위부터 소수의 고문들까지, 점령임무부터 인도주의적 임무까지, 5성 장군부터 진흙밭에서 구르는 말단병사까지. 지난 80년 동안 세계의 지리정치적 지형을 논하면서 미군을 빠트리기는 불가능할 것이다. 특파원들은 해외에서 미국정부를 대신해 미군을 상대해야 하는 경우가 많다. 취재원과 취재기자 사이의 관계의 변화, 전쟁취재의 역사에 관한 연구는 이미 상당부분 진행되었다.*Sweeney, 2006; Knightley, 2004*

나는 이 책에서 미군이 미디어콘텐츠에 미치는 네 가지 영향에 주목하여 인터뷰를 진행했다.

- 전쟁취재를 지원하기 위한 운송과 물자보급
- 은폐하거나 통제하려는 미군의 시도
- 군부대를 따라다니며 취재하는 '종군'취재의 문제
- 군인의 시선으로 갈등을 묘사하는 진술방식.

전쟁취재와 미군의 지원

제2차 세계대전, 베트남전쟁 등 전쟁은 대부분 기자단press pool이나 종군 embed 형태로 취재해 왔다(6장에서도 이야기했다). 전장을 누비는 특파원들은 대부분 군복무를 한 경험이 있는 이들이기 때문에 비교적 쉽게 군인들과 신뢰를 형성할 수 있었다. 그래서 언론과 군의 관계가 최악으로 치달았을 때에도, 예컨대 베트남전쟁에서도 특파원들은 최전방으로 어렵지 않게 뚫고 들어갈 수 있었다.*Desfor, 10; Behr, 1981, 255; Prochnau, 1995, 193*

1960년대 초 한 AP기자는 베트남 미군원조사령부MACV와 동행하며 베트콩섬멸작전을 취재할 수 있었다. 하지만 군이 타겟으로 삼은 마을 어디에서도 베트콩을 찾지 못했다는 기사가 나가자, 미군은 즉각 기자들을 부대에서 모두 내쫓아버렸다. *AP Oral History, Essoyan, 1997, 49-50*

미군이 북베트남에 기자의 출입을 금지한다고 발표했음에도, 한 특파원은 북베트남에서 추락한 조종사를 구조하는 작전에 해병대 헬리콥터를 타고 들어갔다. 하지만 작전도중에 헬리콥터가 격추당하면서 드라마틱한 이야기로 변모했다. 물론 기자는 구조되었고 작전은 무사히 끝났다. 기사는 끝내 전송할 수 없었는데, 미군이 규칙을 어겼다는 이유로 전송을 허락하지 않았기 때문이다.*AP Oral History, Mulligan, 2005, 18-19*

이디스 레더러는 베트남의 평화가 눈앞에 있다는 헨리 키신저의 발표에 대한 조종사들의 반응을 취재하기 위해 항공모함 USS아메리카에 승선했다. 수천 명의 선원들 속에서 유일한 여성이었던 그녀는 안전을 위해 '밤에는 의무실에 갇혀서 지내야 했지만,' 엄청난 환영을 받으면서 독특한 깨달음을 얻었다.

> 이 남자들은 미국여자와 이야기한다는 것만으로도 굉장히 즐거워했지. 내가 뭐라도 물어보면 자신이 뭔가 '아는 남자'라는 사실에 굉장히 뿌듯함을 느끼더라고… 내가 여자이기 때문에 누릴 수 있는 굉장한 이점이었지. 나는 또 그걸 이용했어.*Lederer, 2-3*

전상으로 들어가는 것뿐만 아니라 전장에서 빠져나오는 데에도 군은 특파원들에게 귀중한 도움을 주었다. 예를 들어, 마지막 대피기간 동안 사이공 미국대사관 앞에 몰려든 군중 속에 휩쓸린 AP기자들을 구출해주었다.*Esper, 1983, 187* 특히 이라크전쟁처럼 혼자 돌아다니는 것이 불가능할 정도로 위험한 곳에서는 군 내부의 '정보 파이프라인'이 있느냐 없느냐 하는 것이 특파원에게 결정적인 차이를 만들어내기도 했다.*Hanley, 23*

아놀드 제이틀린은 미해군 순양함 갑판 위에서, 북베트남군이 수도에 진입하면서 발생한 피난민들을 미군이 헬리콥터로 실어나르는 광경을 보고 있었다. 이 '역사적인' 종전 순간을 직접 목격하는 특권을 누리고 있다는 사실에 전율을 느꼈지만, '국방부에서 공식적인 발표를 할 때까지 이에 관한 내용을 보도할 수 없다는 사실을 알고는 다소 김이 샜다.'*Zeitlin, 23*

파일은 사이공과 리야드에서 전쟁취재를 하면서 정기적인 군기자회견을 체크하는 것이 중요하다는 것을 깨달았다. 그는 기사에서 걸프전의 일일브리핑이 '벽에 붙어 기어다니는 도마뱀'만 없을 뿐 인도차이나반도의 '5시의 광대극5 o'clock follies'을 닮아가고 있다고 비판했다. 당시 군은 이러한 인상을 주지 않기 위해 브리핑시작 시간을 최대한 앞당겼으나, 그럼에도 소용이 없었다.[4]

> 악명높은 베트남의 '5시의 광대극'도 유용하긴 했어. 어쨌든 브리핑에서 한 말은… 기록으로 남는 거니까, 자신들이 내뱉은 말에 책임질 수밖에 없었지.*Pyle, 12*

브리핑 자리에서 기자들이 상반된 정보를 제시할 때마다 군은 변명거리를 찾느라 바빴다.

> 군관계자가 브리핑에서 제시한 정보가 기자들이 수집한 정보와 모순될 때가 있거든… "잠깐, 대령님, 이 발표는 우리가 확인한 내용과 다른데 어떻게 된 겁니까?" 이렇게 질문하면 발표자는 갑자기 얼버무리면서 즉석에서 발표내용을 수정해야 하는 망신을 당했지. 매일 그런 건 아니었지만… 그래서 나중에는 브리핑 전에 발표내용을 미리 프린트해서

---

4   Richard Pyle, "Daily briefing seems more like Saigon 'Follies,'" The Associated Press, February 6, 1991.

나눠주기도 했어. 우리가 알고 있는 사실과 다른 내용이 있는지 미리 확인하려는 것이었지. 또 나중에 군관계자에게 들은 이야기인데… 기자가 질문할 경우를 대비해서 수정발표할 자료를 따로 준비했다고 하더라고. 질문이 나오지 않으면 그냥 쥐고 있다가 들어가는 거고. *Pyle, 13-14*

미군의 취재방해와 보도통제

미군은 자신들에게 유리한 정보는 취재할 수 있도록 지원하고, 반대로 자신들에게 불리한 정보는 최대한 취재하기 어렵게 만든다. 제2차 세계대전과 한국전쟁에서는 기사를 검열하기도 했다. 베트남전쟁에서는 미군사상자 수에 대해 AP특파원이 캐묻자 한 미군지휘관이 이렇게 대답했다.

"당신도 그 중 한 사람이 되고 싶습니까?" *Browne, 1993, 163*

베트남전쟁은 사실 미국정부와 언론의 관계에서 커다란 전환점이 되었다. 대체로 베트남에서는 접근하는 데 어려움도 없었고 검열도 없었다. (그런 이유로 기자들이 유독 많이 죽기도 했다.)

미군은 전장에 가겠다는 기자들을 물심양면으로 도와줬지. 그 덕분에 많은 미국사람들이 언론을 통해 베트남 상황을 제대로 전달받을 수 있었어. *Pyle, 3, 19*

하지만 베트남전쟁을 계기로 미국정부는 언론에 대한 적대감을 갖기 시작했다. 이후 1980년대 벌어진 자잘한 전쟁들, 그리고 1991년 이라크전쟁에서는 기자들의 접근권을 제한하거나 차단하기 시작한다. 1983년 그레나다 침공 당시 기자들은 전장에 들어가지 못한 채 근처 섬에 있는 호텔에 머무를 수밖에 없었다. 미군은 작전수행을 위해 출항하는 비행기에 기자들을 태워 '당일치기 관광취재'만 허용했다.

전쟁이 끝난 뒤, 아이작 플로레스는 미군이 제공한 '헬리콥터투어'를 통해 그레나다 상황을 취재할 수 있었다. 투어코스 중에 수용소도 있었는데, 이곳에서 쿠바군 포로들의 비참한 상황과 사망자수를 밝혀내는 특종을 터트렸다.*Flores, 14-16; 2007, 157, 162*

이라크전쟁을 취재한 특파원들은 전쟁취재가 '너무나 제한적으로 허용되어서 유치장에 갇혀있는 느낌'이 들었다고 말한다.*Fialka, 1991, 2; Fisk, 2005, 599* 어디를 가든 경계병을 대동하지 않으면 움직일 수 없었다. 아예 쿠웨이트로 빠져나오지 않는 한, 전장에서는 독자적으로 취재할 수 있는 여유를 주지 않았다.[5]*Lederer, 13*

이라크전쟁에서는 지상작전을 길어야 4일 정도 단위로 지속하고 끝내버렸는데, 기자들에게는 아예 취재할 시간도 주지 않았다.*Ferrari, 2003, 28* 조금이라도 취재를 하려고 하면 미군들은 임무수행에 방해가 된다고 하면서 상당한 압박을 가했다. 마음에 들지 않는 기사를 쓴 기자는 '회유하거나 기자단에서 내쫓기 위해 집요하게 노력했다.'*Reid, 41* 자신들이 내세우는 프로파간다에 맞는 기사만 내보내기 위해 언론을 적대시한 것이다.

핸리는 아부그라이브 교도소의 가혹행위가 공론화되기 6개월 전에 이미 이 사건에 대해서 알고 있었다. 당시 그는 'AP기자들의 취재를 방해하는 미군의 행태'를 고발하는 기사에서, 교도소의 가혹행위에 관한 질문을 퍼붓는 질문에 미군은 침묵으로 일관했다고 말한다. 이러한 대응은 하급부대의 판단이 아니라 상층부에서 내려온 명령에 따른 것이 분명했다.[6]*Hanley, 25*

---

5   Edith M. Lederer, "Allies' surprise attacks crippled Saddam and changed rules of war," The Associated Press, January 8, 1992.

6   Charles J. Hanley, "Prisoners' early accounts of extensive Iraq abuse met U.S. silence," The Associated Press, May 8, 2004.

개넌처럼 위험을 무릅쓰고 혼자 움직이며 취재를 하는 특파원은 특종을 잡을 확률이 좀더 높지만, 미군의 '전투적인 대응'의 표적이 될 수도 있다. 그녀는 이라크의 키르쿠크 의회의 의장과 단독인터뷰를 하고 있었는데, 갑자기 미군들이 다른 기자를 대동하고 들이닥치며 험악한 분위기를 연출했다. 그동안 자신들이 당한 일을 '매우 솔직하게 털어놓던' 이 이라크의 수장은 갑자기 말을 바꾼다. 예컨대 '밤낮없이 공격을 퍼붓는다'라는 말이 갑자기 '관계가 개선되고 있다'라는 말로 바뀌었다. 개넌 역시 서둘러 인터뷰를 종료하면서 AP네트워크 덕분에 이렇게 인터뷰까지 할 수 있게 되었다면서 호들갑을 떨었다.[7]

> 바그다드지국은 늘 바쁘게 돌아갔어요. 일상적인 일도 해내면서, 상당히 많은 기사를 써냈죠. 누군가는 종군취재를 나가고, 또 누군가는 기자단으로 활동하고, 또 누군가는 다른 사람을 지원하기도 하고 그랬죠. 나는 거기서 뭘 할까 고민했어요. "나는 그냥 키르쿠크로 가야 할 것 같습니다."… 미군은 모든 취재를 통제하고 싶어했는데… 뭐, 어쨌든 좋아요. 그렇게 하고 싶다는데 어떻게 말리겠어요. 하지만 그렇다고 해서 우리가 고분고분 말을 들어야 하는 건 아니잖아요.*Ganon, 10-12*

미군은 현지 이라크군에게 '명목상' 통제권을 양두한 뒤에도 여진히 언론보도에 대한 통제권은 포기하지 않았다. 개넌은 이라크전쟁 취재를 끝내

---

7   Bassem Mroue and Kathy Gannon, "In northern Iraq, another war Kurd vs. Arab looms," The Associated Press, February 13, 2007. 개넌이 독자적으로 취재원을 발굴하여 취재한 것이었지만, 미군의 표적이 될 수 있다는 우려 때문에 AP는 이 기사를 다른 지역 기사와 섞어서 보도했다. 더 나아가 기사 첫머리에 다음과 같은 문구를 넣어 AP네트워크의 일원으로서 취재했다는 것을 강조했다.
    "므루는 바그다드에서, 개넌은 키르쿠크에서 취재했다. 키르쿠크에는 AP특파원 야하 바르잔지도 동행했다."

고, 다시 아프가니스탄군대를 따라다니며 종군취재를 하기 위해 가르데즈로 갔다. 하지만 미군은 위험인물로 찍힌 그녀를 계속 괴롭혔다. '사전에 협의도 하지 않고 아프가니스탄 국방부로 직행했다'는 것을 문제삼으면서 그녀의 취재를 방해했다.*Ganon, 70*

메시지를 통제하고자 하는 시도는, 이따금씩 사실을 은폐하거나 허위정보를 흘려 잘못된 기사를 쓰게 만드는 것으로 이어진다. 베트남전쟁 특파원 레더러는 '기자로 활동하는 과정에서 한두번은 겪을 수밖에 없는 일'이라고 말한다. 한번은 미군장교에게 미군포로 3명이 잡혀있다는 이야기를 듣고, 이를 기사로 써서 전송했는데, 나중에 그것이 거짓이었다는 사실이 밝혀졌다. AP는 이 기사가 오보라는 것을 알리기 위해 한바탕 소동을 겪는다. 레더러는 이때가 '기자생활을 하면서 가장 고통스러웠던 순간'이었다고 말한다.*Lederer,11; 2002, 172*

이라크전쟁과 아프가니스탄전쟁에서 군대변인들의 '방어'는 대체로 서툴렀다. '그런 일은 일어나지 않았습니다.'라고 말하는 것이 전부였기 때문이다.*Hurst, 8*

"내가 묵은 팔레스타인호텔 바로 앞에서 폭발이 일어나는 걸 두 눈으로 똑똑히 봤다고요!"*AP Oral History, Reid, 2009, 82*

기자가 이렇게 두 눈을 부릅뜨고 물어보면 미군대변인은 마치 처음 듣는 것처럼 '큰 폭발이라고요?' 말하며 시치미를 뗐다. 1960년대 초 사이공에서는 멀리 날아가는 미군비행기를 가리키며 질문을 했더니, 미군관료가 '내 눈에는 아무 것도 안 보이는데…'라고 얼버무리며 넘어가기도 했다.*Ferrari, 2003, 95.*

현장취재에 나가보면 대개 공식적으로 발표되는 정보보다 훨씬 풍부한 내용을 수집할 수 있다. 인권유린현장을 목격할 수도 있고, 때로는 공식적인 입장과 모순되는 증거를 발굴해 미군의 발표를 뒤집는 경우도 있다. 이라크 카르발라에 주둔한 미군을 취재한 '가장 대담하고 정교한 공격'에 관한 기사에는, AP특파원의 취재로 인해 미군이 공식입장을 뒤집은 과정을 보여준다. 미군은 처음에 적을 '격퇴하다가' 발생한 사망사건이라고 발생했으나 거의 일주일이 지난 다음에 적에 납치당하여 미군들이 사망했다는 AP취재결과를 마지못해 인정했다.

> "이걸 보세요. 우리는 이렇게 보도할 겁니다." 우리는 포기하지 않고 계속해서 말했지. 미군은 그저 '발표내용 외에는 아무 것도 모른다'고 잡아떼기만 했어. 우리는 결국 기사를 내기로 결정했고… 난리가 났지. 워싱턴에서 진상조사에 나섰고 결국 현지부대에 '사실대로 밝히라'라는 지시가 떨어졌어… 말로 전하는 내용과 실제로 벌어진 일이 이렇게 다를 수 있다는 사실이 명징하게 드러난 사건이었지. 물론 모든 사건이 그렇게 되지는 않을 거야. 최악의 경우, 끝까지 은폐되는 사건도 많거든.*Hurst, 12*

아프가니스탄에서는 미군의 무인기 공습으로 민간인이 사망했다는 소문을 확인하기 위해 AP특파원들은 외딴 지역으로 위험한 여행을 감행하기도 했다. 물론 실제 기사를 쓸 때는 이에 대한 미군의 입장도 함께 실어야 한다.

> 기자가 뭐, 사실을 밝히는 데 특별히 열의가 있다고는 생각하지 않아요. 그냥 그렇게 하는 것 말고는, 할 수 있는 일이 없을 뿐이죠. 그게 바로 기자의 임무인 걸요.*Pennington, 10*

AP는 또한 미군이 아프가니스탄에서 민간인을 보복사살했다는 의혹을 집요하게 물고늘어져 보도했다. 이 기사로 인해 미군사령부는 본격적으로 조사에 착수할 수밖에 없었고, 결국 의혹을 받는 해병부대는 아프가니스탄에서 철수했다.[8]

종군취재: 양날의 검

이라크전쟁과 아프가니스탄전쟁부터 미군은 기자들이 부대를 따라다니면서 전장을 취재하도록 지원하는 '종군embedding'이라는 개념을 본격적으로 활용하기 시작했다. 이는 사담 후세인의 '거짓선전'을 반박하기 위해 펜타곤이 고안해낸 전략으로, 기자들을 작전수행과정에 객관적인 관찰자로 동행하도록 하는 대신 기자는 물론 병사들이 '작전상 보안'의 범위에서 벗어나지 못하도록 관리할 수 있는 방법으로 여겨진다. 이 정책을 설계하고 실행한 책임자에 따르면, 이라크전쟁에서만 종군기자로 활동한 사람은 600명에 달한다.*Katovsky & Carlson, 2003, 204-208*

'embed(종군)'를 'in bed(침대에 누워서 하는 취재)'라고 폄하하는 사람도 있지만, 두 전쟁에 연달아 종군한 특파원들은 그 나름대로 장점이 있다고 말한다. 다른 방식으로는 접근할 수 없는 이야기를 취재할 수 있는 기회를 제공하기 때문이다.*Buzbee, 9* 하지만 이러한 논리는 다른 취재방식에도 그대로 적용될 수 있다. 따라서 전쟁의 전모를 드러내기 위해서는 '가능한 다양한 취재원으로부터' 다양한 방식으로 취재를 수행해야 한다.*Gray 29*

도쿄를 기반으로 활동하는 AP특파원 에릭 탈마지는 이라크전쟁과 아프가니스탄전쟁에서 종군취재도 하고 독자적인 취재도 했다.

---

8   Rahim Faiez, "Wounded Afghans say U.S. forces fired on civilians after suicide bomb; 10 killed," The Associated Press, March 4, 2007; Robert Burns, "Marines under investigation for firing on civilians; general orders them out of Afghanistan," The Associated Press, March 23, 2007. 최종적으로 무혐의로 결론 났다.

두 가지 취재방식 모두 어느 것 할 것 없이 위험한 것은 마찬가지입니다. 하지만 돌아보면, 내가 할 수 있었던 것과 목격한 것 사이에… 상당한 차이가 있더군요.*Talmadge, 9-10*

종군취재의 명백한 단점은, 특파원이 부대의 이동경로 밖으로는 벗어날 수 없다는 것이다. 대신에 상대적으로 안전을 보장받을 수 있다. 특히 거센 공격을 치열하게 주고받는 전선에서는 종군취재의 장점이 크게 느껴졌다. 나중에 이라크전쟁의 영웅으로 떠받들여진 제시카 린치 일병이 속한 부대가 매복공격당한 날, 리드는 미군이 휩쓸고 간 곳의 현장상황을 취재하라는 임무를 받은 기자의 전화를 받았다.

취재현장이 너무 위험해서 앞으로 갈 수도 없고 돌아갈 수도 없는 상황이라고 하더군. 어떻게 해?… 뭐, 기본적인 지침을 줄 수밖에 없었지. "미군부대를 찾아서 함께 이동할 수 있게 해달라고 부탁해." 그녀는 실제로 그렇게 했고, 바그다드까지 무사히 들어올 수 있었지… 부대들이 사방에 있는데, 누가 적군이고 누가 아군인지 구분할 수 없는 경우도 있거든. 심지어 안전지대에서도 안심할 수 없어. 누가 누군지 구분 안되는 상황에서는 아군의 총알에도 맞을 수 있지.*Reid, 56*

베트남에서 자유분방하게 전쟁을 취재했던 데니스 그레이는 10년 뒤 이라크, 아프가니스탄에서도 종군취재를 했다.

몇 주 동안 부대와 함께 움직이면서 나는 어느새 그들과 똑같은 부대원이 되어있었지. 군인들이 하는 걸 나도 다 했어. 병사들과 함께 움직이고, 함께 자고, 함께 쉬었지. 병사들은 나에게도 군계급을 주고는 거기에 맞게 대했어. 물론 전투가 벌어질 때는 열외였지만.*Gray, 24*

이러한 장시간 경험은 '군생활'에 좋은 감정을 갖게 만든다. 특히 탈레반의 발상지를 공격하는 마지막 종군취재에서는 담당지휘관이 접근권을 완전히 개방했는데, 이는 종군취재에 대한 인상을 극적으로 높여주었다.

> 마지막 종군취재를 칸다하르에 있는 101공수사단과 함께 했는데, 지휘관이 정말 멋쟁이였어. 아무 거리낌없이 모든 것을 다 취재할 수 있도록 허용해주었지. 그 대령은 사실 자신이 수행하는 전쟁 자체에 대해 매우 비판적인 사람이었거든… 작전 시작단계부터 정말 까다롭고 힘든 곳에서 임무를 수행했었기에, 어떤 면에서 그에게는 더 이상 공적이 필요하지도 않았고. 6개월 뒤에도 그곳을 지켜야 했다면 전혀 다르게 말했을 수도 있겠지만… 이렇게 말하더군. "여기는 정말 고약한 곳입니다. 우리는 이곳 지역민들과 커뮤니케이션도 안 됩니다. 사실 머리로나 가슴으로나 하고 싶어서 하는 작전도 아닙니다. 이 지역 자치정부는 몇 달째 나타나지도 않고 있죠. 우리는 정말 이곳을 떠날 날만 기다리고 있습니다." 정말 모든 걸 열어놓고 우리가 원하는 건 뭐든 할 수 있게 해 줬지.[9]*Gray, 27*

병사들의 시선으로 바라보기

제2차 세계대전부터 오늘날까지 특파원들은 펜타곤의 고위장성들과는 대체로 긴장관계를 유지했지만, 미군병사들과는 따뜻하고 친밀한 관계를 맺어왔다. 어쨌든 현장취재를 하기 위해서는 병사들이 1차 취재원 역할을 하기 때문이다. 20세기에 벌어진 전쟁 속에서 비극적인 순간마다 특파원들은 병사들과 함께 동고동락했다. 한국전쟁과 베트남전쟁을 취재한 조지 맥아더는 이렇게 말한다.

---

9   Denis D. Gray, "Next US target: The birthplace of the Taliban," The Associated Press, August 23, 2010.

베트남전쟁을 취재하면서, 내 입장에서는 '잘된 일'이지만, 그들의 입장에서는 그렇지 않은 것에 대해서는 가급적 기사로 쓰지 않으려고 노력했어.*McArthur, 3; AP Oral History, 2005, 6-7*

실제로 그는 1967년 말까지 있었던 전쟁을 종합적으로 분석한 기사에서 '사이공에 합법적인 정치체제가 제대로 모습을 갖춰가고 있지만, 이는 전쟁과 별개의 문제'라고 썼다.[10] 맥아더는 이렇게 말한다.

나는 그 망할놈의 전쟁에서 승리하는 모습을 보기 위해 전쟁특파원이 된 것이 아니라, 그곳에서 벌어지는 일을 정확하게 목격하기 위해 전쟁특파원이 된 거야.*McArthur, 5*

그럼에도 맥아더는 전장에서 존경하게 된 상급장교들의 눈으로, 또 그가 '끝없이 경애했던' 병사들의 눈으로 전쟁을 바라보고자 노력했다.

그들은 멍청하고, 말수도 없고, 사귀기 힘들지. 하지만 며칠 지내다보면 함께 뒤엉켜 장난치며 놀게 되거든. 그리고 진짜 바보가 아니라면, 그들이 어떤 생각을 하고 어떤 감정을 갖는지 느낄 수 있어. 그들은 전혀 심각한 사람들이 아니야. 국가의 영광 같은 건 전혀 고민하지도 않아… 어찌어찌하다보니 그곳까지 오게 된 것일 뿐이지. 물론 그들도 어쩌다 거기까지 오게 되었는지 잘 몰라… 나는 그래도 국가에 대한 어떤 관념 같은 게 있을 거라고 생각했는데… 젠장, 내가 너무 어렸나? [한국전쟁 당시 그는 20대 초반이었다.] 전장에서 자기 목숨은 각자 해결해야 하기 때문에 나도 병사들과 전혀 다르지 않았지. 지저분한 깡통을 따는 법도 배워야 했

10　George McArthur, "Southeast Asia," *Chicago Tribune*, December 31, 1967, 17.

고… 비무장지대에서 언제든 혼자서 밤을 새는 법도 배웠지.*McArthur, 19*

한국전쟁이 끝난 지 60년이 지난 시점에, 맥스 데스포는 미군과 함께 인천에 상륙하여 북쪽으로 '진격해' 압록강까지 북상했다가 다시 남쪽으로 쫓겨내려온 과정을 회상했다. 데스포는 사진병의 지프를 타고 다른 기자 두 명과 함께 대동강변을 달리는 중 '강변에서 방황하는' 한 여성을 목격한다. 그녀가 무엇을 하고 있는지 보기 위해 차에서 내리는데, 정말 충격적인 장면이 눈에 들어왔다. 그 때 찍은 사진으로 그는 퓰리처상을 받았다.

> 붕괴된 철교가 보였는데 거기 난민들이 개미떼처럼 매달려있더라고… 나중에 알게 된 사실이지만, 미군이 폭격한 것이라더군. 나는 최대한 높은 곳으로 올라갔어… 원래는 다리가 이어지는 길이었는데, 다리가 주저앉으면서 그곳에서 다리 전체가 내려다보였지. 이리저리 휘어진 철제빔을 붙잡고 사람들이 다리에 매달려있었는데, 작은 짐보따리를 머리에 이고지고 다리를 건너기 위해 애쓰고 있었어. 험난한 길을 가기 위해 가져갈 수 있는 작은 물건들만 겨우 챙겨나온 것이었지. 나는 이 광경을 사진으로 찍었고… 정말 놀라운 사진이 나왔어. 하지만 그곳에 오래 머물 수 없었지… 무엇보다도 다리를 넘는 사람들의 모습만 계속 찍을 수도 없었고. 장갑을 끼고 있었음에도, 너무나 추웠는데… 더 중요한 사실은, 우리가 남쪽으로 도망가고 있다는 사실이었지. 지프에서 나를 기다리고 있던 동료들은 불안에 떨고 있었어. 어쨌든 이곳에서 사진을 8장 찍었어.*Desfor, 1-2*

군인들이 쓰는 '은어'를 익히는 것은 부대원들과 어울리고, 그들의 인정을 받고, 더 좋은 기사를 작성하는 데 도움이 된다고 남녀 할 것 없이 특파원들은 입을 모아 말했다. 2년 동안 육군통신대에서 서기관으로 복무한 적이 있는 파일은 고급장교들의 이야기를 '모두 알아들을 수 있는' 덕분에 훨씬

수월하게 사태를 쉽게 파악할 수 있었다. *Pyle, 11-12b*

걸프전쟁 때는 '심각한' 접근제한조치가 있었음에도, 미군의 수석대변인은 첫 번째 기자회견에서 레더러에게 가장 먼저 질문을 할 수 있는 특권을 주었다. 그가 베트남전쟁도 취재한 베테랑기자라는 사실에 군인들도 상당한 존경심을 가지고 있었기 때문이다. *Lederer, 11-12*

한국전쟁 당시 판문점에서 전쟁포로를 교환하는 과정에서 '피곤하고 굶주린 미군들'을 취재할 때[11], 또 미군 241명의 목숨을 앗아간 1983년 베이루트 해병대막사 폭발사건을 취재할 때, 특파원들은 본국에 있는 많은 가족들이 자신들의 보도를 기다리고 있다는 사실을 분명히 알고 있었다. 기사를 쓰면서도 특파원들은 '그러한 독자의 감정을 담았다.'

> '민주주의세계를 지키기 위해 희생한 사람들'… 그들에게 그런 이야기를 전하고 싶었지만 군사령부의 태도는 전혀 그런 게 아니었어요. 포로들이 험한 산을 가로질러 군사분계선을 넘어올 때에도, 고위장성들은 자신들이 쓰는 비행장에 가만히 앉아있었죠. 그 당시 진행하고 있던 휴전협상에서 유리한 고지를 점령하는 데 포로를 교환하는 것이 도움이 된다는 계산에서 나온 조치에 불과했거든요. *Powell, 3*

알렉산더는 '블랙호크다운' 사건이 발생한 뒤 모가디슈거리에서 끌려다니는 미군의 시신 사진을 보도하면서, 군인들이 맞서 싸우는 '잔혹함'을 적나라하게 세상에 보여줌으로써 군인들에게 도움을 줄 수 있다고 생각했다. 동시에 민간인에게 피해를 주지 않기 위해 노력하는 미군의 모습을 보여줌으로써, 군대가 존재하는 이유를 그려내고자 했다. 하지만 그 기사는 전혀 엉뚱한 결과로 이어졌다.

---

11 George McArthur, "42 Wounded and Ailing Cross Line to Freedom," *Washington Post*, August 6, 1953, 1.

군의 기자회견을 진행하는 프레드 펙이 나한테 와서 말을 걸더군요…
"폴, 이런 부탁을 하는 건 나도 싫은데, 기자회견 때 이 문제에 대해 어떻
게 생각하는지 질문 좀 해주게. 지난 주 내내 야전복에 페퍼스프레이를
넣고 다녔는데… 누군가 이 상황에 대해 물어보길 기다리고 있었어."…
"민심을 돌릴 만한 새로운 개선책이 있나요?" "음, 자네가 좀 이야기해보
게…" 그는 스프레이를 꺼내 보여줬어요… 뉴스가치가 있는 이슈였죠…
사실 나도 그런 기분이 든 적 있었죠. 경무장 차량을 타고 순찰을 한 뒤
돌아가려고 하는데… 병사들 몇몇이 바닥에 떨어진 돌을 집어들더군요.
'무슨 일이지?' 뒤를 보니 멀리서 아이들이 우리를 향해 돌을 던지고 있
었어요. 아이들을 향해 총을 쏘려고 한 것도 아니고, 날아온 돌을 집어서
다시 던져준 거예요. 거리도 상당히 멀어서 아무런 위협도 되지 않았죠.
나는 이날 목격한 것을 기사로 썼는데, 기사가 나가고 난 뒤 갑자기 '민간
인을 향해 돌을 던지지 말라'는 명령이 내려왔어요. 정치적으로는 전혀
올바른 대처가 아니었죠. 병사들은 아주 현명하게 대처했을 뿐인데, 뭔
가 큰 잘못을 한 것처럼 되어버려 기분이 좋지 않았어요.[12]*Alexander, 13-14*

---

12 Paul Alexander, "Marines aim to bridge cultural gap," The Associated Press,
March 11, 1993. 이 기사는 모가디슈에서 해병대가 아이들에게 돌을 던진 상황을 아
주 자세하게 묘사한다. 전혀 적대적인 행위가 아니었다.
키스 크레들 병장은 군중을 통제하는 데 탁월한 능력이 있었다. 그가 나타나면 소말
리아 아이들은 박수를 치며 '아-메-리-카'를 외치기 시작한다. 그가 노래와 춤을 선보
이는 순간 문화적 차이는 눈 녹듯 사라지고, 아이들은 돌멩이를 내려놓는다. 그가 이
런 무대를 펼치는 가장 큰 목적은 사람들에게 무기를 자진반납하라고 설득하기 위한
것이었다… 마이크 젤리프 중위는 지난 주 야구공 크기의 돌멩이에 맞아 콧등을 여섯
바늘이나 꿰맸다. 반창고를 보여주며 무용담을 들려줬다. "아이들 10명이 손을 흔들
고 있었는데, 그 중 한 명이 우리가 탄 차량을 향해 돌을 던졌어요. 내 얼굴에 정면으로
맞았고, 그 소년은 깜짝 놀라더군요. 그 표정이 아직도 잊혀지지 않네요." 순찰을 끝내
고 돌아오는 길에 아이들이 또 차를 쫓아 달려왔다. 돌멩이 몇 개가 우리 차를 향해 날
아왔지만 별다른 소득없이 바닥에 굴렀고 해병대원들은 웃으면서 돌멩이를 주워 바닥
을 향해 살살 던져 줬다. 어른 몇 명이 달려나와 아이들을 쫓아버렸다.

이라크전쟁 때 그레이가 종군한 보병부대는 야간매복공격을 받아 사상자가 발생했다. 원래 계획되어있던 나자프공격작전은 소중한 전우의 장례식으로 인해 보류되었다. 죽은 병사의 아내도 이라크전쟁에 참전한 군인이었다. 모래바람 속에서 병사들의 얼굴 위에는 아무런 부끄러움도 없이 눈물이 흘러내렸다. 그레이는 당시 매복공격을 받은 상황을 회상했다.

24시간 정도 행군을 했어. 무수한 다리들이 파괴되었고 여기저기 지뢰가 매설되어있어서 한참을 돌아갈 수밖에 없었지. 가도가도 끝이 없었어. 나는 험비 뒷자리에 쑤셔넣어져있었고. 한밤중에 우리는 매복공격을 받았는데… 사방에서 총알이 날아들고 사제 폭탄도 터졌어. 내가 탄 험비는 무사했지만, 뒤에 따라오던 트럭에 타고 있던 군인이… 총에 맞았어… 우리는 매복공격을 뚫고 나가야 했지. 누군가 나에게 소총을 건네주더군. 나는 총을 쏠 줄 몰랐어. 우리가 총을 쏠 줄 모른다는 것을 그때까지도 병사들은 전혀 모르고 있었던 거야. 어쨌든, 우리는 매복공격을 뚫고 빠져나왔지. 안전한 지역에 도달해서 우리는 멈춰섰고, 한밤중이었지만 구조헬리콥터가 왔어. 놀라울 정도로 빠르게… 부상자를 실어보내고 난 뒤 병사들은 다 이렇게 말하더군. "살짝 스쳤을 뿐이야, 아무 문제없어." 그게 거짓말이라는 걸 그때는 전혀 깨닫지 못했지.[13] *Gray, 60-61*

---

13 Denis D. Gray, "Troops weep, remember friends as U.S. forces hold memorial services during bloodiest month in Iraq," The Associated Press, April 15, 2004.

좋은 놈과 나쁜 놈 사이에서

특파원의 객관성·공정성·균형

종군취재는 다른 방식으로는 절대 다가갈 수 없는 곳까지 특파원을 데려다주지만, '병사들과 함께 생활하면서 그들에게 동화될 수 있다'는 위험이 있다. 따라서 종군기자는 객관성을 잃지 않도록 늘 조심해야 한다.*Gray, 25* 수십 년 동안 AP특파원들은 미국이 벌이는 전쟁을 취재해오면서 객관성을 유지하기 위해 노력해왔다. 국가적으로나 개인적으로나 전쟁은 매우 중대하고 긴박한 상황이기 때문에, 특파원들은 공정성과 균형감각을 잃지 않기 위해 노력해야 한다. 눈 앞에 보이는 끔찍한 현실도 중요하지만, 그러한 사건이 발생한 전체적인 맥락을 놓치지 않기 위해 노력해야 한다. 특파원도 인간인지라 격한 감정을 느낄 수 있지만, 그러한 감정은 철저히 '사실보도'를 통해서만 표출해야 한다.

미국과 전쟁을 하는 '적국'을 어떻게 그릴 것인가?

20세기 미국의 적은 대부분 공산주의였다. 쿠바, 중국, '철의 장막' 너머에 있는 국가들을 취재할 때 특파원들은 이러한 사실을 무시하기 쉽지 않았다고 한다. 그럴수록 편파적이지 않고 중립적인 기사를 쓰기 위해 노력했고, 상대방 국가가 그들을 '냉전의 전사'가 아닌 'AP기자'로 인식하도록 하기 위해 애썼다.*Flores, 14*

모스크바특파원들은 이념에 치우치지 않은 객관적인 관찰자가 되어 평범한 소련사람들의 일상을 최대한 그대로 보여주고자 노력했다. 자신이 살아온 경험을 유일한 기준으로 삼지 않기 위해 노력했고,*Minthorn, 7* 기사를 작성하고 난 뒤 자신도 모르게 '미국인의 관점'이 배어있지 않은지 살피고 또 살폈다.*Cooperman, 21*

앨런 쿠퍼먼은 자신이 처음 일했던 신문사 《버크셔이글》과 한 인터뷰 때문에 AP의 부장들에게 '야단을 맞았다.' 1991년 소비에트의 쿠데타가 끝난 날 아침, 그곳 사람들을 인터뷰를 하다가 '감격에 겨워' 눈물이 글썽였다고 인터뷰에서 털어놓은 것이 문제였다

> "넌 AP기자야. 기자가 눈물을 흘리면 안 돼… 눈물을 흘렸더라도, 그걸 공식적으로 말해선 안 돼."*Cooperman, 22*

기자는 언덕에 올라가 '우리가 이겼다!'라고 외치는 사람이 아니다. 고르바초프가 사임하는 광경을 직접 목격한 쿠퍼먼은 소련이 붕괴되었을 때 느낀 감격스러움은 단순히 '승리의 감정'에 도취되었기 때문만은 아니었다고 말한다.

1970년대 후반 베이징에서도 그랬듯이,*Graham, 16* 2000년대 하바나에서도 '공산주의'라는 말을 얼마나 언급해야 하는지 특파원들은 고민했다. 이 단어는 절대 '중립적인 용어'가 아니기 때문이다.

> 쿠바를 언제 '공산주의국가'라고 불러야 할까요? 쿠바가 늘 그런 것은 아니거든요. 정부의 어떤 결정은 '공산주의국가'다운 결정이라고 할 수 있지만, 그렇지 않은 경우도 많아요… 세상에는 공산주의를 나쁘다고 생각하지 않는 사람들도 많고, 공산주의가 뭔지 모르는 사람도 많다는 것을 고려해야 합니다. 사실 미국사람들은 그게 뭔지 잘 몰라요… 쿠바 기사를 쓸 때마다 설명할 순 없잖아요. 뭐… 쿠바정부가 경제의 95퍼센트 이상을 통제한다거나… 쿠바의 언론은 모두 국가가 소유한다는 사실 정도는 기사에서 설명할 수 있겠죠.*Snow, 24-25*

엘살바도르, 시리아 등에서 임무를 수행한 특파원들은, 어떤 집단이나 입장에 대한 이야기를 전할 때 사람들이 본능적으로 '좋은 놈 vs 나쁜 놈'

구도로 가르는 편향에 빠지지 않도록 하기 위해 주의를 기울였다. 잔혹한 시리아내전 현장에서 특파원들이 발굴해낸 사실들은, 아랍의 봄을 향한 대중의 일반적인 감정—'독재정권에 맞서 항거하는 민중'이라는 긍정적인 인식—과 상당한 차이가 있었다. 중동에서 10년 이상 생활하며 이곳을 취재한 한 특파원은 우연히 자신의 솔직한 심정을 드러낸 적이 있었는데, 이 지역의 정부들이 '형편없는 것'은 분명하지만, 사실 그러한 판단은 정부보다 오히려 평범한 사람들에게 내려지는 것이 합당하다고 말했다.*Schemm, 22*

헤즈볼라 무장단체가 AP특파원 테리 앤더슨을 인질로 잡고 있던 7년 동안, 레바논전쟁은 AP의 객관성을 시험하는 특별한 무대가 되었다. 4반세기가 지난 뒤 앤더슨은, AP는 인질살해보도가 다른 보도에 영향을 미치지 않게 하기 위해 심혈을 기울였다고 말한다.

> 내가 인질로 잡혀있는 동안 AP의 중동지역 보도는 객관성에 의심을 받을 수밖에 없었지. 하지만 나로 인해 AP가 이건 보도하고 저건 보도하지 않는다는 의심을 받은 적은 없어. 바로 여기서 AP의 힘이 나오는 거야… AP는 단순한 뉴스생산기관이 아니라, '올바른 저널리즘'이라는 가치 아래 뭉친 기자들의 조직이지. 객관성, 공평성, 최고의 기준을 유지하기 위해 최선을 다하지… 어떤 것은 드러내고 어떤 것은 감추려고 하거나, 협상과정에서 유불리에 따라 취재를 게을리한다면 우리의 정체성, 우리가 추구하는 가치는 훼손될 수밖에 없어.*Anderson, 24*

9·11테러로 인해 갑자기 미국과 전쟁에 휘말린 아프가니스탄에서 특파원 활동을 하던 개넌은 평범한 아프간사람들, 더 나아가 탈레반에 대한 기사를 썼다. 2001년 10월 25일 전쟁이 이미 시작된 시점에 카불에서 작성한 그녀의 기사는 개인적 체험에서 우러나는 감상을 담고 있다.

밤 9시인데 탈레반은 미군의 공습에 노출될 수 있다면서 수도 전역에 전기를 끊었다. 거리는 인적이 없고, 조용하다. 개들이 짖기 시작한다. 촛불이 켜졌다. 원래는 더 늦게까지 이어지던 저녁식사는 이제… 8시면 모두 끝난다. 또 제트기 소리가 들린다. 아마도 도시 상공을 순찰하고 있는 것 같은데, 대공포와 교전이 일어날 듯하다. 탈레반 진지에서 가끔씩 굉음이 들려오는데, 대공무기를 아낌없이 퍼붓는 것 같다. 다시, 잠시동안 조용해졌다가 제트기 소리와 굉음이 또 다시 들려온다. 이번에는 더 시끄럽다. 창문이 달그락거린다. 강력한 폭발이 여섯 번 연달아 일어나면서 밤은 산산조각났고, 밤하늘이 환한 불빛으로 타올랐다.[14]

개넌은 이러한 기사를 전송하기 위해서 '상당히 긴 논의'를 거쳐야 했다고 말한다. 탈레반을 1차원적인 '악마'로 서툴게 포장해버리는 것이 아니라, '탈레반이 누구인지' 또 '평범한 아프가니스탄사람들'은 어떻게 살아가고 있는지 현실을 있는 그대로 독자에게 알려주기 위해 어떤 단어를 써야 하는지 에디터와 상당한 고민을 했다. 이러한 논의과정은 AP가 진실한 저널리즘의 원칙을 굳건히 지키고 있다는 것을 보여주는 것이었다. (BTN10에서 좀더 자세한 이야기를 볼 수 있다).

미군의 시점에서, 북부동맹의 시점에서 아프가니스탄전쟁을 취재하는 사람들이 많았지만… 어쨌든 기사는 양쪽의 관점을 동등하게 할애해서 써야 하잖아요… 그 당시 카불에 기자가 있다는 사실만으로도 AP는 객관성 경쟁에서 우위를 차지할 수 있었죠. 미군의 반대편 이야기를 취재할 수 있는 사람이 다른 언론사에는 없었거든요. 우리는 현장에서 아프가니스탄사람들과 직접 만나서 이야기할 수 있었죠. 하지

---

14 Kathy Gannon, "Kabul's nightly routine: Jets, darkness, anti-aircraft fire," The Associated Press, October 25, 2001.

만 기사를 내기 전, 특히 인간적인 관심을 자극하는 기사를 내기 전에 우리는 상당한 논의를 거쳐야 했어요. 어쨌든 미국인들은 그런 기사를 읽고 싶어하지 않잖아요. 오랜 논의의 끝에 내 기사는 결국 게재되었죠. 이곳의 아름다운 정취도 그대로 전달되었을 거예요.*Ganon, 61-63*

끔찍한 범죄를 저지른 '악당'을 어떻게 그릴 것인가?

특정집단이나 사람들이 제 아무리 악랄한 범죄를 저질렀다고 해도 '악의 화신'으로 지나치게 단순화하지 않고 객관성을 확보하기 위해 노력하는 것은, 거기에서 어떤 통찰을 찾아낼 수 있다고 믿기 때문이다.

악행을 저지르는 사람들… 그런 사람들을 취재하는 것을 나는 쉽게 했을까요? 아뇨. 나도 힘들고 두려웠어요. 2013년 2월, 퀘타에서 나는 100여 명을 죽음으로 몰아넣은 끔찍한 폭탄테러현장을 찾아갔어요. 사건이 일어나고 일주일 정도 지났음에도 여전히 시체조각들이 여기저기 널려있었고… 더군다나 비가 와서 사방이 축축했고, 사랑하는 이를 잃은 사람들이 울면서 슬퍼하고 있었죠. 그들을 인터뷰했어요.[15] 그들의 이야기를 들으며 나도 슬픔에 젖었을까요? 그런 짓을 한 사람에 대해 원망을 느꼈을까요? 당연하죠. 용의자들을 인터뷰하면서 '넌 악마야'라고 생각했을까요? 아뇨… 나는 그저 그가 무슨 생각을 하고 있는지 알고 싶었을 뿐이었어요. 내가 원하는 것은 그것뿐이에요. 사람을 판단하는 것은 기자가 할 일이 아니죠… 우리가 하는 일은 최선을 다해 사실을 밝혀내고, 그걸 이해하고, 보도하고 질문하는 거예요. 그게 끝입니다. 물론 더 많이 알수록 더 좋은 질문을 던질 수는 있겠죠.*Gannon, 22-25*

---

15 Kathy Gannon, "Terrorized ethnic group to form force in Pakistan," The Associated Press, February 28, 2013.

개넌은 이슬라마바드에서 '시아파교도는 무슬림이 아니라고 선언하고 이들을 살해하는' 불법단체 시파이사하바 파키스탄의 수장과 인터뷰를 했다. 그가 쏟아내는 거침없는 답변 속에서 '끔찍한' 사상과 행동의 이면을 파헤치기 위해 노력했다.[16]

"우리의 목적은 시아파교도를 죽이는 것이 아닙니다. 종파주의를 끝내고 싶을 뿐입니다." 그의 대답은 얼핏 듣기에는 상당히 그럴 듯하게 들리더군요. 그래서 나는 이렇게 되물었죠. "아, 그렇군요? 그렇다면 당신은 시아파가 이슬람의 하나의 종파라는 사실을 인정하시는 겁니까?" "그건… 시아파가 이슬람이냐 아니냐의 문제가 아닙니다." "그게 문제가 아니라면… 그렇다면 왜 그토록 많은 이들을 죽인 겁니까?" 나는 집요하게 물고늘어졌죠. 그는 계속 말을 돌렸지만, 나는 계속 질문을 했어요. 마침내 그는 실토를 하고 말았죠. "우리는 선지자를 추종하는 이들을 존경하지 않는 종교를 법으로 금지하기를 원합니다." 그들은 줄곧 시아파가 선지자의 추종자들을 존경하지 않는다고 주장해왔거든요. 나는 이렇게 말했어요. "그래서 기본적으로, 당신이 하고자 하는 것은 시아파 자체를 법적으로 말살시키겠다는 것이군요. 그리고 그들이 무슬림으로서 종교적인 행위를 하면, 죽어 마땅하다는 것이고요."… 그들의 주장이 무엇을 의미하는지 이처럼 분명하게 드러내기 위해서는, 이를 뒷받침할 근거를 확보해야 하는데, 인터뷰는 바로 이런 근거를 확보하는 작업이에요… 이처럼 그들 스스로 속내를 인정하게 만들기 위해서는 끈질기게 물어야 합니다… 이건 인터뷰스킬의 문제이기도 하지만, 어쨌든 그런 사람들을 기꺼이 만나서 인터뷰부터 해야겠죠.*Gannon, 23*

---

16 Kathy Gannon, "Pakistan's minorities have no faith in democracy," The Associated Press, May 7, 2013.

테러리스트, 연쇄살인범, 학살자들과 마주앉은 특파원들 역시 더 많은 정
보를 끌어내기 위해 노력했다. 물론 판단은 독자의 몫으로 남겨뒀다. 전후
독일에서 오토 도엘링은 20세기 '악의 전형'이 된 나치당원들을 인터뷰했
다. 이들 중에는 인터뷰를 '갈망하는' 이들도 있었다. 당시 83세였던 히틀
러의 오랜 친구 푸치 에른스트 한프스텡글은 도엘링 앞에서 바그너의 아
리아 '사랑의 죽음'을 연주했다. 히틀러의 긴장을 풀어주기 위해 그가 자주
연주해주었던 곡이다.[17]*Doelling, 3-5*

　벌지전투 발발 25주년이 되었을 때 도엘링은 제2차 세계대전 당시 베어
마흐트(독일군) 전차부대 사령관이었던 하쏘 폰 만투펠 장군을 인터뷰했다.
그는 자신이 세웠던 전투계획을 연필로 그리며 자세히 설명하면서 여의치
않은 상황에서 시작된 전쟁을 어떻게 헤쳐나갔는지 회고했다. 도엘링은 인
터뷰할 때는 물론 기사를 쓰는 동안에도 '균형을 잃지 않기 위해' 노력했다.

> 하지만 그들이 무슨 짓을 저질렀는지 알고 있었기에⋯ 균형을 잡는 것
> 은 정말 어렵더군요. 물론 그것을 과장해서는 안되겠죠. 그저 역사적
> 사실이 그들에 대해 판단할 것입니다.[18]*Doelling, 25*

그레이는 캄보디아의 킬링필드의 주요 책임자로 유죄를 선고받은 크메르
루주의 지도자 키우 삼판과 그의 부관들을 정글 깊숙한 곳에서 만나 인터
뷰했다. 그레이 역시 자신이 알고 있는 객관적인 사실과 인터뷰 경험 사이
의 괴리에 대해 이야기한다. (이 에피소드는 9장에서 이야기했다.)

17　Otto Doelling, "Friend of Hitler, Advisor to Roosevelt: Memoirs of a Political
　　Outsider," *Naples Daily News*, February 8, 1971

18　Otto Doelling, "German General Who Led Attack Tells Story – Battle of Bulge
　　Occurred 25 Years Ago This Week," *Indiana Evening Gazette*, December 16,
　　1969, p. 14.

속을 채운 치킨요리와 프렌치프라이, 케밥과 디저트를 저녁만찬에 내놓더군. 그들은 매력적이었고 세련되었으며 프랑스어를 자연스럽게 구사했지. 랜턴 불빛 아래 마주한 그들의 얼굴을 바라보며 프놈펜의 투올슬렝 감옥에서 창자가 끄집어내진 어린이들의 사진을 떠올리는 것은 쉽지 않은 일이었어. 내가 알고 있는 사실들과 이 사람들을 나란히 놓기 위해 노력했지. 어쨌든 나는 심판자가 아니기에, '이들이 바로 이 모든 만행의 범인'이라고 말할 수 없었어. 물론 그들은 범죄자지. 지금까지도 사법적인 판결이 계속 나오고 있잖아.[19]*Gray, 49*

잔인한 폭력이 골고루 퍼져있는 곳, 악행이 너무나 뻔해서 그들을 변호하는 사람도 거의 없는 곳에서 '상대방의 입장'에 서는 것은 훨씬 어렵다. 그런 상황에서도 특파원들은 '그들을 공정하고 객관적으로 대하고 그들을 이해하기 위해' 노력해야 한다.*Rice, 4* 파월은 베이루트에서 타종파를 잔인하게 차별하는 기독교인들을 목격했다.

그는… 정말 화가 나 있었죠. 진짜, 난 충분히 이해할 수 있어요. 내가 직접 총을 들어 그 기독교인들을 쏘고 싶을 정도였거든요. 왜 그토록 많은 사람들이 시아파민병대에 합류하는지… 알 수 있어요. 그들의 분노는 정당한 것이었죠.*Powell, 3*

알렉산더는 르완다에서 국경 너머 자이르로 쏟아져 들어오는 피난민들을 보고 있었다.

---

19 2014년 UN전범재판소는 키우 삼판에게 반인륜적 범죄혐의로 유죄판결을 내렸다. 이는 크메르루주 정권 동안 200만에 가까운 사람들이 처형, 기아, 질병 등으로 사망한 이후 거의 40년이 지나 내려진 판결이다.

그들을 보며 안타까움을 느끼고 싶겠죠. 그 험한 곳에서 얼마 되지도 않는 소지품들을 등에 지고 아이들을 데리고 몰려오고 있었거든요. 헐 벗고 굶주리고 억압받는 이들의 모습 아닌가요? 그런데 국경으로 가보 면 엄청난 마체테가 쌓여있는 것을 볼 수 있었습니다. 이들 중 얼마나 많은 사람들이 대량학살에 가해자로 참여했을까요? 이건… 어느 정도 까지는, 그들이 받아 마땅한 죄과가 아닐까요? 이걸 어떻게 취재해야 균형을 잡을 수 있을까요?[20] *Alexander, 15*

30년 동안 중앙아메리카의 게릴라전쟁을 취재한 조셉 프레이져는 '증언을 뒷받침하는 확실한 근거는 부재한 가운데 사회 전체가 피비린내 나는 수 렁으로 전락하는' 비극 속에서 끊임없이 직업적 임무와 개인적인 고뇌 사 이에서 괴로워했다.

한 마을에 들어갔는데, 게릴라들이 들어와서 아버지를 죽였다고 하 는 가족을 만났지. 아버지가 공직에 있었다는 이유만으로 아버지의 머리에 총을 쐈다고 하더군. 반대로 어떤 곳은 정부군이 쳐들어와서 마을을 모조리 불태워 버리고 마을사람들을 모조리 쏴 죽였어. 이 런 사건들을 취재해보면 어느 한쪽의 증언만 들어서는 안 된다는 것 을 깨달을 수 있지. 세상에는 나쁜 일이 무수히 많이 발생하고 있으 며, 누구나 어떤 식으로든 그런 일이 발생하는 데 기여하고 있지. 그 게 기사의 일부분이 되기도 하고… 우리는 오랜 시간, 세상에서 무 슨 일이 일어나고 있는지 이해하려고 노력했으나, 결국 우리의 힘으 로는 이해할 수 없다고 판단을 내렸어. 그래서 우리는 그냥 일어난 사

20 Paul Alexander, "Rwandan refugees overwhelm border crossing, flood into Zaire," The Associated Press, July 13, 1994.

건을 그대로 진술하는 기사로 쓸 뿐이지. 이게 진실이야… 우리가 옳고 그름을 판단할 수는 없어. 우리가 할 수 있는 건 그냥 보도하는 것이지. *Frazier, 20-25*

대립하는 양쪽의 주장을 균형있게 전달하기 위한 노력

절망적인 모호함 속에서 충격적인 사건들을 '무미건조하게' 보도해야 하는 기자들에게는 또 다른 임무도 주어진다. 독자들에게 호기심을 자극하면서도 예외적인 것을 일상적인 고정관념으로 잘못 전달하는 실수를 저질러서는 안 된다. 이처럼 골치 아픈 문제를 해결하고 새로운 지평을 열기 위해 특파원들이 사용하는 '기본적인 도구'는 바로 공정성, 정확성, 균형이다. 이는 4장에서 이야기한 '완벽하게 검증하지 못한 것은 보도하지 않는다'라는 말로 번역할 수 있다.

2011년 3월 지진과 쓰나미가 일본을 강타했을 때, AP도쿄지국장 말콤 포스터는 피해규모와 사망자 수를 알아내기 위해 상당한 노력을 기울였다. 피해지역들에서 무슨 일이 벌어지고 있는지 직접 기자들의 보고를 받으며 정보를 확인했다. 혼란한 상황일수록 유언비어가 쉽게 퍼지기 때문에 이러한 보수적인 접근이 필요하다.

경찰이 센다이 근처에서 시신 수백 구를 발견했다는 이야기를 했어요. 기사의 정확성을 추구하는 우리는 과장하지 않기 위해 노력하죠. 쓰나미의 높이 역시, 얼마나 높았다고 말할 수 있을까요? 가장 높은 파고가 얼마라고 나오는지 우리는 기상청 발표를 계속 주시했어요… 나는 상당히 보수적인데, 부정확한 정보를 빠르게 전송하기 보다는 진짜 사실로 밝혀진 것만, 가장 정확한 정보만 기사로 쓰고 싶어하죠… 결국 현장에 파견된 기자들을 통해서 사상자 수, 파고 등 모든 것을 확인했어요. 핵발전소 폭발 역시… 초기에는 정부의 발표가 굉장히 불명확했지만 그들이 말하는 것을 믿을 수밖에 없었죠… 방사능 때문에 우리가 현장에 갈 수 없으니 어쩔 수 없잖아요.*Foster, 5-6*

'기사로 쓸 것인지 말 것인지' 본능적으로 판단할 수 있는 몇몇 사건을 제외한다면, 고민할 필요없이 쓸 수 있는 기사는 바로 스트레이트 속보다. 어떤 기자는 속보기사를 '사건이 터지면 가서 보고 기사로 쓰면 된다'고 우스갯소리처럼 말하기도 했다.*Cooperman, 22*

이에 반해 분석기사는 특히 객관성을 유지하기가 어렵다. 페리와 타트로는 1970년대부터 2010년대까지 지정학적인 격전지 중동에서 특파원과 에디터로 활동해왔다. 이러한 지역에서는 분석기사를 쓸 때도 균형을 유지하기 위해 신경을 써야 하는데, 균형을 잡기 위해 그들이 사용하는 도구는 바로 '사실을 적시하고 그대로 보여주는 것'이었다. 예컨대 "이스라엘은 웨스트뱅크를 점령함으로써 '복잡한 인구학적 구성'이라는 현실적 문제에 직면했다"와 같은 진술은 누가 뭐래도 부인할 수 없는 진술이다.*Perry, 17.* 또한 가지 도구는 '상반된 주장을 공평하게 다루는 것'이다.

나는 항상 기자들에게 말하지. "양쪽의 주장을 인용할 때 가장 그럴듯한 것을 골라서 기사에 써라. 그들의 입장이 무엇인지 정의하기 위해 노력하라. 그들의 입장을 제대로 규정하지 못하는 즉흥적인 발언은 하지 마라. 각각의 입장을 뒷받침하는 적절한 맥락을 공평하게 제시하라." 어느 한 쪽은 그럴듯한 주장을 고르고 반대쪽은 말도 되지 않는 주장을 골라서 대비시키는 것은, 그야말로 편향된 기사를 쓰는 것이지.*Tatro, 21*

1980년대 타트로는 웨스트뱅크 점령지 안에 위치한 나블루스에 순찰을 나가는 이스라엘군을 따라 취재를 갔다. 그는 이스라엘군인들의 행동과

'군인들 곁에 따라가는 기자에게 접근하는… 아랍주민들'의 행동을 모두 기사에 담았다.[21]

1970년대 아파르트헤이트 당시 하인즐링은 '남아프리카공화국의 백인들은 왜 흑인을 싫어하는가'라는 주제로 1,500 단어 분량의 장편기사를 썼다. 기사를 전송하고 난 뒤, 오랜 시간 함께 호흡을 맞춰오던 포린에디터 네이트 폴로웻스키의 전화를 받았다.

> "래리, 나는 이 기사를 낼 수 없네… 이건 인종차별적인 내용이야." 조금 당황스럽더군. "아… 그게 흑인들이 이끌어가는 아프리카에 대해서 어떻게 생각하느냐고 질문했을 때 이곳 사람들이 실제로 그렇게 말하는 겁니다." "글쎄, 우리가 이걸 기사로 내면, 유색인지위향상협의회 NAACP가 들고 일어날 텐데. 이건 그쪽에서 상당히 민감하게 받아들일 사안이거든." 그래서 나는 해법을 제안했지. "그러면… 백인들에 대해 흑인들이 어떻게 생각하는지에 대해서도 기사를 쓰면 어떨까요?" 그는 좋다고 했어. 그래서 나는 1,500단어 분량의 기사를 또 한 편 썼지. 결국 그렇게 기사 두 편이 동시에 발행되었어… AP는 기자들이 쓰는 기사에 어떤 편견이 깃들어있지 않은지 철저하게 따지지. 어쨌든 그 사건은 나에게 좋은 교훈이 되었어. 처음에 쓴 기사 하나만 나갔다면, 정말 많은 사람들의 항의를 받았을지도 몰라. 반대되는 의견을 동등하게 보여준다는 것은 이처럼 중요하지.*Heinzerling, 15-16*

모순되는 다양한 목소리를 듣는 것은 '지나친 단순화'라는 실수를 범하지 않고 '편향되지 않은' 기사를 쓰기 위한 방법이기도 하다. 하지만 공정성,

---

21   Nicolas B. Tatro, "Soldiers become targets of Palestinian hatred," The Associated Press, January 12, 1988.

정확성, 균형을 잘 유지한다고 해도 이것이 '온전함'을 의미하지 않는다는 사실을 특파원들은 잘 알고 있다.

> 모두들 양쪽 이야기를 다 들으라고 말하지만… 내가 지금껏 살면서 의견이 10개 밑으로 나오는 기사는 본 적이 없어. 형편없는 기사조차 겉으로 보기에는 균형을 잘 잡고 있는 것처럼 보이지. *Rosenblum, 15*

베트남특파원은 이렇게 말한다.

> 나는 개인적인 견해를 가진 믹스마스터 같아… 하루는 이렇게 느꼈다가, 다음엔 이렇게 느끼고… 끊임없이 머리를 두들겨 맞으면서 빙글빙글 도는 것 같아. 전쟁을 취재하는 건 이런 느낌이야. 이쪽 진영에 붙었다가 또 저쪽 진영에 붙었다가 하는 거지. *Bartimus, 16*

데드라인에 맞춰 진술을 균형있게 배치하려다 보면, 양쪽 모두 거짓말을 하고 있다는 인상을 줄 수도 있다. 또한 기사 속에서 어느 쪽 입장을 먼저 넣느냐에 따라 문맥이 달라질 수 있고, 다른 인상을 줄 수도 있다.

> 어떤 전쟁의 경우에는, 양쪽 모두 거짓말을 할 동기가 충분했어요. 말하자면… 거짓말A와 거짓말B가 대결하고 있는거죠. 이걸 어떻게 기사에 넣어야 할까요?… 가끔은 나의 개인적인 경험에서 우러나오는 편견을 가지고 판단하죠. 누구의 입을 빌릴 것인지, 어떤 말을 인용할 것인지, 이야기를 어떻게 풀어나갈 것인지… 하지만 그 경계는 나의 숙련도에 따라, 내가 얼마나 피곤한지에 따라, 데스크에게 갔을 때 어느 부분이 잘리느냐에 따라 달라져요. 결국 완벽할 수는 없죠. 완벽함이란 존재하지 않습니다. *Powell, 17*

문장이 두 개 있다고 하지. "아무개는 우리가 선량한 사람이라고 말했다. 그들은 당신이 나쁜 사람이라고 말했다." 이 문장을 어떤 순서로 배열해야 할까? 가운데 '하지만'을 넣어야 한다고 생각하나? 한쪽의 이야기를 일방적으로 들려주고 난 뒤 그 다음에 "하지만…"으로 시작하는 문단을 넣는다면, 앞에 이야기한 건 모두 거짓말이라는 뜻이 되지. 우리는 이렇게 사소한 것도 고민해야 돼. 예컨대 순서를 바꿔보는 노력도 해보고 … 포린에디터 폴로웻스키는 단순히 매일 나가는 기사만 보는 게 아니라, 지나간 기사까지 모두 검토했어. 한 가지 주제에 관한 거의 한 달 치 기사들을 모아서 검토하고, 검토하고, 검토하면서, 그동안 나간 기사가 축적되면서 어떤 편향이나 인상을 만들어내는지 주의깊게 살펴보았지.*Eliason, 6*

철의 장막이나 죽의 장막 뒤에서 활동하는 반정부인사들처럼 애정의 대상이 될 수 있는 이들에 대한 기사를 쓸 때에도 특파원들은 마찬가지로 정부의 공식적인 입장을 확인하여 균형을 확보하기 위해 노력했다.*Minthorn, 8* 조지 브리아는 70년 전 냉전이 시작되던 초기 유럽에서 돌아와 포린데스크 감독이 된 순간을 회상하면서 웃음을 지었다.

당시 AP의 사장이었던 웨스 갤러거가 묻더군. "양쪽 입장을 모두 전할 수 있다면, 양쪽 입장을 모두 확인했다면, 이제 우리가 할 수 있는 게 뭘까?"… 그러면 또 다른 쪽의 입장, 거기에 또 다른 쪽 입장을 추가하면 될까?… 하지만 어쨌든 우리의 관점을 넣어선 안 돼. 나는 AP가 이런 원칙을 지금까지 상당히 잘 지켜 왔다고 봐… 나는 어떻게 양쪽을 모두 취재했냐고?… 한번은 소비에트 원수가 연설을 했는데, 갤러거가 '저걸 취재하라'고 말하더군. 그래서 내가 이렇게 말했지. "아이고, 저 이야기는 백만 번도 더 말했던 건데요." 그러자 갤러거는 이렇게 말하

더군. "우리는 일이 있으면 그냥 보도하는 거야."*Bria, 14*

수십 년이 지난 뒤, 데보라 수어드는 공산당정권에게도 공정하게 마이크를 주어야 한다는 원칙을 지키다가, 폴란드의 자유연대노조의 지도자들의 미움을 샀다. 파업 중이었던 노조지도자들은 수어드에게 탄광문을 열어주면서 정부쪽 인사와 또 인터뷰를 한다면 다시는 이런 호의는 없을 거라고 경고했다.[22]

나는 단파라디오를 항상 가지고 다녔어요. 라디오를 틀었는데 정말 운 좋게도 VOA였나 BBC였나 기억은 나지 않지만 정시뉴스가 나왔는데, 거기서 내가 작성한 뉴스가 나오는 거예요… 나는 곧바로 그들에게 달려가 뉴스를 들려주면서 말했죠. "이것 좀 보세요. 당신들 이야기가 뉴스에서 나와요. 이렇게 전파를 타기 위해선 상대방 입장도 필요한 거예요." 그들은 충격을 받은 듯했어요… 그건 이쪽 편, 저쪽 편 인정을 받는 문제가 아니에요. 기자로서 독자에게 어떤 가치를 전해주고자 한다면, 받아쓰는 역할만 해서는 안됩니다. 그날 실제로 무슨 일이 있었는지, 어디서 그 일이 벌어졌는지, 어떻게 전개될 것인지, 어디로 가야 하는지 알아야 합니다. 반대편 이야기를 듣지 않는다면 그런 걸 알 수 없죠. 기자 자신은 물론, 독자들, 그리고 그들과 대립하는 쪽에게도 해로울 뿐입니다.*Seward, 7*

하지만 이처럼 진영마다 의견과 진술을 '동등하게' 확보하기 위해 노력한다고 해서 특파원들이 기계적인 중립성을 도덕적 신념으로 삼는 것은 아

---

22 Deborah G. Seward, "Strikes shut down coal mines, Szczecin docks and transport," The Associated Press, August 18, 1988.

니다. 예컨대, 이야기의 '한쪽이' 잔인하게 탄압하는 정부일 때, 특파원은 '한쪽은 이렇게 주장하고, 반대쪽은 이렇게 주장한다'라고 말하고 넘어가는 것이 아니라 '공정하게' 즉, 그들이 주장하는 것을 그대로 보여주기 위해 노력한다.*Graham, 29* 데이빗 크래리는 1980년대 후반 남아프리카 공화국에서 아파르트헤이트에 맞선 투쟁을 취재하던 당시 상황을 이렇게 회고한다.

"흑인해방운동의 주장이 옳을 수도 있고 백인 소수자정부의 말도 옳을 수도 있으니까 50대50으로 기사를 나눠서 써야 해." 이 복잡한 이야기를 우리는 그런 식으로 접근하지 않았어. 그렇게 해야 한다고 생각한 적도 없었지… 그게 언론의 중립규정을 위반할 것일까? 난 그렇게 생각하지 않아. 흑인해방운동에 공감하는 기사를 썼다고 해서 우리가 잘못했다고 생각하는 사람은 없을 거야… 그곳은 매우 특별한 상황이었거든. 신체적인 위협을 받은 적도 없어. 하지만 오랜 기간 지속되는 정치적 갈등을 경험하고 취재하면서, 어느 한쪽에 훨씬 공감하기로 결정하는 것은 자연스러운 일이었지.*Crary, 6*

무당파적 객관성 vs 당파적 동정심

이념적인 갈등보다 인간적인 드라마와 맞닥뜨렸을 때 사건과 거리를 두는 것은 훨씬 어렵다고 특파원들은 말한다. 기자는 사건과 거리를 두고 객관적인 관찰자 역할을 유지하기 위해 노력해야 한다고 말하지만, 균형보다 개입을 선택해야 하는 상황도 있다. 로젠블럼은 비아프라에서 극심한 기근을 취재할 때 아슬아슬했던 자신의 경험을 회고한다.

눈앞의 현실과 사람들을 제대로 이해하고 그것에 대해 이야기하려면 충분히 가까워져야 하지. 무슨 일이 있었는지, 그들이 어떤 사람인지 알아내려면 가까이 다가가야 하지. 하지만 너무 다가가서 우리가 그들의 옹호자가 되거나 더 나아가 우리가 주인공이 되어서는 안 되지. 그 정도는 거리를 두어야 하겠지.*Rosenblum, 23*

그레이는 냉전 이후 체코슬로바키아에서 자신의 친척을 찾은 이야기와*Gray, 10* 크메르루주가 장악했던 마을에서 조깅한 이야기를*Gray, 54* 1인칭 기사로 써서 큰 반향을 얻었다. 그는 또한 1970년대 미국이 캄보디아에 취한 외교 정책은 한 마디로 '유혹했다 버리기'라고 정의하면서 자신의 개인적인 감정을 솔직하게 드러내는 기사를 쓰기도 했다. 이러한 기사는 기자가 '벽에 붙은 파리'처럼 다른 사람을 방해하지 않고 관찰해야 한다는 규범을 벗어난 예외로 여겨진다.

여러 인터뷰와 회고록을 정리하면서, 보도의 균형과 중립성이라는 원칙에서 벗어난 예외적인 사건이 하나 있었는데 그것은 바로 사라예보 포위전이다. 이는 특파원들이 사라예보사람들과 함께 세르비아민병대의 무차별 폭력의 대상이 되었기 때문이기도하지만, 세르비아민병대에 접근하여 취재하는 것 자체가 어려웠기 때문에 양쪽의 주장을 공평하게 다룰 수 없었다. 사라예보에서 전송되는 기사에 맥락을 집어넣고 균형을 잡는 작업은 비엔나데스크에서 수행했다.*Bell, 1995, 22/127-128*

모든 사람이 잿빛이었어요. 세르비아인들은 특히 더 어둡게 느껴졌습니다. 아마도 그들이 나를 향해서도 총을 쏘았기 때문일 거예요. 기자들을 맞추면 보너스를 받는다는 이야기도 있었죠. 우리가 타는 랜드로버는 여기저기 총알자국들로 가득했어요. 한번 나갔다 올 때마다 검은 매직펜으로 새로 난 총알자국에 동그라미를 쳤죠.*Alexander, 17*

사라예보에서 작전을 세우다가 결국 마주하는 현실은 나도 포위된 도시 속 일부라는 것이었죠. 나는 현지인 직원들, 포위된 도시에 기꺼이 머물고자 하는 사람들에게 의존할 수밖에 없었어요… 함께 할 수 있는 거라면 뭐라도 했어요. 저녁에 벨베데레호텔에서 같이 식사를 하는 것만으로도 위안이 되었죠. 한쪽에선 세르비아 측의 TV뉴스가 나오고 있었는데, 우리를 향해 포를 쏘는 사람들이 화면에 자주 나왔죠.*Porubcansky, 12*

우리는 세르비아 쪽에 몇 번 접근하려고 노력했어요. 하지만 상황이 여의치 않았죠. 세르비아 지역에 두어 번 정도 간 것 같은데, 일단 들어오는 것을 허용해주기는 했지만 우리에 대한 적개심이 정말 강렬했어요. 우리가 상대편 진영에서 지내고 있다는 것 자체가 마음에 안 들었던거죠. 우리는 어쨌든 그곳 사람들을 취재하기 위해 베오그라드에 있는 세르비아인 직원들에게 그곳에 묵을 만한 집을 찾아달라고 했어요. 거긴 호텔이 없었기 때문에 민박을 해야 했는데, 그들 입장에선 방세를 받아 돈을 벌 수 있는 기회가 되었죠… 물론 그들 집에 묵으면서 좀더 내밀한 그들의 생각을 취재하는 것이 목적이었지만… 우리가 얻은 집에는 아줌마와 아이 하나가 있었어요. 첫날에는 별다른 이야기를 하지 않고 잠자리에 들었고… 다음 날 아침 일어나 이야깃거리를 찾다가 거실에서 보이는 가족사진을 보면서 남편은 뭐하냐고 물었어요. "그이는 지금 싸우고 있어요." 두말할 필요도 없이, 그는 세르비아 민병대였던 거예요.*Reid, 95-97*

결론
객관적이고 공평한 취재와 보도를 위한 노력

냉전이 시작되기 전만해도 세계곳곳에 파견되어있는 미국정부의 관료들, 특히 외교관들과 정보담당관들은 필수적인 취재원이자 정보제공자였지만, 이후 수십 년이 지나는 동안 그들에 대한 의존도는 계속 줄어들었다. 하지만 여전히 미국의 공식적인 입장과 모순되는 사실을 보도하는 것은 특파원들에게 매우 어려운 일이다. 예컨대 이라크에 대량살상무기가 존재하지 않는다는 취재결과는 힘든 과정을 거쳐 보도되었지만, 미국의 정책에는 영향을 미치지 못했다.

해외에서 미군과 기자들은 여전히 긴밀하게 상호작용을 한다. 하지만 군은 기자들의 이동을 제한하거나 자신들에게 유리한 정보를 흘리는 등 적극적으로 메시지를 통제하기 위해 노력한다. 물론 취재에 필요한 보급이나 이동은 군의 도움을 받을 수밖에 없다.

군대를 따라다니며 취재하는 종군취재는 안전을 보장받으면서 최전선까지 다가갈 수 있다는 장점이 있는 반면 독립취재는 군의 필터를 거치지 않고 현장의 구체적인 사실들을 모을 수 있지만 상당히 위험할 수 있다. 하지만 독립취재라고 해서 객관성을 보장할 수 있다고 말하기는 어려운데, 특파원들은 대체로 병사들과 민간인들을 연민하는 경향이 있기 때문이다.

미국을 위협하는 적들을 취재하는 데에도 객관성은 시험대 위에 오른다. 객관성이란 입증된 사실만을 가지고 공정하고, 정확하고, 균형 잡힌 기사를 쓴다는 것으로, 특파원의 개인적인 견해는 배제하고 당사자들의 의견을 공평하게 듣는 것을 의미한다. 냉전이 극에 달할 때에도, 쌍둥이빌딩이 무너질 때에도, 동료특파원이 테러리스트들에게 납치되어있을 때에도 객관성은 철저하게 지켜졌다. 당사자들의 의견을 공평하게 듣는 것은 테러리스트, 전쟁범죄자, 연쇄살인마와도 기꺼이 마주 앉아 이야기해야 한다는 뜻이다.

기사의 '균형을 잡는 것'은 단순히 단어수를 기계적으로 분배한다는 뜻이 아니다. 그러한 기계적인 균형은 오히려 어느 한 쪽에 유리할 수 있다는 사실을 알아야 한다. 또한 현장에서 작성한 기사라고 해도 데스크에서 편집할 수 있다. 이 과정엔 전혀 다른 종류의 제약이 작동한다. 특히 '보도정책'이 제약으로 작동하기도 하는데, 이에 대해서는 다음 챕터에서 자세히 논의한다.

[탈레반정권 시절 금지되었던 TV에서] 쌍둥이빌딩이 무너지는 것을 봤을 때, 소름이 돋더군요. 그 순간 깨달았죠. 지금까지 살던 방식대로 살 수 없다는 것. 사건이 터지자마자 곧바로 알카에다의 소행으로 지목되었고, 데스크에서… 반응을 취재하라는 연락이 왔어요. 나는 아미르 샤와 함께 거리로 나가서 사람들을 만났어요… 사람들은… 겁에 질려있었는데, 사실 그들은 무슨 상황인지도 모르고 있었어요. 세계무역센터가 뭔지도 몰랐고… 그저 라디오로 수천 명이 죽는 끔찍한 사건이 벌어졌다는 이야기를 들은 것이 전부였어요.

다음날 밤이었나 그 다음 새벽이었나, 아마 3시쯤이었을까… 공항에서 로켓이 몇 발 발사된 것 같았어요… 뉴욕에서 전화가 와 잠에서 깼는데, 카불에서 미국의 공격이 시작되었다는 미확인 보고가 들어왔다고 하면서… 확인을 빨리 해달라고 하더군요. 하지만 뭐 하나 할 수 없는 상황이었죠. 통행금지령이 내려져있었고, 그곳은 탈레반이 장악하고 있었거든요. "음, 확인해볼게요."… 그런 말밖에 할 수 없었죠. "당신 지금 공격받고 있나요?"… 음, 그저 자고 있었을 뿐인데… "잠시 기다려 보세요." 극단적으로 위험한 소리는 들리지 않았기 때문에 일단 밖으로 나가봤죠. 공항에서 로켓이 몇 발 발사되었다는 걸 확인하고는 돌아와서 수화기를 다시 들었어요.

"지금 말할 수 있는 최선은 '폭발음이 들렸다'뿐입니다."…

"하지만 들어온 보고에 따르면…"

나는 이렇게 말했죠.

"맹세할 수 있어요. 폭발음이 들렸습니다. 그것밖에 없어요."

결국 뉴욕데스크는 '폭발음이 들렸다'는 문장으로 기사를 작성했어요.[23]
　그러고 나서 10월 7일이 되자 미군이 본격적으로 공격을 개시했어요.
나도 아미르 샤와 함께 취재를 개시했죠.[24] 나는 파키스탄에서 전화를 걸어
그에게 이야기를 했고, 그는 속삭여 말했어요. 탈레반은 매일 밤 8시 30분
에 전기를 끊었는데, 그렇게 하면 미군이 폭격을 할 수 없을 거라고 생각한
거예요. [웃음]… 온통 깜깜한 세상에서 위성전화기에서 나오는 작은 불빛
조차 감추기 위해 아미르 샤는 담요를 덮고 통화를 해야만 했죠.

Gannon, 52-55/58

전쟁이 시작되자 마자 곧바로 파키스탄 이슬라마바드로 날아갔지… 전화
가 울렸는데, 우리의 오랜 현지인 기자 아미르 샤였어… 통화음질은 형편
없었지만 캐시는 아미르 샤의 '강한 억양'의 영어를 알아들을 수 있었지.
그래서 통화를 하는 동안 아미르 샤가 이야기한 것을 캐시가 큰 소리로 반
복해서 말하고, 나는 위성전화 화면에서 나오는 불빛에 의존해 그걸 타이
핑하여 전송했지. 거긴 수시로 전기가 나갔거든. 우리의 전쟁취재는 이렇
게 시작되었지.

Reid, 49-50

23　Kathy Gannon, "Rockets flared and explosions could be heard north of the
capital near the airport early Wednesday, hours after devastating terror
attacks in the United States"; Kathy Gannon, "Explosions shake Afghanistan
capital," The Associated Press, September 11, 2001. See also Kathy Gannon,
I is for Infidel, 86-91.

24　Kathy Gannon and Amir Shah, "Explosions rock Afghanistan as U.S. and Brit-
ain launch strike; bin Laden reportedly alive," The Associated Press, October
7, 2001.

11

AP 역사의 목격자들

FOREIGN CORRESPONDENTS IN ACTION

멍청한 데스크 놈들
목을 비틀어버리고 싶어요

테크놀로지의 발전과 특파원과 데스크의 역학관계

11

"멍청한 데스크 놈들 목을 비틀어버리고 싶어요."

테크놀로지의 발전과 특파원과 데스크의 역학관계

미주리전함 갑판에서 일본이 항복문서에 서명했는데… 나는 좋은 자리를 잡았지. 갑판 위로 돌출한 부분이었는데, 평화조약에 서명을 하는 테이블이 그대로 내려다보였을 뿐만 아니라 눈앞에 연합군 최고사령관 맥아더장군, 니미츠장군, 웨인라이트장군 등이 모두 서있었으니 이보다 더 좋은 명당은… 없을 거라고 생각했어. 그런데 서명식이 본격적으로 거행되기 바로 직전에, 키가 큰 고위장교들이 일렬로 행진하다가 갑자기 방향을 꺾어서 내가 서있던 곳과 테이블 사이로 들어오는 거야… 제기랄, 그건 정말 최악의 순간이었지… 나는 머리 위로 카메라를 최대한 치켜들어, 기적을 바라며 셔터를 눌렀어. 사진이 어떻게 나왔는지도 몰라… 필름이고 뭐고, 신경쓰고 싶지도 않았지. 다 끝났는데 뭘 할 수 있겠어?*Desfor, 7/11*

맥스 데스포는 며칠 전 열린 자신의 99번째 생일파티에서 먹다남은 프랑스치즈를 씹으면서, 제2차 세계대전의 종전순간을 취재한 이야기를 들려주었다. 워싱턴으로 돌아가는 장교에게 필름을 맡겨야 했기에, 자신이 무엇을 찍었는지도 알 수 없었다. 이처럼 해외특파원의 업무처리방식은 지난 80년 동안 극적으로 달라졌다.

　　20세기 특파원들은 위험을 무릅쓰며 취재원을 발굴하고 무수한 정보 왜곡과 제약조건을 뚫고 기사를 작성하는 데 성공했다고 해도 여전히 가장 큰 장애물이 남아있었다. 바로 '뉴스를 전송하는 것'이다. 지금은 전세계 어디에서든 어렵지 않게 연락하고 기사를 보낼 수 있지만, 몇 십 년 전까지만 해도 지국에 가서 텔렉스를 통해 기사를 전송하거나 여의치 않으면 전화로 기사를 불러주어야 했다. 문제는 전송기술의 발달이 기사에도 미묘하게 영향을 미친다는 것이다. 특히 데스크와 현장 사이의 거리가 최소화되면서 취재에 대한 시간적 압박은 오히려 커졌고, 이러한 상황은 결국 기사의 정확성이나 깊이를 위협하기 시작했다.

2012년 11월, 99번째 생일이 지나고 며칠 뒤, 맥스 데스포가 자신의 메릴랜드 아파트에서 그가 찍은 유명한 사진들을 보여주고 있다. 오른쪽 사진은 미주리전함 갑판에서 일본군이 항복 문서에 서명하는 장면을 찍은 사진이고, 가운데 사진은 이 때 해군장교들이 시야를 차단하자 '기적을 바라며' 카메라를 치켜들어 찍은 사진 중 하나다. 왼쪽 끝에 보이는 사진은 한국전쟁 당시 붕괴된 대동강철교에 매달려 강을 건너는 피난민들의 사진이다. 이 사진으로 그는 1951년 퓰리처상을 받았다. (Photo by Giovanna Dell'Orto)

적어도 이 책에서 초점을 맞추고 있는 특파원들의 이야기에 따르면, 특파원과 뉴욕의 에디터들 사이에 긴장이 고조될 때도 있었다. 특파원들은 모두 에디터들이 자신이 쓴 기사의 줄거리와 구성을 수정하는 것에 대해 신뢰한다고 말했지만, 여전히 많은 특파원들이 에디터들의 불명확한 취재요청과 현장상황을 무시한 예측에 대해 아쉬움을 토로했다. 예컨대 로켓포탄이 쏟아지고 있는 상황에서 불가능한 취재를 시급하게 요청해오는 경우도 있다.

하지만 역시 가장 큰 힘을 발휘하는 것은 직접 현장에서 보고 획득한 지식이다. 뉴스선택 단계부터 뉴스를 전송하고 편집하는 최종단계까지 가장 큰 설득력을 발휘한다. 이 챕터에서는 점점 좁아지고 있는 세상에서 완성된 기사를 처리하는 방식, 즉 기사를 전송하고 편집하는 방식이 어떻게 변해왔는지 살펴본다.

기자들을 위해 신이 보내준 기계
전송기술의 발전과 취재방식의 변화

이 책에서 초점을 맞추는 '글을 쓰는 기자'의 입장에서는 TV, 컴퓨터, 디지털미디어의 출현이 취재·보도관행에 그다지 큰 변화를 몰고왔다고 할 수 없지만, 사진기자나 영상기자의 경우에는 엄청난 차이를 몰고 왔다. 기술발전은 뉴스를 수집하는 것을 용이하게 해주었을 뿐만 아니라 숙박의 불편함도 해소해주었는데, 2000년대 초까지만 해도 사진을 현상하기 위해서는 호텔 화장실을 암실로 꾸며놓고 작업해야 했기 때문이다.

베트남전쟁은 처음으로 방송사와 케이블TV 제작진이 본격적으로 취재현장에 몰려들기 시작한 사건이었다. 베테랑특파원들은 최전선을 누빈 그들의 용기에 경의를 표하기는 했지만, 그들로 인해 일어난 변화에 상당한 아쉬움을 표했다.

카메라가 나타나자… 사람들이 연기를 하기 시작하더군.*Pyle, 20*

방송은 또한 복잡한 이야기를 지나치게 단순화하는 경향이 있었다.

무슨 일이 벌어졌는지 정확하게 보여주지는 못했지만… 어쨌든 굉장한 영상들이 나왔지.*Alexander, 6*

TV가 등장하면서 '문어文語'의 중요성과 영향력도 서서히 약화되기 시작했다. 인쇄매체에 글을 쓰는 기자들에게 TV용 기사까지 쓰라는 임무가 부여되기도 했다.*Hurst, 13; also Porubcansky, 25*

컴퓨터가 처음 보급되던 시절, 런던에서 카라카스까지 세계 어디에서나 기자라면, 작성하던 기사를 한 순간에 몽땅 날려버리는, 결코 분노가 가라앉지 않는 경험을 해보았을 것이다. 거대한 몸집에, 성질도 더럽고, 망가질 때마다 그동안 쓴 기사를 모두 날려먹는 그 기계에 대한 기자들의 인상은 결코 좋을 수가 없었다.*Barr, 17; Olmos, 21*

하지만 무전기에서 구글검색까지, 팩스에서 페이스북까지 새로 등장하는 향상된 기술은 기자들에게 더 많은 취재원을 발굴하고 관계를 맺을 수 있도록 도움을 주었다. 1977년 타트로는 카이로사무실에 처음 출근한 날을 회상한다.

직원들이 큰 테이블 주변에 모여있더군. 테이블 위에는 전화기들이 놓여있었는데, 초록색, 빨간색, 검은색, 하얀색… 아마도 다른 색도 있었을 거야. 그런데, 전화통 걸쇠 위에 놓여있지 않고 책상 위에 올려져 있더군. 정말 신기했어. 무선전화기는 정말 엄청난 물건이었지."*Tatro, 1/23*

585

하지만 그렇게 보급받은 전화는 곧바로 사용할 수 없었다. 이집트정부의 전파사용허가를 받아야 했기 때문이다. 결국 안와르 사다트 대통령은 AP지국에 무선통신 사용허가를 내주었고, '그놈의 망할 전화기 걱정 없이' 현장을 마음대로 누비며 취재할 수 있게 되었다.

소비에트연방에서 팩스는 공식적인 창구를 통하지 않고도 정보를 보낼 수 있는 길을 열어주었다. 팩스가 등장하면서 팩스만으로 기사를 배포하는 통신사도 출현했는데, 이것이 바로 러시아의 비정부통신사 인테르팍스Interfax다. 인테르팍스는 모스크바의 내부정세를 파악하기 위해서는 반드시 구독해야 하는 언론사로 성장했다.*Cooperman, 8-9*

지금은 정부에 반대하는 사람들의 정보나 의견을 온라인에서 쉽게 찾아낼 수 있지만, 예전에는 전화밖에 없었기 때문에 전화번호를 구하러 다녀야 했다.

> 사람을 찾기 위해선 전화번호를 얻어야 했죠. 전화번호를 알고 있을 만한 사람들을 찾기 위해 이 사람 저 사람 수소문하고 사정했어요.
>
> *Stevenson, 3*

찰스 허즐러는 베이징에서 10년 동안 활동하면서 '신경을 긁는 도트프린터 소리'부터 '기자들을 위해 신이 내려보낸' 것만 같은 마이크로블로그 '웨이보'까지 경험할 수 있었다. 이러한 기술발전으로 인해 중국정부의 언론통제권은 상당 부분 약화되었다고 그는 말한다. 예컨대 2010년 티벳에서 지진이 발생했을 때에는, 이틀을 이동하여 겨우 그곳에 도착해 취재할 수 있었지만 지금은 소셜미디어를 통해 현장에 있는 구호단체로부터 거의 실시간으로 소식을 들을 수 있다. 지금은 온라인에서 유용한 정보를 캐내는 것도 기자들이 갖춰야 할 필수적인 기술이 되었다.

온라인에서 가치있는 취재원인지 가려내기 위해서는 두 가지 점을 유의해서 살펴야 합니다. 외국독자들에게 독특한 방식으로 이야기를 전달하는 데 도움이 되는 정보인가? 트위터에 올린 내용 말고 더 많은 정보를 가지고 있는가?*Hutzler, 28*

취재원과 특파원 사이의 역학관계도 부분적으로 변했다. 4장에서 이야기했듯이 이제는 언론을 통하지 않고도 자신의 이야기를 자신의 나라는 물론 전세계에 퍼트릴 수 있기 때문이다. 게다가 멕시코특파원의 설명에 따르면, 그들이 결코 기자보다 기술적으로 떨어지는 것도 아니다.

예전에는 허리케인을 취재하려면 말 그대로, 해변에 걸어다니면서 사람들을 붙잡고 '허리케인이 이곳을 지나 갔나요? 허리케인이 언제 왔나요?' 같은 질문을 해야만 했어요… 지금은 전혀 그럴 필요가 없어요. 그저 해변을 따라걸으면서 스마트폰으로 확인하면 되거든요… 이제 사람들이 우리보다 최신정보를 더 많이 알아요. 우리는 한때 더 나은 지식과 기술을 가지고 있었지만, 지금은 그런 격차가 완전히 사라졌어요. 물론 이것은 좋은 변화입니다… 이제 우리는 더 많은 정보를 가진 취재원을 발굴해내야겠지요.*Stevenson, 1-2*

다음 챕터에서 이야기하겠지만, 디지털시대에 들어서면서 독자와 교류하는 방식도 달라졌다. 2000년대에 들어서면서 플랫폼과 멀티미디어의 변화에 대한 고민은 본격적으로 시작되었지만, 모바일 뉴스소비가 급증하면서 변화에 대한 요구는 더욱 절박해졌다. 예컨대, 중동의 베테랑특파원 캐린 라웁은 실업문제에 대한 기사를 기획하면서 '무수한 통계자료'를 나열해봤자 사람들이 읽지 않을 것이 뻔하기 때문에 튀니지에서 분신한 젊은이의 생애에 초점을 맞춰 이야기를 풀어나가기로 결정했다.

모바일을 통해 가능한 한 많은 독자들이 접할 수 있도록… 빠르게 기사를 훑어볼 수 있게끔 구성을 짧게 나누고 거기에 맞춰 정보를 짧은 덩어리로 나눴죠. 인용구도 박스로 만들어 넣었어요.[1] *Laub, 13*

"이 테이프를 AP방콕지국에 좀 전해주세요."

전송기술의 혁명

테크놀로지의 발전은 취재과정에 몇몇 새로운 도구를 선사하는 정도로 그 쳤지만, 전송방식은 완전히 바뀌났다. 이러한 변화는 어떤 기사에 시간과 자원과 도구를 동원할 것인지 결정하는 데 큰 영향을 미쳤다. 지금은 칸다하르에서나 평양에서나 무선으로 기사를 손쉽게 즉각 전송할 수 있지만, 2000년대 초반까지만 해도 특파원들은 변덕스러운 텔렉스로 기사를 전송하거나, 공중전화 앞에서 오랫동안 줄을 서서 기다린 뒤에야 기사를 일일이 불러줘야 했다. 때로는 '누군가의 자비'에 의존해 인편으로 기사를 직접 전하는 경우도 있었다.

그나마 사진전송에 비하면 이는 훨씬 수월한 것이었다. 데스포는 1951년 남쪽으로 병사들과 함께 후퇴하는 와중에 평양에서 찍은 한국전쟁 난민들의 모습을 담은 사진은, 본국으로 떠나는 AP동료를 활주로에서 우연히 만나 필름을 넘겨주었고, 이로써 겨우 보도될 수 있었다.

그의 손에 필름을 넘겨준 순간, 나는 그게 언제 어떻게 어디로 갈지 전혀 알 수 없었어. 정말 운명에 맡기는 수밖에 없었지. *Desfor, 2*

---

1   Karin Laub, "Vendor's suicide reflects despair of Mideast youth," The Associated Press, May 11, 2013.

한참 뒤, 전쟁터를 떠나 일본의 어느 외딴 동네 여관에서 쉬고 있었는데, 갑자기 여관주인이 전화가 왔다며 그를 불렀다. AP에디터였는데, 그가 찍은 사진이 퓰리처상을 받았다는 소식을 알려주었다.

나는 전화기를 들고 이렇게 말했지. "현장으로 복귀하라는 거라면 좋소. 당장 갈 수 있어. 하지만 그런 농담은 하지 마소." 그렇게 말하고 전화를 끊었어. 그런데 몇 분 뒤 다시 전화벨이 울렸고, 여관주인이 와서 나한테 외치더군. "덴와! 덴와!" 전화를 받으니 "나는 밥이네." 밥 언슨… 도쿄지국장이었지. "잠깐 기다려보게." 떠들썩하게 축하한다는 말이 들리더군. 그제서야 내가 퓰리처상을 받게 되었다는 사실을 깨달았지. 여관주인도 내가 상을 받았다고 하니까, 엄청나게 큰 접시에 스시를 한 가득 담아왔더라고. 내가 스시를 그렇게 좋아하는지 나도 그때 처음 알았지.*Desfor, 2-3*

40년이 지난 뒤 테릴 존스는 천안문항쟁을 취재하면서 필름을 여러 통 찍었다. 에디터들은 확대경을 사용해 서둘러서 네거티브필름을 살피다가, 나중에 역사적인 인물이 된 '탱크맨'을 필름 속에서 보지 못하고 넘긴다. 멀리서 다가오는 탱크를 기다리며 거리 한복판에 서있는 그의 모습이 그렇게 역사 속으로 사라질 뻔했지만, 나중에 존스는 필름 속에서 그 역사적인 장면을 살려낸다.[2](BtN#4 참조). 하지만 취재 당시 그 사진을 놓치지 않았다면, 특파원들이 전하고자 했던 이야기는 완전히 달라졌을지도 모른다.*Johns, 25-26* 이처럼 취재하고 보도하는 전체 과정에서 '전송'은 기자들에게 가장 골치 아픈 최종관문이었다.

---

2   See Patrick Witty, "Behind the Scenes: Tank Man of Tiananmen," *New York Times*, Jund 3, 2009.

뉴스를 전송하는 수단이 공중전화나 전보밖에 없을 때에는 검열을 피해가기 위해, 또는 다른 언론사나 통신사와의 경쟁에서 이기기 위해 독창성을 발휘해야 할 때도 있었다.*Roderick, 1993, 41; Browne, 1993, 98* 1944년 로마에서 연합국기자들은 한 궁궐의 큰 방에서 기사를 전신으로 보내야 했는데, 전신기 앞에는 검열관이 지키고 있었다. 다른 경쟁자들보다 빨리 기사를 전송하기 위해 조지 브리아는, 전보용지에 두어 단어를 써서 먼저 검열관 책상 위에 올려놓은 뒤, 다시 돌아가서 다른 전보용지에 글을 써서 완성하기도 했다.*Bria, 2-3*

몸무게가 55킬로그램에 불과했던 샘 서멀린은 한국전쟁 휴전소식을 알리기 위해 '200명에 달하는 특파원들을 제치고 판문점에 하나밖에 없는 전화기를 향해 쏜살처럼 달려갔다.' 하지만 그가 서울특파원에게 전화를 걸어 할 수 있던 말은 '전쟁이 끝났다'라는 말이 전부였다. 그걸 받아적은 서울특파원은 곧바로 '아래층에 있는' 검열관을 향해 달려갔고, 검열을 통과한 뒤 AP도쿄지국으로 전화를 걸었다. 도쿄에서 곧바로 특종이 전 세계로 퍼져나갔고, 이로써 서멀린은 특종경쟁에서 승리했다. 이것이 가능했던 가장 큰 이유는 당시 소식을 전할 수 있는 군 전화선이 단 하나밖에 없었기 때문이다.*Summerlin, 2-3/7; Ferrari, 2003, 66*

20년이 지난 뒤, 데니스 그레이는 프놈펜에서 캄보디아의 겸열관의 승인을 받고는 곧바로 텔레타이프 교환원에게 날려갔다.

> 우리는 평소에도 수고비를 좀 더 쳐줬기에, 교환원은 우리 기사를 먼저 타이핑을 해줬지. 틱티디틱… 우리는 홍콩에서 메시지를 받았다는 답신이 오기만을 기도했어.*Gray, 12*

그레이는 또한 무작정 공항에 가서 35밀리미터 필름을 외국으로 가지고 나가 줄 수 있는 사람, 기자나 외교관이나 '그냥 믿을 만해 보이는' 사람을 찾

은 경험도 있다. 실제로 전세계 많은 특파원들이 지난 수십 년 동안, 정치적
으로 민감한 기사나 사진을 AP본사나 지국으로 전달하기 위해 이러한 방
법을 사용해왔다. 이러한 작전은 순전히 '인간적인 믿음' 위에서 진행되었다.

> 나는 다카에서 파키스탄 내전을 취재하고 있었는데, 반란군에 속한
> 마을이 정부군의 공격을 받았다는 제보가 들어왔어… 논둑을 따라서
> 계속 걸었는데… 이야기가 통하는 사람이 아무도 없었더군. 결국 다시
> 돌아올 수밖에 없었지. 어쨌든 거기 가서 취재한 내용을 기사로 썼는
> 데… 기사를 보낼 방법이 없더라고. 결국 나는 공항에 가서 방콕으로
> 가는 사람을 찾았어. 기사를 쥐어주면서 AP방콕지국에 들러 꼭 좀 전
> 해달라고 했지. 그 뒤에는 내가 할 수 있는 일은 없었어. 운에 맡길 수
> 밖에 없었지.[3] *Zeitlin, 24-25*

> 1970년대 볼리비아에서 쿠데타가 발발했을 때… 나는 그 사건에 관한
> 기사를 담은 테이프를 봉투에 넣어서 공항으로 무작정 달려갔지… 봉
> 투에 AP리마지국 전화번호를 적고는… 리마행 비행기에 타는 사람을
> 찾아다녔다. 생판 처음 보는 사람에게 맡길 수밖에 없는 상황에서, 나
> 는 얼굴만 보고 믿을 만한 사람인지 아닌지 판단해야 했어. 모험에 가
> 까운 일이었지만 선택의 여지가 없었지. "저기… 부탁이 있는데, 이 테
> 이프를 AP리마지국에 좀 전해주세요. 이 테이프에는 지금 볼리비아에
> 서 벌어지고 있는 상황에 대한 내용이 담겨있는데, 여기서는 이걸 전송
> 할 방법이 없어요. 하지만 리마지국에서는 뉴욕으로 기사를 전송할 수

---

3 Arnold Zeitlin, "Report E. Pakistan Revolt Crushed by West Troops," *Chicago
   Tribune*, March 29, 1971, 1. 이 기사는 '콜롬보, 실론'에서 기사가 작성되었다고 적혀
   있는데, 기사 끝에 다음과 같은 문구가 달려있다. "이 기사는 파키스탄에서 작성되었지
   만 검열 때문에 그곳에서 직접 뉴스를 발송하지 못했다."

있으니, 공항에 도착하면 이 번호로 전화를 걸어서 테이프를 가지러 오라고만 해주세요. 전달해주기만 하면 됩니다."*Olmos, 2-3*

카스트로 정권 초기에 하바나특파원들은 전신을 신뢰할 수 없다는 것을 알고 있었다. 전신회사들이 전신을 모두 정부의 '검열관'에게 넘겼기 때문이다. 특히 일반시민들을 인터뷰한 기사와 정치분야 기사에 대한 검열이 심했고, 따라서 특파원들은 대사관의 도움을 받을 수밖에 없었다. 그들은 타자기로 친 기사들을 외교행낭에 넣어 항공편으로 보내주었다.*Flores, 5*

1960년 라오스에서 발발한 쿠데타를 독점취재한 AP특파원 피터 아넷은 전신사무국과 공항이 엄격하게 통제되고 있다는 사실을 깨달았다. 태국과 국경 역할을 하는 메콩강 순찰도 강화된 상태였지만, 메콩강을 건너 태국으로 넘어가는 것은 아주 불가능한 일이 아니었다. 혹시 군인들에게 걸리더라도 기사를 빼앗기지 않기 위해, 타이핑한 기사를 이빨 사이에 박아넣었다.*Arnett, 1994, 55*

로버트 리드는 이란혁명 속보기사를 타전하기 위해 온갖 수단을 동원했다. (BtN#11 참조.) 리드는 또한 소련 침공 초기에도 카불에서 기사를 전송할 방법을 찾기 위해 애태워야만 했다.

세계에서 가장 중요한 사건을 취재해놓고도 기사를 내보낼 수 없으니… 창 밖으로 소리를 지를 뻔한 것이 한두번이 아니야.*Reid, 78/12*

항공사의 관리인을 아예 '비밀요원'으로 활용한 특파원도 있다. 작은 종이에 소련침공상황에 대한 속보기사를 적어서 그에게 주면 그가 조종사에게 전달했다. 조종사는 델리에 착륙한 뒤 AP지국에 전달했다. 또한 국경을 넘는 파키스탄 버스운전기사에게 부탁하여 기사를 릴레이하기도 했다.*Fisk, 2005, 51*

2007년에 전쟁으로 파괴된 이라크에서 바그다드지국장 로버트 리드가 AP직원들이 거주하는 구역에서 AP온라인 비디오리포트를 찍기 위해 준비하고 있다. 뒤에 보이는 첨탑은 라마단 모스크로, 이 모스크 앞 광장에서 2003년 미군이 사담 후세인 동상을 쓰러뜨렸다. (Photo couresy of Robert Reid)

텔렉스

1960년대 후반부터 AP지국에 텔렉스가 설치되기 시작했다. 이 기계는 많은 나라에서 검열관문으로 활용했던 전신소를 우회할 수 있는 길을 열어줬다. (이로 인해 몇몇 나라에서는 아예 지국 안에 검열관을 상주시키기도 했다.) 텔렉스가 나오면서 특파원들은 기사를 테이프에 직접 펀칭하여 전송하기 시작했으며, 어떤 이들은 이 투박한 기계를 '화장지 이래 최고의 발명품'이라고 부르기도 했다.*AP Oral History, Aguilar, 2009, 76; also Belkind, 3; Powell, 2*

1975년 인도에서 한밤중에 야당지도자들이 체포되었다는 소식을 접한 마이런 벨카인드는, 검열이 시작되기 전 비상사태가 선포되었다는 뉴스를 텔렉스로 전송했다.

593

회로를 4분의 1 속도로 계속 작동시켰지. 당시 일반적인 속도는 66단 어였는데, 4분의 1 속도니까… 예컨대 bulletin이라는 단어를 치려면 B… U… L… 이런 식으로 하나씩 쳐야 하거든. 인디라 간디 여사가… 아침 8시에 방송을 통해 '경제와 나라를 망치려고 하는 시도에 맞서기 위해 국가비상사태를 선포한다'라고 발표를 했고… 겨우 타이핑을 끝내고 나니까 전화벨이 울리더군… "지금 막 책임검열관으로 임명된 사람입니다. 이 시간 이후 나가는 기사는 모두 전송되기 전 검열을 거쳐야 합니다." 전화를 하는 와중에도 테이프는 계속 돌아가고 있었지. 다행이도 전화를 끊을 때쯤 기사전송은 완료되었어.*Belkind, 10-11*

이 에피소드에서도 알 수 있듯이 텔렉스의 문제는 기사를 전송하는 데, 상당히 오랜 시간이 걸린다는 것이다.

크고 뭉툭하게 생긴 타자기들이 선 하나에 연결되어있었는데, 거기에서 타자를 치면, 구멍 뚫린 노란 테이프가 줄줄이 나와. 그 테이프를 리더기에 넣고 원하는 곳으로 보내는 거지. 물론 상대방과 연결되기 위해서는 운도 따라야 하고.*Rosenblum, 4*

40년 동안 특파원으로 살아온 모트 로젠블럼이 텔렉스를 처음 만난 것은 콩고전쟁이 한창이던 킨샤사에 처음 파견되었을 때다. 익숙하지 않은 프랑스어 키보드를 '두두려서' 텔렉스를 작성하는 일은 기사작성과정에 새로운 골치거리를 안겨주었다.

검열관이 있었는데, 지저분한 턱수염이 나 있었고 시커먼 셔츠를 즐겨 입었지. 소매를 말아올려 커프스로 장식하여 나름 격식도 차리고 있었지만, 옷에서 6개월은 빨지 않은 것 같은 썩은 냄새가 났어. 입에서는 술냄새를 풍겼는데… 타이핑할 때마다 내 뒤에 서서 기사를 소리내 읽으면서 꼬치꼬치 캐물었어. 그 때마다 정말 미칠 지경이었지… 기사는 반드시 프랑스어로 써야 했는데, 그래야만 그가 읽을 수 있었거든… 그는 벨기에 FN권총을 한 손에 들고 빙글빙글 돌리면서 사무실을 돌아다녔어… 그러다 한번은 바닥에 총을 떨어뜨려서 탄창이 떨어져나갔고, 바닥에 굴러다니는 실탄을 발로 잡겠다고 폴짝폴짝 뛰면서 껄껄 웃어대기도 했지. 타이핑을 하면서 그 광경을 바라보고 있자니 나도 미치겠더군. 냄새나는 이 좁아터진 공간에서, 미친놈처럼 총알 위에서 점프를 해대는 검열관을 앞에 두고 땀에 흠뻑 젖어 자판을 하나씩 찾아가며 타이핑을 했다네. *Rosenblum, 4-5*

1979년 중국에 지국을 다시 열었을 때 AP는 텔렉스를 가지고 들어갔지만, 공산주의 관료주의의 벽에 막혀 사무실에서 쓰지 못하고 몇 달을 방치해놓을 수밖에 없었다. *AP Oral History, Roderick, 1998, 28; Graham, 3*

1980년대 베이루트와 모스크바에서는 전력부족으로 인해 기사 전체를 다시 타이핑해야 할 때가 잦았다. 모든 조건이 완벽하다고 해도 200단어 분량의 기사를 타이핑하고 테이프를 전송하는 데에는 한 시간 반이 걸렸기 때문에 도중에 전기가 끊기면 처음부터 다시 시작해야 했다. 물론 받는 쪽과 회선이 연결되는 행운을 얻기 위해 몇 시간을 기다려야 하는 것은 다반사였다. *Hurst, 13, 3; Fisk, 2002, 202-203*

컴퓨터

마침내 '원시적인' 컴퓨터가 등장하면서 서서히 타자기를 대체하기 시작했다. 초창기컴퓨터는 너무나 쉽게 '먹통'이 되어버렸는데, 한 번 정지되면 그 동안 작성한 기사가 모두 날아가버렸다. *Porubcansky, 23* 탠디랩탑 TRS-80 Model 100은 스크린에 보여주는 기사가 12줄도 되지 않았으나 '노란 텔렉스 테이프를 출력하는' 기계에 연결해서 쓸 수 있었다. 나중에 AP 국제 에디터가 된 존 대니젭스키는 냉전이 끝날 무렵 리투아니아봉기를 취재하며 탠디랩탑을 처음 썼는데, 이 때를 다음과 같이 회상한다.

> 무겁고, 다루기 어렵고, 한 번의 실수도 용납하지 않는 멍청한 기계를 대신할 기계가 나왔다는 소식에 정말 뛸듯이 기뻤지.*Daniszewsky, 10*

디지털시대 이전에 기사를 전송하는 또다른 방법은 전화로 기사를 불러주는 것이었다. 하지만 위성전화가 나오기 전까지는, 국제통화선이 연결되는 것은 결코 쉬운 일이 아니었다. 1940년대부터 1980년대까지 특파원들은 공중전화를 먼저 차지하기 위해 미친듯이 돌진했고 가끔은 난투극을 벌이기도 했다. 물론 그걸 차지했다고 해도 논리정연하게 기사를 구술할 줄 알아야 한다. AP의 대표가 되는 웨스 갤러거 역시 1946년 뉘른베르크 전범재판 결과를 보도하기 위해 공중전화를 향해 달려갔다.

20년이 지난 뒤, 오토 도엘링은 베를린 스판다우감옥 앞에서 두 전범이 석방되는 순간을 취재한 뒤 곧바로 전화를 쓰기 위해 미리 섭외해둔 아파트관리인 집으로 달려갔다. 하지만 너무 심하게 술에 취해있던 그는 도엘링과 약속을 깨고 전화를 쓰지 못하게 하였고, 그 바람에 그의 기사전송 계획은 실패할 위기에 처하기도 했다.*Doelling, 4-5*

그로부터 20년이 또 지난 뒤, 피노체트에 반대하는 시위를 취재하던 칠레의 한 특파원도 운이 좋지 않기는 마찬가지였다.

> 경찰에게 구타당하고 총을 맞는 모습을 목격하고는 이를 알리기 위해 전화기를 찾았는데, 주변에 한 대도 없더라고.*Gallardo, 20*

전화기도 미덥지 않은 생명줄이었다. 니카라과혁명 당시 AP마나과지국은 치열한 전투 속에 휩싸였다. 마나과에 두 대 있는 '공중텔렉스'를 이용하거나 멕시코로 전화해서 기사를 구술하는 수밖에 없었는데, 전화는 세 시간을 기다려 겨우 연결되었다. 조셉 프레이져는 전화가 연결된 뒤 기사를 두서없이 구술했는데, 그 동안에도 중간중간 전화가 계속 끊어졌다. 어쨌든 우여곡절 끝에 전쟁속보는 나갈 수 있었다. *Frazier, 5-6*

1990년대 초반, 애니타 스노우는 정부군의 공격을 받고 있는 니카라과 에스텔리마을에 있었다. 그녀는 마나과지국으로 전화해 스페인어로 기사를 구술했다. 지국은 받아쓴 기사를 멕시코시티로 보냈고, 멕시코시티에서는 그걸 영어로 번역하여 뉴욕으로 전송했다.

다음해 멕시코 치아파스에서 봉기가 발발하자 스노우는 곧바로 현장에 들어가 반군 시신 12구를 확인하였다. 그리고 이전에는 알려지지 않았던 단체였던 사파티스타민족해방군에 소속되어있다고 주장하는 생존자들을 인터뷰하는 데 성공한다.[4]

> 기사를 전송하려고 공중전화로 갔는데, 완전 난장판이었죠. 기자들 수백 명이 진을 치고 있는 거예요… 어쨌든… 공중전화 앞에서 기사를 전송하기 위해 줄을 서있는 기자들이 너무나 많았어요. 어떻게 할까 고민하다가 주변에서 약국 하나를 찾아냈는데… 거기 전화가 있더군요. 전화를 빌려 쓰고 장거리전화요금을… 지불하기로 했어요. 약국 입구 시멘트계단에 앉아서 인터넷으로 멕시코시티에 있는 AP서버에 연결하여 파일을 전송했죠… 나중에 멕시코정부는 파일전송센터를 설치해주었고, 곧 사람들로 바글바글해졌어요. *Snow, 4-5*

---

4 Anita Snow, "Rebels clash with government soldiers, dozens reported dead," The Associated Press, January 2, 1994.

이보다 앞서 루마니아봉기가 시작될 무렵, 대니젭스키는 티미소아라의 병원과 거리에서 '자동소총과 탱크들의 집중포격' 속에서 밤낮을 지내면서 부상자들과 그들을 치료하는 의사들을 인터뷰했다. 다리에 총알이 관통하는 부상을 입은 한 사람은 군사적 지원을 요청하면서 '람보를 보내달라'고 말하기도 했는데, 그는 인터뷰 말미에 혁명이 실패할 수 있다는 불안감을 반영하듯 '익명'으로 처리해달라고 요청했다.[5] *Daniszewsky, 7*

그날 오후, 대니젭스키는 유고슬라비아영사관에 몸을 숨겼다. 거기에는 베오그라드로 가는 외부 회선이 달린 전화기가 있었고, 유고슬라비아 기자들 뒤에 서서 차례를 기다리다가 취재한 내용을 보고했다. 통화에서 에디터에게 들은 말은, 총격에 대한 취재가 부족하다는 말뿐이었다. 대니젭스키는 취재를 보강하기 위해 다시 거리로 나갔고, 그 자리에서 총에 맞았다. 그가 확인하려고 했던 사망자 수에 그 스스로 +1이 될 뻔했다.[6]

위성전화와 무선통신: 현장전송의 시작

1990년대 초반 위성전화와 휴대용 컴퓨터가 나오면서 기사전송방식에 혁명적 변화를 가져왔다. 현장에서 직접 기사를 전송할 수 있게 되면서 특파원들은 더 먼 곳까지 나아가 더 많은 시간을 취재할 수 있게 되었고, 이로써 더욱 생생하고 구체적인 정보를 더 빠르게 전달할 수 있게 되었다.

위성전화는 소말리아내전부터 본격적으로 활용되기 시작했다. 처음에 나온 이 '기묘한 기계'는 상당히 무거웠을 뿐만 아니라 교환기에 접속하기 위해 섬세하기 짝이 없는 안테나를 이리저리 조정해야 했다. 더욱이 이 장비는 그리 믿을 만한 것이 못 되었다. 소말리아 바이도아에서 한 특파원은

---

5   John Daniszewski, "Residents reclaim streets as rebel soldiers appear to control Timisoara," The Associated Press, December 23, 1989.

6   John Daniszewski, "AP correspondent shot 3 times in early throes of Romanian revolt," The Associated Press, December 26, 1989.

기사를 전달하려고 몇 백 킬로미터 떨어진 모가디슈지국에 연결을 했는데, 정작 연결된 곳은 사라예보의 AP기자였다. 사방에서 포탄이 떨어지는 와중에 한창 인터뷰를 하고 있던 사라예보의 AP기자는 애처롭게도 연결을 끊어달라고 부탁했다.*Hanley, 12*

위성전화는 대체불가능한 도구로 빠르게 자리잡았다. 발전기로 구동하는 위성전화는 포위된 사라예보에서, 사파티스타운동을 지지하는 쪼찔 *Tzotzil*원주민 45명을 학살한 1997년 멕시코 엑티알에서 특파원들을 외부세계와 이어준 유일한 연결고리였다.

> 내가 위성전화를 쓰는 걸 보고 다른 회사 기자들과 NGO 사람들은 놀라서 구경을 했어요… 치아파스 오지마을 한가운데에서 컴퓨터를 펼치고, 위성신호를 잡아 전화를 할 수 있다는 게 너무나 신기했던 거죠.*Stevenson, 2*

프라이스는 허리케인 미치를 취재하기 위해 중앙아메리카로 가는 비행기 안에서 '낯선 장비의 사용법을 이해하기 위해' 사용설명서를 읽었다. 진흙밭 한가운데에서 자동차의 담배라이터로 장비를 작동한 뒤 참사현장에서 작성한 기사를 불러줬다.*Price, 19*

아프가니스탄에서 개넌은 무자헤딘의 지휘관 굴부딘 헤크마티아르과 계속 통화를 했다. 잘랄라바드에서 카불로 가는 길에 무자헤딘 전사들이 그녀의 위성전화를 빼앗아가려고 했기 때문이다.

> 오 이런, 당신네 사람들이 전화기를 또 뺏으려고 해요. 제발 좀 어떻게 좀 해주세요.… 그렇게 사정을 해서 겨우 돌려받을 수 있었죠.*Ganon, 40*

위성전화와 이후 나온 휴대전화는 전쟁취재방식도 바꿔놓았다. 미국이 벌인 두 차례의 이라크전쟁을 모두 취재한 그레이는 이전의 취재방식과 이후의 취재방식을 '낮과 밤'에 비유했다.

> 1991년에는 최전선에서 타자기로 기사를 작성해서 오토바이 전령을 통해 지국으로 전달했지. 전세가 악화되자 '장비 무게를 최대한 줄이라'는 명령이 떨어졌는데, 끝까지 붙들고 있던 그 무거운 타자기를 참호 속으로 던져버릴 수밖에 없었어. 내 것도 아니고 빌린 거였는데! 하지만 2004년에는 컴퓨터와 위성전화를 이용해 '원하는 것은 무엇이든 전송할 수 있었지. 물론 이라크군에게 위치가 노출될 수 있다고 미군이 위성전화를 압수할 때도 있었고, 중요한 지휘관명령이나 신호를 받기 위해 통화금지 명령이 떨어진 때도 있었지만.*Gray, 25-26*

리드는 종군취재 중에 사라진 기자에 대해서 이야기했다.

> 3사단에서 종군하던 기자가 3-4일 동안 사라진거야. 별다른 이야기도 없었거든… 그런데 갑자기 연락이 와서는 카르발라에 있다는 거야… 바그다드에서 남쪽으로 80킬로미터는 떨어진 곳이었는데…*Reid, 58*

2002년 탈레반 본거지를 파괴하는 아나콘다작전이 펼쳐질 때 개넌은 '아주 작은' 위성전화기 하나를 들고 다니며 취재했다.

> 예전에 정보국으로 사용하던 건물을 아지트로 삼았어요… 아침이 되면 나가서 취재를 하고, 밤이 되면 그곳으로 돌아와 짐을 던져놓고, 기사를 작성했죠. 기사가 완성되면 곧바로 전화를 해서 불러주고 편안하게 잠이 들었어요.… 모든 게 순조로웠죠.*Ganon, 81*

새로운 통신장비 덕분에 개넌은 이제 미니버스를 타고 많은 곳을 자유롭게 여행할 수 있게 되었다. 이슬라마바드와 카불을 오가는 동안에도 휴대전화가 터졌다. 칸다하르에서는 무선접속도 가능했다.*Pennington, 12*

1999년 도나 브라이슨은 나토군 차량의 '타이어가 코소보국경을 넘는 순간' 곧바로 AP에 보고하기 위해 휴대전화를 들고 대기하고 있었다.

촌각을 다투는, 그야말로 취재전쟁이었죠.*Bryson, 55*

그 후 10여 년이 지난 뒤, 브라이슨이 남아프리카공화국 지국장이 되었을 때에는 휴대폰 문자메시지를 활용해 500단어 분량의 기사를 전송할 수 있는 시대가 왔다. 아직은 '1' 버튼을 눌러 'ABC'를 입력해야 했던 시절이었다.

리비아내전 때 반군이 장악한 지역처럼 통신인프라가 파괴된 곳에서는 인터넷에 연결할 수 있는 휴대용 위성장비, 인터넷카페, 옛날식 유선전화가 중요한 통신수단이 된다.*Laub, 30; Schemm, 12* 하지만 오늘날 팔레스타인 난민캠프나,*Laub, 12* 2013년 3G통신망을 개통한 북한에서도 스마트폰만 있으면 어디서나 기사를 전송하고 업데이트할 수 있다. 간단한 기사나 트윗을 어디서든 직접 전송할 수 있고, 취재하러 다니면서 기사를 계속 업데이트할 수 있다.

북한에서는 인스타그램이나 트위터와 같은 소셜미디어에 접속할 수 없기 때문에 [평양의] 일상생활을 찍은 사진을 전송하지는 못해요… 실시간으로 그들의 삶을 보여줄 수 있다면, 그들도 우리 지구촌의 일원이라는 느낌을 줄 수 있지 않을까요?… 누군가 머리를 깎는 모습처럼 평범한 장면이라고 해도… 물론, 외국인이 북한사람들이 가는 이발소에 가는 것은 쉽지 않지만, 어쨌든 그런 소소한 것들… 기사로 쓰기에는 부족한 것들을 이런 방식으로 공유할 수 있다면, 폐쇄적인 국가의 일상적인 삶이 어떤지 더 많은 사람들이 이해할 수 있을 거라고 생각해요._Lee, 13_

북한의 새로운 '3G모바일 데이터서비스를 이용해' 휴대전화로 그녀가 처음 발송한 것은 바로 "Hello world from comms center in #Pyongyang (세상아 안녕, #평양 통신센터에서)"라는 트윗이었다. 서울에서 그녀를 만나기 한 달 전 일이었다. 이러한 통신서비스의 개통이 얼마나 큰 변화인지 설명하기 위해 그녀는 2008년 개성으로 처음 들어갈 때 이야기를 해주었다.

시골길을 통과할 때는 바깥을 보지 못하게 우리[방문객]에게 커튼을 치라고 했어요. 커튼 틈새로 길을 따라 붉은 깃발을 들고 늘어서있는 군인들이 보였는데… 창밖으로 카메라가 나와있는 것이 보이면 깃발을 올려, 그 자리에서 버스를 멈추고 카메라 검사에 들어간다고 겁을 주더군요.[7]_Lee, 13_

밀리세컨드 데드라인 시대의 도래
특종경쟁과 언론의 추락

"모두들 떠들면 누가 생각할까? 모두들 써대면 누가 보도할까?" 기술 발전의 이면은 바로 이런 것이지. 취재하고 업데이트하는 데 드는 시간과 보도를 하는 데 드는 시간, 특히 AP에서는 이 두 시간의 균형을 잡는 것이 줄곧 문제가 되었지… 그래프 두 개짜리 단신이든 장편기사

---

7   Jean H. Lee, "Tweets, pics give real-time peek into North Korea," The Associated Press, February 28, 2013.

든 현대 커뮤니케이션 기술의 혜택을 받을 수 있어. 하지만 정말 대규모 취재의 경우 충분히 많은 사람들이 충분히 많은 시간을 들여야 그 망할 것들을 제대로 취재할 수 있지. 이건 쉬운 일이 아니야. 취재원들을 만나러 나가야 할 시간에 기계에 매달려 파일이나 정리하고 있으면 어떻게 되겠나.*Reid, 79*

50년에 가까운 시간을 AP특파원으로 활동한 리드는, 언제 어디서나 기사를 전송할 수 있는 기술이 매 순간을 마감시간으로 만들어버렸다고 말한다. 가장 먼저 기사를 전송해야 한다는 압박에서 기자는 자유로울 수 없기 때문이다. 여기서 극단적인 사례 두 가지를 소개하고자 한다.

제1차 세계대전 때 UP에서 난데없이 전쟁이 끝났다는 보도를 내자 AP는 발칵 뒤집혔다. 특파원들은 진위를 확인하기 위해 백방으로 뛰었고, 결국 아직 종전을 공식적으로 발표할 단계는 아니라는 미국정부의 공식코멘트까지 받아낸다.*Cooper, 1959, 77-81; Hohenberg, 1995, 117* 제2차 세계대전 때에는 독일이 무조건항복을 발표할 것이라고 연합군이 귀띔을 해주었는데, AP특파원이 엠바고를 깨버렸다. 결국 AP는 이 특종을 보도한 특파원을 해고하였으나, 70년이 지난 뒤 그에게 공식적으로 사과했다.[8]

하지만 새로운 기술이 나오면서 이러한 특종경쟁은 훨씬 치열하고 심각해졌다. 이로 인해 기사에 오류가 발생할 확률은 더 높아지고, 에디터에 대한 의존도도 훨씬 높아졌다.

하지만 기자의 우선순위는 여전히 제대로 된 질문을 하고 거기에 대해 답을 듣는 것이라고 생각해요. 그렇게 하지 않고 기사를 써선 안 되요…

---

8 David B. Caruso, "AP apologizes for firing reporter over WWII scoop," The Associated Press, May 4, 2012.

그렇게 하지 않고 트위터에 글을 올리면 안 되요… 기사로 쓸 거리도 하나 얻지 못하고 빈손으로 사무실로 돌아오는 것보다 기자에게 더 무서운 것이 있을까요?*Bryson, 62*

온라인으로 기사를 올리고 이를 계속해서 업데이트할 수 있는 시대가 오기 전에는, 마감시간까지 기삿거리를 찾아내야 한다는 압박은 신문·잡지 기자보다 통신사 특파원들에게 훨씬 컸다. AP특파원들은 기사를 마감하기 위해 지국으로 달려가야 하는 시간에, 신문기자들은 여전히 현장에서 취재하고, 취재원들과 관계를 쌓고, 더 깊이 취재하고 기사를 다듬을 여유를 누렸다.

8장에서 이야기했듯이, 지금도 AP특파원들은 급박한 속보뉴스를 취재하기 위해 동료들과 팀을 이뤄 쉬지 않고 일하고 남는 시간을 최대한 활용하여 좀더 분석적이고 심층적인 기사를 쓴다. 예컨대, 남아프리카공화국에서 브라이슨은 속보취재를 하면서 시간을 내어 흑인거주지역 토코자에서 한 가정을 이틀에 한 번씩 방문했다. 이는 넬슨 만델라 정부 첫 100일 동안 흑인들의 일상이 어떻게 달라졌는지 보여주는 심층기사를 쓰기 위한 장기 프로젝트였다. 브라이슨은 이 때를 다음과 같이 회상한다.

다른 사건들을 취재하는 동안에도 계속 시간을 내서 그곳을 찾아갔어요. 100일이라는 시간을 왜 거기에 투자했는지는 설명하기 어렵지만… 정말 하고 싶었기 때문에 그랬겠죠.[9]*Bryson, 23*

---

9 Donna Bryson, "Struggle for a better life just beginning in Tokoza," The Associated Press, August 17, 1994. 기사는 이렇게 시작한다

남아프리카공화국에서 가장 열악한 거주지라 할 수 있는 이곳의 풍경은 작은 오두막집들을 데우는 석탄불 연기와 붉은 먼지로 가려져있다. 일상적으로 견뎌내야 하는 삶의 무게는 흑인이 다수를 차지하는 정부의 출범이라는 기쁨에 잠시나마 가벼워졌다.

프레이져는 중앙아메리카에서 게릴라전쟁 취재하느라 매일 바쁘게 쫓아다녀야 했다. 그러면서도 자투리시간을 짜내 좀더 깊이있게 상황을 설명하는 기사를 작성했다.

> 그 기사를 쓰는 것이 나에게는 오히려 힘이 되었어요. 누가 매복공격을 받았고, 어떤 마을이 공격받았고, 어떤 마을이 게릴라 손에 넘어갔다…라는 단편적인 기사만 매일 써야 한다면, 기자일을 계속 하기 힘들었을 거예요. *Frazier, 18*

허리케인 미치가 온두라스 전역을 휩쓸고 갔을 때, 니코 프라이스는 사진기자와 함께, 생후 3개월 된 아기를 키우는 17살밖에 되지 않은 엄마 마리아와 바나나농장에서 일하는 아빠 호세를 밀착취재했다. 이들은 집이 물에 잠겨 가까운 고속도로 위에 천막을 치고 생활하고 있었다. 뜨겁게 달아오른 아스팔트 위에서 그들은 언제 올지 모르는 식량원조만을 기다렸다. 호세는 물에 잠긴 들판을 헤엄쳐 다니면서 바나나를 몇 개 주워왔고, 이것은 이들 가족이 일주일만에 처음 먹는 음식이었다. 아기가 열이 나 응급진료소에 갔는데, 67명이 줄을 서있었고, 결국 6시간이 지난 뒤에야 겨우 진찰받을 수 있었다.

> 지금은 기자의 사회의식에 대해 별로 신경을 쓰지 않는 것 같아요. 그저 새로운 소식이나 취재해서 전해주면 그만이라고 생각하는 건지… 사람들도 그런 걸 선호하는 것 같고… 어쨌든 그들을 취재하면서 가까워졌어요. 그들도 마음을 열기 시작했죠. 그러다가 어느 순간 그들 부부 사이에 '가정폭력'이 존재했다는 사실을 알게되었어요. 남편이 이따금씩 아내를 때렸다고 하더군요. 이것 때문에 데스크에서 뜨거운 논쟁이 벌어졌죠. 이걸 어떻게 처리할 것인지… 나는 사실을 있는 그대로 써

야 한다고 생각했어요. 그런 상황이 드문 것도 아닐테고, 그래서 그들이 말하는 것을 그대로 기사에 쓰면 된다고 주장했죠. 어떤 에디터들은 기사가 나가면 아이에게 평생 잘못된 굴레를 씌워줄 수 있다고 말하면서 기사 전체를 '킬'하자고 주장했어요… 그건 정말 누군가의 개인적인 이야기 속으로 파고드는 취재였는데, 지금은 그런 취재를 보기 힘든 것 같아요… 자원을 더 아껴 써야 하고, 우선순위도 많이 변했죠. 하지만 그런 기사들이 지금도 많이 나와야 한다고 생각해요. 그런 취재를 할 수 있던 시절이 그립네요.[10] *Price, 21-22*

오늘날 AP는 미디어경쟁에서 살아남기 위해, 즉각적이고 짧은 업데이트가 필요한 뉴스와 많은 시간을 쏟아야 하는 차별화된 심층보도를 병행하기 위해 노력하고 있다. 인터넷이라는 거대한 밀물이 몰려오자 거의 모든 언론사들은 인터넷에 조금이라도 빨리, 그리고 끊임없이 뉴스를 공급하는 전략을 선택했다. 하지만 이러한 전략은 '밑 빠진 독에 물 붓기'라는 사실이 드러나면서 최근에는 '임팩트'있는 기사를 쓰는 것으로 전략을 바꾸고 있다.*McDowell, 17; Foster, 13* 몇 십년 동안 유지되어온 AM·PM 마감사이클도 깨지고 조간·석간에 따라 문장을 고쳐쓰는 관행도 사라졌다.

문제는, 더 짧은 시간에 더 영향력있는 기사를 써야 한다는 것이다. 스페인에서 경제위기가 심각해지면서 모기지대출을 갚지 못하여 쫓겨날 상황에 처한 몇몇 사람들이 자살하는 사건이 발생했다. 이러한 상황의 심각성과 맥락을 제대로 드러내 보여줄 수 있는 전형적인 인물을 한 명 찾아

---

10 Niko Price, "For newborn and others, Hurricane Mitch means sickness, hardship," The Associated Press, December 27, 1998. 기사는 마리아가 남편을 처음 만났던 시절을 회상하는 장면에서 부부 사이에 폭력이 있었다는 것을 언급한다.
"남편은 나를 보고 '나가 뒈져!'라고 소리치며 때리기도 했어요." 그 때 일을 물어보자 호세는 '그 이야기는 하고 싶지 않다'고 말했다.

내는데 얼마나 걸릴까? 며칠이 아니라 3-4주가 걸렸다(4장에서 이야기한 내용이다).[11]

> [에디터들과 회원사들이 원했던 것은] 자살사건이 벌어졌으니 하루빨리, 그러니까 3-4일 이내로, 늦어도 1주일 이내로 이 사건을 취재하라는 것이었죠. 그것도 영상과 사진과 장문의 텍스트기사까지 패키지로 만들어내라는 거예요. 그런데 막상 취재를 하고 기사를 완성하는데, 3-4일이 아니라3-4주가 걸렸어요. 결국 힘들게 완성해냈지만… 회원사들은 내 기사를 거의 쓰지 않았죠.*Clendenning, 17*

특파원들은 아무리 급하더라도 신뢰성과 정확성은 포기해서는 안 된다고 말한다. 두 눈으로 직접 목격하고, 부지런히 검증과정을 거치지 않으면 안 된다. 라웁은 특히 엄청난 사건에 대한 보도가 다른 곳에서 쏟아져 나올 때, 기사를 보류하기 위해서는 상당한 용기가 필요하다고 말한다. 2011년 그녀가 카이로뉴스룸에 있을 때 호스니 무바라크 대통령이 사임했다는 보도가 다른 언론사에서 특종으로 나왔다. 그녀는 아랍어를 구사하는 기자에게 공식성명을 확인해달라고 했고, 결국 번역이 잘못되었다는 결론을 얻었다.

> 중동에디터의 얼굴을 바라보던 기억이 나네요. 그의 말을 믿을 것인지 잠시 고민하다가 담담하게 말했죠. "좋아, 일단 보류하자." 하지만 압박은 정말 엄청났어요. 그 보도가 사실이라면, AP는 보도경쟁에서 몇 시간이나 뒤처지는 거잖아요… 특종경쟁 속에서 신뢰성과 정확성은 갈

---

11   Alan Clendenning, "Spaniards hope for eviction reprieve amid crisis," The Associated Press, December 10, 2012.

수록 하찮게 여겨지는 것 같아요. 제대로 된 언론사라면 이러한 기준을 가볍게 여겨서는 안 됩니다._Laub, 14_

2000년대 중반 바그다드지국을 이끌었던 스티븐 허스트는 속도경쟁에 휘말리다보면 '하루이틀만 지나도 전혀 가치가 없다고 여겨질 만한' 기사조차 마구 남발할 수 있다고 말한다._Hurst, 13_ 다른 언론사들은 이미 사망자 수까지 보도하고 있는 와중에 로젠블럼은 확인되지 않았다는 이유로 보도를 보류했다.

> 그건 쓰레기야. 그저 빨리 선점하려고 하는 얄팍한 속보에 불과했지. 장사꾼들이나 하는 짓이야… 누군가 대통령을 쐈다고 할 때 바로 확인할 수 있다면 좋겠지만… 사실 확인을 위해 4분을 기다려야 한다면, 그 정도야 봐줄 수 있지… 지금은 뭐, 다들 잘못된 보도를 내더라도 언제든 고치면 그만이라고 생각하는 것 같은데… 언론이 절대 그래선 안 되지. 첫째, 보도는 고친다고 고쳐지는 게 아니야. 둘째, 의무론적으로 봤을 때, 가장 중요한 것은 처음부터 틀리면 안 된다는 거지. 이건 자신이 싼 똥을 치울 수 있느냐 없느냐 하는 문제가 아니야._Rosenblum, 15_

마커스 엘리아슨은 북아일랜드에서 벌어진 IRA(아일랜드공화국군) 폭탄테러를 보도하면서 시간에 쫓겨 실수를 저질렀다. 현충일에 영국군악대를 공격한 것이 IRA에게는 '빛나는 공적'이 될 것이라고 기사에 썼는데, 이는 그의 추정에 불과했을 뿐 직접 확인한 것이 아니었다. 수십 년이 지난 지금도 그는 이때 일을 후회하고 있다.

> 몇 시간만 여유를 두고 확인했다면 그렇게 쓰지 않았을 거야. 그 폭

탄공격으로… 민간인들만 죽었거든. 개신교, 가톨릭 신자들이 죽었는데… 아빠 손을 잡은 채 돌에 깔려 죽은 여자아이도 있었지. 여기저기 사람들이 쓰러져있었어. 너무도 끔찍했지. IRA에게는 정말 큰 약점이 될 사건이었는데… 나는 큰 실수를 저지른 거야. 압박감을 이겨내고 좀더 분석을 하고 이 사건이 무엇을 의미하는지 살펴볼 필요가 있었는데… 뉴욕으로부터 속보취재 압박을 받아서 그랬던 것은 아냐… 내가 실수한 것이고, 그래서 곧바로 다시 기사를 쓰고 정정보도를 내보냈지. 어떻게 마무리되었는지는 완전히 기억할 수 없지만… 그나마 그런 실수는 예외적인 것이었다는 점만은 자신있게 말할 수 있지.[12] *Eliason, 9*

실시간 모바일접속이 가능해지면서 속도에 대한 압박은 특파원들의 목을 더욱 옥죄어오기 시작했다. 1978년 8월 어느 일요일, 빅터 심슨은 교황 바오로 6세가 서거했을 때 로마에서 홀로 야간근무를 하고 있었다. 주요한 인물들이 사망할 기색이 보이면 AP는 회원사들에게 미리 기사를 준비할 수 있도록 '기사예고'를 발송한다. 그날 밤 심슨은 뉴욕데스크로 '사망예고'를 발송했고, AP는 일처리를 도와줄 동료특파원을 로마지국으로 급파한다.

　중요사건이 발발했을 때 AP로 들어오는 취재확인요청은 1분 안에

12　Marcus Eliason, "Bomb likely to revive IRA morale after setbacks," The Associated Press, November 8, 1987; Marcus Eliason, "Catholic revulsion and fear of protestant backlash over bomb," The Associated Press, November 9, 1987. 두 번째 기사에서는 IRA의 주장도 싣는다.
　IRA는 이번 작전이 군인들을 살해하기 위한 것이었으나 '너무 빨리 터지는 바람에' 민간인 사상자가 나왔다고 주장했다. 하지만 이 공격은 아일랜드과 영국에서 개신교와 가톨릭 신자들 사이에서 그들에 대한 여론을 악화시킨 결과만 불러왔다.

40개 가까이 되지… 쏟아져들어오는 질문과 메시지를 정리해줄 사람이 필요해.*Simpson, 20*

20년이 지난 시점에 존 라이스는 쿠바에서 교황 요한 바오로 2세가 곧 방문하는 것에 대한 언급이 담겨있을 것으로 예상되는 피델 카스트로의 연설을 취재했다. 현장이 아닌 방송을 들으면서 기사를 썼기 때문에 기사를 훨씬 빠르게 전송할 수 있는 상황이었다. 하지만 그 공산당 지도자는 세 시간이나 연설을 했음에도 로마교황에 대해서는 전혀 언급하지 않았다. 기사가 오지 않자 뉴욕에디터가 전화를 걸어왔다.

거의 소리를 지르다시피 물었어요. "뭐라고 해요? 뭐라고 해요?" "아무 말도 없는데…" 통화를 하는 도중에 마침 교황에 대한 언급이 나오더군요. 라디오로 연설을 들으면서, 두 문장이 끝나자마자… 곧바로 타이핑을 시작해서 뉴욕으로 기사를 전송했어요.*Rice, 12*

AP의 베테랑특파원 에디 레더러는 지칠 줄 모르는 체력으로 유명하다. 레더러는 AP의 UN대표특파원으로서 UN총회를 취재하면서 일요일에도 나가 인터뷰를 했다.

사실확인을 위해 그 정도 시간을 더 쓰는 건… 지금과 비교하면 아무것도 아니야. 그때는 본사와 현장과 데스크를 즉각 연결시켜주는 위성전화가 있던 시대가 아니었기 때문에, 현장상황에 따라 스스로 결정을 내리면서 움직일 수 있었거든. 지금보다 자율성이 훨씬 컸어. 1만 킬로미터 밖에서 세세한 것까지 관리한다는 것은 전혀 가능하지도 않았고… 뉴스를 조금이라도 빨리 전신으로 보내기 위해 경쟁하기는 했지만, 그래도 지금처럼 24시간 대기할 정도는 아니었어.*Lederer, 4-5*

"내 기사에 오줌싸지 말고, 손대지 마"

특파원과 데스크의 갈등

AP특파원들은 대부분 해외에 파견되기 전, 데스크에서 에디터로서 경력을 시작한다. 그리고 나중에 특파원으로 활동하다가도 상황에 따라 잠시나마 에디터로 복귀하기도 한다. 유럽지역 수석에디터 프라이스는 이렇게 말한다.

> 에디터들은 자신의 경험을 바탕으로 [현장특파원들에게] 불가능한 지시를 하지 않기 위해 배려하고… 가끔은 자신이 불가능하다고 여겼던 일을 특파원이 해내면 함께 기뻐합니다.*Price, 27*

어쨌든 특파원들은 취재과정에서 '뉴욕을 상대해야만' 했다. 뉴욕데스크는 어떤 기사를 전송할 것인지, 어떻게 쓸 것인지 최종결정을 내리는 AP의 모든 국제뉴스를 지휘하는 본부역할을 수행했다. (2000년대 멕시코시티, 런던 등 지역허브데스크를 구축하면서 지금은 권한이 많이 분산되었다.)

이 책에서는 특파원들의 취재과정에 초점을 맞추기 때문에 기사편집에 관해서는 다루지 않는다. 여기서는 기사선정과 최종편집 과정에서 일어나는 현장특파원과 데스크 사이의 역학관계에 대해서만 이야기한다. (특파원과 에디터의 팀웍과 취재지원 등에 관한 이야기는 다른 챕터에서 상세히 다뤘다. 예컨대 전쟁취재를 할 때는 여기저기에 흩어져있는 기자들이 보고하는 정보를 에디터가 종합해서 기사를 작성하기도 하고, 특파원들이 고립되었을 때 에디터가 군용헬리콥터를 수배해 보내주기도 한다.)

"취재하는 사람은 납니다."

특파원은 기본적으로 의제를 설정할 줄 알아야 한다. 자신이 취재하고자 하는 이유를 정당화할 줄 알아야 한다. 사안에 대해 누군가 어떤 편향이나 관점을 가지도록 요구하거나 압박한다고 해도 휘둘려서는 안 된다. 이는 기자가 지켜야 하는 원칙이다. 내가 인터뷰한 AP특파원들은 누구도 어떤 이념, 정치적 견해, 국가적 노선에 따라 기사를 쓰라는 요구를 에디터에게 들어본 적이 없다고 대답했다. *e.g., Alexander, 33; Doelling, 17; Erbsen, 20*

1990년대까지만 해도 뉴욕과 소통할 수 있는 수단은, 전문약어가 난무하는 국제전보, 느릿느릿한 텔렉스, 연결되기가 쉽지 않지만 비싸고 감청도 되는 국제전화밖에 없었기 때문에, 특파원들은 '다음엔 무엇을 취재할까' 고민하면서 '혼자만의 행복한 시간'을 가질 수 있었다. *Tatro, 6; Gray, 37* 디지털시대 이전에는 현장 밖의 의견, 배경지식, 심지어 면밀한 질문을 참조하기는 하더라도 '현장을 직접 살펴보고 외부의 영향을 받지 않는 자율성'을 중시했다. *Lederer, 8; Daniszewski, 5; Seward, 6; Price, 6*

하지만 커뮤니케이션 속도가 빨라지면서 실시간으로 보도하는 언론사들이 여기저기 생겨나면서 에디터들의 생각도 미묘하게 달라지기 시작했다.

> "현장에서 직접 취재한다는 것은 매우 어려운 일이죠. 무슨 기사를 쓸 건지, 그걸 어떻게 취재할 건지 현장에서 잘 알아서 판단해낼 거라고 믿습니다."… 이런 식으로 생각하는 에디터들은 이제 없어. *Crary, 7*

특파원들은 미국의 주요신문사들의 보도를 보고 '매칭'기사를 써달라고 에디터들이 요청해 올 때 가장 불쾌하다고 말한다. 2000년대 들어서면서 AP는 뉴욕에서 중앙집중식으로 국제뉴스를 총괄관리하던 체제를 지역허브체제로 전환했다. 이제 에디터들은 기자들의 옆 방으로, 적어도 기자들과 비슷한 시간대에 일하게 된 것이다. 좀더 쉽게 상호작용할 수 있게 되면서 마감시간에 다다라 급박하게 기사를 요청하거나 다시 기사를 써달라고 요구하는 일도 크게 줄었고, 궁금증이 생겼을 때 바로바로 물을 수 있게 되었다. 중동과 동남아시아의 특파원들은 이러한 변화가 반가웠다.

> 이곳 이스라엘은 뉴욕보다 다섯시간 빨라요. 아침에 모여서 무엇을 취재할지 결정하고 각자 현장으로 나가 열심히 취재하고 이제 하루를 마무리할 때쯤, 뉴욕데스크에서 전화가 오죠. 이제 막 오전회의가 끝났다고 하면서… "예루살렘에서 이런 걸 취재하면 정말 좋은 기사가 나올 거 같은데?"… 그런 이야기를 들을 때마다 얼마나 맥이 빠지는지… 하지만 지역허브로 바뀌면서 이런 일은 크게 줄었어요. *Laub, 17*

> "이런 앵글이 필요한데!" "아, 거기에 대한 정보는 취재하지 않았는데… 거기에 대한 코멘트는 따지 않았는데… 그런 사진은 없는데…" "안돼. 그게 필요하다고. 《뉴욕타임스》에 이게 나왔다고…" 이런 것 때문에 싸울 일은 많이 줄었죠. 바람직한 일이에요. *McDowell, 6; Bryson, 20*

가끔은 에디터들이 취재내용을 (그리고 현장이 생각처럼 말끔하게 정리되어있지 않다는 사실을) 이해하지 못하는 경우도 있다. 그래서 도저히 불가능한 취재를 요청하거나 더 나아가 취재내용에 의문을 제기하는, 이른바 '고상한 논설위원' 같은 지적을 할 때 특파원들은 반발한다. 한 특파원은 넬슨 만델라가 감옥에서 석방된 직후 남아프리카공화국의 미래를 전망하는 기획기사를 쓰면서, '이제 남아프리카공화국은 이 모든 상황을 평화롭게 헤쳐나갈 수 있을 것으로 보인다'라는 낙관적인 전망을 강조하며 마무리하려고 했는데, '뉴욕의 윗선들'은 이러한 전망을 미심쩍어 했다.

> 자신들이 생각하는 결론과 어긋나는 결론이 나오니까 나를 의심하더군. 나한테 정말 그렇게 낙관적인 결론으로 끝맺을 생각인지 다시

물어보더라고. "네, 정말 그렇게 될 거라고 생각해요." 나는 정말 그렇게 믿었거든. 그래도 여기서 3년 6개월을 살았는데… 나도 보는 눈이 있다고. 나의 논조를 관철시키기 위해서 투쟁을 해야만 했어. 그렇게 나간 기사는 결국 나의 자랑거리가 되었지. 내 전망이 맞았거든.*Crary, 8*

쿠퍼먼은 소비에트연방이 해체되는 기간에 데스크로부터 '소련의 경제침체가 미국에게는 어떤 의미인지, 어떤 의미일 수 있는지, 또는 소련경제에 미국이 어떤 식으로든 영향을 미치지는 않았는지 좀더 자세히 취재해달라는' 요청을 계속해서 받았다. 하지만 아무리 생각해봐도 미국과의 연관성은 찾을 수 없었고, 그래서 끝까지 이 문제에 대해 기사에서 언급하지 않았다. 고르바초프가 사임한 역사적인 사건을 보도하는 기사에서도 12번째 문단에서야 겨우 '부시대통령이 방송연설을 했다'는 사실을 한 번 언급하는 것으로 끝냈다.[13]*Cooperman, 22*

2003년 이라크전쟁이 눈앞에 다가왔을 때, 핸리는 전쟁의 명분인 '대량살상무기'에 대한 확실한 증거가 없다는 사실을 반복적으로 기사로 썼다. 마침내 미국이 침략을 감행했을 때 그가 쓴 기사는 다음과 같이 끝을 맺는다.

UN감독관들이 떠난 지금, 비밀무기 프로그램을 찾아내 그것이 진짜라고 전 세계에 증명하는 것은 이제 미군의 몫이 되었다.[14]

---

13   Alan Cooperman, "Gorbachev resigns, says has 'confidence' in Commonwealth's leaders," The Associated Press, December 25, 1991.

14   Charles J. Hanley, "As war unfolds, hard evidence of Iraq doomsday weapons remains elusive," The Associated Press, March 25, 2003.

막상 전쟁이 시작되자 에디터들은 헨리에게 '대량살상무기를 수색하는 미 군부대'를 따라 종군취재를 하라고 요청한다. 하지만 헨리는 대량살상무기 는 없을 것이기 때문에 시간낭비일 것이라고 거절하고는 바그다드로 향했 다. 아니나 다를까 그 수색부대는 나중에 빈손으로 바그다드로 돌아왔고, 헨리는 그 때 그들을 취재했다.*Hanley, 22/24*

이란-이라크 전쟁을 취재하던 한 특파원은 자신의 오랜 동료 앞에서 '멍청한 에디터놈들'을 향해 울분을 토하면서 욕을 했다.

> "이라크군의 포탄이 빗발치듯 쏟아지는 이란쪽 진영에 있는데… 사담 후세인 아들이 참전을 했는지 안 했는지… 그딴 걸 내가 어떻게 알아 낼 수 있겠냐고?"…*Fisk, 2005, 235*

에디터와의 싸움에서 특파원들이 늘 이기는 것은 아니다. 소말리아에서 알 렉산더는 다른 기자들이 몇 달 전에 썼던 고아에 대한 기사를 업데이트하 기 위해 황야를 가로질러 하루종일 운전해야만 했다.

> 어디 고아가 한둘인가? 지금 이곳에 고통받고 있는 아이들이 얼마나 많은데… 이 아이 한 명을 취재하기 위해 이렇게 시간을 낭비하는 게 말이 되냐고요?*Alexander, 28*

1980년대 후반 파월은 방글라데시에서 발생한 '국토의 4분의 1이 물에 잠 기는 홍수'를 취재해서 기사를 전송했다.

> 기사는 결국 나가지 못했어요.… 이걸 취재하기 위해 나는 방글라데시 에서 목숨을 걸고 헬리콥터에 매달리기도 했는데… 왜 이 기사를 내보 내지 않느냐고 따졌더니 이렇게 말하더라고요. "방글라데시는 원래 매

년 홍수가 나잖아요."… 정말 좌절할 수밖에 없었죠.*Powell, 9-10*

'에디터들이 원하는 것'을 미리 알아서 제공하기 위해 노력하는 특파원도 있지만,*Clendenning, 11* 자신의 뜻을 끝까지 밀고 나가 관철시키는 특파원도 있다.

> 정말 좋은 취재라고 확신하고, 좋은 기사라고 확신한다면, 언젠가는 빛을 볼 겁니다.*McDowell, 22*

탈레반이 장악하고 있는 지역처럼 위험한 지역을 취재하는 경우에도 에디터들의 걱정을 누그러뜨리기 위해 노력해야 한다. 이런 곳에 들어가 취재하겠다고 말하면 에디터들은 안전이 보장되지 않는다는 이유로 동의해주지 않는다.

> 바르다크에 들어가려면, 과장된 연설을 해야만 하죠. 왜 이런 취재가 꼭 필요한지, 어떻게 취재할 것인지… 물론, 안전 때문이죠… 특파원들에게 몇 가지 금지조항이 있는데, 모두 안전을 확보할 수 없다는 이유 때문이요. 그전에는 그런 거 없었거든요… 그래도 AP는 나의 역량을 존중해줄 거라 믿어요. 남들은 가시 못하는 곳이라고 해도 나는 들어가서 무사히 취재할 수 있다는 것을 알 거예요.*Gannon, 80-81*

한국전쟁 당시 데스포는 에디터에게 공수낙하를 하지 말라는 주의를 들었다. 알겠다고 말하고 전화를 끊자마자 곧바로 낙하산을 메고 뛰어내렸다.*Desfor, 6* 바그다드지국장 허스트는 2000년대 들어서면서 이라크내전이 심각해지자 에디터들과 기자들 사이에 논쟁이 자주 벌어졌다고 말한다.

우리는 늘 안전을 최우선으로 하라는 지시를 받았지. 앞마당에 로켓이 떨어져도 우리가 할 수 있는 것은 대피하는 것밖에 없었지만, 그래도 상당히 수준높은 안전지침을 준수했어… 카이로데스크의 에디터들은 안전에 대해 더 신경을 썼기에, 우리가 생각하는 것보다 훨씬 높은 수준의 안전지침을 요구했지… 하지만 그런다고 기자들이 말을 듣나? 자신들이 알아서 취재결정을 내리지. 나는 그저 이의를 제기하지 않는 방식으로 그들 편을 주었지.*Hurst, 10*

실제로 이 시기에 카이로데스크에서 에디터로 일하던 샐리 버즈비는 '안전지침'을 둘러싼 특파원과 에디터 사이에 갈등이 있었다고 증언한다.

취재과정에서 겪는 문제를 에디터들이 이해하지 못한다는 특파원들의 불만이 이만저만이 아니었어요. 갈등이 심해지자 카이로데스크는 결국 에디터들에게 2주씩 바그다드로 가서 직접 취재를 해보라고 지시했죠.*Buzbee, 12*

반대로 데스크에서 특파원들에게 위험한 임무를 요구하는 경우도 있다. 알제리내전 당시 뉴욕데스크는 알제의 현지인 기자에게 '거리에 나가' 사람들을 인터뷰해달라고 요청했다. 당시 파리에 근거지를 두고 활동하던 특파원은 그러한 취재요청을 거절했다.

이것들이 정말 제정신인가? 거기가 얼마나 위험한데… 나는 절대로 그에게 취재명령을 전달하지 않을 거라고 큰소리쳤지. 하지만 그 친구는 자신이 알아서 취재를 하고 기사를 쓰더군. 그의 헌신에 나는 정말 깊은 감명을 받았어.*Crary, 15*

현장상황이 데스크에서 생각하는 것과 완전히 다른 경우도 있다. 특파원들이 현실에서는 일어나지 않을 것 같은 지나치게 극적인 이야기를 전하거나, 취재하기 어려워보이는 놀라운 뉴스를 너무도 손쉽게 취재하여 전할 때도 있다.*Seward, 11*

소말리아에서 기사를 보낼 때 몇 번은, 뉴욕에 있는 보스들에게 내가 페요테(마약)로 인해 환각에 빠진 상태가 아니라는 사실을 알려줘야 하지 않을까 걱정이 되는 경우도 있었어요.*Alexander, 17*

리드가 수천 킬로미터 떨어진 이라크에서 미군이 인권침해행위를 하고 있다는 기사를 전송했을 때, 뉴욕의 에디터들은 다시 한번 사실확인을 요구했다. 이런 기사는 오랜 기간 쌓아온 경력도 한 순간에 날려버릴 수 있는 중대한 이슈이기 때문이다. 반면, 2003년 미국이 이라크를 침공했을 때 리드가 묵고 있던 바그다드 팔레스타인호텔이 미군의 공격을 받을 때 리드는 AP카이로지국에 전화를 걸었다. 방탄조끼 위에 스포츠재킷을 입고, 주머니에는 AP지국 예산 1만 5,000달러를 현금으로 넣은 채, 신호연결을 기다리며 복도를 왔다갔다 했다. 결국 세 번 시도 끝에 연결이 되었다.

연결되자마자 다짜고짜 말했지. "지금 공격당하고 있어." 한참을 아무 말도 하지 않더니 이렇게 말하더군. "누구시죠?" "누구냐고? 누구냐고? 누구라고 생각되나? [웃음] 전화 걸어서 이런 말 할 수 사람 또 있나?"*Reid, 70; AP Oral History, Reid, 2009, 93*

1989년 미국이 파나마를 침공했을 때에도 이러한 초현실적인 경험을 한 특파원이 있다. 미군이 헬리콥터를 타고 파나마시티로 이동하면서 로켓을 발사하는 상황을 메모한 뒤 멕시코지국에 전화해서 불러줬다.

자연스러운 질문이 따라나왔지. "출처가 어디죠?" "저기, 헬레콥터 소리 들리죠?" 전화기를 하늘로 치켜 올렸어. 그 때 마침 바로 뒤에 있는 식료품점에 로켓포탄이 떨어지더군. "로켓 터지는 소리도 들리죠?" "오, 정말 그렇네요." "이게 출처예요. 진짜예요. 지금도 계속되고 있어요." *AP Oral History, Aguilar, 2009, 52*

데스크의 일방적인 기사수정

[1970년대 도쿄특파원 시절] 포린데스크 에디터에게서 메시지를 받았는데… '이러이러한 측면을 강조해서 기사를 다시 써달라'는 것이었지. 나는 이렇게 답신을 보냈어. "당신이 그렇게 쓰시오. 바이라인에 당신 이름을 넣고, 뉴욕 날짜를 기입하시오." 기자가 실제 사실보다 외교적인 이슈를 우선하는 게 말이 돼? *Anderson, 2/7*

특파원들은 에디터들이 기사를 고쳐쓰기도 하고 구성을 바꾼다는 사실을 잘 알고 있었다. (물론, 그러한 편집으로 원고가 더 좋아질 수 있다는 사실도 인정한다.) 의사소통을 하는 데 시간이 많이 걸리고 또는 연락조차 쉽지 않던 시기에는 에디터들이 특파원과 상의도 하지 않고 다른 곳에서 얻은 정보를 추가해 집어넣기도 했다. 한 중동특파원은 자신이 작성한 기사에 워싱턴의 반응을 추가해 넣은 것에 대해 이렇게 이야기한다.

기사 곳곳에 '이 사건에 대해 워싱턴은 뭐라고 말했다'라는 문장이 들어가있는 걸 보고는 그 인간들 목을 비틀고 싶었어요. *Powell, 6*

파일은 베트남전쟁을 취재할 때 특파원 누구도 '데스크에서 기사에 손을 대는지, 여러 기사를 합치고 정제해서 동질화하는지 몰랐다'고 말한다. *Pyle, 11*

619

한국에서 앤더슨은 박정희 암살 이후 등장한 군사독재체제에 대한 미국의 반응에 관한 기사를 썼다. 이 기사 속에 익명으로 보도하기로 약속한 미군 취재원이 등장하는데, 에디터들은 일방적으로 그의 이름을 기사 속에 삽입하여 내보냈다. 화가 난 앤더슨을 AP를 그만두겠다고 했다.

인터뷰를 마치고 돌아와서 '군의 고위인사'의 코멘트를 인용한 기사를 전송했지. 데스크에서 이 부분이 정말 중요하다고 하면서, 좀더 구체적인 출처를 제공할 수 없냐고 묻더군. 나는 안 된다고 거절했지. '군의 고위인사'라고만 밝히기로 약속했다고 말했어… 그런데 에디터들이 실명을 넣어버린 거야. 기사가 나오자 그 사람은 나에게 심하게 화를 냈어. 뉴욕에서 일방적으로 그렇게 한 거라고 말했지만, 나보고 꺼지라고 하더군… 그런데 에디터들은 실명을 어떻게 알아냈을까? 알고 보니, 기사를 쓰는 동안 나온 《뉴욕타임스》 초판에 똑같은 인터뷰가 실명으로 나온 걸 보고 그걸 넣은 거야. 그러면 미리 나한테 연락을 해서 이야기라도 해줬으면, 내가 그 장군에게 연락하든가 군홍보부서에 연락해서 '《뉴욕타임스》에서 당신 이름 깠던데, 저도 까도 되지 않을까요?' 물어보기라고 하지. 안 그래? 그러면 그런 수모는 안 당했잖아. 아무리 뉴욕본부라고 해도 현장에 있는 나의 의견을 무시할 권한은 없잖아? 내가 군과 약속한 것을 왜 깨냐고?… 자신들의 진실성을 지키겠다고 나의 진실성은 더럽혀도 좋아? 나는 특파원 못해먹겠다고 큰소리쳤지. "내 원고에 오줌싸지 말고, 내 기사 손대지 마." 본사는 나를 달래느라 애를 먹었어. 그렇게 싸우지 않았다면 아마 나는 줄곧 동네북이 되었을거야. *Anderson, 7*

내가 인터뷰한 바에 따르면, 특파원들이 지난 80년 동안 작성한 수만 개 기사 중에 AP데스크가 정치적인 고려나 국내정세의 민감성 때문에 중요한 취재내용을 삭제한 사례는 단 한 번 있었다. 베트남전쟁이 한창이었을 당시 포린데스크에서 이제 막 업무를 시작한 심슨은 철야근무를 하다가 이 사건을 목격했다. 사이공지국의 피터 아넷이 '미군들이 캄보디아 마을을 지나가면서 약탈한다'는 내용의 기사를 전송했는데, 포린데스크에서 이 부분을 일방적으로 삭제하고 배포한 것이다.*Simpson, 27-30* 이 사실이 문제가 되자 AP데스크는 군대가 이런 행동을 하는 것은 전혀 '뉴스거리'도 아니며, 여론만 들끓게 할 수 있어서 뺐다고 변명했다.*Arnett, 1994, 267*

하지만 미국 이외 지역으로 기사를 전송하는 월드데스크에서는 이 기사에 전혀 손을 대지 않은 것으로 밝혀졌다. 데스크의 개입으로 사이공지국의 분위기가 '험악해지자' AP의 대표였던 갤러거는 미국언론에도 이 기사를 그대로 전송하라고 명령한다. 동시에 베트남에서 오는 기사는 앞으로 모두 포린데스크에서 처리하라고 명령했으나, 몇 달 뒤 이 명령은 취소되었다.

갤러거는 나중에 데스크의 개입은 잘못된 판단이었다고 인정했다. 당시 사이공에서 근무했던 직원들은 갤러거가 에디터와 미국정부의 압력 속에서 굴복하지 않고 자신들을 지지해주었다고 회상한다. 갤러거 역시 제2차 세계대전 때 전선을 누빈 베테랑특파원이었다.

테크놀로지의 발전과 취재방식의 변화

지난 수십 년 동안 통신기술의 발달은 특파원의 취재환경을 크게 바꿨다. 훨씬 빠르고 쉽게 커뮤니케이션할 수 있게 되면서 취재할 수 있는 시간도 늘어나고 행동반경을 넓어졌다. 반면에 에디터가 개입할 수 있는 여지를 넓혀주기도 했다. 커뮤니케이션기술이 발전하면서 글을 쓰는 기자들은 팩스에서 웨이보까지 '새로운' 미디어를 활용해 더 많은 정보를 찾고 다양한 형식의 미디어까지 참조해야 한다.

하지만 기사를 전송하는 기술은 비교적 서서히 발전했다. 분쟁지역 밖으로 검열을 피해 기사를 날라주는 '비둘기'는 사라졌지만, 그 자리에 텔렉스라고 하는 투박하게 생긴 기계가 들어왔다. 고작 몇 백 단어를 전송하기 위해 특파원들은 몇 시간을 씨름해야 했으며, 전신소를 지키던 검열관이 지국 안으로 들어오는 계기가 되었다. 또한 전쟁과 혁명의 현장에서 기자들은 조금이라도 빨리 특종을 전달하기 위해 공중전화박스 앞에서 진을 쳤다. 위성전화기와 무선통신이 나오면서 특파원들은 이제 외딴 현장까지 마음대로 취재를 나갈 수 있게 되었다.

1990년대 특파원들은 중동이 사막과 남아시아 정글 속으로 타자기를 질질 끌고 다녀야 했지만, 2000년대에 들어서면서 이는 간편한 위성전화로 대체되었다. 무자헤딘이나 미군에게 뺏기지만 않는다면 최전선까지 들어가 끊임없이 연락을 주고받을 수 있었다.

하지만 이러한 현상으로 인해 마감압박은 더욱 커졌으며, 사실확인과 분석 측면에서 오류가 발생할 확률은 더욱 커졌다. 인터넷을 활용한 온라인플랫폼의 출현은 통신사와 언론사들을 끝없는 속보경쟁으로 몰아넣었으나 이는 밑 빠진 독에 물을 붓는 격이라 할 수 있다.

오늘날 뉴스미디어들은 어떻게든 속보성을 유지하면서 동시에 독자를 사로잡을 수 있는 심층적인 이야기를 제공해야 한다는 딜레마 속에서 고전하고 있다.

현장상황에 대한 데스크의 이해부족은 특파원과 에디터의 갈등의 주요원인이 되어 왔다. 데스크의 막연한 취재요청으로 특파원들은 격분할 때도 있고, 뉴스의 가치에 대한 다른 판단으로 인해 특파원과 에디터가 다투는 경우도 있다.

특파원들이 작성한 기사는 에디터의 손을 거쳐 독자들과 만난다. 특파원들은 오랫동안 해외뉴스에 대해 독자들이 얼마나 관심을 갖는지, 또 어떻게 해야 독자의 관심을 끌 수 있는지, 또 자신이 쓴 기사가 독자들에게 어떤 영향을 미치는지 알고 싶어했다. 다음 장에서 살펴볼 주제다.

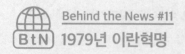

"밥! 뛰어요! 제국근위병이 돌아왔어요!"

통역을 해주는 알리가 달려오면서 소리쳤어. 순간 멈춰서 돌아보니, 이제 막 모퉁이를 돈 센츄리온 탱크가 기관총을 난사하며 다가오고 있더군.… 우리는 죽을 힘을 다해 뛰었지. 다행스럽게도 반쯤 건물이 완성된 공사장이 눈에 띄어… 그곳으로 뛰어들어 몸을 숨겼고, 기관총알은 쌓여있는 자갈을 맞고 튕겨나갔지. 그런데 탱크가 계속 우리를 향해 전진해오는 거야… 이제 우린 죽은 목숨인가…

그런데 갑자기 한 무리의 사람들이 나타났어. '인민무자헤딘' 소속이라고 나중에 밝혀진 이들인데… 휘발유를 가득 채운 콜라병이 한 가득 들어있는 코카콜라 상자들을 꺼내놓고는 탱크를 향해 달려들기 시작했어… 탱크가 방향을 틀려고 하는 것 같았는데… 주춤하더라고, 뭔가 탱크가 기동하는 데 문제가 생겼나봐… 결국 탱크의 후면은 크게 타격을 입었고 거기 부착되어있던 연료통에 불이 붙었지… 결국 탱크는 후진을 해서 그곳을 겨우 빠져나갔어. 정말 위험천만한 순간이었지…

알리가 한 상인에게서 전화기를 빌려와서… 사무실로 전화를 했지만, 전화선 상태가 엉망이어서 거의 들리지도 않았어. 테헤란지국장이 전화를 받았는데, 나한테 다짜고짜 소리를 지르더군.

"빨리 거기서 빠져나와! 이제 그만 취재하고 복귀해. 4시부터 통행금지 래. 길에서 보이는 사람은 모두 쏴 죽인대!"

내 말은 듣지도 않더군⋯ [웃음] 우리는 허겁지겁 거리에 나가 지나가는 차를 잡고 좀 태워달라고 부탁했지. 하지만 아무도 우리를 태워주지 않았어. 내가 미국인이었기 때문이야.

제국근위병이 곧 돌아올 거라고 하면서 사람들은 서둘러 대비를 하더군. 길 한가운데 가구를 쌓아서 바리케이드를 설치하고 화염병을 만들기 시작했어. 모두들 무섭도록 빠르게, 마치 쥐가 사방을 뛰어다니는 것 같았지⋯ 알리가 이렇게 말했어.

"저희 집으로 가시죠. 사무실로 돌아가는 건 불가능합니다."⋯

[다음날 아침] 출근을 했더니 지국장이 말하더군.

"어제 있었던 일을 기사로 써서 전송하게."⋯

나는 사무실에 앉아서 마그네틱테이프를 펀칭하기 시작했지. 하지만 결국 그 기사는 누구에게도 전송할 수 없었어. 혁명세력이 거의 모든 통신망을 차단해버렸기 때문이지. 뉴욕으로 보내려다 실패하고, 런던으로 보내려다 또 실패하고⋯ 키프로스의 수도 니코시아에 보내려고 했으나 그것도 실패했어.

나는 그때까지도 계속 펀칭을 하고 있었는데, 펀칭을 하는 와중에⋯ 문득 그런 생각이 들더군. '어, 오늘 일요일이잖아! 어차피 연락이 된다고 해도 사무실에 아무도 없을텐데⋯'

그러다 도쿄가 떠올랐어. '거긴 누군가 있을지 몰라.' 결국 우리는 도쿄로 기사를 전송하는 데 성공했지. 나는 알람 키를 켜서 이렇게 펀칭을 했어.

"이걸 읽을 수 있는 사람이 있는가?"

625

잠시 후 텔렉스가 들어왔어.[웃음]

"그래, 지국 전체가 다 읽을 수 있다."

그러던 중 갑자기 현지인 한 명이 달려들어오면서 포효하듯이 소리쳤어.

"끝났다, 끝!"

"무슨 말이야?"

"그 놈들이 호메이니에게 항복했어."…

나는 계속 펀칭을 하던 것에 이 소식도 넣었지. 이란혁명의 성공소식은 도쿄를 통해 퍼져나갔지.[15]
　아, 그런데… 그날 밤… 멍청한 이맘들이 국영라디오에 나와서 이렇게 말하는거야.

"외국인들을 모두 사냥해서 죽여야 합니다. 그들은 다 스파이예요."

덕분에 우리는 그날부터 가장 구석진 방에 들어가 불을 끄고 숨어지낼 수밖에 없었어. 분별력있는 자들이 라디오에 나와서 이 말도 안 되는 짓거리를 그만두라고 호소한 뒤에야… 우리는 겨우 나올 수 있었지.

Reid, 9, 28-32

15　Thomas Kent, The Associated Press, February 11, 1979.

12

AP
역사의 목격자들
FOREIGN
CORRESPONDENTS
IN ACTION

기자 양반,
이거 돈 받고 쓴 기사 아닙니까?

독자의 관심을 유도하고 피드백에 대처하기

12

"기자 양반,
이거 돈 받고 쓴 기사 아닙니까?"

독자의 관심을 유도하고 피드백에 대처하기

언론에게 가장 중요하면서도 골치 아픈 상대는 독자다. 특파원들은 해외소식을 전하기 위해 목숨을 걸지만, 먼 나라의 소식까지 챙겨보는 독자는 많지 않다는 것을 특파원들도 알고 있다. 어느 나라에 재난이 발생해 신문 1면에 대서특필되는 경우에도 별다른 차이는 없다.

따라서 특파원들은 그러한 독자들의 시선을 끌어들이기 위해 이야기를 구상하고 기사를 작성해야 한다. 물론 정확성, 신뢰성, 균형 등 기자의 윤리적 기준도 충실히 지켜야 한다. 그렇게 작성한 기사가 굉장한 주목을 받아 신문 1면에 실리거나 모바일화면 상단에 걸릴 때, 궁극적으로 한 아이의 생명을 살릴 수도 있고, 때로는 귀중한 시간을 허비하게 만들었다는 이유로 비난을 받을 수도 있다.

이처럼 세상 어디에나 존재하면서도 개별적으로 포착하기 어려운 독자라는 존재는 해외특파원의 기사 작성에 매우 중요한 요인으로 작동한다. 독자는 이야기 전달방식뿐만 아니라 기사 자체에도 상당한 영향을 미친다. 두 눈으로 직접 목격하고 힘들게 확보한 정보와 지식들을, 관심이 없던 사람들도 읽을 수 있게 하려면 어떻게 해야 할까? 특파원들의 영원한 고민이다.

누구를 위해 기사를 쓰는가?

어떤 이들의 관심사를 반영할 것인가?

미국의 언론사들이 소유한 비영리 협동조합이자 전 세계 수억 명의 독자를 보유한 통신사 AP에게, 독자를 유인하는 것은 물론 그 독자가 누구인지 파악하는 것은 상당히 어려운 문제다. 그 무수한 독자들이 이 기사를 이해할 수 있을까? 설명이 더 필요하진 않을까? 기분이 상하진 않을까? 기사에 관심을 가질까?

디지털시대가 도래하기 전, 그러니까 통신사의 기사를 신문지면이나 방송사 뉴스프로그램을 통해서만 접할 수 있던 시기에 특파원들은 대부분 외진 시골에서 '소젖을 짜는 사람들milkmen'을 위해 기사를 썼다.[1] 미국 중부 농촌지역에 사는, 가장 미국적인 중산층이 기사를 읽을 수 있어야 민주주의 사회의 근간이 되는 언론의 가장 기본적인 역할을 제대로 수행할 것이라고 생각한 것이다.

특파원들에게 직접 물었을 때, 그들은 자신의 가족 중에 호기심이 많은 사람을 상상 속 독자로 상정하고 글을 썼다고 말한다. 미주리에서 바쁘게 살아가면서도 세상사에 관심이 많은 부모님Bartimus, 15 또는 플로리다에 사는 할머니Bryson, 10 등 친근한 가족에게 '자신이 보고 듣고 맛보고 냄새 맡은 것'을 설명해준다는 느낌으로 글을 썼다. 하지만 중요한 사건에 대한 기사를 쓸 때는 한결같이 '공직자들이 더 책임감을 느끼도록 만들겠다'는 뚜렷한 목적의식을 가지고 글을 썼다.Heinzerling, 13

이 책에서 다루는 기간 동안 AP는 대부분 미국과 미국 밖 지역에 다른 기사를 전송했다. 다시 말해 미국독자들과 미국 밖의 독자들의 관심사를 별도로 고려하여 기사를 작성했다는 뜻이다. 예컨대 오스트레일리아에

---

1   이는 AP의 경쟁사인 UP에서 쓴 표현이다. Packard, 1950; Morris, 1957, 42; also Price, 12

서는 열 문단에 달하는 기사가 미국에서는 '해외토픽'으로 다뤄질 수 있었다. 심지어 미국 안에서도 지역에 따라 기사를 다르게 전송했다. AP는 미국의 각 지역마다 지국이 있어 중서부지역에서는 아무도 관심을 갖지 않을 법한 아이오와 상원의원의 외유도 취재한다.*Liu, 19; Erbsen, 18; Pennington, 13*

하지만 AP에 내재되어있는 가장 본질적인 고려사항은 바로 '미국인들이 기사를 어떻게 받아들일까' 하는 것이다. 이러한 관념은 기사선택과 스토리텔링에 모두 영향을 미친다.*Desfor, 14; Zeitlin, 9* 특히 '당연히 취재해야 하는' 속보뉴스 이외의 영역에서 더욱 두드러지게 영향을 미친다. 순회특파원 모트 로젠블럼은 AP의 회원사인 한 신문사 에디터의 조언을 마음에 깊이 새기고 있다고 말한다.

> "차드 거리에서 무슨 일이 벌어졌는지 말하지 말고, 차드 거리가 어떻게 생겼는지 말해 주게."*Rosenblum, 21*

1980년대 전설적인 포린에디터 폴로웻스키는 이런 말을 했다.

> 고향에 편지를 쓰는 것처럼 기사를 쓰라.*Polowetzky, 56*

나중에 국제에디터가 되는 존 대니젭스키는 첫 취재에 나설 때부터 이 말을 마음속에 간직했다고 한다.

> 폴란드 특파원으로 파견되었을 때 미국인으로서 눈에 띄는 것, 신기해 보이는 것들을 기사로 쓰기 위해 노력했지.*Daniszewsky, 4*

대니젭스키는 공산주의에 문제를 제기하는 기사를 쓴 적도 있는데, 자유유럽라디오Radio Free Europe는 그의 기사를 폴란드어로 번역하여 폴란드에 송

출하기도 했다.*also Seward, 3*

　　1990년대 중반부터 AP는 목표독자층을 서서히 옮기기 시작했다. 전 세계의 다양한 '지적이고 국제정치에 관심을 가진 독자들'을 새로운 독자로 설정한 것이다. 여기에는 당연히 취재하는 나라의 시민들도 포함되었다.*Foster, 11; also Crary, 13; Bryson, 10; Buzbee, 3* 이러한 경향은 21세기에 들어서면서 더욱 강해졌다. 무엇보다도 특파원 인적 구성이 다양해지고, 커뮤니케이션기술의 발달로 인해 먼 곳에 있는 독자들에게도 쉽게 다가갈 수 있게 되었기 때문이다. 특파원들은 독자에 따라 뉴스를 받아들이는 '감정적인 부담'이 상당히 달라질 수 있다는 것에 신경을 쓰고 있으며,*Eliason, 3* 알 수 없는 전세계 독자들의 관심사를 가늠하기 위해 노력한다.

> "내가 이것을 전달하려고 노력하는 이유는 무엇일까?" 기사를 쓸 때마다 고민을 해요. 미국이 이라크전쟁을 강행한 것에 대해 프랑스 외무장관이 한 말, 거리에서 부르카 착용을 금지하는 프랑스의 입법, 프랑스은행에서 발생한 무역스캔들 등… "이런 뉴스는 시카고에 사는 누군가에게 무슨 의미가 있을까? 이슬라마바드에 사는 누군가에게는 무슨 의미가 있을까?"*Doland, 14*

이슬라마드에서 만난 개넌은 나에게 이렇게 말했다.

> 나는 미국의 독자를 위해 글을 써야 한다고 의식하지 않아요. 캐나다의 독자, 파키스탄의 독자를 위해 쓰는 것도 아니죠. 그냥 내가 본 이야기를 전하려고 할 뿐이에요.*Ganon, 34*

이처럼 '이야기를 전하는 것' 자체에 의미를 두는 것이 현명할 때도 있다. 독자의 관심은 변화무쌍하기 때문이다. 대니젭스키가 말하듯이 힘들게 싸워가면서 취재했다고 해서 반드시 '뜨거운 관심'을 받는 것도 아니다. 오히려 별 노력도 들이지 않고 쓴 기사가 찬사를 받을 때가 많다.

우리가 취재한 것에 독자들이 얼마나 열광할지는 알 수 없지. 하지만 가끔 예전에 쓴 기사가 갑자기 주목을 받고 호응을 얻을 때가 있어. 요즘 말로 '바이럴'에 올라탄거지. 우리는 그저 기사를 가능한 한 정확하고 강렬하게 전달하기 위해 매일 노력하면 되는 거야. 언젠가는 사람들이 들어줄 거라고 믿고 말이야.*Daniszewski, 6-7*

"200명이 또 죽었다고? 맨날 그 이야기야?"
독자의 피로감

독자의 관심을 파악하기 어려운 이유는, 독자들이 관심 자체가 없기 때문이다. 가슴 아픈 현실이지만, 이는 경험적으로 (또 여론조사를 통해서도) 반복적으로 확인되는 것이다. 위키릭스가 수차례 터뜨린 외교문서 폭로도 '고정독자'를 확보하고 있는 주요신문사들이 '관심을 끌기 위한 아이템으로 포장하기 전까지는' 거의 눈에 띄지 않았다.*Beckett & Ball, 2012, 154*

드물긴 했지만 전 세계가 기자들을 지켜보는 순간도 있었다. 넬슨 만델라가 감옥에서 걸어나오는 '찰나적 순간'이나*Crary, 9* 소비에트연방이 붕괴하는 순간처럼 당연히 관심받을 수밖에 없는 세계사적 사건들이 그렇다. 모스크바 특파원은 이렇게 말했다.

아이오와 더뷰크에 사는 사람이 이런 것들에 얼마나 관심이 있을지는 모르지만… 그래도 거대한 이야기라는 맥락 속에 들어가면 아주 작은 사건도 중요해지지.*Hurst, 4-5*

하지만 한국전쟁과 베트남전쟁을 취재한 남부 조지아 출신 베테랑특파원
은 이렇게 말한다.

> 외신이 《토마스빌타임스》의 가장 중요한 관심사가 될 수는 없는 법이
> 지. 또 미국사람 중에 저녁식사를 하면서 프랑스대통령의 발언에 대해
> 이야기하는 사람이 어디 있겠어? *McArthur, 10*

심지어 전쟁이 한창 진행되고 있는 한국과 베트남에서 보내는 기사에도 거
의 관심을 기울이지 않는 미국인이 많다는 사실에 특파원들은 '충격'을 받
기도 한다. *Browne, 1993, 98; Hohenberg, 1995, 253*

3장에서 이야기했듯이, 외신에 대한 관심이 전반적으로 낮은 와중에
도 다른 나라에 비해 비교적 많이 주목을 받는 나라들이 있다. *Perry, 31* 꾸
준히 독자들에게 관심을 많이 받는 나라는 바로 이집트다. 1977년 일본의
한 고고학자가 새로운 피라미드를 건축하겠다는 허황된 계획을 발표한 사
건을 보도한 기사부터 시작하여, 30년 뒤 투탕카멘을 부검하여 고대 이집
트의 왕이 어떻게 죽었는지 알아냈다는 기사는 상당한 인기를 끌었다. 투
탕카멘 기사를 쓴 특파원은 자기가 쓴 기사 중에 이 기사가 가장 많이 읽
혔을 거라고 말한다.[2] *Schemm, 6; also Powell, 15; Bryson, 46–47*

미국인들이 아주 외딴 곳을 이야기할 때 늘 비유하는 말리의 도시 팀
북투 역시 많은 관심을 끈다. 별다른 내용 없이 단지 '거기에 진짜 갔다'는
것만으로도 화제가 되는데, 예컨대 말리에 대기근이 들어 미국이 식량원조
를 했다는 기사에 기사작성지가 '팀북투'로 표기되었는 것만으로도 사람들
의 관심을 끈다. *Heinzerling, 12* 이 기사에는 원조물자를 수송한 비행기조종

---

2   Nicolas Tatro, The Associated Press, October 2, 1977; Paul Schemm, "A frail King
    Tut died from malaria, broken leg," The Associated Press, February 16, 2010.

사의 코멘트가 인용되어있었다.

> "흔히 '세상의 끝'이라고 여기는… 전설 속 도시 팀북투에 직접 내가 갔다는 게 정말 믿기지가 않아요."[3]

베니스 역시 독자들의 상당한 관심을 받는 도시다.*Simpson, 7*

2000년대 발생한 마약카르텔전쟁으로 인한 참상에 다른 나라들이 관심을 갖지 않는다는 볼멘소리가 있음에도*Ainslie, 2013, 271* 지리적으로 미국과 인접한 멕시코는 비교적 많은 관심을 받는 편이다.

> 그래도 미국사람들이 멕시코는 잘 알잖아요. 멕시코에 친구가 있는 사람도 있을 것이고, 칸쿤으로 휴가가는 사람도 많으니까.*Rice, 4-5*

거리가 멀어지면 관심도 멀어지는 법이다. 스리랑카, 리스본, 콩고가 어디 있는지 아냐고 물어보면 '드넓은 아프리카 어딘가, 이탈리아 밑에 어딘가'라고 말하는 사람들이 대부분이다. 로젠블럼은 이렇게 말한다.

> 이탈리아에 대해서는 사람들이 피자를 떠올리잖아… 하지만 다른 나라들에 대해서는 아무 것도 떠올리지 못하지.*Rosenblum, 21*

다른 나라에서 벌어진 주요뉴스로 인해 가려지거나, 잘 알려진 이야기가 없다는 이유만으로 독자들의 레이더에서 벗어나는 나라도 있다. 브리아는 제2차 세계대전이 끝나갈 무렵 노르망디 상륙작전 이후 모든 관심이 프랑

---

3 Larry Heinzerling, "U.S. Flies Food to Parched West Africa," *Washington Post*, June 17, 1973, H1.

스와 독일로 옮겨가면서, 이탈리아에서 벌어진 무수한 사상자를 낸 격렬한 전투는 잊혀졌다고 말한다.*Bria, 2*

1969년 헬리콥터 추락사고로 볼리비아 대통령이 사망했다는 뉴스는 잠깐 신문의 헤드라인을 장식했으나, 곧바로 프랑스대통령 샤를 드골이 사임한다는 발표가 나오면서 하루도 버티지 못하고 사라졌다.*Olmos, 7*

한 런던특파원은 마가렛 대처 이후 영국정치에 대한 관심이 급락했다고 말한다. 실제로 미국인들은 대처 이후 영국의 총리가 누군지 잘 모른다.

> 90년대 대처가 물러난 뒤… 풍선에서 바람 빠지듯 영국관련 기사가 쪼그라들었어. 아무도 신경쓰지 않는 것 같더군.*Johnson, 14*

넬슨 만델라는 '아프리카대통령'이라고 일컬어질 만큼, 미국독자들에게 수십 년 동안 인기를 누렸다. 그래서 아프리카의 다른 어떤 나라들보다 남아프리카공화국에 대한 기사는 더 쉽게 팔렸다. 하지만 이러한 상황은 브라이슨에게 난제를 안겨주었다.

> 인종문제에 있어서 아프리카도 미국이랑 똑같을 거라는 인상이 생기면서 다른 사건에 대한 관심은 떨어지는 것 같았어요. 사실 많은 독자들이 아프리카에 있는 나라들을 구분하지도 못하죠. 아프리카는 곳곳에서 아직도 전쟁이 지속되고 있는데, 왜 아프리카에 관심을 가져야 하는지 아직 이해하지 못하는 것 같아요.*Bryson, 23/52*

아파르트헤이트, 전쟁, 인질극, 재난과 같은 이야기들은 중요한 뉴스로 여겨지기도 하지만, 그런 뉴스도 계속 반복되다보면 독자들의 관심은 떨어진다. 특파원의 눈에는 '믿을 수 없을 만큼 강력한' 이야기라고 느껴지는 것조차 새로운 형식의 스토리텔링을 활용해 선보이기 위해 노력해야 한다.

크래리는 남아프리카공화국의 평등권투쟁에 대한 기사를 쓰면서 매일, 매주 '똑같은 기사'를 쓴다는 인상을 주지 않기 위해 '점진적인 변화'와 발전양상에 초점을 맞췄다.*Crary, 6* 테헤란의 인질사태*Hanley, 3*, 로커비비행기추락*Barr, 2-3*, 멕시코의 카르텔전쟁*Weissenstein, 10*, 2000년대 태평양주변의 자연재해에 관한 보도에도 이러한 전략이 적용되었다. 하지만 후쿠시마 핵발전소사고는 예외였다.

내가 그곳에 있지 않다면, 직접 경험하지 않는다면 어떠한 재해도 뻔한 이야기에 불과하죠. "어, 어제 읽은 내용이네… 아, 사고가 일어난 지 나흘이 지났네… 지진에서 회복하려면 힘들겠군."… 자연재해가 발생했을 때는 보도의 흐름이 거의 정해져있어요. 어디서 발생하고, 규모가 얼마나 되고, 얼마나 죽었나? 국제원조가 밀려들기 시작하면, 이야기는 거의 끝나죠… 현장을 취재하는 기자의 입장에서는 좌절감을 느끼기도 해요. 여전히 많은 사람들이 고통받고 있고, 아직도 이야기할 것이 넘쳐나거든요. 그런 것들에 사람들이 계속 관심을 갖게 만들려면 창의적인 방식을 궁리해야 하죠… 그런데 후쿠시마 핵발전소 폭발사고는 사람들이 싫증을 느낄 틈 없이 3개월 동안 쉬지 않고 새로운 기사가 나갔어요. 사람들이 이 사건에 관심을 가질까 신경을 쓸 필요가 없었죠."*Talmadge, 9*

더 나아가 전쟁보도에 대한 독자들의 '피로'는 특파원들에게 충격으로 다가오기도 한다. 심지어 미국이 주도한 베트남전쟁과*Pyle, 16* 아프가니스탄전쟁에 대한 관심도 금방 시들해진다. 아프가니스탄에서는 미군에 의한 민간인 사망사건이 처음엔 큰 충격을 주었지만, 계속 반복되다보니 이에 대한 관심도 사라졌다.

사람들이 지겨워하더라도 기자는 무슨 일이 일어나고 있는지 계속 보
도하는 게 임무잖아요… 나는 폭탄테러를 지나치게 과장해서 보도하
지 않으려고 노력해요. 언론에서 자꾸 다뤄주니까 그런 테러가 계속
일어나는 거잖아요. 나는 그들에게 휘둘리고 싶지는 않아요… 어쨌든
말도 되지 않는 공격에 대해서 그들의 잘못을 낱낱이 밝혀내는 건 어
렵지 않지만… 독자들의 '피로감' 앞에서는 속수무책이죠… 독자들이
귀가 닳도록 들은 이야기라고 생각한다면, 죽음과 파괴의 이야기에 싫
증을 낸다면, 뭐 별수 있겠어요? 그저… 어떤 일이 벌어지고 있는지 더
실감나게 보도하고, 또 앞으로 어떻게 흘러갈지 전망하는 보도를 계속
할 뿐이죠.*Pennington, 10-11*

2000년대 이라크전쟁을 취재한 경험을 이야기하기 위해 당시 AP바그다
드지국장이었던 허스트는 오하이오 콜럼버스에서 열린 세미나에 참석했다
가 '완전히 괴리되어있는 느낌'을 받았다.

여기 모여있는 미국인들은 수십억 달러를 군비로 지출하고, 수십만 명
에 달하는 병력을 가지고 있지. 그들 손에 10만 명, 아니 20만 명의 이
라크인들이 죽었어. 그리고 그 나라는 그 덕분에 지금도 내전에 휩싸여
있는데, 여기 모여있는 미국인들은 한가로운 토요일을 즐기고 있잖아.
그곳 상황이 어떤지, 그 자리에 모인 사람들 중에 이해하는 이가 있었
을까?… 나는 기자라는 직업을 끔찍할 정도로 자랑스럽게 생각한다네.
먼 나라의 이야기를 전해준다는 것은 중요한 일이니까. 전쟁에 찬성하
든 반대하든 관심을 갖는 정치인이 있다면 그들을 위해 기꺼이 기사를
써주겠네. 물론, 그 전쟁에 관심이 있는 수천, 수십만, 수백만의 시민들
도 있겠지. 하지만 대다수 사람들에게 그것은 단지 바다 건너에서 벌어
지는, 자신과는 상관없는 끔찍한 일에 불과하지.*Hurst, 9*

아슬아슬한 끈팬티와 빨갱이가 나타났다
변덕스러운 독자들을 꼬시기 위한 노력

무엇이 뉴스로서 가치가 있는지 판단하고 기사로 작성하는 것은 독자가 아닌 기자의 (또는 에디터의) 고유한 권한이라고 생각하면서도, '내가 관심이 있는 것에 독자도 관심을 보이는 것은 아니'라는 사실에 특파원들도 대부분 동의한다.*Smith, 3* 따라서 '독자들이 기사에 관심을 갖고 읽을 수 있도록' 글을 써야 한다.*Talmadge, 13*

독자를 끌어들이기 위한 노력은 이야기를 구성하는 단계는 물론, 더 거슬러 올라가 사건을 취재하는 단계까지 영향을 미친다. '독자들이 관심을 가질 만한 기삿거리를 찾기 위해 노력하고' 최대한 많은 독자들에게 정서적 지적인 자극을 줄 수 있도록 포장하기 위해 노력한다.*Ganley, 12*

국내뉴스와 달리 대중매체나 정부에서도 주목하지 않는 외신기사에 독자들이 관심을 갖게 하기 위해서 특파원들은 다양한 방법을 모색한다. 눈길을 사로잡는 매우 구체적인 정보를 내세우는 경우도 있고, 반대로 맥락을 드러내는 분석적인 기사로 승부하는 경우도 있다. 가끔은 사람들이 공유하는 일반적인 고정관념을 활용하여 기사를 쓰기도 하고, 익숙한 '휴먼드라마' 에피소드를 활용하기도 한다. 이런 장치는 대개 기사도입부에 등장한다.

첫 번째 단락에서 독자를 빨아들일 수 있어야 하지… 그런 다음 이야기를 풀어나가는 거야. 이게 어떤 상황인지, 왜 중요한 이야기인지 첫 두세 단락에서 설명할 수 있어야 해. 이 고비만 넘어가면 독자들은 계속 읽어나갈 수 있어. 적어도 무슨 일이 벌어지고 있는지는 파악할 수 있겠지.*Erbsen, 15*

고정관념을 미끼로 삼아 무관심의 벽을 허물기

브라질특파원이라면, 카니발에 관한 기사를 쓰지 않을 수 없다. 새로운 내용이라고는 브라질 무용수들이 입는 세계에서 가장 작은 끈 팬티 '타파섹소tapa-sexo'가 어떻게 달라졌느냐 하는 것말고는 없음에도, 카니발 기사는 매년 베스트셀러 자리를 차지한다.

> 뭐, 좀 부끄럽긴해요. 시간을 내서 이런 걸 기사로 써야 하나 자괴감이 들기도 하지만… 어쨌든 이런 기사가 잘 팔리는 건 사실이죠.
> *Clendenning, 12*

프랑스에 관한 기사 중에서 가장 많이 읽히는 기사도 별 차이 없다. '거리에 개똥이 얼마나 많은지' 이야기하는 기사, 바게트 빵에 관한 이야기, 그리고 역시 섹스에 관한 기사가 가장 인기가 좋다. 특파원들은 이러한 기사와 꼭 써야 할 기사 사이에서 '끝없는 줄다리기'를 한다.

> 에펠탑에 관한 기사는 엄청난 클릭을 이끌어내겠지만, 이탈리아계 아이들에 관한 기사는 별다른 반응을 이끌어내지 못하겠죠.*Doland, 9*

앤젤라 돌란드는 프랑스사회에 적응하는 데 어려움을 겪고 있는 집시 아이들에 대한 기사를 쓰면서 이렇게 말한다. 기사는 파리외곽 집시촌에 사는 8살 아벨 이야기로 시작한다. 집시아이들은 연필 잡는 법도, 가만히 앉아 있는 법도 배운 적이 없다.[4]

섹스는 언제나 잘 팔리는 주제다. 섹스는 한동안 이탈리아의 정치로 독

---

4   Angela Doland, "Lack of schooling seen as root of Gypsy woes," The Associated Press, October 10, 2010.

자들을 유인하는 가장 효과적인 수단으로 활용되었다. 40년 동안 이탈리아를 취재한 베테랑특파원 심슨은 실비오 베를루스코니 총리가 반복적으로 섹스스캔들을 일으키지 않았더라면 '이탈리아 정치기사가 국제면에서 그토록 주목받지 못했을 것'이라고 말한다.*Simpson, 14-15*

이러한 미끼는 '기사의 하향 평준화'를 야기하지 않을까? 오랜 시간 중국특파원으로 일한 찰스 허츨러는 '복잡한 내용을 평이한 언어로 설명함으로써' 외국의 정치상황을 좀더 재미있게, 이해하기 쉽게 만들어 궁극적으로 독자들에게 도움을 줄 수 있다면 전혀 그렇지 않다고 말한다.

1990년대 중반 처음 베이징에 파견되었을 때 허츨러는 냉전시대 미국이 크레믈린을 그리던 것과는 달리, 미국인들에게 친숙한 이민, 공해, 도시화, 부패 등에 초점을 맞춰 보도함으로써 중국의 독특한 공산주의 체제를 신비롭게 바라보는 시선을 걷어내고자 노력했다.*Hutzler, 9*

댄 페리의 첫 번째 임무는 공산주의 체제가 무너진 이후 루마니아의 사회정치적 변화를 취재하는 것이었다. 사회변화의 복잡한 면을 충분히 살리면서도 독자의 관심을 끄는 방법을 찾아야 했다. 예컨대 '점령의 역사는 루마니아어에 어떤 흔적을 남겼을까?'라는 주제로 쓴 기사에서는 소련식 관료주의에 영향을 받아 라디오아나운서들이 현안에 대해 의도적으로 모호한 단어를 쓰는 경향에 대해 이야기한다. 예컨대 루마니아에서는 날씨예보를 할 때도, 날이 점점 더워지고 있다는 것을 '기상학적 수치가 현재 상승곡선을 그리고 있습니다.'라고 말한다.[5]*Perry, 7*

미국의 독자들이 특정 국가에 대해 가지고 있는 고정관념은 기사를 쓰는 데 도움이 되기도 하고 방해가 되기도 한다. 특파원들은 대개 독자를 낚기 위해 그러한 고정관념을 도입부에 활용한다. 1980년대 중반 케냐

---

5   Dan Petreanu, "In Romania, doubletalk rolls off the 'wooden tongue,'" The Associated Press, March 28, 1993.

를 기반으로 활동한 아프리카특파원 데이빗 크래리는 자신의 경험에 대해 말한다.

> 사람들의 관심을 유도하기 위해 'witch doctor(마귀의사)'라는 단어를 헤드라인에 넣었지. 전통적인 방식으로 사람을 치료하는 이들을 일컫는 말로 쓴 것인데, 어쨌든 이들의 의료기술과 철학은 현대의술과 다르지만, 현대의술을 다양하게 접목하면서 아프리카 사람들의 삶에서 상당히 중요한 역할을 하고 있다는 현황을 보도하는 기사였어… 아프리카에 관한 보도를 할 때 이런 방법을 많이 사용했는데… 물론 이런 '낚시'가 아프리카에 대한 대중의 고정관념을 유지하고 더 나아가 강화할 수도 있겠지만, 그렇게라도 하지 않으면 사람들의 관심을 끌기 어렵잖아. 아예 그런 고정관념을 쓰지 않을 수 있다면 좋겠지만, 고정관념을 활용해 사람들을 끌어들인 다음 그걸 깨는 것도 괜찮은 방법이라고 생각해.[6] *Crary, 4*

고정관념은 미묘한 차이를 무시한 (따라서 정확성이 떨어지는) 대중적 상상의 산물이다. 예컨대 2010년대 초반 브라이슨은 남아프리카공화국에서 월마트가 처음 문을 연다는 기사를 쓰면서 이 나라 사람들이 월마트에 가지 못할 만큼 가난한 나라가 아니라는 것을 반복해서 설명해야만 했다. *Bryson, 10-11/52*

카스트로 정권 초기 쿠바에서 활동한 두 특파원은 부정적인 면과 긍

---

[6] David Crary, The Associated Press, December 21, 1986. 나이로비에서 작성된 이 기사는 다음과 같이 시작된다.

세계보건기구(WHO)가 집계한 숫자에 따르면, 아프리카에는 의사가 4만 명당 1명에 불과하지만, '전통적인 민간치료사'는 500명당 1명씩 있다… 약초를 활용한 이들의 몇몇 치료법은 과학적으로도 효과가 입증되었으며, 현대의술을 불신하는 사람들에게 상당한 안전망을 제공한다… 물론 이러한 전통적인 치료사들 중에는 여전히 불운이나 불행까지 치유할 수 있다고 주장하는 이들도 있지만… 이제 그들은 주술이 아닌 약초를 처방한다.

정적인 면을 공평하게 보도하기 위해 노력했는데, 나중에 알고보니 긍정적인 면을 진술한 뉴스는 거의 신문에 실리지 않았다는 사실을 깨달았다.

> 의료보험 전 국민 확대, 과감한 교육개혁 등 피델 카스트로의 업적에 대한 기사는, 나중에 알고보니 거의 신문에 실리지 않았더군. 확인해보니 AP에서는 이런 기사들을 타전했다고 하는데, 회원사들이 싣지 않은 거야. 쿠바정권을 비판하지 않는 기사를 신문편집자들이 원하지 않았던 것일 수도 있고, 독자들이 그런 기사를 원하지 않는다고 판단하여 내지 않았던 것일 수도 있고.[7] *Flores, 8-9; also Wheeler, 11*

중앙아메리카에서 활동한 베테랑특파원 조셉 프레이져 역시 냉전이데올로기 속에서 '우리는 선, 그들은 악'이라는 2분법적 관점과 끊임없이 싸워야 했다.

> 많은 미국인들 머릿속에는 러시아 빨갱이들이 어느 날 아침 안개가 자욱한 미국해안에 상륙할 것이라는 공포가 자리잡고 있었던 것 같아⋯ 그러한 공포로 인해 중앙아메리카에서 벌어지는 게릴라전에 대한 관심도 컸지. 하지만 냉전프레임이 사라지자 독자들의 관심도⋯ 언제 그랬냐는 듯이 사라져버리더군. *Frazier, 37-38*

고정관념을 활용하여 독자들을 유인하는 전략의 핵심은 다음과 같이 정리할 수 있다.

---

7   Isaac M. Flores, "Cuba Cites Big Gains in National Health Care," *Washington Post*, March 14, 1967, D11; Isaac M. Flores, "Havana Enjoys Itself, Despite Red Controls," *Los Angeles Times*, April 3, 1966, C16. 첫 번째 기사에서는 '쿠바의 시골지역의 보건서비스가 개선되었다'는 이야기를 하고, 두 번째 기사에서는 '공산당의 통제 속에서도 쿠바인들이 여전히 삶을 즐기고 있다'는 이야기를 한다.

사람들의 마음을 사로잡기 위해서는 그들이 알고 있는 뭔가를 활용해야 하지만, 거기에서 끝나면 안되요. 그건 사실과 다르다던가, 현실은 눈에 보이는 것보다 훨씬 복잡하다는 것을 알려줘야 하죠.*Rice, 6*

결국 고정관념을 기사에 활용할 수 있는 경우는 다음 세 가지로 정리할 수 있다.

- 그 고정관념을 깨고자 할 때
- 그 고정관념에 의문을 제기하고자 할 때
- 반대로 그 고정관념이 사실로 확인되었을 때

고정관념을 활용하는 전략은 실제로 이야기를 풀어가는 데 상당한 도움을 준다.

잘못된 고정관념이라고 해도 상관없어요. 실제로는 그렇지 않다고 말할 수 있잖아요. 어쨌든 사람들의 뇌리 속에 자리를 잡고 있는 관념을 활용하는 것이 나쁜 것은 아니에요… 나는 실제로 대화에서도 활용해요… 2000년 멕시코대선 당시, 여당후보였던 프란치스코 라바스티다를 하루 동안 따라다니며 취재한 적이 있어요. 미국인들은 흔히 'Don't drink the water in Mexico(멕시코에서는 물을 마시면 안 된다)'라는 말을 자주 하거든요. 수돗물에 문제가 있다는 것인데, 농담삼아 그 이야기를 했더니 라바스티다가 그 자리에서 이렇게 말하더군요. "내가 대통령이 되면 멕시코 물을 마음대로 마실 수 있게 될 겁니다." 좀 어이가 없더군요. 전혀 관심도 없던 문제였는데, 그 자리에서 그냥 '공약'을 불쑥 제시한 거예요. 하지만 나는 이 에피소드가 멕시코의 대선캠페인이 어떤 식으로 돌아가는지 명백하게 보여준다고 생각했죠. 실현할 의지도 없으

면서 사람들이 솔깃해 할 만한 공약을 마구 던져댄 것이죠.[8]*Price, 10-11*

남아프리카와 동유럽에서 특파원으로 활동한 대니젭스키는 기존의 편견
에 기반한 '값싼 줄거리'를 거스르는 '직관에 반대되는 이야기'를 발굴하는
것이 자신의 취재목표라고 말한다.*Daniszewsky, 17-18* 중동지역 베테랑특파
원 페리도 그러한 맥락에서 급진적인 정통유대교를 파고들었다.

> 한번은 예쉬바(유대교학교)로 가서… 그들과 하루 종일 시간을 보냈지.
> 이스라엘사람들은 물론 오늘날 유대인에 관심이 있는 사람들 사이에
> 서 예쉬바는 정통유대교를 추구하는 극단주의자들이 모여있는 곳으
> 로 통하거든. 유대인들도 이들을 거의 외계인처럼 생각해… 하지만 실
> 제로 그들과 어느 정도 충분한 시간을 지내다보면… 이것도 뭐 뻔한
> 이야기겠지만… 그들 역시 일반적인 이스라엘사람들, 보통의 서양사람
> 들과 다르지 않다는 걸 알 수 있어. 나는 그들을 취재하고 기사를 쓰면
> 서 나 자신이 가지고 있는 편견은 물론, 이스라엘사람들이 가진 편견,
> 독자들이 가진 편견과 맞서 싸운 것이었지.[9]*Perry, 13*

독자들이 가지고 있는 고정관념을 공격하고 잘못된 정보를 바로잡아주기

---

8   Niko Price, "Mexico's front-runner campaigns with promise of a 'New PRI,'"
    The Associated Press, April 17, 2000. 이 기사는 오악사카에서 열린 대중집회에서
    라바스티다가 '진흙밭에서 살아가는 수천 명의 가난한 사람들을 곁눈질로 흘끗 보면
    서' 연설하는 장면으로 시작된다. 그날 그가 제시한 공약 중에는 연설 시작 전 기자가
    던진 즉흥적인 질문에서 나온 '수질개선'도 들어있었다.

9   Dan Perry, "The black-hatted ultra-Orthodox: The real soul of Israel?" The
    Associated Press, October 6, 1996. 이 기사에 등장하는 인물 중에 두 아이의 아버
    지인 26살 예헤즈켈 파르브슈타인의 삶은 이렇게 묘사된다.
    매일 15시간씩 경전을 공부하면서 적은 국가보조금으로 연명하는 그는 어떠한 삶의 즐거
    움도 거부한다. 그는 이러한 삶을 사랑하며, 모든 유대인이 이렇게 살아가기를 갈망한다.

위해서는 그 주제에 대해 깊이 알아야 한다. 그렇지 않으면 '사람들의 관심을 끌기 위해 고정관념을 활용하는 전략'은 정당화될 수 없다. 2010년대 도쿄특파원으로 활동한 일레인 커텐바크는 이렇게 말한다.

> 일본경제에 관한 기사를 쓸 때마다 나는 가능한 한 모든 곳에서 '세계 3위의 경제대국'이라는 표현을 붙여요. 이 이야기를 읽어야 하는 이유가 바로 거기에 있다는 것을 은연중에 암시하는 것이죠.*Kurtenbach, 13*

특파원의 전문성과 분석능력은 신문 1면에 실리지 않는 뉴스라 할지라도 독자를 끌어들이는 힘이 된다. 1991년 걸프전쟁이 발발하기 전 페르시아만에서 미국의 원유호위작전을 취재하면서 리처드 파일은 선박의 기술적, 군사적 사양에 대해 매우 구체적으로 공부했다. 이러한 세부적인 진술이 기사의 권위를 높여준다는 사실을 명확하게 인식하고 있었기 때문이다.

> 그런 것에 대해 잘 아는 사람들이 '뭣도 모르는 놈이 쓴 헛소리를 읽어야 하나?'라고 말할지도 모르잖아.*Pyle, 16*

'국뽕'을 활용한 해외뉴스 전달

독자들의 관심을 끌기 위해 특파원들이 자주 사용하는 또 다른 전략은, 외국에서 벌어진 사건이 미국에 미치는 영향 또는 미국이 그 사건에 미친 영향을 언급하는 것이다. 물론 3장에서 이야기했듯이 '우리'의 입장을 부각시키기 위해 현지의 현실을 왜곡하는 수준까지 나아가서는 안 된다. 어쨌든 이러한 전략은 '밖에서 일어나는 일과 안(미국)에서 일어나는 일' 사이의 단절을 극복하기 위한 방편일 뿐, 여전히 그 목적은 다른 나라에서 벌어진 사건들에 흥미를 갖게 만드는 것이다.*Lederer, 14*

　뉴욕에 집중되어있던 데스크기능이 지역데스크들로 분권화되면서 이제는 더이상 록앤롤이든 외교문제든 어떻게 미국과 관련되는지 언급해야 한다는 요청은 줄어들었다.*Barr, 10-12; Jones, 6-7* AP의 회원사들이 요청하는 자잘한 기사를 취재하기 위해 돌아다녀야 할 일도 사라졌다. 예전에는 회원사의 취재요청에 응하기 위해서 방콕을 방문한 필라델피아 시장,*Gray, 23* 니스의 한 호텔에서 기이한 죽음을 맞이한 펜실베니아 관광객을*Ganley, 11* 취재하고 기사를 쓰기도 했다.

미국의 주에 빗대어 영토의 크기를 설명하는 방식이나 야구에 빗대어 설명하는 관용적, 문화적 표현도 많이 사라졌다.*Perry, 14/33* 물론 비포장도로를 다섯 시간 동안 운전해 도착한 코스타리카의 외딴 마을에서 만난 사람이 KFC로고가 새겨진 티셔츠를 입고 있었다는 것을 묘사하는 기사는, 구체적인 상황묘사로 독자들의 흥미를 자극할 뿐만 아니라, '세계화를 통해 미국의 브랜드가 전세계 구석구석 퍼져나가는 기묘한 상황'을 보여준다는 측면에서 의미가 있을 것이다.*Price, 11-12*

그럼에도 미국과의 관련성을 언급하는 것은 독자들의 관심을 끄는 데 상당한 도움이 된다. 예컨대 전세계 곳곳에서 발발한 무수한 혁명들은 '냉전'과 엮어서 설명하지 않았다면, 또는 '미국과 소련의 힘의 균형에 미치는 영향'에 대해 언급하지 않았다면 관심도 받지 못하고 지면에서 사라지고 말았을 것이다.*Reid, 20* 또한 이라크가 쿠웨이트를 침공하여 곳곳의 유정을 타격했을 때, 불길에 휩싸인 수백 개의 유정을 미국인들에게 익숙한 longhorn에 비유하지 않았다면, 이 기사는 미국의 주요신문 1면을 차지하지 못했을 것이다.[10]*Powell, 14*

---

10 Eileen Alt Powell, "'Long Horn' and 246 other oil well fires out, 510 to go," The Associated Press, July 27, 1991. 이 기사는 이렇게 시작된다.
불기둥은 30미터 높이로 치솟았고, 그 끝이 휘어져있어서 마치 텍사스 소의 뿔long-horn처럼 보였다. 불기둥은 엄청나게 뜨거운 열기를 내뿜었는데, 금요일 불길이 잡혔을 때 한 미국인 소방관은 '한파가 온 것처럼 느껴진다'고 말했다.

서아프리카 부르키나파소의 두 대도시를 연결하는 열차 와가두구추추에 관한 기사를 보고 이 나라의 농업정책에 관심을 가진 독자도 많다.*Rosen-blum, 21* 반면 좀처럼 독자의 관심을 받지 못하는 모로코의 정치상황에 대한 기사는, 모로코가 '테러와의 전쟁'에서 미국의 동맹이라는 언급을 해야만 그나마 관심을 좀 받는다.*Schemm, 6*

로빈 맥도웰은 인도네시아에서 벌어진 복장도착자 커뮤니티에 대한 폭력적 차별사건을 취재하면서 국제적인 관심을 끌기 위해 미국과 연관성이 있는 사람을 찾아나섰는데, 결국 오바마대통령의 어린시절 유모였던 사람을 찾아냈다.

'사람들이 술집에서 두들겨 맞았다'라는 기사만으로는 별로 관심을 끌지 못하겠죠… 그러던 중 예전에 읽었던 기사가 떠올랐어요. 오바마를 어릴 때 돌봐주던 인도네시아 유모가 복장도착자였다는 것이었죠. 그래서 우리는 그를 찾아나섰어요. 그의 이야기를 전할 수만 있다면, 많은 이들이 관심을 갖겠죠? 인도네시아를 넘어서, 전세계적인 스포트라이트를 받을 수 있을 거예요. 실제로 그를 찾아내 이야기를 들어보니 정말 놀라웠어요. 밤에는 여자 옷을 입고 외출을 하고… 낮에는 남자 옷을 입는다고 하더군요. 그들의 커뮤니티는 정말 극심한 박해를 받고 있었죠. 심심할 때마다 경찰이 와서 그들을 트럭에 태우고는 무차별적으로 때린대요. 그 과정에서 죽은 사람도 있었고… 그래서 어느 시점엔가 이게 다 무슨 짓인가 싶어서, 그냥 남자처럼 살기로 했다고 하더군요… 결국 자신의 정체성을 포기한 거죠… 마침내 한 사람의 경험과 삶이 녹아있는, 가슴을 깊이 울리는 이야기가 완성되었어요… LGBT에 관심이 없는 사람들마저… 이 이야기를 읽고 그들의 상황을 좀더 자세히 이해할 수 있었죠. 어쨌든 그것은 어떤 아무개의 이야기가 아니라… 오바마의 유모의 이야기였기 때문에, 사람들은 기사에 더 관심을

가졌겠죠.[11] *McDowell, 8-9*

특히 미국의 정책이나 대중적 관심에 강하게 영향을 받는 사건을 전할 때
는 현장을 충실하게 반영하는 것과 미국과의 연결고리를 만드는 것 사이
에서 정교한 균형을 맞추기 위해 노력해야 한다. 이라크전쟁이 대표적인 예
가 될 것이다.

폭격으로 또 다시 200명이 사망했는데, 이걸 또 기사로 내보내봤자 독
자들이 관심을 가질까 걱정이 되었지. 이런 일이 하도 반복되니 독자
들도 피로감을 느낄 것 같았어. 우리는 이것이 '미국이 일으킨 전쟁'이
라는 사실을 드러내기 위해 노력했지… 단순히 도덕적인 문제가 아니
라, 이 전쟁이 당신이 낸 세금으로 벌어지고 있다는 것을 일깨워주려
고 한거야. *Hurst, 8-9*

1990년대 초와 2000년대 말에 남아프리카공화국을 취재한 브라이슨은
'미국인들의 잘못된 관념' 때문에 애를 먹었다. 아파르트헤이트 때문에 미
국인들은 남아프리카공화국의 상황이 미국과 비슷할 거라고 생각하는 경

11　Ninick Karmini, "AP Exclusive: Obama's transgender ex-nanny 'proud,'" The
　　Associated Press, March 6, 2012. 이 기사는 현지기자 니니엑이 쓴 것으로 나왔지만,
　　취재과정에서 맥도웰도 상당부분 기여했다. 당시 진행되고 있는 미국대통령선거와 맞
　　물려 정치색을 띨 수 있다는 우려가 있었음에도 이 특집기사는 전 세계로 송출되었다.
　　이 기사에 대해 백악관은 '노코멘트'로 일관했지만, 유모는 엄마의 립스틱을 바르고 좋
　　아하던 '오바마'의 어린 시절 모습을 생생하게 증언했다. 이 기사는 다음과 같이 끝난다.
　　에비(유모)는 자신이 과거에 돌봤던 아이(오바마)가 이제 자신과 같은 사람들을 위
　　해 싸워주기를 바란다… 자카르타 거리에서 하루 벌어 하루 먹고 사는 에비. 오바마
　　가 대통령이 되었을 때 그녀는 오랜만에 자부심에 부풀어올랐다. "사람들이 나를 보
　　고 쓰레기라고 욕해도… 이제 나는 이렇게 말할 수 있게 되었죠. '그래도 나는 미국대
　　통령의 유모였어!'"

우가 많았는데, 이는 완전히 잘못된 생각이었다. 남아프리카공화국에서 백인은 미국과 달리 다수가 아닌 소수에 불과한데, 이러한 사정을 이해하는 미국사람은 거의 없었다.

> 물론 비슷한 점이 있기는 해요. 어쨌든 비슷한 점을 활용해서 남아프리카 상황을 미국독자들에게 쉽게 설명할 수는 있는데… 하지만 한계가 있어요. 더욱이 남아프리카공화국 사람들은… 미국이 제시하는 조언과 해법에 상당한 싫증을 느끼고 있거든요. 상황이 크게 다르기 때문이죠. 무엇보다도 남아프리카공화국의 흑인들은… 자신이 남아프리카공화국 사람이라고 생각하지 않아요. 그들은 자신을 줄루족, 코사족, 또는 혼혈이라고 생각할 뿐이죠. 그래서 '통합'이라는 말은 미국과 전혀 다른 의미예요. 나도 물론, 처음에는 몰랐어요. *Bryson, 11-12*

캐시 개넌은 파키스탄에 관한 보도를 할 때 베나지르 부토 총리를 기사의 소재로 자주 활용했다. '세계에서 두 번째로 인구가 많을 뿐만 아니라 핵을 가지고 있는 인도와 끝없이 국경분쟁을 벌이는 가난한 무슬림국가를 이끄는 여성'이라는 타이틀은 어쨌든 서양독자들의 관심을 끌기에 상당히 좋은 소재다. 물론 그러한 관심을 활용해 파키스탄의 정세, 보건과 교육분야의 개혁 등에 관한 이야기를 전달하는 것이 목적이다. *Ganon, 36*

개넌은 아프가니스탄에서 취재하다가 큰 부상을 입었으나, 2014년 10월 AP와 진행한 첫 인터뷰에서 다시 아프가니스탄으로 돌아가겠다고 말했다.[12] 미군이 철수한 이후 아프가니스탄의 소식을 여전히 많은 사람들

---

12 David Crary, "Gannon vows return to Afghanistan," The Associated Press, October 15, 2014.

이 궁금해할 것이라고 말한다.

아프가니스탄에는 여전히 이야기하지 못한 유구한 역사가 존재해요. 사람들은 여전히 그것에 대해 알고 싶어합니다. 아니, 알고 싶어할 것이라고 나는 믿어요.*Gannon, 85*

이웃에서 일어날 수 있는 휴먼드라마

독자들이 쉽게 공감할 수 있도록 역사를 전달하는 가장 오래된 전략은 바로 휴먼드라마를 활용하는 것이다. 물론 이러한 접근 역시 균형을 맞추기 위해 노력해야 한다. 지나치게 자극적이지 않으면서도 호기심을 끌어야 하고, 취재원과 적절한 거리를 두면서도 그들의 이야기를 진실되게 전달해야 한다.

'굉장히 사소한 디테일을 살리면서 큰 그림을 전달하는 것'*Laub, 9* 또는 '자신을 되돌아볼 수 있는 누군가의 이야기를 들려주는 것'*Bryson, 53*이라고 일컬어지는 이러한 이야기전략은 특히 전쟁, 테러, 자연재해 등으로 인해 많은 사람들이 죽은 사건에서 훌륭한 뉴스전달 방식으로 활용된다.

멕시코에 파견되자마자 첫 네 달 동안 허리케인을 세 번이나 취재한 니코 프라이스는, 자연재해를 취재할 때마다 '사람들의 관심을 끌기에 충분한 사람들의 이야기'를 찾는다고 말한다.

생소한 이름이 등장하기 이전에 독자들을 기사에 빠져들게 해야 합니다… 자신의 이웃이 당할 만한 이야기, 그들이 알고 싶어하는 이야기라고 먼저 인식하면, 이질적인 요소, 먼 나라에서 벌어진 일이라는 사실이 드러나더라도 여전히 계속 읽어나가겠죠… 물론 현장을 묘사하고 사망자 수를 집계해서 보여주는 기사만 써도 충분할 수 있겠지만… 우리가 그런 걸 쓰려고 힘들게 거기까지 가서 굳이 취재하는 건 아니

잖아요.¹³*Price, 16*

2011년 일본에 지진, 해일, 원전사고로 이어지는 3중재난이 닥쳤을 때 도쿄
지국은 현장상황을 보도하는 기사와 더불어 특집기사를 거의 매일 전송했
다. 특히 쓰나미로 인해 학생들이 떠내려간 한 학교의 개학식 이야기와 '눈
에 거슬리는' 거대한 제방 덕분에 무사했던 작은 마을 이야기는 많은 독자
들의 눈을 사로잡았다.¹⁴ 당시 도쿄특파원은 이렇게 말한다.

많은 사람들이 공감하는 것은 전문가의 설명이 아니라… 그 사건으로
인해 사람들에게 닥친 격렬한 변화입니다.*Foster, 9-10*

소말리아내전이 최고조에 달했을 때 한 AP특파원은 독자들의 관심을 끌기
위해, 하루에 한 끼로 연명하는 UN캠프에 있는 아이들의 비참한 삶을 자
세하게 묘사했다. 하지만 그런 기사를 더 많이 쓰지 않았던 것을 후회한다.

소말리아에서 살아남기 위해 자급자족하며 목숨을 부지하던 이들의

13 Niko Price, "Pauline's path of destruction: Laying bare hundreds of poor vil-
    lages," The Associated Press, October 10, 1997. 1997년 태평양연안으로 상륙한
    허리케인 파울린으로 인한 피해상황을 전하는 이 기사는 다음과 같이 시작한다.
    진흙범벅이 된 옷은 너덜너덜했다. 이틀 동안 먹은 것은 토르티야 몇 개가 전부다. 집,
    그리고 그 안에 있던 모든 것이 사라졌다. 목요일 밤 예배당 안에 촛불을 딱 한 개 켜놓
    고 100명 정도 되는 사람들이 옹기종기 모여있다. 허리케인으로 파괴된 멕시코해안
    에서 불이 켜진 곳은 이 마을이 유일했다.
    이렇게 시작된 기사는 일곱 번째 단락이 되어서야 구체적인 지명과 사람이름이 등장한
    다. 그제서야 이것이 머나먼 이국땅에서 벌어진 일이라는 것을 알려주는 것이다. 허리
    케인 미치를 취재한 프라이스의 이야기는 BtN#12에서 자세히 다룬다.

14 Jay Alabaster, "Students return to school in Japan's disaster zone," The Asso-
    ciated Press, April 21, 2011; Tomoko A. Hosaka, "How one Japanese village
    defied the tsunami," The Associated Press, May 13, 2011.

일상을 좀더 많이 기사로 썼더라면, 장기적으로 훨씬 의미있는 결과가 나오지 않았을까? 민병대가 출현한 정치적 배경이나 소말리아의 권력을 잡기 위한 전쟁 같은 것에는 사람들이 그다지 신경도 쓰지 않았고, 지금도 관심이 없잖아. 사람들이 관심을 갖는 인간적인 이야기를 좀더 많이 했더라면 소말리아 상황은 지금보다 좀더 나아졌을지 몰라. 나 역시 그런 이야기들을 좋아하는데…*Tatro, 24-25*

2007년 파키스탄에서 이제 막 귀국한 부토가 카라치에서 열린 집회에서 폭탄테러로 숨졌을 때, 매튜 페닝턴은 곧바로 영안실로 찾아갔다. 이 사건으로 인해 죽은 사람이 100명이 넘었기에 영안실은 사람들로 북적였고, 페닝턴은 이 풍경을 기사에 담았다.

> 시체를 닦는 자원봉사자들이 창문으로 보였고, 문 앞에는 시체사진들이 붙어 있었다. 피투성이가 된 얼굴 중에 찾는 사람이 있을까 하는 두려움 속에서 가족들은 넋을 잃은 듯 사진을 바라보고 있었다.

그러다 한 젊은이가 시신 중에서 당시 학생이었던 21살 동생 아드난을 발견한다. 기사는 그를 따라간다.

> 급하게 친 방수천 그늘 밑에서 장례식이 진행되었다. 친인척들이 속속 모였고, 수의 밖으로 살짝 드러난 아드난의 창백한 얼굴을 추모객들이 볼 수 있도록 시체를 회색 간이침대 위에 올려놓은 뒤 아버지는 아들의 어깨를 부여잡고 흐느꼈다.[15]

---

15 Matthew Pennington, "Fearing the worst after bombing, relatives seek the dead at Pakistani morgue," The Associated Press, October 20, 2007.

페닝턴은 이렇게 말한다.

> 폭탄테러와 죽음과 파괴에 관한 기사는 무수히 쓸 수 있겠죠. 하지만 그런 기사만으로는 누구에게도 영향을 미치지 못할 거예요. 하지만 그런 일들이 우리 개개인에게 어떤 의미로 다가오는지, 단순한 서술만으로는 막연하게 느껴지던 결과가 구체적으로 어떠한지 보여줄 수 있다면… 좀더 독자들의 관심을 끌 수 있겠죠.*Pennington, 11*

이보다 30년 전, 파키스탄이 동서로 나뉘어 전쟁을 하던 중에, 로젠블럼은 동파키스탄에서 '마을을 전부 불바다로 만들고 시체를 우물 속에 처넣은' 처참한 현장을 목격한다. 하지만 기사를 써도 엄격한 검열을 통과해야만 했다.*Rosenblum, 28* 실제 보도된 기사에서는 다음과 같은 문구가 달려있다.

> "로젠블럼은 해외특파원들의 접근이 공식적으로 금지되었던 5주가 지난 뒤, 동파키스탄에 처음 입국허가를 받은 여섯 명의 외신특파원들 중 한 명이다. 이 기사는 파키스탄정부의 검열을 피해 나온 것이다."[16]

50만에 달하는 뱅골인들이 사망한 것으로 추정되는 이 전쟁의 비극적인 규모와 공포를 독자들에게 전달하기 위해 로젠블럼은 고민했다. 그가 떠올린 전략은 '제2차 세계대전을 연상시키는 진술과 충격적인 도살과 증오로 가득한 내전을 숨김없이 묘사하는 것'이었다. 한 기사는 이렇게 시작한다.

---

16 Mort Rosenblum, "Pakistan War Deaths Seen above 400,000," *Los Angeles Times*, May 13, 1971, 18.

마음껏 고기를 뜯은 독수리들은 갠지스강 위로 날아오르는 것이 벅찰 만큼 배가 부르다. 지난 3월 이후 그들이 먹은 시신은 최소 50만 구가 넘을 것이다. 1971년 3월 25일 파키스탄 동부에서 발발한 파키스탄내전은 이미 파산한 국가를 파멸수준으로 쓸어넣었다. 이곳에서 벌어지는 섬뜩한 살인과 참상은 차마 눈뜨고 볼 수 없다.[17]

로젠블럼은 수십 년이 지난 지금도 당시 상황을 생생하게 기억한다.

> "취재원에 따르면… 50만에 달하는 사람들이 어떠어떠한 일로 사망했다." 이런 식으로는 말하고 싶지 않았지. 이 사건의 중요성과 광범위하게 펼쳐지는 끔찍한 상황을… 어떻게 전달해야 독자들의 관심을 사로잡을 수 있을까… 하지만 이 잔학무도한 현장을 독자들에게 제대로 전달하기는 어려웠지. 노력은 했으나, 글로만 전달하기에는 너무나 역부족이었거든… 게다가 이건 파키스탄이고 인도 이야기잖아. 미국사람들이 관심을 갖기나 하겠어? 브루클린에서 개가 사람을 물었다는 이야기가 중국혁명보다 더 크게 기사화되는 판에 말이야.*Rosenblum, 28-29*

로젠블럼은 독자들이 관심을 끄는 것과 무관하게, 기자라면 '취재할 가치가 있는 이야기를 최고의 이야기인 것처럼 취재해야 한다'고 말한다. 독자들이 관심을 갖지 않더라도 취재할 가치있는 사건이라면 충실하게 기사를 써야 한다는 뜻이다.*Rosenblum, 42*

하지만 그가 50년이나 되는 기자생활을 하면서 가장 주목을 받은 기사는, 파키스탄내전 이야기가 아니라 그의 말을 그대로 옮기자면, '쓰레기같은' 기사 두 편이다. 하나는 루마니아에서 드라큘라에 관해 쓴 기사이

---

17   Mort Rosenblum, The Associated Press, May 13, 1971.

고, 하나는 쿠알라룸푸르에서 쓴 '개구리전쟁' 기사였다. 개구리전쟁은 개구리들의 영역다툼을 관찰하며 인간의 길흉을 점치는 무당들의 이야기를 담은 기사다.[18]

개인에 초점을 맞춰 진술하는 전쟁기사는 독자의 관심을 끌 수 있을 뿐만 아니라 목숨도 살릴 수 있다. 보스니아전쟁의 비극이 1년 동안 지속되면서 이 전쟁에 대한 뉴스는 대중적 관심을 '잃어가고' 있었다. 이때 로버트 리드는 당시 포위공격으로 인해 기자들이 들어가지 못했던 스레브레니차에서 '눈을 다쳐' 병원에 입원한 14살 소년 시드 베크릭을 발굴한다. '간호사에게 다시 앞을 볼 수 있게 해달라고 애원했지만… 결국 두 눈을 잃고 앞을 볼 수 없게 된' 소년의 이야기가 기사로 나간 뒤 베크릭의 운명은 달라진다.[19]

작은 소년이 허름한 방에서 더러운 침대 위에 속옷만 입고 누워있더군… 반쯤 의식을 잃은 상태였던 같은데… 시력은 점점 약해졌고, 회복될 가능성이 없다는 걸 전혀 모르고 있었어. 진짜 절망적인 상황에서, 내가 할 수 있는 일은 그걸 기사로 쓰는 것밖에 없었지. 아이가 누워있는 모습을 찍은 사진도 몇 장 같이 보냈어. 기사가 나간 뒤 엄청난 주목을 받았다더군… 이곳에 갇힌 상태에서 우리는 줄곧 기삿거리를 찾아 돌아다니며 난민들을 인터뷰했지만 대부분 비슷비슷한 내용이었거든. 하지만 이 아이의 이야기는 감정을 자극하는 뭔가가 있었나봐. 내 기사가 나간 뒤 다른 기자들도 아이를 찾아가 후속취재를 했지… 결국, 기사를 읽은 캘리포니아에 사는 한 여성이 소년을 입양하기로 했대. 그런

---

18 Mort Rosenblum, "Hundreds of Frogs Die in War," *Daytona Beach Sunday News-Journal*, November 15, 1970; Mort Rosenblum, The Associated Press, October 2, 1983.

19 Robert H. Reid, "Hospital copes with wounded children," The Associated Press, April 15, 1993.

데 20년 정도 지났을까… 나는 까맣게 잊고 지내다가… 어느 날 사라예보에 관한 다큐멘터리를 보고 있는데, 머리색이 짙고 키가 크고 다부진 몸집에 선글라스를 끼고 가느다란 지팡이를 짚고 있는 젊은 남자가 나오는 거야. 완벽한 캘리포니아식 영어로 자신의 삶에 대해 이야기하는데… 1993년 4월에 내가 취재했던 바로 그 친구였지. 어쨌든 내가 쓴 기사 덕분에 그의 운명은 극적으로 달라졌던 거야. *Reid, 86/84*

특파원들은 또한 직관에 반하는 방식으로 독자들이 쉽게 떠올릴 수 있는 '대표적인 인물상'으로 여겨질 만한 사람을 추적해서 보여주기도 한다. 몰타대학의 학생이 된, 가자지구에서 온 팔레스타인 난민을 취재한 기사를 예로 들 수 있다. 그의 가장 큰 희망사항은 여권을 얻는 것이었는데, 이는 가족과 학교 사이를 자유롭게 오갈 수 있는 중동의 평화를 상징하는 것이었다. *Eliason, 4*

라틴아메리카에서 미국으로 온 불법이민자들 역시 좋은 취재대상이다. '그들이 떠나온 곳이 어떤 모습인지, 거기서 커피나 바나나를 생산하여 어느 정도 벌 수 있는지… 예쁘고 소박해 보이는 작은 농장이 일상을 살아가기에 왜 충분하지 않은지… 목숨을 걸고 왜 미국까지 오게 되었는지' 그들의 목소리로 생생하게 들으면서 독자들은 이 문제에 좀더 깊이 관심을 갖게 된다.

또한 아프가니스탄에 주둔한 39세 미군중령의 일상을 좇는 기사를 통해 미국이 아프가니스탄에서 벌이는 전쟁이 어떤 것인지 좀더 자세하게 알려줄 수도 있다. '고릴라처럼 덩치가 큰 그는 클라우제비츠의 《전쟁론》을 독일어로 읽는 지식인인 동시에, 자신만의 작전을 밀어붙이는 독불장군'으로 그려진다.[20] *Gray, 64*

---

20 Denis D. Gray, "Officer puts own spin on war," The Associated Press, December 20, 2009.

복잡한 이슈, 잘 보도되지 않은 이슈, 인기없는 국가의 이슈일지라도 개인의 스토리를 활용하면 독자들의 상상력을 자극할 수 있다. 2010년 남아프리카공화국에서 열린 월드컵이 어떤 경제적 효과를 가져왔는지 보여주기 위해, AP특파원은 경기장 앞에서 도넛을 파는 세실리아 두베의 삶을 추적했다. 경기장을 건설하는 동안에는 인부들에게 도넛을 팔기 위해 동트기 전부터 일어나 '촛불로' 도넛을 튀겼는데, 지금 월드컵경기가 열리는 동안에는 축구팬들을 위해 좀더 그럴듯한 음식을 팔고 있다. 그녀는 이제 자신만의 레스토랑을 여는 꿈을 꾼다.[21]*Bryson, 53*

앙골라에서 발발한 전쟁을 보도하기 위해 AP특파원은 이곳 화가들의 이야기를 취재했다. 이 기사는 《워싱턴포스트》에 크게 실렸다.[22]

> 앙골라에 특별한 관심이 있는 사람들이야 어떻게 쓰든 앙골라전쟁에 관한 기사를 모조리 찾아 읽겠지만… 아무 관심도 없는 일반대중은 그런 식으로 끌어들일 수밖에 없잖아요.*Smith, 4*

지금까지도 이어지고 있는 영국의 신분제 전통을, 교육을 받지 못한 런던의 젊은이의 목소리를 통해 들려주기도 한다. 그는 사기거래로 자신이 일하던 1류은행을 파산으로 몰아넣었는데, 은행을 소유한 귀족들은 이에 대해 아무런 언급도 하지 않았다. 그렇게 떠들어대는 것은 '자신들의 품위를 떨어뜨리는 것'이라고 생각했기 때문이다.[23]*Johnson, 15*

---

21 Donna Bryson, "For one woman, a different kind of World Cup dream," The Associated Press, June 20, 2010.

22 Tony Smith, "In Angola, Painting Perestroika," *Washington Post*, September 7, 1989.

23 Maureen Johnson, "Plasterer's son breaks blueblood bank," The Associated Press, March 3, 1995. 28살의 파생상품 중계인 닉 리슨은 1995년 싱가포르에서 10억 달러가 넘는 사기거래로 베어링스은행을 파산시켰다.

이민자가 급증하면서 파리에서 여성할례가 성행하고 있다는 것을 독자들에게 알려주기 위해 프릴드레스를 입은 작은 소녀 이야기를 보여주기도 한다.*Ganley, 29*이 기사는 다음과 같이 시작된다.[24]

보라색 꽃이 수놓아진 새하얀 드레스, 레이스가 달린 양말, 메리제인 스타일의 에나멜구두를 여전히 기억한다. 불과 6살이었던 그녀는 여동생, 어머니, 세 명의 사촌, 이모와 함께 잔치집에 간다고만 생각했다. 하지만 그녀의 외출은 잔치집이 아닌, 파리에 모여사는 이민자들의 기숙사 지하에서 벌거벗겨진 채 끝을 맺었다. 그곳은 쓰레기 냄새, 향 냄새, 피냄새로 진동했다. 그곳에 여자들이 네 명 있었다는 것, 그리고 그들 중 한 명이 면도날로 그녀의 몸에서 가장 은밀한 부분을 유린할 때 극심하게 저항한 것을 아직도 기억한다. 아직도 그 아픔을 떠올리면 눈물이 난다.

소련의 붕괴는 다소 까다로운 주제였다. 그럼에도 앨런 쿠퍼먼은 이 중요한 주제의 축소판을 보여주고자 낡은 헛간 주변을 어슬렁거리는 레닌집산주의 농부들의 삶을 조망했다. 자신들을 파산으로부터 구해준 '민영화'에 대한 농부들의 투덜거림―기업가의 '노예'가 될 것을 우려하는 불평―을 자세하게 전하는 이 기사는 '거대하고 비효율적인 집산주의 농장이 민간 농장으로 전환하는 과정이 더디고 고통스러울 것'이라는 것을 잘 보여준다.[25]*Cooperman, 19-20*

---

24 Elaine Ganley, "Despite tougher laws, an ancient custom remains a secret horror for some girls in Europe," The Associated Press, September 7, 2007.

25 Alan Cooperman, "Private farming in Russia: Bold reform or a new serfdom?" The Associated Press, August 24, 1992.

가짜뉴스와 팩트체크
소셜미디어 시대의 독자들의 반격

독자들의 관심사는 무엇일까? 반드시 전해야 할 뉴스가 있을 때 어떻게 독자들의 무관심을 극복할 수 있을까? 지금까지 살펴봤듯이, 특파원들은 이 문제에 대해 나름의 해답을 축적해왔다. 또한 특파원과 에디터들은 오랫동안 어떤 기사에 대중이 주목하는지 연구해왔다. 그 결과는 궁극적으로 기삿거리 선정과 기사의 구성방식에 모두 영향을 미친다.

하지만 독자들은 이제 상상 속에서만 존재하지 않는다. 소셜미디어가 도래하면서, 소셜미디어를 통해 콘텐츠를 공개하는 것은 당연히 해야 할 일이 되었다. (물론 몇몇 미디어평론가들은 취재와 기사작성에 써도 모자란 시간을 더 빼앗길 것이라고 우려한다). 자신이 작성한 콘텐츠에 실시간으로 익명의 피드백이 달리기 시작하면서, 특파원들이 스트레스를 받는 일도 늘어나기 시작했다.

디지털시대 이전에 AP뉴욕본부는 '잘 나가는' 기사를 스크랩해서 해외지국에 보냈다. 어떤 기사가 미국 주요신문 1면에 게재되는지 보여주기 위한 것이었는데, 특파원들 입장에서는 여론의 흐름, 독자들의 관심사를 읽어낼 수 있는 방향키 같은 역할을 했다.[26] *Doelling, 19; Doland, 14; Kurtenbach, 7* 에디터들이 던지는 질문이나 가끔 오는 독자들의 편지도 독자들의 관심사를 파악하는 데 도움이 되었다. 하지만 시차 때문에 기사작성에는 그다지 큰 영향을 미치지 않았다.

소셜미디어가 본격화되면서 기사에 대한 피드백은 더욱 세심하게, 실시간으로 쏟아지기 시작했다. 이제 어떤 뉴스가 가장 많이 검색되는지, 누가 가장 많은 관심을 받고 있는지, 독자들의 코멘트에 어떤 경향이 있는지,

---

[26] Alan Clendenning, "Disfigured Spain fresco rides global fame," The Associated Press, September 21, 2012.

무엇이 입소문을 타고 있는지 쉽게 살펴볼 수 있게 되었다. (반응주기가 갈수록 짧아져 단 몇 시간 사이에 추이가 급변하기도 한다.) 이러한 피드백을 바탕으로 어떤 이야기를 기사로 쓰면 좋을지 힌트를 얻기도 한다. 예컨대 스페인에서 프레스코화를 잘못 복구한 것이 온라인상에서 화제가 되면서 갑자기 마케팅 아이콘으로 떠오른 것도 재미있는 사례가 될 수 있을 것이다.*Clendenning, 20; Gray, 30; Kurtenbach, 8* 소셜미디어가 존재하지 않았다면 이 사건은 그만큼 대중의 주목을 받지 못했을 것이다.

온라인세상이 도래하자 AP는 이제 AP회원사를 거치지 않고 앱과 소셜미디어를 통해 기사를 직접 공개하기 시작했다.*Foster, 12* 독자와 직접 상호작용을 하게 되면서 독자들에게 격려를 받기도 하고 지식이 풍부한 독자들로부터 유용한 정정요청을 받기도 하지만, 그보다는 기사의 가치와 진실성을 의심하는 불평과 비난을 받는 경우가 훨씬 많다.*Perry, 22; Talmadge, 12-13; Laub, 13; Bryson, 54; McDowell, 18* 하지만 특파원들은 대부분 자신이 쓴 기사에 달린 답글을 읽지 않는다고 말한다.

특파원들은 대부분 아무리 여론이 뜨겁다고 해도 그런 요인에 자신의 편집권이 방해받아서는 안 된다고 말하면서 이러한 현상을 '가장 기본적인 저널리즘 윤리에 대한 침해'라고 주장한다.*Perry, 20* 사실, 직접적이든 회원사를 통해서든 목소리가 큰 독자들이 압력을 행사하기 위해 노력한 것은 오래전부터 있었던 일이다. 온갖 수단을 활용해 취재를 방해하고 비난을 퍼붓는다.

그나마 통신사에 소속되어 활동하는 특파원들은 신문사에 소속된 특파원들에 비해 그러한 괴롭힘에 덜 노출되는 편이다. 영국《더타임스》의 베이루트특파원 로버트 피스크는 증오를 퍼붓는 이메일을 받는 데 익숙하다고 말한다.*Fisk, 2002, 419-420* 베이루트에서 그와 함께 일했던 AP특파원 아일린 파월은 팔레스타인을 펀드는 것처럼 기사를 썼다는 이유로 이스라엘은 물론 미국에서도 '신랄한 비난'을 받은 경험이 있다.*Powell, 11*

지난 시대에는 어쨌든 독자의 피드백을 뉴욕본부의 에디터들이 특파원에게 알려줘야 했다. 중앙아메리카 특파원이 좌파게릴라를 편든다는 비난,*Frazier, 19* 백인 미국인이 아프리카에 가서 '뭘 제대로 알고 취재하느냐'는 질타*Heinzerling, 15* 등 온갖 분노와 폭언이 쏟아져들어와도 에디터들이 중간에 걸러서 특파원에게 전달해줬다. 하지만 이제 온라인으로 특파원들이 개별적으로 활동하기 시작하면서, 또 익명으로 자유롭게 반응할 수 있게 되면서, 에디터라는 방패막이 사라지고 말았다. 전쟁터에서 단련된 베테랑특파원조차 폭력적이고 잔인한 피드백을 받고 가슴앓이를 하는 시대가 온 것이다.

베트남전쟁 종전 25주년을 취재하던 폴 알렉산더는 옆에 있던 친구가 공인줄 알고 바위에 던진 불발탄이 터지면서 심각한 장애를 입은 한 소년 이야기를 중심으로, 여전히 베트남에서는 불발탄으로 수천 명이 죽고 있다는 기사를 썼다.[27]

캔자스에 사는 어떤 남자가 이메일을 보냈더군요. "이게 뭐 기사로 쓸만한 일입니까? 세상을 너무 삐딱하게 보는 거 아니에요? 이 사람들은 그래도 싸요. 그리고 알렉산더씨, 이런 기사… 베트남정부한테 돈 받고 쓰는 겁니까? 아니면 당신이 좋아서 쓰는 겁니까?" 정말, 말이 나오지 않더군요. 정반대의 감정을 자극하려고 쓴 기사였는데, 이걸 보고 분노한다는 이야기를 듣고 있다니 어이가 없더군요…*Alexander, 32*

---

27 Paul Alexander, "25 years after war, bombs and grenades keep killing Vietnamese," The Associated Press, April 25, 2000. 이 기사는 다음과 같이 시작한다. 10살난 판후루안은 20미터 정도 떨어진 곳에서 물소들을 지켜보고 있었다. 그때 불발탄이 갑자기 폭발하면서 산탄조각이 그를 덮쳤고 그는 오래된 폭탄분화구로 굴러 떨어졌다. 머리부터 발끝까지 피범벅이 되었으며 다리는 말을 듣지 않았다. 겨우 정신을 차리고 분화구를 기어올라갔는데, 거기 서있던 두 친구는 이미 죽어가고 있었다. 그는 필사적으로 도움을 청하기 시작했다.

2006년 레바논전쟁에서, 이스라엘은 테러범들의 은신처로 의심된다는 이유로 카나를 공격했는데, 이로 인해 아이들이 20명 이상 죽었다. 개넌은 즉시 현장으로 달려갔는데, '아직 시체를 꺼내고 있는 중'이었다.[28] 그녀가 현장에서 전송한 기사와 사진은 온라인에서 이스라엘을 지지하는 이들의 집중포화를 받았다. 몇몇 블로거들은 사진에 찍힌 소녀가 다른 곳에 이미 나온 적이 있으며(실제로 그들은 일란성 쌍둥이로 밝혀졌다) 1996년 이스라엘이 그곳에 있는 UN건물을 공격했을 때 사진에 찍혔던 근무자가 사진에 또 찍혔다면서 조작이라고 몰아붙였다. 더 나아가 그들은 개넌의 파키스탄인 남편까지 찾아내 온라인에서 인신공격을 퍼부었다.

개넌은 '정말 뜻밖의 상황'이었다고 말한다. 현장에서 다른 AP취재진과 함께 직접 목격한 것을 그대로 취재한 것에 불과하다고 해명하면서 억측주장에 반박해야만 했다. AP는 '취재의 균형과 정확성을 지키기 위해 더욱 노력하겠다'는 원론적인 대답을 내놓을 수밖에 없었다.

뜨거운 열기 속에서 몇 시간 동안 땅을 판 끝에, 살람 다허는 잔해 속에서 9개월 된 아기의 시신을 수습했어요. 아기의 잠옷에는 여전히 파란색 평화의 깃발이 꽂혀있었죠. 그가 아기를 안아 올리는 순간 AP사진기자가 사진을 찍었어요. 이 사진은 이스라엘이 폭격으로 얼마나 많은 민간인을 희생시켰는지 상징적으로 보여주는 사진이 되었죠. 다허는, 지금은 그의 트레이드마크가 된 녹색헬멧을 쓰고, 20년째 민방위대원으로 활동하며 무수한 전쟁에서 시신을 발굴했어요. AP사진에 등장한 것은 이번이 두 번째죠… 온통 트집만 잡고 비난만 퍼붓는 몇몇 웹사이트는… 그가 헤즈볼라 게릴라대원이고, 시신 수를 과장하기 위

---

28 Kathy Gannon, "Israeli missile strike in Lebanon kills at least 50; Rice asked to postpone trip to Beirut," The Associated Press, July 30, 2006. 잔해 속에서 발견된 아이들의 시신은 정확히 27구였다.

한 선전요원이라고 모함했죠. AP는 결국 그를 찾아가 확인할 수밖에 없었어요. 그는 이렇게 대답했죠. "전혀 진실이 아닙니다. 나는 어느 당에도 속해본 적이 없어요. 나는 민방위대원일 뿐입니다. 나는 이 일을 평생 해왔어요."[29] *Ganon, 7-9*

독자들이 개넌을 물고늘어진 것은 이때가 처음이 아니었다. 2001년 미국이 아프가니스탄전쟁을 시작할 당시 개넌은 카불에서 미군의 폭격으로 인해 민간인, 특히 어린이들이 겪는 고통에 대한 기사를 썼다.

> 산산조각난 도시에 어둠이 내린다. 창문에 촛불이 켜지기 시작한다. 모두들 미군전투기 소리가 나는지 숨죽여 기다린다. 모하메드 굴은 '비행기 소리가 나면 딸은 내 등뒤에 숨고 아들은 다리 사이에 숨는다'라고 말했다.[30]

이 기사가 나가자마자 '악의적인 혐오편지'가 쏟아져 들어왔다.

> "이보쇼. 캐시 개넌양. 네 엄마를 비행기에 묶어놓고 한번 박아줄까? 기분이 어떻겠니?" 그 당시 어머니는 살아계셨지만 행동이 좀 불편하셨거든요. 어떻게 그런 편지를 보낼 수 있는지 답장을 쓰려고 하다가… 그만두었어요… 그런 편지가 한두 통이 아니었거든요. 길거리에는 개들만 떠돌고 아이들은 공포에 떨고 있다는 이야기일 뿐인데…
>
> *Gannon, 61*

---

29 Kathy Gannon, "Civil defense rescues the wounded, recovers the dead; one draws controversy," The Associated Press, August 12, 2006.

30 Kathy Gannon, "At day's end, residents of Afghan capital hunker down for nightly air raids," The Associated Press, October 30, 2001.

이라크전쟁을 취재하던 바그다드특파원 허스트는 앞으로 기자로서 일을 계속할 수 있을지 심각하게 고민할 만큼 엄청난 인신공격 폭풍 속에 휘말렸다. 2006년 스티븐 허스트는 바그다드 모스크에서 나오던 수니파 신도 6명을 시아파 군인들이 '붙잡아 휘발유를 뿌리고 [산채로] 불에 태운' 사건에 대한 기사를 썼다. 이 기사는 다음과 같이 시작한다.

이 끔찍한 테러는… 폭력사태를 막기 위한 외교적 노력을 물거품으로 만들었으며, 며칠 뒤 이라크총리와 정상회담을 앞두고 있는 부시대통령에게 정치적 부담으로 작용할 확률이 높다.[31]

기사가 나가고 몇 시간이 지난 뒤, 이 기사의 주요취재원이었던 경찰서장 자밀 후세인이 사라진다. 그는 지난 2년 동안 AP의 취재에 협조해온 인물이었는데, 갑자기 연락이 끊긴 것이다. 미군은 그에 대해 전혀 모른다고 잡아뗐다. 허스트는 그가 사라진 뒤, 기사를 처음에 어떻게 취재했는지, 현장목격자를 어떻게 찾아냈는지 구체적으로 해명하는 기사를 써야만 했다. 이는 AP 역사상 매우 이례적인 결정이었다.

이라크 종파간 갈등으로 발생한 사건 중 가장 끔찍한 공격이라 할 수 있는 이 사건은, 화요일 바그다드 후리야 구역에서 수니파 거주자들과 인터뷰를 하는 과정에서 처음 알게 되었다. 금요일 AP는 경찰서장 자밀 후세인과 후리야의 수니파 원로 이매드 알하시미의 진술을 기반으로 이 사건을 처음 공식적으로 보도했다. 알하시미는 알아라비야TV와의 인터뷰에서 등유를 흠뻑 뒤집어쓴 사람들이 불길 속에서 타는 것을 직접 두 눈으로 봤다고 진술하기도 했다. APTV뉴스도 출입구 전면 벽이 상당부분 날아가버린

---

31 Steven R. Hurst, "Shiite militiamen burn Sunnis alive in revenge attacks for Sadr City slaughter," The Associated Press, November 25, 2006.

무스타파모스크의 모습을 카메라에 담았다. 심하게 파손된 사원의 내부에는 화재의 흔적도 있었다.

하지만 사건 발생 사흘 만인 21일 오후 미군은 AP에 보낸 서한을 통해 사람을 불태운 사건은 전혀 보고된 바가 없다고 하면서, 더 나아가 이라크 내무부나 바그다드 경찰로 근무하는 사람 중에 자밀 후세인이라는 사람은 없다고 말했다. 서한은 미해군 다국적군-이라크합동작전센터의 공보관 마이클 딘 중위가 서명한 것으로, 이미 여러 인터넷블로그에 게재된 상태였다. AP는 금요일, 미군에게 정보공개를 요청했으나 아무런 답신도 받지 못했다… 이후 이라크국방부 역시 수니파 원로 알하시미가 국방부장관과 면담을 하는 자리에서 테러를 목격한 적 없다고 말했다고 밝혔다.[32]

허스트는 이후 두 달 동안 '매우 끔찍한' 시간을 보냈다. 우익블로거들이 이 사건을 AP가 존재하지도 않는 경찰서장과 짜고 조작해낸 것이라고 매도하기 시작한 것이다. 하지만 마침내 진실이 드러나고 후세인이 실존인물일 뿐만 아니라 허스트가 보도한 내용처럼 실제로 그러한 발언했으며, 그러한 발언을 한 것 때문에 체포될 위기에 처해있다고 이라크의 내무장관이 기자회견을 열어 시인했다.

미국과 이라크관리들이 짜고 AP의 보도를 뒤엎기 위해 작전을 짰으며, 인터넷의 블로거들을 활용하여 의혹을 퍼뜨리고 증폭시켰던 것이다. 허스트는 이러한 사건전개과정을 그대로 기사에 담았다. 그리고 이 기사는 다음과 같이 결론을 내린다.

---

32 Steven R. Hurst, "Witnesses detail immolation attack on six Sunnis in Baghdad last week," The Associated Press, November 28, 2006.

> 이라크에서 발생하는 폭력사태에 대한 정보의 흐름을 면밀히 감시하고, 허가된 대변인이 아닌 사람은 일체 언론과 접촉하지 못하게 하라는 미국의 압력에 이라크정부가 굴복한 것으로 보인다.[33]

다행스럽게도 논란은 종결되었지만, AP는 상당한 피해를 입었다.

> 그래도 나는 취재에 확신이 있었는데, 이번 일을 겪으면서 많이 흔들리고 말았어요. 내가 지금 알고 있는 것이 정말 알고 있는 것인지, 그걸 보도할 수 있을지 확신이 서지 않아요… 지금 와서 생각해보면 그 사건은 긴 공포영화 속에 등장하는 무수한 공포 중에 하나라고 할 수 있는데, 그 디테일을 따져보면 훨씬 공포스러워요… 이후 취재를 할 때 집중하기가 어렵더군요. AP도 마찬가지였을 거예요… 지금 알고 있는 것을 알고 있었다면 그때 어떻게 보도했을까? 잘 모르겠어요. 어쨌든 그 일로 인해 거의 두 달을 허비하고 말았죠. *Hurst, 7-8*

---

33 Steven R. Hurst, "Iraq threatens arrest of police captain who spoke to media," The Associated Press, January 4, 2007.

결론
소셜미디어와 독자를 위한 글쓰기

기사를 읽을 사람은 누구일까? 어떻게 그들에게 더 가까이 다가갈 수 있을까? 기자가 끝없이 던져야 하는 질문이다. 수십년 동안 미국 언론은 미국 중부평원에서 '소젖을 짜는 동네 형'을 주요독자로 삼았다. 물론 현실에서 동네 형은 백악관 또는 전세계의 권력자가 독자일 확률이 높았다.

AP는 원칙적으로 전세계를 무대로 기사를 배포하지만, 그럼에도 AP특파원들의 1차적인 관심은 늘 미국의 대중이었다. 특파원들은 자신이 상상하는 대중독자에게 현장상황을 최대한 이해할 수 있도록 전달하기 위해 상당한 노력을 기울여왔다.

더 많은 대중에 다가가기 위해서 독자의 관심을 예측하고 파악하려 노력하지만 무엇보다도 가장 큰 문제는, 대중이 외신 자체에 관심이 없다는 사실이다. 특히 몇몇 국가에 대해서는 거의 관심을 갖지 않는다. 에펠탑이 있는 파리, 피라미드가 있는 이집트, 허구헌 날 전쟁이 발발하는 중동은 그래도 알지만, 스리랑카, 콩고, 리스본은 어디 있는지도 모른다.

물론 나라마다 관심도는 변화한다. 초밥과 유별난 기계장치들로 20세기말 관심을 독차지하던 일본은 지정학적으로나 경제적으로나 경쟁하는 중국이 강대국으로 부상하면서 신문지상에서 거의 사라지고 말았다. 또한 아무리 관심을 끄는 사건이라도 계속 반복하다보면 관심은 식기 마련이다. 자살폭탄테러, 구조작전, 경기침체 등은 빠르게 '또 다른'이라는 딱지가 붙고 독자들은 싫증을 내기 시작한다. 미국의 이익이 상당히 개입되어있는 사건도 예외는 아니다.

그나마 테러, 재해, 전쟁 같은 것이 발발한다면 그나마 관심을 끌 수 있겠지만 그런 것도 없다면 독자들의 관심을 끌기는 쉽지 않다. 이런 상황에서 독자의 관심을 끌기 위해서 특파원들은 독자의 고정관념을 활용한다. 안타깝게도 그러한 고정관념을 자극하는 것은 클릭 수와 비례한다. 어쨌든 고정관념을 미끼 삼아 독자들을 정치적인 이슈나 문화와 같은 심도깊은 주제로 끌어들일 수 있으며, 더 나아가 그러한 고정관념을 깨뜨릴 수 있다. "케냐에 '마귀의사'가 있다! 사실은 마귀가 아니라 전통적인 치료사들이지. 그런데 어쨌든 아프리카의 의료현황을 어렴풋이나마 이해할 수 있게 되었잖아!"

독자의 관심을 끄는 또 다른 방법은 미국과의 연관성, 평행성, 영향을 강조하는 것이다. 인도네시아에서 성전환자들이 핍박을 받는 상황에 대해 누가 관심을 가질까? 하지만 오바마를 돌봐준 보모가 성전환자였다면? 물론 이러한 접근방식에도 한계는 있다.

특파원들이 가장 선호하는 방법은 바로 휴먼드라마를 발굴하는 것이다. 독자의 공감을 끌어냄으로써 '머나먼 땅에서 벌어지는 남의 이야기'에 자연스럽게 관심을 갖게 만들 수 있다. 기사는 이제 '폭격으로 몇 명이 죽었다'는 단순한 보도가 아니라, 영안실에서 처참한 시체를 살펴보며 두려움과 슬픔에 가득찬 유가족들의 이야기가 된다. '50만 명이 학살되었다'는 무미건조한 진술이 아니라, 갠지즈강 하늘을 맴도는 독수리들이 다시 날 수 없을 만큼 시체를 배불리 뜯어먹었다는 묘사가 된다. 스레브레니차에서 수천 명이 학살당했다는 뉴스도 눈먼 소년의 비참한 상황을 전하는 안타까운 사연이 된다. 이러한 휴먼드라마는 독자들의 흥미를 자극하는 효과적인 전략이다.

다른 복잡한 이슈도 마찬가지다. 유럽에 급증하는 무슬림과 여성 성기절제 문제는 누추한 파리 교외에서 6살짜리 아이의 꽃무늬 드레스, 레이스 달린 양말, 에나멜 구두와 뚝뚝 떨어지는 피로 표현되었다.

수십 년 동안, 가끔 날아오는 편지, 에디터의 논평, 취재일지를 제외

하고는 '독자의 반응'이란 상상 속에서나 고민할 만한 어떤 것이었다. 하지만 정보기술의 발달로 인해 개인적인 피드백이 즉각적으로 가능해지면서 특파원들은 상당한 혼란을 겪고 있다. 기사에 대한 반응이 빠르게 번져나가며 악의적인 공격의 대상이 되기도 한다. 베트남과 아프가니스탄의 고통에 대한 이야기를 쓴 기자에게 욕하고 협박하거나, 거짓말을 폭로한 기자를 오히려 거짓말을 했다고 집단적으로 공격하기도 한다.

이러한 독자들의 반응을 고려할 때, 많은 특파원들이 기자로서 가져야 할 궁극적인 윤리적 책임은 독자에 있지 않다고 말하는 것은 전혀 놀라운 일이 아니다. 기자의 사명은 궁극적으로 취재원과 사실보도와 직접 목격한 현실에 있다.

> 나는 사실을 있는 그대로 전달하기 위해 기사를 썼어요. 미국인을 위해 쓰는 게 아닙니다. 그렇지 않다면, 우리는 자신을 속이는 것이고, 그렇게 쓴 기사 역시 진실을 속이는 것이 되죠. 미국인들의 관심사와 유럽인들의 관심사는 다를 수도 있겠죠. 하지만 기사는요? 기사일 뿐이에요. 중요한 건 기사예요… 기자는 이야기 자체를, 이야기를 전달하는 것을, 기삿거리가 무엇인지 확인하는 것을, 사람들을 만나는 것을 즐기는 사람이에요. 그래서 우리는 기사를 쓰는 거죠. 기자는 독자를 고려하는 사람이 아니에요. 독자에게 꼭 해야 할 이야기가 있다면, 그러면 다가가겠지만… 기사로서 가치가 없다면, 다가갈 필요는 없는 거죠.*Gannon, 34*

그렇다면 특파원들은 왜 위험을 무릅쓰고 머나먼 곳까지 가서 취재해야 한다고 생각할까? 다음 챕터에서는 해외통신의 목적과 영향에 대한 그들의 생각을 자세히 들여다본다.

669

1998년 허리케인 미치 니카라과 강타

그날은 토요일 밤이자 할로윈이었어요. 멕시코시티에서 할로윈 분장을 하고 파티를 하고 있었거든요. 새벽 3시쯤 한 동료에게서 갑자기 전화가 왔어요…

> "니카라과에서 산사태가 일어나 여러 마을을 진흙으로 뒤덮었다는 소식이 들어왔어. 수천 명이 죽었을 거라고 시장이 말했다네… 과장된 것 같긴 한데 어쨌든 확인해봐야 할 것 같아."

다음날 나는 함께 취재를 다니는 사진기자와 함께 니카라과 수도 마나과로 날아갔죠. 거기서 다시 작은 프로펠러비행기를 전세 내 그 지역으로 갔고, 거기서 4륜구동 트럭을 빌려서 마을로 들어갔어요. 도중에 길이 끊기기도 하고 험난했지만, 어쨌든 마을에 들어가는 데 성공했어요. 상황은 정말 비참했어요. 말 그대로 산 하나가 완전히 무너져내려 마을 몇 개를 뒤덮어 버린 거예요. 우리는 거기서 열흘 동안 진흙밭에서 시체들 사이를 헤치며 취재를 했죠. 썩은 시체들이 햇볕을 받으며 여기저기 누워있었는데, 정말 끔찍했어요.

너무나 안타까운 경우도 있었죠. 진흙밭 한가운데서 예쁜 주름드레스를 입은 소녀의 시체가 널빤지 위에 놓여 썩어가고 있었어요. 그냥 지나치려다가, 너무나 강렬한 이미지라는 생각이 들어 다시 돌아와 무슨 일이 있었는지 알아보기로 했죠… 이런 기사를 읽기 위해서, 또 이야기에 공감하기 위해서… 이곳이 지구의 어느 곳인지가, 그 사람이 누군지가 중요한 것이 아니잖아요. 아주 먼 곳에 있는 사람들도 귀 기울일 수 있도록 할 수 있어요.

Price, 16–18

이 소녀의 이야기는 기사 속에 다음과 같이 실렸다.

산비탈이 무너져 진흙이 마을을 뒤덮고 나서 이틀 정도 지났을 때, 진흙이 어느 정도 굳으면서 사람 목 이상 깊이 빠지지 않게 되자 27살 마르셀로 나르바에즈 곤잘레스는 이웃들과 함께 동생을 찾아나섰다. 땅콩밭이었던 곳에 창백한 시체들이 진흙 속에서 부풀어올라있었다. 모두 그들의 친구나 친척으로, 아는 사람들이었다. 곤잘레스는 진흙 위에 누워있는 여자아이를 발견했는데, 먼 사촌인 11살 마르타 팬탈레온이었다. 아직 가슴이 뛰고 있었기에 그녀를 끌고 좀더 단단한 곳에 놓아둔 널빤지 위로 옮겼다⋯ 그리고 주변에서 아직 살아있는 네 사람을 찾았고 그들을 진흙 속에서 끌어냈다⋯ 처절한 사투 끝에 다섯 사람을 구해냈다. 이제 집으로 돌아가려고 하는 순간, 그녀의 가슴이 더이상 뛰지 않는다는 사실을 깨달았다. 사람들은 결국, 아직 살아있는 사람이라도 안전하게 데리고 가기 위해 그녀는 그 자리에 그대로 남겨두고 나올 수밖에 없었다. 이슬비가 내리는 목요일, 그녀는 여전히 그곳에 누워있었다. 그녀의 얼굴은 분홍색 주름드레스로 덮여있었고, 배 위로 파리들이 윙윙 날아다니고 있었다. 견디기 힘든 악취가 풍겼다.[34]

---

34 Niko Price, "OUT FRONT: Dying of thirst and infection amid mud, decomposing neighbors," The Associated Press, November 5, 1998.

레바논전쟁과 팔레스타인전쟁

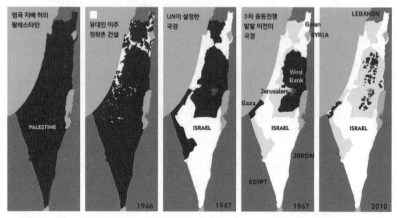

이스라엘은 지금도 가자지구와 서안지구에 정착촌을 건설하여 영토를 빼앗고 있다.

2차세계대전 이후 독립할 예정이었던 팔레스타인의 영토에 갑자기 유대인국가 이스라엘이 들어오면서 팔레스타인지역을 무력으로 점령해버렸다. 조국을 잃은 팔레스타인 사람들은 PLO(팔레스타인해방기구)를 조직하고 이스라엘에 무장테러를 끊임없이 벌였다. 1982년 이스라엘은 PLO를 지원한다는 이유로 레바논을 침공한다. 이 전쟁을 계기로 레바논에서 대이스라엘 테러단체 '헤즈볼라'가 탄생한다. 이들은 1983년 레바논 주재 미국대사관을 폭파하고, 베이루트에 평화유지군으로 주둔하던 미군과 프랑스군 막사에 자살폭탄테러를 감행하여 미군 241명과 프랑스군 58명을 몰살시킨 것으로 유명해졌다. 2006년 이스라엘은 헤즈볼라를 소탕하겠다는 명분으로 또다시 레바논을 침공했다. 한편 1987년 가지지구에서 이스라엘에 대항하는 팔레스타인 민중들의 대규모 봉기(인티파다)가 발발하였고 이 사건을 계기로 '하마스'라는 반이스라엘 무장단체가 결성된다. 하마스를 제거하겠다는 명분으로 이스라엘은 2003년, 2012년, 2014년 세 차례 가자지구를 침공하였다.

13

AP
역사의 목격자들
FOREIGN
CORRESPONDENTS
IN ACTION

언론이 호들갑을 떨어서
상황을 더 악화시키고 있다고?

특파원들의 소명의식과 영향력

13

"언론이 호들갑을 떨어서
상황을 더 악화시키고 있다고?"

특파원들의 소명의식과 영향력

1985년 중동특파원 테리 앤더슨은 레바논에서 무장단체에 의해 납치된 뒤 7년을 어두운 감옥에서 묶여서 지냈다. 30년 동안 아프가니스탄과 파키스탄에서 위험한 분쟁을 취재해 온 캐시 개넌은 나와 인터뷰하고 나서 1년도 지나지 않아 아프가니스탄 대통령선 거를 취재하다가 총격을 받고 중태에 빠졌다. (그녀 곁에 있던 AP 사진기자 아냐 니드링하우스는 사망했다.) 이처럼 위험한 일을 왜 하는지 물었을 때 앤더슨과 개넌의 답변은 정말 놀라웠다. 저널리즘의 목적과 영향력과 중요성에 대해 깊은 고민에서 우러나오는 것이었다.

> 기자를 죽이고 때리고 감옥에 가두는 사람들에게 한번 물어보게. "언론 이 중요한가, 중요하지 않은가?" 그들도 모두 자유로운 언론 없이는 자유 로운 사회가 존재할 수 없다는 걸 알아. 두말할 필요도 없는 사실이지. 자 유로운 언론이 작동하는 한, 누구도 대중을 억압할 수 없고, 대중에게서 무언가 빼앗을 수도 없고, 대중의 권리를 박탈할 수도 없어. 그렇기 때문 에 기자를 공격하고, 언론을 싫어하는 거지. 물론 기자라고 해서 모두 훌 륭한 것도 아니고 능숙한 것도 아니야. 더욱이 사회적, 제도적으로 진실을

밝히는 것을 방해하는 여러 제약이 존재하잖아. 하지만 내가 아는, 언론에 종사하는 사람들은 대부분 내면에 분노를 품고 이상주의를 꿈꾸는 이들이지. 자신의 임무를 수행하기 위해 최선을 다해 노력해. 그럴 만한 가치가 있는 일이니까. 정말, 위험을 무릅쓸 만큼 가치있는 일이지. *Anderson, 29*

아프가니스탄 사람들의 이야기를 전하고 싶어요. 또 파키스탄 사람들의 이야기를 전하고 싶어요. 그들의 목소리를 세상에 전해주고 싶어요⋯ 저 너머에 있는 마을 사람들, 위협받는 파키스탄 사람들에게 다가갈 수 있다는 것⋯ 그것은 나에게 큰 기쁨이죠⋯ 그걸 가능케 하기 위해 나는 엄청난 노력을 기울였어요⋯ 아프가니스탄에서 민간인 16명을 살해한 혐의로 기소된 미군에게 희생당한 사람들을 취재할 때는⋯ 중요한 목격자였던 한 여성을 카불로 데려오려고 했는데, 이동허가를 받을 수 없었죠. 그래서 우리가 아예 칸다하르로 갔어요. 목격자들은 우리에게 증언하기 위해 그곳에 모였는데, 그것 자체가 위험을 무릅쓴 행동이었죠. 탈레반의 감시가 삼엄했거든요. 물론 그들의 이야기를 취재하고 보도하는 우리도 위험하긴 마찬가지였죠. 어린 소녀 자르다나는 할머니가 머리에 총을 맞고 죽는 순간 할머니 등 뒤에 있었기 때문에, 그 순간을 고스란히 기억하고 있었어요. 자신의 목격담을 우리에게 증언하기 위해 칸다하르까지 온 거예요. 불쌍한 그 작은 아이는 잘 걷지도 못했는데 말이죠. 정말 너무나 고마웠어요.[1]⋯ 그들의 목소리를 직접 듣지 않고는 그들에 대해 알 수 없어요. 그들을 모르면 이해할 수 없고, 그들을 이해하지 못하면 현실에 참여할 수 없죠. 내 생각에, 이게

---

1 Kathy Gannon, "Afghans tell of US soldier's killing rampage," The Associated Press, May 16, 2013. 2012년 미육군 부사관 로버트 베일스는 민가를 돌아다니며 무장하지 않은 민간인 16명—대부분 여성과 어린이—을 살해했다. 2013년 여름, 그는 유죄를 인정받고 종신형을 선고받았다.

바로 우리가 취재하고 기사를 쓰는 이유예요. 어떤 지역을 취재하든 그곳 사람들을 알고자 하는 것이죠… 우리와 비교하려는 것이 아니라, 있는 그대로 그들의 모습을 이해하려는 것이죠… 정보는 반드시 대화를 통해, 그들의 목소리로 얻어야 하죠.*Gannon, 76-77*

총격으로 부상을 입고 6개월이 지났을 때 기자와 한 인터뷰에서 개넌은 '절대 절망하지 않으며' 아프가니스탄으로 돌아가 다시 그들의 삶과 투쟁 이야기를 취재하겠다고 다짐한다.

세상을 떠난 아냐도… 어떤 미치광이 테러리스트 하나 때문에 현장을 떠나는 걸 용납하지 않을 거예요.[2]*Gannon, 77*

특파원이라는 일에 종사하는 동기는 본질적으로 사적이고 개인적인 것이기에 겉으로 확연하게 드러나지 않는다. 하지만 인터뷰를 하다보니, 특파원들이 자신이 하는 일을 바라보는 관점에 몇 가지 공통점이 있다는 것을 발견할 수 있었다. 그들은 자신들이 하는 일을 공적인 서비스라고 인식했다. 취재원들, 특히 자신들이 다가가지 않으면 목소리를 낼 기회조차 갖지 못했을 취재원들에 대한 의무감을 느끼고 있었다. 또한 현장을 직접 취재하는 독립적인 저널리즘 없이는 무지와 전략적 왜곡에 쉽게 빠질 수 있는 대중에 대한 의무감도 느끼고 있었다.

이 챕터에서는 특파원들이 자신이 하는 일에 대한 인식과 직업적 목표의식을 집중적으로 살펴본다. 이러한 직업관은 잠재적으로 그들이 하는 일에 영향을 미칠 것이다. 민주주의를 유지하는 데 언론의 역할을 강조하는

---

2   David Crary, "Gannon vows return to Afghanistan," The Associated Press, October 15, 2014.

학자들은 언론이 담당하는 핵심기능을 '정보제공'이라고 말한다.*Christians et al. 2009, 143, 120* AP특파원 역시 자신은 객관적인 관찰자에 불과하며, 외교정책이나 국제관계에 영향을 미치는 것은 소임이 아니라고 말했다.

특파원들은 한결같이, 기자의 최우선 임무는 진실을 전하는 것이라고 말했다. 진실된 기사로 사람들에게 관심을 갖게 만들고, 새로운 각도로 세상을 보게 만들고, 변화의 필요성을 느끼게 하고 싶다고 말했지만, 그것까지 자신들의 몫이라고는 생각하지 않았다. 타인의 삶이나 정책에 직접적으로 영향을 미친 자신의 기사가 있느냐는 질문에 특파원들은 대부분 없다고 말했다. 기자의 궁극적인 목표는 '정직한 목격자로서 시민들에게 진실한 정보를 제공하는 것'이며, 이것만이 언론의 진정한 존재의미이며 시간이 흘러도 변하지 않을 가치라고 말했다.

나는 이 일을 왜 하는가?
특파원들의 소명의식

현장을 목격하고 정직한 역사의 기록을 남기고자

특파원들의 목적의식, 소명의식, 사명감은 기본적으로 사건을 충실하게 전해주는 것, 다시 말해 추후 분석과 토론의 근거가 되는 '사실기록'을 작성하는 '공정하고 균형잡힌' 취재에서 시작된다.*Rosenblum, 15* 어떤 특파원들은 자신의 역할을 '정보를 퍼트림으로써 민주주의에 기여하는 것'이라고 말하기도 한다.*AP Oral History, Roderick, 1998, 36* 앤더슨은 이렇게 말한다.

> 꽃을 쫓는 벌처럼 선과 악을 쫓는 기자는 자신의 만족이 아니라 다른 이들을 위해 꽃가루를 퍼트린다.*Anderson, 1993, 285*

레바논에서 앤더슨과 함께 활동했던 영국 《더타임스》의 로버트 피스크 또한 언론의 역할을 다음과 같이 정의한다.

> 역사를 직접 두 눈으로 보고… 최대한 정직하게 보도하고… 누구도 '우리는 몰랐다'라고 발뺌하지 못하게 하는 것이다.*Fisk, 2002, viii/xiv*

AP특파원으로 시작하여 《뉴욕타임스》로 자리를 옮겨 시리아특파원으로 일하다가 2012년에 사망한 베테랑특파원 앤서니 샤디드는 이렇게 말한다.

> 기자는 그저 이야기를 전할 뿐이다.*Shadid, 2006, 12*

베테랑특파원 로버트 리드는 오늘날 '현장취재'라는 기자의 가장 기본적인 임무가 더욱 중요해졌다고 말한다.

> 노트북과 광대역 인터넷을 연결할 수 있는 돈만 지불할 수 있다면 어떠한 멍청이도 온갖 현상을 해설할 수 있다고 여기는 세상에 우리는 지금 살고 있어. 사람들이 진실을 전하는 해외뉴스에 관심이 없다는 것 역시 놀랄 만한 뉴스도 아니고. 그런 뉴스를 돈 받고 파는 것은 더더욱 어려워지고 있고… 우리라도 충실하게 취재를 해야지. 어쨌든 거기서 모든 것이 출발하니까.*Reid, 77*

중앙아메리카에서 동유럽까지 많은 특파원들이, 대본 없이 진행되는 역사를 현장에서 직접 '모니터링'하는 임무를 수행한다고 말한다.*Frazier, 17* 프라하에서 반공산주의혁명이 최고조에 달했을 때 역사의 현장 한가운데 서 있다는 생각에 들뜬 모트 로젠블럼은 만찬에 나온 반체제지도자 바츨라프 하벨를 발견하고는 '정계로 가느냐?'고 물었다. 그에 대한 대답은 기사

에서 찾을 수 있다.*Rosenblum, 42-43*

몹시 수척한 모습으로 하벨은 이렇게 대답했다. "저는 자러 갑니다"[3]

마크 포럽칸스키는 차우셰스쿠를 처형하는 혁명이 성공한 뒤 들뜬 기분으로 사진기자와 함께 루마니아 이아시로 출장을 갔다. 오전 3시에 도착한 기차역은 창문이 여기저기 깨져있었고 전기도 들어오지 않는 상태였다. 차우셰스쿠의 조카가 통치하던 이 지역 정부청사에서 줄담배를 피우며 경계를 서고 있던 43살 철학교수 도루 티가우는 그에게 이렇게 말했다.

"루마니아혁명은 이곳처럼 외진 곳에서는 아직도 진행중입니다. 악몽은 한 동안 지속될 것입니다." 이 지역을 지키는 그는 며칠 전 새벽 한두 시경 동지들과 함께 걸어가다가 군인들의 총에 맞을 뻔했던 일을 이야기해줬어. 누가 누군지도 모르고 서로 총을 쏘는 혼돈 그 자체였죠.[4]⋯ 나는 역사를 살아간다는 것이 이런 것 아닐까 생각해요⋯ 역사책 속에 담긴 역사는 누군가 깔끔하게 정리해놓은 거잖아요. 거기에 담기지 못한 많은 것들이 있고, 또 어떤 것은 생략되어버렸겠죠. 하지만 역사적인 순간 속에서 살아보면, 실제로 엄청난 혼란과 불확실성이 존재하잖아요. "도대체 무슨 일이 벌어지고 있는 거지?" 늘 이런 생각이죠.*Prubcansky, 25-26*

---

3   Mort Rosenblum, "Heady revolution pervades every corner of Prague," The Associated Press, December 4, 1989.

4   Mark Porubcansky, "After the euphoria, Romania has bills to pay and jobs to fill," The Associated Press, January 16, 1990.

댄 페리는 몰도바공화국이 독립하던 날 르보프 거리에 가득찬 기쁨을 직접 목격했다.[5] 페리는 이때 자신이 특파원이라는 사실이 굉장히 뿌듯했다고 회상한다. 스마트폰과 소셜미디어가 없던 시절, 이런 것을 경험하고 이야기할 수 있는 사람은 해외특파원 밖에 없었기 때문이다.*Perry, 36* 10대 자녀들에게 기자라는 직업을 추천하는지 묻자 페리는 오늘날 뉴스산업의 혼란과 고용불안 등을 고려할 때 '조심스럽기는 하지만, 내가 기자로서 활동하며 얻은 희열과 즐거움과 만족감은 정말 대단한 것이기 때문에 아이들이 커서 기자가 되고자 한다면 말리지 않을 것'이라고 말했다.*Perry, 38*

중앙아메리카에서 게릴라전쟁을 취재한 베테랑특파원은, 현장상황이 어떠한지 현장 밖에 있는 사람들에게 전해주는 것은 2가지 임무를 한꺼번에 수행하는 것이라고 말한다. 현장에서 살아남기 위해 투쟁하는 사람들을 곁에서 지켜보며 기록하는 임무와, 멀리 떨어져있는 독자들이 이들에 대해 가지고 있는 편견을 깨뜨리는 임무다.*Frazier, 2*

> 캔자스에 있는 사람에게 파나마에서 무슨 일이 벌어지고 있는지 단순히 전해주는 것에 만족하는 것이 아니라, 올바른 정보를 제대로 제공할 수 있는 방법을 찾아야 해요. 예컨대 중앙아메리카에 있는 누군가와 대화를 하는 듯한 느낌을 주는 것이죠. 남편이 총에 맞아 죽는 걸 직접 두 눈으로 본 여성의 감정이 이떠한지, 먼 곳에서나마 들을 수 있다면 어떨까요? 어떤 정치적인 주장을 제시하지 않고도, 무슨 일이 일어나고 있는지 알려주는 것만으로도 독자들은 스스로 판단할 수 있지 않을까요?*AP Oral History, Aguilar, 2009, 78*

---

5   Dan Petreanu, "Moldavia declares independence," The Associated Press, August 27, 1991; Dan Petreanu, "Lvov, center of Ukrainian nationalism, wary of Russia," The Associated Press, September 1, 1991.

가치 있는 정보를 선별하여 제공하고자

'눈으로 직접 목격하거나 탐사취재함으로써 세상에 정보를 제공하는 것'은 많은 특파원들이 꼽는 기자의 기본적인 임무다. 동유럽과 소련의 공산주의가 붕괴하는 순간을 취재한 데보라 수어드는 이렇게 말한다.

> 어떤 이슈를 이해할 수 있도록 시민들에게 정보를 제공하고, 그로 인해 시민들이 그 이슈에 참여하도록 이끄는 것이 언론의 가장 본질적인 기능이라고 생각해요… 실제로 소련사람들이 말하는 현실과 미국사람들이 말하는 현실이 다르다는 것을 깨달았는데, 그런 것을 일깨워주는 것이 바로 기자의 역할 아닐까 생각하게 되었어요.*Seward, 5/14*

100여 개 국가를 다니며 취재한 특별특파원 찰스 핸리는 노근리양민학살사건을 탐사하는 동안 '누군가와 전화통화를 하면서 키보드 위에 있던 내 손이 부들부들 떨리는' 경험을 했다고 회상한다. 기사 속에 당시 미군 제1기갑사단 기관총사수였던 이가 '우리는 시키는 대로 싸그리 섬멸했을 뿐'이라고 말한 인터뷰가 인용된 것을 보면, 핸리가 왜 그런 경험을 했는지 짐작하기는 어렵지 않을 것이다.[6]

> 내가 세상사람들에게 무언가 전해줄 수 있는 사람이라는 사실 자체가 뿌듯하게 느껴졌지.*Hanley, 26*

자신이 쓴 기사가 신문 1면에 실리고 빛나는 바이라인으로 보상받는 경우가 드문 통신사 기자에게는, '전 세계 사람들에게 정보를 제공한다'는 것이

---

6 Sang-Hun Choe, Charles J. Hanley, and Martha Mendoza, "After half-century's silence, U.S. vets tell of killing Korean refugees," The Associated Press, September 30, 1999.

더욱 의미있고 만족을 주는 지점인 것처럼 보인다. AP의 간부로 퇴직한 클로드 업슨은 젊은 시절 라틴아메리카에서 '익명의 기자'로 고생하던 시절을 회상하면서 이렇게 말한다.

> 그 누구보다 많은 사람들에게 다가가 취재할 수 있다는 것만으로 난 충분히 만족스러웠지.*Erbsen, 16*

1990년대 AP특파원으로 피비린내 나는 현장을 누볐던 폴 알렉산더는 자신이 쓴 기사가 많은 신문에 게재되었을 때 '내가 해야 할 일을 제대로 해낸 것 같은 기분'이 들었다고 말한다. 하지만 기사의 바이라인을 보고 자신을 알아봐주는 독자는 지금까지 겨우 한 명 만났을 뿐이다.*Alexander, 32-33*

기사가 끊임없이 쏟아지는 오늘날 디지털시대에, 해외특파원은 신뢰할 수 있는 정확한 뉴스를 계속해서 제공할 뿐만 아니라, 심층적인 분석과 해설기사를 통해 독자들에게 가치있는 정보를 더 큰 맥락 속에서 이해할 수 있도록 이끌어준다. 로빈 맥도웰은 자신이 쓴 인도네시아의 핍박받는 복장도착자들에 대한 이야기를 예로 들면서 이러한 기사들은 '독자에게 무언가 가르쳐준다'고 말한다. (앞 챕터에서 이야기한 오바마의 유모를 추적한 기사다.)

> 해외특파원의 중요한 역할 하나는, 무수한 사건들 중에서 '지금 이 순간 이 나라에서 중요하다고, 또는 흥미롭다고 여겨지는 것은 바로 이것'이라고 선별해주는 것이죠. "오바마의 유모가 복장도착자였대. 재밌지?" 이런 식으로 말하는 것이 아니라, 더 넓은 맥락에서 균형잡힌 시각으로 이것이 왜 지금 이슈가 되어야 하는지 알려줘야 해요. 그러한 기사가 대중적 논쟁을 촉발할 수 있다면 더 좋겠죠.
> *McDowell, 18/27*

오늘날 디지털미디어환경은 저널리즘이 처한 역설적인 상황을 더욱 극명하게 비춰준다. 모든 기사가 독자에게 전달되지도 않을 뿐만 아니라, 정작 독자에게 전달되는 기사는 특파원들이 중요하게 여기는 기사가 아닐 확률이 높다. 저널리즘이란 기본적으로 사람들이 '듣고 싶어하고 알고 싶어하는' 이야기를 들려주는 것이지만Simpson, 43, 오늘날 사람들은 기사보다는 '오프라윈프리쇼'에 더 관심이 있다.Rosenblum, 13 어쨌든 오늘날 특파원들은 독자의 관심이 무엇인지 그 어느 때보다 더 정확하게 알고 있다.

하지만 다른 언론사들의 주목 여부나 온라인 클릭수는 기사의 영향력을 측정하는 수많은 지표들 중 하나에 불과하며 절대적인 것도 아니다. 40년이 넘는 경력이 빛나는 데니스 그레이는 훌륭한 기사를 '결국, 많은 사람들이 읽은 기사'라고 정의하면서 여기에 매우 중요한 조건을 하나 단다.

> 내가 쓴 기사 중 하나가 안타 100개를 쳤고(신문 100곳에 실렸고), 또다른 기사는 안타 1,000개를 쳤다고 하면… 아무렴 안타 1,000개를 친 기사가 더 나은 기사라고 말해야겠지. 내키지 않는 기사였을 수도 있겠지만, 아무렴 어때? 기사를 썼는데 아무도 읽지 않는다면, 기자로서 역할을 하지 못하는 거잖아… 그래서 우리는 어쨌든, 어느 정도는 미국사람들, 아니 전 세계 사람들을 받들어야 하지. 우리는 독자를 받드는 사람이야… 하지만 이것은 어떤 맥락에서는 헛소리에 불과하기도 해. 예를 들자면, 비욘세였나 누구였나, AP에서 여성스타의 팬티에 관한 기사가 나간 적이 있는데, 다른 매체들이 엄청나게 받아서 써댔어… 그게 중요한 기사야? 의미있는 기사야? 그런 걸 말고, 진지한 이야기를 담고 있는 기사 중에 많이 읽힌 기사가 적게 읽힌 기사보다 낫다는 말이야.Gray, 65-66

특파원들이 어떤 기사가 온라인이나 모바일앱에서 클릭수가 가장 높은지 모르는 것은 아니다. 그럼에도 그러한 '인기'에 연연하지 않을 뿐이다. 그런 태도는 시민의 신뢰를 스스로 '저버리는' 행위이기 때문이다.

정보에 근거한 객관적인 관찰자로서 우리의 임무는—어느 정도는 신성한 임무라고 생각하는데—사람들이 알아야 하는 중요한 뉴스라고 여겨지는 것을 사람들이 흥미를 가질 수 있는 방식으로 제공하는 것이죠. 쉬운 일은 절대 아니에요. 시지포스의 형벌처럼 느껴질 때도 있어요. 물론 우리가 하는 일을 신성시하기 위해 지들끼리 호들갑을 떤다고 말하는 사람도 있겠지만, 그런 건 절대 아니에요. 저널리즘은 공적 서비스로서 정말 중요한 역할을 해요. 어쨌든 이 어려운 일을 제대로 해낼 수만 있다면, 수익 측면에서도 결코 나쁘지만은 않을 거라고 생각해요._Perry, 35_

중요한 기사를 독자들이 읽게 하려면 어떻게 해야 할까? 12장에서도 말했듯이, 이는 특파원들의 영원한 고민거리다. 카르텔이 지배하는 멕시코의 지방 깊숙한 곳에서 취재하는 마크 스티븐슨은 이렇게 말한다.

내가 이 일을 하면서 지키고 싶은 핵심적인 윤리원칙 중 하나는, '나는 절대로 독자를 지루하게 하지 않겠다'는 것입니다. 물론 '진실을 전하기 위한 노력'은 반드시 지켜야 하겠죠. 그 원칙에다가 하나를 더 추가한다면, 내가 쓴 기사가 독자에게 흥미롭고 재미있게 느껴지고, 지적인 만족을 제공해주어야 한다는 것이에요… 뭐, 언론이 엔터테인먼트는 아니지만… 독자를 지루하게 하거나, 학교교실에서 앉아 수업을 듣는 것처럼 느끼게 해서는 안 되잖아요. 더욱이 나는 멕시코에 있는 덕분에 독자들과 좀더 가까이 있는 진실, 더 흥미로운 진실을 폭로할 수 있고, 더 심오한 기사를 쓸 수 있죠. 이곳에 있기 때문에 쓸 수 있는 거예요… 내가 누군가의 생명을 살리거나 물리적으로 정책을 바꿀 수는 없겠지만, 이 정도 원칙은 충분히 내 힘으로 지킬 수 있잖아요._Stevenson, 34_

자신의 목소리를 내지 못하는 고통받는 이들의 이야기를 전해주고자

많은 특파원들이 꼽은, 기자라는 직업의 가장 본질적인 소명 중 하나는 바로 세상에 자신의 목소리를 낼 수 없는 사람들의 이야기를 대신 전해주는 것이다. 여기서 한 가지 명심해야 할 것은, 그러한 역할을 하는 것과 그들을 옹호하는 것은 엄연히 다르다는 점이다.

취재원 중에는 기자를 만나기 위해 위험을 감수해야 하는 이들도 있다. 이 챕터 첫머리에서 이야기한 미군의 민간인 살해사건사건의 피해자들을 직접 찾아다니며 인터뷰한 개넌은 기사에서 이렇게 쓴다.

> 마수마는 우리 취재에 응하기 위해 '여성은 낯선 사람과 대화할 수 없다'는 부족의 전통을 거슬러야 했다. 칸다하르에 있는 언니 집에서 검은 숄을 뒤집어쓰고… 밀짚으로 짠 더러운 돗자리 위에 앉아 4시간 동안 인터뷰를 진행했는데, 총에 맞아 남편이 죽는 순간을 떠올릴 때마다 목이 메여 목소리가 갈라졌다… 살인이 발생한 두 마을은 원래 외국인이 마을에 들어오는 것을 허용하지 않을 만큼 외부인에게 적대적인 곳이었다. 이 마을에서 150킬로미터 정도 떨어진 칸다하르에서조차 이들은 AP기자들과 만나는 것을 이웃들의 눈에 띄지 않도록 하기 위해 조심했다.

니코 프라이스는 허리케인 미치로 인해 진흙에 파묻힌 니카라과의 마을에서 녹초가 될 때까지 취재했던 경험에 대해 이야기한다.

> 내가 그곳에 있다는 사실만으로 사람들은 자신들의 슬픔이 기록되고 세상에 알려지고 있다고 생각하는 것 같았어요. 롤란도 로드리게스마을에서는 몇몇 생존자들이 나를 데리고 다니며 썩어가는 시체들이 널브러져있는 갯벌을 보여주었죠. 불과 반나절을 함께 다녔을 뿐이지만 정말 악몽과도 같았어요. 나는 아무것도 물을 수도 없었죠. 그저 그들

685

이 느끼는 공포를 더 많이 체험하는 것만으로도 그들에게 도움이 될 거라는 생각이 들었죠.*Price, 26*

실제로 프라이스는 이때 보고 느낀 절망과 공포를 1인칭으로 풀어나가는 기사로 생생하게 전달했다.[7] 매튜 페닝턴도 자연재해 현장을 보도하면서 가장 보람을 느꼈다고 말한다.

> 2005년 말 카슈미르에서 큰 지진이 발생해 7만 명이 사망했어요… 현장을 직접 취재하기 위해 그곳에 가서 일주일, 아니 열흘을 보냈는데, 머물 곳이 없어서 텐트에서 지냈죠. 웬만한 건물은 다 내려앉았고, 그나마 아직 서있는 건물들도 언제 무너질지 모르는 상황이었거든요. 지진으로 인해 피해를 입은 사람들을 취재하려고 병원에 갔는데, 넋을 잃고 복도를 돌아다니던 여자가 있었어요. 의사가 팔을 들었다놓으면, 팔이 떨어지지 않고 그 자세로 가만히 있었어요. 아마도 정신적인 충격 때문에 그랬던 것 같은데… 아직도 그 모습이 머릿속에서 지워지지 않네요.[8]*Penningon, 17-19*

2011년 일본의 지진, 해일, 핵발전소 사고로 이어지는 3중 재난을 취재하기 위해 에릭 탈마지는 방사능 피폭을 무릅쓰고 가장 큰 피해를 입은 지역을 돌아다니며 취재했다.

---

7   Niko Price, "Reporter deals with rotting bodies, screaming children," The Associated Press, November 8, 1998.

8   Matthew Pennington, "Woman's plea, 'Take me home,' shows the suffering of quake survivors," The Associated Press, November 10, 2005. 2005년 10월 카슈미르와 파키스탄 북부를 강타한 지진으로 인해 8만 명 이상 사망하고 350만 명이 집을 잃었다. 당시 페닝턴이 쓴 기사 중에는 '집에 데려다주세요'라는 말을 되풀이하는, 이름도 가족도 주소도 알 수 없는 한 여성의 이야기로 시작하고 끝을 맺는 것도 있다.

현장에서 일어나는 일들을 정확하고 완전하게 파악하여 독자들에게 전해줄 수 있는 유일한 방법이었죠. 임무를 마치더라도 집으로 돌아갈 수 없는 이들이 있었는데, 그들을 기록으로 남겨야만 했어요._Talmadge, 12_

또한 많은 특파원들이 오랫동안 고통을 받아온 사람들을 취재할 때 가장 직업적 보람을 느낀다고 말한다. 전세계를 돌아다니며 수십 년 동안 임무를 수행해온 베테랑특파원들도 그런 이들과 인터뷰할 때 여전히 눈물이 난다고 말한다. 진 리는 북한에 처음 AP지국을 열고 오랫동안 취재할 수 없었던 사람들을 만나 이야기할 수 있게 된 것에 대해 이렇게 말했다.

기자로서 제가 해야 하는 일은, 사람들의 이야기를 듣고, 무슨 일이 벌어지고 있는지 이해하고, 그런 것들을 제대로 묘사하여 전달하는 것이죠… 그렇게 해서 그들이 어떤 생각을 하는지, 무엇을 원하는지, 왜 그렇게 행동하는지 이해하는 데 도움이 된다면 좋겠어요… 그들과 일상적으로 만나 이야기하면서 뭔가 새로운 세상이 열리는 것 같아요… 그게 바로 기자가 되고자 하는 이유겠죠. 우리는 세상 모든 것에 호기심을 갖고, 그것을 알아내 널리 공유할 방법을 찾아요. 전달할 가치가 있는 이야기가 아직도 많이 남아있기에 어려움 속에서도 참고 견디는 것이죠. 물론 그러한 이야기를 세상사람들에게 알리는 일도 그 자체로 가치있는 일이에요._Lee, 16/18_

중국과 일본에서 수십 년 동안 취재를 해 온 일레인 커텐바크는 인터뷰를 했던 두 사람이 아직도 기억에 남는다고 말한다.

상하이에서 팔이 없는 남자를 인터뷰했는데, 피아노경연대회 우승자였죠. 손이 아니라 발로 피아노를 쳤어요. 그다지 힘을 들여야 할 취재는 아니었지만 꼼꼼하게 인물을 묘사했죠. 그럴 만한 의미가 있다고 느껴졌거든요… 지진과 해일을 겪고 난 뒤 일본의 복구과정, 아니 복구가 지지부진한 과정을 취재하면서 83살이 된 할머니를 인터뷰한 적 있어요… 재해로 모든 것을 잃은 분이었는데, 믿기지 않을 만큼 여전히 활력이 충만했죠. 이런 사람들을 직접 만나 이야기를 나눌 수 있다는 것은 정말 큰 특권이에요. '진짜 신기하다!'라는 말이 저절로 튀어나올 만한 순간을 우리는 평생 몇 번이나 경험할 수 있을 것 같아요? 나는 그런 걸 돈을 받으면서 경험하고 있어요!⁹*Kurtenbach, 13-14*

세르비아가 사라예보를 완전히 포위하고 공격하자 무수한 관찰자들이 이곳에서 빠져나왔지만 토니 스미스는 동료기자들과 함께 거꾸로 이곳으로 들어갔다. 얼마 지나지 않아 그는 심한 부상을 입은 동료와 동료의 시체를 싣고 사라예보에서 다시 빠져나와야 하는 모험을 벌여야 했지만, 모험에 성공한 뒤 곧바로 다시 취재를 이어나가기 위해 사라예보로 들어갔다. 포르투갈 두로에서 만난 그는 나에게 언제 총에 맞아 죽을지 모르는 '스나이퍼 앨리'를 무모하게 가로질러 달릴 수 있었던 힘은 '직업적인 자부심'과 '이상주의'였다고 말한다.

---

9   Elaine Kurtenbach, "Chinese man with no arms plays piano with toes," The Associated Press, August 27, 2010. 어린 시절 사고로 두 팔을 잃은 중국인 피아니스트 류웨이에 관한 기사의 한 대목이다.

발가락을 이용해 오른쪽 양말을 조심스럽게 벗어서 신발에 끼워넣었다. 왼쪽 양말은 신은 채 연주한다… 그는 사람들이 발로 연주하는 것을 눈치채지 못할 정도로 연주를 잘하는 것이 목표라고 말했다.

Elaine Kurtenbach, "Tsunami-hit towns still barren as rebuilding lags," The Associated Press, March 8, 2013. 83살 히데 사토를 취재한 기사의 한 대목이다.

쓰나미가 일본을 덮친 지 2년이 지난 지금까지도 방 하나짜리 임시거처의 차가운 바닥에 골판지 상자를 깔고 잠을 자던 사토는 이렇게 말했다. "이곳은 우리 마을이고, 우리 힘으로 재건해야 합니다. 우리가 할 수 있는 일을 하나씩 해나가면 됩니다."

특파원은 사람들을 도와주는 사람이라고 생각해요. 진심으로요. 거드름 피우는 것처럼 들리나요? [웃음] 나는 그렇다고 생각해요. 사라예보는 포화속에서 폐허가 되고 있었고 거기 사람들은 고통을 받고 있었죠. 내가 도와주어야 할 사람들이었던 거예요. 내가 취재하는 지역에 사는 사람들이었으니까요… 물론 그러다가 나도 죽을 수 있다는 생각이 들었지만, 그건 고려할 요인이 되지 못했어요. 해외특파원이 되고자 결정한 건 나고, 내가 해야 할 일이었거든요. 총에 맞고 싶다거나 그런 건 전혀 아니에요… 나 자신에게, 동료에게, 나의 상사에게, 무엇보다도 사라예보 사람들에게 빚을 지고 있다고 생각했어요… 모든 게 너무도 안 좋았어요. 터무니없을 정도로 공정하지 않았기에 취재해야 한다고 느꼈죠… 임무를 수행하던 중 도로포장용 자갈 뒤에 숨은 적이 있는데, 총알이 바로 앞에 있는 자갈을 맞고 튕겨나가는 게 보이더군요. 아직도 생생하게 떠오르는데… 정말 신기했어요. 이거 진짜 총알인가? 내가 도대체 여기서 뭘 하고 있는 거지? 이런 생각이 들기도 했죠. 하지만 그런 감정을 그냥 억누르면서 침을 꿀꺽 삼키고, 그냥 계속 취재하는 거예요. 그게 내가 할 일이니까요.

Smith, 16-17

세상을 바꾸는 진실의 목격자들
기자의 사회적 책임감

누군지도 모르는 독자들에게 머나먼 타국의 현실을 전달하기 위해 고통과 부상, 심지어 죽음까지 감수해야 하는 상황의 역설은, 바로 그러한 상황에 대해 기자가 어떠한 의견도 말할 수 없다는 것이다. 아프리카 미술품으로 가득 찬 집에서 만난 도나 브라이슨은 이렇게 말했다.

독자들에게 사건을 이해시키기 위해 노력하는 것은 당연히 해야할 일이지만, 어떻게 판단하고 행동해야 하는지 이야기하는 것은 저널리스트의 역할을 넘어서는 것이죠.*Bryson, 64-65*

브라이슨은 소웨토에 있는 한 가족이 TV를 통해 만델라의 대통령취임식을 보는 광경을 취재했던 일을 회상하면서 눈물을 흘렸다(BtN#13 참조).

특파원들이 얼마나 헌신적으로 현장에 뛰어드는지, 또 자신들이 쓴 기사로 조금이나마 세상에 변화를 만들어낸 순간을 얼마나 소중히 여기는지 고려한다면, 기자들은 무조건 무당파적 객관성 또는 '무관심'을 유지해야 한다고 말하는 것은 올바른 접근법으로 여겨지지 않는다. 그보다는 특정한 주장을 옹호하는 것과 객관적 사실을 보도하는 언론의 역할을 분리하기 위해 노력한다고 말하는 것이 적절할 것이다. 다시 말해, 갈등과 비극에 무관심한 것이 아니라, 그보다는 있는 그대로 취재해야 한다는 직업적 책임감을 더 중요하게 느낄 뿐이다.

얼마나 많은 사람들이 우리가 작성한 기사를 읽을까요? 모르죠. 그걸 어떻게 알겠어요?… 그건 내가 어떻게 할 수 없는 거잖아요. 내가 할 수 있는 건, 최선을 다해 이스라엘-팔레스타인분쟁을 취재하는 거예요. 사람들이 다가갈 수 있는 방식으로, 또 생산적인 방식으로 무슨 일이 일어나고 있는지 설명하려고 노력해야 하겠죠. 그 이상 할 수 있는 건 없어요… 이것은 나에게 정말 중요한 일이죠. 나는 스스로 이런 질문을 자주 던져요. 우리는 취재를 제대로 했는가? 우리는 최선을 다했는가?… 이것은 어마어마한 책임감이에요… 우리가 쓴 기사는 무수한 사람들에게 도달하잖아요. 정말 어머어마한 숫자죠. AP의 보도라면 정확하고, 공정하고, 제대로 된 내용이어야 하죠.*Laub, 11, 23*

프라이스도 AP의 특별한 역할과 영향력을 강조한다. AP의 잠재적 독자는 곧, 대중적으로 널리 알려진 신문들의 주요독자이기 때문이다. 문화적, 정치적, 학문적 엘리트보다 훨씬 넓고 다양하다.

> 평범한 사람들에게 정보를 전달할 수 있다는 것은 굉장히 특별한 능력이죠. 다른 나라에 사는 사람들이 어떤 면에서는 우리가 생각하던 것보다 더 비슷하고, 또 어떤 면에서는 생각보다 다를 수 있다는 것을 알려줄 수 있잖아요. 자신을 둘러싼 세상을 이해할 수 있도록 도와주는 것, 이것이야말로 AP의 가장 아름다운 미션이라고 생각해요… 세상에 지금 무슨 일이 일어나고 있는지 알려주고, 더 깊이 이해할 수 있도록 도와주고, 고정관념에서 벗어날 수 있게 해주는 건, 정말 대단한 능력이죠.*Price, 12-13*

40년이 넘는 시간 동안 AP특파원으로 일한 로젠블럼과 리드는 사람들이 세상사에 얼마나 무신경한지, 또 작은 것 하나라도 바꾸는 것이 얼마나 어려운 일인지 뼈저리게 깨달았다고 말한다. 하지만 그들은 좌절하지 않고, 그래도 누군가는 세상을 더 잘 이해하고 싶어할 것이라는 희망으로 유익하고 진실한 기사를 쓰기 위해 노력했다. 로젠블럼은 이렇게 말한다.

> 콩고에서 처음 특파원생활을 시작할 때 나는 세상물정 모르는 얼간이처럼… 그저 잘못된 것을 기사로 쓰기만 하면 사람들이 바로 이해하고 고칠 것이라고 생각했지.*Rosenblum, 19-20*

이러한 믿음은 비아프라 기근을 취재하는 과정에서 완전히 깨지고 말았다. 기근으로 죽어가는 아이들에 대한 기사를 쓰고, 쓰고, 또 썼지만, 아무런 변화도 일어나지 않았다. 결국 세상사람들에게 이 사태에 관심을 갖게 만든 것은 본사에서 내려온 사진기자가 찍은 사진 한 장이었다. 그럼에도 로젠블럼은 이렇게 말한다.

> 그래도 마음을 써야 하는, 더 중요하고… 가치가 있는 이야기가 세상에는 아직 많이 남아있다고 믿어._Rosenblum, 20_

리드도 마찬가지였다. 그는 좀더 소박하지만 미묘하게 어려운 목표를 추구했다.

> 내가 쓴 기사로 어떤 정치인을 몰락시킨 적도 없고, 그런 느낌을 받은 적도 없어. 내 기사로 인해 부당하게 법망을 빠져나가는 사람을 감옥에 넣은 적도 없어… 내가 쓴 좋은 기사, 보람있는 기사를 굳이 꼽으라면, 복잡한 사건이나 이슈를 사람들이 이해할 수 있는 말로 표현해 거기에 관심을 갖게 만든 걸 이야기할 수 있겠네. 기사를 전부 읽지 않았다고 해도… 기사 앞머리라도 읽고 무언가 얻었다면, 그것만으로도 족할 것 같아._Reid, 81-82_

앤더슨은 레바논에서 인질로 잡혀있던 초기에는 자신의 일에만 매몰되어 있었다. 납치범들에게 풀려나 자신이 석방되었다는 소식이 전 세계에 속보로 타전되는 꿈을 꾸었다. 하지만 시간이 어느 정도 흐르면서, 자신과 가족의 고통을 '가치있게' 해줄 만큼 특파원으로서 업무에 충실했는지 자신의 삶을 되돌아보게 되었다고 말한다.

실제로 앤더슨은 석방되고 난 뒤 많은 상을 받았다. 하지만 20년이 지난 뒤 나와 인터뷰를 할 때 자신이 가장 소중하게 여긴다며 보여준 것은, 납치되기 직전 APME^Associated Press Managing Editors에서 준 '올해의 기자상'이었다.

692

2012년 12월 1일 플로리다에 있는 자신의 집 마당에서 테리 앤더슨이 자신이 납치된 1985년 받은 '올해의 기자상'을 보여주고 있다. (Photo by Giovanna Dell'Orto)

내가 그해 무슨 기사를 썼냐고? 말할 수 있는 건 별로 없어. 기자로서 써야 할 기사를 썼을 뿐이지. 내가 쓴 기사가 누군가에게 도움을 주고, 상황에 변화를 초래했을지 모르겠지만 어떤 영향력을 행사했다고는 말할 수 없어. 그렇게 할 수 있다고 생각하지도 않고… 다른 기자들도 마찬가지일 거야. 그렇다면 우리가 하는 일의 가치는 어디에 있을까?

모두 거짓말하는 상황 속에서, 어렵고 위험한 상황 속에 들어가 최선을 다해 진실을 찾아 전달하는 것, 이것이 바로 우리가 하는 일이지… 이 일 자체가 가치있는 일 아닐까? '무슨 일이 있어도 진실을 찾아 전달하는 행위는 가치가 있다'는 신념이 있어야 해. 사람들이 듣든 말든, 상황이 바뀌든 말든, 심지어 그러다 감옥에 가는 한이 있더라도—실제로 감옥에 가기도 하지—원래 이 직업이 그런 일을 하는 거라고 생각하고 무조건 밀고 나가야 해. 그러면 윤리, 즉 뭐가 옳고 그른지 판단하는 일

은 훨씬 단순해지지.*Anderson, 22*

하지만 특파원의 보도가 손에 잡히는 효과를 즉각 발휘할 때도 있다. 페리는 트리니다드토바고에서 AIDS 환자가 급증하고 있다는 기사를 썼던 것에 대해 이야기한다.

> 우리가 머릿속으로만 자신이 올바른 일을 했다고 안위하면서, 세상을 바꾸는 일에 전혀 무관심한 것만은 아닙니다. 실제로 이 기사가 나간 뒤에 '기사 속에 나온 몇몇 사람들을 돕겠다는 사람들의 요청이 밀려들어왔어요.[10]*Perry, 29*

그레이의 생각도 페리의 생각과 상통한다.

> 우리가 하는 일이 정책을 바꾸거나… 사람들을 더 행복하게 만드는 건 아니지. 하지만 솔직히 나도 그렇지만, 많은 기자들이 자신이 쓴 기사가 세상을 바꿨다는 증거를 보고 싶어해. 우리 기사가 정부의 정책에 영향을 미치거나 사람들의 행동에 영향을 미칠 수 있다면 정말 굉장하겠지. 그 정도는 아니더라도 베트남의 보트피플이나 소말리아의 한 간호사, 또는 태국의 코끼리라도 도와주고 싶게 만드는 데 성공했다면 그것만으로도 기자라는 직업에 뿌듯함을 느끼지 않겠어?*Gray, 66*

---

10 Dan Perry, "Ignorance, fear, apathy, shame contribute to Caribbean AIDS spread," The Associated Press, August 26, 2000. 이 기사의 도입부에는 공장에서 재봉사로 일하는 두 아이의 엄마가 등장한다. 그녀는 HIV 양성판정을 받았으나, 사회적 낙인이 두려워 또 생활비를 벌기 위해 뒷골목으로 몰래 도망치듯 다닌다. 이 기사에는 실제로 도움이 필요하다는 문구도 등장한다.
에이즈구호단체들은 이들을 지원하기 위해 부유한 국가들로부터 3,500만 달러를 모금하겠다고 구상하고 있다.

탈마지는 원자로가 폭발했을 때 자신이 핵발전소가 눈 앞에 보이는 언덕에
서있던 유일한 기자였다는 사실에 '저널리스트로서 역할'을 자신이 잘 해
내고 있다는 생각이 들었다고 한다.

> 이 사건에 사람들이 더 주목하고, 무엇이 문제인지 분명하게 인지하고,
> 문제해결을 위해 더 많은 관심을 쏟고, 더 많은 이들이 원조하고 기부
> 하게 함으로써 상황을 개선하는 데, 내가 쓴 기사가 조금이나마 이바
> 지했다고 생각해요. *Talmadge, 6/17*

분쟁지역에 대한 독자들의 관심을 끌기 위해 특정한 개인의 이야기를 묘사
하는 기사서술방식으로 인해, 기사에 등장한 개인의 삶이 바뀌는 경우도
많다. 리드가 취재한 보스니아내전으로 인해 두 눈을 잃은 소년이 대표적
인 경우라 할 수 있다. 기사가 나간 뒤 입양되지 않았더라면 이후 벌어진 스
레브레니차 집단학살 와중에 소년은 죽었을 것이다. *Reid, 86*

알렉산더는 소말리아 모가디슈에서 스웨덴군의 야전병원을 취재하던
중 생후 일주일 만에 고아가 된 아기를 발견했다.

> 이 아기를 중심으로 기사를 썼는데 굉장한 주목받았어요. 아기를 입양
> 하겠다고 나선 사람이 수백 명은 되었던 것 같아요… 기사가 나간 이
> 후에도 아기가 어떻게 되었는지 궁금하다는 편지가 AP로 쏟아져들어
> 왔다고 해요. 결국 후속취재까지 했죠.[11]… 사람들을 어떻게 도울 수

---

11 Paul Alexander, "Orphaned infant with slashed throat captures hearts," The
Associated Press, April 22, 1993. Paul Alexander, "Infant with slashed throat
may go to Sweden for treatment," The Associated Press, May 5, 1993. 후속기
사에는 다음과 같은 편집자주가 붙어있다.
"아기에 대해 더 자세히 알고 싶다면, 모가디슈에 있는 스웨덴 야전병원의사 고란 브로
든에게 팩스로 문의하기를 바란다. (위성전화번호 011-873-137-0537)."

있을까요? 이 아기 말고도 가난과 굶주림으로 죽어가는 이름모를 사람들은 무수히 많았지만, 사람들의 심금을 울릴 만한 이야기가 없었을 뿐이죠._Alexander, 28_

특파원의 기사가 일시적으로나마 정부의 반응이나 정책에 변화를 주는 경우도 있다. 리드는 모스타르에서 크로아티아 민병대의 돈세탁 혐의를 받고 있는 은행을 감사하던 회계원들이 폭도에게 납치되어 인질로 잡혀있다는 제보를 받고 취재에 나섰다. 그의 기사가 나간 뒤 UN은 회계감사원들을 구출하기 위해 대응팀을 급파하였고 결국 구출되었다. 이 사건을 제보한 것은 인질로 납치되었던 회계원 중 한 여성의 아버지였는데, 나중에 자신의 딸을 구해준 것에 대해 진실로 감사하다는 편지를 보내왔다.[12] _Reid, 87_

남아프리카공화국에서 아파르트헤이트를 취재한 데이빗 크래리는 이렇게 말한다.

외신기자단은 남아공 백인정부에 변화를 촉구하는 동력이었지. 그들은 우리 눈치를 봤어. 자기들 마음대로 행동할 수 없었지._Crary, 13_

캄보디아, 이라크 등 분쟁지역을 취재해 온 그레이는 기사를 통해 세상에 변화를 일으키고자 하는 것은 기자로서 바람직하지 않다고 말하면서도, '조금이나마' 정책에 변화를 미치고 싶다는 생각을 한 적이 있다고 말한다.

태국공항의 부패한 감독체계를 통해 코끼리 상아를 불법적으로 밀수

---

12 그녀의 아버지가 리드에게 보낸 편지의 한 대목이다. "제 딸이 풀려날 수 있도록 결정적인 역할을 해주신 기자님에게 뭐라고 감사를 표해야 할지 모르겠습니다. 절박한 도움을 요청하는 제 전화에 당신이 보여준 진심어린 모습을 저는 결코 잊지 못합니다. 지금도 매일 당신에게 감사를 드립니다. 감사합니다. 제 딸의 목숨을 구해주셔서."

하는 현장을 폭로하는 기사를 쓴 적이 있지. 환경과 야생동물을 파괴하는 이야기를 쓸 때는 정말 가슴이 아파._Gray, 32_

스티븐슨은 멕시코에서 바다거북 산란지를 취재한 기사로 이 지역에서 진행되고 있던 호텔 개발계획을 중단시켰다. 또한 멕시코정부가 마약관련 범죄를 비범죄화하려는 계획을 세우고 있다고 폭로하는 기사를 써서 이를 저지하기도 했다. 이러한 멕시코정부의 움직임이 미국정부의 민감한 반응을 이끌어냈기 때문이다.[13] _Stevenson, 28_ 물론 AP기사가 워싱턴의 외교정책에 영향을 미치는 것이 바람직한가 하는 문제는 훨씬 미묘한 문제라 할 수 있다.

변화를 촉발하기 위한 특파원들의 노력

워싱턴을 압박하라

베트남, 아프가니스탄, 중동, 중앙아메리카의 불안정한 정세에 대해 쓴 자신의 기사가 미국의 정책에 영향을 미쳤다고 생각하는지 물었을 때, 그들은 늘 '아니'라고 대답했다. 그럼에도 현장에서 직접 목격한 현실을 전달하는 자신들의 기사가 어느 정도는 변화에 이바지할 수 있기를 바랐다.

1980년대부터 이스라엘-팔레스타인 분쟁을 취재해 온 캐린 라웁과, 아프가니스탄과 파키스탄에서의 분쟁을 취재해 온 캐시 개넌의 이야기에서 이러한 직업적 임무와 인간적 바람, 객관적인 관찰과 개인적인 관심 사이에서 줄타기하는 특파원들의 태도를 엿볼 수 있다.

---

13 Mark Stevenson, "Three-year battle to save Mexican beach ends with defeat for Spanish hotel firm," The Associated Press, August 10, 2001; Mark Stevenson, "U.S. urges Mexico to rethink drug decriminalization as Mexico appears to step back," The Associated Press, May 3, 2006.

개인적으로야, 내가 취재한 사건, 내가 쓴 기사를 '국무부의 정책결정 권자들이 읽어주길' 바라죠… 물론 그들이 내 기사를 읽었는지 확인할 수 없고, 더 나아가 내 기사가 어떤 영향을 미쳤는지 알 수 없지만… 사실, 정책이 뉴스만으로 결정되는 것은 아니겠죠. 미국이 난처한 상황에 빠지거나 특별한 문제가 되는 않는 한, 우리가 취재한 기사를 눈여겨보거나, 그걸 바탕으로 정책을 결정할 것이라고 생각하지 않아요. 하물며 내 기사가 독자들에게 어떻게 전달되는지, 인식을 얼마나 바꾸는지도 알 수 없는데… 내가 그걸 어떻게 알겠어요?*Laub, 10*

나는 중요하다고 생각되는 이야기를 전하기 위해, 질문하고 질문하고 질문하고 질문하고 질문해서 답을 얻는 기자예요. 기자로서 내가 평생 해온 일이죠… 그렇게 쓴 기사가 독자들에게 영향을 줬을까요? 그러길 바라죠. 기자로서 그러기를 바라지만, 그렇지 않다고 해서 잠을 자지 못하거나 그렇지는 않아요. 말하자면, 내가 고민하고 신경쓸 일이 아니란 뜻이죠.*Gannon, 78*

많은 특파원들이 그저 관찰한 것을 기사로 쓸 뿐, 자신의 기사가 워싱턴에 어떻게 보일지 신경쓰지는 않는다고 말한다. 기자가 할 일은 '정책을 만드는 것이 아니라 무슨 일이 일어나고 있는지 보도하는 것'이기 때문이다. 특히 전쟁과 같이 한치 앞을 내다볼 수 없는 상황에서는 그런 것에 신경쓸 여력조차 없다고 베트남전쟁특파원들은 말한다.

현장에서 벌어지는 일들에 대해 둘러앉아 토론하고 기사를 쓰는 게 아냐. 비밀스럽고 난해한 문제를 해결하려는 것도 아니고… 그저 우리 앞에서 펼쳐지는 일들에 신경쓰기에도 바빠. 기사는 다 그렇게 만들어져. 우리가 취재하는 것에 대해 대학생들이 어떻게 받아들일까 따져가며 취재를 하는 게 아니야… 그런 건 신경 쓸 여유도 없어. 전쟁의 더 큰 맥락 같은 걸 따질 수 있는 상황이 아니야. 전쟁 그 자체를 취재하는 것이 우리 임무고… 우리 눈앞에 펼쳐지는 일, 논두렁에서, 비무장지대에서, 삼각주지역에서… 벌어진 일을 취재하기에도 바빠. 전쟁만이 아니라 외교적인 사건을 취재할 때도 마찬가지지… 베트남전쟁은 그렇게 취재한거야. 미군뿐만 아니라 베트남사람들에 대한 기사도 마찬가지고.*Pyle, 10; also Lederer, 5; Erbsen, 3*

몇몇 특파원들은 기자의 임무는 백악관이나 다른 정부들에게 정보를 제공하는 것이 아니라 미국인 또는 세계인들이 중요한 이슈에 관심을 갖게 만드는 것, 좀더 이상적인 수준에서는 분별력을 갖게 하는 것이라고 주장한다. 그럼에도 파키스탄, 베네수엘라, 중동 등에서 미국정부의 과오를 취재한 특파원들은 자신의 기사가 여론과 정책에 모두 영향을 미쳤을 것이라고 말한다.

2000년대 초반 카이로에서 브라이슨은 호스니 무바라크 대통령을 모욕한 혐의로 수감된 아메리칸대학의 사회학자 사드 에딘 이브라힘의 재판을 취재하면서, 자신이 워싱턴의 자금지원을 받는 독재정권의 부패를 파헤치고 있다는 사실을 민감하게 인지하고 있었다. 하지만 이것이 미국정부의 중동정책에 변화를 초래할 것이라고는 생각하지 않았다.[14]

그럼에도 이 기사를 통해 미국의 독자들이, 중동의 어떤 정부들이 미국의 지원을 받고 있는지 이해하게 될 거라고 생각했어요… 내 기사가 정책에 영향을 미칠 거라고는 생각해본 적 없어요. 내가 그런 힘을 가

---

[14] Donna Bryson, "Egyptian activist speaks out from jail via cell phone," The Associated Press, August 6, 2000.

지고 있다고 생각하지 않아요… 그런 걸 목표로 삼았던 적도 없고요. 나는 어떤 이들을 대변하거나 어떤 정책을 주장하는 사람이 아니에요. 기록하는 사람일 뿐이죠… 사람들을 일깨우는 데에는 시간이 걸리죠. 내가 쓴 수많은 기사들이 조금은 기여했을 수도 있어요. 나는 그러한 변화에 기여하기 위해 노력할 뿐이죠. *Bryson, 63-64*

이라크전쟁을 취재한 샐리 버즈비는 이렇게 말한다.

이 전쟁에 대해 미국인들이 어떤 태도를 취해야 할지 알려주는 것은 내 일이 아니라고 생각했어요. 미국의 중동정책이 '이래야 한다 저래야 한다' 하는 신념도 없었죠. 하지만 우리가 현장에서 직접 목격한 상황은 군수뇌부가 브리핑하는 내용과 많이 달랐어요. 그래서 이라크의 상황이 미국에서 보는 것보다 훨씬 나쁘다는 것을 알려주고 싶었고, 그래서 좀더 설득력있는 증거를 제시하기 위해 노력했을 뿐이죠… 2006년 군의 브리핑을 듣다가 놀란 적이 있는데 정말 이렇게 말하더군요. "실제상황은 정말 괜찮은데, 언론이 호들갑을 떨어서 상황을 더 나쁘게 만들고 있을 뿐입니다." 그 말을 들으니 정말 화가 나더군요. 바그다드는 완전히 혼돈 그 자체였어요. 종파전쟁이 휩쓸고 있었는데, 기본적으로 미군은 그걸 인정하지 않는 거예요… 그곳에서 일어나는 일을 우리가 뭐하러 부풀리겠어요? 우리는 절대 과장하려고 한 것이 아니었거든요. 물론 우리는 전쟁보도에 대한 독자들의 관심이 식어버리지 않을까 걱정하긴 했지만… 어쨌든 독자들의 흥미가 식을까봐, 미국인들이 이 전쟁에 신경을 쓰지 않게 될까봐 마음을 졸이긴 했지만, 실제로 발생한 사실을 그대로 썼을 뿐이예요. 더욱이 정부관료들이 현실을 제대로 포착하지 못하거나 축소하려고 한다면, 기자라면 더더욱 진실을 까발려야죠. *Buzbee, 6*

페리 역시 대중이 문제의 본질에 닿지못할 때 본질에 닿을 수 있도록 일깨워주는 것은 기자가 해야 할 중요한 일이라고 말한다.

> 기사를 활용해 미국의 정책에 영향을 미치려고 하는 것은 아니지만, 잘 알려지지 않은 사실을 드러냄으로써 일반독자들뿐만 아니라 의사결정권자들까지 일깨워 줄 수 있다면 좋은 일이겠죠.*Perry, 16*

그러한 예로 페리는 존 케리 미 국무장관이 이스라엘과 팔레스타인을 '협상테이블로 끌어들이기 위해' 고심하고 있다는 기사를 썼는데, 이 기사에서 페리는 2002년 합의되었으나 유명무실한 상태로 남아있던 아랍평화구상안이 어떤 역할을 할 수 있다고 언급했다. 실제로 이 기사가 나간 뒤 한 달도 지나지 않아 협상이 시작되었다. 사람들이 잊고 있던 이슈를 끄집어 냄으로써 새로운 길을 찾는 데 어느 정도 기여한 것이다.[15]

> 정말 기뻤어요. 사문화된 그 합의에 주목했던 것은 우리밖에 없었거든요. 물론 이 기사는 단순히 일어나는 일만 그대로 받아적은 것이 아니라, 나름대로 치열하게 고민하여 만들어낸 결과물이었죠.*Perry, 16*

일반시민이든 정책입안자든, 먼 곳에 있는 사람들에 대해 더 잘 이해할 수 있도록 특파원들은 눈에 띄지 않는 것, 보도되지 않는 것들에 주의를 기울여야 한다고 말한다. 특히 외부인들에게 잘 알려지지 않은 곳, 자유롭게 여행할 수 없는 곳일수록 특파원들의 역할이 더 중요하다. 2012년 북한에 처음 AP지국을 개설한 진 리는 이렇게 말한다.

---

15 Josef Federman, "Decade-old Mideast peace plan re-emerges," The Associated Press, April 7, 2013; Josef Federman, "Arab League sweetens Israel-Palestinian peace plan," The Associated Press, April 30, 2013.

내 임무는 그곳에 대한 이해를 넓히는 거였어요. 물론 내가 쓴 기사가 궁극적으로 정책입안자들에게 보탬이 된다면, 그 나름대로 굉장한 일이겠지만… 그럼에도 우리의 1차적 목적은 외부로부터 닫혀있던 북한을 더 많이 취재하는 것이었죠.*Lee, 16*

1970년대 중반 동남아시아를 취재한 그레이는 자신의 기사가 자칫 '논설' 처럼 되지 않도록 신경을 써야만 했다.

이곳에서 무슨 일이 벌어지고 있는지 알리다보니, 워싱턴DC의 외교정책과 군사적 조치가 이러한 고통을 초래했다는 것을 일깨워주고 싶은 생각이 자꾸 들더군. 그럼에도… 잔악한 크메르루주의 학살을 취재하고… 수백 명의 난민을 인터뷰하여 참상을 전할 때가, 기자로서 가장 뿌듯했던 것 같아."*Gray, 10-11*

사라예보 포위전을 직접 취재하고 또 비엔나지국에서 전쟁보도를 감독한 포럽칸스키는 엘살바도르에서 보스니아에 이르기까지 AP가 '중립적인 보도'를 하는 것으로 명성을 얻은 이유에 대해서 이렇게 말한다.

눈 앞에서 벌어지는 일들을 직접 목격하고… 매우 인간직인 눈높이에서 현장에서 도대체 무슨 일이 벌어지고 있는지 이해하려고 노력하기 때문이죠. 충동적인 어떤 것을 쫓는 것이 아닙니다.*Porubcansky, 18*

이는 무관심과는 다르다. 조셉 프레이져는 엘살바도르내전을 취재하면서 잔학행위를 하는 파벌이 배후에서 워싱턴의 지원을 받고 있다는 사실을 알게 되었다.

육체적, 정신적으로 쑤시는 듯한 아픔이 느껴졌지. 하지만 우리가 할 수 있는 것은, 직접 목격한 것을 기사로 쓰는 것밖에 없었어. 다른 건 할 수 없었지. 그런 상황이 이따금 비수처럼 가슴에 꽂혔어.*Frazier, 24*

8,000명에 달하는 사람들이 천막생활을 하는 난민캠프에서 아무것도 모른 채 천진난만하게 웃음을 지으며 사진을 찍어달라고 달려드는 아이들의 모습을 전하는 그의 기사는 여덟 아이를 둔 어머니의 말로 끝을 맺는다.

> "어디든 아이들 좀 데려가 주세요… 파리가 들끓어 아이들이 모두 이질에 걸렸어요. 밤마다 파리를 쫓느라 잠도 자기 힘들어요. 파리가 너무너무 많아요… "[16]

포위공격을 받는 사라예보에서 쓴 존 대니젭스키의 기사에서도 이와 비슷한 가슴 아픈 호소를 찾을 수 있다.

> 수십만 명의 사람들이… 장작을 얻기 위해 도시의 공원과 묘지를 샅샅이 뒤졌다. 나무, 관목, 울타리… 눈에 띄는 것들은 모두 잘라냈다. 그렇게 모은 지저분한 나무뭉치를 사람들은 집으로 끌고 갔다… 초록식물을 채취하기 위해 불모지를 찾아다녔다. 잔디도 상관없었다. 겨울철, 먹을 것이 떨어진 그들은 떨어진 밤을 먼저 줍기 위해 다람쥐와 경쟁했다… 그들에게 남은 선택지는 얼어죽는 것과 굶어죽는 것밖에 없었다. 카밀라 페트코비치-자사레비치(64)는 자신은 살만큼 살았다고 하면서 낯선 외신기자에게 아이들만이라도 구해달라고 간청했다.[17]

---

16 Joseph Frazier, The Associated Press, July 14, 1979.

17 John Daniszewski, "In besieged Sarajevo, many wonder if they'll survive winter," The Associated Press, October 31, 1992.

보스니아에서 일가족 여섯 명이 점심을 먹고 있다가 포탄이 날아와 즉사한 사건을 취재하기 위해 영안실을 배회하던 알렉산더는 기자로서 비참한 세상에 변화를 이끌어내기 위해 고군분투했지만 '생각했던 만큼 기사의 힘이 크지 않다'는 것을 깨달았다고 말한다.

> 우리는 폐허가 된 그 집에 들어가서 이것저것 살펴봤어요. 바닥에는 피가 굳어있었죠. 혹시라도 무언가 밟지 않기 위해 조심했어요. 이들 가족의 이야기를 통해 전쟁의 잔혹함을 독자들에게 생생하게 전달하고 싶었죠. 그러던 중 그 집이 공격받았을 때 마침 집에 없어서 화를 면했던 그 집의 큰 딸을 우연히 만났어요. 인터뷰를 하려고 다가갔는데, 아이가 갑자기 소리를 지르더군요. "당신이 뭘 하든 아무것도 변하지 않을 거야! 이런 일은 계속될 거야. 계속될 거라고!" 나는 어쨌든 기사를 썼고, 그 기사는 거의 관심을 끌지 못했어요… 돌아보면, 내가 너무 열심히 하려고 했던 건 아닌가 생각되기도 해요. 기사를 작성할 때 이 사건에 대한 나의 감상을 박스처럼 삽입했거든요. 그 박스 때문에 기사는 아예 나가지도 못할 뻔했어요.[18] *Alexander, 15*

포위당한 사라예보에 여러 차례 들어가 취재한 크래리는 '현지인들도 외신기자에 대한 기대를 거두고, UN과 국제사회에 대한 회망 역시 시들어질 때쯤' 기자들의 초조함은 더욱 극에 달했다고 말한다.

---

18 Paul Alexander, "One shell takes six lives in family filled with future dreams," The Associated Press, January 4, 1994. 이 기사는 피투성이 잔해 속에서 아이들 방에 놓여있는 바비인형들, 톰 크루즈가 주연한 영화 《7월 4일생》 포스터 등 디테일을 묘사하며 가슴 아픈 가족의 일상을 묘사한다. 이 기사는 가족의 친구였던 미국대사 빅터 자코비치의 말을 인용하며 끝을 맺는다.
"친아들처럼 아끼던 아이였는데, 컴퓨터를 하는 걸 좋아했어요… 전력이 부족해서 컴퓨터를 켜기 위해 자동차 배터리를 구하러 다니기도 했죠."

우리는 좀더 빠른 변화를 가져올 수 있도록 기사를 더 많이 써야 한다고 느꼈어… 그러한 초조함이 기자들에게 그곳으로 필사적으로 돌아와 기사를 쓰고 TV리포트를 하도록 독려했을 거야… 아마도 기자들이 모두 그곳에서 떠나 아무도 기사를 쓰지 않았다면 상황은 훨씬 악화되었겠지… 목격자로 있는 것과 없는 것은 상당히 큰 차이거든. 우리는 문제해결을 촉진하기 위해 노력했지만, 상황은 너무나 더디게 변해갔지. 오랜 시간이 걸렸어. 우리의 집단적인 취재활동이 얼마나 효과가 있었는지는 알 수 없지만… 자신의 눈으로 직접 그 현장을 보고 있다는 사실만으로도 그곳에 있을 가치는 충분했지. 그 지역 사람들도 우리의 연대감을 높이 평가하기도 했고. 사라예보에서는 어쨌든 진실의 목격자라는 기자의 역할을 충실히 해냈다고 생각해. 물론 그 사태의 해결과정은 너무나 지지부진해서 어떤 실질적인 도움도 주지 못한 것 같지만.*Crary, 12-13*

뉴스와 여론과 미국의 외교정책의 상관관계에 대한 최근 연구결과는 '언론이 보스니아에 대한 인도주의적 개입의 근거를 명확하게 제공해준 덕분에 미국정부가 개입할 발판이 마련되었을 것'이라고 주장한다.*Bloch-Elchon, 2007, 42* 하지만 현장에 있는 특파원들은 자신이 쓴 기사가 미국정부의 정책이나 활동에 얼마나 영향을 미쳤는지 알 수 없다. 특정한 기사에 대해 미국정부가 반응을 보이거나, 또는 미국의 외무부관료들이 개인적으로 피드백을 해주지 않는 한 알 수 없다.

드물긴 하지만, 자신이 쓴 기사가 위기상황, 특히 심리적으로나 물리적으로나 멀리 떨어져있는 곳의 위기상황에 변화를 이끌어낸 것을 확인할 수 있는 경우도 있었다. 1960년대 중반 쿠바에 거주하는 유일한 미국기자였던 아이작 플로레스는 쿠바의 일상생활에 대한 자신의 기사들이 세계 외교무대에서 쿠바정부가 개방적 사회로 나아가도록 방향을 잡는 데 어느 정도 영향을 미쳤을 것이라고 확신한다.*Flores, 6-7*

래리 하인즐링은 1970년대 서아프리카 가뭄에 대한 자신의 반복적인 보도가 국무부에서 작성하는 아프리카 주간요약보고서에서 특집으로 다뤄졌던 것을 자랑스럽게 생각한다. 자신의 기사가 세상을 바꾸지는 못하더라도 '여러모로 영향력이 있었다'는 것을 실감할 수 있게 해준 사건이었다. 또 하인즐링은 남아프리카 인종갈등에 관한 외신보도가 그 지역의 분쟁에 상당한 영향을 미쳤을 뿐만 아니라, 워싱턴이 남아프리카정부에 압력을 가하도록 자극했다고 믿는다.*Heinzerling, 8/24*

더 나아가 취재원뿐만 아니라 정치상황에도 영향을 미친 경우도 있다. 1970년대 두 동료와 함께 뜻하지 않게 AP프놈펜지국을 맡아 운영하게 된 태드 바티무스는 이곳이 너무도 고립되어있었기에 자신이 작성하는 뉴스가 이곳에 대한 외교적 조치, 심지어 군사행동에도 상당한 영향을 미칠 수 있다고 생각했다.

> 프놈펜 상황을 파악하고 나서 곧바로 이곳에 대한 정책을 바로잡아야 한다는 책임감까지 느끼게 되었지. 최대한 빠르게 그곳을 취재하여 기사를 내보내기 위해 노력했어.*Bartimus, 14*

바티무스가 쓴 기사 중에는 그녀의 아이들을 돌봐주던 전쟁미망인의 일상을 취재하여 쓴 것도 있다.

> 내 기사를 읽다가 행동을 멈추고 잠시 생각에 잠긴 사람들도 있을 거야… 그런 기사가 정책까지 바꾸지는 못할 것이 분명했지만, 그래도 이곳 상황이 흑백으로 쉽게 가를 수 있는 단순한 문제가 아니라는 사실을 일깨워주기에는 충분했지. 늘 분쟁만 취재한 것은 아니야. 시체 수만 센 것도 아니고. 일상을 살아가기 위해 노력하는 사람들의 진솔한 이야기를 들려주는 것도 중요하다고 생각했어.*Bartimus, 15*

베트남전쟁 중 리차드 파일은 베트남 이중간첩을 죽인 혐의로 '그린베레 대원들'을 국방부가 기소했다는 사실을 특종보도했다. 그 기사가 나간 뒤 국방부는 기소를 취하했고, 그 소식을 처음 들은 파일은 동이 트지도 않은 시간에 병사들에게 전화를 걸어 기쁜 소식을 전달했다.[19]

"로버트 럴트 대령입니다. 누구시죠?" "AP 사이공지국의 리차드 파일입니다, 대령… 워싱턴에서 온 보고서를 하나 입수했는데, 국방부장관이 당신과 당신 부하들에 대한 모든 혐의를 취하했다고 합니다" "정말입니까? 놀리는 거 아니죠?" "네, 이 사실을 모르고 있었습니까?" "네, 지금 처음 듣는 겁니다!" "와, 정말 좋은 소식이네요. 또 저한테 전해 줄 게 있나요?" "음, 거기엔 그냥 기소를 취하하기로 결정했다고만 써 있고, 이유는 설명하지 않았어요."… "이제 뭘 하실 건가요?" "다른 병사들을 깨우러 갈겁니다. 이 소식을 빨리 알고 싶어할 거예요."… 통화를 하면서, 이게 바로 기자로서 느낄 수 있는 짜릿함 아닐까 하는 생각이 들더군. 기자라는 일… 내 인생을 걸고 계속해 온 이유지… 바로 이런 것이 언론의 중요성이고 영향력 아닐까. *Pyle, 25-26*

---

19 "Green Berets Toast News at Beer Party," *Los Angeles Times*, September 30, 1969, 15.

특파원들의 소명의식과 영향력

"사람들은 세상에 무언가 의미있는 일을 하고자 하는 바람으로 기자의 길에 뛰어든다." *Daniszewsky, 5*

루마니아혁명을 취재하던 중 총상을 입은 대니젭스키는 이렇게 말했다. 총알은 그의 심장에서 '몇 센티미터 떨어져있는' 왼쪽 팔을 관통하였으며 두개골에도 상처를 냈다.[20] 동유럽의 탈공산주의혁명을 취재하는 일은 그에게 특별한 의미가 있었다. 얄타회담 이후 사람들의 목소리를 대변하는 언론이 사라진 나라에서 외신은 그 나라의 유일한 자유로운 독립언론이었기 때문이다.

지금까지 살펴본 AP특파원들의 취재활동을 정리하기 위해 기본적인 질문을 던져보고자 한다. 특파원들은 스스로 무슨 일을 한다고 생각할까? 이 책 전반에 걸쳐 확인한 그들의 답변은 다양하지만, 결국 '진실을 발굴해서 전달하는 것' 또 지금 이곳에서 무슨 일이 벌어지고 있는지 더 많은 사람들이 이해할 수 있도록 '될 수 있으면 많은 이들의 목소리를 전달하는 것'으로 정리할 수 있다.

AP특파원들은 다른 언론사 기자들보다 유독 '진실의 목격자'가 되는 것을 사명으로 생각하는 경우가 많았다. 실제로 AP특파원들의 보도에 따라 다른 언론들도 대부분 취재방향을 결정한다. 이러한 AP특파원들의 목표의식은 오늘날 온갖 미디어들의 소음이 가득할 상황에서도 굳건히 유지되고 있다.

---

20 John Daniszewski, "AP correspondent shot 3 times in early throes of Romanian revolt," The Associated Press, December 26, 1989.

기자들은 또한 더 많은 독자에게 다가가야 한다는 책임감을 느낀다. 하지만 독자의 관심이 반드시 가장 중요한 기사를 향하지 않는다는 것도 잘 알고 있다. 따라서 기사의 인기는 기자로서 임무를 제대로 수행했는지 판단하는 데 그다지 중요한 의미를 갖지는 못한다.

특파원들에게 더 강력한 동기를 부여하는 것은, 머나먼 곳에 사는 이들, 말 그대로 지도상에 존재하지 않는 것처럼 보이는 사람들의 목소리를 들려주는 것이다. 산사태로 인해 죽어가는 니카라과 사람들, 지진으로 심각한 피해를 입은 카슈미르 사람들, 침묵할 수밖에 없는 북한사람들, 언제 터질지 모르는 전쟁 속에 떨고 있는 포위당한 사라예보 사람들의 이야기를 생생하게 전달하는 것이다.

특파원들은 목격자로서 자신의 역할이 실제로 도움이 된다고 생각할까? 특파원들은 대부분 자신들의 임무를 새로운 정보를 획득하는 것이라고 생각하기보다, 그 상황에 관심을 갖는 소수의 사람들에게 이야기를 전달하기 위해 두려움을 무릅쓰고 험지에 가서 직접 보고 듣고 기록하는 것이라고 생각했다. 이는 다소 모순적이기도 한데, 그들은 스스로 목소리를 내지 못하는 사람들의 입장을 옹호하기 위해 헌신하면서도 자신은 당파적인 활동가가 아니라 철저하게 관찰자와 이야기전달자에 불과하다고 주장하기 때문이다.

실제로 '객관적이고 공평무사한' 태도를 취한다고 하더라도 자신의 기사가 사람들에게 어떤 행동을 촉발했을 때 기뻐하지 않을 사람은 없을 것이다. 트리니다드토바고에서 에이즈로 고통받는 이들, 베트남 난민들, 소말리아내전의 희생자들, 남아프리카공화국의 아파르트헤이트. 멕시코와 태국의 야생동물 훼손 등을 취재한 기자들은 이러한 실태를 바로잡기 위한 정치적 압력을 가하기 위해 노력했다.

하지만 미국의 대외정책에 영향을 주고 워싱턴에 정치적 압력을 가하는 것을 자신의 목표라고 말하는 특파원은 한 명도 없었다. 세상의 모든 결과, 실패든 성공이든 직접 눈으로 목격하고 전달하는 것을 기자의 임무라고 여긴다. 예컨대, 미군은 이라크의 상황이 안정되고 있다고 브리핑했지만 바그다드는 실제로 종파 간 분쟁으로 인해 혼란 속으로 빠져들고 있었고, 이러한 진실은 특파원들이 더욱 파고들어야 할 대상이 되었다.

보스니아전쟁의 참상에 대한 무수한 보도가 나갔음에도 국제사회가 늑장대응을 할 때 몇몇 특파원들은 '좌절'을 느꼈다. 그럼에도 특파원들은 포기하지 않고 계속 기사를 썼다. 조금이나마 더 많은 지식과 정보, 더 넓은 시야가 세상을 더 잘 이해하는 데 도움이 될 것이라고 믿기 때문이다.

1990년대 남아공 아파르트헤이트와 보스니아전쟁

넬슨 만델라 대통령이 취임하던 날이었어요… 나는 이 순간이 남아프리카 공화국의 흑인들에게 어떻게 다가오는지 취재하기 위해 가장 큰 흑인 마을인 소웨토에 갔죠. 그곳에 한 가족이 텔레비전 중계를 함께 볼 수 있도록 나를 초대해 줬어요. 집은 그리 크지 않았는데, 거실에 작은 TV가 놓여 있었고, 함께 TV를 보기 위해 동네사람들이 모여있었죠. 그리고 국가가 연주되었는데… 해방운동 당시 흑인들이 불렀던 Lord Bless Africa(아프리카를 축복하소서)가 먼저 나오고 기존의 백인들의 국가 Die Stem(부르심)이 나왔어요.

'아프리카를 축복하소서'가 시작되자 TV를 보고 있던 이들이 모두 자리에서 일어나 주먹을 치켜들었죠. 반파르트헤이트집회에서 하던 행동이었죠. 그런데 TV 속 만델라는 손을 펴서 심장 위에 손을 얹고 있었죠. 사람들은 그 모습을 보면서 하나둘 주먹을 내려 손을 펼쳐 가슴 위에 올려놓더군요. 그 모습을 보면서 나는… 눈에서는 눈물이 흘러내렸고… 그 순간이야말로 내가 그토록 하고 싶었던 '기자'라는 일을 진짜 하고 있다는 느낌이 들었어요. 내 눈으로 목격한 정말 감동적인 순간이었거든요. 만델라가 사람들에게 어떤 의미인지, 남아프리카공화국에 어떤 희망이 존재하는지 제 눈으로 직접 목격할 수 있던 순간이었죠.[21]

Bryson, 5-6, 75

---

21 Donna Bryson, "Mandela hailed in Soweto after decades of hopelessness," The Associated Press, May 10, 1994. 브라이슨은 이 순간을 회상할 때도 눈물을 흘렸다.

내가 볼 때 외신이 아파르트헤이트를 다룬 방식과 사라예보사태를 다룬 방식 사이에는 공통점이 있어. 물론 사라예보에서는 몇 가지 이유로 조금 더 뚜렷하게 드러났지.

하나는, 악이 도시에 만연해있다는 것을 누구나 명확하게 알고 있었지… 남아프리카에서는 백인소수정부에 필적할 만한 상대방이 없었기 때문에 '교차검증'을 할 수 있는 대상이 없었고… 사라예보도 마찬가지로, 도시 안에 희생자들만 있을 뿐, 공격을 가한 측은 취재할 길이 없었지. 그래서 우리가 할 수 있었던 것은 그저 사람들의 이야기를 들려주고… 극적인 상황을 세상에 알리는 것밖에 없었지…

그래도 남아프리카공화국은 양측의 입장이라는 게 있었지만… 사라예보에서는 언덕에 숨어있는 저격수들은 전혀 취재대상이 되지 못했어… 초기에는 그래도 보스니아의 세르비아인들이 왜 그렇게 할 수밖에 없는지 설명하고자 노력했지. 베오그라드에 있는 동료기자들이 그런 이야기를 다루기 위해 기사를 몇 개 쓰기도 했고… 그러니까 AP가 세르비아 민족주의자들의 입장을 완전히 무시한 것은 아니야. 우리가 사라예보 사람들에게만 관심을 가지고 싶어서 그랬던 것도 아니고…

전쟁이 지속된 3년 동안 사라예보 외곽 언덕에서 도심을 향해 포탄을 쏘아대는 그 인간들과 일주일간 어울리면서 특집기사를 쓸 생각을 한 외신기자는 아마 한 명도 없었을 거야.

Crary, 11-12

14

AP 역사의 목격자들
FOREIGN CORRESPONDENTS IN ACTION

역사현장의 목격자로서
세계 곳곳을 누빈 80년

결론

14

역사현장의 목격자로서
세계 곳곳을 누빈 80년

결론

이 책에서 인터뷰한 특파원들이 AP에서 일한 시간을 모두 합치면 1,700년이 넘는다. 1,700년을 분석하면 그들이 어떻게 활동했는지, 또 그러한 활동을 가로막는 제약이 무엇이었는지 드러날 것이다. 또한 이러한 분석은 미국이 세계정세를 주도해 온 지난 80년 동안 미국대중에게 어떤 해외뉴스가 전달되었는지, 또 그러한 뉴스가 어떤 영향을 미쳤는지 파악할 수 있는 새로운 시각을 제시할 것이다.

또한 특파원들이 작성한 수백 개의 기사를 토대로 그러한 기사를 작성하는 과정에 대한 솔직하고 생생한 인터뷰를 들어본다면 그들이 어떤 방법으로, 어떤 이유로 해외기사를 작성하여 본국에 전송했는지 좀더 넓은 맥락에서 이해할 수 있을 것이다.

이는 지금까지 해외뉴스가 국제관계에 미치는 영향을 이해할 때 비어있던 칸을 채워줄 것이다. 저널리즘 콘텐츠가 외국의 상황에 대한 특정한 이미지를 구축함으로써 대중의 여론과 정책결정에 영향을 미친다고 가정한다면, 이 책은 그러한 이미지들이 구축되는 현장을 직접 둘러볼 수 있는 기회를 제공할 것이다.

특파원이 취재하고 기사를 쓰는 목적과 마찬가지로, 이 책에서 그들의 이야기를—그들의 목소리로—인터뷰한 목적은 단순히 기자들이 어떻게 일을 하는지, 어떻게 뉴스를 생산해내는지 이해하기 위한 것뿐만 아니라, 기자라는 직업과 뉴스콘텐츠의 미래를 그려보기 위한 것이다. 캐시 개넌은 이렇게 말한다.

> 지식과 정보가 늘어날수록, 더 나은 질문을 할 수 있다… 모든 답을 알고 있다고 생각하는 것보다 어떤 질문을 해야 하는지 아는 것이 훨씬 중요하다.*Ganon, 23*

이러한 태도는 아프가니스탄이나 파키스탄을 돌아다니며 사람들을 인터뷰할 때뿐만 아니라 학문을 할 때도 적용되는 말이다. 이 책을 마무리하는 이 챕터에서는 AP특파원의 역사를 통해 얻은 지식을 바탕으로 해외통신의 미래를 점쳐 보고자 한다.

2010년대 중반에 이르러 미국정부와 언론은 동시에 국제문제에서 한발 빼려고 하는 듯한 움직임을 보이고 있다. 권력이 분산되어 파편화된 세상 또는 소셜미디어를 통해 시민들이 직접 정보를 주고받는 사회라는 그럴듯해 보이는 낙관적인 전망이, 낮은 비용으로 편리하게 정책의 공백과 언론의 후퇴를 대신할 수 있을 것이라고 여기는 사람도 있을지 모른다. 하지만 해외통신이 축소될수록 더 많은 것들을 알 수 없게 되고, 무지해질수록 이해할 수 없게 되는 것은 자명한 사실이다. 이해부족은 결국 앞으로도 계속해서 발생할 영토침공, 참수, 환경재난 등 국제적으로 개입해야 할 문제가 닥쳤을 때 정부, 언론, 시민 모두에게 파괴적인 결과를 초래할 것이다.

여러 방식으로 정의를 내릴 수 있겠지만, 권력이란 넓은 의미에서 '질서의 근원'이라 볼 수 있는데,*Zartman, 2009, 4* 지금까지 국가 간의 질서는 어쨌든 미국이 독점적으로 제공해온 '전지구적 공공재'라고 할 수 있다.*Nye, 2011, 220* 오늘날 국제질서의 혼란이 갈수록 증가하는 상황은, 기자를 대상으로 하는 살인사건이 늘어나는 현상을 통해 극명하게 드러난다고 기자보호위원회CPJ는 주장한다.

> "전 세계가 이제 인터넷으로 연결되고 다문화적 시민권이 확산되는 흐름 속에서, 예산도 계속 축소되고 있을 뿐만 아니라 대중의 비위를 맞추는 것도 갈수록 어려워지는 상황에서 '해외특파원'은 꼭 필요한 존재일까?"*Simon, 2015, 126*

이러한 의구심은 오늘날 언론경영자들은 물론 학자들 사이에서 점점 더 큰 반향을 얻고 있다. 옥스포드대학 로이터언론연구소를 비롯해 몇몇 연구자들이—때로는 의기양양하게, 때로는 절망적으로—내놓은 답변은 '특파원은 이제 필요하지 않다'는 것이다. 그 이유로 다음과 같은 것들을 제시한다.

- 해외상황을 이해하는 데 더 이상 해외특파원들이 중심적인 역할을 할 필요는 없다.*Sambrook, 2010, 1*
- 누구나 해외특파원이 될 수 있다.*Hamilton, 2009, 478*
- 기자가 물리적으로 현장에 있어야만 사건을 제대로 보도할 수 있는 것은 아니다. 특히 속보의 경우, 더 그렇다… 현장을 직접 목격한 기자가 전하는 소식만 신뢰할 수 있다는 것은 더 이상 신성한 믿음이 아니다.*Cooper, 2014*

하지만 이 책에서 살펴본 지난 80여년 동안 아프가니스탄에서 짐바브웨까지 세계 곳곳에서 해외특파원들이 임무를 수행하며 겪은 성공과 실패 이야기는 전혀 다른 답을 내놓는다. 거대 담론에 도전하고, 어디에나 존재하는 거짓말을 까발리고, 말도 되지 않는 이유로 취재를 좌절시키려고 하거나 취재를 회피하는 이들의 본 모습을 적나라하게 드러내기 위해서는 오랜 시간을 들여 쌓은 전문적인 경험과 동료네트워크(특히 현지인 기자들)라는 귀중한 협력관계라는 밑바탕 위에서, 그 나라에서 생활하면서 충분한 지식을 축적한 특파원들이 직접 현장취재에 나서야 한다. 그럴 때에만 가장 정확하고, 깊이있고, 관심을 끌 수 있는 기사를 생산할 수 있는 것이다.

물론 이러한 노력이 항상 성과로 돌아오는 것은 아니며, 오히려 특파원들을 위험 속으로 몰아넣는 것일 수도 있다. 하지만 그렇다고 해서 이러한 주장을 뒤집는 이유는 될 수 없다.

이곳 이야기를 하기 위해서는 이곳에 있어야만 해요.*Gannon, 85*

진실을 취재하고자 한다면, 반드시 그 자리에 있어야 합니다.*Gray, 18*

1940년대부터 오늘날까지 특파원들이 해 온 일은 (또 할 수 없었던 일은) 특파원들이 가장 기초적으로 수행하는 세 가지 일을 통해 입증된다.

- 이야기 발굴하기
- 이야기를 직접 목격한 사람들과 이야기하기
- 목격담 진술하기

미래를 전망하는 통찰
무엇을 취재할 것인가?

사람들은 잘 모를 수 있지만, AP는 지금껏 해외뉴스 분야에서 의제를 설정하는 핵심적인 역할을 수행해왔으며, 그 역할은 계속 커져왔다. 물론 AP가 생산한 콘텐츠를 얼마나 많이 노출할 것인지는 그 기사를 받아서 보도하는 신문사와 방송사가 결정한다.

현장특파원들은 대개 현장에서 무엇을 취재할지 결정한다. '명백한' 뉴스(사람들이 오랫동안 통신사의 유일한 특기라고 생각해온 전쟁과 자연재해 보도)에 대한 즉각적인 반응과 흐름을 파악하는 분석적 사고를 결합하고, 더 큰 그림을 그리는 '냉철한 사실주의'와 공감을 결합하여 기사를 선정한다.

특파원들은 '진정으로 예외적인' 이야기뿐만 아니라 국경을 통과하는 자동차를 검문하면서 사과를 훔치는 나이지리아 국경수비대원처럼 일상적으로 만연한 부패를 드러내는 이야기도 기삿거리로 삼았다. 물론 그 나라에서 경험할 수 있는 심각한 이야기와, 독자들의 눈길을 쉽게 사로잡을 만한 이야기들 사이에서 갈등하기도 한다. (북한의 디즈니 캐릭터, 브라질 삼바축제의 끈팬티, 정치인들의 애정행각은 대표적으로 독자의 호기심을 자극하는 주제다. 반면, 쿠데타는 독자의 호기심을 자극하면서도 심각한 주제다.)

시간이 지나면서 특파원들은, 단순히 쿠데타뿐만 아니라 그 나라를 조망해 줄 수 있는 주제에 대해서도 더 깊이 파고들기 시작했다. 이러한 기사들은 좀더 넓은 맥락에서 사건을 바라보고 거기에 왜 관심을 가져야 하는지 이해할 수 있도록 도와준다. 전쟁이나 갈등에 대한 기사 역시 처음에는 주목을 받지만, 계속 이어질 경우 독자들의 관심에서 멀어지기 쉽다. 자살폭탄 테러가 발생했을 때 몇 명이 죽고 몇 명이 부상을 입었는지 단순히 숫자를 열거하고 끝나는 것이 아니라, 그러한 분쟁이 한 개인에게 어떤 영향을 미치는지 탐사보도를 하여 독사의 관심을 유지하기 위해 노력한다.

물론 그러한 기사를 작성하려면 특파원들은 검열, 기만, 충격 등 무수한 난관을 넘어야 한다. 전장상황을 취재하기 위해서 병사들과 함께 참호 속에서 뒹굴고, AIDS에 관한 기사를 쓰기 위해 '매춘부들'과 술집에서 이야기를 나누고, 대통령의 '빈곤퇴치' 정책을 취재하기 위해 흙바닥에서 겨우 연명하는 농부의 삶 속에 들어가 삶이 어떻게 바뀌었는지 관찰해야 한다.

특파원들은 현지언론들의 보도내용 중 모호하게 처리되는 부분에서 취재아이템을 찾기도 하고, 소셜미디어에서 우연히 힌트를 얻기도 한다. 중국 유치원의 도덕극, 킬링필드 당시 학살자를 대하는 캄보디아사람들의 이해할 수 없는 태도, 폴란드시민들이 러시아의 손아귀에서 자신들의 역사를 되찾는 방식, 브라질에서 암묵적으로 용인되는 인종갈등과 같은 것들은 현장에 있지 않는 한 절대 발견할 수 없는 이야기들이다.

물론 특파원들이 모든 지역을 동등하게 취재할 수 있었던 것은 아니다. 많은 학자들이 비판하듯이, 몇몇 나라들은 다른 나라들보다 훨씬 비중있게 다뤄진다. 하지만 실제로 특파원들의 인터뷰를 통해 알아낸 현실은 일반적인 예상과 다르다. 유럽, 일본, 모로코 같은 '조용한 곳'일수록 특파원들은 기사를 만들어내는 것이 훨씬 어렵다고 말한다.

외신에 대한 또 다른 피상적인 비판으로는, 외국의 현실을 보도할 때 미국이나 전 세계 이슈에 미치는 영향에 초점을 맞춘다는 것이다. 하지만 그러한 경향은 지난 80년 동안 미국이 지정학적으로 국제무대에서 중심역할을 하는 상황에서 자연스러운 것이었으며, 또한 외국의 소식에 관심이 없기로 악명 높은 미국독자들을 끌어들이기 위한 전략이기도 했다.

그럼에도 각국의 상황과 입장을 미묘하게 반영하는 정확한 관점을 독자들에 전달하기 위해 노력할 수 있었던 것은, 다시 말하지만 현장특파원이 존재했기 때문이다. 무릎까지 빠지는 눈을 헤치며 산을 올라 아프가니스탄과 국경을 맞대고 있는 국경초소를 찾아가 '서양인들이 자신들에게 도대체 무엇을 원하는지 모르겠다'고 말하는 파키스탄병사들의 생생한 목소리를 전하거나, 카이로에서 공동체의 중심이 되는 작고 검소한 이슬람 모스크를 재건하는 과정을 그대로 보여주는 기사는 현장특파원 없이는 나올 수 없었을 것이다.

이러한 특파원들의 오랜 헌신은 역설적인 결론을 이끌어낸다. 오늘날 해외통신사들은 비용과 시간을 줄이는 대신 독창적이고 '임팩트'있는 기사를 만들어내야 한다는 생존압박을 받고 있지만, 독창적이고 임팩트있는 기사를 만들어내기 위해서는 거꾸로 비용과 시간을 쏟아야 한다.

전문적인 저널리즘에서 근거 없는 보도란 존재할 수 없다. 기자는 설교를 하는 것이 아니라 보도를 하는 사람이다.*Laub, 12* 따라서 기자는 사회적으로 통용되는 담론에 문제를 제기하거나 앞으로 일어날 일을 예측하는 기사는 쓸 수 없다. 소련이 붕괴되고 있다고, 아니 소련이 곧 붕괴될 것이라고 말하는 기사는 쓰지 못하더라도, 모스크바에서 빵을 배급받기 위해 줄을 서있는 사람들의 모습, 폴란드에서 인기를 끄는 미국의 컨트리음악처럼 사소하지만 거대한 변화가 일어나고 있다는 것을 단적으로 보여줄 수 있는 사건들을 발굴해 기사를 써야 한다.

이스라엘-팔레스타인 분쟁의 해결책이 무엇인지 기자는 말하지 않지만, 유대인율법학교 예시바에서 공부하는 이들의 모습, 웨스트뱅크 검문소에서 줄 서서 기다리는 사람들의 모습을 생생하게 전달한다. 이러한 디테일과 사람들의 인터뷰는 현장에서 직접 보고 듣지 않는 한 수집할 수 없는 것들이다. 그리고 이러한 '근거'를 바탕으로 우리는 미래의 방향을 전망하고 예측할 수 있다.

인류에 대한 연대의식
누구에게 무엇을 질문할 것인가?

취재를 하는 데 더 중요한 기술은 '질문'을 던지는 것이다. 하지만 단순해보이는 이 기술을 제대로 활용하기 위해서는 엄청난 공을 들여야 한다. 사회의 고위층에서 빈민층까지 취재원을 발굴하고 그들과 관계를 발전시키고, 또 그들을 보호하는 일까지 모두 포괄하기 때문에 때로는 위험도 무릅써야 한다. 특파원들은 거리에서, 상점에서, 집안에서 취재원들을 인터뷰한다. 최고권력을 가진 엘리트들과 관계를 맺는 것은 어려운 일이다. 마약왕이나 탈레반지휘관과 같은 이들도 만나야 하기에 늘 유쾌한 것도 아니다.

대사관은 중요한 취재원을 발굴할 수 있는 좋은 장소다. 책상에 앉아 있는 사람들뿐만 아니라 응접실에 앉아있는 사람들도 중요한 정보를 가지고 있는 경우가 많다. 하지만 보안에 대한 우려와 홍보에 대한 관심이 커지면서 정부관료든 일반인이든 취재하고 인터뷰하는 것이 점점 어려워지고 있다.

극히 예외적인 상황도 있는데, 국가가 혼란에 빠질 때 취재원을 발굴하는 것은 훨씬 쉬워진다. (물론 총에 맞거나, 비밀경찰에게 납치되거나, 정글을 헤치고 다닐 각오를 해야 할 것이다.) 폴란드, 리비아 등에서 그러했듯이 반체제인사들은 대개 미국특파원에게 호의적인데, 그들은 미국의 통신사나 언론사가 워싱턴과 소통하는 채널이 될 수 있다고 여기고 미국의 지원을 기대하기 때문이다(물론 이는 잘못된 판단이다).

디지털 커뮤니케이션은 이러한 역학관계를 바꿔놓았다. 데이터베이스와 검색기능의 발달로 인해 어떤 정보든 훨씬 쉽게 찾고 추적할 수 있게 되었다. 소셜미디어는 언론을 통하지 않고도 많은 사람들이 세상과 소통할 수 있는 길을 열어주었다. 특파원들은 예전에 소련에서 유출된 비밀문서, 중국 관영통신사의 기사, 멕시코 마약카르텔이 붙여놓은 현수막, 현지언론들의 보도를 끊임없이 모니터링했던 것처럼 오늘날 소셜미디어도 부지런히 모니터링해야 한다.

하지만 오늘날의 소셜미디어가 기존의 채널들과 다른 점은, 기자가 수집하기 위해 노력하지 않아도 '스스로 밀려들어 온다'는 점이다.*Perry, 22* 따라서 소셜미디어에 올라오는 목소리들은 그 자체로 '목적'을 가지고 있으며 '필터링이 된' 것들이라고 봐야 한다. 따라서 소셜미디어에 지나치게 의존하다가는 잘못된 결과를 초래할 수 있다는 점을 명심해야 한다.

억압적인 정권에서는 일반시민들이 기자들을 만나 이야기하는 것은 상당히 위험한 행동이 될 수 있다. 2010년대 중반 미군이 아프가니스탄에서 극비리에 진행한 무인전투기공격과 이로 인해 민간인이 죽은 사건을 취재하기 위해서 AP특파원은 오랫동안 현지생활을 하면서 만들어낸 취재원들로부터 정보를 수집하고 계획하고 험난한 지형을 뚫고 기술의 혜택이 전혀 닿지 않는 오지까지 들어가는 취재여행을 통해서 겨우 세상에 드러났다.

학대받는 사람들, 억압받는 사람들처럼 기자에게 무언가 필사적으로 말하기 위해 노력하는 이들의 증언도 기자는 그것이 사실인지 검증하는 까다로운 절차를 반드시 거쳐야 한다. 그러한 검증의 가장 1차적인 단계는 바로 그들의 말에 진심이 담겨있는지 판단하는 것이기에, 따라서 그들과 직접 마주보고 이야기를 해야 한다. 특파원들이 아파르트헤이트를 취재하기 위해 흑인거주지역을 수시로 찾아가고, 마약왕과 인터뷰하기 위해 11시간 동안 노새를 타고 버마의 깊은 정글 속을 헤쳐나가고, 아프가니스탄에서 무자헤딘과 함께 험난한 산악지대를 등반하는 것은 바로 이 때문이다. 또 사건현장에 가보면, 길거리에서 우연히 마주치는 사람이라고 해도 핵심적인 취재원으로 밝혀지는 경우가 많다. 가능한 한 많은 취재원을 직접 만나서 취재해야 한다는 것은 또한 윤리적인 요구이기도 하다.

이렇게 현장취재를 자유롭게 하기 위해서는 그 나라 말을 하는 것이 유리하다. 물론 반드시 그러한 것은 아니지만, 현지인들과 빠르게 신뢰를 쌓고 정확한 의사소통을 하는 데 도움이 된다. 특히 권위주의정권에서 붙여주는 통역관들은 대개 감시와 검열 임무까지 수행하는 경우가 많을 뿐만 아니라, 캄보디아에서 킬링필드 생존자들을 취재할 때처럼 미묘한 뉘앙스까지 옮길 수 있을 만큼 언어적으로 탁월한 통역관을 확보하기 어려운 경우도 많다.

더 나아가 위험을 무릅쓰고 자신의 이야기를 들려준 이들을 기자는 보호할 의무가 있다. 베이징에서 만나 인터뷰를 하는 도중에 테릴 존스는 화가 난 중학생 딸의 전화를 받았다. 딸은 인터넷연결이 자꾸 끊긴다고 불평을 했는데, 이는 중국의 악명높은 '만리장성 방화벽' 때문에 생기는 일이었다.

존스는 20여년 전 천안문항쟁 초기 며칠 동안 젊은 시위자들의 인터뷰를 그들의 이름과 신분을 그대로 표시하여 전 세계에 전송했다. 하지만 이후 시위가 잔인하게 진압된 뒤 자신과 인터뷰했던 것 때문에 그들에게 혹시라도 나쁜 일이 발생했을지 모른다는 생각에 줄곧 번민 속에서 살아왔다고 고백한다.*Johns, 32* 중국에서 엘살바도르까지 이런 일은 곳곳에서 발생한다. '세상에 진실을 알려달라고' 용기를 내어 인터뷰한 사람이 불과 몇 시간 뒤 시체로 발견된 경우도 있었다.

취재하고 검증하는 것뿐만 아니라 특파원들이 '현장에 나가 참견해야 할' 또다른 이유로 도덕적 연대가 있다.*Frazier, 13* 특파원이 현장에서 늘 환영받는 것은 아니다. 외국인이자 기자라는 그들의 신분이 취재원이나 현장에 접근하는 데 제약요인으로 작동하기도 하고 때로는 윤리적 딜레마를 만들어내기도 한다. 흑인을 차별하는 아프리카에서 활동하는 아프리카계 미국인특파원, 여성을 차별하는 이슬람국가에서 활동하는 여성특파원들은 그 나라 사람들과는 다르게 특별한 대우를 받았다. 어쨌든 특파원들은 대개 그들 사회 속에 구조화되어있는 갈등의 경계를 넘나들면서 대화할 수 있는 혜택을 누린다. 물론, 특파원에 대해 적대적인 이들과 호의적인 이들은 어디에나 존재하기 마련이다.

세상에서 가장 위험한 곳으로 여겨지는 멕시코 북부의 마약카르텔이 지배하는 지역을 취재해온 마크 스티븐슨은, 자신이 나약한 존재라는 사실을 느낄 때가 많았다고 고백한다. 그가 가는 곳마다 실종된 가족과 친척들의 이름을 적어주며, 정의를 실현해달라고 요청하는 사람들이 몰려드는데, 막상 자신이 할 수 있는 것이라고는 그곳 상황을 기사로 전달하는 것이 전부이기 때문이다.*Stevenson, 33* 하지만 그러한 보도만으로도 상당히 중요한 역할을 하는 것이다. 이곳의 문제에 대한 기사조차 나오지 않는다면 아무도 관심을 갖지 않을 것이고, 문제는 결코 해결되지 않기 때문이다.

실제로 기자라는 신분은 막강한 힘을 발휘한다. 단순히 외국인 또는 미국인일 뿐이라면 스파이로 몰릴 수 있는 경우도 많기 때문이다. (스파이가 아니라면 누가 이런 지옥까지 와서 이것저것 물어보고 다니겠는가?) 하지만 레바논전쟁이 급박하게 전개되면서 납치당한 테리 앤더슨처럼, 특파원이라는 신분이 오히려 위험을 초래하기도 한다. 언론의 강력하고 광범위한 선전능력을 활용할 수 있다는 생각에 특파원을 직접타겟으로 삼는 테러리스트도 있기 마련이다. 또한 아무리 안전에 신경을 쓴다고 해도 모가디슈의 거리에서, 또는 파리의 황폐한 위성도시 레보스케의 한 카페에 들어갔다가 위험에 맞닥뜨릴 수 있다.

물론 이슬람세계에서 히잡을 쓰지 않아도 되는 외국인 특권, 또는 정부의 스파이로 오인될 염려가 없다는 장점도 있다. (하지만 거꾸로 미국정부에 대한 폭언을 고스란히 들어야 하는 경우도 있다). 특파원들에 대한 이러한 오해는 수십 년 동안 계속되었다. 이러한 오해로 인해 특파원들은 감시와 검열을 당하기도 하고 심한 경우 추방, 납치, 살해협박을 받기도 한다.

현장 속으로 뛰어드는 용기
대중이 언론을 신뢰하는 이유

테러의 표적이 되지 않더라도, 특파원들은 대부분 전쟁, 폭동, 자연재해를 직접 목격하고 그 이야기를 전달하기 위해 목숨을 걸어야 하는 경우가 많다. 하지만 특파원들이 위험을 무릅쓰는 것은 돈키호테처럼 죽을 게 뻔한 상황 속으로 뛰어드는 것이 아니라, '타당한 이유'가 있기 때문이다. 특히 AP기사는 무수한 다른 언론사들의 기초적인 자료가 되기 때문에 현장취재는 매우 중요하다.

특파원들은 이처럼 위험한 임무를 어떻게 끊임없이 열정적으로 수행해온 것일까? 바로 도덕적 의무감 때문이다. 이 간단하면서도 특별한 이유는 현장을 직접 목격하고 취재하는 것이 왜 대체할 수 없는 일인지 설명해준다. 기사의 깊이나 진실성을 떠나서, 독자들을 유혹하는 생생함을 떠나서, 특파원들은 대부분 자신이 취재한 것이 무엇이든 그 일을 실제로 겪으며 살아가는 사람들에게 빚을 지고 있다고 말했다. 참혹한 내전 속에 휩싸인 베이루트에서 총격을 피해 자신의 문간 앞에 몸을 숨기고 서있는 특파원을 불러들여 뜨거운 커피 한 잔을 내준 사람들을 떠올리며 *Powell, 4-5*, 또 백린탄 포격을 받아 산 채로 불에 타 죽은 3살짜리 아이를 떠올리며 특파원들은 눈물을 흘린다. 루마니아혁명을 취재하다가 총상을 입은 존 대니젭스키는 이렇게 말한다.

> 그 많은 사람들이 심각한 위험 속에서 지금도 살아가고 있는데, 그것을 세상에 보여주고 전달하기 위해 현장에 잠깐이라도 나가는 것, 그게 기자로서 갖춰야 할 최소한의 도리 아닐까? *Daniszewsky, 9*

니카라과에서 허리케인 피해자들의 시신을 세며 며칠을 보낸 니코 프라이스는 이렇게 말한다.

> 내가 그곳에 가지 않았다면 아무도 그 참혹한 상황에 신경쓰지 않았을 거예요. *Price, 26*

탱크방어벽을 들이받아 심하게 파손된 토요타 코롤라를 몰고 사라예보로 돌진한 토니 스미스는 이렇게 말한다.

> 무엇보다도 그곳에서 살아가는 사람들에게… 큰 빚을 졌죠. 상황은 너무나 암울하고 터무니없이 불공평해서 빚을 지고 있다고 느낄 수밖에

없었어요.*Smith, 16*

다른 기자들과 국제옵서버들과 함께 빠져나왔다면, 포위된 사라예보의 이야기는 과연 누가 전했을까? 물론 지금은 페이스북이나 트위터를 통해 현지인들이 직접 소식을 전할 수도 있다고 생각하는 사람들이 많을 것이다. 하지만 오늘날 서구세계에 만연한 기술만능주의 담론은 세계의 연결망과 작동방식을 지나치게 과대평가하는 경향이 있으며, 더 나아가 세계의 무수한 정부, 특히 성숙한 민주주의 체제를 갖추지 못한 국가에 만연한 전통적인 제약을 눈에 띄지 않게 만든다. 실제로 언론을 검열하고 표현을 제약하는 정부는 오히려 계속 늘어나고 있다.*Simon, 2015; Bennett & Naim, 2015*

게다가 소셜미디어를 모니터링하는 것만으로는 세상의 고통과 기쁨을 함께하도록 특파원에게 동기를 부여하거나, 기사에 진실성과 영향력을 부여해주는 높은 수준의 윤리적, 직업적 의무감을 특파원에게 심어주지 못한다. 소련에서 쿠데타가 벌어졌을 때 탱크포격을 받는 러시아의 국회의사당 안에서, 미군이 폭격하는 카불의 어두운 길거리에서, 흑인아이들과 백인아이들이 함께 학교에 다닐 수 있게 된 뒤 이틀째 좀더 차분해진 등교길에서, 그 밖에 많은 곳에서 객관적이고, 전체적으로 균형잡힌, 역사적인 기록물이 나올 수 있었던 것은 그러한 혼란 속으로 뛰어든, 그리고 그곳을 꿈쩍도 하지 않고 지켰던 특파원들이 있었기 때문이다. 특파원들 자신들도 이러한 취재를 하러 가기 전에 아이를 학교에 데려다주거나 어머니를 도와 앞마당에 참호를 파는 일을 했다.

취재하는 데 위험이 따르지 않는 기사는 없을 것이다. 오늘날 가장 위험한 장소로 손꼽히는 시리아의 반군장악지역에 들어가서 빵집 앞에 줄을 서있는 사람들을 취재하는 것은 가치가 있을까? 그렇다. 살아서 돌아올 수 있다는 판단이 드는 한, 특파원들은 수십 년 동안 그래왔다. 그러한 기사는 그곳에서 사람들이 어떻게 살아가고 있는지 보여주는 기록이 될 뿐만 아니라 세상이 알고, 이해하고, 또 관심을 가져야 할 주제이기 때문이다. 실제로 이곳 기사를 쓴 캐린 라웁은 이렇게 말한다.

> 오늘 반군이 어느어느 지역을 차지했다는 기사는 사람들의 호기심을 자극할 수 있을까요?… 직접 현장에 가서 빵집 앞에서 만난 아무개가… 마을이 이러이러한 상황에 처했다고 말하는 기사만큼 독자의 관심을 끌 수 있을까요?*Laub, 36*

특파원들이 정확성과 임팩트가 있는 기사를 쓰기 위해 자신의 눈으로 현장을 직접 목격하는 것을 가장 우선하는 원칙으로 삼는 것은, 속보를 취재할 때에만 적용되는 것이 아니다. 그것은 자욱한 흙먼지, 죽음의 냄새, 흥건한 피, 기쁨의 눈물, 기자로서 책임감을 입증할 수 있는 방법일 뿐만 아니라 통찰력을 얻기 위한 기회가 되기도 한다.

훈련받은 관찰자이자 직업적 커뮤니케이터로서 현장을 지키는 그들 덕분에, 독자들은 기억에 남는 무수한 이미지를 얻을 수 있다. 이처럼 디테일한 이미지들은 수천 단어에 달하는 분석기사보다 훨씬 강력하게 통찰과 예측을 선사하고 기존의 고정관념을 깨는 데 이바지한다.

항복한 독일장군이 악수를 하기 위해 손을 뻗었으나 악수를 거절당하는 장면, 자신보다 키가 큰 소총을 질질 끌고 다니던 14살 소녀 산디니스타 해방전사가 빙수를 맛있게 먹는 모습, 공산주의 폴란드에서 열린 컨트리음악 페스티발, 이스라엘 종교학교에서 수련하는 학생들, 수천 킬로미터를 이동하여 미국 국경까지 다다랐으나 밀수꾼들에게 사기 당해 갈 곳을 잃은 중앙아메리카 사람들, 쿠바인들이 혁명 이후 수십 년 동안 식량배급으로 살아남기 위해 개발해낸 창의적인 방법들, 아파르트헤이트 이후 첫 흑인대통령이 취임하는 장면을 보면서 불끈 쥔 주먹을 펴 가슴에 얹은 감동적인 흑인들의 모습, 아프가니스탄 병사 20명이 헬멧 하나를 돌려가면서 전투를 하는 위험천만한 상황들… 이러한 이미지들은 단순하거나 일방적인 어느 한 면만을 전달하는 것이 아니라—심지어 양측면을 제시하는 것도 아니고—복잡한 현실을 그대로 전달한다. 특파원들도 이러한 현장을 목격하면서 자신이 예상했던 것과 전혀 다른 경험을 했다고 말한다.

현장취재의 중요성을 가장 극적으로 입증해주는 증거는 바로, 시대를 막론하고 특파원들의 접근을 최대한 막기 위해 노력한 세계곳곳의 정부와 권력자들이다. 그들은 비자의 효력을 문제 삼거나, '안전을 보장할 수 없다'는 이유로 특파원들을 추방하기도 하고, 또 추방할 수 있다고 공공연하게 협박했다. 때로는 외신에게 '보여주기 위해' 연출된 취재여행을 마련하기도 한다.

오늘날 중국의 막강한 국제적 위상을 감안하면, 두 세대 전만 하더라도 미국기자들이 접근할 수 있는 틈도 주지 않던 나라였다는 사실은 놀랍다. 지금도 AP지국을 두는 것을 불허하는 국가들이 존재한다. 오랫동안 많은 특파원들이 검열과 감시 속에서 활동해야만 했다. AP지국과 특파원의 침실에서 도청기가 나오는 일도 많고 아이들을 학교에 데려다주는 길에도 미행이 따라붙고, 24시간 움직임을 추적한다. 또한 특파원들이 접촉하는 잠재적 취재원들에게도 감시와 협박이 가해졌다.

출입을 금지할 만큼 위험한 지역이 확대되면서 취재의 범위 또한 줄어들고 있다. 그럼에도 AP특파원들은 위험을 무릅쓰고 최대한 깊숙한 곳까지 들어간다. 예컨대 멕시코특파원은 차가 한 대도 다니지 않는 마약카르텔이 장악한 지역의 도로를 한 시간 가까이 달려 '총알에 맞아 벌집이 된 군용 픽업트럭'을 찾아낸다. 이것은 이 지역을 정부가 장악했으며, 관광이 곧 재개될 것이라는 멕시코정부의 주장을 뒤집는 증거가 되었다.

미국정부 역시 이따금씩 특파원들을 자신에게 유리하게 활용하려고 한다. 현지정부 또는 미국정부에 압력을 가하기 위해 해외에 있는 미국관료들이 특파원들에게 어떤 사건에 대해 대서특필해달라고 부탁하는 경우도 있다. 남아프리카공화국 소웨토에 미국문화원USIS 도서관을 개관한 일이나 2010년대 바레인에서 일어난 봉기는 대표적인 예라 할 수 있다. 사실미국의 해외관료들은 오랜 시간 동안 소중한 내부고발자 역할을 해왔다. 예컨대 부에노스아이레스 대사관에서 일하던 한 직원은 모트 로젠블럼에게 아르헨티나의 '더러운 전쟁'에 관한 정보를 제공했다.

미군도 특파원들에게 많은 도움을 줬다. 전쟁의 일면을 직접 목격하고 경험할 수 있도록 전선 깊은 곳까지 가서 현장을 취재할 수 있는 '종군취재' 기회를 제공하기도 한다. 베트남에서는 전선의 상황을 왜곡하여 발표하는 '5시의 광대극'이라고 불리는 브리핑을 일삼기도 했다. 하지만 전쟁터에서 병사들과 맺은 특파원들의 친밀한 우정 앞에서는 그러한 발표가 그다지 힘을 발휘하지 못했다. 특파원들은 헬리콥터를 타고 전쟁터를 누비면서 펜타곤이 숨기고 싶어하는 것이 무엇인지 확인할 수 있었다.

소말리아에서는 군중을 향해 무기를 쓰지 않기 위해 작은 돌을 던지며 주거니받거니 하던 군인들의 모습을 취재함으로써 특파원들이 미군에대한 부당한 누명을 벗겨주기도 했다. 하지만 미국정부는 여전히 메시지를통제하기 위해 많은 노력을 기울이고 있다. 실제로 이라크전쟁에서 미군이제공한 정보는 실제 현장상황과 다른 경우가 많았다.*Buzbee, 6*

치열한 속보경쟁 속에서 에디터들은 특파원들에게 어떤 내용을 취재해달라고 요구하는 경우도 있지만, 현장에서 직접 작성한 기사를 이길 수있는 경우는 많지 않다. 9·11테러가 발생하고 몇 시간 뒤 온갖 신문에서 카불에 대한 미군의 대대적인 공격이 시작되었다는 속보가 뜨자 뉴욕의 에디터들은 개넌에게 빨리 사실을 확인해달라고 연락했다. 개넌은 탈레반의통행금지명령을 어기는 것도 불사하고 취재를 나섰으나 공항 근처에서 로켓 몇 발 발사되었다는 사실만 겨우 확인할 수 있었고, 그래서 '폭발음이잠깐 들렸을 뿐'이라는 짤막한 기사를 적어 보냈다. (알고 보니 그것도 미군이 아닌 북부동맹이 쏜 것이었다).

악명높은 '뉴욕데스크의 취재요청'은 이따금씩 특파원을 화나게 만들기도 한다. '왜 아직도 거기에 도착하지 못했나? 지도에서는 가까워 보이는데' 또는 '거리에 나가서 사람들에게 게릴라에 대해 어떻게 생각하는지 인터뷰를 따서 보내라' '이라크를 뒤져서 대량살상무기를 찾아내라'와 같은 취재요청은 현장상황에 대해 무지하거나 워싱턴의 일방적인 주장만 반영한 것일 때가 많았다.

그럼에도 특파원 중 그 누구도 정치적인 고려에 따라 기사를 쓰라는 명령은 받은 적은 없다고 말한다. 80년 동안 AP에서 나온 수만 개의 기사들 중 정치적 고려 때문에 중요한 정보를 삭제한 경우는 베트남전쟁 중 단한 건밖에 없다. 한국전쟁 당시 미군의 양민학살을 폭로하는 기사부터 아파르트헤이트 당시 남아프리카공화국의 인종간의 정서를 있는 그대로 솔직하게 보도하는 기사까지 AP는 현장에서 취재한 것을 그대로 보도하는 전통을 지켜왔다.

기사를 현장에서 직접 취재하는 것이 중요하다고 하더라도 굳이 '해외특파원'이 그 먼 곳까지 가서 취재할 필요가 있을까? 실제로 취재과정에 중요한 기여를 하는 '현지인들'에게 취재를 맡기면 되지 않을까? 그 해답은 이 책에서 보여준 AP특파원의 역사에서 찾을 수 있다. AP가 최고의 기사를 생산할 수 있었던 것은 현장기자들이 구축한 풍부한 네트워크에 기반한 팀워크와 현장에서 떨어져있는 에디터들의 유능한 '데스킹'의 협업이 존재했기 때문이다. 간단히 말해, 내부자의 지식과 신선한 시선이 결합하면서 결정적인 관점을 제공한다.

현지인 기자들은 언어적, 문화적 지식을 활용해 취재과정에서 많은 기여를 할 뿐만 아니라, 위기에 빠진 미국인특파원을 살려주기도 한다. 사이공이 함락되었을 때 오랫동안 비상근 사진기자로 활동해온 현지인특파원은 자신이 베트콩의 스파이였다는 사실을 밝히며 특파원들의 안전을 보장해주기도 했다.

730

하지만 현지인이라는 신분이 외국인보다 취재하는 데 제약으로 작동하는 경우가 많다. 예컨대 위험한 주제에 대해 취재할 경우 해외특파원은 추방되는 것이 고작이지만, 현지인은 감옥에 들어가야 하거나 때로는 더 치명적인 불이익을 감수해야 할 수 있다. 예컨대 바그다드에서 벌어진 종파 간 대학살을 보도할 때 현지인 기자의 이름을 노출하면 보복을 당할 수 있다는 이유로 미국인특파원을 기사 바이라인에 넣기도 했다. 더욱이 오랫동안 억압을 받아온 국가나 저개발국가에서는 대개 기자로서 갖춰야 할 자세, 능력, 직업정신 등을 배우고 훈련할 수 있는 기회 자체가 없기 때문에 AP특파원들이 그곳에 가서 기자를 키워야 한다.

데니스 그레이는 정글을 헤치고 들어가 어렵게 크메르루주 지도자 키우 삼판을 인터뷰했다. 자신들의 조직을 홍보해야 한다는 필요성에 눈을 뜬 게릴라들은, 그에게 한편으로 친근함을 보여주면서도 또 한편으로 무시무시한 부비트랩을 보여주며 자신들의 위세를 과시했다. 하지만 그들의 연출된 호의 속에서도 그레이는 그들이 무수한 캄보디아 양민을 학살한 살인마라는 사실을 떨쳐버릴 수 없었다. (실제로 키우 삼판은 100만 명이 넘는 사람을 학살한 반인륜적인 범죄자로 판결받았다.) 이런 상황에서도 특파원들은 정보를 수집하기 위해 자신의 감정을 억누를 줄 알아야 한다.

특파원들은 자신의 임무가 질문하고 조사하고 보도하는 것일 뿐, 선과 악을 규정하는 것은 아니라고 말하며 다소 냉소적인 태도를 취하기도 한다. 이러한 태도는 그들이 마주한 현실이 자신이 예상했던 것보다 훨씬 비참한 상황에서 다소 도움이 되기도 한다. 조금 전만 해도 그들 자신들이 학살자였던 르완다 난민들, 정부군과 반군 사이를 오가며 '피비린내 나는' 전장이 되어버린 중앙아메리카의 마을들을 취재하면서 특파원들은 '머리로는 납득할 수 없어도 그냥 기사를 쓸 뿐'이라고 말한다.*Frazier, 21*

물론 '균형' 같은 것은 고려할 필요도 없는 이야기도 있다고 특파원들은 말한다. 죄없는 민간인을 죽인 전쟁범죄나 아파르트헤이트는 대표적인 예가 될 것이다. 하지만 이러한 이야기도 특파원들은 직접 눈으로 보고 확인하고 검증하기 위해 노력한다.

진실을 전하기 위한 헌신과 희생
민주주의 사회를 지키는 힘

이러한 특파원들의 검증임무 중에는 필수적이면서도 트라우마로 남을 수 있는 과정이 있다. 무솔리니의 처형으로부터 2010년대 아랍혁명에 이르기까지 폭력의 현장에서 시체를 직접 조사하고 그 수를 세는 것이다. 피비린내 나는 시체안치소나 집단매장지에서, 포탄이 날아다니는 전장에서, 특파원들은 문자 그대로 손가락으로 시체를 하나하나 짚어가며 수를 셌다. 최대한 진실에 가까이 다가가고자 시체를 수십, 수백 구까지 센 특파원도 많다.

개넌은 아프가니스탄에서 한 노인이 자신의 발치에 던진, 피가 뚝뚝 떨어지는 머릿가죽을 보고 놀란 순간을 아직도 생생하게 기억한다. 아프가니스탄내전 중에 권력을 차지하고 있는 세력이 다섯 여성을 강간한 뒤 머릿가죽을 벗겨서 죽인 것이다.

로버트 리드는 바그다드지국을 이끌면서 미군이 이라크 민간인을 살해한 사건 두 개를 탐사보도하기 위해서 며칠 동안 트럭에 실려있는 시체들을 하나씩 살펴보는 일을 해야만 했다. 사건 하나는 의심할 여지없이 입증된 반면, 다른 사건 하나는 취재결과 증거부족으로 기사전송 직전에 폐기되었다. 마지막으로 한 번 더 취재하기 위해 영안실로 갔다가 우연히 만난 구급차운전사의 증언이 결정적으로 미군의 혐의를 부정하는 것이었기 때문이었다.

일본에서 에릭 탈마지는 쓰나미로 황폐화된 지역을 취재하다가 후쿠시마 원자로가 폭발하는 광경을 직접 목격했다. 그로부터 며칠 후 방사능 보호복을 입은 사람들이 호스로 물을 뿌려 시체들을 씻어내는 광경을 보

고 있다가 자신이 이 일을 계속 해야 하는지 심각한 회의를 느꼈다. 그는 어
떤 결론을 내렸을까?

> 그냥 기사를 썼어요. 중요하다고 생각되는 것들에 대해 기사를 썼죠…
> 다음 날 아침에 일어나서도 또 그렇게 하고._Talmadge, 18_

특파원들은 역사적 순간의 목격자로 살아가기 위해 삶이 자신과 자신의 가
족이 그 댓가를 치러야 한다는 사실을 잘 알고 있었다. 다만 그러한 두려
움을 의식적으로 떨쳐내고자 노력할 뿐이다. 현장에서 직접 취재하고 기사
를 쓰는 것이 취재원들에 대한 '최소한의 도리'라고 여길 만큼, 자신이 져
야 하는 비용보다 취재현장에서 사람들이 겪는 어려움을 훨씬 무겁게 받
아들였다.

　자신을 향한 증오와 적개심을 직접 경험한 특파원들도 많다. 그래서
'제정신인' 사람이라면 절대로 있으려고 하지 않는 장소를 찾아다니는 것
을 특파원들은 자랑스러워하면서도 그런 이야기를 남에게 하는 것을 불편
해했다. 그럼에도 기자라는 일을 포기하지 않는 것은, 그 험난한 곳에서 계
속 살아가야 하는 사람들에 대한 인간적인 도리와 기사를 써야 한다는 직
업적 책무 때문이었다.

　전투현황을 부풀리는 미군수뇌부의 발표가 정확한지 확인하기 위해
특파원들은 전투부대와 함께 이동하면서 그들과 똑같이 총알세례를 받고
로켓포 공격을 당하며 쏟아지는 파편 속에서 취재를 했다. 또한 미군이 폭
격하는 적국의 표적지 속으로 직접 들어가 그곳의 상황을 취재하기도 했다.

　각국에서 벌어지는 내전과 혁명을 취재하는 것은 특히, 기자를 표적으
로 삼는 세력으로 인해 매우 위험하다. 적군이 아니라 보도차량이라는 사
실을 알리기 위해 청테이프나 페인트로 'TV'라는 글자를 크게 붙이고 다
니지만, 오히려 이것 때문에 표적이 되는 경우도 있었다. 폴 쉠은 시리아에

서 '총을 든 무수히 많은 괴한들' 사이에서 아슬아슬하게 위기를 모면했는데, '미국인'을 죽이고자 하는 그들이 어느 쪽에 소속된 사람인지도 파악할 수 없었다. 그가 살 수 있었던 유일한 이유는, 그와 함께 일하던 현지인 동료가 그들과 '아는' 관계였기 때문이다.*Schemm, 19*

극심한 위험과 트라우마 속에서 특파원들 사이에는 진한 동지애가 싹튼다. 스미스가 부상당한 사진기자 한 명과 시체 한 구를 싣고 사라예보의 '스나이퍼앨리'를 전속력으로 달려 살아날 수 있었던 것은, 그것이 '옳은 일'이라고 생각했기 때문이다. 상대방에 대한 의무감을 느끼게 되는 이러한 감정은 물론 AP특파원들 사이에서만 생기는 것은 아니다.

많은 특파원들은 가장 먼저 소식을 전달하기 위해 치열하게 경쟁을 벌여왔다. 먼저 전화기를 차지하기 위해 전속력으로 질주하기도 하고, 심한 경우 경쟁사 기자들이 전화를 하지 못하도록 전화선을 절단하기도 한다. 하지만 이런 일은 예외적인 경우일 뿐 대부분 특파원들은 서로 협력한다. 특히 AP는 주요언론사들에게 기사를 제공하는 협력관계를 맺고 있기 때문에 더욱 그러한 경향이 있다.

대규모 전쟁이나 재난이 발생했을 때에는 다른 곳에서 근무하던 특파원들도 '작은 힘이나마 보태기 위해' 한시적으로 파견을 가기도 한다. 익숙지 않은 지역에서는 현장취재보다는 데스크업무를 보기도 한다. 특파원들은 대부분 데스크보다는 현장취재를 선호하지만 이처럼 데스크업무도 이따금씩 수행하기 때문에 기사의 정확성을 높이기 위한 데스크의 역할이 얼마나 중요한지 잘 알고 있다.

포탄이 떨어지는 도시의 지국 안에서 함께 일하다보면 비록 국적이 다르다고 해도 기자들은 한 가족처럼 깊은 유대감을 형성한다. 물론 기사를 쓰는 과정에서 특파원과 에디터들이 고함을 지르며 싸우는 경우도 있지만 그들의 관계는 굳건하다. 하지만 오늘날 위험은 계속 증가하는 반면 특파원 수는 계속 줄어드는 상황에서 이러한 메커니즘도 점점 흔들리고 있다.

거짓이 판치는 세상일수록
진실의 힘은 더욱 커진다

"그래, 알겠어. 무언가 숨기기 위해 최선을 다하는 사람들에 맞서 비참한 현장을 직접 목격하고 기록하고 전달하기 위해 특파원들이 노력한다는 건 잘 알겠어. 그런데, 그런다고 세상이 조금이나마 바뀌었나? 특파원들이 그렇게 헌신한다고 해서 그걸 읽고 독자들이 조금이라도 생각이 달라지나?"

아마도 이것은 해외통신의 미래를 의심하는 사람들이 던지는 가장 냉소적인 질문일 것이다. 하지만 AP특파원들은 정책입안하는 사람들과 국제구호기구만을 위해 기사를 쓰는 것이 아니다. 무엇보다도 일반독자, 바로 우리, 시민들, 특히 미국시민들을 위해 기사를 쓴다. 지난 80년 간 미국의 해외정책이 국제적 역학관계에 상당한 영향을 미쳤기 때문에 이는 어쩔 수 없는 선택이었다.

1940년대부터 2000년대에 이르기까지 특파원들을 골탕먹인 가장 어려운 기술적 과제 중 하나는 '기사전송'이었다. 물론 글자만 전송할 경우에는 큰 무리는 없었지만 사진을 전송하는 것은 매우 복잡하고 까다로웠는데, 디지털시대가 시작되면서 기사전송과정은 그야말로 '혁명'이라 할 수 있을 만큼 간단해졌다.

텔렉스를 이용해 기사를 전송해야 할 때는 무장한 검열관의 감시를 받기도 했고, 책상 아래 숨어서 텔렉스테이프에 구멍을 뚫어서 기사를 겨우 전송하기도 했다. 때로는 무작정 공항에 나가 기사를 직접 전달해줄 '배달부'를 찾아야 할 때도 있었고, 전파방해나 정전이 일어나지 않기를 기도하며 기계와 몇 시간을 씨름해야 할 때도 있었다.

1990년대 위성전화가 등장하면서 비로소 특파원들은 오지나 험지까지 마음대로 다니면서 기사를 작성해 전송할 수 있게 되었다. 정글 깊은 곳에 위치한 전초기지, 무자헤딘이 들끓는 고속도로(물론 전화기를 빼앗길 수 있다), 미군부대가 진격하는 이라크사막 등 어디든 마음대로 취재를 나갈 수 있게 되었다. (물론 위성신호를 받기 위해서 안테나를 붙잡고 오랜 시간 애를 태워야 할 때도 많다.)

하지만 기사전송이 단순화되면서 오히려 속도에 대한 압박은 더 커졌고, 이로서 새로운 문제가 야기되었다. 속보경쟁이 불붙으면서 갈수록 사실관계를 확인할 수 있는 시간적 여유가 줄어든 것이다. IRA 폭격에 대한 기사처럼 오보를 낼 확률도 높아지고 있다. 또한 허리케인으로 인해 집을 잃고 온두라스의 고속도로에 텐트를 치고 살아가는 가족의 삶을 상세하게 다룬 기사처럼 충분한 시간을 들여 취재하는 기사도 갈수록 보기 힘들어지게 되었다.

디지털미디어의 발전은 독자층을 급격하게 넓혔다. 과거에 AP기사를 읽는 주요독자층은 미국의 신문독자들이었으며, 따라서 특파원들은 '자신의 가족에게 편지를 보내는 것처럼' 기사를 썼다. 하지만 이제 스마트폰과 AP모바일앱을 통해 전세계 사람들이 AP기사를 읽을 수 있게 되었다. 또한 팀북투, 베니스, 피라미드에 대한 기사가 아니라면, 사람들이 전반적으로 해외뉴스에 관심을 갖지 않는다는 사실을 증명하는 데이터도 이제 눈으로 확인할 수 있게 되었다. 기사 클릭수, 기사를 인용한 트윗수, 기사를 이메일로 발송한 수 등 정량화된 데이터는 그동안 특파원들의 뉴스가치 판단이 편향되어있다는 학자들의 비판이 독자들의 기사선호도에도 그대로 적용될 수 있다는 것을 보여준다.

재난에서 재난으로, 위기에서 위기로 이어지는 해외뉴스는 사실 대중의 관심을 그대로 반영한 것이라 볼 수 있다. 아시아에 관한 지면에서 과거에 상당한 면적을 차지하던 일본은 이제 중국에게 밀려 한쪽 구석을 겨우 차지하고 있을 뿐이며 그나마 '스시' 이야기 아니면 사람들이 거들떠보지도 않는다. 아프리카는 늘 '굶주린 아이들' 이야기로 채워지고 대부분 '하나의 큰 국가'로 취급된다. 지구의 어느 곳에서는 지진이 발생해서 나흘째 여전히 시체를 끄집어내고 있다는 기사가 나오지만 아무도 신경쓰지 않는다.

하지만 지정학적 요인은 끊임없이 변하고 있으며, 기존에 구축된 담론은 새로운 허점을 드러내고, 재난에 시달리는 사람들은 끊임없이 고통을 받고 있다. 특파원들은 지금도 그러한 흐름을 세계 곳곳에서 목격하고 있다. 결국 우리는 특파원들이 헌신하는 것은 독자를 위한 것이 아니라, 진실, 기사, 고통받는 이들에 대한 '인간적 도리'를 위한 것이라는 쓰디쓴 역설을 다시 되돌아보게 된다. 매튜 페닝턴은 이렇게 말한다.

> 죽음이나 파괴 같은 이야기는 이제 좀 그만하라고, 지겹다고, 더 이상 듣고 싶지 않다고 독자들이 말한다면… 뭐라고 해야 할까요… 이런 일은 지금도 벌어지고 있고, 앞으로도 벌어질텐데…*Pennington, 11*

물론 특파원들은 여전히 독자들의 관심을 끌기 위해 계속 노력해야 한다. 고정관념을 활용하는 것도 좋은 방법이 될 수 있다. (물론 기사의 목적은 그러한 고정관념의 정체를 폭로하고 허무는 것이 될 것이다.) 현실의 요구와 소박한 이상 사이에서 끊임없이 갈등하는 특파원들의 상황에 대해 대니젭스키는 이렇게 말한다.

> 날마다 최선을 다해 정확한 내용을 강하게 전달하는 기사를 쓰기 위해 노력하는 것 말고 방법이 있겠나? 언젠가는 사람들이 귀를 기울이겠지.*Daniszewsky, 6*

최고의 해외통신 역시 그러한 것 아닐까? 진부한 고정관념과 거창한 담론으로 포장되어있는 세상에 대한 우리의 인식을 깨버릴 수 있는 사람들의 진짜 이야기, 많은 특파원들이 기사를 통해 전달하고자 하는 바로 그 '사람 냄새 나는' 이야기 말이다.

인류가 공유하는 인간애로 사람들을 연결해주는 것은 실제로 변화를 촉발하기도 한다. 보스니아에서 폭격으로 인해 눈이 먼 아이가 새로운 삶의 기회를 얻을 수 있었던 이야기는, 이 작은 마을에 우연히 잠시 머물게 된 기자들의 눈에 띈 세 문단짜리 단신기사에서 시작되었다. 하지만 이 모든 이야기가 나올 수 있었던 것은 결코 우연이 아니라, 무수한 취재경험을 통해 단련한 기자의 통찰력이 존재했기 때문이다.

베트남에서 불발탄이 터져 불구가 된 아이들, 레바논에서 폭격으로 죽은 아이들, 이라크에서 종교적 갈등으로 사람을 산 채로 불에 태운 사건 등을 보도한 특파원들은 자신은 물론 가족에 대한 무차별 비난과 협박을 받기도 하고 기자로서 갖춰야 할 능력과 진실성까지 의심받았다. 그런 상황에서도 인류애에 대한 믿음을 포기하지 않고 진실을 추구한다는 것은 사실, 매우 힘든 일이다.

미디어에 대한 신뢰가 계속 떨어지고 있지만, 이런 신념을 갖는 것은 아무나 할 수 있는 일이 아니다. 전문적인 특파원들을 '노트북을 가진 멍청이들'과 구별하지 못한다면, 이들이 생산해낸 기사의 차이를 구별해내지 못한다면, 우리의 미래는 더욱 암울해질 수밖에 없다.

이 책에 나온 많은 특파원들의 인터뷰는 다음과 같이 정리할 수 있다.

> 온갖 변수를 극복하고 많은 사람들이 알아야 한다고 여겨지는 중요한 정보를 획득하여, 사람들이 관심을 가질 수 있도록 전달할 때*Perry, 25* 더 흥미롭고, 더 깊이 빠져들 수 있고, 더 많은 사실을 밝혀내고, 더 심오한 이야기가 나온다.*Stevenson, 24*

지금까지 이 책은 해외특파원들이 지난 80년 간 어떻게 온갖 장애물을 헤치고 뉴스콘텐츠를 생산해 왔는지 이야기했다. 특파원들이 이 험난한 일을 포기하지 않고 꿋꿋하게 헤쳐나가는 이유는 다음 두 가지로 정리할 수 있다.

모든 이들이 거짓말을 하는 상황에서… 위험을 무릅쓰고라도, 최선을
다해 진실을 찾아내 전해주는 사람이 있어야 하지 않겠어? *Anderson, 28*

우리가 잘 모르는 먼 나라에서 살아가는 사람들의 이야기를 그들의 목
소리를 통해 들려줌으로써 서로 이해할 수 있게, 개입할 수 있게 도와
주어야 하지 않을까요? *Gannon, 77*

아프가니스탄의 마수마는 주변사람들에게 공격받을 수 있다는 두려움을
떨치고 서양에서 온 낯선 백인기자 두 명을 만나 네 시간 동안 자신이 겪은
참혹한 경험을 이야기했다. 거기에는 페이스북으로는 절대 전달할 수 없는
인간적인 감동이 있었다.

이러한 촌로로부터 교황, 대통령에 이르기까지 세상사람들에게 벌어지
는 일을 있는 그대로 발굴하여 최대한 많은 사람들에게 전달하고자 노력
하는 특파원들이 없었다면, 그동안 무수한 대중과 정부들이 세계적인 이슈
와 정책에 대해 방향을 잡을 수 없었을 것이다. 그들은 진실한 정보, 증거가
되는 자료와 증인을 찾기 위해 온갖 위험과 방해와 위협을 뚫고 들어가야
했으며, 그 과정에서 개인적으로도 많은 댓가를 지불해야 했다.

"그들의 노력은 세상을 조금이나마 나은 곳으로 만들었을까?"

아니, 이런 질문을 그들에게 묻는 것은 과연 정당한 것일까? 그들이 제공
해준 정보를 가지고 '무언가'를 하지 못한 것은 바로 우리 아닐까? 이 질문
은 특파원들이 아닌 우리 자신에게 던져야 하지 않을까? 세계를 누비며 진
실을 발굴하여 우리에게 전달해주는 것만으로도 특파원들의 삶은 이미 충
분히 고되고 벅차다.

파리에 기반을 두고 활동한 AP특파원 데이빗 크래리가 1992년 6월 크로아티아에서 UN수송대와 함께 사라예보로 떠나기 전에 포즈를 취했다. 사라예보 포위전은 발칸반도에서 수행한 그의 첫 번째 임무였다. (Photo courtesy of David Crary)

AP
역사의 목격자들
FOREIGN
CORRESPONDENTS
IN ACTION

부록

인터뷰 전문가들을 인터뷰하다
이책의 연구방법과 이론적 배경

이 책에서 특파원들은 1944년부터 지금까지 국제적인 주요사건들을 취재해 온 경험을 바탕으로 취재방법, 보도절차, 뉴스가 여론과 외교정책에 미치는 영향 등에 대한 자신의 생각을 이야기했다. 정치학과 언론학 분야 연구에서 심층인터뷰는 '다른 접근방식으로는 밝혀내기 어려운 인과관계 메커니즘을 파악하는 수단'으로 활용되며*Mosley, 2013, 5*, 역사적인 증언을 보존하고 그 증언을 해석하기 위한 접근방식이다.

인터뷰는 본질적으로 질적 접근법, 따라서 해석학적 접근법으로서,*Jensen, 2012, 266* 재현하거나 일반화하기 어렵다는 단점이 있지만, 그에 못지 않게 큰 장점이 있다. 짧은 인터뷰를 활용하는 연구는*i.e., Hahn & Lönnen-donker, 2009* '특정한 순간을 스냅사진으로 찍는 것'과 비슷하지만 구술사의 경우, 한 권의 책으로도 담아내기 힘들 정도로 방대한 데이터를 확보할 수 있다. 이러한 데이터는 다른 방법으로는 결코 담아낼 수 없는 것이다. (실제로 특파원 두 명은 나와 인터뷰를 한 뒤 몇 개월 후 영면했다. 또한 상당수 인터뷰이들이 인터뷰 당시 8-90대였다).

구술사 인터뷰를 할 때 가장 중요한 능력은 바로 '기억'이다. 하지만 기억이란 사실이 가만히 머물러있는, 잔잔한 저수지라기보다, 의미를 적극적으로 만들어내는 '과정'에 가깝다.*Portelli, Thomson, 2011, 77* 더구나 중요한 경험들은 이야기 형태로 변형되어 기억되는 경향이 있다. 이야기 형태는 이야기하는 사람의 정체성을 반영하거나, 집단기억과 사회적 문화적 전문적 규범을 반영하기도 한다.*Ritchie, 2011*

여기서 눈여겨보아야 할 점은 내가 인터뷰를 한 기자들은 자기성찰적이라는 사실이다. 그들 자신들이 인터뷰를 업으로 하는 사람들이자*Feldstein, 2004* (물론 인터뷰의 목적은 다르다) 그것을 이야기로 만들어 전달하는 일을 전문적으로 수행한 사람들이다. 70년 전 경험한 사건을 사진처럼 생생하게 떠올리거나 단어의 스펠링까지 정확하게 기억해내는 그들의 모습에 나는 감탄하지 않을 수 없었다.

구술사는 자신의 경험을 기록으로 남기지 않는 보통사람들의 목소리를 역사적인 기록으로 만드는 연구방법이다. 특히 같은 경험을 공유하는 집단, 예컨대 미국의 가톨릭수녀들*Garibaldi Rogers, 2011*이나 베트남전쟁 참전병사들*Stacewicz, 1997*의 경험을 연구할 때 유용하다. 기자들을 대상으로 진행된 구술사연구도 있다. 아프리카계 미국인 기자들,*Terry, 2007* 워싱턴DC 기자단,*Ritchie, 2005* 중국을 취재하는 기자들,*MacKinnon & Friesen, 1987* 9·11테러를 취재한 기자들,*Gilbert et al., 2002* 이라크전쟁을 취재한 기자들*Hoyt et al., 2007*을 대상으로 구술사연구가 진행되었다.

이 책과 가장 비슷한 구술사연구로는 1930-40년대 중국에서 활동한 미국인특파원들을 대상으로 한 구술사연구와 이라크에 체류한 기자들을 대상으로 한 구술사 연구를 들 수 있다. 이 연구들 역시 나의 연구와 마찬가지로 기자들이 어떻게 업무를 수행했는지, 그들이 대중의 이해에 어떤 영향을 미쳤는지 초점을 맞춘다. 특히 이라크전쟁특파원 연구는 나의 인터뷰와 몇몇 주제가 일치한다.

하지만 이들 연구들은 다른 구술사연구들과 마찬가지로 인터뷰이의 내러티브에 초점을 맞춘다. 따라서 연구자들은 주제별 나열이나 연대기적 나열을 위한 최소한의 개입만 한다. 다시 말해 인터뷰내용을 분석하는 것이 목적이 아니기 때문에 단순히 기록하는 데 중점을 둔다. 이에 반해 나는 해외특파원들이 수행하는 업무의 진화과정을 분석하기 위해 인터뷰를 진행했다.

이러한 연구목적을 달성하기 위해 나는 표본집단을 무작위로 구성하지 않고 선택적으로 구성했다. AP특파원을 표본집단으로 선택한 이유는 AP가 장기간에 걸쳐 꾸준하고도 광범위하게 해외통신뉴스를 생산해왔다는 점, 그리고 AP가 지금껏 학술적인 기록대상이 된 적이 거의 없다는 점 때문이다. AP가 가장 영향력이 큰 미국의 통신사라는 점도 미국미디어와 외교정책 사이의 상호작용을 분석하고자 하는 이 책의 목적에 부합했다.

AP와 관련해서 눈에 띄는 특징 중 하나는 AP에서 생산하는 기사가 모두 AP회원사들에 의해 보도되지 않는다는 사실이다. 더욱이 AP가 직접 온라인서비스를 시작하기 전까지, 회원사들은 AP기사를 원래 쓰여진 형태 그대로 보도하지 않았다. (대부분 AP기사를 가져다가 축약하고 헤드라인을 바꿔서 보도했다.) 그럼에도 AP가 해외뉴스의 최초관문 역할을 수행한다는 사실과 이 영역에서 경쟁자가 많지 않다는 사실을 고려할 때, AP의 국제뉴스콘텐츠는 상당히 많은 독자들에게 전달되는 것이 명백하다.

내가 인터뷰이를 선정한 기준은 '직무유형'이다. 나는 해외특파원으로 최대한 많은 경험을 쌓은 AP기자들을 인터뷰대상으로 삼고 싶었다. 그래서 먼저 지역별 사건별 AP기사들을 수집하였고 그 기사를 작성한 기자들의 이름을 정리하였다. 이러한 방식으로 시간적으로나 지리적으로나 최대한 다양하게 분포된 특파원들의 명단을 확보할 수 있었다. 그리고 '눈덩이 표집'으로, 즉 다른 인터뷰이의 추천으로 인터뷰대상에 포함된 특파원들도 몇 명 있다. 물론 이 경우에도 처음에 구상했던 선정기준에 부합하는 사람만 선택했다.

해외특파원들은 동료간 유대감이 강하다. 인터뷰에 참여하면서 처음 알게된 이들은 서로 끈끈한 유대감을 보이기도 했다. 하지만 이러한 유대감을 모든 특파원이 공유하는 것은 아니다. 그들은 대부분 누가 특파원 생

744

활을 했는지 알지 못한 채 살아간다. 따라서 자기선택표본self-selecting sample 으로 인해 발생할 수 있는 편견에 대해서는 걱정하지 않아도 될 것이다.

이 책은 특파원 개인이나 조직에 초점을 맞추지 않고, 해외특파원들의 취재방식과 보도관행에 초점을 맞춘다. 따라서 나는 인터뷰를 진행하면서 엘리트정보원elite informant 선택법, 즉, 구체적인 최근 사례를 겪으면서 실제로 한 행동에 대한 체계적인 정보를 추출해내기 위해 설계된 표집법 Beckmann & Hall, 2013, 198을 활용했다.

내가 선별해낸 인터뷰대상자가 모두 인터뷰에 응한 것은 아니다. 이미 은퇴한 특파원 1명은 나의 연구에 참여하지 않겠다고 거절했다. 인터뷰는 2012년 3월부터 2014년 6월 사이에 진행되었으며, 인터뷰는 모두 디지털 음성녹음을 했다. 대면인터뷰는 문맥에 따라 달라지는 의미의 섬세한 차이도 감지할 수 있으며 명확성이 높아지는 장점이 있기 때문에,Mosley, 2013, 7 직접 만나서 인터뷰하는 것을 원칙으로 했다. 하지만 9명은 직접 만나지 못하고 결국 전화나 스카이프를 통해 인터뷰했다. 나머지 52명은 대면인터뷰를 실시했다.

인터뷰는 평균 2시간 정도 진행되었으며, 가장 짧은 인터뷰는 37분, 가장 긴 인터뷰는 5시간 19분이 소요되었다. 가장 짧은 인터뷰와 가장 긴 인터뷰를 한 사람은 모두 현직 AP특파원들이었다. 인터뷰에 참여하기로 약속했던 은퇴한 특파원 네 명은 인터뷰가 시작되기 전에 세상을 떴다. 그들의 목소리는 'AP구술사컬렉션'에 수록된 예전 인터뷰를 참조하는 것으로 대신했다. 이 컬렉션에는 이들뿐만 아니라 내가 직접 인터뷰한 몇몇 특파원들의 이야기도 담겨있어, 인터뷰를 준비하는 데 상당한 도움이 되었다.[1]

인터뷰는 기본적으로 다음 네 가지 질문을 중심으로 진행해나갔다.

---

1 AP뉴욕본부에 있는 'AP구술사컬렉션AP's Oral History Collection'에는 1972년부터 62명이 넘는 AP특파원과 에디터들을 인터뷰한 내용이 약 160건 수록되어있다.

- 해외특파원들은 뉴스의 가치를 어떻게 평가하는가? 다시 말해, 어떤 사건을 취재할 것인지 결정하는 뉴스판단의 기준은 무엇인가? 그 기준은 시대에 따라 어떻게 달라졌는가?
- 해외특파원들은 선별된 사건을 어떻게 취재하는가? 적절한 취재원은 어떻게 찾아내는가?
- 해외특파원들은 뉴욕의 포린데스크(최근에는 각 지역으로 분할된 지역데스크)와 어떻게 상호작용하는가?
- 해외특파원들은 미국과 외국의 정부관료들과 어떻게 상호작용하는가? 미국과 외국정부에게서 기사에 대한 피드백을 받는가? 자신의 취재가 어떤 식으로든 미국의 국제정책에 영향을 미친다고 생각하는가?

나는 이러한 질문들에 대해, 특파원들의 일반적이고 막연한 생각이 아니라, 그들의 구체적인 경험을 듣고자 노력했다. 그리고 이러한 문제의식에서 벗어나지 않는 범위에서 인터뷰는 자유롭게 진행되었다. 대다수 구술사연구자들이 그러하듯이, 나와 나의 인터뷰이들은 모두 '과거를 이해하는 데 기여할 영구적인 기록을 만들어내고 있다'는 생각을 공유하고 있었다.

인터뷰이들은 모두 인터뷰를 하기에 앞서, 녹취록을 직접 검토할 수 있으며, 원하는 부분이 있다면 삭제요청을 할 수 있다는 계약서에 서명했다. 특히 현직 해외특파원들의 경우, 자신의 업무와 관련하여 부정적인 영향을 미칠 수 있는 민감한 내용이 인터뷰에 들어갈 수 있기 때문에 녹취삭제조항은 반드시 필요한 윤리조항이었다. 하지만 실제로 녹취록에서 삭제요청을 한 문장은 손꼽을 만큼 적은 수에 불과했으며, 또한 삭제된 내용은 이 책의 분석결과에 조금도 영향을 미치지 않는 것들이었다. 대부분 연구주제와 무관한 개인의 정치적 의견이나 동료에 대한 언급을 삭제해달라고 요청했을 뿐이다.

비밀보장에 관한 특별한 요청 또한 없었다. 기존에 진행된 연구들은 대부분 인터뷰이를 익명으로 처리했지만*i.e., Pedelty, 1995; Hahn & Lönnendonker, 2009*, 나의 경우 인터뷰에 응한 사람들은 모두 실명을 공개하는 데 동의했다. 현직 AP특파원 역시 자신의 상사들에게 실명을 공개해도 된다는 허락을 받았다. AP에서 녹취록을 검토하겠다고 요청한 경우도 없었다.

인터뷰내용이 사실인지 확인하기 위해서, 나는 특파원들이 작성한 기사나 역사적 기록물을 참조했다. 그들이 인터뷰에서 말한 내용이 기사에 실제로 어떻게 반영되었는지 분석하였다. 또한 인터뷰의 진위여부와 전후 맥락을 파악하기 위해 특파원들이 쓴 책이나 자기성찰적 기사들도 참고했다. 냉전이 최고조일 때 떠났다가 40년 만에 다시 찾은 고향 체코를 방문했을 때 느낌, 북한에서 스마트폰으로 트윗을 처음 발송할 때 기분, 리비아반군과 함께 차를 타고 트리폴리에 들어간 경험, 바그다드와 카불에서 미군의 폭격을 목격한 일, 쿠바정부가 허용한 보급식만 먹으면서 버틴 기억, 사라예보에서 포위공격을 받아 중상을 입은 동료와 시체 한 구를 이송한 경험은 실제로 그들이 작성한 기사 속에 고스란히 담겨있었다.[2]

가끔은, AP특파원들이 작성하여 전송한 전보메시지도 확인했다. 또한 다른 해외특파원의 전기나 르포르타주 형식의 책에서 AP기자에 대해 언

---

2   Denis D. Gray, "Dramatic changes in Eastern Europe are reuniting families longseparated by the Iron Curtain, including one of an AP correspondent," The Associated Press, February 21, 1990; Jean H. Lee, "Tweets, pics give real-time peek into North Korea," The Associated Press, February 28, 2013; Ben Hubbard and Karin Laub, "AP reporters ride with rebels into Libyan capital," The Associated Press, August 22, 2011; John Rice, "Fear and awe as bombs fell on Baghdad," The Associated Press, March 18, 2003; Kathy Gannon, "Analysis: First-person view of Afghan collapse," The Associated Press, October 7, 2011; Anita Snow, "Living on rations in Cuba: Meals made up of rations and goods from farmers' markets," The Associated Press, May 31, 2007; Tony Smith, "Tearful farewell, then a drive past desperate refugees," The Associated Press, May 21, 1992.

급한 부분, 그리고 같은 사건을 취재하는 AP특파원과 다른 언론사 기자를 비교하고 차이점에 대해서 이야기하는 내용도 참조했다.

인터뷰의 신뢰성을 가장 크게 해치는 요인 중 하나는 인터뷰를 하는 사람이 인터뷰이의 답변에 영향을 미치는 것이다. 인류학자들이 관찰연구를 할 때 우려하는 것과 비슷한 문제다.*Hannerz, 2004, 8* 연구방법으로서 인터뷰는 어쩔 수 없이 대상자와 밀접한 접촉을 해야 하기 때문에 연구자 개인의 관여도가 높아질 수밖에 없다고 말하는 구술사학자도 있다. 기본적으로 인터뷰대상자를 존중하고 그러한 인터뷰의 명분을 가치있게 여기는 태도는, 인터뷰이 스스로 자신의 이야기가 역사적으로 중요하다고 믿게 만드는 경향이 있다.*see Garibaldi Rogers, 2011; Stacewicz, 2007*

여기서 간략하게나마 나의 개인적인 이야기를 해볼까 한다. 나는 1999년부터 2007년까지 미국과 이탈리아에서 AP특파원으로 일했다. 이 기간 동안 나는 이 책에서 인터뷰한 사람 5명을 만난 적이 있으며, 한 명은 함께 일을 하기도 했다. 당시 로마에서 에디터로 일했던 빅터 심슨이다.

AP가 일하는 방식에 익숙하다는 사실은, 해외특파원들이 이야기하는 기본적인 업무일정(밤샘근무, 오전근무·오후근무 등)과 역학관계(뉴욕데스크와 줄다리기 등)를 이해하는 데 상당한 도움이 되었다. 더욱이 기자들이 공유하고 있는 직업윤리는 인터뷰를 자연스럽게 이어나가는 데 큰 도움이 되었다. 예를 들어, 나와 인터뷰한 특파원들은 모두 이 책이 객관성을 엄격하게 유지해야 한다는 데 암묵적으로나 명시적으로나 공감했다. 따라서 특파원들은 자신의 성공담은 물론 실패담까지 허심탄회하게 이야기했다. 더 나아가 몇몇 특파원들은 녹취록을 조금도 변경하지 말고 그대로 내보내달라고 말했다. 녹취록을 조금이라도 수정하거나 다듬는 행위는 기자로서 절대 용납할 수 없는 행위라고 생각했기 때문이다.

나 역시 해외특파원들의 탁월한 업무능력은 물론 개인적인 희생을 무릅쓰는 직업정신을 진정으로 존경한다. 그들을 대하면서 나 역시 정직한 지식인이 되어야겠다는 각오를 다졌다. 이 책을 쓴다는 핑계로, 전설적인 기라성같은 특파원들을 직접 만나 이야기할 수 있었던 것은 그야말로 나에게 커다란 행운이자 영광이었다. 자신의 이야기를 진솔하게 들려준 그들에게 깊이 감사한다. 속보가 쏟아지는 순간에도, 가족의 임종을 앞둔 상황에서도 인터뷰 약속을 어긴 사람은 한 명도 없었다.

나는 무수한 특파원들의 안내를 받으며 생생한 역사 속을 거닐었다. 나의 생생한 역사산책은 멕시코시티 도심에서 벌어진 대규모 납치 사건에서, 이츠하크 라빈이 텔아비브에서 암살당한 현장까지 시간과 공간을 넘나들었다. 베이징에서는 1989년 이곳에서 벌어진 일을 아는지 모르는지 무심하게 바라보는 젊은 공안요원의 감시 속에서, 그 유명한 '탱크맨'이 버티고 서있던 장소를 찾아가보기도 했다. 이러한 경험 덕분에 나의 연구는 깊이와 차이를 갖게 되었다.

이 책에 수록된 인터뷰는 특파원들의 인품과 성격과 자신의 직업을 대하는 자세를 그대로 드러내보여준다. 예컨대 나는 로이터 베이징지국장으로 일하는 테릴 존스를 찾아갔다. 하필 중국공산당 전국대표회의가 열리던 때라서 중국뉴스가 특별히 많이 쏟아지는 시기였다. 초저녁이 되어서야 시작된 인터뷰는 세 시간가량 지속되어 밤 10시가 다 되어 끝났다. 우리 둘 다 저녁도 먹지 않은 상태였다. 사무실을 나왔는데, 존스가 갑자기 버스를 타고 천안문광장으로 가자고 했다. 천안문광장을 함께 걸으면서 그는, 인터뷰를 하는 동안 이야기했던 역사적인 현장을 직접 보여주었다. 우리는 함께 가까운 식당에서 딤섬을 먹었고, 다시 천안문광장 주변을 새벽 한 시까지 서성였다. (다음날 저녁에는 AP베이징지국장 찰스 허츨러와 인터뷰를 했는데, 이 역시 자정이 다 되어서야 끝났다).

단편적인 에피소드일 수도 있지만, 이 책에 등장하는 특파원들은 모두 이처럼 자신이 하는 일에 열정적으로 임하는 모습을 보여주었다. 무엇보다도 그들은 자신이 역사의 산 증인이라는 사실에 무거운 책임감을 느껐다. 그러한 책임감은 어떠한 희생이라도 감수하게 만들 정도로 강력한 것이었다.

나는 또 AP런던 멀티미디어본부에서 AP유럽 에디터로 일하는 니코 프라이스를 만났다. 1998년 허리케인 미치로 인해 쑥대밭이 된 니카라과를 취재한 경험을 들려주었다. 그가 현장에서 겪은 정신적 고통은 그가 실제로 작성한 기사에도 그대로 기록되어있다.

두터운 진흙바다가 사방에서 밀려들어, 허벅지 윗부분까지 나를 빨아들였다. 1미터도 되지 않는 거리에 한 여성의 시체가 해를 바라보고 누워있었다. 나에게 구원의 발판이 되어줄 만한 나뭇가지덤불이 2미터 정도 앞에 있었는데, 그 거리는 마치 2킬로미터나 되는 듯 느껴졌다. 걸음을 떼기 위해 진창 속에서 다리를 빼내기 위해 어마어마한 힘을 쏟아야만 했다. 하지만 무엇보다도 진흙 속으로 순식간에 빨려들어갈 수 있다는 공포는 나를 압도했다. 진흙 속에 묻혀있는 수백 구의 시체들 중 하나가 되지 않게 해달라고 기도하는 수밖에 없었다. 1주일 전 이곳에 오기 전까지, 내가 살면서 본 시체는 한 구 밖에 되지 않았다. 하지만 화요일에는 22구를 보았고, 수요일에는 30구 정도를 봤다. 거기서 나는 더 이상 숫자 세는 것을 멈췄다… 병원에서 간신히 살아난 23살 리카르도 가르시아는 두 살배기 아기의 입에 물을 넣어준 이야기를 하며 울음을 터트렸다… 너무나 체력이 떨어져 고개도 가누지 못하던 아기, 그날 처음 본 아기였지만, 그것으로 작별인사를 해야만 했다… 이게 월요일에 일어난 일이다. 아직까지 나는 울음을 참고 있다.[3]

---

3   Niko Price, "Reporter deals with rotting bodies, screaming children," The Associated Press, November 8, 1998. 1998년 말 중앙아메리카를 강타한 허리케인 미치는 기록적인 홍수를 유발했고, 이로 인해 최소 1만 1,000명이 사망하고 수천 명이 실종되었다.

햇볕이 가득한 AP런던본부 회의실에서 프라이스는 나에게 이 취재를 자신의 기자경력에서 하이라이트였다고 말했다. 왜 그렇게 생각하는지 묻자 그는 망설이지 않고 이렇게 대답했다.

> 내가 그곳에 가지 않았더라면, 아무도 이 상황에 관심을 갖지 않았을 거예요.*Price, 26*

지난 80여 년 동안 전 세계를 무대로 취재해 온 61 명의 AP특파원들이 써낸 기사는 과연 프라이스의 말처럼, 독자들이 다른 세계에 관심을 갖게 만드는 데 성공했을까? 물론 이 책에서 답할 수 없는 질문이다. 하지만 AP특파원들이 그 자리에 없었다면, 독자들이 관심을 기울일 수 있는 신뢰할 만한 국제뉴스는 나오지도 않았을 것이고, 따라서 미국인들의 세계관과 미국의 해외정책은 지금과는 사뭇 달라졌을 것은 명백하다.

이 책은 뉴스거리를 찾아내는 시점부터 시작해서 뉴스에 독자들이 반응하는 순간까지 전 과정을 추적한 최초의 시도라 할 수 있다. 해외뉴스는 과연 어떻게 만들어질까? 특파원들은 어떻게 그곳까지 가게 되었을까? 그곳에서 어떻게 지낼까? 어떤 과정을 통해 그 세계로 독자들을 인도할까? 또 독자들이 해외뉴스에 관심을 가질 수 있도록 호기심을 끌기 위해 어떤 노력을 할까?

이러한 질문에 대한 의미있는 해답을 이 책에서 찾았기를 바란다.

감사의 말

American Journalism and International Relations을 쓰기 위해 뉴욕에 위치한 AP's Corporate Archives에 들락거리며 AP기사 사본을 열람하는 나를 관심있게 눈 여겨 본 그곳의 소장 Valerie Komor는 나에게 AP특파원이었던 George Bria에게 전화를 해보면 많은 도움을 받을 수 있을 거라고 알려주었다. 그에게 전화를 했고, 다음날 아침 집으로 돌아가는 비행기를 타야 했던 나는, 서둘러 약속을 잡았다. 그는 흔쾌히 나를 반겨주었으나, 테니스를 치기 전에 만나면 좋겠다고 했다. 95세가 된 이후로 테니스를 치고 나면 체력이 떨어져 피곤하다고 말했다. 어쨌든 그와 통화를 하면서 엄청난 이야기가 쏟아져나올 것이라고 직감할 수 있었다.

제2차 세계대전 종전협상을 취재하면서 해외특파원으로서 커리어를 쌓기 시작한 그를 비롯하여 AP특파원 61명을 인터뷰하여, 나는 이 책을 썼다. 그들과 인터뷰하면서 나는 수천 페이지에 달하는 메모를 하였고, 역사적인 사진들을 찍었으며, 개인적으로 따뜻한 기억들을 만들 수 있었다. 나는 그들에게 큰 빚을 지고 있으며 깊은 고마움을 느낀다. 나를 위해 시간을 내주고, 솔직하게 자신의 이야기와 통찰을 들려주고, 나를 그지없이 따뜻하게 대해주었다.

인터뷰 뿐만이 아니었다. 이슬라마바드의 멀티코스 디너, 베들레헴의 진한 약술, 로얄방콕 스포츠클럽의 아침식사, 투싼의 멕시코식 콩요리, 라바트의 카사블랑카맥주, 예루살렘의 심야칵테일, 도쿄의 스시, 메릴랜드 실버스프링의 모둠치즈 플레이트, 베이징과 상하이의 만두, 멕시코시티의 스테이크는 지금도 기억에 남는다. 뉴욕과 워싱턴과 에든버러와 덴버에서는 내가 이탈리아 혈통이라는 이유로 푸짐한 이탈리아 요리를 베풀어주었다. 이처럼 잊지 못할 식사와 더불어 나에게 끊임없이 이야기를 들려준 많은 특파원들에게 감사한다.

Donna Bryson, George Bria, Kathy Gannon, Tad Bartimus, Tony Smith, Vicki Graham—또 그들의 가족들—은 나를 하룻밤, 며칠, 길게는 한 달 동안 머물 수 있도록 해주었다. 그들의 특별한 환대 덕분에 나는 그들 아니었으면 얻을 수 없었던 통찰을 얻을 수 있었다. 그들에게 진심으로 감사한다.

AP의 국제에디터 John Daniszewski를 비롯하여 AP의 관리자들과 에디터들에게도 존경과 감사를 표한다. 그들은 내가 아무 제약없이 직원들을 인터뷰할 수 있게 허락해줬을 뿐만 아니라 미팅을 주선해주기까지 했다. 표현의 자유를 몸소 실천한 진정한 본보기라 할 수 있다. 또한 사진기자들도 만날 수 있었는데, 그들은 이 책에 쓸 수 있는 멋진 사진들을 기증해주기도 했다. AP's Corporate Archives의 Valerie Komor와 기록물을 관리하는 Francesca Pitaro의 방대한 지식과 신속하면서도 신뢰할 수 있는 도움이 없었다면 이 책은 결코 완성하지 못했을 것이다.

미네소타대학의 인문대학을 이끌었던 Dr. Bud Duvall과 저널리즘·매스커뮤니케이션대학 학장 Dr. Albert Tims를 비롯한 환상적인 동료들의 도움이 없었다면 이 프로젝트는 제대로 진행되기 힘들었을 것이다. 나는 이들 대학이 제공한 연구비와 연구휴가 덕분에 전세계에 흩어져있는 AP특파원들을 인터뷰하기 위한 세계일주를 할 수 있었으며, 또한 내 연구를 곁에서 도와준 Stephen Bennett과 Rodrigo Zamith를 고용할 수 있었다. 이 둘은 인터뷰를 준비하는 과정을 도와주었으며, 수십 시간에 달하는 녹음내용을 전사하여 녹취록을 만들었다. (녹취록을 만드는 작업에는 Alyssa Anderson, Marcheta Fornoff, Devan Grimsrud도 참여했다.)

저널리즘·매스커뮤니케이션대학의 IT·디지털팀의 Scott Dierks와 Wally Swanson은 지칠 줄 모르는 친절함으로 이 프로젝트를 진행하는 과정에 전반적으로 큰 도움을 주었다. 미국의 상원의원이자 역사학자 Donald Ritchie, Hazel Dicken-Garcia 교수와 Mitchell Stephens 교수, 미국 저널리즘역사학회AJHA, 국제커뮤니케이션협회ICA, 국제학협회ISA, 저널리즘·매스커미니케이션 교육협회AEJMC 등에서 만난 동료학자들은 나에게 많은 도움을 주는 조언을 해주었다. Cambridge University Press의 이름 모를 교정자들도 나에게 중요한 격려와 충고를 제공해주었다. Cambridge University Press의 기획위원 Robert Dreesen은 이 책을 아이디어 단계부터 전폭적인 지지를 보내주었다. 이 책은 내가 그와 함께 작업한 두 번째 책으로, 그와 맺은 파트너십은 나에게 보물과도 같다.

언제나처럼, 나의 부모님 Dario Dell'Orto와 Paola Dell'Orto는 나와 모든 여정을 함께 했다. 아버지는 산티아고에서 나를 인터뷰장소까지 데려다주기도 했다. 도쿄에서 투싼에 이르는 긴 여행길에서 Jacques Billeaud, Georgia Billeaud, Samer Farha, Lutz Görgens, Francis Hwang, Bruno Melica, Mafalda Melica, Art Rotstein, Debby Rotstein 등 많은 친구들의 따뜻하고 너그러운 우정 덕분에 안전한 피난처를 얻을 수 있었다.

2014년 4월 4일 금요일, 이메일함에 두 통의 편지가 날아들었다. 내가 AP피닉스지국에서 일할 때 동료였던 Jacques Elliott과 Steve Elliott이 보낸 것으로 하나는 "네 책과 관련하여"라는 제목이 붙어있었고, 하나는 "비극"이라는 제목이 붙어있었다. 저널리즘과 이민에 관한 책을 출간한 뒤 애리조나에서 열린 북세미나에 참석하고 이제 막 돌아온 나는, 최근 국경에서 벌어진 치명적인 사건에 대한 소식을 전해주려고 하는 내용일 것이라고 생각했다.

이메일을 열어보니 내용은 없고 링크가 하나 들어있었다.

http://www.ap.org/Content/AP-In-The-News/2014/AP-photog-rapher-killed-reporter-wounded

Anja Niedringhaus가 사망하고 Kathy Gannon이 끔찍한 중상을 입었다는 긴급속보였다. 아프가니스탄에서 치러지는 대통령선거 유세를 취재하러 가던 중에 아프가니스탄경찰이 자동소총을 발사한 것이었다. 아냐와 캐시. 나는 불과 몇 달 전에 그들을 만났다. 베나지르부토국제공항 도착장 인파 속을 나를 알아보고 환히 미소로 반갑게 맞이해주던 그들과 파키스탄에서 주말을 함께 보낸 기억이 여전히 선하다. 아프가니스탄 취재에 바쁜 와중에도 그들은 시간을 내 인터뷰에 응해주었다.

또한 이 책을 쓰고 있는 동안에도 또 다른 AP특파원이자 사진기자인 Simone Camilli가 통역사와 함께 가자지구에서 취재하던 중 피살되었다는 소식이 들려왔다. 나는 이런 숫자를 세는 것이 싫다. 이 글을 쓰고 있는 지금 이 순간에도 얼마나 많은 이들이 이러한 위험에 처해있는지 나는 너무나 잘 알고 있다.

다른 사람들을 더 잘 이해하기 위해 이야기를 전하는 것, 이것이야말로 AP특파원들이 목숨을 바쳐가며 해온 일이다. 미약하지만 나만이 가지고 있는 능력을 최대한 쏟아부어 완성한 이 책을, 겸허하고 감사한 마음으로 그들에게 바친다.

옮긴이의 글

나는 언제 어디서나 감자탕을 잘 먹는 편이다. 셀 수 없이 많이 먹었지만 감자탕에게 실망한 적은 별로 없다. 아주 가끔 고기가 유난히 부드럽거나, 국물의 깊이가 남다른 특별한 감자탕을 만날 때도 있다. 그렇다고 놀라진 않는다. 감자탕은 원래 맛있으니까.

그런 감자탕을 집에서 만든 적이 있다. 내가 만든 음식을 대체로 잘 먹어 주는 아내가 그 감자탕에는 입을 대지 않았다. 내 감자탕은 그 비슷비슷한 맛의 근처도 가지 못했다. 감자탕이 달리 보이기 시작한 날이다.

뉴스도 마찬가지다. 오늘날 뉴스는 너무 흔하다. 몸의 일부가 된 스마트폰 덕에 뉴스는 마치 문신인 양 우리 삶에 붙어 있다. 또 기사는 너무 많은 데다 다 거기서 거기인 것처럼 보인다. 그래서 기사는 누구나 쉽게 쓸 수 있는 것 아니냐고 말하는 사람들이 많다.

가끔 정말 굉장한 특종이 터지는데, 그 특종을 누가 잡은 건지, 어떤 언론사가 낸 건지 아는 사람은 극소수에 불과하다. 그런데 이 익숙하고 비슷비슷한 기사도 막상 직접 써볼라치면 막막하다. 그도 그럴 것이 언론은 기술art이기 때문이다. 요리나 의술, 예술이 그렇듯 언론도 기본이 있어야 하고, 제대로 잘 하려면 지식과 노력, 끝없는 관심이 필요하다.

게다가 언론은 시스템이다. 몇 줄에 불과한 기사도 복잡한 공정을 거쳐 출고된다. 특히 기자 개인의 노력만으로는 기사가 나오지 않는다. 기자는 동료들과 팀을 이뤄 기사를 완성한다. 그리고 취재팀의 운영과 유지에는 경영지원팀 등 다른 팀들의 역할이 필수적이다. 그리고 이 모든 팀들은 조직 속에서, 나아가 언론공동체 속에서 의미를 갖는다. 언론공동체는 역사 속에서 가치와 규범, 양식을 만들어 왔다. 기사를 쓴다는 행위는 이러한 언론관행 속에서 이뤄진다.

언론관행은 사회가 공급받는 뉴스의 수준을 결정한다. 안타깝게도 오늘날 한국의 언론관행에는 문제가 많다. 주지하다시피 한국 언론의 신뢰도는 세계 최하위 수준이다. 뉴스의 특징과 언론의 역사를 연구해온 수많은 언론학자들은 이 불신을 언론계가 상당 부분 스스로 초래했다는 것을 실증적으로 밝혀냈다.

무엇보다도 한국 언론장場은 정치, 경제 등 다른 장들과 경계를 넘어 거의 한몸을 이루고 있다는 평가를 받는다. 이처럼 경계가 희미해진 언론은 제대로 된 뉴스를 생산하기 어렵다. 언론이 그 자체로 존재할 이유를 갖지 못하면 다른 목적, 즉 정치적·경제적 목적을 위해 이용될 가능성이 높아지기 때문이다.

20세기 이후 전 세계를 무대로 가장 정확하고 믿을 수 있고 영향력 높은 기사를 생산해온 '기사 맛집' AP통신의 '레시피북'이라 할 수 있는 이 책은 오늘날 한국사회의 화두가 된 '언론의 위기'를 풀어낼 해법의 실마리를 제시한다. 이 책의 저자 지오바나 델오토는 전 세계에 퍼져있는 60여 명의 전·현직 AP의 베테랑 특파원들을 찾아다니며 인터뷰한다. 하지만 이 거창한 프로젝트를 통해 그가 얻고자 하는 해답은 새로운 것이 아니다. 오히려 언론학계의 해묵은 질문들이다. "이 시대의 언론은 어떤 뉴스를 어떻게 만들어야 하는가?" "기자는 어떤 존재여야 하는가?" "지금 우리에게는 어떤 언론이 필요한가?"

그 기나긴 여정의 끝에서 델오토는 누구나 뉴스를 만들어내는 시대, 표절과 복제와 가짜뉴스가 판치는 지금 이 시대야말로 직접 자기 눈으로 목격하고 기록하기 위해 현장에서 발로 뛰는 기자의 가치를 입증한다. 언론의 위기가 심화될수록 우리 사회에는 더 많은 성실하고 실력있는 '전문적인' 저널리스트가 필요한 것이다.

특히 이라크전쟁 등 미국이 주도한 전쟁을 취재하면서 자신의 모국인 미국정부를 상대로 진실을 밝히기 위해 목숨을 걸고 취재현장에 뛰어드는 AP기자들의 모습은 깊은 감동마저 전해준다. 정치·경제 논리에 휘둘려 진실을 외면하고 더 나아가 왜곡하는 것으로 의심되는 언론의 모습을 익숙하게 보아온 우리에게는 그저 부러움을 안겨줄 뿐이다.

물론 우리에게도 AP기자들 못지않게 진실을 좇는 훌륭한 기자들이 많다. 표절, 광고, 낚시, 갑질하는 엉터리 기자들에 비해 사람들의 입에 오르내릴 일이 없어 눈에 띄지 않을 뿐이다. 성실하고 능력있는 언론인들을 발굴하고 그들의 노력을 돋보이게 만드는 적극적인 작업이 필요하다. 바람직한 언론관행이 우리사회에서도 뿌리내리기 위해서는 무조건적인 비난보다는 합리적인 비판이 생산적인 결과를 이끌어내는 데 도움이 될 것이다.

이 책 속의 수많은 사례에서 볼 수 있듯, 현장을 직접 목격하기 위해, 권력의 언어를 검증하기 위해, 차별에 맞서 진실을 목격하고 기록하고 전달하기 위해 투신하는 기자들은 민주사회를 지켜내는 대체불가능한 존재다.

나는 이 책의 저자 지오바나 델오토 박사 밑에서 언론학 박사과정을 밟았다. 무수한 원서를 읽었을 뿐만 아니라, 저자와 직접 수년 동안 일상적인 교류를 해왔었기에 이 책을 번역하는 일도 뚝딱 해치울 수 있을 줄 알았다. 하지만 막상 번역에 돌입하니 전혀 다른 세상이 펼쳐졌다. 영어로 된 책을 한국어로 옮겨쓰는 일은 일상의 소통과는 완전히 다른 영역이었다. 번역은 나에게 또 다른 감자탕이었다. 초보번역가의 번역문을 읽고 다듬어준 크레센도의 윤영삼 편집자에게 고맙다.

2020년 8월 20일

신우열

참고문헌

Ainslie, Ricardo C. *The Fight to Save Juárez: Life in the Heart of Mexico's Drug War.* Austin: University of Texas Press, 2013.

Anderson, Jon Lee. *The Fall of Baghdad.* New York: Penguin Press, 2004.

Anderson, Terry. *Den of Lions: Memoirs of Seven Years.* New York: Crown Publishers, 1993.

Archetti, Cristina. "Journalism in the Age of Global Media: The Evolving Practices of Foreign Correspondents in London," *Journalism* 14/3 (2013): 419-436.

Arnett, Peter. *Live from the Battlefield: From Vietnam to Baghdad 35 Years in the World's War Zones.* New York: Simon & Schuster, 1994.

Arraf, Jane. "Disappearing Iraq," *Columbia Journalism Review* (September/October 2009): 29-31.

The Associated Press. The Associated Press Corporate Archives, "AP Technology, 1846-2013" (unpublished reference guide, The Associated Press Corporate Archives, New York), 2013.

The Associated Press. The Associated Press Corporate Archives, AP 20, Oral History Collection. Containing the cited interview transcripts for: Eloy Aguilar (interviewed on January 24, 2009, by Luis Alonso); Terry Anderson (interviewed on September 30, 1997, interviewer unknown); Roy Essoyan (interviewed on December 22, 1997, by Janice Magin); Scheherezade Faramarzi (interviewed on May 29, 2009, by Valerie Komor); Denis D. Gray (interviewed on May 1, 2005, by Kelly Smith Tunney); George McArthur (interviewed on October 16, 2005, by Richard Pyle); Hugh A. Mulligan (interviewed on June 23, 2005, by Valerie Komor); Robert Reid (interviewed on April 27, 2009, by Valerie Komor); John Roderick (interviewed on July 17, 1998, by James Lagier); Sam Summerlin (interviewed in November 2004 by Kelly Smith Tunney).

The Associated Press. *A New Model for News: Studying the Deep Structure of Young-Adult News Consumption.* The Associated Press, June 2008.

The Associated Press, and Pete Hamill. *Vietnam: The Real War: A Photographic History.* New York: Abrams, 2014.

Bartimus, Tad. "In-Country," in Tad Bartimus, Denby Fawcett, Jurate Kazickas, Edith Lederer, Ann Bryan Mariano, Anne Morrissy Merick, Laura Palmer, Kate Webb, Tracy

Wood, eds. *War Torn: Stories of War from the Women Reporters Who Covered Vietnam.* New York: Random House, 2002.

Bassow, Whitman. *The Moscow Correspondents: Reporting on Russia from the Revolution to Glasnost.* New York: William Morrow and Company, 1988.

Baum, Matthew A., and Philip B. K. Potter. "The Relationships between Mass Media, Public Opinion, and Foreign Policy: Toward a Theoretical Synthesis," *Annual Review of Political Science* 11 (2008): 39–65.

Baum, Matthew A., and Philip B. K. Potter. *War and Democratic Constraint: How the Public Influences Foreign Policy.* Princeton and Oxford: Princeton University Press, 2015.

Beckett, Charlie, and James Ball. *WikiLeaks: News in the Networked Era.* Cambridge, UK: Polity Press, 2012.

Beckmann, Matthew, and Richard L. Hall. "Elite Interviewing in Washington," chapter 10 in Layna Mosley, ed. *Interview Research in Political Science.* Ithaca and London: Cornell University Press, 2013.

Behr, Edward. *Anyone Here Been Raped and Speaks English? A Foreign Correspondent's Life behind the Lines.* London: Hamish Hamilton, 1981.

Bell, Martin. *In Harm's Way.* London: Hamish Hamilton, 1995.

Bennett, Philip, and Moisés Naím. "21st-Century Censorship: Governments around the World Are Using Stealthy New Strategies to Control the Media," *Columbia Journalism Review* (January/February 2015): 22–28.

Benson, Rodney. *Shaping Immigration News: A French-American Comparison.* New York: Cambridge University Press, 2013.

Bernstein, Carl. "The CIA and the Media," *Rolling Stone* (October 20, 1977): 55–67.

Bloch-Elkon, Yaeli. "Studying the Media, Public Opinion, and Foreign Policy in International Crises: The United States and the Bosnian Crisis, 1992-1995," *Harvard International Journal of Press/Politics* 12/4 (2007): 20–51.

Boczkowski, Pablo J., and Eugenia Mitchelstein. *The News Gap: When the Information Preferences of the Media and the Public Diverge.* Cambridge, MA: MIT Press, 2013.

Bollinger, Lee C. *Uninhibited, Robust, and Wide-Open: A Free Press for a New Century.* Oxford: Oxford University Press, 2010.

Boyd-Barrett, Oliver. *The International News Agencies.* London: Constable, 1980.

Boyd-Barrett, Oliver, and Terhi Rantanen. "News Agencies as News Sources: A Re-Evaluation," chapter 1 in Chris Paterson and Annabelle Sreberny, eds. *International News in the 21st Century.* New Barnet, UK: University of Luton Press, 2004.

Bradsher, Henry S. *The Dalai Lama's Secret and Other Reporting Adventures: Stories from a Cold War Correspondent.* Baton Rouge: Louisiana State University Press, 2013.

Broussard, Jinx Coleman. *African American Foreign Correspondents: A History.* Baton Rouge: Louisiana State University Press, 2013.

Browne, Malcolm W. *Muddy Boots and Red Socks: A Reporter's Life.* New York: Times Books, 1993.

Chang, Tsan-Kuo. "All Countries Not Created Equal to Be News." *Communication Research* 25/5 (1998): 528–563.

Chang, Tsan-Kuo, Brian Southwell, Hyung-Min Lee, and Yejin Hong. "A Changing World, Unchanging Perspectives: American Newspaper Editors and Enduring Values in Foreign News Reporting." *International Communication Gazette* 74/4 (June 2012): 367–384.

Chapman, Jane. *Comparative Media History: An Introduction: 1789 to the Present*. Cambridge, UK: Polity Press, 2005.

Christians, Clifford G., Theodore L. Glasser, Denis McQuail, Kaarle Nordenstreng, and Robert A. White. *Normative Theories of the Media: Journalism in Democratic Societies*. Urbana: University of Illinois Press, 2009.

Cohen, Akiba, ed. *Foreign News on Television: Where in the World Is the Global Village?* New York: Peter Lang, 2013.

Cole, Jaci, and John Maxwell Hamilton. "The History of a Surviving Species," chapter 12 in Bob Franklin, ed. *The Future of Newspapers*. London and New York: Routledge, 2009.

Cooper, Ann, and Taylor Owen, eds. *The New Global Journalism: Foreign Correspondence in Transition*. New York: Tow Center for Digital Journalism at Columbia University, 2014.

Cooper, Kent. *Kent Cooper and The Associated Press: An Autobiography*. New York: Random House, 1959.

Dahlby, Tracy. *Into the Field: A Foreign Correspondent's Notebook*. Austin: University of Texas Press, 2014.

Daniloff, Nicholas. *Of Spies and Spokesmen: My Life as a Cold War Correspondent*. Columbia: University of Missouri Press, 2008. "The Day GI's Looted and AP Blinked," *Columbia Journalism Review* (May/June 1971), 29–30.

Delli Carpini, Michael X., and Scott Keeter. *What Americans Know about Politics and Why It Matters*. New Haven and London: Yale University Press, 1996.

Dell'Orto, Giovanna. *American Journalism and International Relations: Foreign Correspondence from the Early Republic to the Digital Era*. Cambridge, UK: Cambridge University Press, 2013.

Dell'Orto, Giovanna. *The Hidden Power of the American Dream: Why Europe's Shaken Confidence in the United States Threatens the Future of U.S. Influence*. London and Westport, CT: Praeger, 2008.

Duffy, Matt J. "Anonymous Sources: A Historical Review of the Norms Surrounding Their Use," American Journalism 31/2 (Spring 2014): 236–261.

Esper, George. "Communists Enter Saigon," in *Reporting Vietnam, Part II: American Journalism 1969–1975*. New York: The Library of America, 1998: 546–548.

Esper, George, and The Associated Press. *The Eyewitness History of the Vietnam War, 1961–1975*. New York: Ballantine Books, 1983.

Fahmy, Shahira, and Thomas J. Johnson, "Embedded versus Unilateral Perspectives on Iraq War," *Newspaper Research Journal* 28/3 (2007): 98–114.

Feldstein, Mark. "Kissing Cousins: Journalism and Oral History," *Oral History Review* 31/1 (2004): 1–22.

Ferrari, Michelle, ed. *Reporting America at War: An Oral History*. New York: Hyperion, 2003.

Fialka, John J. *Hotel Warriors: Covering the Gulf War*. Washington, DC: Woodrow Wilson Center Press, 1991.

Filkins, Dexter. *The Forever War*. New York: Alfred A. Knopf, 2008.

Fisher, Marc. "Who cares if it's true? Modern-day newsrooms reconsider their values." *Columbia Journalism Review* (March/April 2014): 26–32.

Fisk, Robert. *Pity the Nation: The Abduction of Lebanon*. New York: Thunder's Mouth Press/Nation Books, 2002.

Fisk, Robert. *The Great War for Civilisation: The Conquest of the Middle East*. New York: Vintage, 2005.

Flores, Isaac M. *Stories to Tell ... History-Making People and Grand Adventures in a Small World*. New York: iUniverse, 2007.

Frank, Marc. *Cuban Revelations: Behind the Scenes in Havana*. Gainesville: University Press of Florida, 2013.

Frazier, Joseph B. *El Salvador Could Be Like That: A memoir of war, politics, and journalism from the front row of the last bloody conflict in the U.S.-Soviet Cold War*. Ojai, CA: Karina Library Press, 2012.

Friedman, Thomas L. *From Beirut to Jerusalem*. New York: Random House, 1995.

Gannon, Kathy. *I Is for Infidel: From Holy War to Holy Terror: 18 Years inside Afghanistan*. New York: Public Affairs, 2005.

Gans, Herbert J. *Deciding What's News: A Study of CBS Evening News, NBC Nightly News, Newsweek and Time*. New York: Random House, 1979.

Garber, Megan. "The AP: Intimations of Politico." Columbia Journalism Review (October 16, 2009).

Garibaldi Rogers, Caroline. *Habits of Change: An Oral History of American Nuns*. New York: Oxford University Press, 2011.

Geyer, Georgie Anne. *Buying the Night Flight: The Autobiography of a Woman Foreign Correspondent*. New Brunswick, NJ: Transaction Publishers, 1998.

Gilbert, Allison, Phil Hirschkorn, Melinda Murphy, Robyn Walensky, and Mitchell Stephens, eds. *Covering Catastrophe: Broadcast Journalists Report September 11*. Chicago: Bonus Books, 2002.

Gross, Peter, and Gerd G. Kopper, eds. *Understanding Foreign Correspondence: A Euro-American Perspective of Concepts, Methodologies, and Theories*. New York: Peter Lang, 2011.

Hahn, Oliver, and Julia Lönnendonker. "Transatlantic Foreign Reporting and Foreign Correspondents after 9/11: Trends in Reporting Europe in the United States," *International Journal of Press/Politics* 14/4 (2009): 497–515.

Hamilton, John Maxwell. *Journalism's Roving Eye: A History of American Foreign Reporting.* Baton Rouge: Louisiana State University Press, 2009.

Hamilton, John M., and Eric Jenner, "Redefining Foreign Correspondence," *Journalism* 5/3 (2004): 301–321.

Hannerz, Ulf. Foreign News: Exploring the World of Foreign Correspondents. Chicago and London: The University of Chicago Press, 2004.

Hayes, Danny, and Matt Guardino. *Influence from Abroad: Foreign Voices, the Media, and U.S. Public Opinion.* Cambridge, UK: Cambridge University Press, 2013.

Heinzerling, Larry. "A Rare Breed," in Reporters of The Associated Press, *Breaking News: How The Associated Press Has Covered War, Peace, and Everything Else.* New York: Princeton Architectural Press, 2007: 257–305.

Hess, Stephen. *International News & Foreign Correspondents.* Washington, DC: Brookings Institution, 1996.

Hohenberg, John. *Foreign Correspondence: The Great Reporters and Their Times.* 2nd ed. Syracuse, NY: Syracuse University Press, 1995.

Houghton, Kate. "Subverting Journalism: Reporters and the CIA," Special Report of the Committee to Protect Journalists, 1996 (retrieved from http://www.cpj.org/attacks96/sreports/cia.html).

Hoyt, Mike, John Palattella, and the staff of the Columbia Journalism Review, eds. *Reporting Iraq: An Oral History of the War by the Journalists Who Covered It.* Hoboken, NJ: Melville House Publishing, 2007.

Jensen, Klaus Bruhn. "The Qualitative Research Process," chapter 14 in Klaus Bruhn Jensen, ed. *A Handbook of Media and Communication Research: Qualitative and Quantitative Methodologies.* 2nd ed. (London and New York: Routledge, 2012): 265–282.

Katovsky, Bill, and Timothy Carlson. *Embedded: The Media at War in Iraq.* Guilford, CT: Lyons Press, 2003.

Kennedy, Ed. *Ed Kennedy's War: V–E Day, Censorship, & The Associated Press.* Baton Rouge: Louisiana State University Press, 2012.

Knightley, Phillip. *The First Casualty: The War Correspondent as Hero and Myth-Maker from the Crimea to Iraq.* Baltimore: Johns Hopkins University Press, 2004.

Koh, Heungseok. "International news coverage and issue relevance to the U.S.," unpublished paper presented to the International Communication Association, June 2013.

Ladd, Jonathan M. *Why Americans Hate the Media and How It Matters.* Princeton and Oxford: Princeton University Press, 2012.

Lederer, Edith. "My First War," in Tad Bartimus, Denby Fawcett, Jurate Kazickas, Edith Lederer, Ann Bryan Mariano, Anne Morrissy Merick, Laura Palmer, Kate Webb, Tracy Wood, eds. *War Torn: Stories of War from the Women Reporters Who Covered Vietnam.* New York: Random House, 2002.

Liu, Kin-ming, ed. *My First Trip to China: Scholars, Diplomats and Journalists Reflect on their First Encounters with China.* Hong Kong: East Slope Publishing, 2012.

764

Loory, Stuart H. "The CIA's use of the press: A 'mighty Wurlitzer,'" *Columbia Journalism Review*, September/October 1974: 9-18.

MacKinnon, Stephen R., and Oris Friesen. *China Reporting: An Oral History of American Journalism in the 1930s and 1940s.* Berkeley: University of California Press, 1987.

McChesney, Robert W., and Victor Pickard, eds. *Will the Last Reporter Please Turn Out the Lights.* New York and London: New Press, 2011.

Miller, Derek B. *Media Pressure on Foreign Policy: The Evolving Theoretical Framework.* New York: Palgrave Macmillan, 2007.

Morris, Joe Alex. *Deadline Every Minute: The Story of the United Press.* Garden City, NY: Doubleday and Company, 1957.

Mosley, Layna, ed. *Interview Research in Political Science.* Ithaca and London: Cornell University Press, 2013.

Mulligan, Hugh A. *No Place to Die: The Agony of Viet Nam.* New York: William Morrow and Company, 1967.

Murrell, Colleen. *Foreign Correspondents and International Newsgathering: The Role of Fixers.* New York: Routledge, 2015.

Neuenschwander, John A. *A Guide to Oral History and the Law.* New York: Oxford University Press, 2009.

Newman, Nic, and David A. L. Levy, eds. *Reuters Institute Digital News Report 2013: Tracking the Future of News.* Oxford: Reuters Institute for the Study of Journalism, 2013.

Nye, Joseph S., Jr. *The Future of Power.* New York: PublicAffairs, 2011.

Packard, Reynolds. *The Kansas City Milkman.* New York: E. P. Dutton, 1950.

Paterson, Chris, and Sreberny, Annabelle, eds. *International News in the Twenty-First Century.* Eastleigh, UK: John Libbey, 2004.

Paterson, Chris. "News Agency Dominance in International News on the Internet," chapter 7 in David Skinner, James R. Compton, and Michael Gasher, eds. *Converging Media, Diverging Politics: A Political Economy of News Media in the United States and Canada.* Lanham, MD: Rowman & Littlefield, 2005.

Patterson, Thomas E. *Informing the News: The Need for Knowledge-Based Journalism.* New York: Vintage, 2013.

Patton, Robert H. *Hell before Breakfast: America's First War Correspondents Making History and Headlines, from the Battlefields of the Civil War to the Far Reaches of the Ottoman Empire.* New York: Pantheon Books, 2014.

Pedelty, Mark. *War Stories: The Culture of Foreign Correspondents.* New York and London: Routledge, 1995.

Perlmutter, David D., and Hamilton, John Maxwell, eds. *From Pigeons to News Portals: Foreign Reporting and the Challenge of New Technology.* Baton Rouge: Louisiana State University Press, 2007.

Pew Research Center. *State of the News Media: Overview.* March 2014.

Port, J. Robert, "The Story No One Wanted to Hear," chapter 9 in Kristina Borjesson, ed. *Into the Buzzsaw: Leading Journalists Expose the Myth of a Free Press*. Amherst, NY: Prometheus Books, 2002: 201-213.

Prochnau, William. *Once upon a Distant War*. New York: Times Books, 1995.

Pyle, Richard, and Horst Faas. *Lost over Laos: A True Story of Tragedy, Mystery, and Friendship*. Cambridge, MA: Da Capo Press, 2003.

Reporters of The Associated Press. *Breaking News: How The Associated Press Has Covered War, Peace, and Everything Else*. New York: Princeton Architectural Press, 2007.

Reynolds, James. "Correspondents: They Come in Different Shapes and Sizes," *Nieman Reports* 64/3 (Fall 2010): 8-11.

Ricchiardi, Sherry. "Covering the World," *American Journalism Review*, December/January 2008.

Richburg, Keith B. *Out of America: A Black Man Confronts Africa*. San Diego: Harcourt Brace and Company, 1998.

Ritchie, Donald A. *Reporting from Washington: The History of the Washington Press Corps*. Oxford and New York: Oxford University Press, 2005.

Ritchie, Donald A., ed. *The Oxford Handbook of Oral History*. New York: Oxford University Press, 2011.

Roderick, John. *Covering China: The Story of an American Reporter from Revolutionary Days to the Deng Era*. Chicago: Imprint Publications, 1993.

Rosenblum, Mort. *Little Bunch of Madmen: Elements of Global Reporting*. Millbrook, NY: de.Mo design, 2010.

Rosenblum, Mort. *Who Stole the News? Why We Can't Keep Up with What Happens in the World and What We Can Do about It*. New York: John Wiley & Sons, 1993.

Salisbury, Harrison E. *Without Fear or Favor: The New York Times and Its Times*. New York: Times Books, 1980.

Sambrook, Richard. *Are Foreign Correspondents Redundant? The Changing Face of International News*. Oxford: Reuters Institute for the Study of Journalism, 2010.

Schanberg, Sydney. *Beyond the Killing Fields: War Writings*. Washington, DC: Potomac Books, 2010.

Schiff, Frederick. "The Associated Press: Its Worldwide Bureaus and American Interests," *International Communications Bulletin* 31/3-4 (Spring 1996): 7-13.

Shadid, Anthony. *Night Draws near: Iraq's People in the Shadow of America's War*. New York: Henry Holt and Company, 2006.

Simon, Joel. *The New Censorship: Inside the Global Battle for Media Freedom*. New York: Columbia University Press, 2015.

Spencer, Graham. *The Media and Peace: From Vietnam to the 'War on Terror.'* New York: Palgrave Macmillan, 2005.

Stacewicz, Richard. *Winter Soldiers: An Oral History of the Vietnam Veterans Against the War*. New York: Twayne Publishers, 1997.

Stephens, Mitchell. *Beyond News: The Future of Journalism*. New York: Columbia University Press, 2014.

Sweeney, Michael S. *The Military and the Press: An Uneasy Truce*. Evanston, IL: Northwestern University Press, 2006.

Terry, Wallace. *Missing Pages: Black Journalists of Modern America: An Oral History*. New York: Carroll & Graf Publishers, 2007.

Terzis, Georgios, ed. *Mapping Foreign Correspondence in Europe*. New York and London: Routledge, 2015.

Thomson, Alistair. "Memory and Remembering in Oral History," chapter 5 in Donald A. Ritchie, ed. *The Oxford Handbook of Oral History*. New York: Oxford University Press, 2011: 77–95.

Topping, Seymour. *On the Front Lines of the Cold War: An American Correspondent's Journal from the Chinese Civil War to the Cuban Missile Crisis and Vietnam*. Baton Rouge: Louisiana State University Press, 2010.

Usher, Nikki. *Making News at The New York Times*. Ann Arbor: University of Michigan Press, 2014.

Waugh, Evelyn. *Scoop*. London: Chapman & Hall, 1938.

Westwood, Sean, Rebecca Weiss, and Shanto Iyengar. "All the News That Is Fit to Print? Gatekeeping Effects in Newspaper Coverage of International Affairs," unpublished paper presented to the International Communication Association, June 2013.

Wheeler, John Fenton. Last Man out: Memoirs of the Last U.S. Reporter Castro Kicked Out of Cuba during the Cold War. Spokane, WA: Demers Books, 2008.

Wilhoit, G. Cleveland, and David Weaver. "Foreign News Coverage in Two U.S. Wire Services: An Update," *Journal of Communication* 33/2 (1983): 132–148.

Williams, Bruce A., and Michael X. Delli Carpini. After Broadcast News: Media Regimes, Democracy, and the New Information Environment. Cambridge, UK: Cambridge University Press, 2011.

Willnat, Lars, and Jason Martin. "Foreign Correspondents – An Endangered Species?" chapter 36 in David H. Weaver and Lars Willnat, eds. *The Global Journalist in the 21ˢᵗ Century*. New York and London: Routledge, 2012.

Wu, H. Denis, and John Maxwell Hamilton, "U.S. Foreign Correspondents: Changes and Continuity at the Turn of the Century." *Gazette: The International Journal for Communication Studies* 66/6 (2004): 517–532.

Zartman, I. William, ed. *Imbalance of Power: U.S. Hegemony and International Order*. Boulder, CO: Lynne Rienner, 2009.

Zelizer, Barbie. "On 'Having Been There': 'Eyewitnessing' as a Journalistic Key Word," *Critical Studies in Media Communication* 24/5 (2007): 408–428.

색인

역사적 사건

특파원 색인

ㄱ

ㄴ

- **아냐 니드링하우스**(1965-2014) *Anja Niedringhaus*. 독일인인 그녀는 1990년부터 사진 작가로 활동하기 시작하였으며, 2002년 AP사진기자로 아프가니스탄, 이스라엘, 이라크 등을 누볐다. 2014년 캐시 개넌과 함께 아프가니스탄 대통령선거운동을 취재하다가 테러공격을 받고 사망하였다. 36, 53, 175, 223, 267, 299, 351, 674

ㄷ

- **존 대니젭스키** *John Daniszewski* 1979년부터 AP특파원으로 공산정권 하의 동유럽을 취재하였다. 포린데스크 에디터로 활동하였으며, 2006년 AP의 부사장이 되었다. 2012년 AP평양지국을 열기 위해 공을 들였다. 69, 151,193, 248, 291,333, 343, 355, 383, 405, 501, 510, 596, 598, 612,630, 631, 644, 708, 725, 737
- **맥스 데스포** *Max Desfor: 1913-2018* 1945년부터 AP사진기자로 태평양전쟁을 취재하였으며, 전쟁이 끝난 뒤 일본에서 활동하다가 한국전쟁을 취재하였다. 인도특파원으로도 활동했다. 대동강철교에서 매달린 피난민행렬을 찍은 사진으로 퓰리처상을 받았다. 36, 57, 63, 70, 308, 318, 324, 349, 421, 458, 526, 543, 555, 582, 588, 616, 630
- **오토 도엘링** *Otto Doelling* AP특파원으로 제2차 세계대전 이후 독일, 중동, 이란혁명, 공산주의 치하 동유럽을 취재하였다. 1998년 《국제특파원을 위한 AP핸드북 AP's Handbook for International Correspondents》을 출간하였다. 59, 67, 92, 201, 331, 362, 416, 454,496, 510, 526, 527, 565, 596, 612, 659
- **앤젤라 돌란드** *Angela Doland* 1999년부터 2011년까지 AP특파원으로 파리를 근거지로 활동하였다. 65, 145, 200, 204, 421, 433, 447, 456, 480, 631, 639, 659

ㄹ

- **제럴드 라벨** *Gerald LaBelle* 1943-2019. 1968년부터 AP특파원으로 중동의 무수한 혼란 속을 누볐다. 1999년부터 뉴욕에서 뉴스에디터로 일하였고 2009년 은퇴했다. 348-9
- **캐린 라웁** *Karin Laub* 1987년부터 예루살렘과 팔레스타인에서 AP 여성특파원으로 활동하였다. 60, 106, 148, 160, 165, 192, 197, 230, 273, 280, 295, 322, 324, 345, 354, 361, 370, 380, 404, 406, 409, 422, 451, 465, 495, 498, 518-20, 524, 587, 601, 607, 613, 650, 660,690, 697, 720, 727
- **존 라이스** *John Rice* AP특파원으로 중동, 멕시코 등에서 활동했으며, 걸프전쟁을 취재했다. 55, 114, 117, 149, 153, 161, 198, 269, 316, 388, 465, 523, 566, 610, 619, 634, 643, 662

- 이디스 레더러 *Edith Lederer* 1972년 최초의 여성 전쟁특파원으로 베트남에 파견되었다. 이후 페루와 UN특파원으로 활동했다. 박정희 암살 뒤 서울을 취재하기도 하였다. 57, 122, 139, 163, 362, 454, 457, 462, 469, 535, 544, 547 549, 556, 610, 612, 645, 699
- 존 로더릭 *John Roderick* 1914-2008. 1943년 AP특파원이 되어 제2차세계대전을 취재하였으며, 마오쩌둥의 대장정을 직접 취재했다. 중국에서 추방된 이후에도 홍콩과 도쿄에서 계속 중국소식을 모니터링하였으며, 1979년 베이징지국이 다시 문을 열었을 때 지국장이 되었다. 1984년 은퇴하였다. 179, 201, 287, 365, 471, 494, 513, 590, 595, 677
- 모트 로젠블럼 *Mort Rosenblum* 1965년 내전이 한창이던 콩고로 급작스럽게 파견되면서 특파원 경력을 시작했다. 2004년까지 AP의 순회특파원으로 활동하면서 전세계 100여개국을 순회하였다. 23, 42, 61, 62, 70, 85, 159, 179, 198, 238, 288, 306, 320, 346, 355-7, 396, 432, 447, 455, 472, 476, 524, 525, 536, 571 574, 594, 608, 630, 634, 647, 653-5, 677, 678, 683, 691, 729
- 로버트 류 *Robert Liu* 1980년대부터 AP의 아시아지역 에디터로 활동했다. 201, 255, 343, 365, 458, 496, 508, 630
- 류훙싱 *Liu Heung Shing* 1980년대 《타임》의 사진기자로 경력을 쌓기 시작하여, 1991년부터 AP특파원으로 중국, 한국, 소련 등에서 활동하였다. 중국계 미국인. 40, 51, 76, 103, 207, 231, 248, 272, 281, 335, 346, 459, 486, 510, 512, 601, 687, 701
- 진 리 *Jean H. Lee* 2008년부터 AP특파원으로 남한과 북한을 취재하였으며, 2012년 평양지국을 개국하여 최초의 AP지국장을 역임했다. 미니애폴리스 출신 한국계 미국인 여성이다. 40, 51, 76, 103, 207, 231, 248, 272, 281, 335, 346, 459, 486, 510, 512, 601, 687, 701
- 로버트 리드 *Robert Reid* 1969년부터 2014년까지 AP의 독일, 이집트, 필리핀, UN, 오스트리아, 요르단, 이라크, 파키스탄, 아프가니스탄 특파원으로 활동했다. 45-6, 60, 67,71, 77-9, 127, 146, 153 -8, 165, 178, 181, 198, 200, 233, 240, 241, 271, 279, 282, 283, 306, 335, 337, 344, 354, 371, 389, 392-4, 409, 418-20, 447, 453, 460, 466, 505, 526, 530, 547, 549, 552, 576, 580, 592, 600, 603, 618, 626, 646, 655, 678, 691, 692, 695, 696, 732
- 산티아고 리용 *Santiago Lyon* 로이터 등에서 활동하다가 1991년AP사진기자로 활동하기 시작했다. 1995년부터 AP의 사진을 총괄관리하고 있으며, 그의 지휘 하에 AP의 포토저널리즘은 무수한 퓰리처상을 받았다. 2016년 AP를 떠나 어도비

시스템즈로 자리를 옮겼다. 347, 442

- 키스 리치버그 *Keith Richburg* 1986년부터 2013년까지 《워싱턴포스트》의 아프리카계 미국인 해외특파원으로 동남아시아, 아프리카, 홍콩, 프랑스, 중국에서 활동하였으며, 이라크전쟁과 아프가니스탄전쟁도 취재하였다. 292

ㅁ

- 로빈 맥도웰 *Robin McDowell* AP특파원으로서 그녀는 캄보디아, 태국, 인도네시아, 미얀마 등에서 활동하였으며, 1990년대 캄보디아 수석특파원을 역임하였고, 2016년 퓰리처상을 받았다. 50, 96, 123, 136, 145, 157, 241, 433, 459, 498, 606, 613, 616, 647, 660, 682
- 조지 맥아더(1925-2013) *George McArthur* 1949년 AP특파원이 되어 한국전쟁을 취재하였으며, 동남아시아, 유럽 등에서 활동하였다. 1969년 《LA타임스》로 자리를 옮겨 베트남전쟁을 취재하였다. 71, 74, 93, 139, 143, 265, 359, 432, 454 536, 553, 556, 633
- 휴 멀리건(1925-2008) *Hugh Mulligan* 제2차 세계대전에 참전하였으며, 1951년부터 2000년까지 AP특파원으로 활동하였다. 251, 544
- 앤소니 미첼(1968-2007) *Anthony Mitchell* 영국의 신문기자로 활동하다가 2001년 AP특파원이 되어 소말리아, 케냐, 이디오피아 등을 취재하였다. 2007년 케냐항공 추락사고로 사망하였다. 450
- 데이빗 민톤 *David Minthorn* 1970년대부터 AP특파원으로 활동하며 소비에트연방을 비롯하여 여러 나라에서 활동하였다. 2007년부터 AP에서 에디터로 근무하면서 《AP스타일가이드》를 저술했다. 2017년 은퇴하였다. 153, 314, 510, 539, 559, 572

ㅂ

- 로버트 바(1947-2018) *Robert Barr* 1971년부터 2017년까지 AP 영국특파원으로 활동했다. 95, 143, 487, 585, 636, 64
- 태드 바티무스 *Tad Bartimus* 1969년부터 AP특파원으로 베트남전쟁을 취재하였으며, 유럽과 남아메리카 등에서 활동하였다. 1990년 AP 역사상 최초의 여성 특별특파원이 되었다. 52, 58, 63, 163, 210, 351, 425, 456, 462, 487, 571, 629, 706
- 샐리 버즈비 *Sally Buzbee* 1988년부터 워싱턴, 카이로에서 AP뉴스에디터로 활동하였으며, 이라크전쟁을 직접 취재하기도 하였다. 48, 117, 153, 296, 319, 369, 409, 433, 450, 463, 466, 467, 551, 617, 631, 700, 729

- 마이런 벨카인드 *Myron Belkind* 1962년부터 2004년까지 AP특파원으로 인도, 영국, 말레이시아, 일본 등에서 활동했다.　74, 143,176,179,186, 276, 306, 338, 456, 514, 539, 593
- 말콤 브라운(1931-2012) *Malcolm Browne* 한국전쟁 특파원으로 기자생활을 시작한 뒤, 1959년 AP특파원이 되었다. 1963년 베트남의 틱꽝득 스님의 분신장면을 찍은 사진으로 퓰리처상을 받았다.　151, 287,525, 546, 590, 633
- 도나 브라이슨 *Donna Bryson* 아프리카계 미국인 여성 AP특파원으로 1993년부터 남아프리카공화국을 취재하다가 이후 인도, 이집트, 영국에서 활동했으며, 2008년부터 2012년까지 남아프리카공화국 AP지국장을 역임하였다.　52, 59, 79,115, 126, 134, 208, 212, 220, 223, 272, 276, 284, 293-5, 310, 340-2, 369, 421, 447, 449, 465, 475, 489, 490, 496, 497, 502, 537, 601, 604, 613, 629, 631, 633, 635, 641, 648, 650, 657, 660, 689, 699, 711
- 데이빗 브로클리 *David Brauchli* AP의 사진기자다.　85, 347, 442-4
- 조지 브리아(1916-2017) *George Bria* 1942년부터 AP특파원으로 이탈리아에서 무솔리니가 처형당하는 순간을 취재하였으며 이후 독일에서 전범재판을 취재하였다. 1970년대에는 UN특파원으로 활동하였으며, 포린데스크 에디터로 활동하다 1981년 퇴직하였다.　63, 108, 138, 143, 190, 265, 275, 307, 416, 450, 469, 572, 590, 563, 634

ㅅ

- 아미르 샤 *Amir Shah* 아프가니스탄 현지인 AP기자로 AP특파원들의 취재활동을 도왔다.　146, 274, 330, 351, 364, 388, 531, 579
- 앤소니 샤디드(1968-2012) *Anthony Shadid* AP의 중동특파원으로 활동하다가 《뉴욕타임스》로 자리를 옮겨서 활동하였다.　430, 504, 678
- 샘 서멀린(1928-2017) *Sam Summerlin* 1949년부터 1975년까지 AP특파원으로 활동하였다. 한국전쟁을 취재하였으며, 휴전협상이 타결된 것을 전세계에 최초로 단독보도하였다.　54, 108, 139, 215, 386, 469, 590
- 데보라 수어드 *Deborah Seward* 1988년부터 폴란드, 독일, 러시아에서 AP특파원으로 활동했다.　66, 74, 76, 134, 170, 193, 277, 314, 456, 475, 539, 573, 612, 618, 631, 681
- 폴 쉠 *Paul Schemm* 이집트를 비롯한 북아프리카 특파원으로, AFP에서 활동하다가 2007년 AP로 자리를 옮겼다. 지금은 《워싱턴포스트》 소속이다.　50, 76, 112,

155, 193, 238, 242, 278, 305, 320, 343, 345, 352, 370, 379, 400, 407-9, 413, 425, 518, 561, 601, 633, 647, 733

- 애니타 스노우 *Anita Snow* 1988년 중앙아메리카특파원으로 AP기자생활을 시작하였으며, 1999년 AP쿠바지국을 다시 문을 열고 쿠바지국장을 역임했다. 36, 81, 121, 153, 195-6, 206, 237, 296, 318, 362, 406, 475, 486, 493-4, 509, 539, 560, 597
- 토니 스미스 *Tony Smith* AP특파원으로 유고슬라비아에서 활동하였으며, 보스니아내전을 취재하였다. 84, 104, 347, 357, 391, 404, 422, 428, 442-5, 460, 461, 475, 478, 638, 657, 688, 725, 734
- 마크 스티븐슨 *Mark Stevenson* UPI 멕시코특파원을 거쳐 1997년부터 AP특파원으로 활동하고 있다. 73, 77, 111, 165, 192, 196, 213, 221, 228, 238, 243, 247, 249, 254, 266, 269, 309, 373, 403, 409, 415, 417, 477, 497, 517, 523, 586, 587, 599, 684, 697, 723, 738
- 빅터 심슨 *Victor Simpson* 1977년부터 AP특파원으로 로마와 바티칸을 취재했다. 103, 115, 129, 143, 205, 214, 313, 470, 480, 491, 496, 501, 609, 621, 634, 640, 683, 748

ㅇ

- 엘로이 아길라(1937-2009) *Eloy Aguilar* 멕시코인으로, 1965년부터 2006년까지 중앙아메리카AP특파원으로 활동했다. 288, 399, 513, 593, 619, 680
- 폴 알렉산더 *Paul Alexander* AP특파원으로 소말리아내전, 보스니아전쟁 등을 취재하였으며, 오스트레일리아, 남아프리카공화국, 베트남, 일본 등에서 활동하였다. 51, 59, 67, 74, 86,182, 203, 236, 152, 283, 288, 291, 307, 311, 371, 392, 394, 406, 425, 427, 449, 459, 461, 470, 473, 535, 556, 566, 575, 585, 612, 615, 618, 661, 682, 695, 704
- 테리 앤더슨 *Terry Anderson* 해병대로 베트남전쟁에 참전하였으며, 1974년부터 AP특파원이 되어 일본, 한국, 남아프리카공화국을 거쳐 중동에서 활동하였다. 박정희 암살 소식을 단독 타전했으며 광주학살현장을 직접 취재했다. 1985년 레바논전쟁 당시 베이루트에서 이슬람무장단체에 납치되어6년 9개월 동안 감금되어있다 풀려났다. 46, 59, 68, 83, 110, 115, 227, 262, 285, 300, 334, 349, 362, 370, 384, 408, 411, 423, 426, 432, 462, 470, 476, 561, 619, 620, 674, 677, 692, 724,739
- 클로드 업슨 *Claude Erbsen* 1960년부터 AP특파원으로 남아메리카특파원으로 활동하였다. 1975년부터 월드서비스를 책임지다 2003년 은퇴하였다. 56, 71, 77, 99, 116, 123, 180, 369, 414, 456, 466, 486, 499, 514-6, 612, 630, 638, 682, 699

- 조지 에스퍼(1932-2012) *George Esper* 베트남전쟁특파원으로 활동하였으며, 철수 명령을 거부하고 사이공함락 이후에도 끝까지 남아 베트남의 전후상황을 취재하였다. 2000년 은퇴하였다. 212, 250, 456, 462, 535, 544
- 로이 에쏘얀(1920-2012) *Roy Essoyan* 소련특파원으로 활동하며 1958년 소련-중국의 갈등을 최초로 특종보도하였다. 이후 홍콩을 거점으로 활동하였으며, 베트남전쟁도 취재하였다. 181, 199, 474, 504, 508, 509, 544
- 마커스 엘리아슨 *Marcus Eliason* 텔아비브에서 현지인 직원으로 채용되었다가 1967년 정식 AP특파원이 되어 영국, 프랑스, 이스라엘 등에서 활동했다. 50, 118, 197, 312, 361, 465, 572, 608, 631, 656
- 해롤드 올모스 *Harold Olmos* 볼리비아인으로 1970년대부터 남아메리카 지역을 취재하는 AP특파원으로 활동하였다. 49, 99, 135, 250, 275, 360, 475, 504, 513, 585, 592, 635
- 마이클 와이젠스타인 *Michael Weissenstein* AP의 쿠바특파원으로 활동하고 있다. 72, 95, 121, 460, 636
- 닉 웃 *Nick Ut*(후인꽁웃Huỳnh Công Út) 1966년부터 2017년까지 AP사진기자로 활동한 베트남계 미국인. 1973년 베트남전쟁에서 '네이팜탄 소녀'로 유명한 "전쟁의 공포(The Terror of the War)" 사진으로 퓰리처상을 받았다. 462

ㅈ

- 아놀드 제이틀린 *Arnold Zeitlin* 1955년부터 AP특파원으로 활동하면서 나이지리아내전, 파키스탄전쟁, 베트남전쟁 등을 취재하였다. 60, 65, 93, 120, 183, 187, 290, 360, 494, 540, 544, 591, 630
- 테릴 존스 *Terril Jones* 1985년부터 AP특파원으로 베이징, 도쿄, 파리 등에서 활동했으며, 1998년 이후 《포브스》, 《LA티임스》, 로이터에서 활동하였다. 천안문항쟁을 취재하였다. 54, 70, 120, 245, 258, 277, 291, 357, 488, 589, 646, 722, 749
- 모린 존슨 *Maureen Johnson* AP의 여성특파원으로 1979년 이란혁명을 취재하다가 인질로 붙잡히기도 했으며, 소련-아프가니스탄전쟁도 취재했다. 77, 85, 112, 252, 268, 296, 448, 459, 635, 657

ㅋ

- 시몬 카밀리(1979-2014) *Simone Camilli* 이탈리아인으로 2005년 AP특파원이 되어 이스라엘, 레바논, 팔레스타인, 이라크를 취재하였다. 이스라엘의 가자지구 폭

격을 취재하다가 동료기자와 함께 사망하였다.   36

- 일레인 커텐바크 *Elaine Kurtenbach* 1980년대부터 AP특파원으로 중국, 한국, 일본, 태국에서 활동하고 있다.   102, 190, 200, 207, 367, 422, 645, 657, 660, 688
- 켄트 쿠퍼(1880-1965) *Kent Cooper* 1910년 AP에 여행기자로 입사하여 1920년 AP의 대표가 된다. 여성기자들을 대거 채용하는 등 다양한 혁신을 일궈냈다.   32, 34, 137, 603, 716
- 앨런 쿠퍼먼 *Alan Cooperman* 1988년부터 1994년까지 AP모스크바특파원으로 활동하면서 소비에트연방이 붕괴하는 과정을 면밀하게 취재하였다.   56, 152, 172, 189, 190, 209, 268, 289, 326, 390, 475, 510, 559, 569, 586, 614, 658
- 데이빗 크래리 *David Crary* 1976년부터 AP특파원으로 아프리카, 프랑스에서 활동하였다. 1990년대에는 보스니아전쟁을 취재하였다.   59, 114, 118, 210, 269, 291, 429, 449, 466, 574, 612, 614, 617, 631, 632, 636, 641, 649, 676, 696, 704, 750, 712, 740
- 앨런 클렌데닝 *Alan Clendenning* 1998년부터 AP특파원으로 브라질, 스페인, 포르투갈 등에서 활동하였다.   99, 101, 140, 187, 200, 225, 281, 344, 372, 481, 500, 607, 616, 639, 659, 660

ㅌ

- 니콜라스 타트로 *Nicolas Tatro* 1970년부터 1990년까지 AP특파원으로 이란, 이집트, 레바논, 이스라엘을 취재했다.   55, 97, 106, 185, 193, 210, 283, 295, 315, 334, 360, 368, 391, 397, 425, 426, 429, 472 487, 490, 496, 513, 539, 569, 585, 612, 633, 652
- 에릭 탈마지(1962-2019) *Eric Talmadge* 1988년부터 AP일본특파원으로 활동하였으며, 2013년부터 진 리를 이어 2대 AP평양지국장을 맡았다. 일본에서 조깅을 하던 중 심장마비로 갑자기 사망하였다.   77, 103, 150, 266, 269, 281, 321, 350, 358, 386, 407, 420, 427, 440, 551, 636, 638, 660, 686, 695, 732

ㅍ

- 호스트 파스(1933-2012) *Horst Faas* 독일출신 사진기자로1956년부터 AP에서 일했다. 베트남전쟁을 취재했으며, 닉슨대통령의 중국방문을 취재했다. 퓰리처상을 두번이나 받았다.   47, 431
- 아일린 알트 파월 *Eileen Alt Powell* AP특파원으로 1980년대부터 베이루트특파원으로 활동하였으며, 이라크전쟁을 취재하였다. 중동, 인도, 방글라데시 등에서도 활동하였다. AP특파원 제럴드 라벨의 아내다.   80, 206, 274, 320, 344, 345, 348,

국과 쿠바의 관계가 크게 나빠진 상황에서 AP특파원으로 쿠바에 들어갔다. 이후 포르투갈에서도 활동하였다. 1983년 그레나다침공을 취재하였다. 99, 115, 190, 205, 282, 401, 485, 492, 500, 547, 559, 592, 642, 705

- 로버트 피스크 *Robert Fisk* 1972년부터 《더타임스》의 특파원으로서, 1989년부터 《인디펜던트》의 특파원으로서, 레바논전쟁, 아프가니스탄전쟁, 이라크전쟁, 시리아전쟁, 코소보전쟁, 아랍의 봄 등 전세계 분쟁지역을 누비는 영국의 베테랑기자. 무수한 회고록을 출간했다. 30, 84, 222, 286, 348, 349, 354, 413, 424, 430, 467, 468, 476, 513, 547, 592, 595, 615, 660, 678

ㅎ

- 래리 하인즐링 *Larry Heinzerling* 1979년부터 2009년까지 AP특파원으로 독일, 나이지리아, 남아프리카공화국을 취재했다. 22, 33, 35, 94, 98, 131, 180, 278, 289, 333, 395, 432, 472, 519, 535, 538, 570, 629, 633, 661, 706
- 찰스 핸리 *Charles Hanley* 1968년부터 AP의 순회특파원으로 활동하며 전세계를 누볐다. 최상훈과 마사 멘도자Matha Mendoza와 함께 미군의 노근리양민학살사건을 밝혀낸 기사로 퓰리처상을 받기도 했다. 49, 119, 130, 177, 234, 368, 406, 427, 446, 452, 472, 524, 540-2, 544, 547, 599, 614, 636, 681
- 스티븐 허스트 *Steven Hurst* 1970년대부터 모스크바특파원으로 활동하였으며 아프가니스탄전쟁, 이라크전쟁을 취재했다. 바그다드지국장을 역임했다. 51, 156, 279, 389, 413, 422, 475, 504, 535, 549, 550, 585, 595, 608, 616, 632, 637, 648, 664-6
- 찰스 허츨러 *Charles Hutzler* 1995년부터 AP 중국특파원으로 활동하였으며, 2013년 《월스트리트저널》로 자리를 옮겼다. 47-8, 78, 122, 143, 158, 187, 190, 194, 199, 207, 229, 247, 268, 314, 328, 336, 344, 366, 506, 508, 511, 525, 586, 640
- 존 펜튼 휠러(1925-2013) *John Fenton Wheeler* 1964년 AP 포린데스크로 입사하여 1967년 쿠바특파원이 되었으나 1969년 쿠바에서 추방당하였다. 페루, 스페인, 포르투갈 특파원을 지냈다. 56, 282,283, 369, 485, 494, 503, 516, 642

xcendon.net/apinaction
이 책에 관한 멀티미디어 정보를 얻고 싶다면 QR코드를 스캔해주세요.